제너레이션

세대란 무엇인가

generations

제너레이션

세대란 무엇인가

진 트웬지 지음 | 이정민 옮김

매일경제신문사

목차

04 X세대 ━●1965~1979년 출생 (169)

일러두기

- 도서와 신문은 《》, 작품명, 영화는 〈〉로 묶어 표기합니다.
- 원서에서는 Z세대 이후 2013~2029년에 출생한 이들을 폴라 세대로 표기하고 있지만 이 책에서는 국내에서 많이 사용하고 있는 '알파 세대'로 용어를 통일합니다.
- 책 속에 삽입된 그래프 및 자료는 출처 표기대로 모두 미국을 대상으로 한 통계입니다.
- 가독성을 위해 꼭 필요한 부분만 영문병기했으며, 관련 자료의 원서명은 참고문헌에 기입해두었습니다.

01

세대를 어떻게
나눌 수 있는가?

인도와 미얀마 사이의 벵골만에 '노스 센티널'이라는 맨해튼만 한 크기의 섬이 있다. 2018년 26세의 한 미국인이 어부들에게 돈을 주고 그 섬에 들어갔다. 이후 아무도 그를 보지 못했다.

노스 센티널 섬은 세상과 단절된 채 살아가는 몇 안 남은 부족의 터전이다. 1960~1990년대 사이 한 인류학자 집단을 포함해 지난 수 세기 동안 외부인의 방문이 이어졌지만 이들은 건드리지 말라는 의사를 분명히 밝혔다. 다가오는 보트와 헬리콥터를 향해 활을 쏘고 창을 휘둘러 위협하는가 하면 탐험을 위해 섬에 들어온 외부인은 무조건 살해했다. 결국 인도 정부는 섬의 반경 3마일 이내 보트 진입을 금지했다. 이 부족은 난파선에서 나온 금속으로 무기를 만드는 것 이외에 현대 기술은 전혀 사용하지 않는다. 그만큼 앞으로도 200년 전과 별다를 바 없는 일상을 살아갈 게 분명하다.

그래서 노스 센티널 섬 부모는 아이들에게 비디오 게임을 하지 말라거나 밖에 나가 놀라고 잔소리할 일이 없다. 10대 자녀가 지나치게 틱톡에 열중한다고 걱정할 필요도 없다. 식재료를 가장 신선하게 배송받을 수 있는 인터넷 주문 시간대를 선택하는 대신 사냥과 채집을 하며 모닥불로 요리한다. 피임이라는 게 없다 보니 젊은 여성도 자신의 어머니나 할머니, 심지어 증조할머니 시절과 비슷한 연령대에 출산한다. 따라서 문화적 가치관 역시 거의 변하지 않았을 거라고 짐작할 수 있다. 이들은 아마 조상들처럼 공동체 생활을 위한 규칙에 따를 것이다.

하지만 세계 대부분 지역은 상황이 다르다. 무엇보다 신기술의 등장으로 사람을 만나거나 여가를 보내는 방식이 달라졌다. 사회적 규칙과 역할만을 중시하던 가치 체계 역시 개개인의 표현의 자유를 존중하고 다양성을 추구하는 문화로 바뀌었다. 청소년기와 성인기에 접어드는 시기도 70년 전에 비하면 훨씬 늦어졌다. 만약 누군가 1950년에서 시간 여행을 온다면 동성결혼이 합법화되었다는 사실에 충격을 받고 스마트폰을 보고는 기절할 것이다.

문화가 이렇게 초고속으로 변화한다는 사실은 오늘날을 살아가는 게 1950년대나 1980년대, 심지어 2000년대를 사는 것과도 전혀 다르다는 걸 의미한다. 급박한 변화에 따른 여파도 크다. 당신이 태어난 시대는 당신의 행동, 태도, 가치관과 성격에 상당한 영향을 미치기 때문이다. 사실 당신이 언제 태어났는가는 어떤 가정에 태어났는가보다 성격과 태도를 훨씬 크게 좌우한다.

출생 연도에 따른 차이는 가장 대표적인 세대 차이다. 본래 세대라는 단어는 전통적으로 조부모, 부모와 자녀의 3대로 구성된 가족의 관계를 설명하는 데 사용되어 왔다. 지금은 비슷한 시기에 태어나 자라며 거의 동일한 문화를 경험한 사회적 세대를 지칭하는 게 더 일반적이다.

현재 미국의 인구는 6개 세대로 이루어져 있다. 사일런트 세대(1925~1945년 출생), 베이비붐 세대(1946~1964년 출생), X세대(1965~1979년 출생), 밀레니얼 세대(1980~1994년 출생), Z세대(일명 i세대 또는 줌 세대, 1995~2012년 출생), 그리고 2013년 이후 태어나 알파 세대라고 막 이름 붙여진 세대다. 세대 구분은 미국에서만 나타나는 현상이 아니다. 다른 국가들 역시 고유의 문화적 차이는 있을지언정 비슷하게 세대를 구분한다.

얼마 전까지만 해도 세대 간에 실제 차이가 있는지, 있다면 과연 어떤 차이인지 대략적인 결론조차 내리기 힘들었다. 전문가들 사이에서는 세대에 대한 관점이 운세와 비슷하다는 볼멘소리도 터져 나왔다. 일리 있는 얘기다. 세대 차이를 다룬 수많은 책과 기사를 살펴봐도 주관적 견해만 난무하고 객관적 데이터는 찾아보기 힘들기 때문이다.

뿐만 아니라 극소수 인원만 조사한 내용으로 광범위한 결론을 도출하려는 이들도 많았다. 하지만 빅데이터 시대가 도래한 만큼 더는 그럴 필요가 없다. 이 책을 통해 무려 3,900만 명을 대상으로 한 24개 데이터세트의 세대별 분석 결과를 확인할 수 있다. 데이터가 워낙 방대해 세대 간 차이를 전례 없이 명확하게 이해할 수 있을 것이다.

10대 딸내미는 왜 늘 휴대폰만 들여다보고 있지? 엄마 아빠는 왜 논바이너리(자신의 정체성이 남성도 여성도 아니라고 간주하는 사람)가 뭔지 모르는 거지?(가족관계), 젊은 직원들은 왜 이렇게 다르지? 내 상사는 왜 저런 식으로 생각하지?(직장), 어떤 세대에서 우울증이 가장 많이 나타날까? 이유는?(정신건강), 각 세대는 나이가 듦에 따라 어떤 투표를 할까?(정치), 밀레니얼 세대는 실제로 빈곤한가?(경제정책), 각 세대가 중요하게 여기는 게 뭐지?(마케팅), 왜 젊은 사람들은 유독 부정적 시각이 강하지? SNS에 자신의 성 정체성을 드러내는 게 왜 유행인가?(사회현상) 등의 질문을 이해하기 위해서는 세대 간 차이를 파악하는 것이 중요하다. 위의 질문 중 몇 가지만 봐도 세대에 관한 논의가 끊임없이 이루어지는 이유를 알 수 있다. 세대 간 갈등이 1960년대 이후 가장 고조돼 있는 만큼 세대를 둘러싼 잘못된 인식과 객관적 사실을 분리하는 게 어느 때보다 중요한 시점이다.

세대의 주기적 변화를 연구하는 건 역사를 이해하는 고유한 방법이기도 하다. 전쟁, 경기침체와 팬데믹은 연령대에 따라 다르게 받아들여진다. 예를 들어, 아빠가 불황으로 해고되어 집에 있으면 자녀들은 재밌을지 몰라도 본인에게는 끔찍한 경험이다. 하지만 역사를 단순히 연속된 사건의 관점에서만 보면 안 된다. 문화가 주기적으로 변하면 그에 따라 기술, 태도, 신념, 행동규범, 다양성, 선입견, 시간 활용, 교육, 가족 규모, 이혼 등에 대한 인식도 달라지기 마련이다. 가령 비혼 동거는 조부모 세대에서 '사회악'으로 여겨졌지만 오늘날에는 얼마든지 용인된다. 오늘날 '인스타그램 눈팅'와 같은 10대들의 놀이는 역시 부모님 세대가 놀이로 여겼던 행위인 '친구들과 드라이브하고 놀러 다니기'와는 천지 차이다.

세대 차이는 미래를 제시하기도 한다. 10년, 20년 후 우리는 어디 있을까? 일부 특징과 태도는 세월이 흐르더라도 거의 변화가 없거나 설사 변하더라도 예측 가능하기 때문에 데이터는 지금 우리가 어디 있는지 그뿐 아니라 어디로 가고 있는지도 보여줄 수 있다. 사람들은 살아가면서 끊임없이 변화하지만 근본적 세계관은 대부분 청소년기 또는 청년기에 형성된다. 따라서 젊은 세대는 미래를 투영하는 수정구슬이라 할 수 있다.

나는 30년 넘게 학계에 몸담으며 줄곧 세대 차이를 연구했다. 시작은 한창 학사 논문을 준비 중이던 1992년, 뭔가 이상한 걸 감지하면서부터였다. 공통 성격 테스트 결과 1990년대 여대생이 1970년대 여대생보다 훨씬 긍정적이고 독립적인 성향으로 나타났다. 하지만 조사 대상이 괴짜 같은 면이 있는 시카고 대학교 학생이었던 만큼 나는 결과를 완전히 신뢰할 수는 없다고 생각했다. 그런데 다음 해 (그나마 낫다는) 미시건 대학교 학생들을 대상으로도 같은 결과가 나오면서 시스템 차원의 차이가 존재할지 모른다고 생각했다. 그래서 몇 달간 도서관에 처박혀 1973~1994년 실시된 심리학 연구 98건을 분석했다. 그 결과 여대생들이 스스로 느끼는 자부심과 독립심이 꾸준히 상승했음을 알 수 있었다. 이때 나는 최초로 세대 간 차이에 대해 기록했다.

이후 먼지 쌓인 책장에 꽂힌 여러 과학 저널의 수많은 연구 결과를 수집하면서 성격적 특성, 자기관과 태도 등에서 세대 간 차이를 발견할 수 있었다. 미국 전역의 청년을 대상으로 1960년대부터 시작된 대규모 조사 결과를 포함해, 2000년대 중반 들어서는 전국을 대변할 만한 데이터를 인터넷으로 열람할 수 있게 되었다. 뿐만 아니라 1800년대까지 거슬러 올라가 사회보장국의 데이터베이스, 서적 내 언어 사용에 관한 구글의 광범위한 데이터베이스 등 기타 데이터 소스를 통해서도 문화의 변화상을 추가로 엿볼 수 있게 되었다.

평등을 향한 자신감, 기대와 태도가 극적으로 달라지는 것을 지켜보던 나는 2006년 세대에 관한 책을 처음 썼다. 낙관론이 추락하고 청소년 우울증이 증가한 스마트폰 시대를 마주했을 때는 Z세대에 관한 책을 집필했다. 하지만 이 책의 강연을 할 때마다 관리자, 학부모와 대학교 교수진이 "그런데 우리도 신기술의 영향을 받기는 마찬가지잖아요?"라고 물어왔다. "다른 세대 역시 이전과 달라졌는지" 궁금해하기도 했다. 이 모든 질문에 대한 답을 지금 여기에 담았다. 이 책 《제너레이션: 세대란 무엇인가》는 그 모든 질문, 그리고 사일런트 세대, 베이비붐 세대, X세대, 밀레니얼 세대, Z세대, 그리고 알파 세대*와 관련된 다른 수많은 질문에 답을 제시한다.

먼저 두 가지 질문을 생각해보자. 첫째, 세대 간 차이가 나타나는 원인은 무엇일까? 둘째, 실제 세대 간 차이를 어떻게 발견할 수 있을까?

무엇이 세대 간 차이를
초래하는가?

옛 문화를 고수하는 노스 센티넬 섬과 달리 현대 사회는 끊임없이 변화한다. 그 결과 각 세대가 사실상 다른 문화 속에서 성장해 세대 간 차이가 나타나게 된다. 그런데 구체적으로 어떤 문화적 변화가 각 세대의 차이를 가장 크게 유발하는 것일까?

세대의 변화를 연구한 고전 이론은 대부분 문화적 변화를 일으키는 요인 한 가지, 즉 주요 사건만 집중 조명한다. 1920년대에 칼 만하임은 '세대 단위generation units'가 어린 시절 동일한 사건을 경험함에 따

---

* 알파 세대Generation Alpha: 2013~2029년에 출생한 세대를 가리키는 말. 진 트웬지는 양극 세대라는 의미의 '폴라 세대'라는 용어를 주로 사용하고 있지만, 이 책에서는 국내에서 이미 널리 사용하고 있는 용어인 알파 세대로 통일한다.

라 유대를 구축한다고 적었다. 1970년대에 사회학자 글렌 엘더는 대공황을 어려서 경험한 이들과 성인이 되어서 경험한 이들 간에 차이가 존재한다는 사실을 발견했다. 1990년대 윌리엄 스트라우스와 닐 하우는 미국에 남북전쟁이나 2차 세계대전 같은 주요 사건이 닥쳤을 때 생애 주기별로 네 가지 유형의 세대가 공존했다는 이론을 확립했다. 예를 들어, 1901~1924년 태어난 GI세대*는 하나의 '시민' 유형으로 그들을 동원해 전쟁을 이겨내는 데 최적화되어 있었다. 세대를 탐구한 여러 프레젠테이션 자료와 서적은 각 세대가 어린 시절 경험한 사건의 목록으로 시작된다. 베이비붐 세대는 베트남전쟁, X세대는 냉전과 핵전쟁 공포, 밀레니얼 세대는 9.11 테러, 그리고 Z세대는 코로나19 팬데믹처럼 말이다.

물론 주요 사건은 한 세대의 세계관을 형성할 수 있다. 가령 대공황을 겪은 이들은 검소하게 생활하는 경우가 많다. 하지만 세대가 일련의 사건을 중심으로 구축된다고 보는 관점은 정작 오늘날의 생활문화가 20년 전, 50년 전, 혹은 100년 전과 전혀 다르다는 사실은 반영하지 못한다. 100년 전에는 빨래나 요리 같은 집안일에 엄청난 시간과 노력을 들여야 했기 때문에 대부분 다른 일을 할 여력이 없었다. 불과 1990년대만 해도 개인의 정치적 견해를 공유하려면 시위에 참석하거나 편집자에게 서한을 보내 인쇄물에 게재되기를 바라는 수밖에 없었지만 지금은 스마트폰을 이용해 소셜미디어에 게시물을 올리면 끝이다. 20세기 중반 미국의 백인들은 대부분 인종분리정책을 지

---

* GI세대the GI; the Greatest generation: 1901~1924년에 태어난 '가장 위대한 세대' 또는 ' 잃어버린 세대'라고도 불리는 전쟁 세대

극히 당연하게 받아들였지만 오늘날에는 윤리적으로 용납되지 않는다. 1930년생 여성들은 으레 고등교육을 끝으로 20살에 결혼해 25살까지 두 자녀를 가진 데 비해 1990년생 여성들은 대부분 대학교에 진학해 25살이 되어도 출산은커녕 결혼도 하지 않은 게 보통이다. 이 같은 문화의 변화는 단순히 주요 사건의 결과라고 볼 수 없다. 무엇보다 경기침체나 팬데믹처럼 주기적으로 일어나는 사건이 아니라 세월의 흐름에 따라 한 방향으로 진행되는 하나의 연속적인 변화다.

그렇다면 생활 문화에 변화가 일어나는 근본적 원인, 즉, 세대 간 차이가 나타나는 근원은 무엇일까? 답은 해마다 지속적으로 발전하고 일상생활에 엄청난 영향을 미치는 무언가여야 한다. 가장 강력한 후보는 기술이다.

기술은 우리가 살아가는 방식은 물론, 생각하고 행동하며 타인과 관계 맺는 방식까지 완전히 바꿔놓았다. 전쟁, 팬데믹과 경제 상황이 주기적으로 순환하는 것과 달리 기술 변화는 한 방향으로만 진행된다. 가령 시청 방식이 TV에서 스트리밍 비디오로 바뀐 것처럼 체제가 달라질 순 있지만 크게 봤을 때 기술은 한 방향으로 진화한다. 더 쉽고 빠른 방식, 더 편리하고 즐거운 방향으로 나아가는 것이다. 기술, 그리고 기술이 문화, 행동과 태도에 미치는 영향으로 인해 세대의 오랜 주기가 깨지고 참신한 뭔가가 나타났다. '세대의 기술 모형Technology Model of Generations'이라고 부르는 이 모델은 현대 사회를 위한 새로운 세대 이론이다.

태블릿PC나 휴대폰만 기술이 아니다. 불을 조절하고 바퀴를 발명하며 농작물을 심거나 문자를 사용한 최초의 인류 역시 '기술'을 사용했다. '문제를 해결하거나 유용한 도구를 발명하는 데 실질적으로 사용되는 과학 또는 지식'이라는 의미의 기술 말이다. 오늘날 기술에는 의료부터 세탁기, 다층 건물 등 현대의 삶을 가능하게 하는 모든 것이 포함된다. 수많은 이들이 인접해 살아가는 대도시는 현대식 건축, 위생, 교통수단 없이 지속될 수 없는데 이 모든 걸 가능하게 하는 것이 기술이다. 우리가 평소 의존하는 기술은 우리의 삶을 불과 수십 년 전과 비교하더라도 극적으로 바꿔놓았다. 따라서 노스 센티널 섬의 주민이 100년 전과 비슷한 생활을 하고 있는 건 기술 변화를 거의 겪지 않았기 때문이라고 추정하는 게 합당하다.

얼핏 보면 기술은 생활 문화의 변화와 전혀 무관하다고 여길 수 있다. 동성결혼이 허용되고, 정장이 아닌 캐주얼 차림으로 출근하며, 전보다 자녀를 늦게 갖는 게 대체 기술과 무슨 상관이란 말인가? 그러나 이 같은 변화 하나하나는 사실 기술로 인해 초래되었다. 물론 다른 요인이 매개 역할도 했겠지만 말이다. 이 문제는 추후 다시 다루도록 하겠다.

기술은 세대에 관한 고전 이론에서 지목하는 주요 사건의 배후가 되기도 한다. 20세기 기술 발전의 핵심 사건으로 손꼽히는 비행기를 생각해보자. 지난 100년에 걸쳐 일어난 주요 사건 중 비행기가 원인을 제공한 것만 해도 네 가지나 된다. 첫째, 2차 세계대전이다. 최초로 핵폭탄을 투하한 항공기를 포함해서 비행기가 전투에 사용되었다. 둘째, 9·11 테러다. 비행기가 무기로 사용되었다. 셋째, 에이즈와 넷째, 코로나19 팬데믹이다. 두 바이러스 모두 비행기 여행을 통해 확산되었다.

수렵 채집 부족을 찾아다니며 기원 설화를 수집하는 어느 인류학자의 일화가 있다. 한 노인은 그에게 지구가 거대한 거북이의 등 위에

기술 발전이 일으킨 광범위한 변화 사례

기술	주요 성장기	영향
TV	1947~1990년	사건을 즉각 경험, 다른 지역과 문화에 노출, 독서량 감소, 물질주의
가전제품 (전자레인지, 세탁기, 냉장고)	1947~1985년	혼자 살 수 있게 됨, 여성들의 커리어 추구, 여가 시간 증가
에어컨	1950~1980년대	미국 남부 및 서구 인구 증가, 외부 활동 인구 감소
피임	1960~1969년	혼전 성관계 증가, 출산율 감소, 여성들의 커리어 추구
컴퓨터 기술	1964~2005년	여러 직업에 필요한 기술 역량 및 교육 증가, 노동 생산성 증가
인터넷 뉴스	2000~2010년	즉각적 정보 접근, 신문 구독 감소, 취향에 따라 뉴스 필터링 가능
소셜미디어	2006~2015년	대규모 소셜 네트워크 확보, 대면 교류 감소, 정치 양극화

얹혀 있다고 말한다. "그럼 거북이는 어디에 얹혀 있나요?" 인류학자가 물었다. "아, 그 밑으로 계속 거북이가 이어집니다" 이 말에 수많은 거북이가 사슬처럼 이어진 모습을 떠올린다. 맨 꼭대기의 가장 작은 거북이부터 시작해 그 밑으로 조금씩 더 큰 거북이가 끝이 보이지 않을 만큼 계속 이어지는 것이다. 기원 설화의 한계를 설명하기 위한 이야기이기는 하지만 밑으로 조금씩 더 큰 거북이가 계속된다는 아이디어는 현상의 궁극적 원인을 탐색하는 과정과 비슷하다. 결국 각 원인이 바로 밑의 또 다른 원인에 의해 유발되는 것인데 사슬처럼 끝없이 이어진 거북이가 실제로 일으킨 변화는 무엇인지 바로 파악하기는 어렵다.

하지만 끝없이 이어지는 사슬이라도 최초의 기원이 존재하는 경

세대의 기술 모형

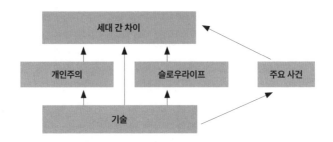

※ 주요 사건에는 전쟁, 테러 공격, 경제 주기, 팬데믹, 자연재해, 범죄율 급증, 영향력 있는 인물의 등상 등이 포함된다.

우가 더러 있다. 세대 간 차이도 결국엔 기술에서 시작되는 것이다. 물론 기술이 언제나 세대 차이를 직접 유발하는 것은 아니다. 기술이라는 거대한 어미 거북이의 등에 올라탄 딸 거북이처럼 중간에서 매개가 되는 원인 역시 존재한다. 이 같은 매개 요인 중 두 가지로 개인주의, 즉 개인의 자아를 더 중시하는 가치관과, 슬로우라이프*, 즉 성인이 되기까지 더 오랜 시간이 걸리고 노화의 속도도 느려졌다는 점을 들 수 있다. 현대의 세대 이론은 이렇게 기술이 근본 원인을 차지하고 개인주의와 느려진 인생 주기가 매개 요인으로 작용하며 주요 사건들이 부수적 역할을 하는 모형으로 그려볼 수 있다. 기술은 엄마 거북이, 개인주의와 느려진 인생 주기가 딸 거북이다. 그리고 주요 사

---

* 슬로우라이프Slow Life : 슬로우라이프는 바쁜 현대사회에서 '느리게' 혹은 ' 천천히' 사는 것을 추구하는 의미로 사용되기도 하지만 이 책에서는 교육 수준이 높아지고 수명이 늘어나면서, 사회진출, 결혼, 출산 등 어른 노릇을 하는 연령대가 높아지는 현상인 '느려진 인생 주기'를 의미한다.

건은 이따금 등장하는 지인 정도에 해당하는 것이다.

이 모형에 모든 요인이 빠짐없이 포함된 것은 아니다. 소득 불평등 같은 기타 요인도 분명 존재하지만 이 모형에 담긴 요소가 핵심이라고 할 수 있다. 직접 영향을 미치는 기술과 더불어 개인주의와 슬로우라이프가 20세기와 21세기의 세대를 규정하는 핵심 트렌드인 것이다.

개인주의

자기 자신을 더 중시하는 세계관인 개인주의는 주로 세계적인 관점에서 논의된다. 미국 같은 개인주의 문화에서는 자유, 독립과 평등을 중시하는 데 반해 한국 등 공동체 문화가 강한 지역에서는 집단의 조화와 규칙 준수를 더 강조한다.

개인주의의 정도 역시 시간의 흐름과 함께 달라졌다. 200년 전, 가령 제인 오스틴의 소설이 출간된 1800년대 초반의 영국에서는 행동이나 선택에 상당한 제약이 따랐다. 성별, 인종과 계급은 주어진 운명이었고 남자아이들은 자연히 부친과 동일한 직업을 가졌다. 상류층의 거의 모든 여성은 25살 무렵 결혼해 아이를 가졌다. 하층민 여성은 결혼이 아니면 종이 되었다. 하층민 남성과 모든 여성은 투표권을 갖지 못했고 노예는 합법이었다. 상류층 남성을 중심으로 개인의 자유가 주어지기도 했지만 심지어 이들 역시 의상, 화술과 행동에서 엄격한 규정을 따라야 했다. 보다 위대한 명분을 위해 개인의 희생을 강요하는 문화가 널리 퍼져 있었는데 그 일환으로 청년들은 부름을 받으면 즉시 입대해야 했다.

하지만 이 같은 사회적 규칙의 구속력은 지난 수십 년간 서서히 약화되었다. 1960년대와 1970년대 들어 오늘날 우리가 알고 있는 고도의 개인주의 사회가 세계적으로 확산되기 시작했다. 모든 게 개인의 선택으로 귀결되었고 미군은 자원입대로 채워졌으며 '나 스스로가 원하면 한다'는 철학이 모두의 신념으로 자리 잡았다. 더 큰 명분을 위해 희생하는 일 역시 예전만큼 지지받지 못했다. 사람을 개인으로 대한다는 건 소속 집단을 더 이상 운명으로 받아들이지 않는다는 의미였다. 대신 성별, 인종과 계급에 따른 개인의 권리를 추구하는 운동이 확산되면서 평등이 문화의 핵심 가치로 떠올랐다.

개인에 이렇게 커다란 비중이 실리면서 스스로에게 좋은 감정을 갖는 게 중요해졌고 따라서 긍정적 자기관이 더욱 강조되기 시작했다. 구글에 스캔본으로 업로드된 책 2,500만 권을 조사한 결과, 1980년과 2019년 사이 자기표현과 긍정적 태도를 권장하는 개인주의 성향 문구가 꾸준히 증가한 것으로 나타났다. 구글에서 'Ngram viewer'

1950~2019년 출간된 책에 삽입된 '개인주의' 문구의 사용 빈도

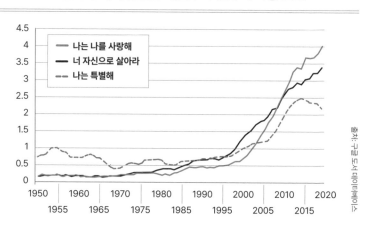

※ 그해 출간된 모든 도서에서 해당 문구가 등장한 비율을 나타낸다. 비율은 3년마다 평활되었다.

를 검색하면 직접 이 데이터베이스에 접근할 수 있다. 말이 글을 반영한다고 전제할 때 "너 자신으로 살라"거나 "너는 특별해" 같은 말을 1950년대에 성장한 베이비붐 세대는 거의 듣지 못한 데 비해 밀레니얼 세대나 Z세대는 상당히 많이 들었다. "나는 나를 사랑해"라고 적힌 문구가 있다면 1955년에는 단어가 반복된다거나 위안에 불과하다는 식으로 탐탁지 않게 여겼지만 2000년대에는 높은 자존감의 표현으로 받아들여졌다.

두 가지 중요한 사실을 짚고 넘어갈 필요가 있다. 첫째, 개인주의와 전체주의는 둘 다 마냥 좋은 것도 아니고 마냥 나쁜 것도 아니다. 모두 장단점이 있으며 누군가 어떤 체제가 좋다거나 나쁘다는 식으로 판단하는 것은 그 사람이 어떤 체제에서 자랐느냐에 크게 좌우된다. 가령 서구 사회가 한부모 가정을 더 자연스럽게 포용하게 된 건 좋은 일인가 나쁜 일인가? 이에 대한 답은 당신의 성향이 개인주의적인지 혹은 전체주의적인지에 따라 일부 달라질 수 있다. 일반적으로 개인주의는 개인의 자유와 선택권이 더 많이 허용되는 장점이 있는 반면 사회적으로 단절되기 쉽다는 단점이 존재한다. 이에 비해 전체주의는 선택의 자유는 적지만 사회적 유대가 훨씬 강하다.

둘째, 개인주의와 전체주의에 정치사상을 엮어선 안 된다. 정치사상이 결합되는 순간 성격이 달라지기 때문이다. 보수주의에는 개인주의적 요소(작은 정부 선호)도, 전체주의적 요소(가족이나 종교 강조)도 존재한다. 자유주의는 인종, 성별이나 성적 지향이 권리나 기회를 제한해서는 안 된다는 개인주의의 신념을 수용하지만 정부지원 건강보험 같은 전체주의적 사회 정책 역시 지지한다. 따라서 개인주의와 전체주의를 정치사상이 아닌 문화체제로 간주해야 한다. 한 가지 가능한 예외는 자유의지론이다. 자유의지론은 자유주의 사상과 보수주의 사상의 일부 관점을 취하고 어느 정도 개인주의적 요소도 지니는 정치 철학이다. 하지만 개인주의와 전체주의가 각각 민주당과 공화당을 대변하지는 않는다.

세대의 기술 모형에 따르면 개인주의를 탄생시킨 건 기술이다. 이 유는? 기술이 개인주의를 가능하게 만들었기 때문이다. 혼자 살거나 자신을 특별하게 여길 여유를 부리는 것은 20세기가 다 가도록 불가능에 가까웠다. 그저 먹고 사는 데도 엄청난 시간과 노력이 들었다. 냉장고, 정수기, 중앙난방이나 세탁기 등이 전혀 없었으니 당연한 일이다. 현대식 마트도 존재하지 않았고 요리를 하려면 장작을 피워야 했다. 경제력이 받쳐주면 하인을 고용할 수 있었지만 가난한 이들은 모두 혼자 처리하는 수밖에 없었다. 혹은 본인이 남을 위해 그 모든 일을 해주는 하인이었다. 그 시대에 일상을 살려면 온갖 걸 직접 해야만 했다.

반면 현대 시민에게는 자기 자신, 자신만의 필요와 욕구에 얼마든지 집중할 시간적 여유가 주어졌다. 기술이 가사노동에서 우리를 해방시켜주었기 때문이다. 맥도날드 드라이브스루에서 5분도 채 안 돼 따끈한 음식을 받아먹을 수 있다는 사실은 놀랍기만 하다. 이것이야 말로 현대 사회의 편의성, 그리고 덕분에 개인이 누리게 된 유연성의 대표적 사례일 것이다. 혹은 빨래를 생각해보자. 행주 하나를 빨기 위해 예전엔 온종일 뜨거운 솥 위에서 고생해야 했지만 이제는 세탁기에 옷가지를 던져 넣고 40분간 TV 앞에 앉아 있으면 된다. 이후 세탁물을 건조기로 옮겨넣고 좀 더 TV를 보면 끝이다. 세탁기가 널리 사용되기 시작한 건 1940년대, 건조기가 일반 가정에 보급된 건 1960년대의 일이었다. 1940년대 미네소타 시골 지역에 살던 나의 조부모님과 이웃 주민들은 야외 빨랫줄에 세탁물을 널어 말렸다. 예상치 못한 한파라도 닥치면 옷들이 꽁꽁 얼기 마련이었다.

중산층이 생겨난 것 역시 기술 덕분이었다. 인간의 노동을 대체할 여러 기기가 등장했다. 하인이나 농장 노동자에 대한 수요가 줄면서 사람들은 다른 일을 찾아나섰는데 대부분의 직업이 급여도 더 높고 보다 큰 자유를 보장해주었다. 20세기 미국의 가장 위대한 성공 스토리 중 하나가 바로 안정적인 중산층의 등장이다. '사람들이 대부분 자신을 중산층으로 여긴다'는 사실은 모두가 평등하다고 전제하는 개인주의를 양성하는 데 최고의 자양분이 되었다. 2017년 미국인의 70%는 스스로를 중산층이라고 여겼다. 20세기는 일상의 허드렛일을 처리하는 시간이 줄고 성별 · 인종 · 계급 차이에 따른 노동의 분화가 줄어든 시기였다. 이런 사회적 분위기에서는 개인주의와 같은 신념을 지키기가 한결 수월하다.

다시 말해 기술의 진보로 여러 사람이 협력해야 하는 농업과 가사 노동이 경제에서 차지하는 비중은 줄고, 대개 독립적으로 일하는 정보 처리와 서비스 업무는 늘어났다. 농촌의 경우 사람들은 여전히 함께 일하지만 오늘날 가족 농장이나 가업 같은 건 찾아보기 힘들다. 대도시 역시 기술 덕분에 실현되었다. 대도시에 사는 사람들은 타인이 어떻게 행동하든 관심이 없기 때문에 익명성 속에 살아가는 만큼 개인주의는 더욱 강화된다. 이렇게 개인주의를 강화하는 대도시 역시 기술 덕분에 실현되었다. 또 신체적 강인함보다는 언변이나 사회적 역량에 크게 의존하는 일자리가 많아지면서 여성들의 취업이 급증했고 결과적으로 성평등 문화가 확산되었다.

좀 더 최근 일어난 기술 발전 역시 개인주의 경향을 강화시킨다. TV의 경우 처음 보급되기 시작했을 때 가구당 한 대가 기본이었다. 크기가 있다 보니 목재 가구와 더불어 거실에 장식품처럼 놓이는 경우가 많았다. 그러다 TV의 인기가 치솟으면서 가정에 두세 대씩 두고 구성원마다 서로 다른 프로그램을 시청하게 되었다. 그리고 현재는 각자 귀에는 이어폰을 꽂고 휴대폰이나 태블릿PC로 원하는 동영상을 원하는 시간대에 스트리밍해서 본다.

기술의 변화가 항상 개인주의 강화라는 결과를 가져오는 것은 아니다. 일례로 일본은 어디에도 뒤지지 않는 기술력을 자랑하지만 공동체를 중시하는 나라다. 하지만 현대 기술이 아니었다면 개인주의는 등장할 수 없었을 것이다. 세계에서 개인주의 경향이 강한 국가는 하나같이 산업 국가지만 산업 국가라고 해서 모두 개인주의가 강한 것은 아니다.

앞서 제기한 두 가지 질문으로 돌아가 보자. 동성결혼은 기술과 어떤 관련이 있는가? 직장에서 더 이상 정장이 아닌 캐주얼 복장을 하게 된 것은? 이 두 변화의 시작은 모두 기술이 낳은 개인주의였다. 집단주의 국가와 달리 개인주의 국가에서 레즈비언, 게이와 양성애자 등 성소수자의 평등권을 보장해주기 시작한 것이다. 실제로 네덜란드와 캐나다에서는 동성결혼이 합법이지만 중국과 사우디아라비아에서는 금지되어 있다. 개인주의와 성소수자 인권 문제 간의 관계는 시간이 흐를수록 더 밀접하게 나타났다. 개인주의 문화가 확산될수록 개인의 선택을 존중하는 목소리가 높아졌고 획일성을 중시하는 시각은 갈수록 설 자리를 잃은 것이다. 실제로 20세기 서구 문화에서는 '다르다'는 이유로 동성결혼이 금기시되었다. 종교의 집단주의 교리도 이 같은 가치관을 뒷받침했다. 그 당시 동성애는 집단주의 사회의 근간을 이루는 이성결혼과 가족 구성을 위협하는 요소였을 뿐이다. 하지만 개인주의 사회에는 다양한 규모와 형태의 가족이 존재하는 만큼, 동성애 혹은 양성애 역시 또 다른 형태로 인정된다. 성소수자 가구가 가족을 구성하게 된 것도 기술 발달이 가져온 결과다. 동성애 커플 역시 인공 수정, 난자 기증 또는 대리모를 통한 출산으로 친자를 가질 수 있게 된 것이다.

개인주의는 성별, 인종, 민족, 성전환 여부와 무관한 평등권을 주장한다. 민권운동, '흑인의 생명은 소중하다Black Lives Matter' 운동, 여권 신장운동, 동성애자 인권운동의 근간에 개인주의가 자리잡고 있다. 누구든 있는 그대로 인정받고 동등한 대우를 받아야 한다는 게 개인주의의 핵심이다. 헤더 몰의 《아홉 명의 숙녀들》에서는 제인 오스틴의 《오만과 편견》에 등장하는 다아시가 인종, 성별과 계급이 운명으로 주어진 1812년에서 2012년으로 시간 여행을 오게 되는 상황을 상상한다. 당연히 그는 스마트폰, 비행기와 레스토랑을 보고 놀라움을 금치 못하지만 정작 1987년생 버전의 엘리자베스 베넷이 그에게 가장 많이 하는 조언은 "모두를 동등하게 대해야 한다는 사실을 기억하세요"다. 평등은 지난 백년간 일어난 숱한 변화를 관통하는 테마로 세대가 바뀌어도 일관적으로 확산되어 온 가치다.

출퇴근 길에 캐주얼한 복장이 선호되기 시작한 건 평등권에 비하면 사소한 변화일 수 있으나 분명 개인주의가 낳은 결과였다. 20세기 초반에는 집을 나설 때 남성은 정장과 모자, 여성은 타이트한 거들과 함께 드레스와 장갑까지 갖춰 입었다. 사람들은 심지어 여가 시간에도 이런 식으로 차려입었다. 1950년대 야구 경기장에 모여든 군중의 사진을 보면 남성은 하나같이 야구모자가 아닌 페도라 같은 신사모를 쓰고 타이까지 맨 포멀한 정장 차림이다. 분위기가 이렇다 보니 오로지 테니스 칠 때만 신는 테니스화도 따로 있었다. 당대 옷차림의 가장 중요한 기능은 신분을 나타내는 것이었다. 지위가 높다는 건 그 사실을 드러내는 방식으로 옷을 입을 수 있다는 의미였다.

그런데 개인주의가 확산되면서 옷의 주요 기능 역시 편안함으로 바뀌었다. '다른 사람이 어떻게 생각하는지는 중요하지 않다'는 철저한 개인주의 가치관이 실현된 것이다. 물론 우리는 여전히 타인의 시선에 연연한다. 그렇지 않다면 발가벗거나 파자마 차림으로 다녔을 것이다. 하지만 옷을 사회적 지위를 표현하는 수단이라기보다는 편안함을 추구하는 수단으로 바라보는 관점이 과거보다 우세해진 게 사실이다.

느려진 인생 주기 (슬로우라이프)

기술은 문화적으로 또 다른 변화를 유발해 우리 삶의 방식을 크게 바꿔놓았다. 성인이나 노인이 되기까지 예전보다 오랜 시간이 걸리게 된 것이다. 물론 이 같은 경향이 일상의 속도가 느려져서 나타나는 것은 아니다. 실제로는 속도가 오히려 빨라졌다. 그보다 운전면허 취득, 결혼이나 은퇴 등 청소년기, 성인기와 노년기에 도달하는 시기가 늦어졌다.

내 딸아이의 책상 서랍에는 1950년대 말에 찍힌 나의 외조부모, 그리고 그들의 여덟 자녀 중 네 명의 사진이 들어 있다. 미네소타 외곽에 위치한 농가 앞에서 찍은 사진으로 외할머니는 하얀색과 파란색이 섞인 드레스, 외할아버지는 정장과 페도라 차림이고 엄마와 형제

분들은 부활절 조끼를 입고 있다. 여기에 엄마와 마릴린 이모는 작은 모자를 썼고, 마크 삼촌은 보타이를 맸으며, 버드 삼촌은 파란색 정장 코트 차림에 머리칼을 뒤로 넘겨 마치 영화배우 같은 모습이다.

이들은 유년기부터 노년기에 이르기까지 오늘날과는 전혀 다른 삶의 궤적을 밟았다. 1911년에 태어난 내 외할머니는 학교를 8학년까지만 다니고 19살에 결혼한 뒤 18년에 걸쳐 여덟 명의 자녀를 출산했다. 첫째의 고교 무도회가 열리던 날 막내가 태어났다. 사진 속 할머니는 47살이지만 겉으로는 50대 중반 심지어 60대 초반으로까지 보인다. 1904년생인 외할아버지는 고작 6학년까지 학교를 다닌 뒤 중퇴해 가족이 운영하는 농장에서 일했다. 사진을 찍을 당시 50대 중반이었지만 외모만 보면 오히려 60대에 가깝다.

1932~1950년 사이 태어난 자녀들은 소젖을 짜고 외양간 청소를 하며 닭 모이를 주고 식사 준비를 하는 등 농장 일을 도우며 성장했다. 동네에서 마음껏 뛰어놀기도 해서 형제들이 인근 개울에서 알몸으로 헤엄치며 놀고 있는데 동네 여자아이들이 옷을 다 훔쳐 갔다는 이야기를 버드 삼촌은 가장 재미있는 추억이라며 들려주었다. 그때가 몇 살이었는지 삼촌에게 물어본 나는 답을 듣고 놀라지 않을 수 없었다. '여덟 살이나 아홉 살'이었다고 하는데 오늘날 비슷한 연령대의 미국 아이들은 그와 같은 자유를 상상도 할 수 없기 때문이다.

게다가 이는 농가 자녀들만의 이야기가 아니다. 같은 시대에 어느 소도시에서 자란 내 아버지 역시 초등학교 시절 친구들과 동네를 쏘다니며 여름에는 야구를 하고 겨울에는 아이스 스케이트에 빠졌다고 한다. 이렇게 자유를 누리는 대신 그에 따른 책임을 지는 게 20세기 중반 유년기의 모습이었다. 엄마들은 자녀들에게 밖에 나가 놀되 저녁식사 시간까지는 돌아오라고 일렀다. 부모들은 8살 정도면 어른을 동반하지 않고도 온종일 밖에서 지내는 게 지극히 자연스러운 일이라고 여겼다. 하지만 최근엔 이만큼 독립된 생활을 하는 아이는 거의 찾아볼 수 없다. 부모들은 심지어 10대 자녀조차 스마트폰 앱으로 일일이 이동 경로를 추적하고 있다.

이 같은 변화의 원인은 무엇인가? 인생사 이론이라는 제목의 모형을 보면 답을 얻을 수 있다. 이 모형에 따르면 선택권은 부모에게 있다. 이들은 자녀를 많이 낳고 빨리 크길 기대하거나 혹은 적게 낳고 느리게 자라기를 기대할 수 있다. 전자를 '빠른 인생 주기'라는 뜻의 '패스트라이프', 후자를 '느려진 인생주기'라는 뜻의 '슬로우라이프'라고 할 수 있다.

패스트라이프는 아기와 성인의 수명이 길지 않았던 시대, 그리고 아이들이 농사일을 도와야 했던 시기에 흔한 전략이었다. 이 같은 여건에서는 살아남는 자녀의 수를 늘리기 위해 자녀를 더 많이 낳고 일찍 낳는 게 최선이었다. 얼른 성장해 부모 중 한 명 혹은 둘 다 사망할 경우 스스로를 돌볼 수 있도록 하기 위함이었다.

1800년대 말까지만 해도 신생아 6명 중 1명이 사망했다. 산모 6명이 아기를 낳으면 그중 1명은 1년이 채 지나기도 전에 자녀를 잃은 것이다. 20세기에 접어들면서 영아 사망률은 극적으로 낮아졌지만 1925년 사일런트 세대가 태어났을 때만 해도 신생아 14명 중 1명이 죽었다. 베이비부머 세대가 태어난 1946년에는 30명 중 1명이 1살 생일을 넘기지 못했다. 영아 사망률은 1988년까지 100명 중 1명 밑으로 떨어지지 못하다가 2020년에 200명 중 1명꼴로 감소했다.

아동 사망률 또한 높았다. 20세기 초 어린이 10명 중 1명은 첫 번째 생일을 무사히 넘기더라도 열다섯 번째 생일을 맞이하기가 힘들었다. 그런데 2007년에 이르자 유년기에 사망하는 아동의 비율이 300명 중 1명꼴로 줄었다. 5~14살 사이 어린이의 사망률은 1950년에서 2019년 사이에 80%나 감소했다. 나의 외가에서는 이 같은 변화를 몸소 체험했다. 조부모님의 다섯 번째 자녀이자 첫 딸이던 조이스가 지금 같으면 별 문제도 아니었을 신장염 때문에 1954년 13살의 나이로 사망한 것이다.

과거의 환경이 달랐던 데에는 또 다른 이유 역시 존재한다. 교육도 지금보다 단기간에 끝났고 수명도 짧아서 각 인생 주기별로 성장이 빠르게 일어났다. 어린이는 좀 더 독립적이었고 10대는 지금보다 많은 일과 연애의 기회를 누렸으며 10대 후반에서 20대 초반이면 직업을 갖고 결혼과 출산을 하고 살다가 보통 60대에 사망했다. 미국의 평균 수명은 1931년에 이르러서야 60살이 되었고 1961년에 70살, 1989년에 75살로 차츰 길어졌다.

21세기 들어 유아와 아동의 사망률은 줄었고 교육 기간은 전반적으로 길어졌으며 사람들은 한층 더 건강하게 오래 살 수 있게 되었다. 오늘날 환경에서는 사망의 위험은 줄었지만 소득 격차로 경제적 어려움을 겪을 확률이 높아졌다. 부모들은 경제적인 이유로 자녀를 적게 낳아 헌신적으로 키우기를 선택하고 있다. 어느 학술 논문에도 명시돼 있듯 "안정적 환경에서 특정 자원에 대한 경쟁이 치열하게 벌어질 경우 부모들은 더 많이 투자하고 자녀는 적게 갖기를 선호한다." 그리고 이것이 바로 21세기 미국의 상황이다. 사망률이 낮아져 환경은 안정적일지 모르지만 소득 격차 또는 다른 요인으로 인해 자원 경쟁은 한층 치열해졌다.

결과적으로 낮은 출생률 속 아이 한 명 한 명에게 더 많은 관심과 지원을 쏟으며 인생 주기를 예전보다 늦게 맞이하는 슬로우라이프가 이뤄지고 있다. 아이들은 스스로 걸어서 등하교하거나 혼자 집에 머무는 것처럼 혼자 하는 일이 대폭 줄었고, 10대는 운전면허 취득이나 데이트 등 독립심이 필요한 일은 하려 들지 않으며, 청년들 역시 앞선 세대보다 결혼이나 출산을 늦게 하는 등 성인기의 대소사를 갈수록 뒤로 미루고 있다. '오늘날의 50세는 이전의 40세'로 예전에는 중년으로 간주되던 나이가 이제 젊다고 받아들여지고, 은퇴 연령이 지난 뒤에도 건강을 유지하는 게 예외가 아닌 필수가 됐으며, 기대 수명은 80세로 길어졌다. 유년부터 장년까지 일생에 걸친 성장 궤도가 한층 느린 속도로 채워지게 된 것이다.

이 같은 변화가 일어날 수 있었던 건 현대 의학으로 수명이 길어지고 피임이 가능해지면서 자녀 수를 조절할 수 있게 됐기 때문이다. 또한 노동 보조 장비로 젊음을 유지할 수 있게 되고 지식 기반 경제가 출현하는 등 결국 기술 덕분이었다고 할 수 있다. 특히 느려진 노화 속도를 생물학적으로 수치화하는 것도 가능해졌다. 노화의 여덟 가지 생물학적 지표를 사용한 최근 연구에 따르면 2007~2010년 60~79세 미국인은 1988~1994년의 같은 연령대 미국인보다 생물학적으로 4년 더 젊었고, 40~59세 미국인은 2~3년 더 젊었다.

한 가지 유념할 사항은 슬로우라이프나 패스트라이프 중 어느 한 가지가 무조건 좋다거나 나쁘다고 말할 수 없다는 점이다. 두 가지 모두 특정 지역과 시대에 걸맞게 발달한 형태인 만큼 장단점을 지니고 있다. 개인주의 역시 마찬가지로 장단점을 가지고 있다. 이 책을 읽는 내내 잊지 말아야 할 사실이 바로 이것이다. 각 세대에 따라 변화한 뭔가가 있다면 그 자체로 좋거나 나쁘다는 가치 판단을 내릴 수는 없다. 그저 있는 그대로 받아들여야 한다.

세대 간 차이를
실제로 어떻게 발견할 것인가?

기술 덕분에 세대가 구축되었을 뿐 아니라 심도 있는 연구 역시 가능해졌다. 얼마 전까지만 해도 세대를 다룬 책의 여러 저자는 각 세대 집단에 영향을 미친 사건과 인구 통계를 설명하는 데 그쳤고 사건이 각 세대의 태도, 특징, 행동과 어떻게 유기적으로 연관되는지는 명쾌하게 분석하기 어려웠다. 일회성 여론조사와 연구를 통해 각 세대의 특징을 파악할 수는 있지만 여러 가지 차이 중 어떤 게 세대 때문이고 또 어떤 게 나이 때문인지 구분할 수는 없었다.

하지만 이제 빅데이터의 시대가 도래함에 따라 훨씬 예리하고 또 정확한 그림이 서서히 드러나고 있다. 몇 십 년에 걸쳐 미국 전역에서 대규모 조사가 진행돼 온 만큼 과거의 관점을 관찰하고 각 세대가 나이 들어가는 걸 추적하며 한 시대의 청년과 다른 시대의 청년을 비교하는 게 가능해졌다. 추측이 아닌 실시간으로 수집한 정확한 데이터에 근거해 각 세대가 실제로 어떻게 다른지 알아볼 수 있는 것이다.

세대 간 차이에 대한 이 책의 결론은 일부 1940년대로 거슬러 올라가는 24개의 데이터세트를 통해 도출되었다. 이들 데이터는 어린이, 청소년과 성인 등 미국 10대 도시의 인구를 모두 합친 것보다 훨씬 많은 3,900만 명을 대상으로 수집되었다. 조사 대상 약 1,100만 명의 네 개 데이터세트에 기반한 전작 《#i세대》에 비하면 한층 업그레이드된 셈이다. 이들 데이터 덕분에 각 세대에 관한 이야기를 해당 구성원의 목소리로 들을 수 있었다. 세대 간 차이에 대한 오해를 걷어내고 현실을 제대로 들여다봄으로써 각 세대가 서로 더 잘 이해하도록 한다는 이 책의 최우선 목표를 달성한 것이다.

어떤 세대 간 차이를 중점적으로 살펴봐야 할까? 거의 모두다. 이들 데이터세트에는 성적 취향, 출생률, 정치적 성향, 소득, 시간 활용, 성에 대한 관점, 삶의 목표, 약물과 알코올 사용, 결혼 연령, 이혼, 리더십 역할, 교육, 비만, 자신감과 양육 욕구가 포함되어 있다. 정신건강과 행복 관련 이슈도 탐구했다. 《사피엔스》에서 유발 하라리는 '역사가들은 기술의 진보가 인간의 행복과 웰빙에 어떤 영향을 미쳤는지 거의 고려하지 않았다'고 지적했다. 더 이상은 그래선 안 된다. 상황이 어떻게 달라졌는지에 더해 기술이 여러 세대의 정신건강에 미친 영향 역시 이해해야 한다.

데이터를 통해 파악할 수 있는 각 세대의 특징을 알아보기 전에, 세대와 관련해 가장 흔히 생기는 궁금증과 오해부터 풀어보도록 하자.

스스로 그렇게 느끼지 않아도 밀레니얼 세대인가?

우리는 모두 특정 세대에 속한다. 누군가는 이를 동년배와의 끈끈한 연대, 마치 익숙한 털장갑처럼 든든하고 따뜻한 보호 장치로 여기지만 다른 누군가에게는 자신의 정체성을 오해하고 지나치게 일반화한다는 점에서 마냥 거슬리는 깔깔한 스웨터 같을 수 있다. 그리고 대다수에게 '세대'는 이 두 가지 면을 모두 가진 개념이다. 공통된 경험과 지지라는 측면에서는 긍정적이지만, 모욕이 되어 날아오는 경우엔 그렇지도 않다. 실제로 X세대가 베이비붐 세대를 조롱하는 의미로 사용했던 "오케이 부머", 혹은 "밀레니얼 세대는 브런치로 아보카도 토스트를 먹는 데 돈을 너무 많이 써서 내집 장만을 못한다"는 식의 비아냥이 이에 해당한다.

어느 누구도 자신이 태어날 연도를 선택할 수는 없다. 그래서 우리는 의사와 상관없이 특정 세대에 속하게 된다. 작가 랜던 존스가 말했듯 "세대는 출생과 함께 주어지는 사회 계급, 혹은 민족처럼 그냥 정해지는 것이다. 구성원의 합의는 필요하지 않다." 밀레니얼 세대는 굳이 자신이 밀레니얼 세대라는 사실을 의식하지 않더라도 성장기 동안 그 시대의 기술과 문화에 영향을 받게 된다.

따라서 당신이 스스로 밀레니얼 세대라고 느끼지 못하더라도 1980~1994년 사이에 태어났다면 밀레니얼 세대가 맞다. 이렇게 출생 연도로 세대를 자르는 데에는 다소 모호한 부분이 있다. 가령 당신이 1978~1982년에 태어났다면 당신은 X세대와 밀레니얼 세대 둘 다 된다고 주장할 수 있으며 이는 맞는 말이다. 사실 이 시기에 태어난 이들 중 일부는 자신을 X세대와 밀레니얼 세대가 합쳐진 엑세니얼 세대라고 부르기도 한다. 세대 구분은 이렇게 딱 떨어지지 않지만 사람들이 자신이 태어난 해에 따라 서로 다른 경험을 한다는 사실만큼은 분명하다. 문제는 선을 어디에 긋느냐일 뿐이다.

만약 자신이 속한 세대의 특징 중 해당되는 사항이 없어 밀레니얼 세대나 사일런트 세대, 베이비붐 세대, X세대, 혹은 Z세대라고 느끼지 못한다면 어떻게 되는 것일까? 모든 여성이 전형적 여성이 아니고, 모든 뉴요커가 전형적 뉴요커가 아니듯 모두가 전형적인 세대 구성원이 될 수는 없다. 집단을 구분할 때 항상 그런 것처럼 세대 간 차이 역시 평균적 차이로 가늠한다. 예를 들어, Z세대의 10대는 2005년 밀레니얼 세대의 10대보다 평균적으로 인터넷을 더 많이 사용한다. 물론, Z세대의 10대 중에도 인터넷을 덜 사용하는 이가 있고 밀레니얼 세대의 10대 중에도 인터넷을 더 많이 사용하는 이가 있다. 두 세대 간에 겹치는 부분이 많은 것도 사실이다.

세대 간 평균 격차가 존재한다고 해서 특정 세대의 모든 구성원이 정확히 동일해야 하는 것은 아니다. 누군가 "나는 Z세대지만 인터넷은 별로 안 해. 그래서 세대 간 차이가 실제로 존재하는지 모르겠어"라고 생각한다면 "모든 'X'가 그렇지는 않다Not All 'X' Are Like That"는 의미의 이른바 "NAXALT" 오류를 저지르고 있는 것이다. "NAXALT" 오류란 집단 내에 극단으로 치닫는 구성원이 있으면 평균은 존재하지 않는다고 여기는 잘못된 신념을 말한다. 마치 "안전벨트가 생명을 구한다"는 주장에 친구 한 명이 "그건 지나친 일반화야. 내가 아는 사람은 오히려 안전벨트에 질식사했다고"라고 말하는 것과 같다. 물론 그런 경우가 발생할 수도 있지만 안전벨트로 생명을 잃은 경우보다 구한 경우가 훨씬 많다. 안전벨트를 착용하지 않았을 때보다 착용했을 때 사망률이 훨씬 낮아진다는 결괏값의 평균을 극소수 반대 사례를 들어서 틀렸다고 입증할 수는 없는 노릇이다. 각 집단에는 내부적 차이도 항상 있지만 집단 간 차이 역시 여전히 존재한다.

일각에서는 세대 간 차이가 고정관념에 불과하다고 주장한다. 만약 특정 세대가 다른 세대와 다르다고 막연히 추정한다면 이는 고정관념에서 비롯된다. 하지만 각 세대가 가령 평균 결혼 연령이나 신앙심의 정도, 자신감의 측면 등에서 실제로 꽤 다른 양상을 보인다면 세대 간 차이가 있다는 주장이 단순히 고정관념이라고 할 수는 없다. 가령 밀레니얼 세대는 이전 세대보다 늦게 결혼하고 신앙심이 깊지 않으며 좀 더 자신감 넘친다. 이는 오히려 과학적 방법으로 각 집단을 비교한 주장이다. 한 가지 흥미로운 사실은 사람들이 부정적 세대 차이는 '고정관념'이라고 항변하는 반면 긍정적 세대 차이는 기꺼이 수용한다는 것이다.

설사 입증 가능한 세대 차이라고 해도 만약 누군가 개인은 자신이 속한 세대를 반드시 대변한다고 전제하면 고정관념화는 여전히 일어날 수 있다. 자신이 만난 밀레니얼 세대는 하나같이 30대에 결혼하고 신앙심이 깊지 않으며 자신감이 상당하다고 믿는 사람이 있다면, 그는 모든 개인이 평균에 맞아떨어진다는 고정관념에 빠져 있는 것이다. 하지만 이 같은 고정관념화는 해석의 오류이며 그 자체로 연구대상이 되지 못한다. 세대 차이를 발견한다는 건 특정 세대의 모든 구성원이 같으며 (성별, 인종이나 종교 등) 다른 특징은 중요하지 않다는 의미가 아니다. 사람은 여러 측면에서 다양한 만큼 다른 특징 역시 중요하다. 따라서 세대 구분을 '지나친 일반화'로 치부하는 시각은 타당성이 없다. 만약 연구에서 X세대가 평균적으로 좀 더 현실적이라고 주장한다고 해서 모든 X세대가 현실주의적 성향이 강한 것은 아니다. 그렇게 전제하는 사람이 있다면 지나친 일반화를 하는 것이지만 연구 자체는 일반화가 아니다.

그럼에도 여전히 많은 이들이 자신을 세대의 일원으로 느끼지 못한다. 스스로 태도, 특징, 행동 면에서 세대의 전형과는 거리가 멀다고 느끼기 때문이다. 하지만 이렇게 말하는 이들도 자신이 속한 세대의 영향을 받는다. 다음의 시나리오를 생각해보자. 21살 에단은 종교가 없고 미국 동부 해안에 위치한 대도시의 한 대학교에 다닌다. 그는 내년에 결혼을 하고 이후 빠른 시일 내에 아이를 갖겠다고 결심했다.

만약 1961년이었다면 에단이 자신처럼 대학교 졸업 후 빠른 시일 내에 결혼하기를 원하는 같은 계층의 젊은 여성을 만나기란 그리 어렵지 않을 것이다. 가족과 친구들도 그를 축하해주고 그의 선택은 지극히 정상으로 여겨진다. 하지만 2023년이라면 에단과 같은 사회적 계층에 속한 비슷한 연령대 여성 중 20대 초반에 결혼해 출산하겠다고 생각하는 이는 찾아보기 힘들다. 그의 친구나 가족도 결혼은 이르다는 생각에 그를 설득하려 들 것이다. 그 나이에 결혼을 원하는 에단의 욕구는 기이한 것으로 받아들여지고 적당한 상대를 찾지 못할 확률도 높다. 에단은 전형적 Z세대와는 다른 욕구를 가진 것뿐이지만 2000년대에 태어났다는 사실의 영향을 받고 있는 것이다.

따라서 세대 변화는 비단 개인의 변화로만 생기는 것이 아니다. 문화 표준의 변화 때문에 생기기도 한다. 서구인은 대부분 선택이 개인의 취향에서 비롯되며 자신의 행동이 영향을 미치는 건 자신뿐이라고 생각하도록 훈련받아 왔다. 하지만 우리는 모두 연관되어 있다.

이 같은 사실을 인지하는 것은 여러 이유에서 중요하다. 첫째, 아무리 남들과 성향이 다르고 트렌드에 맞지 않으며 변화를 옹호하지 않는다고 해도, 누구든 세대적 트렌드의 영향을 받을 수밖에 없다. 설사 에단이 22살에 결혼해서 23살에 출산하기를 원하는 여성을 용케 찾는다고 해도, 또래 집단에서 자녀가 있는 사람은 이들 부부뿐일 것이므로 주위에 비슷한 또래가 넘쳐났던 1950년대의 젊은 부부들과는 차별화될 수밖에 없다. 또 다른 예로 지난 70년간 활발하게 일었던 사회 평등 운동을 살펴보자. 페미니즘 운동이 가져온 변화는 시위하거나 법정 소송에 나선 여성에게 더 많은 기회의 문이 열린 데 그치지 않는다. 남녀를 불문하고 미래 세대의 삶이 달라졌다. 이들은 스스로를 페미니스트라고 여기지 않지만 부모나 조부모와는 전혀 다른 방식으로 일하고 또 양육하고 있다.

둘째, 우리는 서로 밀접하게 연관되어 있는 만큼 세대 변화는 개인의 행동뿐 아니라 집단의 작용을 통해서도 일어난다. 2007년 출시돼 불과 2013년 미국인의 대다수가 보유하게 된 스마트폰이 좋은 예다. 통신 수단인 스마트폰은 사용자 개인뿐 아니라 사회 네트워크 전체에 영향을 미친다. 스마트폰과 소셜미디어가 확산돼 사회 표준으로 자리 잡음에 따라 모두가 사용 여부와 무관하게 영향을 받고 있다. 소통이 직접 대면이나 전화 통화 형태가 아닌, 온라인으로 이루어지게 되면서 사회 역학 전체가 달라진 것이다. 사람들은 실제로 만나더라도 각자 휴대폰을 들여다보느라 소통이 단절된다. 소셜미디어에 열중한다는 건 함께 있지 않아도 당신이 뭘 하고 있는지 알 수 있다는 의미다. 반면 소셜미디어를 전혀 하지 않으면 특정 상호작용에서 배제된 느낌을 받을 수밖에 없다. 한 대학교 신입생이 이렇게 말한 적이 있다. "소셜미디어를 하지 않는 사람은 배제돼요. 소셜미디어를 하더라도 배제되기는 마찬가지지만요." 모든 이는 사회교류 체계의 변화에 영향받게 돼 있다. 신기술을 사용하든 안 하든 말이다. 마찬가지로 모든 사람은 원하든 원하지 않든 특정 세대에 귀속된다.

세대라는 것이
과연 존재하기는 하는가?

최근 세대라는 개념이 뜨거운 주목을 받고 있다. 상당수 학자나 작가들은 세대가 '실재하지 않는다'거나 '상상 속에 존재할 뿐'이라고 주장했다. 그렇다고 오늘날의 사람들이 50년 전과 같은 방식으로 살아간다는 얘기는 아니다. 대신 출생 연도를 기준으로 세대를 구분하는 방식, 그리고 서로 다른 특성을 지닌 집단들을 책이나 기사에서 같은 세대로 과도하게 일반화하는 방식을 문제 삼았다.

세대 분류는 어떻게 하든 모호한 게 사실이다. 특정 연도 출생자가 어떤 세대에 속하는지 결정할 수 있는 정확한 과학적 근거나 공식 같은 건 존재하지 않는다. 하지만 뒤에서 알아볼 것처럼 각 세대를 가르는 출생 연도를 전후해 뒤늦게라도 어떤 전환이 일어나는 경우가 많다. 기준 연도 전후로 태어난 이들은 결국 동일한 문화를 경험하게 되어 있기 때문이다. 어쨌든 기준은 무엇이라도 세워야 한다.

세대 개념이 지나치게 광범위하다는 주장 역시 사실이다. 10살 차이지만 같은 세대로 분류되는 이들은 전혀 다른 문화를 경험했다. 하지만 그렇다고 세대를 지나치게 세분하면 혼란은 가중되고 세대의 광범위한 경향을 파악하기도 어려워진다. 이 지점을 염두에 두고 세대 간 전환뿐 아니라 세대 내 전환 역시 중요하다고 보았다.

논쟁을 만드는 것이 세대 분류만은 아니다. 도시의 경계, 18살을 법적 성인으로 분류할 수 있는지 여부, 성격 유형과 마찬가지로 특정한 기준이 오히려 진실에 가까울 수도 있다. 그럼에도 불구하고 세대 분류의 기준은 결국은 출생 연도다. 출생 연도만큼 명확한 차이를 만드는 것은 없다. 세대 분류는 결코 완벽하지 않고 다른 방식을 옹호하는 주장이 나올 수 있다. 그래도 이들이 지속되는 이유는 유용하기 때문이다. '1980년대와 1990년대 초 태어난 사람'보다는 밀레니얼이라는 꼬리표를 사용하는 게 더 정확하고 해마다 태어나는 이들을 기준으로 연구하는 것보다는 출생 연도를 바탕으로 집단을 나누는 것이 훨씬 수월하다.

세대가 계속해서 짧아지는 만큼 더 이상 의미가 없다는 주장도 존재한다. 가령 사일런트 세대(1925~1945년)는 21년 기간에 걸쳐 있지만 밀레니얼 세대(1980~1994년)는 15년 기간에 불과하다. 하지만 이는 우연이 아니다. 기술 변화의 속도가 빨라지면서 세대교체 역시 빠르게 이루어지고 있기 때문이다. 유선 전화의 경우 출시 이후 미국 인구의 절반이 소유하기까지 수십 년이 걸렸지만 스마트폰 확산은 5년 반 만에 이루어졌다. 인류 역사상 최단기간에 확산된 기술인 셈이다. 일각에서는 갈수록 출산을 늦게 해 출산 가능 세대의 폭이 넓어지고 있는데 세대별 기간은 왜 점점 짧아지는지 의문을 제기했다. 답은 명확하다. 베이비붐 세대나 Z세대처럼 우리가 공개적으로 분류하고 논의하는 세대는 출산이 기준이 아닌 다른 개념의 사회적 세대이기 때문이다.

따라서 연령 혹은 특정 시기 때문에 생기는 차이와 세대 간 차이를 구분해야 하는 문제가 있다. 일회성 여론조사나 설문조사에서 나타나는 차이는 연령으로 인한 것일 수 있다. 하지만 이 책에서 제공하는 데이터는 대부분 수십 년에 걸쳐 수집된 것이다. 이는 서로 다른 세대의 특정 연령을 비교할 수 있다는 의미다. 만약 어떤 특정 나이의 Z세대 청년이 X세대 청년에 비해 더 우울하다면 이는 연령 때문일 수도 있고 세대 때문일 수도 있다. 하지만 지난 수년간 18~25살의 청년 중 우울증을 앓는 이들의 수가 늘었다면 이는 나이 때문이 아니다. 이 세대의 청년들에게 뭔가 다른 문제가 일어나고 있다는 의미다.

특정 시기는 모든 세대에 동일한 방식으로 영향을 미치는 만큼 이때 세대 간 차이가 나타날 가능성을 배제하기는 더욱 어렵다. 대부분의 경우에는 시기와 세대가 동시에 작용한다. 예를 들어, 2000~2015년 사이 동성결혼 지지율은 세대를 불문하고 증가했지만, 사일런트 세대보다 밀레니얼 세대에서 더 높게 나타났다. 이들이 나이가 들어도 의견이 달라지지 않는다고 전제하면 이는 시기 효과가 아닌 세대 효과다. 또한 소셜미디어가 확산된 2010년 이후 모든 연령대 사람들의 삶이 달라졌지만 소셜미디어가 젊은 층에 미친 영향은 훨씬 두드러졌다. 이들은 아직 인간관계를 쌓고 소통 기술을 확립하기 전이었기 때문이다. 중장년층 역시 소셜미디어 사용을 시작했지만 기술이 지금처럼 고도로 발달하지 않았던 시기에 이미 안면을 트고 소통 방식도 확립한 상태였다. 만약 변화가 특정 시기의 특정 연령대에만 영향을 미친다면 차이가 세대 때문에 나타나는 것이라고 확신할 수 있을 것이다.

예를 들어, 밀레니얼 세대는 사일런트 세대보다 훨씬 늦은 나이에 결혼한다. 초혼은 좀 더 어렸을 때 하는 게 보통이기 때문에 이는 시대 차이가 아닌 세대 차이임에 분명하다. 하지만 이 책에서 다룬 각 세대의 특징 중 대다수는 특정 세대에 처음 나타났거나 특정 세대에 가장 큰 영향을 미쳤지만 여러 세대에 걸쳐 반복적으로 나타난다.

기성세대는 젊은 세대에 '언제나' 불만이라는 인식은 어떤가? 이는 세대 차이가 실제로 존재하지 않는다는 주장의 근거로 자주 사용된다. 사람들이 50년 전과 똑같은 소리를 하는데 젊은 세대가 어떻게 '마냥 수용적일 수' 있을까?

기성세대가 늘 불만인 건 항상 옳은 얘기를 해왔기 때문일 수 있다. 기술의 발달로 몸이 점점 편해지면서 각 세대는 이전 세대보다 더 너그러워진 게 사실이다. 이전부터 전해 내려온 말이라고 해서 무조건 틀린 것은 아니며 특히 같은 방향으로 변화가 계속될 경우엔 더욱 맞는 얘기일 수 있다. X세대가 향수에 잠겨 Z세대 자녀에게 도서관 대출카드를 일일이 발급받던 일, 줄을 서서 공중전화를 사용하던 일 등 20세기에 존재했던 불편에 대해 늘어놓는 것처럼 불을 사용한 최초의 인류 역시 "이런 게 생겨서 얼마나 편리해졌는지 상상도 못할 것"이라며 자녀를 훈계했을 것이다. 기술은 지속적으로 발전하기 때문에 두 부모의 이야기는 수천 년의 시간 차이에도 불구하고 모두 옳은 말일 수밖에 없다. 아무리 옳은 말이라고 해도 누구나 아는 뻔한 이야기를 계속하는 것을 바람직하다고 할 수는 없다. 세대 차이를 연구하는 목적은 서로를 비판하기 위한 것이 아니라 서로를 이해하기 위해서다.

세대를 주제로 강의할 때 항상 받는 질문이 '누구 책임'이냐는 것이다. 그들은 '젊은 세대가 이만한 권리를 누리는 게 누구 덕분인가?' 혹은 '우리 책임으로 돌리지 마라. 베이비붐 세대가 다 망쳤다'라고 말한다. 온라인상이나 책에서 세대 차이를 논할 때 빠지지 않는 질문도 있다. 가령 밀레니얼 세대인 질 필리포빅은 "'오케이 부머'라는 말은 단순히 건방진 모욕이 아니라, 우리가 겪는 문제의 대다수를 초래한 이들이 정작 그 책임을 우리에게 돌리는 것을 두고 우리가 겪는 좌절감을 짧게 표현한 것"이라고 적었다.

하지만 이런 식의 사고 흐름에는 몇 가지 짚고 넘어가야 할 것들이 있다. 첫째, 세대와 관련해 나타나는 모든 변화가 부정적인 것은 아니며 오히려 긍정적이거나 중립적인 것도 많다. 지금 일어나고 있는 나쁜 결과를 베이비붐 세대의 '잘못'으로 돌린다면 지금 일어나고 있는 좋은 결과 역시 베이비붐 세대의 공로로 돌려야 하는가? 또 세대 변화에 기술과 같은 요인이 단 한 세대에만 영향을 미쳤다고 볼 수 없고, 문화의 대대적 변화와 같은 이하 여러 요인에 의해 발생한다. 누구의 '책임'인지 설왕설래하는 것은 역효과만 낼 뿐이어서 좋든 나쁘든 트렌드를 이해해야 할 때 불평만 늘어놓게 만든다. 이 같은 논쟁이 벌어지면 각 세대는 즉각 "누가 먼저 시작했나"를 두고 치고받고 싸우는 형제자매가 된다. 이렇게 세대를 가족에 빗댄 비유는 2020년대에 꽤 유행했다. 사일런트 세대와 베이비붐 세대가 힘센 형들이고 밀레니얼 세대와 Z세대는 에너지 넘치지만 잘 이해받지 못하는 막둥이다. 그리고 사이에 낀 X세대는 그냥 잊힐 때가 많다.

또 다른 의문은 이 같은 세대 차이가 미국 이외의 국가에도 동일하게 적용되는가 하는 문제다. 이 책은 미국의 각 세대를 중점적으로 다루고 있지만 여기서 설명하는 문화적 변화의 대다수는 전 세계적으로 발생했다. 가령 스마트폰의 경우에도 대부분의 산업 국가에서 거의 같은 무렵 출시되지 않았는가? 이를 감안할 때 만약 세대 차이의 원인이 스마트폰이라면 비슷한 시기에 스마트폰 사용을 시작한 여러 국가에서는 동일한 패턴의 변화가 나타날 것으로 예상된다. 물론 다른 문화적 영향도 있겠지만 말이다.

코로나19 팬데믹은 어떤 영향을 미쳤을까? 2019년과 2020~2022년 사이 사람들의 태도와 행동에 전례 없는 변화가 있었을 법한 데도 크게 달라지지 않은 것은 놀랍다. 대면 교류가 줄고 정치 양극화 경향이 강해지는 등 2010년대부터 나타났던 경향이 팬데믹으로 뒤바뀌지 않고 오히려 더 강해졌기 때문이다. 2021년 역사학자 카일 하퍼가 적었듯 팬데믹은 "우리 사회의 다른 모든 병폐를 찾아 드러낸 것으로 보인다. … 코로나19 팬데믹은 마치 방사능 추적자처럼 우리의 결점과 실패, 그리고 사회적 합의를 불가능하게 만드는 문화 양극화를 똑똑히 보여주었다." 다시 말해 팬데믹은 본래 있던 것을 다른 뭔가로 바꾸지 않고 오히려 강화했다. 2010년대 후반부터 가상 통신 기술을 점차 많이 사용하면서 우리는 예상치도 못했던 팬데믹에 대비하고 있었던 셈이다.

우리는 여기서 어디로 가는가?

이어지는 각 장에서는 2020년대에 구성원의 정족수가 살아 있는 세대, 즉 사일런트, 베이비붐, X, 밀레니얼, Z, 알파 세대를 소개한다. 각 장은 이전 장의 내용을 바탕으로 전개되지만 자신이 속한 세대 혹은 자녀의 세대에 관한 장부터 찾아보더라도 무방하다. 각 장의 도입부 이후에는 세대별 출생 연도, 인구, 부모와 자녀와 손자의 평균 세대를 표로 정리해두었다. 각 세대의 인종 비율 역시 살펴보는 한편, 혼혈이나 다문화 가구 출신은 비백인계로 분류했다. 미국 인구조사에 따르면 2020년 미국인의 10%가 혼혈인 것으로 나타났다. 편의를 위해 사람들을 백인, 흑인, 히스패닉, 아시아계로 칭할 때도 있겠지만 그렇다고 해서 인종이 곧 정체성이라는 의미는 아니다.

몇몇 세대를 대표하는 유명인도 언급한다. 그들은 여전히 건재하기 때문에, 만약 당신이 그들을 기억한다면 즐거운 향수에 젖게 될 것이다. 또 '사람'을 나열하여 세대를 보는 것은 고정관념에서 벗어나 새로운 관점을 갖게 해준다. 많은 사람들은 너바나의 커트 코바인을 X세대로 기억한다. 그렇지만 지미 펄론, 카니예 웨스트, 줄리아 로버츠, 일론 머스크, 제니퍼 로페즈도 같은 X세대다. 마크 저커버그는 우리가 생각하는 전형적인 밀레니얼 세대다. 하지만 비욘세, 마이클 펠프스, 레이디 가가도 밀레니얼 세대에 포함되어 있다. 당신은 멜라니아 트럼프가 X세대라는 사실을 알면 깜짝 놀랄지 모른다. 심지어 빌게이츠와 스티브 잡스는 1955년생 동년배다.

이후 결혼, 성적 취향, 출생률, 약물과 알코올, 평등권 운동, 팝문화, 기술, 소득, 교육, 정치, 종교, 성 정체성, 정신건강, 행복 등 모든 걸 포함한 세대별 경향을 샅샅이 살펴볼 것이다. 각 세대는 고유한 특징과 경험을 지니는 만큼 각 장 역시 고유한 방식으로 구성되었다. 중간의 네 개 세대, 즉 베이비붐, X, 밀레니얼, Z세대에 대해서는 사일런트 세대와 알파 세대에 비해 훨씬 많은 데이터가 제시됐음을 알 수 있을 것이다.

다양한 세대에 영향을 미친 기술과 사건이 많이 있지만 중복을 피하기 위해 매번 다루지는 않았다. 대신 가장 직접적 영향을 받은 세대, 혹은 그와 같은 경향을 이끌거나 대변한 인물이 속한 세대에서 설명했다. 예를 들어, 종교의 변화는 밀레니얼 세대에서 가장 두드러지게 나타났기 때문에 종교에 헌신하는 경향은 해당 장에서 확인할 수 있다. 하지만 분류가 까다로운 주제도 적지 않았다. 가령 동성결혼 합법화를 위한 투쟁은 X세대가 주도했지만 가장 크게 영향받은 건 밀레니얼 세대와 Z세대다. 결국 나는 이를 '4장 X세대'에 포함시켰는데 X세대야말로 일생에 걸쳐 가장 극적인 변화를 겪었고 2015년 동성결혼 금지에 대한 '오버게펠 대 호지스 판결'의 수석 원고였던 짐 오버게펠이 X세대이기 때문이다. 여러 세대에 걸쳐 광범위한 영향을 미친 사건들은 각 장에 분산되어 있다. 2001년의 9·11 사건은 한두 세대가 아닌 모든 세대에 주요 사건으로 분류된다.

대중문화와 기술의 역할이 커진 만큼 경험과 혁신가, 그리고 세대의 정신을 반영하는 미디어를 주요하게 다뤘다. 누구나 알고 있는 사실뿐 아니라 비교적 덜 알려진 일들도 함께 살펴봤는데 당신이 예전에 좋아했던 문화적 요소 역시 전부는 아니라도 대부분 등장할 것이다. 밀레니얼 세대, 그리고 특히 Z세대가 성인이 된 시기에는 대중문화가 상당히 다양한 양식으로 분화되어서 요약이 더욱 어려워졌다.

마지막 장에서는 미래에 일터, 정치 또는 소비를 포함한 다양한 영역에서 세대 차이가 어떤 결과로 나타날지 탐구해본다. 이 같은 경향을 통해 향후 수십 년간 미국 사회에서 일어날 근본적 변화를 가늠해볼 수 있다. 미래를 예측하기란 쉽지 않지만 아직 어린 세대의 데이터를 활용하면 대략적 윤곽 정도는 파악이 가능하다. 세대는 과거를 이해하는 좋은 방법인 한편 미래 역시 가늠해볼 수 있도록 해주기 때문이다. 세대가 변하면 세상도 변한다.

02

1925~
1945년
출생

시일런트 세대

"오늘날 젊은 세대의 가장 놀라운 특징은 고요하다는 것이다." 1951년 《타임》은 이렇게 논평했다. "일부 특이한 경우를 제외하면 젊은 세대는 연단의 근처에도 가지 않는다. 부모 세대의 불타올랐던 청춘과 비교했을 때 여전히 작은 불씨에 불과하다. 선언이나 연설 같은 건 전혀 하지 않고 포스터를 붙이고 다니지도 않는다. 그래서 '사일런트 세대'라고 불려왔다."

이 같은 명칭은 사일런트 세대가 일찍 결혼해 자녀를 낳은 뒤 교외에서 안정적인 삶을 영위했던 1950년대와 1960년대 초반에 고착화되었다. 하지만 이 명칭은 잘못되었다. 이 세대는 전혀 고요하지 않았기 때문이다.

사실 사일런트 세대는 미국 역사상 가장 큰 위력을 떨친 사회적 변화를 일으킨 주인공이다. 세대 구성원 중 두 명만 생각해보라. 민권운동가 마틴 루터 킹 주니어 박사(1929년생)와 대법관 루스 베이더 긴즈버그(1933년생)가 있다. 우리가 베이비붐 세대 그리고 1960년대와 연관 짓는 사회 변화의 대부분은 사실 사일런트 세대로부터 시작되었다. 민권 운동, 페미니즘 운동과 60년대의 반문화 운동에 이르기까지 이들이 청년 또는 중장년이던 시기에 겪은 일련의 사건은 고요함과 거리가 멀었다. 심지어 밥 딜런(1941년생)과 조니 미첼(1943년생)도 사일런트 세대다. 그럼에도 이들은 2차 세계대전 승리로 찬사를 한 몸에 받은 GI세대(1901~1924년생), 그리고 사일런트 세대가 일으킨 사회적 격변을 이어간 베이비붐 세대의 그늘에 가려서 잊히기 일쑤였다.

사일런트 세대는 현재 퇴직한 이들이 대다수지만 비즈니스, 교육, 공공 부문에 지속적으로 참여하고 있다. 코로나19 팬데믹 기간 동안 정부의 보건 전문가로 최고의 명성을 떨친 앤서니 파우치 박사(1940년생)는 사일런트 세대다. 조 바이든 대통령(1942년생)도 사일런트 세대 최초의 대통령이다. 1990년대 GI세대의 일원이던 조지 H. W. 부시(1924년생)가 베이비붐 세대 네 명의 대통령 중 첫 번째 주자였던 빌 클린턴(1946년생)에게 패함에 따라 사일런트 세대는 대통령을 배출하지 못하고 넘어갔었다. 하지만 사일런트 세대는 지금도 강력한 정치 세력으로 군림하고 있다. 2020년 대선 당시 75세 이상 인구 4명 중 3명이 투표에 참여해 65~74세 다음으로 높은 투표율을 기록했다.

사일런트 세대가 태어난 1920~1940년대 중반은 변화의 열기가 들끓던 격변의 시대였다. 이들은 대공황과 2차 세계대전이 끝나기 전의 삶을 경험한 세대다. 직전의 GI세대가 성인일 때 이들 사건을 경험한 것과 달리 사일런트 세대는 그때 어린이나 청소년이었다. 이들은 2차 세계대전에 참전하기엔 다들 너무 어렸기 때문에 이전 세대와는 경험에 차이가 생겼다. 사일런트 세대는 대공황과 2차 대전이라는 20세기 중반의 대격변으로 번영과 평화가 기본값이 아니던 시대에 성장기를 보냈고 거기서 상당한 영향을 받았다. 심지어 1940년대 초 태어난 후기 사일런트 세대조차 폭격 속에서 배급식량으로 연명하던 시기, 그리고 1950년대 전후 경제와 기술이 빠르게 발전하면서 모든 것이 좋아질 것이라는 기대감이 가득하던 시기를 모두 지내며 두 기억이 뒤섞인 문화를 형성하게 되었다.

작가 베니타 아이슬러(1937년생)는 1950년대를 'TV와 트랜지스터, 신용카드와 컴퓨터, LP판과 킹사이즈 침대, 그리고 필터팁 담배가 있던 시대. 크롬, 유리, 강철, 알루미늄, 반짝이는 유약 벽돌과 구운 에나멜이 사방에 우뚝 솟아 있던 시대'로 규정한다. 지금이야 당시의 기술이 고색창연하게 보이지만 그때만 해도 눈이 휘둥그레질 정도로 최신식이었다. 냉장고, 텔레비전, 초기 컴퓨터, 고속도로 등 소소하지만 일상을 바꿔놓은 혁신은 말할 것도 없고 제트기 여행과 우주 비행이라는 짜릿한 현대 기술이 최초로 등장했으니 말이다. 이 같은 신기술은 1960년대의 사회 대격변을 이끌 개인주의의 씨앗을 심었다.

하지만 그 무렵 사일런트 세대는 대부분 성인기에 접어들어 이미 안정적으로 자리 잡은 이후였기 때문에 자신들이 어정쩡하게 중간에 끼었다는 인식에서 벗어날 수 없었다. 작가 웨이드 그린(1933년생)에 따르면 "그 유명한 '세대 간 단절'의 시대, 혼돈의 60년대에 우리는 언제나 그랬듯 아무도 모르게 차이의 큰 부분, 아니 그 자체를 차지하고 있었다. 30세 이상은 아무도 믿지 않던 시절, 우리는 30대였다."

사일런트 세대는 이후의 몇몇 세대와도 전혀 다른 경험을 했다. 나는 샌디에이고에서 1944년생 존을 만났다. 버지니아의 작은 마을에서 자란 존의 어린 시절 경험은 젊은 세대를 포함해 그가 만나는 모두에게 충격을 선사할 정도였다.

존은 흑인으로 1970년대 초반까지 그의 고향에서는 인종분리정책이 실시되었다. "흑인은 다운타운에, 백인은 업타운에 살았죠. 눈에는 안 보이는 경계선이 있었어요. 자라는 동안 백인 친구는 한 명도 없었고요." 그가 말했다. 그와 흑인 친구들은 마을에서 17마일 떨어진 낡은 학교까지 버스를 타고 다녔는데 학교에는 수도나 난방시설도 전혀 없이 난로만 놓여 있었다. "분리돼 있지만 평등하다는 증거를 우리는 한 번도 못 봤어요. 별개의 기관인 건 분명하지만 평등하다? 천만의 말씀이었죠. 영화를 보면 백인은 1층에 앉아 있고 당시 유색인종이라고 불리던 흑인은 발코니에 정자세로 앉아 있어요. 우리 중 일부가 백인 아이들에게 팝콘을 던지면 그들은 '오, 더 던져 봐!'라며 비아냥댔죠." 그는 흑인 아이들은 마을 수영장도 이용할 수 없었다고 말했다. 화장실, 음수대, 병원 대기실을 따로 썼고 버스에서도 다른 구역에 앉아야 했다('백인은 앞열, 유색인종은 뒷열'이라고 적혀 있었다).

1960년대에 대학생이던 존은 인종분리정책에 따르는 노스캐롤라이나의 한 음식점에서 몇몇 친구들과 연좌시위를 벌였다. 당시 음식점에는 '흑인에게는 서비스를 제공하지 않습니다'라고 써붙어 있었다. 한 종업원이 언짢은 표정으로 다가와 "우리는 깜**는 안 받아"라며 성을 내자 존의 친구 중 한 명이 이렇게 답했다. "부인, 저희가 원하는 건 평등한 대우가 아닙니다. 치즈버거일 뿐이에요." 인상적인 발언이라 당시 소셜미디어가 있었다면 널리 확산됐을 것이다.

종업원이 한달음에 불러온 매니저가 경찰에 신고해 교도소까지 끌려간 그들은 결국 철창신세가 되었다. 그곳에서 존과 친구들은 "끝내 이기리라"를 몇 시간이고 큰소리로 열창했고 잠 좀 자자는 다른 죄수들의 호소에 결국 풀려날 수 있었다. 존은 잘 버텨내 인종분리정책이 폐지되고 사상 최초로 흑인 대통령이 선출되는 등 지난 80년간 일어난 일련의 혁신을 빠짐없이 지켜보았다.

존 F. 케네디의 동생 로버트 F. 케네디(1925년생)가 말했다. "어떤 이는 세상을 있는 그대로 바라보며 왜 응당 그래야 하는지 말합니다. 나는 전에 없던 세상을 꿈꾸며 왜 그러면 안 되는지 이야기하겠습니다." 사일런트 세대는 젊은 시절엔 꿈도 못 꿨던 세상이 실제로 눈앞에 펼쳐지는 걸 목격했다. 그리고 전통에서 혁신을 향해 나아간 이들의 삶의 궤적은 청년기를 보낸 1950년대 이후 미국 사회에 일어난 대전환을 고스란히 반영한다.

사일런트 세대의 특징(1925~1945년 출생)

인구수

2021년 기준 인구 1,970만 명(미국 인구의 6%)

구성

78.1%   백인
8.2%   흑인
8.1%   히스패닉
4.8%   아시아계, 하와이 원주민, 혹은 태평양 섬 주민
0.8%   미국 원주민

가족관계

부모: GI세대
자녀: X세대 또는 베이비붐 세대
손주: 밀레니얼 세대 또는 Z세대

평등 혁명
: 민권의 선구자들

타임머신을 타고 여행하다 1963년, 그리고 7년 후인 1970년에 각
각 정차해 내린다고 상상해보자. 우선 1963년에는 사람들이 대부분
상당히 격식 있는 옷차림을 했다는 데 놀랄 것이고 1970년에는 강렬
한 원색과 넓은 옷깃의 조합에 눈이 휘둥그레질 것이다. 1970년에 남
성은 머리칼은 물론 수염까지 길렀다. 약물 사용은 1963년까지만 해
도 드물었지만 1970년에 엄격한 사회규범을 거부하는 분위기가 확산
되면서 덩달아 흔해졌다.

일반적으로 사람들은 1963~1970년 사이 진행된 반문화 운동을
베이비붐 세대가 주도했다고 여기지만 사실 대부분은 사일런트 세대
에서 시작되었다. 1964년 캘리포니아 대학교 학생들이 캠퍼스 내 민
권 운동 기금 마련을 위해 벌인 버클리 언론 자유 운동 역시 1942년
생인 마리오 사비오가 주도했다. 그밖에도 반문화 운동으로 이름을
알린 유명인 중에 사일런트 세대가 다수인데 반전 운동가 애비 호프
먼(1936년생)과 제리 루빈(1938년생), 환각제 LSD의 사용을 옹호하고자
일련의 파티를 주창하기도 했던 작가 켄 키지(1935년생)와 페미니스트
글로리아 스타이넘(1934년생)을 예로 들 수 있다. 권투 선수로서뿐 아
니라 베트남전쟁에 반대 목소리를 높여 명성을 얻은 무하마드 알리
(1942년생)도 사일런트 세대였다. 지미 헨드릭스(1942년생)와 재니스 조
플린(1943년생) 등 히피 문화를 상징하는 뮤지션은 물론, 초반의 경쾌
한 팝부터 후반의 사이키델릭팝에 이르기까지 60년대의 음악 트렌드
를 따라간 비틀즈 멤버 역시 모두 사일런트 세대였다.

LSD부터 화려한 옷차림에 이르는 60년대 반문화의 상당 부분은 역사 속으로 사라졌다. 하지만 당대 유산 중 지금껏 이어지고 있는 흐름이 한 가지 있으니 바로 평등권의 진전이다. 민권 운동, 페미니즘 운동, 동성애자 권리 운동은 미국 문화를 근본적으로 변화시킨 요소로서 대부분 사일런트 세대가 20~30대이던 1963~1970년이라는 7년 사이에 촉발되었다.

시작은 언제나 그렇듯 기술의 변화였다. 전후 시대에 기술이 빠르게 발전함에 따라 개인주의가 강화되었다. 사람들은 TV를 통해 타인의 관점과 경험을 엿볼 수 있게 되었고, 항공기가 등장하고 우주여행이 가능해지면서 세계가 더욱 가까워졌다. 산업의 중심이 육체노동에서 지식노동으로 옮겨감에 따라 여성에게 더 많은 일자리 기회가 열렸다. 인종, 성별과 성적 지향을 중심으로 구축돼 있던 옛 사회규범 체계 대신 개인의 권리가 차츰 더 중요하게 부각되었다. 1960년대 초반 미국 남부에서는 흑인과 백인이 분리되었고, 여성은 법, 의학, 공학 관련 직업에서 노골적 차별대우를 받았으며 사람들은 동성애자라는 이유로 체포될 수 있었다. 그런데 1970년 무렵 모든 게 달라지기 시작하더니 결국 우리 사회에 가장 깊이 뿌리내린 신념, 즉, 모든 이는 평등하다는 명제가 법제화되기에 이르렀다. 이 신념이 개인주의 문화의 핵심이기도 하다는 사실은 우연이 아닐 것이다.

1963년 당시 18~38세였던 사일런트 세대는 옛 체제에서 성인기를 보낸 마지막 세대이자 성인이 된 이후 새로운 체제를 경험한 최초의 세대다. 이들은 두 개의 세계에 한 발씩 담근 채 혁신을 이끎으로써 특히 인종, 성별과 성적 지향에 있어서의 평등이라는 현대적 비전을 창조했다.

인종, 사랑의 색깔?

새벽 두 시, 문을 쾅 열어젖히는 소리에 이어 눈앞까지 들이대는 손전등 불빛에 부부는 잠을 깼다. "이 여성과 침대에서 뭘 하는 건가?" 경찰이 물었다.

그 시각 잠을 자던 두 사람은 리처드 러빙(1933년생)과 밀드레드 러빙(1939년생)이었다. 1958년 7월 11일이던 이날, 부부는 체포되어 교도소로 끌려갔다. 리처드는 백인이고 밀드레드는 흑인이자 아메리카 원주민인데 두 사람이 결혼한 게 체포 사유였다. 당시 버지니아에서는 다른 인종 간 결혼이 불법이었던 것이다. 교도소에서 리처드는 하룻밤을, 밀드레드는 사흘을 보냈다. 부부는 워싱턴 D.C.에서 결혼한 뒤 버지니아 외곽의 고향으로 돌아왔다는 사실을 인정하며 혐의를 시인했다. 판사는 부부가 징역을 살거나 이를 원하지 않으면 버지니아를 떠나야 한다고 말했다. 결국 두 사람은 워싱턴 D.C.로 이주했지만 고향에 돌아가고 싶은 마음이 커지자 1965년 미국시민자유연맹ACLU의 도움을 받아 버지니아주를 상대로 집단 소송을 제기했다. 이에 버지니아의 판사는 "전능하신 하나님이 인종을 백인, 흑인, 황인, 말레이와 아메리카 원주민으로 나누어 창조하셨고 이들을 서로 다른 대륙에 배치하셨다. 그런데 이 같은 하나님의 설계를 인종 간 결혼으로 뒤엎을 명분은 존재하지 않는다. 하나님이 애초에 인종을 분리했다는 사실은 인종이 뒤섞이는 건 원하지 않는다는 하나님의 의도를 나타낸다"고 판결했다.

결국 이 사건은 1967년 미국 대법원에서 '러빙 대 버지니아 판결'로 심리에 들어갔다. 대법원은 인종 간 결혼을 금지하는 법률은 위헌으로 "다른 인종의 사람과 결혼하거나 결혼하지 않을 자유는 개인에게 있으며 국가가 침해할 수 없다"고 판결했다. 러빙 부부는 항상 이 문제를 아주 단순하게 생각했다. 리처드 러빙은 "저는 아내를 사랑하는데 버지니아에서 아내와 함께 살 수 없는 건 불공평하다고 법원에 전해 주세요"라고 ACLU 변호사들에게 보내는 편지에 적었다.

2021년 미국 전역에서 실시한 한 조사에 따르면 백인 미국인 12명 중 1명은 가까운 친척이 흑인과 결혼하는 데 반대했다. 1990년대 초 3명 중 2명꼴로 반대한 데 비하면 감소한 수치다. 특히, 2021년 조사 결과에서 유일하게 반대의견을 낸 사람은 사일런트 세대일 확률이 높다. 러빙 부부의 소송으로 인종 간 결혼이 미국 전역에서 합법화되기 전 성인이 되어 지금까지 활동하는 세대는 사일런트 세대뿐이기 때문이다(1967년 당시 사일런트 세대는 22~42살이었다). 사일런트 세대 중에는 인종 간 결혼에 관한 입장을 바꾼 이도 많지만 그렇지 않은 이도 있다. 현재로서는 3분의 1 이상이 반대를 고수하고 있다. 여론이 바뀌는 과정이 대부분 그렇듯 앞선 세대 중 이전 시대의 견해를 이어받는 이들도 있지만 시대의 흐름과 함께 변화에 순응하는 이들도 많다.

러빙 부부는 버지니아에서 그저 함께 가족으로 살고자 하는 소박한 소망에서 시작해 의도치 않게 운동가가 되었지만, 사일런트 세대 중에 흑인 평등 운동에 앞장선 이들은 그밖에도 무수히 많다. 1960년대에 이름을 알린 민권 운동가와 흑인 혁신가는 사실상 모두가 사일런트 세대였다. 그중에서도 가장 널리 알려진 인물은 민권 운동계의 거물로 평화 시위를 주장했던 마틴 루터 킹 주니어 박사(1929년생)다. 킹 박사의 이름을 따 명명된 거리만 해도 전 세계에 천여 군데가 넘는가 하면 그의 생일은 최근 250년 사이에 태어난 사람 중엔 유일하게 연방 공휴일로 지정되어 있다.

1927년 마이애미에서 태어난 저명한 흑인 배우 시드니 포이티어의 삶에는 인종과 관련해 사일런트 세대가 겪어야 했던 굴곡이 고스란히 담겨 있다. 포이티어가 21살이던 1948년 해리 트루먼 전 대통령이 미군의 인종통합 명령에 서명했고 36살이던 1963년에는 영화 〈들백합〉으로 흑인으로서는 최초로 아카데미상을 수상했다. 40세이던 1967년에는 '러빙 대 버지니아 판결'로 17개 주에서 인종 간 결혼이 합법화되었고 그는 흑인 남성과 백인 여성 커플을 다룬 영화 〈초대받지 않은 손님〉에 출연하기도 했다.

심지어 포이티어보다 나중에 태어난 사일런트 세대조차 삶에서 이 같은 이정표를 찾아볼 수 있다. 위에서 언급한 사건이 역사책에나 등장하는 일이 아니라 실제 생활에서 발생했던 것이다. 존 루이스(1940년생)는 1960년대 초 남부에서 인종통합을 위해 활동한 프리덤 라이더스the Freedom Riders 중 한 명이었다. 이후 조지아주 하원의원을 17번 역임했고 사망하기 얼마 전인 2020년 7월에는 1961년 미시시피주에서 체포되던 당시 찍은 머그샷을 소셜미디어에 게시했다. 체포 사유는? 이른바 '백인' 화장실을 사용한 혐의였다.

여성, 오직 타이핑 분야의 커리어우먼

1967년 8월 30일 시위대가 《뉴욕타임스》 광고부 사무실 앞에 모여들었다. 이들은 지금으로서는 차마 믿기 힘든 관행에 항의했다. 당시 《뉴욕타임스》의 구인 광고는 두 개 칼럼으로 나뉘어 게재되었다. '남성 구인'과 '여성 구인' 두 개 타이틀 아래 성별에 따른 구인 광고가 나열된 것이다. 전미여성기구NOW 소속 사일런트 세대와 GI세대 회원이 대부분을 차지한 시위대의 요구는 단순했다. 구인 광고의 남녀 구분을 중단하고 하나의 타이틀 아래 일괄 게재하라는 것이다.

신문사는 거부했다. "광고를 '남성'과 '여성'으로 구분해 게재하는 건 독자의 편의를 위해서"라는 주장이었다. 1964년 민권법 시행을 담당한 연방기관 평등고용기회위원회EEOC 역시 도움이 안 되기는 마찬가지였다. 전미여성기구에서 위원회에 신문사를 상대로 '구인 광고 성별 구분 금지 명령'을 내려 달라고 요청했지만 들은 척도 하지 않았다.

그로부터 1년여가 지난 후《뉴욕타임스》는 마침내 시 정부의 지침으로 1968년 12월 1일부터 구인 광고 내 성차별이 금지된다는 사실을 짧은 안내문을 통해 밝혔다. 《뉴욕타임스》를 비롯한 뉴욕의 다른 신문사들은 이후로도 11월 30일까지 구분 관행을 유지한 후에야 성별 구인 광고 게재를 중단했다.

당시의 젊은 여성은 이 같은 세상을 살았다. 일을 구할 수는 있지만 대부분 타이핑 업무에 국한되어 있었고 높은 급여는 애초에 생각할 수도 없었다. 이것이 사일런트 세대의 여성들이 진입해 때로는 수십 년씩 겪어야 했던 일자리 시장의 현실이었다. 1968년 사일런트 세대의 최연소 구성원은 23살, 최고령은 43살이었다.

1960년대는 여성에게 명암의 시대였다. 2차 세계대전 이후 성차별이 만연했고 심지어 많은 여성이 '리벳공 로지'로 일하던 공장에서 해고됐지만 그럼에도 일하는 여성의 수는 꾸준히 증가했다. '리벳공 로지'는 2차 세계대전 당시 미국의 군수 공장에서 일한 여성들을 대표하는 문화적 상징이다. 1950년대에도 여성은 집이나 지키라는 식의 문화가 지배적이었지만 여성은 그럴 수 없었다.

후기 사일런트 세대는 학령기 시절 일하는 엄마를 둔 비율이 3분

결혼 여부와 자녀 연령대에 따라 일하는 여성의 비율

범례:
- 여성 전체
- 기혼 여성
- 6~17살 자녀를 둔 기혼 여성
- 6살 미만의 자녀를 둔 기혼 여성

출처: 미국 노동 제국

* 비율은 각 집단 내의 노동 참여율을 나타낸다. 자녀를 둔 여성의 통계 수치는 기혼 여성 집단에 포함되어 있다.

의 1을 넘어선 최초의 세대였다. 이들은 가정주부를 찬양하는 1950
년대의 분위기 속에서도 결혼과 출산 이후 계속 워킹맘으로 생활하
며 트렌드를 이어갔다. 흑인 여성은 본래 출산 이후에도 집이 아닌 곳
에서 일하는 관행이 오래전부터 이어졌지만 전후 시대에는 자녀를 둔
백인 여성의 고용률 역시 증가했다. 1948년까지만 해도 학령기 자녀
를 둔 여성의 취업 비율은 26%에 그쳤으나 1959년 무렵에는 40%로
늘었다. 이 같은 변화가 일어난 데에는 기술의 역할이 컸다. 아무래도

남성에게 유리한 육체노동형 일자리는 줄고, 여성이 꼭 남성보다 뛰어나다기보다 남성 못지않게 능력을 발휘할 수 있는 서비스와 사무직의 비중이 늘어난 것이다.

하지만 1950년대와 1960년대에 걸쳐 여성의 노동 참여가 증가한 데에는 매서운 진실이 숨어 있다. 여성의 학위 취득 비율이 높아졌음을 나타내는 다음 그래프를 보자.

2차 세계대전 기간 동안(1941~1945년) 대학교에 다닐 연령대의 남성이 대부분 참전해 여성의 학위 취득 비율이 급증한 반면 종전 이후 4년 동안에는 제대한 참전 용사들이 대부분 GI 법안*을 이용해 대학교에 진학하면서 여성 비율은 큰 폭으로 감소했다(1946~1950년). 붉은색으로 음영 처리된 이 기간은 다소 이례적인 만큼 일단 배제해두자. 대신 음영 처리된 구간 전후를 살펴보면 놀라운 사실을 발견할 수 있다. 1930년대 여성의 학위 취득 비율이 1950년대, 심지어 1960년대 초반보다 높게 나타난 것이다. 미국이 2차 세계대전에 참전하기 직전인 1941년에는 4년제 대학 학위의 43%를 여성이 취득했다. 하지만 GI 법안에 해당된 거의 모든 남성이 학위를 마친 이후인 1952년에는 여성의 학위 취득 비율이 32%에 그쳤다. 수치는 1970년이 되어서야 43%를 회복했는데 이때는 사일런트 세대가 아닌 베이비붐 세대가 대학생이던 시기였다.

학위 취득자가 줄어든 이유는 당시 대학교에 입학했다가 중퇴 후 결혼하는 여성이 흔했기 때문이다. 예를 들어, 1925년생 바바라 부시

---

* GI 법안the GI Bill : 1944년 전쟁에 참전한 용사들이 고임금 일자리를 찾는 데 필요한 새로운 기술을 배울 수 있게 도와주고 사회에 적응할 기회를 주며 대학비용에 대한 지원금을 지급하는 것

여성의 높아진 학위 취득 비율

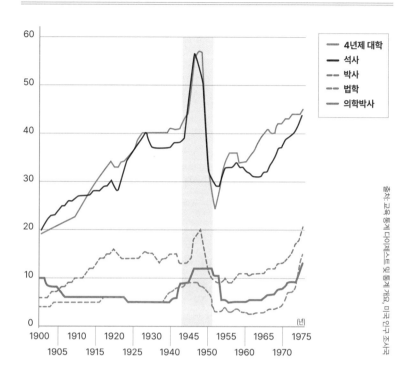

출처: 교육 통계 다이제스트 및 통계 개요, 미국 인구 조사국

＊색칠된 부분은 2차 세계대전 기간 그리고 GI 법안에 따라 대학에 진학한 군인의 수가 최고치에 달했던 기간을 나타낸다. 그래프는 학위의 총합이 아니라 모든 학위 중 여성이 취득한 비율을 의미한다.

는 19살이던 1945년에 스미스 대학교를 중퇴하고 향후 대통령이 될 조지 H. W. 부시와 결혼한 뒤 바로 이듬해에 역시 대통령이 될 조지 W. 부시를 출산했다. 일부 젊은 여성과 그 가족들은 여성이 대학교에 진학해야 하는 이유가 커리어 준비가 아닌, '여사' 호칭을 얻기 위해서라고 믿었다. 심지어 후기 사일런트 세대 중에도 이 같은 태도를 지닌 이들이 많았다. 나의 외조부모는 엄마의 진로와 관련해 고등학교 진학 상담사와 상담했을 때 엄마가 대학교에 진학해야 더 부유한 남자를 만날 확률이 높다는 조언을 들었다고 한다. 실제로 엄마는 아빠를 대학에서 만나기는 했지만 그 진학 상담사의 이야기는 결국 농담거리가 되었다. 내 부모님은 모두 부자와는 거리가 먼 고등학교 교사가 되셨기 때문이다.

전쟁 후에는 여성의 박사 또는 법학 부문 학위 취득 비율 역시 감소해 1930년대보다도 낮아진 것으로 나타났다. 이에 비해 의학 부문에서는 1930년대와 1950년대가 거의 동일한 수준을 유지했는데 의대의 경우 뛰어난 여학생이 아무리 많이 지원해도 선발 인원은 정원의 5%로 제한하는 비공식 차별 시스템을 두었기 때문으로 보인다. 여성 평등 행동 연대는 1970년대에 결국 미국의 여러 의과대학을 상대로 성 차별 소송을 제기하기도 했다. 법학 분야는 심지어 남성에 더욱 편중돼 있었다. 1950년대와 1960년대 초반 법대 졸업생 중 여성은 고작 3%에 불과했고 이마저도 대다수는 취업이 안 돼 허덕였다. 향후 대법관이 되는 샌드라 데이 오코너(1930년생)와 루스 베이더 긴즈버그(1933년생)는 심지어 로스쿨 최상위권에 드는 학생이었음에도 1950년대에는 일자리를 구하는 데 애를 먹었다. 한 로펌에서는 스탠퍼드 로스쿨을 3등으로 졸업한 오코너에게 비서직을 제안하기도 했다.

따라서 사일런트 세대가 청년기를 보내던 시기에는 많은 여성이 일을 하기는 했지만 높은 보수를 받거나 번듯한 일을 하는 경우가 드물었다. 1956년 잡지 《룩 Look》에 실린 한 기사에는 당시 여성을 바라보는 일반적인 관점이 잘 드러나 있다. "그녀는 적당히 가볍게 일한다. 그녀가 원하는 건 더 많은 혼수를 장만하거나 새 냉장고를 구입하는 것이지 멋진 커리어를 쌓는 게 아니기 때문이다. 직장 내 최고 직위 같은 건 남성에게 얼마든지 너그럽게 양보할 수 있다." 물론 항상 너그러운 양보가 이루어진 건 아니지만 1960년대까지도 실제로 이런 경우가 많았다. 작가 에리카 종(1942년생)은 사일런트 세대를 "채찍질 세대"라고 부른다. 1994년 종은 "우리는 전업 주부였던 어머니와 성취할 권리를 당연하게 생각하는 다음 세대 사이에 끼여 여성 지위의 변천사를 온몸으로 겪어내야 했다", "우리는 뭘 하든 틀린 것 같았고 뭘 하든 극심한 비난에 직면했다"라고 적었다.

1944년 뉴저지에서 태어난 린다는 수십 년간 간호사로 근무했다. 한창 일하던 시절의 업무에 관해 이야기를 들려주었는데 린다는 일하면서 누리는 자율성과 경험을 무척 좋아했고 두 자녀와 세 명의 의붓자녀 육아를 병행할 수 있는 점도 만족스러워했다. 간호사 말고 의사가 될 생각은 해본 적 없느냐는 내 질문에 린다는 재미있는 표정을 지었다. "우리가 될 수 있는 건 간호사나 교사 정도였어요. … 그 수준에 국한되어 있었죠. … 다른 선택지가 존재한다는 건 몰랐던 것 같아요"라고 린다가 말했다. 고등학교 시절 린다는 법에 상당한 흥미를 느꼈지만 잘하면 변호사를 보조하는 사무원이 될 수 있다는 생각을 했을 뿐이었다. "내가 변호사가 될 수 있다는 생각은 한 번도 못해 봤어요. '그건 남자가 하는 일'이라고 생각했죠."

성소수자, 스톤월 사건

1962년 10월의 어느 쌀쌀한 저녁 맨해튼 센터에서 열린 전미 버라이어티 아티스트의 이국적 카니발과 무도회에 참석한 이들은 춤추고 이야기 나누는 즐거운 저녁을 기대했다. 그런데 갑자기 경찰이 들이닥치더니 무도회 가운을 입은 44명을 체포했다. 이유는? 버젓이 남성으로 태어난 이들이 여성의 옷차림을 하고 있었기 때문이다. 외설적 노출과 '여장'이 기소 이유였다.

여장 혹은 남장을 했다는 이유로 경찰이 시민을 체포하는 일은 1960년대 내내 빈번하게 일어났다. 여성으로 태어났지만 남장을 했던 러스티 브라운은 1983년 "뉴욕에서 바지와 셔츠를 입었다는 이유로 체포된 횟수가 손가락, 발가락을 합친 수보다 많아요"라고 말했다.

경찰은 성소수자가 모이는 클럽과 술집에도 툭하면 들이닥쳐 질서 교란 등 다양한 혐의로 손님들을 체포했다. 그래도 대부분의 경우에는 술집에 미리 제보가 들어와 손님은 몸을 피하고 업주는 술을 숨길 수 있었다. 당시에는 주류 판매 허가증 없이 운영되는 술집이 대다수였다. 뉴욕주는 1966년까지 성소수자에 대한 주류 판매를 금지했기 때문에 체포된 성소수자들은 대부분 조용히 경찰을 따라갔다. 1969년 6월 28일 이른 아침 경찰은 스톤월 인Stonwall Inn으로 알려진 게이바를 급습해 손님에게 수갑을 채운 뒤 대형 경찰 차량에 태웠다. 그런데 이번엔 군중이 모여들었고 주로 사일런트 세대와 GI세대로 구성된 손님들이 반격하기 시작했다. 스토메 델라베리에(1920년생)가 군중을 향해 소리쳤다. "뭐라도 좀 해보지 그래요?" 이 말을 들은 경찰이 스토메를 차량으로 패대기치면서 군중과 경찰 간의 싸움이 시작되었다.

군중은 이후 6일 동안 그 자리를 지켰고 이 사건은 스톤월 폭동으로 알려지게 되었다. 얼마 후 델라베리에는 "그것은 항쟁이었고 봉기였으며 민권의 저항이었지 빌어먹을 폭동이 아니었다"고 말하며 폭동이라는 명칭에 이의를 제기했다. 이튿날 밤에는 1972년 게이와 트랜스젠더의 쉼터를 설립한 트랜스젠더 운동가 마샤 P. 존슨(1945년생) 등 여러 인사가 합류했다. 성소수자의 반격이 일어난 스톤월 사건은 최초의 성소수자 인권 운동으로 여겨진다. 이후 개인주의로 인해 달라도 비정상으로 보지 않고 모두를 있는 그대로 받아들이는 문화가 서서히 생겨나기 시작했다. 하지만 여기에는 적지 않은 시간이 걸렸기 때문에 성소수자 이슈는 책의 뒷부분에야 등장한다. 단, 성소수자 평등 운동 역시 민권 운동이나 페미니즘 운동의 역사와 마찬가지로 사일런트 세대에서 시작되었다.

이는 마이클 맥코널과 잭 베이커(둘 다 1942년생)의 사례만 봐도 알 수 있다. 두 사람은 1970년 미니애폴리스에서 결혼 허가를 신청했다. 당시 미네소타주 결혼법에는 신랑신부의 성별이 구체적으로 명시되어 있지 않았다. 그런데 서기가 결혼신청 접수를 거부했고 두 사람은 소송을 제기했다. 한편 다른 카운티에서는 잭이 이름을 중성적인 팻 린으로 바꾸자 결혼 허가가 떨어졌다. 1971년 두 사람은 흰색 종 모양 바지 정장과 마크라메 머리띠를 착용한 차림으로 결혼식을 올렸지만 미니애폴리스 카운티의 서기는 혼인 신고 역시 받아주지 않았다. 당시 일간지들은 이 사건을 보도하며 잭을 마이클의 '룸메이트' 혹은 '동성애자 친구'로 지칭했고 미네소타 대학교에서는 마이클을 고용하겠다는 계획을 취소했다. 심지어 마이클이 소송을 제기한 법원에서는 "고용주를 속여 사회적으로 혐오스러운 이 개념에 대한 암묵적 승인을 따내려고 수작을 벌였다"고 비난했다. 두 사람의 최초 결혼 소송이었던 '베이커 대 넬슨 판결'은 1972년 대법원에서 "연방 차원의 중대한 의문을 제기한다"는 이유로 단칼에 기각되었다. 두 사람의 결혼은 2019년에야 마침내 법적 승인을 획득해 미국에서 최장기간 진행된 동성결혼 분쟁으로 알려지게 되었다.

이렇게 시대를 개척한 구성원이 있음에도 2020년대에 자신이 레즈비언, 게이, 양성애자 혹은 트랜스젠더라고 밝힌 사일런트 세대는

0.8%에 불과해 2.6%인 베이비붐 세대보다도 여전히 적다. 하지만 동성애 경험은 이보다 많았다. 1989년부터 미국 종합사회조사 기관인 GSSGeneral Social Survey를 통해 수집된 데이터에 따르면 18세 이후 1명 이상의 남성과 성관계를 가졌다고 답한 사일런트 세대 남성의 비율은 5.5%, 1명 이상의 여성과 성관계를 가진 여성의 비율은 2.3%였다. 다시 말해 사일런트 세대 13명 중 1명이 동성애를 경험했다는 뜻이다.

사일런트 세대의 성소수자들은 이후의 다른 세대들보다 늦은 시점에 커밍아웃을 했다. 한 연구에 따르면 1960년 이전 태어난 동성애나 양성애 남성은 평균 22살에 자신의 성적 지향을 밝혔지만 1990년대 초반에 태어난 남성은 16살에 밝혔다. 심지어 공인의 경우에는 커밍아웃을 더 늦게 하는 경우가 많았다. 가수 배리 매닐로우(1943년생)는 21살이던 1964년 수잔 딕슬러와 결혼했다가 2년 만에 파경을 맞았다. 1970년대 들어 스타덤에 오른 그는 《피플》과의 인터뷰에서 이렇게 말했다. "어느 누구와도 내 삶을 공유하고 싶지 않아요." 사실 그는 자신의 매니저로 오랫동안 호흡을 맞춘 개리 키프와 수십 년간 연인 관계를 유지했고 2014년 결혼했다. 매닐로우는 자신의 사생활에 대한 언급을 피한 게 순전히 팬들을 위해서였다고 말했다. "내가 게이라는 사실을 알면 팬들이 실망할 거라고 생각했어요. 그래서 아무것도 하지 않았었죠." 마침내 커밍아웃 했을 때 그는 팬들의 반응에 기쁨과 놀라움을 감추지 못했다. "개리와 제가 연인이라는 사실을 알고 팬들이 정말 기뻐했어요. 무척 아름다운 반응이었죠. 낯선 이들이 '정말 잘됐다!'고 말해 주니 얼마나 감사했는지 몰라요."

그리 고요하지 않은 태도

앞서 살펴본 것처럼 사일런트 세대 운동가들은 20세기 민권, 페미니즘, 동성애 인권 운동의 최전선에 서 있었다. 하지만 정작 이들은 본질적으로 자신이 속한 세대의 아웃사이더라 할 수 있었다. 그렇다면 평범한 구성원들은 여성과 성소수자들에게 일어난 거대한 변화의 물결을 어떻게 여길까? 이 같은 변화의 물결이 실제로 거대하기는 했을까?

그 사실엔 의심의 여지가 없다. 1972~2021년 실시된 모든 조사 결과를 종합하면 사일런트 세대에서는 전통적 성 역할이 반드시 더 나은 건 아니라고 생각하는 이들이 앞선 GI세대(1901-1924년생)보다 두 배 더 많았다. 한 세대 만에 엄청난 변화라고 할 수 있다.

GI세대는 전통적 성 역할을 지지한 반면 베이비붐 세대는 대부분 반대했고 사일런트 세대는 베이비붐 세대의 의견에 가까웠으니 채 두 세대도 지나기 전에 여론이 뒤집힌 셈이다. 사일런트 세대는 어린 자녀를 둔 엄마가 직업을 갖는 데에도 GI세대보다 긍정적인 입장이었다. "엄마가 일하는 미취학 아동은 그에 따른 고통을 받을 수 있다"는 주장에 GI세대의 3분의 1이 반대한 데 비해 사일런트 세대는 그 비율이 절반에 달했다.

사일런트 세대는 또 게이 남성이 대학교의 교수로 학생을 가르칠 수 있다고 응답해 GI세대보다 베이비붐 세대에 더 가까운 태도를 드러냈다. 하지만 성인 동성애자 간 성관계가 옳은지 여부에 대해서는 GI세대에 더 가까운 견해를 보였다. 종합해보면 사일런트 세대는 젠더 및 성소수자 인권 부문에 일어난 20세기 혁명에서 같은 세대 운동가들의 영향을 받기는 했지만, 뒤따른 베이비붐 세대만큼 진보적 성향을 지니지는 않아 중간자적 위치라고 할 수 있겠다.

어려서 결혼하는 걸 두려워 마라
: 이른 결혼과 디지녀

베티 프리던(1921년생)은 1963년《여성성의 신화 The Feminine Mystique》
를 집필하면서 1950년대 여성 잡지에 실린 수많은 기사들의 제목을
소개했다. '아기는 젊을 때 가져라', '딸에게 신부 수업을 시키고 있나
요?', '어려서 결혼하는 걸 두려워 마라' 그리고 '가계 운영 비즈니스'
등 과거의 가정중심주의를 주입받아 온 베이비붐 이전 세대에게는 별
로 놀랍지도 않은 제목들이다. 그런데 한 가지 신기한 점이 있다. 이
보다 20년 앞선 1930년대의 여성 잡지에 결혼 전 개인적으로 관심
있는 분야를 탐구하는 독립적 젊은 여성이 등장한 것이다. "나는 당
신을 벽으로 가로막힌 정원에 가두고 싶지 않아." 1939년 잡지에 실
린 내용 중에서 한 남성이 여성에게 말한다. "대신 당신과 손잡고 나
란히 걸으며 원하는 건 무엇이든 함께 성취하고 싶어." 그리고 모든
게 바뀌었다.

1930년대와 1940년대의 신여성은 자유롭게 날아올랐지만 1940
년대 후반 들어 "계속 날기를 거부하며 차가운 햇볕 속에 벌벌 떨더
니 아늑한 집안으로 돌아왔다"고 프리던은 적고 있다. 프리던은 중대
한 발견을 했다. 미국인이 1930년대보다 50년대에 더 일찍 결혼함에
따라 사일런트 세대는 20세기의 다른 어느 세대보다 일찍 결혼했다는
것이다. 직전 세대보다 하나같이 결혼 시기를 늦춘 베이비붐 세대, X

남성과 여성의 초혼의 중위 연령

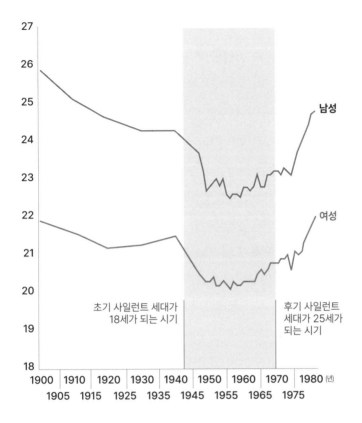

27 ─ 26 ─ 25 ─ 24 ─ 23 ─ 22 ─ 21 ─ 20 ─ 19 ─ 18

남성

여성

초기 사일런트 세대가
18세가 되는 시기

후기 사일런트
세대가 25세가
되는 시기

1900 1910 1920 1930 1940 1950 1960 1970 1980 (년)
1905 1915 1925 1935 1945 1955 1965 1975

출처: 국가보건통계청

※ 중위 연령이란 전체 기혼자 수를 두고 봤을 때 딱 절반씩 나뉘는 연령을 말한다. 조사 초반에는 통계가 10년 단위
로 이루어졌으며 연간 데이터는 1947년부터 열람이 가능하다.

세대, 밀레니얼 세대에게 평균 결혼 연령이 앞당겨진 그래프는 다소
충격적일 수 있다. 1956년, 초혼 신부의 평균 연령은 20.1세로 사상
최저치를 기록했다. 기억해라. 1950년대 새신부의 절반가량은 10대
였다.

작가 베니타 아이슬러는 자신과 같은 사일런트 세대가 '연인과 관

계가 안정되면 사교 클럽 핀을 받고 약혼한 뒤 결혼하는 수순'을 무조건 따랐다는 사실을 발견했다. 대부분 대학에서 배우자를 만나 졸업 후 곧장 결혼한 것이다. 아이슬러에 따르면 사일런트 세대의 이른 결혼은 다들 그렇게 하는데 자신만 뒤처질 수 없다는 심리에서 비롯된 경우가 많았다. 아이슬러가 인터뷰한 캐롤만 해도 대학 2학년 때 이 사람 저 사람 만나보는 걸 관두고 남자친구인 돈에게 정착하기로 마음먹었다. "갑자기 돈에게 돌아가는 게 낫겠다는 생각이 들었어요. 아니면 결혼 못할 수도 있으니까요. … 돈은 사교클럽 핀을 받자마자 제게 줬어요. 우리는 4학년이 되기 전 여름에 약혼을 발표했고 졸업식 3주 후 결혼식을 올렸어요. 다들 하는 대로요." 사일런트 세대는 다들 하는 대로 하는 걸 중요하게 여겼고 그때는 다들 어린 나이에 결혼했다. 공동체성이 강한 1950년대에 성장한 만큼 집단에 순응해야 한다는 압박감을 느꼈는데 지금 세대에게는 이해하기 힘든 문화였다.

이른 나이에 결혼하는 풍조는 1960년대까지 지속되어 1973년 여성의 초혼 중위 연령은 21살이었고 1981년에는 22살이었다. 따라서 베이비붐 세대가 '자유연애'를 추구해 미혼 남녀가 가벼운 성관계를 즐겼다는 인식이 일반적인데 이는 사실 극소수의 문화였다고 할 수 있다. 베이비붐 1세대 역시 대부분 결혼을 20대 초반에 해 사일런트 세대 형님들이 시작한 문화를 이어나갔다.

사일런트 세대는 어린 나이에 결혼했을 뿐 아니라 더 많은 이들이 결혼했다. 1940년대와 50년대의 결혼율은 전후의 어느 때보다 높았다. 당시에는 결혼과 더불어 자녀 출산을 적극 찬성하는 시대적 분위기가 있었고 사일런트 세대는 이 분위기에 열렬히 호응했다. 일반적으로 전후 '베이비붐'은 1940년대 후반 전쟁터에서 돌아온 군인들이 오랜만에 만난 가족과 유대관계가 끈끈해지면서 많은 아이들이 태어나게 된 현상으로 여겨졌다. 그래서 1950년 이후에는 출산율이 대공황 이전인 1920년대의 여성 1인당 2.5명 수준으로 회복될 것이라는 게 전문가들의 소견이었다.

하지만 이 같은 전망은 현실과 달랐다. 출산율이 오히려 계속 높아진 것이다. 여성 1인당 출산율은 1957년 3.8명으로 최고치를 찍었고 1968년까지도 2.5명 수준을 계속 유지했다. 사일런트 세대는 결혼 전 대개 4인 가족의 일원이었지만 본인은 자녀를 3명이나 4명, 혹은 더 많이 낳기도 했다. 예를 들어, 낸시 펠로시 전 하원의장(1940년생)은 1964~1970년에 걸쳐 5명의 자녀를 낳았다. 이 같은 출산율은 결국 떨어졌지만 1960년대 내내 역사적으로 높은 수준을 유지했다.

베이비붐이 모두의 예상보다 훨씬 오래 지속된 이유는 밝혀지지 않았다. 한 가지 이유를 들어보자면 앞날에 대한 핑크빛 전망을 들 수 있다. 미국이 전쟁에서 승리했고 경제는 꾸준히 성장가도를 달렸던 것이다. 또 다른 이유로 기술을 꼽을 수 있는데 전후 시기에 특히 노동력을 절감해주는 장비들이 무더기로 출시되면서 육아와 살림을 병행하는 게 그나마 수월해졌다. 20세기 초까지만 해도 드물었던 냉장고, 세탁기, 전기 오븐, 식기세척기를 비롯한 가전제품이 전쟁이 끝나고 1950년대를 지나면서 훨씬 널리 보급되었다. 1959년 당시 부통령이었던 닉슨은 흐루쇼프 소련 서기장과의 '부엌논쟁Kichen Debate'에서 미국 경제에서 가장 중요한 목표 중 하나가 '가정주부의 삶을 더 편안하게 만드는 것'이라고 공언했다.

이처럼 편의성이 커졌지만 정작 베이비붐 세대 자녀를 키우는 사일런트 세대의 여성은 조금도 수월해지지 않았다. 대부분 자녀가 3~6명이었던 이들은 출근 여부와 관계없이 살림과 육아를 모두 담당해야 했다. 사일런트 세대의 중산층 여성 16명과 심층 인터뷰를 진행한 베니타 아이슬러는 육아는 '오롯이 엄마의 몫'이라는 게 1950~1960년대의 분위기였음을 깨달았다. 몇 십 년 전만 해도 흔히 볼 수 있었던 부모 세대의 도움이나 유모 고용 같은 건 기대할 수도 없었다. 이 같은 경향은 훗날 개인주의 확산의 전조였겠지만 사일런트 세대에서 개인주의가 핵가족 중심으로 구현된 것이라고도 볼 수 있다. "대학 교육을 받은 여성, 중산층의 전문직 엄마들이 심지어 허드렛일조차 고용인에 맡기길 거부한 것은 전례 없는 일"이라고 아이슬러는 적었다. 그녀가 인터뷰했던 다이앤은 이렇게 말했다. "아이들과 관련된 일은 제가 도맡아야 한다고 느껴요. 엄마가 '내가 아이를 데려가마' 혹은 '내가 애들을 일주일간 봐줄게'라고 말씀하시더라도 나는 '아니에요, 제가 직접 해야죠'라며 거절해요." 여성들의 이 같은 태도는 자녀의 나이 터울이 최대한 벌어지지 않게 하려던 당대의 출산 경향으로 인해 더욱 강화되었다. 아이슬러의 조사에 따르면 13개월 터울이 가장 많았다. 출산을 단기간에 '몰아서 끝내야' 여성들이 하루빨리 일터로 돌아가거나, 자녀가 독립한 뒤 부부가 오랜 기간 둘만의 시간을 보낼 수 있기 때문이었다.

하지만 모든 일을 도맡는 데서 오는 부담감으로 부부가 버틸 수 없는 지경까지 내몰릴 때도 있었다. 1930년 이전 미국인은 대개 결혼 생활을 끝까지 유지해 이혼율은 결혼율의 10%에 지나지 않았다. 그런데 1930년대 대공황을 겪으면서 분위기가 달라져 서서히 이혼이 증가하기 시작했다. 이혼율은 전쟁으로 성급하게 진행했던 결혼이 파경을 맞은 1946년에 급격히 치솟았다. 이후 1960~1970년대에 걸쳐 급증했다가 1981년이 지나면서 감소세로 돌아섰다. 이혼하는 이들의 연령은 대부분 25~49살이었으므로 사일런트 세대가 처음 이혼을 대중화하고 베이비붐 세대가 그 흐름을 이어갔다고 볼 수 있다.

이혼이 훨씬 흔해진 원인은 무엇인가? 이혼이 급증했던 1960~ 1970년대 사람들은 개인주의가 확산되면서 나타난 사회적 변화가 이혼의 원인이라고 지목했다. 개인의 선택이 더욱 중요해지고 여성이 남성과 한결 동등한 지위를 누리게 됐으며 가족의 비중은 줄어든 것이다. 가전제품 덕분에 남성들이 이혼 후 혼자 사는 게 가능해졌다는 점에서 기술의 역할도 컸다. 하지만 또 다른 원인 역시 존재했으니 바로 이른 결혼이다. 25살 이전에 결혼한 이들은 그보다 늦게 결혼한 이들보다 이혼하는 비율이 높다. 따라서 이전 세대보다 어려서 결혼한 사일런트 세대의 이혼율이 높았던 것이다.

물론, 이혼한 이들 중 상당수가 재혼을 한다. 사일런트 세대도 마찬가지였다. 1960~1970년대에 이혼한 이들 가운데 남성 10명 중 6명, 여성 5명 중 1명은 5년 이내에 재혼했다. 사일런트 세대의 유명인사 중에는 연기, 코미디나 언론에서 떨치는 영향력뿐 아니라 결혼을 많이 한 것으로 유명한 이들도 많다. 배우 엘리자베스 테일러(1932년생)는 여덟 번, 코미디언 조니 카슨(1925년생)은 네 번, 앵커 래리 킹(1933년생)은 여덟 번 결혼했다. 사일런트 세대는 이혼함으로써 사회적 규범을 어겼지만 재혼을 통해 전통 가치관만큼은 유지했다. 래리 킹은 여러 번 결혼한 이유에 대해 자신은 동거가 아닌 결혼을 했던 세대이기 때문이라고 말한 바 있다.

결국 사일런트 세대는 20세기를 통틀어 결혼을 가장 많이 한 세대였다. GI세대가 55~64살이었던 1970년, 결혼한 적이 없는 이들의 비율은 7%였다. 하지만 사일런트 세대가 위의 연령대가 된 1990년에 는 그 비율이 5%로 떨어졌는데 이를 수치로 따지면 결혼한 적 없는 사람의 수가 이전 세대보다 30%나 줄어든 것이다.

2020년 75살이 넘은 사일런트 세대의 이혼율은 11%로 GI세대가 이 연령대였던 2000년대에 비해 두 배 더 높았다. 하지만 이들은 과 거의 고령층보다 더 많이 재혼했는데 사별의 비율이 낮았던 게 가장 큰 원인으로 보인다. 2000년에만 해도 75살 이상 여성은 사별한 경우 가 많았지만 2020년에는 더 이상 그렇지 않았다. 물론 이 같은 경향 역시 기술의 산물이었다. 의료기술의 발전으로 사람들이 더 건강해지 면서 수명도 길어진 것이다. 그 결과 오늘날 혼자 사는 75살 이상 여 성은 1990년에 비하면 훨씬 적다.

이처럼 결혼도 일찍 하고 성인으로서는 어린 나이에 출산까지 해 베이비붐 시대를 맞이했다는 사실로 인해 사일런트 세대는 이름만큼 이나 고요하고 말 잘 듣는 순응 세대로 인식되었다. 하지만 이들이 민 권 운동, 페미니즘 운동과 성소수자 초기 인권 운동을 이끌기도 했으 니 과연 어느 쪽이 사일런트 세대의 진정한 특성이라 할 수 있을까? 둘 다라고 볼 수 있다. 사일런트 세대는 1월January의 영문명을 딴 신이 자 과거와 미래 모두를 바라보고 있는 두 얼굴의 로마신 야누스와 같 다고 할 수 있다. 이들은 공동체를 지향하고 가족중심적인 미국에서 청년기를 보냈지만 좀 더 개인주의적이고 평등을 중시하는 미국의 탄 생을 돕기도 했다.

록앤롤 고등학교
: 교육 수준 향상

미국에 거주하는 16살의 한 아이를 떠올려보자. 10월의 어느 평일 오전 열 시에 그 아이는 무엇을 할까? 오늘날의 10대를 생각하면 별로 어려운 질문은 아니다. 당연히 학교에 있을 테니 말이다. 하지만 20세기 초라면 바로 답할 수가 없을 것이다. 16살 아이라도 고등학교에 가지 않고 일을 할 확률이 절반이 넘었기 때문이다.

고등학교, 친구, 숙제와 파티 등 오늘날 10대의 삶을 이루는 여러 요소는 비교적 최근에야 확립된 것이다. 10대 시절 과반 이상이 이 같은 생활을 한 세대는 사일런트 세대가 처음이었다. GI세대가 청년기를 보낸 1940년에는 25~29살의 청년 중 고등학교 졸업장이 없는 이들이 대부분이었다. GI세대의 10대는 대부분 고등학교를 졸업하지 않았기 때문이다. 1911년생인 나의 할머니도 그중 한 분이셨다. 할머니는 14살에 학교를 그만둔 뒤 요리와 청소를 하고 가족 농장에서 닭을 돌보았다. 또 다른 이들은 공장에서 일하거나 신문을 팔거나 하인으로 일하는 등 당시 으레 10대의 일로 간주되던 직업에 종사했다. 소수의 특권층 자녀만이 고등학교에 다닐 수 있었다. 특히, 흑인 중에는 일하는 10대가 훨씬 많아서 1940년에도 25~29살 흑인 중 고등학교 졸업장을 가진 이는 8명 중 1명 정도에 불과했다.

하지만 이 같은 상황은 사일런트 세대 들어 달라졌다. 1950~1974년 사이 사일런트 세대가 20대 후반으로 성장했을 때 고등학교를 졸업한 이들의 수도 급증했다. 사일런트 세대가 빠른 발달의 징조로 이전 세대보다 일찍 결혼하기는 했지만, 교육에 있어서는 느려진 인생 주기 전략을 추구해 학교에 더 길게 머물고 진짜 어른이 되는 시기는 뒤로 미뤘다고 할 수 있다.

1960년 25~29살 백인의 64% 이상, 그리고 흑인의 40% 이상이 고등학교를 졸업했으며 학사 학위를 가진 이의 수도 늘기 시작했다. 이런 수치는 미국 내 인종과 관련된 두 가지 진실을 보여준다. 진전이 있기는 했지만 아직 한참 멀었다는 것이다. 인종분리 시대의 고교 학위 취득 비율에서 나타난 인종 간 차이는 1960년대를 거치면서 좁혀지기 시작했고 2020년대에는 불과 몇 퍼센트로 줄었다. 하지만 대학 학위 취득 비율에서 나타나는 인종 간 차이는 여전히 엄청나다.

오늘날 연령대가 70대 후반에 이른 사일런트 세대는 이전 세대에 비하면 여전히 훨씬 높은 학력을 자랑한다. 이중 고등학교 혹은 그 이상의 학위를 지닌 비율이 86%로, 70대 후반 GI세대에서는 그 비율이 절반에 불과한 데 비하면 크게 높아진 수치다. 사일런트 세대에서는 대학 학위를 지닌 이가 3분의 1가량이나 돼 GI세대나 잃어버린 세대Lost Generation(1883~1900년 출생)보다 3배나 높아졌다. 그 시대에 대학 등록금을 내기는 오늘날보다 수월했다. 1950~1960년대에는 대학 수업료가 저렴해 대학을 끝까지 마치는 게 가능했다. 사일런트 세대는 현재로서는 믿기 힘든 교육정책의 혜택을 온전히 누린 마지막 세대였다. 예를 들어, 1960년대 후반까지 캘리포니아주 거주자들은 캘리포니아 대학교에 무료로 다닐 수 있었다.

사일런트 세대를 기점으로 교육 수준이 높아진 것은 '엄마 거북이'인 기술, 그리고 '딸 거북이'에 해당하는 느려진 인생 주기의 결과물이다. 지금에야 1950년대를 돌아보면 마냥 고루하게 느끼지만 당시만 해도 첨단 기술로 빛나는 현대화의 시기였다. 1950년대와 1960년대 초반의 광고는 진보의 희망으로 고동치면서 소비자들에게 옛것은 버리고 텔레비전, 세탁기, 전기레인지, 풀옵션 자동차 등 새것을 받아들이라고 촉구했다. 과학, 기술, 공학과 수학은 'STEM'으로 한데 묶여 위세를 떨치기 훨씬 이전부터 전후 시대의 영웅으로 자리 잡았다. STEM 분야의 고급 기술을 요구하는 직업 역시 갈수록 많아졌다. 심지어 기술의 발전은 STEM 이외의 분야에서도 성인으로서 경제활동을 하기까지 배울 게 더 많아졌음을 의미했다. 경제의 중심이 농업에서 지식기반 산업으로 옮겨감에 따라 더 많은 교육이 필요해졌고 결과적으로 성인이 되기까지 더 오랜 시간이 걸리게 되었다. 내 할아버지처럼 열두 살에 이미 필요한 모든 기술을 갖추고 정식 노동자로 나서는 게 더 이상 불가능해진 것이다. 대신 18살이나 22살 혹은 그보다도 많은 나이가 되어야 모든 교육을 마치고 온전한 성인으로 직업을 가질 수 있게 되었다.

그리 고요하지 않은 정치
: 계속되는 정치 권력과 지도력

1991년 출간한 책에서 윌리엄 스트라우스와 닐 하우는 사일런트 세대가 보다 큰 규모의 세대에 의해 정계 지도부 진출이 차단될 것이라고 예측했다. 이들의 이 같은 예측은 미국 대통령직을 두고 봤을 때 최근까지도 맞아떨어졌다. 조 바이든(1942년생)이 78살의 나이로 취임하기 전까지 사일런트 세대에서 대통령이 단 한 명도 나오지 않은 것이다. 사일런트 세대였던 다른 대통령 후보인 1928년생 월터 몬데일,

1933년생 마이클 두카키스, 1943년생 존 케리, 1936년생 존 매케인은 하나같이 GI세대나 베이비붐 세대에 속하는 상대 후보에게 패배했다. 스트라우스와 하우는 사일런트 세대가 2차 세계대전 영웅 세대인 GI세대와 수적으로도 우세한 베이비붐 세대의 압도적 기세에 밀려 고전했다는 이론을 제시했다. 하지만 대통령 이외의 정치권 고위직을 생각하면 이 같은 이론은 설득력을 잃는다. 사일런트 세대는 자신들의 시대에 상당한 정치권력을 손에 넣었고 계속해서 영향력을 발휘하고 있다. 실제로 2021~2023년 미국 의회에서 낸시 펠로시(1940년생) 하원의장을 포함해 상원의원 11명, 하원의원 27명이 사일런트 세대다. 퇴직 연령을 이미 한참 넘긴 나이라는 사실을 감안하면 더욱 인상 깊다.

각 세대가 정계 지도부에서 전성기를 맞이한 시기를 비교해보면 더 많은 걸 알 수 있다. 1995년 당시 평균 연령 60살이었던 사일런트 세대 중 미국 주지사는 32명으로 1973년 GI세대가 비슷한 연령대였을 때보다 많다. 사일런트 세대가 미국 상원에 진출한 비율은 GI세대와 거의 동일하다. 1973년 GI세대가 74석을 점유했다면 1995년 사일런트 세대는 67석을 차지했다. 1990년대 이후 하원과 상원에서 최장기간 집권한 의장 중 상당수가 사일런트 세대로 미치 맥코넬(1942년생), 트렌트 로트(1941년생), 해리 리드(1939년생), 낸시 펠로시(1940년생), 오린 해치(1934년생), 톰 폴리(1929년생), 뉴트 깅리치(1943년생) 등이 있다.

사일런트 세대는 대법관도 6명 배출했다. 루스 베이더 긴즈버그(1933년생), 데이비드 수터(1939년생), 샌드라 데이 오코너(1930년생), 스티븐 브레이어(1938년생), 앤서니 케네디(1936년생), 안토닌 스칼리아

(1936년생)가 그들로 현재는 모두 사망하거나 은퇴해 현직에는 남아 있지 않다. 대법원장의 경우 1990년대 대통령직과 마찬가지로 GI세대(1924년생 윌리엄 렌퀴스트)에서 곧장 베이비붐 세대(1955년생 존 로버츠)로 넘어갔다. 사일런트 세대라는 이름이 주는 고요하다는 특징의 정치적 약점을 고려할 때 이는 정치 지도력을 입증하는 강력한 증거로 기능한다. 하지만 사일런트 세대 역시 국가의 법과 정책을 구축할 기회를 풍성하게 누렸다.

사일런트 세대는 대개 차이를 줄인 세대로 알려져 있다. 시대적 기능과 세대적 특성이 함께 작용해 진정한 양당 연합을 구축한 마지막 세대였으며 세대 차이를 어떻게 극복하는지 배운 세대이기도 했다. 1990년 웨이드 그린(1933년생)은 자신이 속한 사일런트 세대에 대해 "우리는 극소수였기 때문에 주위의 고집쟁이들과 오랫동안 함께 일해야 했고 덕분에 조정하고 조율하는 재능을 얻었다"고 적었다. 그린은 당시 상원 다수당 원내총무였던 조지 미첼(1933년생)과 관련해서도 "사려 깊고 온화하며 타협적이고 겸손하다는 평판이 자자했다. 그들은 질문하고 경청하는 능력이 상당히 발달해 뻔한 답을 가지고 오는 법이 없다"고 평가했다.

사일런트 세대는 지도자에게 필요한 또 다른 자질 역시 갖췄으니 바로 타인에 대한 신뢰다. 사회과학자의 경우 사람들이 서로를 얼마나 신뢰하는가에 상당한 관심을 갖고 있었다. 특히 민주주의처럼 복잡한 사회가 기능하는 데는 신뢰가 필수적이기 때문이다. 대부분의 사람을 신뢰할 수 있는지, 사람들이 보통 공정하려고 노력하는지, 그리고 대개 도움이 되는지 여부를 질문했을 때 사일런트 세대는 베이비붐 세대보다는 GI세대에 더 가까운 답변을 내놓는다.

따라서 사일런트 세대는 타인을 신뢰하는 경향이 강하고 타인의 장점을 더 잘 발견한다는 점에서 뒤이은 여러 세대보다 덜 냉소적이다. 이는 아마 좀 더 안정적이고 범죄율도 낮았던 1950년대와 1960년대 초반 청소년기와 청년기를 보낸 만큼, 범죄율이 높고 의무와 명예라는 전통적 가치가 희미해지면서 혼란스러웠던 1960년대 말과 1970년대에 성인이 된 베이비붐 세대보다는 삶을 조금이라도 따뜻하게 바라보기 때문일 것이다. 이후 '4장 X세대'에서는 베이비붐 세대 이후 신뢰라는 가치가 어떤 길을 걸었는지 살펴볼 것이다.

고령층 사일런트 세대의 투표
: 다른 세대에 비해 보수적인 태도

2020년대에 70대 후반을 웃도는 연령층은 보수적 성향의 폭스 뉴스 시청자로 간주되는 경우가 많았다. 물론 세대별로 정치적 견해가 다양한 만큼 모두가 보수인 것은 아니다. 그런데 위와 같은 가정은 실제에 얼마나 가까울까?

우선 누군가 진보인지 보수인지를 구분하는 정치적 이념을 살펴보자. 이념은 나이의 영향을 강하게 받는다. "25살인데 진보가 아니면 심장이 없는 것이고 35살인데 보수가 아니면 뇌가 없는 것이다"라는 항간에 떠도는 말처럼, 이념이 나이의 영향을 받는다고 보는 이유는 '변화를 촉구하는' 진보 정책을 지지할수록 진보, '지금 이대로를 좋아하는' 현상 유지를 주장할수록 보수이기 때문이다. 최근 몇 십 년간 사회가 빠르게 변화해온 만큼 21살에 진보 성향이던 이가 45살에는 중도, 그리고 75살에는 보수라고 느낄 수 있다.

따라서 2020년을 기준으로 자신을 보수라고 밝힌 사일런트 세대가 베이비붐 세대나 이후 세대보다 많다는 사실은 놀라운 일이 아니다. 정작 놀라운 건 백인 사일런트 세대의 경우 이미 30~40대였던 1970년대부터 줄곧 스스로 보수로 여겼다는 것이다. 따라서 그들이 정작 나이가 들어가면서 보수층 증가폭은 그리 크지 않았다. 사일런트 세대 중 흑인, 히스패닉이나 다른 인종과 민족은 나이를 꽤 먹은 이후 보수파가 증가하는 기존의 경향을 따른 데 비해 백인 사일런트 세대는 심지어 중년 무렵부터 이미 보수적 성향을 보였다.

앞서 살펴본 것처럼, 사일런트 세대의 사회관은 직전 세대인 GI세대에 비하면 상당히 진보적이지만 베이비붐 세대에 비하면 눈에 띄게 보수적이다. 2018~2021년 미국 GSS에 따르면 현존하는 세대 중 '성인 동성애자 간의 성관계가 용납되지 않는다'는 의견이 우세한 세대는 사일런트 세대가 유일했다. 이들은 마리화나가 합법화되어선 안 된다고 믿는 유일한 세대이기도 했다. 또 사일런트 세대는 유일하게 '여성은 가정과 가족을 돌보는 게 가장 바람직하며 일하는 엄마를 둔 취학 전 아동은 고통받는다'고 생각하는 비율이 3분의 1을 넘었다. 물론 시간이 흐르면서 생각을 바꾼 사일런트 세대도 많지만 일부는 자신이 성장기를 보낼 때와는 너무나 달라진 시대의 모습에 격세지감을 느끼기도 했다.

사일런트 세대는 갑자기 속도가 빨라진 트레드밀 위를 달리는 사람에 비유할 수 있다. 계속 달릴 수 있는 이들도 있지만 가혹한 변화를 견디지 못하고 달리기를 멈추는 이들도 있다. 이들은 어렸을 때는 변화를 지지했겠지만 이제 상황이 변할 만큼 변했다고 생각한다. 수

많은 세대가 나이 들며 경험하는 것처럼 "멈춰! 난 내릴 거야!" 같은 감정에 직면할 수 있다.

사일런트 세대가 평등을 위해 싸웠다고 해서 최근 발생한 사회 정의 운동까지 모두 지지하는 것은 아니다. 루스 베이더 긴즈버그는 변호사로 일하는 내내 여성의 법적 평등을 구현하기 위해 싸웠고 미국 역사상 두 번째 여성 대법관이 되었다. 하지만 2016년 풋볼 선수 콜린 캐퍼닉이 미국 국가가 울려퍼지는 동안 무릎을 꿇어 경찰의 흑인 살해 사건에 저항의 메시지를 보낸 길 어떻게 생각하느냐는 케이티 쿠릭의 질문에 긴즈버그는 이렇게 답했다. "멍청하고 무례했다고 생각해요." 대법원 공보실은 긴즈버그가 실언했다고 해명했지만 긴즈버그는 거기서 멈추지 않았다. "그들의 부모와 조부모가 존엄한 삶을 영위할 수 있도록 해준 미국 정부를 멸시하는 행위였어요. 그들도 나이 들수록 그게 치기 어린 바보짓이었음을 깨닫겠죠. 그래서 교육이 중요한 거예요." 긴즈버그는 그 행위가 국가를 멸시한 치기 어린 짓이었다고 믿는 듯했다. 그녀가 사일런트 세대 모두를 대변한 것은 아니지만 애국심과 존경심을 표하는 게 무엇보다 중요했던 시기에 성장한 세대의 세계관만큼은 잘 보여주었다. 평등 운동을 지지했지만 이제는 상황이 충분히 개선됐다고 생각하는 세대 말이다.

정당은 또 어떤가? 오늘날 민주당 지지자는 하나같이 진보 성향이고 공화당 지지자는 대개 보수 성향으로 간주된다. 하지만 20세기에는 정치 이념과 정당이 그렇게 깊이 연관되지 않았다. 민주당 지지자 중에도 보수 성향이 있었고 공화당 지지자 중에도 진보 성향이 있었던 것이다. 1970년대에는 보수파 중 공화당을 지지한다고 밝힌 이가 64% 정도였다. 그런데 이 수치가 2000년대 들어 78%로 늘더니

2010~2020년에는 88%로 증가했다. 결과적으로 GI세대에서는 보수파 중에도 민주당 지지자가 있었지만 사일런트 세대에서는 보수파가 하나같이 공화당을 지지한다고 볼 수 있다. 갈수록 이념이 정당을 결정짓고 또 나이 들수록 보수로 기우는 경향으로 인해 오늘날의 정당은 지난 세대보다 연령별로 나뉘는 경향이 훨씬 강하다.

결국 연로한 공화당 의원·유권자가 비교적 젊은 민주당 의원·유권자와 대결하는 구도가 확립되면서 세대 간 차이에 정치적 견해 차이로 인한 분열까지 더해졌다. 가정에서도 조부모와 손자 세대가 정치 이슈로 인한 갈등에 직면하는 경우가 더 많아졌다. 이처럼 정당 간 전쟁은 갈수록 세대 간 전쟁 양상을 띠고 있다.

사일런트 세대의 놀라운 정신건강
: 안정성과 차분함

최근 미국인의 정신건강이 얼마나 악화되고 있는지에 관한 뉴스 기사가 쏟아져 나오고 있다. 심지어 팬데믹 이전에도 우울증과 자살률이 증가 추세였고 중년층 사이에서도 약물이나 알코올 남용으로 인한 '절망의 죽음'이 급증했다. 베이비붐 세대와 이후 세대의 사정이 이렇다면 사일런트 세대는 과연 어떨까?

1997년부터 실시된 어떤 전국 조사에서는 미국 성인의 정신적 스트레스를 표준 측정하기 위해 불안과 우울, 절망감과 무기력을 얼마나 자주 느끼는지, 혹은 자신이 무가치하다거나 모든 게 피곤하다고 느끼는 경우가 얼마나 빈번한지 질문했다. 그 빈도가 특정 범위를 넘으면 우울증 혹은 불안장애로 진단받을 수 있다는 의미다.

조사 결과 사일런트 세대의 정신건강은 단연 돋보였다. 직전의 GI 세대, 혹은 직후의 초기 베이비붐 세대에 비해 정신적 스트레스를 겪는 횟수가 현저히 적었던 것이다. 특히 20세기 전반기에 출생한 사람 중 스트레스에 시달리는 이는 1930년대생이 가장 적었다. 정신건강은 사일런트 세대가 아닌, 그 이후부터 사회적 문제로 떠오르기 시작한 것으로 보인다.

앞선 세대는 나중에 대어닌 세대보다 징신적 스트레스를 잘 인정하지 않는 것으로 여겨진다. 이 같은 가정이 명백한 사실로 판명된 적은 없지만 사일런트 세대의 스트레스가 적은 게 문제를 인정하길 꺼리는 성향 때문인지 살펴볼 필요가 있다. 하지만 이는 사실이 아닌 것으로 보인다. 사일런트 세대 직전의 GI세대는 정신적 스트레스를 느낀다고 답한 횟수가 사일런트 세대보다 더 높았다.

사일런트 세대의 자살률 역시 직전이나 직후 세대에 비해 현저히 낮다. 1930년대 후반에 태어난 미국인은 1910년대 초반에 태어난 미국인보다 스스로 목숨을 끊을 확률이 22% 낮았다. 이 같은 수치 감소를 이야기로 풀어보자. 어느 주말에 미국 전역의 10만 명이 고교 동창회를 위해 모였다고 가정해볼 때 GI세대인 1933년(1915년생) 학급에서는 17명을 자살로 잃었다면 사일런트 세대인 1955년(1937년생) 학급에서는 13명을 잃었다는 것이다. 우울증이나 외상 후 스트레스 장애로 자살에 이르는 경우가 많다는 사실을 고려할 때 사일런트 세대의 낮은 자살률은 이들이 GI세대나 베이비붐 세대에 비해 정신질환 비율이 낮음을 의미한다.

솔직하게 응답했는지 여부를 떠나, 정신적 스트레스에서 나타나는 세대별 차이가 본질적으로 존재한다는 사실은 자살 데이터를 통해서도 명확히 알 수 있다. 자살은 저질러진 행위인 만큼 상담과 응답의 결과가 아니다. 자살률은 사망을 어떻게 기록하느냐에 따라 편향될 수도 있지만 자살 보고를 과도하게 했다가 소극적으로 했다가 다시 과도하게 했다고 믿기는 어렵다. 마찬가지로 기록 편향이 세대별로 이렇게 큰 차이를 낳았다고 보기 힘들다.

그보다는 세대 차이가 낳은 결과다. 사일런트 세대는 역사적으로 그 세대가 갖는 지위로 인해 정신적 스트레스를 덜 경험했을 확률이 높다. 사일런트 세대는 대부분 대공황과 2차 세계대전 시기에 태어났다. 당시 성인이던 GI세대가 두 사건으로 겪은 것과 같은 스트레스를 사일런트 세대는 경험하지 않은 것이다. 2차 세계대전에는 GI세대의 청년 1,000만 명이 전쟁에 동원되었지만 사일런트 세대가 청년이던 당시 벌어진 한국전쟁(1950~1953년)에는 그의 6분의 1도 안 되는 150만 명이 동원되는 데 그쳤다. 참전용사들은 한때 '포탄 충격*'으로 불리던 혼란과 고통에 시달렸는데 이는 정신 질환, 우울증과 자살로까지 이어지는 오늘날의 외상 후 스트레스 장애PTSD에 해당된다. 일부 작가는 사일런트 세대가 2차 세계대전의 영웅이 되는 영광을 놓쳤다고 아쉬워하는 경우도 있지만 덕분에 그로 인한 공포에서 벗어날 수 있었던 것도 사실이다.

사일런트 세대에 속하는 많은 이들이 전쟁을 피할 수 있었을 뿐

---

* 포탄 충격shell shock(셸 쇼크): 전쟁신경증의 한 유형이다. 병사가 전투라는 준엄한 상황하에서 신체적 · 정신적으로 견딜 수 없는 한계까지 도달했을 때 나타나는 심한 불안상태다. 불면, 신경과민, 떨림, 실신 등의 증상을 보인다.

아니라 미국 역사상 최장 기간 이어진 전후 경제 성장기에 가족을 꾸리고 사회경력을 쌓을 수 있었다. 그래서 일각에서는 사일런트 세대를 가리켜 '좋은 시절 세대'라고 부르기도 한다. 사일런트 세대가 정신적으로 건강한 데는 또 다른 이유도 있다. 저렴한 등록금으로 공립 대학에 다닐 수 있었던 마지막 세대에 해당되는 것이다. 이들은 텔레비전으로 성공적인 삶의 기준이 높아지기 전에 성장한 마지막 세대이기도 하다. 어려서 결혼해 어려운 점도 있었지만 덕분에 자녀를 낳고 가족을 중시하게 되면서 특히 장년기 정신건강의 핵심 요소를 충족할 수 있었다. 의료 체계의 발달로 GI세대에 비해 배우자와 사별할 확률도 낮아졌다.

그런데 2020년 3월 코로나19 팬데믹이 닥쳤다. 사일런트 세대에게는 특히 좋지 않은 타이밍이었다. 미국인의 최고령층에 해당하는 만큼 바이러스에 가장 취약했기 때문이다. 실제로 2020~2021년 사이 코로나19 사망자 중 절반 이상이 75살 이상이었다. 고령층은 대부분 반드시 외출해야 하는 경우를 제외하고 안전을 위해 집에 머무는 것을 택했다. 그중에는 1년 넘게 자녀나 손자를 만나지 않은 이들도 있었는데 가족을 그토록 중시하는 세대에게는 특히 힘든 일이었다. 하지만 이 같은 상황에서도 사일런트 세대는 모두가 예상한 것보다 잘 대처했다. 코로나19 바이러스에 훨씬 취약함에도 팬데믹 기간 동안 우울증이나 불안감을 느끼는 비율이 젊은 세대보다 오히려 낮았다.

사일런트 세대에게는 방어막이 따로 있었다. 팬데믹이 시작되던 시점에 정신적으로 젊은 세대보다 건강했던 것이다. 대부분 은퇴한 상태였기 때문에 팬데믹으로 인한 경제적 영향도 크게 받지 않았다.

자녀들도 장성한 나이인 만큼 손주를 돌보는 경우가 아니라면 학교
와 어린이집이 문을 닫아 받는 피해도 없었다. 게다가 오랜 연륜에 비
춰봤을 때 아무리 팬데믹이라도 자신들이 이미 버텨낸 수많은 사회적
재앙 목록에 하나가 더 추가된 데 불과했다. 그래서 '이 또한 지나가
리라'는 게 그들의 기본적 태도였다. 비록 많은 사람들의 바람만큼 짧
게 끝나지는 않았지만 젊은 시절부터 단련된 회복탄력성 덕분에 사일
런트 세대는 비교적 수월하게 대처할 수 있었다.

하지만 2020년과 2021년 사일런트 세대는 물론 다른 모든 이
들 역시 감정적 롤러코스터에 시달렸다. 팬데믹이 시작된 2019년과
2020년 4월 사이에 심지어 사일런트 세대에서도 불안감이 상당히 높
아졌다. 뿐만 아니라 조지 플로이드 사망 사건 이후 시위가 벌어진
2020년 6월, 대선을 앞둔 2020년 11월, 그리고 코로나19 확진자가
급증한 2020~2021년 겨울에도 불안감은 최고조에 달했다. 이후에
는 꾸준한 감소세로 돌아섰다. 사일런트 세대는 언제나 그랬듯 잘 이
겨냈다. 심지어 치명적 바이러스 앞에서도 세대적 특성이 발현된 사
례다.

2020년대가 끝나기 전 비즈니스, 엔터테인먼트, 과학, 정치 영역
에서 마지막 남은 사일런트 세대가 모두 은퇴할 예정이다. 사망하지
않는다면 2029년 워런 버핏은 98살, 미치 맥코넬은 86살, 버니 샌더
스는 87살, 낸시 펠로시는 88살, 앤서니 파우치는 89살이 된다. 그리
고 2020년대 말에는 고령 의원 대부분이 베이비붐 세대로 대체될 것
이다. 2029년이면 최고령 베이비붐 세대는 83살에, 최연소 베이비붐
세대는 65살에 접어든다.

그 결과 우리는 이제 방 안의 코끼리와 마주하게 되었다. 바로 사

일런트 이후 세대, 즉 전쟁이 끝난 후 핑크빛 전망이 가득하던 1946
년 처음 세상에 등장해 아무도 무시할 수 없는 존재감을 발휘한 베이
비붐 세대다.

에이즈의 유행

최초 징후는 아리송했다. 보통은 이탈리아의 60대 남성들에게 안면 종양으로 발생하는 카포시 육종이 왜 젊은 남성에게 나타났을까? 왜 이전에는 건장했던 청년들이 치사율도 낮은 폐포자충 폐렴으로 사망까지 하는 것인가? 1981년 6월 미국 질병통제예방센터CDC는 로스앤젤레스에 거주하는 젊은 게이 남성에게서 나타난 폐포자충 폐렴 사례 5건에 관한 보고서를 발표했다. 원인은 면역 체계를 손상시키는 바이러스라는 게 전염병학자들의 최종 결론이었다. 새롭게 등장한 질병의 명칭을 두고 '게이 암', 혹은 '동성애와 관련된 면역 부전증GRID' 등 의견이 분분했다. 하지만 결국 바이러스가 인간 면역 결핍HIV을 일으키는 것으로 알려지면서 정식 명칭은 후천성 면역 결핍증AIDS으로 결정되었다.

에이즈는 게이 사회를 휩쓸며 인생의 황금기에 놓인 수많은 청년의 목숨을 앗아갔다. 브루스 우즈 패터슨(1953년생)은 뉴욕의 게이 남성 건강 위기 단체에서 운영하는 에이즈 긴급 전화 상담원으로 일했다. "침대에서 꼼짝할 수 없는 이들이 절망 속에서 울며 전화를 걸어왔다"고 그가 말했다. 그들은 대개 자신이 얼마나 젊고 아름다웠는지, 얼마나 밝은 미래가 기다리고 있었는지로 이야기를 시작했다. 그런데 지금은 정체성, 독립성과 자부심까지 모두 잃었다는 것이다. 수많은 이들이 전화를 걸어와 "죽음은 두렵지 않아요. 죽음에 이르는 과정이 무서울 뿐"이라고 말했다.

게이 남성과 주사제 약물 사용자가 최고 위험군에 속하기는 했지만 연구원들은 이내 누구나 HIV에 감염될 수 있다는 사실을 발견했다. 임산부의 경우 태아에게 바이러스를 전염시킬 수 있어 HIV에 감염된 상태로 태어나는 아기도 있었다. 1985년까지는 수혈용 혈액에 HIV 검사를 실시하지 않아 혈우병 환자와 수술 환자가 수혈로 감염되기도 했다. 에이즈는 지금껏 여섯 세대에 걸쳐 발병했지만 그 여파는 천차만별이었다. 1985년 게이 사회 최초로 발생한 에이즈 환자는 사일런트 세대(당시 40~60살)였고 베이비붐 세대(당시 21~59살)에서 가장 많은 에이즈 사망자가 나왔다. 또 베이비붐 세대가 1960~1970년대 개척한 성 해방 물결은 에이즈로 어쩔 수 없이 중단되었다. 10대의 X세대(당시 6~20살)와 젊은 베이비붐 세대는 성생활을 막 시작할 시기에 성관계가 사망을 일으킬 수도 있다는 사실을 배우게 되면서 이성 관계를 시작하기에 앞서 파트너의 성관계 전력을 알아보거나 HIV 검사를 받아보도록 권했고 콘돔도 적극적으로 사용했다.

1995년 무렵 미국에서는 25~44살 성인 사망의 가장 큰 원인이 에이즈였다. 얼마 후 향상된 기능의 항레트로바이러스 약품이 개발되면서 에이즈의 치명률이 극적으로 낮아졌다. 그 결과 미국의 밀레니얼 세대, Z세대와 알파 세대는 대부분 HIV 바이러스가 평생 가지만 치명적이지는 않은 성병으로 알고 있다. 그러나 2020년대에도 에이즈는 여전히 심각한 질병으로 남아 있고 심지어 HIV 백신은 2023년인 지금까지도 개발되지 않았다.

1986년 클레브 존스(1954년생)는 에이즈로 사망한 사람들을 추모하는 판지 포스터를 발견했다. "마치 퀼트 같았어요. 그런 생각을 하고 보니 위안이 되는 강력한 영감이 떠올랐죠." 존스는 3 × 6피트의 패널 수천 개를 덧붙인 퀼트를 제작해 에이즈 사망자 한 명 한 명을 기리는 네임즈NAMES 프로젝트를 기획했다. 1987년 이 퀼트 작품이 처음으로 펼쳐졌을 때 "애초에 의도했던 효과가 고스란히 담겨 있었다"고 피터 제닝스와 토드 브루스터가 적었다. "수많은 조각 사이를 거닐다 보면 에이즈로 인해 인간, 사람이 실제로 사망했다는 사실을 직시하지 않을 수 없어요." 에이즈 퀼트는 무게만 54톤에 달해 여러 사람이 함께 제작한 세계 최대의 예술 작품으로 남아 있다.

랜디 쉴츠(1951년생)는 최초의 에이즈 전문 기자 중 한 명이었다. 아이오와에서 보낸 성장기에는 자신 이외의 게이를 전혀 알지 못했다. 오리건 대학교에 재학 중이던 시절 커밍아웃을 했고 수년간 게이 신문《애드버킷Advocate》에 글을 기고하다 1981년 샌프란시스코 일간지《크로니클Chronicle》에 취직했다. 얼마 지나지 않아 에이즈 전문 기자가 되었고 그 후 저서를 통해 에이즈뿐 아니라 게이 커뮤니티의 반응, 그리고 레이건 행정부의 대응 참사에 관한 역사를 모두 다뤘다. 1987년 출간된 이 책은 일부 논란이 되기도 했지만 베스트셀러에 등극했고 에이즈에 관한 HBO 미니시리즈로도 제작되었다. 쉴츠는 1987년 3월 HIV 양성 판정을 받았고 앞에서 언급한 바 있는 카포시 육종과 폐포자충 폐렴에 1993년까지 시달렸다. "HIV는 분명 인격을 높여주는 병이에요." 그가 말했다. "덕분에 저는 모두가 집착하는 것들이 사실 아무것도 아님을 깨달았죠. 자존심과 허영심 등이요. 물론, 개인적으로는 인격이 낮더라도 T세포가 더 많다면 좋겠지만요." 쉴츠는 1994년 2월 42살의 나이로 사망했다.

03

1946~
1964년
출생

베이비붐 세대

1946년 1월 1일 자정이 조금 넘은 시각, 필라델피아 해군 기계공의 딸로 태어난 캐슬린 케이시와 시카고 육군 트롬본 연주자의 아들로 태어난 마크 베첵은 새로운 베이비붐 세대의 첫 번째 주자로 환영받았다. 베이비붐은 1945년 봄 2차 세계대전 참전 용사가 귀환하면서 생긴 결과로, 이듬해엔 더 많은 청년이 돌아오는 데다 형제자매까지 줄줄이 태어날 예정이었다. 인구학자들은 이렇게 높은 출산율이 1950년까지 지속될 것이라고 내다봤다.

하지만 인구학자들도 베이비붐이 단순히 계속되는 데 그치지 않고 점점 가속화될 것이라는 예상은 미처 하지 못했다. 총 출산율, 즉 그해 출생아 수를 기준으로 한 여성이 평생 낳을 것으로 예상되는 자녀의 수는 1957년이 되어서야 여성 1인당 3.8명으로 최고치를 찍었다. 베이비붐이 끝날 무렵인 1964년 한 해 동안 미국에서 태어난 아기의 수는 7,600만 명으로 지금의 프랑스 인구보다도 많았다. 전후 베이비붐이 지속된 기간과 규모는 인구통계학적으로 제시된 모든 예

인구의 연령별 분포

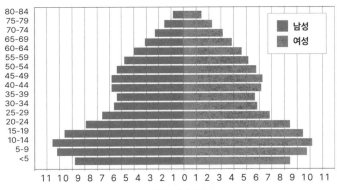

1970년 인구 분포

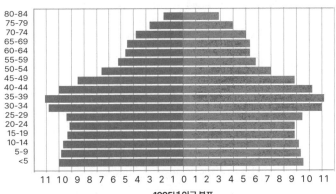

1995년 인구 분포

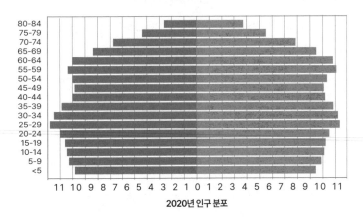

2020년 인구 분포

상을 뛰어넘었다. 이 인구 폭탄이 터지기 직전까지만 해도 미국의 출산율은 200년 넘게 하락세를 걷고 있었는데 말이다.

앞의 그래프를 보자. 이 아기들이 성장하면서 그들이 해당되는 연령 집단은 인구 그래프에서 볼록 튀어나온 형태를 띤다. 직전 세대나 직후 세대에 비해 인구가 워낙 많은 만큼 청년기(1970년 인구 형태)에서 중장년기(1995년 인구 형태)로 이동하는 동안에는 마치 볼링공을 집어삼킨 뱀을 보는 듯하다. 베이비붐 세대는 2020년대에 50~60대, 70대로 접어든 뒤에야 그 수가 20대 후반의 밀레니얼 세대보다 적어져 그래프 안의 볼링공도 사라지고 연령 분포가 한결 균일해졌다.

예상치 못한 높은 출산율은 어딜 가든 사람에 치이는 상황을 만들었다. 처음에는 산부인과가 북적대더니 다음으로는 학교가 붐볐다. 초기 베이비붐 세대인 짐 슐먼은 초등학교만 네 군데를 다녔는데 이사 때문이 아니라 고향인 오하이오주 피츠필드에 사람들이 끊임없이 이사 오고 학급 정원이 눈 깜짝할 새 채워져 학교를 계속 새로 만들었기 때문이었다. 피츠필드 고등학교는 슐먼이 졸업한 직후 학생이 너무 많아져서 절반은 아침에, 나머지 절반은 오후에 수업을 들어야 했다.

베이비붐 세대는 인구학적으로 볼링공의 형태를 띤 만큼 인생 주기의 어느 단계에 접어들든 미국 문화를 지배하는 결과를 낳았다. 이들이 아직 유년기를 보내던 1950년대와 1960년대 초 미국에는 어린이 중심적 문화가 구축되었다. 반항적 10대를 보내던 1960년대엔 나라 전체가 사회 변화로 들끓었고 청년으로서 한창 자아를 탐색하던 1970년대에는 신비주의가 문화를 장악했다. 1980년대와 1990년대 커리어를 쌓고 가정을 이루던 시기에는 안정성과 경제 부흥에 초점이 맞춰졌고 2000년대 무렵 50대와 60대의 부유한 베이비붐 세대는 히피와 여피의 본능을 결합해 소비에서 도덕적 의미를 찾았다. 데이비드 브룩스(1961년생)가 2001년 출간한 저서 《보보스》에서 말했듯 베이비붐 세대가 히피의 가치를 선택적으로 업데이트함에 따라, '미덕'의 기준이 음식으로 바뀌었다. "가령 자유연애처럼 10대에게 재밌고 흥미로웠던 60년대의 산물은 사라졌다. 대신 통곡물 등 중년의 건강염려증 환자나 관심 가질 만한 것들이 중요한 가치로 떠올랐다."

지난 다섯 명의 미국 대통령 중 바이든을 제외한 네 명이 베이비붐 세대였고 그중 클린턴, 조지 W. 부시, 트럼프는 1946년생 동갑내기였다. 베이비붐 세대는 1990년대 이후 의원, 주지사, 대학 총장 나아가 기업 고위 간부직까지 장악했다. 작가 랜든 존스(1943년생)는 베이비붐 세대를 압도적 규모와 세력을 갖췄다는 의미에서 '세대의 독재자'라고 불렀다.

베이비붐 세대는 엄청난 영향력을 발휘하는 거대 세대이기 때문에 명확히 규정하기가 상당히 어렵다. 한 가지 원인은 규모다. 베이비붐 세대의 3분의 1만 되어도 그 수가 상당한 만큼 이 세대는 아무리 소수 집단이라도 영향력을 발휘한다. 베이비붐 세대는 심지어 직접 일으킨 정치, 사회적 변화마저 뒤집기를 일삼았다. 그들이 소위 카멜레온 세대로 불리는 건 어쩌면 이 때문일 수 있다. 일부 신념과 행동을 평생토록 고수하는 한편 타인에게 손바닥 뒤집듯 다른 얘기를 할 수 있는 것도 베이비붐 세대가 유일하다. 1960년대에 히피족이었다가 1980년대에 여피족이 된 베이비붐 세대는 1990년대 들어 자신의 선택에 새삼 질문을 던지기 시작했다. 폭스바겐이 1960년대의 클래식 비틀을 1998년 새로 출시하면서 단언했듯 "1980년대에 당신의 영혼을 팔아 버렸다면 지금이 다시 사들일 수 있는 기회"였던 것이다.

나이가 들어 자신의 삶을 돌아볼 때면 대부분 10~30살 사이의 추억이 가장 뚜렷하게 떠오르기 마련이다. 이른바 '회고 절정'으로 알려진 이 같은 경향으로 우리는 생의 다른 어느 시점보다 청소년기와 청년기의 사건을 더욱 또렷이 기억하게 된다. 그리고 1960년대의 대격변기에 청소년기와 청년기를 보낸 베이비붐 세대, 특히 초기 베이비붐 세대는 이런 경향이 어느 누구보다 강하다. P. J. 오루크(1947년생)가 적었듯 "케네디 전 대통령과 마틴 루터 킹 암살, 비틀즈 해체, 미국의 베트남전 패배와 워터게이트 사건의 강렬한 기억이 없다면 베이비붐 세대가 아니다."

하지만 1960년대의 유산 중 지금껏 여파가 지속되고 있는 건 이 같은 대형 사건이 아닌, 평등과 개인주의의 성장이다. 그런데 흑인, 여성과 성소수자 평등 운동을 이끈 건 베이비붐 세대가 아니라 엉뚱한 이름의 사일런트 세대였고, 당시 파괴적 반문화를 조장한 원조 히피 역시 대부분 베이비붐 세대가 아닌 사일런트 세대였다.

하지만 이들 운동에서 훨씬 결정적 역할을 해낸 것은 바로 베이비붐 세대다. 반문화의 핵심 가치를 주류로 등극시킨 게 바로 베이비붐 세대이기 때문이다. 사일런트 세대는 법과 규칙만을 바꿨지만 베이비붐 세대는 평등을 향한 진심을 바꾸었고 그 결과 실생활까지 바꿔놓았다. 흑인 학생이 대학에 입학하는가 하면 여성이 전문직에 진출하고 지도자로도 등극했다. 사일런트 세대가 꿈꾸던 이상을 베이비붐 세대는 현실로 만들었고 이 변화를 단순히 수용하는 데 그치지 않고 변화를 당연시하는 문화까지 구축했다. 비단 정부 정책뿐 아니라 사람들의 일상적 신념, 가치관과 라이프스타일에 혁명을 일으킨 것이다.

이 같은 트렌드의 핵심에 베이비붐 세대의 개인주의가 존재한다.

이들은 낡은 선입견을 광범위하게 거부할 뿐 아니라 개인의 선택을 가장 중시한다. 예를 들어, 이전 세대는 징병제에 의문을 거의 제기하지 않았지만 베이비붐 세대는 베트남전쟁에 동원되기를 거부하면서 역사에 중요한 전환점을 가져왔다. 의사에 반하는 군 복무도 시민은 무조건 수행해야 한다는 통념이 개인의 선택을 중시하는 이들의 가치에 위배되었던 것이다. 베트남전쟁의 명분이 애매한 것도 한 가지 이유였는데 한국전쟁 역시 비슷한 반공주의 명분으로 벌어졌지만 대규모 파견반대 시위가 일어나지 않았다는 점은 주목할 만하다. 미국 정부는 베이비붐 세대의 거센 압박에 밀려 결국 1970년대 무렵 모병제를 도입했다.

개인의 선택을 가장 중시하는 태도는 중대 사건은 물론이고 지극히 사소한 일에 이르기까지 베이비붐 세대에 나타난 모든 현상에 깃들어 있다. 1960~1970년대 베이비붐 세대 남성은 부모님에 대한 반항의 의미로 머리칼을 길렀다. 이들은 혼전 성관계를 금지한 시대에 성장했지만 혼전 성관계를 가졌고 약물 사용이 적어도 처음에는 도덕적으로 승인되지 않았음에도 시도해보기를 선택했다. 오늘날 이 모든 선택이 대부분의 사람에게 대수롭지 않게 여겨진다면, 이 같은 유형의 개인적 선택이 예외가 아닌 표준이 될 만큼 베이비붐 세대가 미국 문화를 크게 바꿔 놨다는 의미다.

이처럼 선택을 중시하게 된 배경에는 기술이 있다. 이전 세대의 청년은 사회적 표준을 공동체 어른으로부터 배운 데 비해 베이비붐 세대의 아이들은 사상 최초로 TV를 통해 동네 밖 세상을 경험했다. 덕분에 그들은 세상을 살아가는 방법이 다양하다는 사실을 알 수 있었다. 1960년에 출시된 피임약 같은 신기술은 더욱 직접적 영향을 미쳤다. 여성은 이제 임신 걱정 없이 성관계를 즐겼다. 의료기술, 노동력을 절감해주는 가전제품과 컴퓨터 등 여러 기술이 베이비붐 세대의 전 생애에 걸쳐 발달했다. 이 여러 기술로 사람들은 대개 건강해지고 허드렛일도 줄어 좀 더 자신의 욕구에 집중하고 한층 독립적인 생활을 누릴 수 있게 되었다. 베이비붐 세대의 욕구가 손바닥 뒤집듯 바뀌면서도 자신의 견해와 선택이 가장 중요하다는 가치관을 갖추게 된건 이처럼 기술과 개인주의가 동시에 작용한 결과다. 덕분에 이들은 타인을 더욱 폭넓게 수용하면서도 자신을 가장 중시하는 양면성을 갖게 되었다.

작가들이 '펀치 날리는 것'을 선호해서인지 베이비붐 세대를 공격하는 책은 장르 불문하고 수없이 출간되었다. 최근 출간된《베이비붐 세대: 자유를 약속하고 재앙을 일으킨 남성과 여성》이라는 책에서는 베이비붐 세대가 일으킨 사회 변화에 득보다 실이 많다고 주장했다. 또《소시오패스 세대: 베이비붐 세대는 어떻게 미국을 배신했는가》라는 책에서는 베이비붐 세대가 공감이 결여된 행동으로 나라를 망친게 기정사실인 것처럼 이야기한다. 심지어 다른 세대에 관한 책에서도 베이비붐 세대가 공격받기는 마찬가지다. "지긋한 나이에도 어린아이처럼 옷을 입는 세대는 이전엔 존재하지 않았다. 끝까지 어른이 되기를 거부한 세대는 지금껏 어디에도 없었다. 베이비붐 세대는 미국 태양 아래 처음 보는 족속이다. 그들은 노년기가 되어서도 10대 음악을 듣고 언제나 자신만의 길을 가겠다는 고집을 꺾지 않는다." 매튜 헤네시(1973년생)가《X세대를 위한 제로아워》에서 이렇게 적었다. 이 같은 태도를 두고 '오케이 부머'라는 용어도 등장했다. 한 Z세대가 앞선 세대의 고루한 관점을 멸시하는 뉘앙스로 만든 문구인데 본래 베이비붐 세대가 부모의 시각을 대책 없이 고루하다고 보고 "30세 이상은 아무도 믿지 말라"고 충고했던 걸 생각하면 궁극의 아이러니가 아닐 수 없다. 영향력이 클수록 비판도 많이 따르는 법이라는 이치를 베이비붐 세대는 인생 주기를 보내는 내내 겪어야 했다. 단, 이 같은 관점에는 권력을 휘두르지 못한 대다수 베이비붐 세대는 반영되어 있지 않음에 유의해야 한다. 이 장에서 알게 되겠지만 베이비붐 세대도 알려진 것과는 다른 측면이 있다. 후대가 그들을 원흉으로 지목한 문제들이 베이비붐 세대 자체에도 영향을 미쳤다.

베이비붐 세대에서 가장 큰 비중을 차지하는 1957년생이 2022년에 65살이 되었다. 수명이 길어진 만큼 많은 이들이 일을 계속했지만 코로나19 팬데믹 기간 동안 일어난 '대퇴직'의 일환으로 조기 은퇴한 이들도 많아 대규모 일손 부족 사태가 벌어졌다. 태풍이 다가오고 있음을 알리는 최초의 징후였다. 베이비붐 세대는 2020년대에 점차 비즈니스, 정치, 교육 부문의 중심 무대에서 물러나기 시작할 것이다. 미국의 역사와 뒤이은 세대를 이해하는 데 있어 베이비붐 세대는 좌표가 되는 세대다. 현대 사회에 공기처럼 존재하는 개인주의를 처음 받아들인 세대이기 때문이다. 베이비붐 세대의 행동과 태도를 연구하면 지금 일어나고 있는 세대 갈등을 이해할 수 있다. 만약 X세대인 부모, 밀레니얼 세대인 상사, 혹은 Z세대인 대학 동기를 떠올리며 '어쩌다 우리가 이렇게 됐지?'라고 자문하게 된다면 베이비붐 세대와 함께 모든 것이 시작된 1946년을 돌아봐야 한다.

베이비붐 세대의 특징(1946~1964년 출생)

인구수

2021년 기준 인구 7,020만 명(미국 인구의 21.1%)

구성

76.1%   백인
9.3%   흑인
8.5%   히스패닉
5.0%   아시아계, 히외이 원주민, 혹은 태평양 심 주민
1.1%   미국 원주민

가족관계

부모: GI 세대 또는 사일런트 세대
자녀: X세대, 밀레니얼 세대 또는 Z세대
손주: Z세대 또는 알파 세대

현대 개인주의의 빅뱅
: 지기중심적 특성

고교 재학 시절, 나의 선생님 중 한 분이 1964년 평화 봉사단과 함께 미국을 떠났던 시절의 이야기를 들려주셨다. 그때만 해도 다들 1950년대부터 유행하던 헤어스타일과 옷차림을 유지했지만 2년이 지난 1966년 귀국했을 때 미국은 전혀 다른 나라가 되어 있었다. 청년들은 하나같이 머리를 길렀고 옷 스타일도 완전히 달라진 데다 태도엔 반항기가 가득했다.

미국의 1960년대는 '사회규범과 집단의 화합을 중시하는' 집단주의 문화로 시작해 '개인의 욕구를 중시해서 전통 규범은 거부하는' 개인주의 문화로 끝났다. 게다가 그로부터 10년 주기로 개인주의 경향은 더욱 강해졌다. 따라서 X세대와 밀레니얼 세대가 마치 형제 싸움하듯 번번이 베이비붐 세대를 가리키며 "쟤가 먼저 그랬어!"라고 떠넘기는 게 전혀 근거 없는 이야기는 아니다. 여기서 다시 한번 짚고 넘어갈 사항이 두 가지 있다. 개인주의와 집단주의 모두 무조건 좋다거나 나쁘다는 식의 가치 평가를 내릴 수 없다. 각자 장단점이 있을 뿐이다. 그리고 이 두 문화 체계는 자유주의 혹은 보수주의 정치 이념으로 깔끔하게 확장되지 않는다.

베이비붐 세대의 개인주의는 시기에 따라 서로 다른 형태로 나타났다. 그중 하나가 앞에서 설명한 개인의 선택을 중시하는 경향으로 이는 GI세대와 초기 사일런트 세대의 집단주의적 사회규범이 1960년대 들어 거부된 현상에서 엿볼 수 있다. 1970년대에 이르러서는 베이비붐 세대의 개인주의에 기존과 다른 색깔이 첨가되기 시작했다. 자기충만, 깨달음과 영성을 추구하는 등 내면으로 눈을 돌린 것이다. 《피플》에서도 언급한 것처럼 "60년대에 우리가 세상을 바꾸기 위해 노력했다면 70년대에는 나 자신을 바꾸기로 결심했다."

베이비붐 세대는 이 변화를 실시간으로 인지했다. 1960년대 말 가장 뜨겁게 일어났던 대학 내 시위가 1973년 봄에는 왜 시들해졌는지 대학생들에게 물어보면 베트남전쟁이 흐지부지되어서가 아니라, 사회보다는 자신의 변화를 더 중시하게 됐기 때문이라는 답이 더 많이 나왔다. 자기계발서가 하나의 장르로 자리 잡았고, 베이비붐 세대와 사일런트 세대는 '에르하르트 세미나 트레이닝'처럼 의식을 고양하고 깨달음을 얻을 수 있는 수업에 등록했다. 또 사이키델릭한 느낌의 강렬한 색상이 유행함에 따라 오렌지색 홀터 드레스와 플랫폼 슈즈 또는 넓은 옷깃이 달린 아보카도 그린 색상의 레저 슈트가 인기를 끌었다. 마치 톰 울프(1930년생)가 말한 '내면으로의 항해'에 온 나라가 다 함께 나선 듯했다. 베이비붐 세대는 대체 의학, 동양의 영성, 그리고 자기 응시라는 다국적 조합에 새롭게 빠져들기 시작했다.

1980년대 들어 베이비붐 세대의 개인주의는 개인의 감정, 자기표현, 자신감에 초점이 맞춰지기 시작했다. "저는 좀 더 고귀한 소명의 인도를 받고 있어요. 그건 목소리라기보다는 느낌이죠. 제가 느끼기에 옳지 않은 일은 하지 않아요." 1988년 오프라 윈프리(1954년생)가 말했다. 당시 윈프리는 특유의 공감 능력과 거침없는 솔직함, 그리고 베이비붐 세대의 취향을 저격하는 자기표현과 열린 태도 덕분에 미국인이 가장 사랑하는 토크쇼 진행자로 등극했다. 베이비붐 세대는 공개석상에서 우울증, 성관계나 가정 폭력 같은 이야기는 할 수 없다는 이전의 통념을 버리고 어떤 주제든 함께 논의할 가치가 있다는 관점을 개척했다. 《타임》의 기사에 따르면 오프라는 솔직하게 말하고 나자 '자신에 대해 깊은 편안함'을 느꼈고 이는 수많은 베이비붐 세대도 마찬가지였다.

1980년대에 이름을 알린 베이비붐 세대이자 애플 컴퓨터를 공동 창립한 스티브 잡스는 개인주의와 기술의 상호작용이 베이비붐 세대의 인생 주기에 어떤 영향을 미쳤는지 잘 보여준다. 잡스는 극단의 삶을 산 베이비붐 세대였다. 성인기 내내 기존 관습을 거부하고 다양한 채식 또는 비건 식단을 시도하는가 하면 사무실에서는 맨발로 돌아다녔으며 가구 구입 따위는 거부했다. 최초의 맥 모델을 들고 있는 사진에서 잡스는 맨바닥에 앉아 있다. 그의 집 거실에 의자가 없었기 때문이었다. 애플이라는 이름도 '올 원 팜All One Farm'이라는 사과 과수원이 위치한 오리건주 포틀랜드 인근의 한 공동체에서 영감을 받아 지은 것이다. 잡스가 몇 년의 공백을 깨고 수장으로 복귀했을 때 애플은 새로운 슬로건을 선보였으니 바로 '다르게 생각하라Think Different'다.

만약 잡스가 1950년대에 태어나 개인주의가 팽배한 1970년대에 청년기에 접어든 대신, 1930년대에 태어나 집단주의가 지배한 1950년대에 청년기가 됐어도 똑같이 혁신적 제품을 개발할 수 있었을지는 단언할 수 없다. 마찬가지로 업무부터 사회적 교류에 이르는 일상의 모든 요소가 좀 더 개인주의적인 방향으로 전환될 수 있었던 건 잡스와 동료 테크 기업가들이 개발한 기술 덕분이었다. 아이패드 같은 태블릿PC가 탄생하면서 비로소 가족들이 TV 리모컨 때문에 싸우지 않고 오롯이 개인의 취향에 기반한 미디어 소비를 할 수 있게 된 게 아니겠는가. 기술 발달이 베이비붐 세대의 생애에 걸쳐 가속화된 만큼 특히 개인주의의 영향으로 지난 70년간 태도, 취향, 라이프스타일에서 일어난 변화는 이 거대한 베이비붐 세대와 함께 시작되었다고 해도 과언이 아니다.

갈수록 개인주의 문화가 심화되는 경향은 책 속 어휘를 검색해주는 구글 도서 데이터베이스를 활용해 추적해볼 수 있다. 예를 들어, 개인주의 문화가 내적 자아로의 여정과 자기표현을 강조하는 만큼 '고유성'과 '정체성' 등 자기중심적 어휘의 사용이 증가했을 거라고 예상해볼 수 있다. 그리고 실제로 그랬다. '고유성'과 '정체성'이라는 단어의 사용 빈도는 1800년대 후반~1950년대에 거의 변화가 없다가 1960년 이후 급증했다. 베이비붐 세대 대다수가 자기중심적 경향이

책에 등장하는 '고유한'과 '정체성'이라는 어휘의 사용 빈도

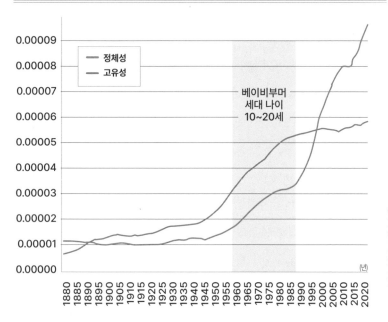

좀 더 강한 청년기에서 벗어난 뒤로 '고유성'의 등장 빈도는 서서히
줄었지만, '정체성'이라는 단어는 급증세를 지속해나갔다.

또 '주다'(타인과 공유한다는 점에서 집단주의적)라는 단어의 사용 빈도
를 '받다'(개인이 받는 데 초점이 있다는 점에서 개인주의적)라는 단어의 빈
도와 비교해보자. 1940년까지는 '주다'가 훨씬 많이 사용됐지만 이
후 수십 년 동안 '받다'와 거의 비슷한 비율을 유지했다. 그러다 베이
비붐 세대가 청소년기를 걸쳐 청년기로 접어든 1970년 들어 '받다'가
'주다'의 빈도를 넘어서더니, 1980년대 이후로는 '받다'가 계속해서
사용 기록을 갱신하는 중이다. 2010년대에는 개인주의적인 '받다'가
집단주의적인 '주다'에 비해 두 배 이상 많이 사용되었다. 어휘 사용

책에 등장하는 '주다'와 '받다'라는 어휘의 사용 빈도

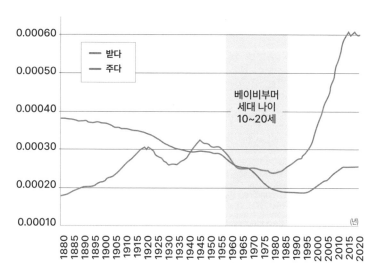

출처: 구글 도서 데이터베이스

에서 이 같은 변화는 닭이 먼저냐 달걀이 먼저냐와 같은 질문을 낳는
다. 베이비붐 세대가 개인주의 문화를 강화한 것인가? 아니면 개인주
의 문화가 베이비붐 세대를 이끈 것인가? 아마 두 가지 측면이 모두
작용했을 것이다.

부모가 아이에게 어떤 이름을 지어주는지 살펴보는 것도 개인주
의 강화 경향을 추적할 수 있는 참신한 방법이다. 만약 집단주의 성향
이 강해 자녀가 튀지 않기를 원한다면 부모는 다들 사용하는 흔한 이
름을 지어줄 확률이 높다. 반면 강한 개인주의 성향으로 고유성을 중
시하는 만큼 아이가 돋보이기를 원한다면 흔한 이름은 지양할 것이
다. 사회보장국은 사회보장 카드를 소지한 모든 미국인의 이름을 데
이터베이스로 관리한다. 고유성을 중시하는 태도는 자녀 이름 짓기처
럼 실제로 중요한 결정에도 반영되는 것이다.

1880년대에 남아의 절반가량은 보통 사용하는 10개의 이름 중 하나로 불렸고 여아도 25%는 가장 흔한 10개의 이름 중 하나로 불렸다. 이름은 집단에 소속되는 한 가지 방법이었고, 베이비붐 세대가 처음 태어난 1946년에도 상황은 다르지 않았다. 특히 여아의 경우 흔한 이름을 지녔을 확률이 1800년대보다 1940년대가 더 높았다. 그러던 중 변화가 시작되었다. 흔한 이름이 차츰 인기를 잃더니 수십 년에 걸쳐 급격히 줄어들었다. 이름은 이제 돋보이는 수단으로 자리 잡았다.

베이비붐 세대가 밀레니얼 세대인 자녀의 이름을 지을 무렵인 1980년대에는 가장 흔한 이름 10개 중 하나를 가진 아이가 5명 중 1명꼴로 줄었다. 이후 21세기 들어 X세대와 밀레니얼 세대 부모가 흔한 이름을 피하는 경향을 보이면서 비슷한 이름은 갈수록 보기 힘들어졌다. 2010년 이후에는 14명 중 1명 정도만 가장 흔한 이름 중 하나로 불렸다. 학교에서 쉬는 시간을 맞아 1학년 아이들 36명이 운동장에서 뛰어놀고 있다고 상상해보라. 1952년에는 한 학급에서 지미라는 이름의 남자아이를 한 명 이상 찾아볼 수 있었다. 이에 비해 리암이라는 남자아이 이름은 2017~2020년에 가장 큰 인기를 누렸음에도 2020년대에는 3개 반을 모두 합쳐야 리암을 1명 찾을 수 있는 정도였다. X세대와 밀레니얼 세대가 개인주의를 더 높은 차원으로 끌어올리기는 했지만 분명 새로운 지평을 연 것은 베이비붐 세대였다. 부모가 된 그들은 이제 자녀의 이름이 특이할까 봐 걱정하는 대신 오히려 너무 흔할까 봐 걱정하게 되었다.

결혼 전 섹스
: 전통 규범 깨기

1960년대 초반에 엄마나 신부, 여교사, 여성지 칼럼니스트들은 하나같이 이렇게 말했다. "숙녀는 안 그래." 하지만 수잔 더글러스(1950년생)에게 내면의 또 다른 목소리는 이렇게 속삭였다. "무슨 소리야. 숙녀도 그래. 게다가 좋아한다고"라고. 또 1960년 발매된 곡 '내일도 날 사랑할 건가요?'는 베이비붐 세대 젊은 여성의 딜레마를 잘 포착하고 있다고 더글러스는 말한다. 당시 10대 소녀들이 궁금하지만 입 밖으로 꺼낼 순 없는 질문을 암시하고 있는 것이다. 질문인즉슨 "만약 우리가 섹스해도 아침에 그는 날 존중해줄까?"였다.

1970년대 세대 간 차이는 걷잡을 수 없이 벌어지고 있었다. 이 차이는 한 가지 질문으로 요약된다. '결혼 전에 섹스해도 되나요?'라는 질문이다. 사일런트 세대 또는 GI세대였던 부모는 '안 된다' 주의였던 반면 1970년대의 베이비붐 세대는 대부분 '된다'는 입장이었다. 섹스는 결혼해야 할 수 있다는 수세기 전통의 규범에 베이비붐 세대가 사상 최초로 반기를 들고 그건 어디까지나 개인의 선택 문제라고 주장한 것이다. 물론 이전 세대에서도 많은 이들이 혼전 섹스를 했지만 대개 부끄러운 일로 여겼다. 그런데 그와 같은 고정관념이 베이비붐 세대에 의해 처음으로 흔들리기 시작하더니 이후 세대에 들어서는 완전히 무너지게 되었다.

베이비붐 세대에서는 동성애를 바라보는 시각도 크게 달라져 성소수자들도 사회에 포용될 수 있는 분위기가 만들어졌다. 동성애는 '전혀 잘못이 아니라고 믿는 베이비붐 세대'가 그래도 여전히 소수였지만 사일런트 세대에 비하면 두 배로 늘면서 사람은 누구든 사랑할 수 있다는 신념이 뿌리내리기 시작했다.

1970년대의 시대상은 급변하는 문화를 잘 포착한다. 변화는 빠르게 일어났다. 전국적으로 실시한 설문조사에서 혼전 성관계가 잘못됐다고 응답한 미국 성인의 비율은 1967년엔 85%에 달했지만 1979년에는 37%로 급감했다. 성 혁명은 젊은 베이비붐 세대와 그들의 부모인 GI세대 간 싸움이라 해도 과언이 아니었고 결국 베이비붐 세대가 승리했다. 이렇게 혼전 성관계를 옹호하는 추세는 이후 여러 새로운 세대에 걸쳐 쭉 지속되었다. 이는 특히 결혼이 갈수록 늦어지면서 결혼할 때까지 성경험을 갖지 않는 게 마냥 좋다고 할 수 없게 된 탓도 크다.

섹스, 결혼과 자녀에 대한 태도 변화는 개인주의라는 새로운 가치관을 가장 확연하게 보여주는 지표 중 하나였다. 바뀐 건 혼전 성관계에 대한 태도만이 아니었다. 그로 인해 나타날 수 있는 결과, 즉 원치 않은 임신을 대하는 태도 역시 달라졌다. 2020년대의 관점에서는 이해하기 어렵지만 그때만 해도 미혼인 상태로 임신한다는 건 결코 용납할 수 없는 일이었다. 심지어 1960년대에도 '골치 아프게 된' 여성은 어떻게든 결혼하는 게 수순이었다. 결혼이 여의치 않을 땐 가족에게서 멀리 떨어진 열악한 출산 시설로 보내지기도 했다. 실제로 그와 같은 경험을 한 여성은 그곳을 '수치심만 가득한 감옥'이라고 불렀다. 그곳에서는 대부분의 산모가 강압에 못 이겨 아기를 입양 보냈다. 미혼모에게서 태어난 아기는 심지어 사생아로 불리는 언어 학대까지 당했다. 1970년대 후반 낙태가 합법화되고 미혼모도 당당하게 살아갈 수 있는 분위기가 조성되면서 출산 시설은 폐쇄되었다.

평생 결혼하지 않는 여성에 대한 사회적 인식도 좋아졌다. 1957년 미국 성인 4명 중 3명은 미혼을 유지하는 여성에 대해 '제정신이 아니다'라거나 '신경증에 걸렸다'거나 '부도덕하다'고 여겼다. 하지만 1978년에는 그 수치가 4명 중 1명으로 줄었다. 결혼이 더 이상 의무가 아닌 선택이 된 것이다. 기혼 여성의 직업에 대한 신념에도 비슷한 변화가 일어났다. 1938년 미국인 4명 중 3명은 남편의 경제력이 받쳐준다면 여성은 일을 해선 안 된다고 답했다. 하지만 1978년에는 그렇게 답한 이가 4명 중 1명으로 줄었다.

미혼 상태에서 임신한 여성은 멀리 떨어진 시설로 보내지고, 기혼 여성의 경제 활동은 논란거리가 됐으며, 결혼하지 않는 건 부도덕하다고 여겨진 시절이 있었음을 도무지 믿을 수 없다면 베이비붐 세대를 거치면서 미국 문화가 그만큼 근본적으로 바뀌었다는 것을 의미한다.

베이비붐 세대의 가족
: 자녀 감소, 이혼 증가

1982년 《뉴잉글랜드 의학저널》에 실린 한 연구 결과에서 놀라운 사실이 밝혀졌다. 여성의 생식 능력 퇴화가 기존에 알고 있던 35살보다 빠른 30살부터 시작된다는 것이다. 그리고 의사들은 이 연구를 소개하는 기사에서 여성들에게 단호하게 조언했다. "커리어를 쌓기 전, 아이 먼저 낳아라"라고. 자신의 커리어에서 전문성을 쌓은 뒤 아기를 낳겠다고 계획하고 있던 수많은 베이비붐 세대 여성은 이 기사를 보고 공황 상태에 빠졌다. 추후 이 연구는 자연 임신이 아닌 인공 수정 사례를 대상으로 진행됐으며 30살과 35살의 생식 능력에는 큰 차이가 없는 것으로 밝혀졌다.

1950년대 후반~1970년대 중반 출산율이 급격히 감소하자 미국 전역이 술렁였다. 심지어 1970~1973년 사이 불과 3년 만에 출산율의 3분의 1이 빠졌다. 베이비붐이 막을 내린 것이다. 이 같은 변화는 베이비붐 세대의 선택으로 일어났으며 그 선택을 가능하게 한 건 피임약이었다. 1960년 최초의 먹는 피임약이 출시되면서 여성이 자신의 의지에 따라 피임 여부를 선택할 수 있게 되었다. 1960년대 후반~1970년대 초반에는 미혼 여성이라도 손쉽게 피임약 처방전을 받을 수 있었다. 반면, 낙태 합법화는 출산율 감소에 별다른 영향을 미치지 못했다. '로 대 웨이드 판결'로 미국 전역에서 낙태가 합법화된 1973년 이전에 출산율은 이미 떨어질 대로 떨어졌기 때문이다.

1980년대에 출산율을 둘러싼 위기감이 고조되면서 여성의 출산 나이가 늦어지는 데 대한 우려도 커졌다. 그래봐야 오늘날의 기준에서는 상당히 어린 나이지만 말이다. 실제로 1970년에 22살이었던 여성의 초산 평균 연령은 1990년 24살로 늦춰졌다.

1950년대에는 20대 초반 여성의 출산율이 20대 후반 여성보다 훨씬 높았지만 베이비붐 세대가 출산할 무렵인 1970년대, 1980년대, 1990년대에는 20대 초반과 후반의 출산율이 거의 같아졌다. 그와 동시에 30대 여성 사이에선 출산율이 높아져 1976년부터 1998년 사이 59%나 증가했고 특히 30대 후반 여성의 출산율은 두 배 가까이 뛰었다. 출산율은 순전히 베이비붐 세대의 30대 여성 덕분에 안정적 추세를 유지했고 심지어 1980년대와 1990년대에는 소폭 상승하기도 했다. 이렇게 베이비붐 세대 여성이 예전보다 늦게 출산하면서 슬로우 라이프 양상이 시작되었다. 따라서 1980년대 대중문화 역시 베이비붐 세대의 전형적 TV프로그램 〈30대〉, 역할 바꾸기 코미디 〈미스터 맘〉, 그리고 다이앤 키튼이 출연한 〈베이비붐〉 등 30대 베이비붐 세대의 가족 이야기에 초점을 맞췄다. 1980년대에 안나 퀸들렌(1952년생)이 자신의 가족을 주제로 《뉴욕타임스》에 연재한 칼럼의 제목은 '30대의 삶'이었다.

30대가 되어서야 출산하는 여성의 상당수는 미디어와 의학저널에서 가장 주목하는 계층인 대학 교육까지 마친 이들이었다. 대학 학위를 소지한 여성은 그렇지 않은 여성보다 출산 시기가 평균 7년 늦었

각 연령대별 출산율

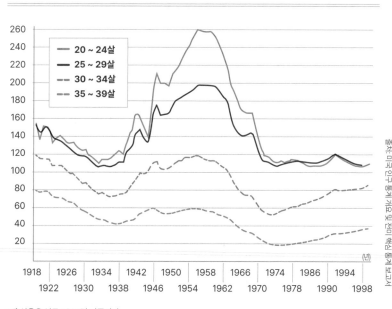

출처: 미국 인구통계 개요 및 점미 핵심 통계 보고서

※ 출산율은 인구 1,000명 기준이다.

다. 엄마가 되기 전 커리어부터 쌓는 여성들이 갈수록 늘면서 의사는 물론이고 시어머니 사이에서 걱정이 커졌다.

위 그래프를 보면 또다른 중요 사실을 확인할 수 있다. 1946~1964년의 베이비붐이 이상 현상이었다는 것이다. 정작 베이비붐 세대 20대 여성의 출산율은 역사적 평균치에 비춰볼 때 지극히 정상이었다. 1950년대를 기준으로 '예전엔 어땠는지' 알아봐서는 정확한 결과를 도출할 수 없다. 적어도 출산과 관련해 1950년대는 매우 이례적인 시기였지 정상으로 볼 수 없기 때문이다.

베이비붐 세대의 결혼은 어떨까? 베이비붐 세대의 시대상을 단적으로 보여주는 우드스톡이나 코뮌의 사진을 보면 베이비붐 세대가 결혼을 기피했거나 미뤘다는 인상을 받기 십상이지만 실제는 달랐다. 1960년대식 자유연애가 난무했다는 인식과는 반대로 베이비붐 세대는 대부분 오늘날의 기준으로는 충격적일 만큼 어린 나이에 결혼했다. 1970년 초혼 평균 연령이 21세가 채 되지 않았고 1980년에도 22살에 미치지 못했던 것이다.

이 같은 결혼은 끝까지 유지되지 못하는 경우도 많았다. 1960년대와 1970년대 사일런트 세대에서 시작된 이혼 추세는 베이비붐 세대 들어 지속적으로 확산되었다. 이혼율은 1981년에 떨어지기 시작했지만 역사적으로 높은 수준이 상당 기간 계속돼 이혼을 바라보는 세대의 관점 자체를 뒤바꿔놓았다. 게다가 베이비붐 세대는 재혼하는 비율이 사일런트 세대보다 낮았다. 결과적으로 2020년대의 베이비붐 세대는 1990년대와 2000년대에 같은 연령대였던 사일런트 세대에 비해 이혼한 이들의 수가 두 배 더 많았다. 심지어 밀레니얼 세대 저널리스트 질 필리포빅은 이렇게 말하기도 했다. "베이비붐 세대의 결혼에서 다른 세대와 진짜 차별되는 점이 있다면 이혼이다. 베이비붐 세대는 이혼을 상당히 많이 한다."

게다가 55~64살 성인 중 결혼한 적 없는 이들의 수도 1990년(사일런트 세대)과 2020년(베이비붐 세대) 사이 두 배로 증가했다. 결혼 경험이 없는 중년 여성은 1990년에는 22명 중 1명꼴이었지만 2020년에는 10명 중 1명이었다. 결혼 경험이 없는 중년 남성의 경우 1990년에는 18명 중 1명이었지만 2020년에는 그 수치가 9명 중 1명으로 늘었다. 2020년 65~74살의 베이비붐 세대 사이에서는 이 같은 추세가 성별에 따라 다르게 나타났다. 기혼 남성의 수는 줄었지만 기혼 여성의 수는 증가한 것이다. 수명이 길어지면서 배우자와 사별하는 여성의 수가 대폭 감소한 게 주요 원인이었다.

그 결과 혼자 사는 고령 여성의 수는 감소한 반면 독거 남성의 수는 증가했다. 고령 남성은 여성에 비해 가족이나 친척과 함께 살 확률이 훨씬 낮기 때문에 이혼을 하거나 사별을 겪거나, 혹은 미혼인 경우 혼자 살 가능성이 더 높았다. 하지만 슬로우라이프가 실현되면서 혼자 사는 고령 인구의 성별 격차 역시 줄어들고 있다.

베이비붐 세대는 직전의 사일런트 세대에서 수십 년 만에 최고치를 기록한 결혼율과 출산율을 역사적 평균 수준으로 되돌려놓았다. 뿐만 아니라 개인주의라는 시대적 특성을 활용해 결혼을 아예 하지 않거나 이혼을 선택했다. 물론 2020년 65~74살의 은퇴 연령이 된 베이비붐 세대 중 배우자와 계속 동거 중인 이들의 비율도 남성은 72%, 여성은 57%에 달했다. 그럼에도 이전 세대에 비하면 베이비붐 세대 남성은 혼자 살 확률이 높았다. 이 같은 추세는 향후 가족과 건강 보건 체계에 점점 더 많은 영향을 미칠 것이다.

나를 더욱 빛나게 하는 아이템
: 약물, 술과 담배

보통 베이비붐 세대라고 하면 1960년대의 반문화를 떼놓고 생각할 수 없다. 마리화나부터 LSD에 이르는 약물 말이다. 그렇다면 1960년대와 1970년대의 약물 문화에서는 어디까지가 소문이고 또 어디서부터가 진실일까? 사일런트 세대와 GI세대는 약물에 절대 손대지 않았으며 모든 것이 베이비붐 세대에서 시작됐다는 인식은 왜곡된 고정관념일까? 베이비붐 세대의 약물 사용이 '개인의 자유'로 받아들여지는 것을 고려하면 이는 특히 중요한 질문이다.

약물 소비 실태가 이 시기에 어떻게 달라진 건지 기술하기는 쉽지 않다. 현재 확인할 수 있는 전국 단위 조사 결과 중 대부분은 1960년대 데이터를 포함하고 있지 않기 때문이다. 하지만 1970년대 이전에는 마리화나가 흔히 소비되지 않았음을 알 수 있는 근거가 몇 가지 존재한다. 갤럽 여론조사에 따르면 마리화나를 한 번이라도 피워본 적있는 미국 성인이 1969년에는 25명 중 1명꼴이었지만 1973년에는 8명 중 1명, 1977년에는 4명 중 1명으로 증가했다.

얼마 후인 1979년 미국 전역에서 40년 이상의 기간 동안 수집된데이터가 발표되었다. 이에 따르면 사일런트 세대와 베이비붐 세대간의 차이는 놀랍기만 했다. 1935년 태어난 사일런트 세대 중 마리화나를 시도해본 이들은 10명 중 한 명도 안 됐지만 1955년에 태어난베이비붐 세대에서는 절반에 이른 것이다. 코카인, LSD 같은 환각제와 퀘일루드 같은 진정제 등 다른 약물에서도 세대 간 차이가 비슷하게 드러났다.

1960년대 후반부터 1970년대 중반까지 10년도 채 되지 않는 기간 동안 약물은 반문화에서 주류로 올라섰다. 1970년대 무렵에는 약물 소비가 더 이상 저항의 의미로 받아들여지지 않았다. 오히려 소속되기 위한 수단으로 광범위하게 퍼져나갔다. 작가 캔디 스트렉커가 말했듯 "노동자 가정의 순진한 10대가 그랜드 펑크 레일로드 콘서트에서 메타쿠알론(최면 진정제의 일종)을 토해낸 1970년대의 어느 시점에 1960년대의 혁명은 완성되었다."

약물을 용인하는 태도는 그리 오래 지속되지 않았다. 1980년대 들어 청년들에게 '무조건 거부하라'고 권하는 분위기가 확산되었고 '이 것이 약물에 찌든 당신의 뇌'임을 보여주는 광고가 그들을 행동으로 이끌었다. 베이비붐 세대가 30~40대에 접어들어 안정적 직장과 가정에 정착하게 되자 한때 모두를 사로잡던 약물의 매력은 사라졌고 세대교체가 이루어지면서 베이비붐 세대의 문화적 메시지도 함께 사라졌다. "1970년대의 미국 문화가 약물에 얼마나 관대했는지, 마리화나를 피우거나 불법 화학 물질을 복용하는 게 모두에게 얼마나 자연스러운 일이었는지 그 시대를 겪어본 사람들조차 이제는 떠올리가 어렵다." 1993년 스트렉커가 적었다.

후기 베이비붐 세대는 특히 어린 나이부터 반문화에 가담했다. 1979년 당시 고등학교 1, 2학년에 해당하던 15살 학생 10명 중 8명은 음주, 10명 중 6명은 흡연, 그리고 10명 중 4명은 마리화나 경험이 있었다. 1979년 고등학교 3학년 반(1960~1961년생)은 그해가 끝날 무렵 한껏 취해 있었다. 94%가 음주 경험(42%는 폭음)이 있었고, 75%가 담배를 피워봤으며 62%는 마리화나 역시 시도해봤다. 이중엔 다른 약물에까지 손댄 겁 없는 학생도 적지 않았다. 25%는 암페타민, 17%

는 신경안정제, 12%는 바르비투르, 16%는 코카인까지 사용해본 것이다. 약물 소비의 다양성이나 강도 측면에서 베이비붐 세대는 독보적이었다. 당시에도 전례가 없었을뿐더러 이후로도 특히 10대의 사용률만큼은 어느 세대도 따라잡지 못했으니 말이다. 뒤이은 X세대는 형제나 부모에게서 나타난 부작용 때문인지 약물 대신 다른 출구를 통해 개인주의를 표현했다.

리처드 링클레이터(1960년생)의 1993년 개봉작이자 향수를 일으키는 영화 〈멍하고 혼돈스러운〉은 이들 후기 베이비붐 세대의 삶을 그린 작품이다. 1970년대 텍사스의 작은 마을에서 고등학교를 다닌 링클레이터의 실제 경험을 바탕으로 한 영화는 1976년 고교 신입생과 3학년생의 학기 마지막 날을 그리고 있다. 심지어 13살 학생을 포함한 모두가 맥주통을 수없이 비워 만취한 상태였고, 약에 취한 상태에서 내뱉는 농담은 서사적인 데다 미국 건국 200주년의 의미까지 담고 있었다("조지 워싱턴이 집에 돌아올 때 조지의 아내 마사는 늘 커다란 통을 들고 기다리고 있었어. 조지에게 마사는 세상 힙한 여자였던 거지"). 무리 중 가장 멀쩡한 축에 속하는 풋볼팀 쿼터백 선수 핑크는 마약을 하지 않겠다는 서약서에 꼭 서명해야 하는 건지 영화가 진행되는 내내 고민하다 종국에는 서약서를 구겨서 코치를 향해 던지며 이렇게 말한다. "경기는 내년 가을에나 뛸 수 있겠지만 거기엔 절대 서명하지 않겠어요." 베이비붐 세대의 사전에서 약물 사용은 단순히 취하기 위해 하는 것이 아니었다. 아무도 내게 이래라저래라 할 수 없음을 의미했다. 약에 취할지 말지는 순전히 내가 선택할 문제라는 게 그들의 생각이었다.

핑크와 풋볼팀 코치 간의 불화는 약물 사용을 두고 베이비붐 세대, 그리고 윗세대인 GI세대와 사일런트 세대가 겪는 세대 갈등의 축소판이었다. 1978년 갤럽 여론조사에 따르면 그 당시 성인의 3분의 2는 인근 중고등학생의 마리화나 사용이 심각한 문제라고 여겼고 83%는 흡연, 음주, 약물 사용이 건강에 얼마나 해로운지 배워야 한다고 답했다.

마리화나를 둘러싼 세대 갈등은 베이비붐 세대가 성인이 될 때까지 지속되었다. 1987년 대법관 후보였던 더글러스 긴즈버그(1947년생)는 1960년대 대학생 시절과 1970년대 초임 교수 시절 마리화나를 '몇 차례' 피웠다는 사실이 밝혀지면서 후보 지명이 결국 철회되었다. GI 세대 및 사일런트 세대가 대다수였던 상원 사법 위원회에서 거센 반대에 부딪힌 것이다. 1992년 "대마초를 피워본 적 있느냐"는 난감한 질문에 빌 클린턴(1946년생)은 마리화나를 피워보기는 했지만 "흡입하지는 않았다"고 얼버무렸다. 그러다 2008년을 전후해 세대 간 갈등이 완화되면서 버락 오바마(1961년생)가 젊은 시절 마리화나를 피워본 적 있다고 시인했음에도 별다른 논란 없이 지나가게 되었다.

베이비붐 세대 중에는 중장년에 들어선 이후에도 계속해서 마리화나를 피우는 이들이 적지 않았다. 10대와 청년기의 경험이 나이 든 이후의 행동까지 좌우하는 것이다. 베이비붐 세대가 수십 년 동안 그들의 습관을 고집한 탓에 한때는 50~64살의 마리화나 사용이 급증했다. 베이비붐 세대가 65살 이상 연령군에 진입해서도 마찬가지였다. 이처럼 고령층의 약물 소비량 증가 추세는 10대 청소년의 약물 소비량 증가 추세가 보이지 않는 시기에 나타났고 또 일부 주에서 마리화나가 합법화되기(2014년 콜로라도 주가 포문을 열었다) 이전부터 시작됐다. 따라서 다른 요인보다 세대적 특성에 기인한 현상임을 알 수 있다.

베이비붐 세대가 정책을 결정하는 지위에 있었기 때문에 일부 주에서 마리화나가 합법화됐을 가능성도 있다. 베이비붐 세대 입장에서 보면 마리화나의 위험성에 관한 예측은 완전히 빗나갔다. 부모 세대는 마리화나를 피우면 중독에 빠지거나 정신 이상이 될 거라고 경고했지만 그런 일은 벌어지지 않았다. 오히려 대마의 치료 효능이 속속 밝혀졌고 1990년대 중반 베이비붐 세대의 정계 진출이 본격화됨에 따라 의료 목적의 마리화나 사용을 허가하는 법안이 통과되기 시작했다. 2010년대 초반에는 오바마 행정부가 연방 차원에서 대마초의 기호 소비를 금하지 않겠다고 공언해 주 정부별로 대마초를 합법화할 수 있는 길이 열렸다. 2020년경 기호용 마리화나의 합법화를 찬성하는지 묻는 질문에 미국 성인 10명 중 6명은 그렇다고 답했고 의료 목적으로만 허용돼야 한다는 이는 4명에 그쳤다. 뒤이은 세대 역시 베이비붐 세대의 의견에 대부분 동조했지만 사일런트 세대는 3명 중 2명꼴로 반대했다.

베이비붐 세대는 노년기에도 음주를 지속했고 심지어 과음하는 경우도 적지 않았다. 공중 보건 당국은 폭음이나 대부분 취하기에 충분한 음주량인 네다섯 잔을 단시간에 연거푸 마시는 것을 걱정했다. 노년기 성인들의 폭음 역시 베이비붐 세대가 해당 연령층의 주축이 된 시점부터 상승 곡선을 그렸다. 2018년 조사 결과 지난해 음주했다고 답한 중년 성인의 비율은 2007년에 비해 65%나 뛰었다. 〈멍하고 혼돈스러운〉에서 폭음하던 10대는 중년이 되어서도 여전히 폭음을 즐겼다. 2001~2013년 노년층 사이에서는 중독 치료가 필요할 만큼 알코올을 과도하게 소비한 사례가 두 배 늘었다. 베이비붐 세대에서는 폭음이 청년기에만 국한되지 않고 퇴직 연령이 될 때까지 문제를 일으켰던 것이다.

선거권법 이후 베이비붐 시대의 검은 미국
: 여전히 불완전한 인종평등

첫 번째 베이비붐 세대가 고등학교를 졸업한 이듬해인 1964년 여름, 베이비붐 세대와 사일런트 세대로 구성된 민권 운동가 그룹이 이른바 자유의 여름을 위해 미시시피주로 떠났다. 목표는 단순했다. 미국의 흑인들을 유권자로 등록하는 것이다. 당시 미시시피주에 거주하는 흑인 중 유권자로 등록된 이는 10명 중 1명도 채 되지 않았다. 등록 신청을 해도 전원 백인으로 구성된 유권자 등록위원회에서 허가해주지 않았기 때문이다. 이후 폭력 사태가 이어졌는데 그중 하나가 1965년 3월 앨라배마주 셀마에서 시위대가 평화 행진을 시도하다 공격당한 소위 '피의 일요일' 사건이었다. 당시 평화 시위대가 경찰로부터 구타당하는 사진이 공개되는 등 언론 보도가 이어지면서 선거권법 개정에 대한 지지 여론이 확산되었고 1965년 결국 통과되었다.

법의 효과는 거의 즉각적으로 나타났다. 1964년과 1972년 사이 미시시피주에서 23만 9,940명의 흑인이 유권자로 등록을 했다. 남부의 7개 주에서 유권자로 등록한 흑인 비율 역시 29%에서 56%로 증가했다. 베이비붐 세대가 투표 연령에 진입함과 동시에 남부에서 더욱 많은 흑인이 투표에 참여할 수 있게 되었다.

북부는 물론 남부에서도 흑인 유권자가 늘고 인종평등의식도 개선됨에 따라 정계에서는 더욱 많은 흑인 지도자가 배출되었다. 1950~1960년대 미국 의회에서는 흑인 의원을 찾아보기 힘들었지만 1970년대에는 그 수가 급증했다. 1971년에는 찰스 랭겔(1930년생), 윌리엄 L. 클레이(1931년생), 루이스 스톡스(1925년생), 셜리 치솜(1924년생) 등 대부분 사일런트 세대로 구성된 하원의원 집단의 주도로 의회 흑인 코커스가 창립되었다. 하지만 닉슨 대통령의 만남 거부에 이들도 1971년 국정연설을 보이콧하는 사태가 벌어지기도 했다. 1989년에는 더글러스 와일더(1938년생)가 버지니아 주지사로 선출돼 최초의 흑인 주지사가 탄생했다.

"사람들은 이런 날이 오지 않을 거라고 했습니다." 2008년 아이오와주 민주당 코커스에서 승리를 거둔 순간 버락 오바마는 이렇게 연설을 시작했다. 이 발언에 담긴 뜻은 명확했다. 인구의 90%가 백인인 나라에서 흑인이 당선되는 날이 올 줄 대체 누가 알았겠느냐는 것이다. 그는 승승장구해 급기야 미국 최초의 흑인 대통령에까지 올랐다. 2020년경에는 전체 인구의 13%에 불과한 흑인이 미국 의회 의석의 12%를 차지했다. 물론 그렇다고 해서 문제가 해결된 건 아니다. 하버드 대학교 교수 헨리 루이스 게이츠 주니어(1950년생)는 2009년 매사추세츠 주 케임브리지에 위치한 자택 현관에서 자신을 강도로 오인한 이웃의 신고로 출동한 경찰에 체포된 뒤 "흑인 차별이 끝난 세상에 사는 이들은 펜실베이니아 애비뉴의 작고 하얀 집에 사는 네 사람뿐(오바마 부부와 두 딸로 구성된 오바마 전 대통령의 가족을 의미)"이라고 말했다. "내가 존경하는 버락 오바마가 대통령이라는 이유로 미국에서 인종 차별이나 흑인 차별이 끝났다고 여기는 건 터무니없다. 미국은 지금도 선거 전날과 마찬가지로 계급주의적이고 인종차별적이다."

흑인을 바라보는 시선이 달라진 건 비단 정계뿐만이 아니었다. 베이비붐 세대가 대부분 학창 시절을 보낸 1950년대~1970년대 초 마침내 교내 인종분리의 벽이 허물어지기 시작했다. 사실 남부에서 인종분리정책이 폐지되기까지는 상당히 오랜 시간이 걸렸다. 1954년

대법원이 교내 인종분리를 금지했음에도 남부의 공립학교는 1960년 대에 들어선 이후까지 분리정책을 유지했고 북부에서도 많은 학교들이 지역 인종분리정책에 기반해서 사실상 분리를 계속해 나갔다.

하지만 1960년대 후반 분위기가 서서히 바뀌기 시작하더니 후기 베이비붐 세대가 고등학교에 입학할 무렵엔 대다수 학교에서 인종통합이 실시되었다. 그 결과 인종통합 학교에 다니는 흑인 학생의 비율은 1966년 17%에서 1970년 80% 이상으로 급증했다. 비록 베이비붐 세대를 끝으로 교내 인종 비율이 비슷해진 건 아니지만 인종 간 완전 분리정책은 더 이상 시행되지 않았다. 베이비붐 세대가 가정을 꾸리기 시작하면서 지역 내 인종통합도 가속화돼 2000년에는 주거 분리 지수가 1980년에 비해 12%나 떨어졌다. 태도가 변화함에 따라 인종 관련 언어도 달라졌다. 특히, 호칭의 변화는 상황이 적어도 조금은 달라졌음을 나타냈다. 게이츠 주니어의 말대로 "할아버지는 검둥이, 아버지는 니그로, 그리고 나는 흑인"이었던 것이다.

앞에서 살펴본 것처럼 이 시기에는 고등학교 학위를 취득하는 미국 흑인의 수가 크게 증가했다. 1964년 인종에 따른 고용 차별을 금지하는 민권법이 통과되면서 흑인, 특히 베이비붐 세대의 젊은 흑인에게 더 많은 기회가 생겨났다. 같은 해 린든 존슨(1908년생) 대통령은 '빈곤과의 전쟁'을 선포하고 메디케어와 메디케이드, 푸드스탬프, 유치원 조기 시작 프로그램 등 다양한 정책을 도입했다. 아동 빈곤율은 1960년대 초반부터 이미 떨어지고 있었지만 이후 흑인 빈곤율이 크게 감소한 데 힘입어 더욱 가파르게 줄었다. 1965년 66%에 달해 충격을 던져준 아동 빈곤율이 불과 5년 만인 1970년 40%로 줄면서 흑인 아동의 빈곤율 역시 37%나 줄었다. 베이비붐 세대 흑인 아동의 상당수는 이처럼 놀랍도록 짧은 기간 내에 빈곤에서 벗어날 수 있었다. 같은 기간 백인 아동의 빈곤율도 줄기는 했지만 1965년 14%에서 1970년 11%로 감소한 정도로 흑인에 비하면 극적인 수준은 아니었다.

흑인 성인의 빈곤율 역시 1970~1980년대 4명 중 1명에서 2020년 6명 중 1명으로 감소했다. 1990년대 이후 흑인 베이비붐 세대가 18~64살 연령층을 장악해 학교와 직장에서 상당한 발전을 이룬 영향이 일부나마 반영된 결과라 하겠다.

하지만 여전히 변하지 않는 현실도 존재했다. 1977~1990년 사이 흑인 학생의 학사 학위 취득 비율이 거의 정체돼 있었던 것이다. 물론 흑인 학생만 놓고 보면 졸업생 수가 서서히 늘기도 했지만 전체적으로 봤을 때 흑인 졸업생이 차지하는 비율은 그대로였다. 백인 가정과 흑인 가정 간의 소득 격차도 줄어들 기미가 없었다. 2020년 인종 인식 조사에서 많은 이들이 지적했듯 흑인 가구와 백인 가구 간의 소득 격차는 베이비붐 세대가 노년기에 접어든 2020년에도 그들이 10대였던 1960년대 못지않게 벌어져 있었다. 하지만 소득 격차보다 심각한 게 바로 자산 규모 격차였다. 흑인의 경우 1980년대까지도 자격 요건을 충족하지 못해 모기지 대출을 받지 못하거나 집을 매입할 수 없었기 때문에 다음 세대에 물려줄 자산이 적을 수밖에 없었던 것이다.

미국 인종문제와 관련해서는 이런 인식이 지배적이다. 베이비붐 세대의 생애를 거치면서 강제 인종분리가 금지되고 남부의 흑인 투표권이 보장되었으며 인종차별 역시 불법으로 규정돼 사회적으로 용인되지 않는 분위기가 만들어졌다. 하지만 다른 한편으로는 예전과 크게 달라진 건 없다고 볼 수도 있다. 셀마 투표권 행진 50주년 기념행사에서 오바마 대통령이 말했듯 "우리 연합은 아직 완벽하지 않지만 점점 더 가까워지고 있다."

인종평등을 향한 진보(또는 정체) 추세는 흑인의 정신건강에 특정한 영향을 미쳤을까? 가령 그들은 이전보다 지금이 더 행복하다고 느낄까? 흑인 성인이 느끼는 행복감은 1970~1980년대에는 거의 변화가 없었지만 베이비붐 세대가 사회 주도세력으로 성장한 1990~2000년대에 급상승하는 움직임을 보였다. 이 시기에는 많은 흑인이 정치 지도자 또는 문화 아이콘으로 등극했을 뿐 아니라 인종분리정책이 폐지된 이후 성장한 흑인의 수가 더 많아졌다. 교육이나 소득에서 인종 간 격차가 줄어들지 않았음에도 흑인은 더 행복하다고 느꼈다.

하지만 같은 기간 동안 백인 성인은 이전보다 행복하지 않다고 느꼈다. 흑인의 높아지는 행복감에 백인이 박탈감이라도 느끼는 것일까? 행복은 과연 제로섬 게임일까? 흑인 성인의 행복감은 1990~2000년대에 걸쳐 급상승했지만, 백인 성인의 행복감은 흑인 성인 역시 이전보다는 덜 행복하다고 느끼던 2000년 이후 빠르게 하락했다. 그렇다면 백인의 행복감은 대체 왜 떨어진 것일까? 이 수수께끼는 뒷부분에서 풀어보도록 하겠다.

여성, 토끼 문제
: 성평등을 향한 고군분투

첫 번째 베이비붐 세대가 18살에 접어든 1964년 버지니아주의 하워드 스미스 의원(1883년생)은 의회에서 논의가 한창이던 민권법과 관련해 한 가지 아이디어를 떠올렸다. 그는 완강한 분리주의자였던 만큼 법안 전체가 부결되기를 바랐다. 그래서 약간의 수정을 가한 법안을 제시했다. 고용 관련 항목에서 인종이나 종교에 기반한 차별뿐 아니라 성차별 역시 법적으로 금지하자고 제안한 것이다. 그는 이렇게 하면 법안이 아예 폐기되는 건 물론, 개인적으로 재미도 있을 거라고 확신했다. 하원에서 법안을 소개하며 그는 한 여성이 보낸 편지를 읽어내려 갔다. 편지는 여성에 진정으로 도움이 되는 평등 수정안을 의회가 입법해달라고 호소하고 있었다. "아직 미혼인 우리 친구들이 괜찮은 남편과 가족을 꾸릴 '권리'를 보호받으려면 우리 정부가 어떤 길을 걸어야 하는지 구상하고 계신 좋은 방법이 있나요?" 편지를 읽는 동안 미국 의회에서는 실소가 터져나왔다.

이는 남부에 국한된 이야기가 아니었다. 뉴욕의 엠마누엘 셀러(1888년생) 의원 역시 여성은 보호받을 필요가 없다고 주장하면서 이렇게 말했다. 자신의 와이프는 말끝에 대개 두 단어를 붙이는데 다름 아닌 "네, 여보"라고 말했다. 그가 얘기를 이어갔다. "프랑스인은 여성과 남성에 대해 이야기할 때 항상 쓰는 구문이 있습니다… '달라서 좋다'는 거죠. 저도 그 말이 맞다고 생각해요." 게다가 그는 민권법이 제정되면 여성의 생물학적 차이에 근거해 근무 시간을 제한함으로써 여성을 보호해온 기존의 법은 어떻게 되겠느냐고도 주장하면서 말했다. 당시에는 남성을 제외한 여성이 하루 9시간 넘게 근무하는 것은 금지하는 주가 많았다. 여성을 보호한다는 명분이었다.

당시 몇 명 되지 않았던 여성 의원(총 435명 의원 중 10명에 불과했다)들은 논의를 다시 원점으로 되돌리기 위해 애썼다. 일각에서는 이러다가 흑인 남성과 여성이 백인 여성에 앞서 고용될 것이라고 주장했다. 소위 '보호법'이 뉴욕이나 워싱턴에서 밤새 건물 청소하는 여성들도 보호해주지 못하면서 괜히 여성들의 승진만 가로막는다는 지적도 나왔다. 오하이오주의 프랜시스 볼튼(1885년생) 의원은 의회에 울려 퍼진 실소에 대해 언급했다. "여성이 남성보다 열등하다는 것은 그 실소가 증명하고 있잖습니까?"

이런 반대 분위기에도 불구하고 결국 성차별에 관한 개정안은 물론 민권법 전체가 통과돼 민권 운동가와 페미니스트의 박수갈채를 받았다. 그 결과 베이비붐 세대는 성별, 인종 및 종교에 따른 고용 차별이 법으로 금지된 나라에서 성인기를 맞이한 미국 최초의 세대가 되었다.

물론 그렇게 단순하지만은 않았다. 법안이 제정된 이후 평등고용기회위원회EEOC가 설립돼 법 조항의 실행을 담당했다. 하지만 위원회는 문을 열기 무섭게 밀려드는 수많은 사례에 압도돼 법 집행 시늉만 근근이 해나갔고 성차별 금지 조항은 사실상 거의 시행하지 못했다. 사실 이는 구조적으로 그렇게 될 수밖에 없는 상황이었다. 심지어 EEOC의 이사조차 법안 내 성차별 관련 조항이 오류에 해당되고 남성은 여성 비서를 둘 자격이 있다고 주장했으니 말이다. 《뉴욕타임스》편집위원회는 이 법안이 말도 안 된다면서 "의회가 성 구분 자체를 폐지하는 게 차라리 나았을 것"이라고 적었다. 《뉴욕타임스》에 따르면 일단 '토끼 문제'가 있었다. 만약 어떤 남성이 플레이보이 토끼로 일하고 싶어 한다면 어쩔 것인가? '밀크맨, 아이스맨, 서비스맨, 포어맨, 프레스맨' 같은 단어도 더 이상 사용하지 못하고 성 중립적 언어를 사용해야 하는 것도 또 다른 불평거리였다. "이것은 혁명이고 혼돈이다. 이제 가정주부를 위한 광고조차 마음 편히 내보낼 수 없다."

1965년《뉴욕타임스》의 공식 입장이었다.

이 같은 상황에 갈수록 참담함을 느낀 남성과 여성은 1966년 여성을 위한 전국 단체를 결성하고 EEOC를 상대로 법안 내 성차별 금지 조항을 시행하기 위한 로비 활동을 벌였다. 이후에도 페미니스트들은 법, 교육, 개인적 영역에서 발생하는 문제들을 해결함으로써 성차별에 대한 관심을 환기하고 여성이 평등한 기회를 누릴 수 있도록 노력을 계속해나갔다. 1960년대와 1970년대의 페미니즘 운동은 민권 운동과 마찬가지로 베티 프리단(1921년생), 벨라 아브주그(1920년생), 글로리아 스타이넘(1934년생), 셜리 치숄름(1924년생), 루스 베이더 긴즈버그(1933년생) 등 사일런트 세대와 GI세대가 이끌었다.

하지만 베이비붐 세대야말로 앞선 세대가 투쟁으로 획득한 삶을 살며 여성을 위한 실질적 변화를 대규모로 이끌어냈다. 베이비붐 세대의 여성은 더 많은 수가 대학을 졸업했고, 전례 없는 비율로 의사, 변호사, 교수가 되었다. 신임 변호사 중 여성의 비율은 1965년에는 3%에 불과했지만 1980년에는 30%에 육박했다.

변화의 물결은 거대했다. 1970년대만 해도 여성이 TV리포터, 판사, 우주비행사, 군인, 목사나 경찰이 되는 건 지극히 드물거나 전례 없는 일이었다. 하지만 1980년대에는 흔한 일이 되었고, 1990년대에는 이따금 마지못해 받아들여졌으며, 2000년대에는 거의 당연한 일이 되었다. 미국이 이렇게 변화함에 따라 성인기를 지나는 베이비붐 세대 여성의 궤적 역시 달라졌다. 베이비붐 세대 여성이 최초를 기록한 사례는 무수히 많다. 미국 최초의 여성 우주 비행사(1951년생 샐리 라이드), 최초의 흑인 여성 국무장관(1954년생 콘돌리자 라이스), 여성 최초 육군 4성 장군(1953년생 앤 던우디), 여성 최초 주요 정당 대통령 후

여성의 고등 학위 취득 비율

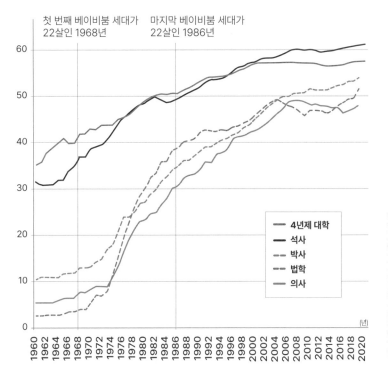

첫 번째 베이비붐 세대가
22살인 1968년

마지막 베이비붐 세대가
22살인 1986년

— 4년제 대학
— 석사
-- 박사
-- 법학
— 의사

출처: 교육통계 다이제스트 및 미국 인구 통계 개요

보(1946년생 힐러리 클린턴), 미국 여성 최초 랍비(1946년생 샐리 프리샌드), 여성 최초 연방준비위원회 의장과 여성 최초 미국 재무부 장관(1946년생 재닛 옐런), 여성 최초 부통령(1964년생 카멀라 해리스), 오스카 감독상을 수상한 최초의 여성 감독(1951년생 캐서린 비글로우)과 여성 최초 프로 경마 기수(1948년생 다이앤 크럼프, 1969년 2월 경주가 열렸을 때 훼방꾼들이 크럼프를 둘러싸고 "부엌에 처박혀서 요리나 해!"라고 소리친 사건이 있다) 등이다.

뉴욕시 대형 로펌에서 여성 최초로 소송 전문 파트너가 된 베이비붐 세대의 카렌 와그너(1952년생)와 대형 회계법인의 여성 최초 파트너 에리카 베어드(1948년생)는 젊은 시절을 이렇게 회고했다. "진짜 직업을 얻게 돼 짜릿했다. 남성의 세계였던 만큼 화장실에 가려면 아래층이나 복도 끝까지 가야 했지만 말이다. 유니폼은 남성용을 개조한 것이어서 여성의 신체적 특징이 드러나지 않게 잘 가려주었다. … 우리는 과연 어떻게 존재감을 드러낼지 전략을 세웠다." 다른 것에 비해 시간이 더 걸려 등장한 최초도 있었다. 《뉴욕타임스》는 1987년 1월 31일자 기사에서 뉴욕시 최초의 여성 환경미화원 두 명이 직무를 잘 수행하고 있다고 보도했다.

일터에서의 성 구분은 남성에게도 영향을 미쳤다. 마이애미 출신으로 두 자녀를 둔 셀리오 디아즈 주니어는 1967년 팬아메리칸월드항공사에 승무원으로 지원했지만 회사 측은 남성이라는 이유로 탈락되었다. 디아즈가 소송을 제기하자 법원은 믿기지 않게도 여성성이 항공기 승무원에게 필수적으로 요구되는 자격 요건이라며 패소 판결을 내렸다. 항소가 이어졌고 1972년 결국 디아즈가 승소하면서 사건이 마무리되었다. 안타깝게도 당시 디아즈의 나이는 팬아메리카 항공 승무원의 제한 연령을 이미 넘어서 있었다. 그래도 항공사에서 1972년 7월부터 남성 채용을 시작함에 따라 다른 이들에게 기회의 문이 열리게 되었다. 《마이애미 헤럴드》는 "다음 장거리 비행에서 편안한 자세를 잡을 때 베개를 매만져 주려고 다가오는 '스튜어디스'가 전직 경찰관이라고 해도 놀라지 말라"고 조언하며 이 같은 변화를 '해방을 위한 남성의 노력'이라고 설명했다. 얼마 지나지 않아 '스튜어디스stewardess'라는 명칭은 '승무원flight attenadant'이 되었고 여성은 물론 남성 역시 승무원이 되는 게 1990년대에는 더 이상 신기하지 않은 일이 됐다.

정계 내 여성의 지위 역시 베이비붐 세대의 궤적에 따라 변화를 맞이했다. 1970년대와 1980년대에는 의회 내 여성 의원이 더디게 증가했지만 베이비붐 세대가 중년에 접어든 1990년대 들어 급증한 것이다. 특히 최대 증가 폭을 기록한 건 '여성의 해'인 1992년이었다.

변화들 중 수월하게 넘어간 건 하나도 없었다. 일단 베이비붐 세대 가족에게는 해결해야 할 문제가 있었다. 부모가 둘 다 일할 때 아이들은 누가 돌볼 것인가? 1970년대까지만 해도 보육시설이나 전일제 유치원은 거의 찾아볼 수 없었다. 그래도 이런 환경은 1980년대를 거치면서 서서히 달라졌다. 물론 보육료는 여전히 비싸고 입학하기도 하늘에 별 따기였지만 말이다. 아기가 태어나면 무급일지언정 실직 걱정 없는 휴가를 보장해야 한다는 내용은 가족·의료·휴가 법안과 함께 1993년에야 의무화되었다. 출산한 여성 채용 건수는 기하급수적으로 늘었지만 그에 걸맞은 체계적 돌봄 방안은 존재하지 않았다. 그 결과 가족들이 할 수 있는 일이라고는 각자도생뿐이었다. 이는 지금도 마찬가지로 여성의 노동 참여율이 1990년대 이후 제자리걸음을 하고 있는 이유 중 하나이기도 하다.

1980년대 베이비붐 세대 부부는 사회 변화에 실시간으로 대처하고 있었다. "새로운 부류의 남성이 등장했다는 이야기가 계속 들려온다. ⋯ 아이가 열이 나서 병원에 가야 할 때 아내의 퇴사 대신 자신의 퇴사를 진지하게 고민하는 부류 말이다. 하지만 내 경험에 따르면 이들은 아직 예외적일 뿐 아직 하나의 부류로 규정할 만큼 수가 많지 않다" 베이비붐 세대인 안나 퀸들렌이 1986년 이렇게 적었다. "그토록 많은 변화가 일어났음에도 정작 달라진 건 거의 없다는 사실에 화가 난다." 같은 날 《뉴욕타임스》 퀸들렌의 칼럼 바로 밑에 실린 기사는 그녀의 주장을 뒷받침했다. 베이비붐 세대 여성이 커리어를 유지하기 위해 얼마나 고군분투해야 하는지 비판하는 내용이었다. "심리학자들은 미국의 비즈니스 업계가 여성과 함께 꽃피웠다고 말한다. … 하지만 정작 여성은 성공의 어두운 이면을 겪으면서 섭식 장애, 흡연과 약물 남용을 비롯, 온갖 자기파괴 행위에 노출돼 있다." 기사는 계속됐다. "이들 여성은 커리어 영역의 성공으로 삶의 다른 영역에서 치러야 하는 대가를 감당할 수 없다고 전문가들은 말한다. 아내, 어머니, 직장의 간부 역할을 오가는 건 여성들에게 짜릿하기보다 진이 빠지는 일이다. 이들은 본인 삶의 통제권을 상실했고 아무리 근사한 명함이라도 이를 보상해주지는 못한다." 이것이 1980년대 베이비붐 세대의 성 역할이었다. 언론에서는 엄마들이 직장을 그만두도록 은근히 부추겼다. 대놓고 강요하진 않았더라도 분명 그와 같은 어조를 풍겼다. 이와 관련해 퀸들렌은 "성 역할에 불어 닥친 변화의 바람에 이리저리 휩쓸리다 소진된 일생"이라고 표현했다.

보통 임시방편들로 짜깁기된 맞벌이 가정의 육아문제로 미국 전역이 논란에 휩싸였다. 1993년 대통령으로 취임한 빌 클린턴은 미국 최초의 여성 법무장관을 원했다. 하지만 처음의 두 후보 1952년생 조 베어드, 1944년생 킴바 우드는 자녀들의 보모를 채용하는 과정에서 불법에 연루된 사실이 확인돼 연속 탈락했다. 이후 클린턴은 자넷 리노(1938년생)를 후보로 지명했는데 그녀는 사일런트 세대에 자녀가 없는 여성이었다.

1991년 수잔 팔루디(1959년생)의 《백래시: 미국 여성에 대한 선포되지 않은 전쟁》이 출간되었다. 즉시 베스트셀러에 등극한 이 책에서는 1970년대 해방 이후 레이건 시대의 보수적인 가족 중심 가치관이 부상하면서 1980년대 내내 여성의 지위가 제자리걸음하는 데 그치지 않고 퇴보하기에 이르렀다고 주장했다. TV 드라마는 물론 뉴스 기사에서도 커리어우먼은 불행하고, 여성이 마흔 넘어 결혼할 확률보다 테러리스트에 살해당할 확률이 더 높으며, 출산 후에도 일하는 여성은 하나같이 후회한다고 떠들어댔다. 팔루디는 이 같은 이야기가 전혀 사실무근이라고 주장했지만 아무리 그래도 불안감은 가시지 않았다.

TV 프로그램 〈30대〉도 팔루디가 비난한 작품 중 하나였다. 1987년 방송을 시작한 이 작품은 세월의 흐름과 함께 국민들의 기억에서 잊혀져갔지만 방영 당시에는 언론은 말할 것도 없고 일반인들도 모이기만 하면 그 얘기를 하느라 여념이 없었다. 어느 에피소드에서 호프는 딸이 2살이 되자 복직을 희망하다 이내 그냥 그만두고 집에 있기로 한다. 팔루디가 지적했듯 드라마는 삶을 그다지 잘 반영하지 못했다. 호프를 연기한 배우(1956년생 멜 해리스)는 아들이 생후 9개월이던 시점에 프로그램에 복귀했다. 심지어 팔루디의 책이 출간된 이후에도 여성의 역할을 둘러싼 소소한 위기들이 1990년대 내내 숨 돌릴 틈 없이 이어졌다. "마샤 클라크(1953년생)는 파마를 한 미혼모다", "바바라 부시(1925년생)와 힐러리 클린턴(1947년생)은 누가 만든 초코칩 쿠키가 더 맛있는지 경쟁한다", "남자를 사로잡고 싶다면 엘렌 페인(1958년생)과 셰리 슈나이더(1959년생)가 쓴 《그 남자 그 여자의 연애기술》을 따르라" 등이었다.

물론 언론에 비친 삶의 모습은 얼마든지 현실과 다를 수 있다. 그렇다면 미국인들은 실제로 여성의 역할에 대해 어떻게 생각했을까? 미국에서 사회 문제에 관해 최장기간 실시된 조사인 GSS에서는 "남성이 사회적 성취를 담당하고 여성은 가정과 가족을 돌보는 게 모두에게 바람직하다"는 전통 성 역할의 명제에 동의하는지 여부를 물었다. 그 결과는 경직된 성 역할을 거부하는 미국 성인의 비율이 계속해서 늘었다는 것을 보여준다.

팔루디가 주장한 대로 성평등에 대한 인식은 1980년대를 거쳐 오며 퇴보하는 대신 지속적으로 발전했다. 베이비붐 세대가 가정을 꾸린 시기였지만 여성은 물론, 남성 사이에서도 경직된 성 역할을 거부하는 비율이 갈수록 높아졌다. 팔루디의 주장처럼 언론에서 성별에 대한 잘못된 정보만 양산하고 미국 정치는 갈수록 보수화되는 와중에도 미국인들은 태도를 급격히 전환하고 있었다. 변화가 확산되기까지는 시간이 걸리는 법이었다. 미국인이 페미니즘을 1970년대에는 포용했다가 1980년대에는 거부했다는 인식은 순전히 오해였다. 굳이 따지자면 현실은 오히려 그 반대로 나타났다.

여성의 역할에 대한 태도 변화는 가정뿐 아니라 모든 영역에서 나타났다. 자녀를 둔 여성을 포함한 모든 여성이 정치권이나 다른 일터에서 더 큰 역할을 책임질 수 있고 또 책임져야 한다는 주장이 1980년대 이후 지속적으로 확산되어 갔다. 워킹맘에 대해 언론은 난감해했더라도 대중 사이에서는 갈수록 지지 여론이 커졌다.

이는 결코 작은 변화가 아니었다. 예를 들어, 엄마가 일하면 유아 자녀는 힘들다는 의견에 동의하는 비율이 1977년에는 4명 중 3명이었지만 2021년에는 4명 중 1명으로 줄었다. 1975년 응답자 중 절반은 여성이 정치에 적합하지 않다고 여겼지만 2018년에는 8명 중 1명만 그렇게 답했다. 이 질문은 2010년 무렵 여성 후보를 대통령으로 뽑겠다는 응답자가 96%에 달하면서 더 이상 설문에 포함되지 않았다.

페미니즘과 관련해 1980년대 언론에서 접근한 방식은 팔루디의 지적대로 편향돼 있기는 했지만 그녀가 우려한 반발은 거의 발생하지 않았다. 1980년대에는 오히려 여성의 사회적 지위와 성평등 인식에 전례 없는 진전이 일어났고 그와 같은 변화는 오늘날까지도 계속 이어지고 있다.

#미투 이전의 미투
: 성추행에 대한 반발 or 그냥 대처하기

1991년 9월 열린 클라렌스 토마스(1948년생) 대법관 후보 청문회는 처음엔 지극히 일상적인 행사로 진행되었다. 조지 W. 부시 대통령이 지명한 흑인 보수주의자 토마스는 8일에 걸쳐 조지아주에서 보낸 성장기에 대해 설명하고 자신의 정치적 성향과 낙태에 관한 입장을 묻는 일반적 질문에 답했다. 곧이어 오클라호마 대학교의 한 법대 교수가 상원에 출석해 발언했다. 그녀의 이름은 아니타 힐(1956년생)이었다.

EEOC에서 토마스와 함께 근무했던 힐은 당시 자신의 상관이던 토마스가 데이트 신청을 하는가 하면 성적인 이야기도 서슴지 않았다고 말했다. 증언은 순식간에 오늘날의 이른바 NSFWNot Safe For Work(후방주의)로 발전했다. 힐에 따르면 한번은 토마스가 탄산음료 캔을 보고 "누가 내 콜라에 음모를 묻혔어?"라고 했다. 당시 상원의원이던 조 바이든과의 질의응답에서 힐은 이렇게 말했다. "성기가 상당히 크다는 사람에 대해 토마스가 언급한 적 있어요. 음란물 이야기를 하는 과정에서 이름이 나왔죠. 이름이 뭐였는지 기억하나요?" 바이든의 질문에 힐이 답했다. "네, 롱 동 실버였어요."

백인 남성 14명으로 구성된 상원사법위원회는 시큰둥한 반응이었다. "오늘 아침 당신은 가장 당혹스러웠던 질문에 대해 증언했죠. 뭐 그리 심각한 내용도 아니었어요. 여성의 큰 젖가슴이라면 우리도 늘 이야기하는 부분이니까요. 그런데 왜 토마스 판사가 당신에게 한 말 중 그 부분이 가장 곤욕스러웠다는 거죠?" 알렌 스펙터 상원의원(1930년생)이 힐에게 말했다.

하지만 청록색 정장 차림의 힐은 차분하게 대응했다. 모두의 관심이 힐에게로 쏠리면서 사일런트 세대, 베이비붐 세대, X세대 여성이 힐의 증언에 공감하고 상원의 대응에 분노를 느꼈다. 어쨌든 토마스는 대법관으로 임명됐지만 여론은 싸늘했다. 성추행이 국가적 이슈로 떠올랐고 여성은 더 이상 보고만 있지 않았다. 당시 워싱턴주 의원이던 패티 머레이(1950년생)는 힐이 받은 대우에 경악했다. "제가 상원에 출마하겠습니다"라고 선언한 머레이는 다섯 명의 다른 여성 의원들과 나란히 당선되었다. 1992년 미국 하원의원 혹은 상원의원으로 새롭게 선출된 여성은 모두 합쳐 26명이었는데, 이 중 12명이 당시 28~46살에 불과했던 베이비붐 세대였다. 이때는 곧 '여성의 해'로 선정되었다.

좀 더 최근에도 온라인 미투 운동이 일어나면서 성추행이나 성폭력이 사회적 문제로 떠올랐다. 그 결과 하비 와인스타인(1952년생)이 가해자로 체포되는가 하면 매트 라우어(1957년생), 찰리 로즈(1955년생) 같은 이들은 사임했다. 이때 피의자는 대부분 베이비붐 세대의 남성이었다. "저는 상대가 누구든 선을 넘은 적이 없습니다. 다만 그 선이 어느 정도로 수정됐는지는 알지 못했습니다. 세대적, 문화적 변화를 제가 충분히 인지하지 못했습니다. 마땅히 인지했어야 하는데도요."
앤드류 쿠오모(1957년생)가 말했다. 그는 수많은 여성이 성추행 피해 사실을 공개함에 따라 뉴욕 주지사직에서 물러나게 되었다.

최근엔 신체 접촉 없이 말로만 이루어지는 가해 역시 성추행으로 취급된다는 점에서도 세대적 변화를 찾아볼 수 있다. 2018년 실시된 조사에 따르면 밀레니얼 세대와 Z세대는 X세대, 베이비붐 세대, 사일런트 세대와 달리 성적 농담이나 발언을 성추행으로 간주하는 경향이 강했다. 성추행 신고에 있어서도 세대 간 격차가 나타났다. 성추행 피해를 겪었지만 신고하지 않은 여성은 노년층에서는 53%였지만 젊은 층에서는 44%로 나타났다.

물론 보편적이라고는 할 수 없지만 사일런트 세대와 베이비붐 세대는 공통적으로 이렇게 "그냥 참아라. 남자들은 원래 그렇다"는 식의 태도를 보였다. 앞서 언급한 사일런트 세대 린다는 1960년대부터 50여 년간 간호사로 일했다. 당시 간호사들이 겪어야 했던 성적 농담이나 추행에 관해 이야기할 때 지금도 여전히 대수롭지 않다는 뉘앙스를 풍긴다. "지나가는데 누군가 내 엉덩이를 치면 '왜 이래, 작작 좀 해'라는 눈빛으로 쳐다보면서 그냥 웃고 말았어요. 그다지 불쾌해할 일은 아니었죠." 린다는 벌써 몇 년 전 일어난 성추행 사건으로 호들갑 떠는 여성에 대해 '극도로 회의적'이라고 말했다. "대체 그때는 왜 가만히 있었던 거죠?" 그녀가 물었다. "오늘날 여성은 강인해요. 스스로 대처할 수 없는 상황이 그렇게 많았다는 건 믿기 힘듭니다. 얼마든지 차단할 수 있는 일이었어요."

베이비붐 세대의 모든 여성이 이렇게 생각하는 건 아니다. #미투 운동으로 일어난 변화를 반기는 이들도 많다. 베이비붐 세대인 샤론

마하피는 《복스Vox》와의 인터뷰에서 말했다. "제 딸들, 손녀들에 큰 힘을 실어주는 일이었어요. 자신의 이야기를 들어주는 이가 있고 보복당할 두려움 없이 맞서 싸울 수 있다는 것도 알게 됐으니까요."

베이비붐 세대의 정치
: 카멜레온 정치의 장악

1960년대 베트남전 반대 시위대부터 2020년대의 정계 지도자에 이르기까지 베이비붐 세대는 지난 70여 년간 미국 정치를 지배해왔다. 이전의 사일런트 세대나 이후의 X세대와 비교해도 압도적으로 큰 규모 덕분에 무한한 정치권력을 손에 쥘 수 있었다. 물론 다른 요인 역시 기여했다. 베이비붐 세대가 유독 정치와 행동주의에 남다른 관심을 갖고 있었던 것이다. 베이비붐 이후의 여러 세대 역시 청년으로서 기성세대의 정책에 저항하는 전통을 이어갔지만 사회를 통째로 혁신시키고자 했던 베이비붐 세대의 원대한 포부에는 대부분 미치지 못했다.

캠퍼스 시위가 시작된 것도 베이비붐 세대가 처음으로 대학에 입학한 1964년 가을이었다. 학생과 외부 활동가들은 버클리에 위치한 캘리포니아 대학교와 텔레그래프 애비뉴의 캠퍼스 입구에 정기적으로 테이블을 설치하고 전단지를 배포했다. 그런데 그해 9월 학과장이 앞으로 정치 단체의 전단지 배포를 금한다고 발표했다. 10월 1일에는 어느 인종평등단체 활동가 중 한 명이 테이블을 세팅하던 중 경찰에 체포돼 경찰차 뒤 칸에 올랐는데 이내 학생들이 들이닥치더니 차 밑으로 기어들어가고 주위를 둘러싼 채로 주저앉아 차가 떠날 수 없도록 막았다. 대치 상황은 32시간 동안 지속되었다. 마리오 사비오(1942년생) 등 단체의 지도부는 사일런트 세대였지만 이들과 함께하던 이들은 베이비붐 세대였다.

그렇게 캠퍼스에서 전례 없는 불안의 시기가 시작되었다. 학생들은 행정실을 점거하고 경찰과 싸우는가 하면 건물에 불을 질렀다. 민권 운동에 집중하던 캠퍼스 시위대는 1960년대 후반 들어 베트남전쟁으로 관심을 돌려 징집이나 네이팜탄을 제조한 '다우 케미칼' 등의 기업에 반대하는 시위를 벌였다. 한 연구에 따르면 첫 번째 베이비붐 세대가 18~22살이던 1967~1968년 당시 40%의 대학에서 대규모 시위가 벌어졌다. 불안은 이내 거리로까지 확산되더니 1968년 민주당 전당대회가 열린 시카고 시위에서 절정에 달했다. 경찰과 충돌하는 시위대의 모습이 TV에 그대로 생중계되었고 군중은 "전 세계가 보고 있다"고 소리쳤다. 1970년 켄트 주립대학교 오하이오 캠퍼스에서도 유사한 소요사태가 재연되었는데 반전 시위를 벌이던 학생 4명이 주 방위군에 의해 사망에 이르고 만 것이다.

이후 캠퍼스 시위는 사라졌지만 베이비붐 세대는 정치를 향한 관심의 끈을 놓지 않았다. 또 그중 상당수는 제도권 밖이 아닌 안에서 일하기로 마음먹었다. 베트남전쟁이 끝난 1970년 후반, 고등학교 졸업반이 된 1958~1961년생 3명 중 1명은 공무원에게 제안서를 쓰려고 했고, 4명 중 1명은 선거 캠페인에 기부를 할 예정이거나 이미 했으며, 5명 중 1명은 선거 본부에서 일해 보고 싶은 마음이 있었다. 베이비붐 세대의 정치 열정은 뒤이은 어느 세대도 따라잡지 못했다. 그당시는 인터넷이 등장하기 전이라 공무원들에게 제안서를 쓴다는 것이 지금보다 훨씬 더 번거로운 일이었다는 사실을 감안하면 특히 더 놀라운 일이다.

베이비붐 세대는 말로만 떠벌리지 않았다. 정치에 대한 관심을 행동으로도 보여줬다. 베이비붐 세대가 청년기에 접어든 1972년 18~24세의 투표율은 52.1%로 심지어 투표율이 상당했던 2020년 대선 때조차 이 기록은 깨지지 않았다.

베이비붐 세대는 성인이 되자마자 정치권의 정계 지도부를 장악했다. 1992 ~2016년 사이 당선된 미국 대통령은 하나같이 베이비붐 세대였다. 1988~2020년에 배출된 대통령이나 부통령 후보 36명 중에도 베이비붐 세대가 21명(58%)이나 됐다. 빌 클린턴, 조지 W. 부시와 도널드 트럼프는 모두 1946년 여름의 3개월 사이에 태어났다. 미국 최초의 흑인 대통령 버락 오바마는 베이비붐 후기에 해당하는 1961년에 태어났다. 일각에서는 그가 색다른 환경에서 성장하고 형식에 얽매이지 않는 태도를 지녔다는 점을 들어 X세대에 더 가깝다고도 주장하기도 한다.

초기 베이비붐 세대 출신 지도자들은 정치 논쟁을 할 때 자신이 전후에 태어났다는 사실을 자주 언급했다. 미래를 지향하는 자신들의 방식이 과거 방식보다 낫다는 믿음이 있었고 언제나 변화를 부르짖었다. 1996년 GI세대 대통령 후보였던 밥 돌(1923년생)이 "저를 '근거 없는 믿음이 발붙이지 못하는 미국으로 가는 다리'가 되게 해주십시오. 평온, 신념과 자신감이 작용하는 시대로 가는 다리가 되게 해주십시오"라고 말했을 때 빌 클린턴 대통령은 이렇게 대꾸했다. "과거와 연결하는 다리는 필요 없습니다. 우리에게 필요한 건 미래로 나아가는 다리뿐입니다." 1992년 클린턴은 선거 연설에서 참전용사 출신의 상대 후보 조지 H. W. 부시(1924년생)에 비해 자신은 젊다는 사실을 은 근히 내세우는가 하면 경제 성장을 약속하며 수시로 변화를 말했다. 선거기간 동안 이렇게 변화에 초점을 맞췄지만 당선 이후에는 정작 복지 개혁, 범죄 강경 대응, 동성애 결혼을 금지한 결혼 보호법 지지 등으로 진보보다 중도의 노선을 걸었다. 일각에서는 오바마 역시 같 은 행보를 보였다고 주장했다. 선거 당시에는 변화를 강조했지만 재 임기간에는 미국이라는 선박의 순항에 집중해 비교적 안정적인 8년 을 보냈다고 볼 수 있는 것이다. 베이비붐 세대는 변화를 말했지만 젊 은 세대의 기대에 항상 부응하지는 못했다.

대통령은 하나의 관직에 불과한 만큼 베이비붐 세대가 또 다른 권좌 역시 차지했는지 살펴보는 게 중요하다. 베이비붐 세대는 실 제로 정치를 장악하고 있었다. 베이비붐 세대의 평균 연령이 60살 이었던 2015년에는 주지사 50명 중 40명이 베이비붐 세대였다. 이에 비해 1995년 평균 60살이었던 사일런트 세대 중 주지사는 32명에 불 과했다. 베이비붐 세대는 지난 수십 년에 걸쳐 미국의 대부분 주를 운 영해왔으며 이는 지금도 진행형이다. 2023년 초를 기준으로 50명의 주지사 중 28명이 베이비붐 세대다. '4장 X세대'에서는 2020년대에도 이어지고 있는 베이비붐 세대의 정치권력을 X세대와 비교해 살펴보 겠다.

반면 50대, 60대인 베이비붐 세대는 상원을 점령하지는 못했다. 1995년에 사일런트 세대는 67석을 차지했는데 2015년 베이비붐 세 대는 63석에 그쳤다. 이는 사일런트 세대 중 주지사가 되기보다 상원 에 남은 사일런트 세대가 더 많아서 생긴 결과로도 볼 수 있다. 70살 이상의 고령 집단에게는 주를 운영하는 것보다 상원의원으로 활동하는 것이 훨씬 편하니 말이다. 결국 초기 베이비붐 세대가 70대로 접어들면서부터는 상원도 자연히 베이비붐 세대가 점령하게 되었다. 2023년에 시작된 의회 회기에서 미국 상원의원 100명 중 66명이 베이비붐 세대였다.

베이비붐 세대가 행정부에 비해 입법부 내 존재감이 다소 미약한 현상은 하원에서도 이어졌다. 2022년을 기준으로 하원의장 중 베이비붐 세대는 1명뿐이었다(1949년생 존 보너). 최근 의장에 X세대가 한 명(1970년생 폴 라이언) 끼어들었던 걸 제외하면 모두 사일런트 세대였다. 2022년 후반에는 대법관 중 5명이 베이비붐 세대, 4명이 X세대였다.

베이비붐 세대는 미국에서 여전히 막강한 정치권력을 쥐고 있지만 2020년대에는 상당수가 70대에 접어드는 만큼 변화가 시작될 것이다. 물론 정계에는 의무 퇴직 연령이 없으니 급격한 변화는 없을 것으로 보인다. 인간 수명이 길어지고 슬로우라이프 양상이 이어지는 상황에서 베이비붐 세대는 앞으로도 주지사는 물론 70~80대 상원의원까지 배출할 수 있다. 하지만 X세대와 밀레니얼 세대가 선출되는 비율이 서서히 늘면서 그들의 경험이 정국 운영에 반영될 것이다.

물론 대부분의 베이비붐 세대는 정계에서 유권자의 역할을 수행해왔다. 규모가 워낙 크다 보니 1980년대에 처음 투표권을 갖게 된 이후 내내 막강한 권력을 휘두를 수 있었다. 실제로 2020년 대선에서는 65~74살의 고령 베이비붐 세대가 투표율 76%로 최고 참여율을 기록했다.

히피 문화가 명성을 떨친 1960~1970년대, 베이비붐 세대가 플라워 차일드*, 반전, 반기득권을 추구했던 걸 생각하면 자연히 진보 민주당을 지지한다고 기대할 것이다. 실제로 1970년대에는 그랬다. 70

년대 초반 베이비붐 세대 10명 중 7명은 민주당을 지지해 청재킷에 평화의 비둘기, 그리고 녹색의 1972년 맥거번 버튼(당시 민주당 대선 후보 조지 맥거번을 지지한다는 배지)을 함께 꽂고 다녔다. 지미 카터가 대통령이던 1970년대 후반에는 3명 중 2명이 민주당을 지지했다.

이렇게 히피족이던 베이비붐 세대는 1980년대에 자연스레 여피족이 되었다. 여피족은 1980년대의 고학력 베이비붐 세대로 로펌과 광고 에이전시에서 승승장구하는 이들을 가리킨다. 이들은 늘 활기찬 모습으로 가족을 돌보고 성공적 커리어를 쌓았다는 점에서 앞에서 언급한 TV프로그램 〈30대〉의 마이클, 호프, 엘리엇과 낸시의 실사판이라 할 수 있다. 또 세련된 수트 차림으로 고급 세단을 타고 로스앤젤레스 인근을 드라이브하며 서로를 유혹하는 모습이 〈블루문 특급〉의 데이빗과 매디이기도 했다.

여피는 권력의 달콤함을 슈트로 뽐내고 성공적 커리어를 갖추게 되면서 보수 공화주의의 가치에도 조금씩 스며들었다. 베이비붐 세대가 그렇게 변해가자 미국도 함께 변했다. 공화당을 지지하는 베이비붐 세대가 늘기 시작하면서 로널드 레이건이 대통령으로 당선되었다.

베이비붐 세대의 궤적은 미국 정치의 흐름과 완전히 일치했다. 베이비붐 세대는 1980년대에 급격히 공화당 지지로 기울더니 50대, 60대, 70대에 접어든 2010년대와 2020년대 초반에는 아주 근소한 차이로 다수가 공화당을 지지했다.

자칭 보수든 진보든 베이비붐 세대의 정치 이념은 더욱 빠르고 극

---

* 플라워 차일드flower child : '히피족', '비현실적인 사람'을 뜻한다. 1960년대 후반 히피족이 몸에 꽃을 장식하거나 꽃을 들고 다니면서 평화와 사랑의 상징으로 삼은 데서 유래된 말이다.

각 정당을 지지하는 베이비붐 세대 성인의 비율

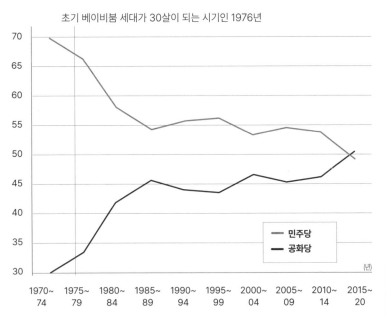

초기 베이비붐 세대가 30살이 되는 시기인 1976년

민주당
공화당

(년)

1970~
74
1975~
79
1980~
84
1985~
89
1990~
94
1995~
99
2000~
04
2005~
09
2010~
14
2015~
20

출처: 퓨리 선거 연구

* 베이비붐 세대를 세월의 흐름에 따라 추적했다. 민주당 지지자 그래프에는 민주당 지지 성향의 무소속 유권자
가, 공화당 지지자 그래프에는 공화당 지지 성향의 무소속 유권자가 포함되었다. 어느 쪽도 지지하지 않는 무소
속 유권자는 데이터에서 제외되었다. 조사는 대선 시기별로 실시되었다.

적으로 변화했다. 1970년대에는 절대다수의 비율로 진보를 자처했던
이들이 1980년대에는 하나같이 보수라고 밝혔다. 게다가 이들이 진
보로 회귀하는 일은 결코 벌어지지 않을 것이다. 청년기 내내 싸워서
이룬 진보적 변화를 되돌리고 싶어 한다는 게 아니라, 이제 가족도 꾸
리고 직장에서도 잘나가는 만큼 세상도 이 정도면 충분히 변했다고
생각하는 이가 많아졌다는 얘기다. 이렇게 현재에 대한 만족감이 커
질수록 베이비붐 세대는 공화당을 지지하는 보수로 기울어갔다.

이런 추세는 모든 세대마다 자연스럽게 나타나는 진화의 결과물이다. 사람은 나이 들수록 진보 성향은 약해지는 반면 보수 성향은 강해지는데 진보는 대부분 민주당을, 보수는 대부분 공화당을 지지하는 만큼 공화당 지지자 중에는 고령층이 많을 수밖에 없다. 이는 세대가 아닌 연령 효과다. 공화당 지지자들의 나이를 근거로 공화당이 없어질 것으로 예측하는 사람이 있다면 지금 20대의 진보 청년 중 꽤 많은 이들이 50대에는 보수가 된다는 사실을 잊고 있는 것이다.

그렇다면 베이비붐 세대 보수화의 원인을 생각할 때 노화에서 오는 비율은 얼마이고 또 이들 세대가 역사적으로 갖는 고유한 지위의 비율은 얼마일까? 이 질문에 답하는 한 가지 방법은 같은 연령대의 사람들을 다양한 시기에서 살펴보는 것이다. 2020년 베이비붐 세대는 56~74살이었다. 같은 방식으로 데이터를 살펴보면 충격적 사실을 발견하게 된다. 1952년 조사가 시작된 이래 56~74살의 연령군이 공화당 지지자의 대다수를 차지한 건 베이비붐 세대가 처음이라는 것이다. 따라서 베이비붐 세대는 같은 연령대의 이전 세대보다 공화당 지지 성향이 더욱 강하다. 그들이 청년기에 상당히 진보적이었다는 사실을 감안하면 놀라운 변화가 아닐 수 없다. 그 결과 베이비붐 세대와 진보 성향이 더 강한 밀레니얼 및 Z세대 간에 세대 차이가 더 크게 벌어졌다.

베이비붐 세대의 블루스
: 스트레스와 우울증의 증가

처음에 심리학자들은 이 현상을 어떻게 받아들여야 할지 알 수 없었다. 몇 년간 정신장애 증상을 호소하는 대학생이 꾸준히 증가한 것이다. 버팔로에 위치한 뉴욕 주립대학교에서 1969년 신입생(1951년 전후 출생)을 대상으로 편집증, 조증, 우울증 검사를 실시한 결과 1958년 신입생(1940년 전후 출생)보다 수치가 훨씬 높게 나타났다. "이상이 높고 여유 넘치는 신입생은 전부 어디로 사라졌는가?" 1969년 미국 심리학협회 컨퍼런스에서 두 교수가 프레젠테이션 제목을 빌려 이렇게 한탄했다. 1959~1968년 사이 남부의 어느 사범대학에 입학한 신입생 7반을 비교 분석한 뒤 얻은 의문이었다.

얼마 지나지 않아 비단 대학생만의 문제가 아니라는 사실이 밝혀졌다. 1980년대 초 미국 전역에서 실시한 대규모 조사 결과를 분석했을 때 연구원들은 우울증의 평생 유병률이 으레 일반적인 패턴으로 나타났을 거라고 예상했다. 젊은 층일수록 낮고 고령층일수록 (오래 살아온 만큼 우울증을 경험할 시간도 더 많아서) 높을 거라고 본 것이다. 하지만 현실은 달랐다. 대부분 베이비붐 세대인 성인 가운데 11명 중 1명은 이미 심각한 우울증을 경험한 적이 있었다. 이에 비해 대부분 사일런트 세대인 45~64살 성인 가운데 우울증을 경험한 이는 22명 중 1명에 불과했다. 우울증 비율은 베이비붐 세대가 사일런트 세대보다 두 배 더 높은 셈이었다. 게다가 베이비붐 세대의 대부분은 아직 중년도 되기 전이었다. 베이비붐 세대 11명 중 1명을 수치로 환산하면 700만 명으로 매사추세츠주의 전체 인구와 맞먹는다.

나이 든 이후에는 젊었을 때 우울했던 기억을 잊어버릴 수 있는 만큼 평생 유병률을 조사하는 게 가장 적합한 방법은 아니다. 대학생을 대상으로 한 설문조사 역시 적합하지 않다. 성인이 된 베이비붐 세대의 정신건강이나 행복감에 대해 알아보려면 오랜 세월에 걸쳐 모든 연령대의 성인을 대상으로 한 조사 결과가 필요하다. 미국 종합사회 조사기관인 GSS는 1972년부터 미국 국민에게 스스로 얼마나 행복하다고 느끼는지 물어왔다. 따라서 베이비붐 세대가 성인이 된 후 느끼는 행복이 사일런트 세대에 비해 어느 정도인지 알아볼 수 있다. 결과는 좋지 않았다. 사일런트 세대가 태어난 시기부터 베이비붐 세대가 태어난 시기 사이에 행복감이 눈에 띄게 감소한 것이다. 아주 행복하다고 답한 베이비붐 세대는 사일런트 세대보다 15% 적었다.

사일런트 세대에서 베이비붐 세대로 넘어가는 시기에 행복감이 감소한 사실은 흥미롭지만 사실 낙폭이 그렇게 큰 것은 아니다. 다른 정신건강 문제와 관련해서는 상황이 어떨까? 미국 최대 규모로 실시한 어느 조사 결과 뉴욕시 인구보다 많은 900만 명은 스트레스, 우울증이나 감정관리에 어려움을 겪은 적이 지난 30일 이내에 몇 차례나 있었는지 헤아리기 어렵다고 답했다. 물론 누구나 한 번씩 이런 날을 겪을 수 있지만 빈도가 잦아지면 우울증 혹은 다른 정신질환을 의심해봐야 한다. 이 조사는 정신건강 문제로 의사나 치료사를 찾던 이들뿐 아니라 무작위 인구표본을 대상으로도 실시된 만큼 치료를 원하는 이들이 늘었다는 식으로 단순하게 해석될 수 없다.

한편 다른 조사 결과는 베이비붐 세대가 단순히 행복하지 않은 걸 넘어 좀 더 심각한 문제에 직면해 있음을 보여준다. 정신건강 문제를 겪고 있는 비율이 같은 나이의 사일런트 세대보다 2~3배 더 높다고 집계된 것이다. 물론 이 조사가 정신적으로 피폐한 날을 묻는 방식으로 구성됐기 때문에 나타난 결과일 수 있다. 오히려 스트레스나 우울증의 구체적인 증상에 대해 질문하는 게 나았을지 모른다. 그래서 두 종류의 데이터를 수집했다. 첫 번째는 슬픔, 불안이나 가치 없다고 느끼는 증상에 관한 여섯 가지 질문을 던짐으로써 스트레스를 측정했다. 이때도 베이비붐 세대와 사일런트 세대 간의 차이가 컸다. 스트레스가 높은 것으로 집계된 이들이 1950년대~1960년대 초반에 태어난 베이비붐 세대 가운데는 6명 중 1명이었던 반면, 1930년대에 태어난 사일런트 세대는 10명 중 1명꼴이었다.

또 다른 전국단위 조사에서는 우울증 증상을 직접 가늠해볼 수 있는 아홉 개 질문을 제시했다. 가령 '아무 의욕이 없다', '잠을 잘 자지 못한다', '에너지가 없다', '집중이 잘 안 된다' 등이다. 그 결과 1960년대 초 태어난 베이비붐 세대 중 전문의와의 상담이 필요할 만큼 우울증 수치가 높은 이는 4명 중 1명 이상으로, 1930년대 초 태어난 사일런트 세대 10명 중 1명에 비해 상당히 많았다.

1960년대와 1970년대 베이비붐 세대 대학생 가운데 정신건강 문제를 겪는 이들이 많다고 나타난 초기 연구 결과가 우연이 아니었으며 단순히 역사의 격변기 동안 나타난 현상도 아니라는 사실이 분명해졌다. 베이비붐 세대는 같은 연령의 사일런트 세대에 비해 전체 생애주기에 걸쳐 덜 행복하고 정신적으로 피폐한 날이 더 많았으며 스트레스를 겪는 비율도 높았고 우울한 경향도 강했다.

이 모든 게 베이비붐 세대가 유독 솔직한 만큼 정신건강 문제를 시인하는 경향도 강해서 나타난 현상일까? 그럴 수도 있지만 확률은 낮다. 조사 담당관은 답변이 익명으로 기록되며 응답자의 이름은 공개되지 않는다는 사실을 분명히 밝혔다. 민감한 건강정보를 수집하는 조사이기에 모든 사항이 기밀로 취급된다는 사실을 응답자들에게 확실히 고지한 것이다. 또 앞장에서 살펴본 것처럼 사일런트 세대는 정신건강 문제를 겪고 있다고 상담한 비율이 GI세대보다 낮았다. 따라서 후세대로 갈수록 일관되게 더 많은 정신적 상담이 일어난다고 볼 수도 없다.

또 하나의 척도 중 하나가 자살률이다. 자살률은 사일런트 세대가 태어난 기간 동안 감소하더니 베이비붐 세대 출생기에 다시 조금씩 증가하기 시작했다. 이후 베이비붐 세대의 일생에 걸쳐 급상승했다. 그야말로 커다란 변화였다. 1964년에 태어난 미국인은 1935년에 태어난 미국인보다 스스로 목숨을 끊을 확률이 35% 더 높았다. 베이비붐 세대 사이에서는 일찍부터 자살이 많아졌다. 1970년 15~19살이던 베이비붐 세대의 자살률은 1950년의 동년배 사일런트 세대에 비해 2배 이상 높았다.

사실 자살 증가는 빙산의 일각에 불과했다. 2015년 경제학자 앤 케이스와 앵거스 디턴은 수십 년간 감소 추세였던 히스패닉을 제외한 45~54살 백인의 사망률이 1999~2013년에 오히려 높아졌다는 사실을 밝혀내 화제를 일으켰다. 다시 말해, 미국의 중년 백인이 1990년대보다 2010년대에 더 많이 사망했다는 것이다. 다른 선진국이나 미국 내 다른 인종의 사망률은 같은 기간 동안 급격히 감소하고 있었기 때문에 이는 더 큰 충격을 안겨주었다. 중년 백인의 사망률이 이전의 감소 추세를 계속해서 이어갔다면 사망자가 50만 명은 줄었을 거라고 케이스와 디턴은 밝혔다. 사망률은 특히 대학 학위가 없는 이들 사이에서 더 높게 나타났다.

사망자가 이렇게나 많이 발생한 건 자살, 약물 남용, 그리고 보통 알코올 남용으로 생기는 간 질환에 따른 죽음 때문이라고 두 사람은 지적했다. 이들의 논문은 세계적으로 큰 반향을 일으켜 백인 노동자 계층이 겪는 고질적 문제를 수면 위로 드러냈고 1년 후 트럼프가 대통령에 당선되면서 다시 한번 주목받았다. 2005~2016년 사이 45~54살 미국인의 사망률이 전반적으로 감소했는데 흑인과 히스패닉의 사망률 감소에 따른 것으로 추정된다. 하지만 히스패닉을 제외한 같은 연령대 백인의 사망률은 사일런트 세대부터 상승하기 시작해 베이비붐 세대에도 계속 높아졌다.

2016년 이후 상황은 호전되었다. 45~54살의 사망률이 전체 인구는 물론 백인 사이에서도 감소해 우려했던 경향은 일단락되었다. 그런데 왜? 중년 백인이 처한 상황이 갑자기 나아지기라도 한 것일까? 그보다는 세대교체로 인한 결과에 가깝다. 당시 해당 연령대에서 베이비붐 세대가 퇴장하고 X세대가 새롭게 진입한 것이다. 케이스와 디턴이 말한 '절망의 죽음'은 베이비붐 세대, 특히 백인 베이비붐 세대의 이야기였다.

사망률 증가가 특정 세대의 문제가 맞다면 베이비붐 세대의 노화에 따라 사망률도 증가해야 하는데 실제로 그와 같은 현상이 나타났다. 베이비붐 세대가 다음 연령대인 55~64살에 진입하자 상황은 악화되었다. 백인의 사망률뿐 아니라 전체 인구의 사망률이 증가한 것이다.

히스패닉을 제외한 백인과 아메리카 원주민의 사망률이 증가하고 감소 추세였던 흑인, 히스패닉과 아시아인의 사망률이 정체기에 빠진 데서 이 현상의 원인을 찾을 수 있다. 베이비붐 세대의 노화가 진행되면서 케이스와 디턴이 백인에 한정했던 문제가 인종과 민족을 불문하고 모두에게서 나타나고 있었다.

한 가지 눈여겨볼 만한 점은 2000~2019년 사이 심장질환이나 암으로 인한 55~64살의 사망률이 감소했다는 사실이다. 이렇게 사망의 주요 원인이던 두 가지가 모두 줄어드는 상황에서도 전반적인 사망률은 여전히 증가하고 있었다.

이유가 무엇일까? 50대 후반과 60대 초반의 미국인 중 특히 약물 과다 복용으로 절망의 죽음에 이르는 이가 많아졌기 때문이다. 사일런트 세대가 55~64살 집단을 완전히 장악했던 2000년부터 베이비붐 세대가 55~64살 집단을 독차지한 2019년 사이, 치명적 약물 과다복용은 10배, (주로 알코올 남용으로 인한) 치명적 간 질환은 42%, 그리고 자살은 60% 증가했다.

2000년 1월 1일 한 축구 경기장에 중년 미국인 10만 명이 들어차 있다. 그해에 약물 과다복용으로 사망하는 이는 2명에 그칠 것이다. 2019년 1월 1일 같은 경기장을 같은 인원으로 메우면 그해가 끝나기 전에 약물 과다복용으로 사망하는 이는 이미 26명이 될 것이다. 결과적으로 2019년에는 2000년 사일런트 세대보다 두 배 더 많은 베이비붐 세대가 결과적으로 '절망의 죽음'을 맞이했다.

한때 약물을 과다복용하는 경향이 중장년층보다 청년층 사이에 더 강하게 나타나기도 했지만 2007년을 기점으로 55~64살이 앞서 나가기 시작하더니 2020년까지 차이가 계속해서 벌어졌다. CDC 데이터베이스에는 어떤 약물이 과다복용을 유발했는지 구체적으로 명시돼 있지 않지만 상당수가 마약성 진통제 오피오이드로 인한 사망일 확률이 높다. 한편 2020년에는 두 연령대 모두 과다복용이 급증했는데 코로나 팬데믹 등 다른 요인이 기여했을 것으로 보인다.

요약하자면 베이비붐 세대는 이전 세대에 비해 더 불행하고, 정신적으로 피폐한 날이 더 많으며, 스트레스에 더 많이 시달릴 뿐 아니라 더 우울하다. 심지어 자살이나 약물 과다복용 등 정신건강 문제로 사망할 확률도 더 높다. 1946~1964년 출생자들이 겪은 뭔가가 정신건강에 좋지 않았고 그중에서도 1955~1964년 출생자들이 겪은 뭔가는 특히 더 나쁜 영향을 미쳤던 게 분명하다. 여기서 문제, 그래서 과연 그게 무엇이란 말인가?

이 논의는 전국 단위 조사와 동일한 전제, 즉 정신건강 문제를 겪는 게 나약하다는 의미는 아니라는 데서 시작하는 게 중요하다. 배우이자 작가인 캐리 피셔(1954년생)는 "조울증으로 살아가다 보면 기력이 어마어마하게 소진된다. … 엄청난 체력은 물론이고 심지어 용기까지 필요해 완전히 방전되기 십상이다. 따라서 당신이 이 질병을 앓으면서도 어떤 식으로든 사회적으로 기능하고 있다면 자신을 부끄러워할 게 아니라 오히려 자랑스러워해야 한다. 다른 사람들도 끊임없이 마음을 수련함과 동시에 이들에게 상을 내려야 한다."

우울증은 유전적 요인으로 발생하기도 하지만 주변 환경에 따라 발생 여부와 강도가 결정되는 경우도 많다. 수렵채집사회는 물론, 아미시 부족 같은 전통농업사회 등 전통문화에서는 우울증이 극히 드물었다. 임상 심리학자 스티브 일라디는 우울증을 '문명의 질병'이라고 부른다. 그렇다면 베이비붐 세대의 어떤 환경이 그들을 우울증으로 이끈 것일까?

한 가지 생각해볼 수 있는 원인은 베이비붐 세대의 약물사용이 높았다는 사실이다. 사람들은 보통 우울해서 약물을 복용하지, 약물을 복용해서 우울한 것은 아니다. 하지만 베이비붐 세대 중에는 친구 따라 약물을 복용한 경우도 많았다는 사실을 감안하면 약물을 복용해서 우울해진 사람도 얼마든지 있을 수 있다. 특히 약물중독으로 주변에 피해를 입히는 지경이면 그런 경우일 가능성이 더욱 높다. 약물 과다복용률이 높았던 것도 또 다른 원인이 될 수 있다. 베이비붐 세대가 젊은 시절부터 약물을 사용해 워낙 익숙하다 보니 중년에도 툭하면 약물에 의존하고 과다복용에도 거리낌이 없었던 것이다.

개인주의와 기술의 영향도 무시할 수 없다. 개인주의가 확산되면서 사람들은 좋은 점도 많이 누렸지만 인간관계에 소홀해지고 자아성취를 인생 최고의 목표로 설정하는 경향 또한 강해졌다. 그 결과 개인주의 사회에는 단절감과 외로움이 만연하다. 재니스 조플린의 노래 가사처럼 '자유는 잃을 것이 없는 상태의 다른 말일 뿐'이다. 베이비붐 세대의 성장기는 개인주의가 전례 없이 빠른 속도로 확산되던 시기, 안정을 추구하던 과거와 달리 자신이 가장 중요해진 시기였다.

그 결과 기대감이 비현실적일 정도로 높아졌다. 개인주의에는 기술, 특히 텔레비전이라는 공범이 있었다. 베이비붐 세대는 TV와 함께 자란 첫 번째 세대로 아주 어려서부터 더 넓은 세상을 보고 광고의 유혹에 노출된 채 자랐다. 어린이를 대상으로 한 광고는 베이비붐 세대와 함께 본격적으로 시작되었고 이들이 청소년과 성인으로 성장하는 동안에도 그림자처럼 쫓아다니며 더 많은 것을 소유하고 더 나은 사람이 되어야 한다고 끊임없이 속삭였다. 게다가 맞춤 제작을 실현한 자동 생산 기술이 이 같은 욕구를 뒷받침해주었다. 베이비붐 세대의 일생에 걸쳐 자동차를 비롯한 다른 모든 것이 개인화되었고 '당신만큼 고유하고 특별하게' 제작하는 것도 가능해졌다. 소비자 문화와 개인주의가 나란히 손잡고 돈의 도움까지 받아 개인의 선택 수준을 높여 놓았다.

1988년 《사이콜로지 투데이》에서 심리학자 마틴 셀리그만(1942년생)은 베이비붐 세대의 우울증 비율이 더 높다는 초기 결과를 설명하면서 높은 기대치가 상품을 넘어 삶의 다른 영역으로까지 확장되었다고 주장했다. 직업은 이제 단순히 생계유지 수단에 그치지 않고 성취감과 영감, 그리고 높은 보수까지 보장해줘야 했다. 배우자 역시 결혼이라는 의무만 이행하면 끝이 아니라 평생 동반자 역할은 물론 성적 쾌락에 대한 기대의 최고치까지 충족해줘야 한다. "우리는 나 자신에 대해 치솟는 기대치를 맹목적으로 받아들인다. 이는 마치 어떤 바보가 정상인이 되는 데 필요하다고 생각하는 기준을 높여놓고 그에 부합하기 위해서 끝없이 애쓰는 것과 같다." 셀리그만이 '베이비붐 세대의 블루스'라는 제목의 기사에서 적었다. 이 같은 추세는 21세기에도 지속될 수밖에 없다. 소셜미디어와 리얼리티TV 덕분에 만족할 만한 삶에 대한 기대치가 계속해서 오르고 있기 때문이다.

역시 개인주의에서 비롯된 높은 이혼율도 우울증의 또 다른 원인일 수 있다. 평균적으로 결혼을 한 사람이 결혼을 하지 않거나 사별했거나 이혼한 사람보다 더 행복하고 덜 우울하다. GSS에 따르면 행복하다고 답한 사람이 기혼자 가운데는 10명 중 4명인데 반해 이혼한 이들 가운데서는 10명 중 2명에 불과했다. 물론 무엇이 원인이고 무엇이 결과인지는 알 수 없다. 불행한 사람일수록 이혼할 확률이 높고 재혼할 확률은 낮을 수 있기 때문이다. 그럼에도 젊은 시절부터 관계의 불안정성이 커졌다는 사실은 베이비붐 세대의 정신건강에 결코 좋은 신호라 할 수 없다. 베이비붐 세대 남성의 경우 중년에 결혼하는 비율이 이전 세대보다 낮았다는 점에서 이는 특히 더 우려스럽다고 할 수 있다.

베이비붐 세대의 정신건강이라는 사과를 갉아먹는 애벌레는 한 마리 더 있었으니 바로 소득 불평등이다.

커지는 빈부격차
: 소득 불평등의 희생양

2016년 미국 대통령 선거에서 도널드 트럼프가 깜짝 승리를 거둔 이후 많은 이들이 원인을 찾아 나섰다. 가장 대표적인 설명은 미국 내 특히 백인 사이에서 계급 격차가 심화되고 있다는 사실이었다. 이 이론에 따르면 대학 학위가 없는 백인 미국인은 갈수록 불행해지고 경제적으로도 힘들어지는 반면 대학 교육을 받은 이는 점점 더 큰 행복과 경제적 풍요를 누리고 있었다.

계층 간 격차라는 개념은 경제 소득 불평등과 행복 불평등이라는 두 가지 요소로 나뉜다. 이 중 경제적 요소는 한눈에 파악할 수 있다. 가령 최근 캘리포니아 대학교 버클리의 한 경제학자가 추산한 상위 10% 계층에서 벌어들인 소득 비율 그래프만 봐도 '부익부' 양상이 뚜렷하다. 소득 불평등은 1920년대 정점을 찍은 이후 전후 시대 들어 감소하면서 중산층의 황금기를 열었다. 그런데 1980년 무렵 다시 증가하기 시작하더니 2010년대 중반에는 사상 최고치를 기록했다. 세법, 경제 부문의 변화가 함께 작용한 결과라 하겠다.

또 다른 원인으로 교육 수준이 높을수록 최고 소득을 올릴 확률이

2020년 달러화 기준 교육 수준별 중위 가구 소득

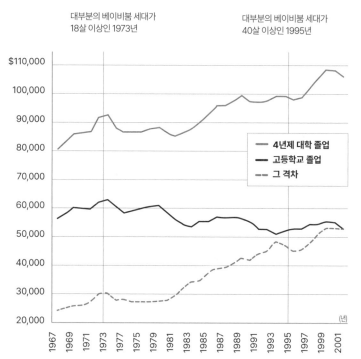

대부분의 베이비붐 세대가
18살 이상인 1973년

대부분의 베이비붐 세대가
40살 이상인 1995년

범례:
— 4년제 대학 졸업
— 고등학교 졸업
-- 그 격차

출처: 현재인구 조사, 연간 사회 및 경제 보조자료, 미국 인구 조사국

* 격차는 고등학교 졸업자의 중위 소득을 4년제 대학 학위자의 중위 소득에서 빼는 방법으로 계산했다. 그렇게 얻어진 답이 고등학교 졸업자의 소득과 동일할 경우 대학 학위자의 소득이 고등학교 졸업자 소득의 두 배에 해당한다는 사실을 의미한다.

갈수록 높아진다는 사실을 들 수 있다. 특히 4년제 대학 학위가 그렇다. 대학교를 졸업한 미국인은 고등학교만 졸업한 이들보다 언제나 더 많이 벌었지만 1980년대 초반이 지나면서 그 격차가 더욱 커졌다. 대학 학위자의 소득은 증가한 반면 고등학교 졸업자의 소득은 감소했다.

2001년 두 집단 간 소득 차이가 고등학교 졸업자의 소득과 동일해졌다. 대학 학위자가 고등학교 졸업자보다 정확히 2배 더 많이 번다는 의미였다. 제조업 부문의 고소득 일자리는 1980~1990년대에 수백만 개나 사라졌는데 자동차 조립 공장이 해외로 이전하면서 철강 노동자와 자동차 노동자 수천 명이 해고된 게 대표적 사례다. 변화에는 여러 요인이 작용했지만 기술이 근본원인 중 하나였다. 기술이 발전함에 따라 단순 육체노동 일자리가 자동화되거나 해외로 이전하는 한편 더 높은 교육 수준을 요하는 '지식 경제' 관련 일자리는 훨씬 많아진 것이다.

이 같은 현상은 타이밍이 주효했다. 초기 베이비붐 세대가 30대 중반, 후기 세대는 청년기였던 1980년대 초반에 시작된 것이다. 해고된 철강 또는 기타 부문 노동자의 상당수는 베이비붐 세대였고 가까스로 살아남은 이들 역시 세계 경제의 규칙이 바뀌면서 괜찮은 조건의 일자리가 갈수록 희귀해진다는 사실을 온몸으로 체감했다. 이런 상황을 초래한 게 베이비붐 세대는 아니었다. 당시 미국을 이끈 건 GI 세대와 사일런트 세대였고 권좌에 오르기에 베이비붐 세대는 너무 어렸다. 1990년대와 2000년대에 실제로 정치권력을 잡았을 때 소득 불평등 해소를 위해 좀 더 적극적으로 싸울 수도 있었겠지만 그때는 기차가 이미 떠난 뒤였다고 해도 과언이 아니다.

이 주장은 지난 몇 년간 부각돼 온 세대에 관한 서사, 즉 부유한 베이비붐 세대와 가난한 밀레니얼 세대의 대립 구도에 정면으로 배치된다. 베이비붐 세대가 성공의 사다리에서 꼭대기에 도달하자 이를 거둬버려 이후 세대는 빈털터리 신세가 됐다는 인식이 만연하다. 하지만 사실 베이비붐 세대 역시 애초에 모든 이들이 그 사다리를 오른 것이 아니다. 베이비붐 세대는 대부분 이 시스템을 창조한 장본인이 아니라 최초의 희생양에 해당한다.

1983년 1월 제조업체가 밀집한 피츠버그 지역의 실업률은 18%에 달했다. 당시 철도 차량을 생산한 베들레헴 철강에서 일하다 탄광업체로 옮긴 데니 밤비노(1953년생) 역시 실직자 중 한 명으로 모든 업체가 문을 닫으면서 재취업의 희망조차 잃어버렸다. 아내가 떠나자 집을 매물로 내놓고 29살의 나이에 부모님 집으로 들어갔다. 한동안 이리저리 옮겨 다니다 볼티모어에 몇 안 남은 제철소 중 한 군데 취업했지만 2012년엔 그마저도 문을 닫았다. 59실의 밤비노는 또나시 일자리를 찾고 있지만 역시 호락호락하지 않다. "늙은이를 고용하려는 데는 없어요." 그가 말했다.

대학 교육을 받지 않은 베이비붐 세대가 새로운 경제 체제의 희생양으로 전락함에 따라 밤비노와 같은 처지의 사람들이 수없이 생겨났다. 1989년 다큐멘터리 〈로저와 나〉에서 마이클 무어(1954년생)는 고향인 미시간주 플린트에 돌아갔다 자동차 노동자 수천 명이 해고되고 마을 주민 대다수가 극심한 빈곤 상태에 빠진 사실을 발견한다. 영화의 제목은 당시 해고되면서 집까지 잃은 상당수 노동자 문제로 몇 번이고 만나려 시도했던 제너럴 모터스의 최고 경영자 로저 스미스를 가리킨다. 영화는 "이 영화는 플린트 시내에서는 상영할 수 없습니다. 영화관이 대부분 문을 닫았기 때문입니다"라는 메시지로 끝이 난다. 베이비붐 세대 노동 계층을 둘러싸고 일어난 변화는 베이비붐 세대가 당시 저렴했던 대학 교육을 받고 편하게 살았다는 밀레니얼 세대의 주장에 배치된다. 물론 일부는 그랬지만 그 당시는 육체노동 일자리가 워낙 풍부했기 때문에, 대학에 가지 않기로 선택한 이들의 경우는 아무것도 할 수 없는 처지에 놓이고 말았다.

갈수록 벌어진 베이비붐 세대의 계급 격차에서 소득은 한 가지 결과에 불과했다. 영향을 받은 또 다른 요인으로 행복과 정신건강을 들 수 있다. 대학 학위가 없는 미국인은 이전만큼 행복했을까? 아니면 불만이 커졌을까? 2016년 대선 이후 불만이 커졌다는 추측이 무성했지만 사실임을 입증할 경험적 증거는 찾기 힘들었다.

많은 사회 과학자들은 절대 증거를 찾을 수 없을 거라고 입을 모은다. 소득(나아가 교육)이 꼭 행복으로 연결되는 건 아니기 때문이다. 사람들은 오랫동안 "행복은 돈으로 살 수 없다"는 주장을 진리로 받아들였다. 노벨상 수상자 대니얼 카너먼이 2010년 발표한 논문에 따르면 소득과 행복의 연관성은 그리 크지 않으며 중산층으로 편안하게 살 수 있는 수준인 연소득 7만 5,000달러 정도가 되면 그마저도 사라진다. 소득이 이보다 많다고 해서 더 행복한 건 결코 아니다.

하지만 몇 년 전 GSS를 통해 행복 트렌드를 조사한 결과 놀라운 사실을 발견했다. 소득과 행복 간의 연관관계가 지난 수년간 점점 더 긴밀해진 것이다. 소득 수준에 따라 행복감에도 커다란 격차가 생겨났다. 예를 들어, 고소득을 올리는 백인 미국인의 불행 정도는 1970년대 내내 거의 변함이 없었지만 저소득층 백인 사이에서는 훨씬 커졌다. 2010년대에는 소득 하위 5분의 1에 속한 백인이 상위 5분의 1에 해당하는 백인에 비해 5배나 더 불행하다고 답했다.

2010년대에는 심지어 소득 수준에 따라 행복감이 상승하는 데 그야말로 한계가 없었다. 소득 상위 90%(당시 약 15만 달러) 이상인 이들은 그래봐야 소득이 살짝 더 적은 80~89%의 이들보다 훨씬 행복한 것으로 나타났다. 돈이 행복을, 심지어 예전보다 더 많이, 살 수 있게 된 것이다.

교육도 마찬가지였다. 백인 성인 중 4년제 대학 학위가 있는 사람과 없는 사람의 행복 격차가 갈수록 커졌다. 대학 교육을 받지 않은 백인 중 불행한 사람은 2000년대 들어 점점 많아지더니 2010년이 지나면서 가파르게 늘었다. 비율로 따지면 1990년대보다 2010년대에 45%나 더 많았다. 순전히 대학 학위가 없는 이들 때문에 베이비붐 세대에서 불행한 이가 늘었다고 해도 과언이 아니다.

앞에서 살펴본 것처럼 1970년대와 2010년대 사이, 흑인 성인 가운데는 백인과 다르게 행복하다는 이가 오히려 늘었다. 하지만 흑인 사이에서도 계층 간 행복 격차가 점점 커지기는 마찬가지였다. 행복한 이의 비율이 저소득층 흑인 성인 중에서는 그대로였던 반면 고소득층 가운데서는 늘어난 것이다. 따라서 흑인 간의 행복 격차도 커졌다. 결과적으로 지난 수십 년간 백인과 흑인의 계급에 따른 행복 격차가 커짐과 동시에 흑인의 행복은 순전히 증가하고 백인의 행복은 순전히 감소했다. 네 집단인 흑인 고소득층, 백인 고소득층, 흑인 저소득층, 백인 저소득층 가운데 행복한 이의 비율이 크게 감소한 집단은 백인 저소득층이 유일했다. 이 같은 사실만 알아도 2016년 트럼프 당선부터 2021년 1월 6일의 난동에 이르는 최근 역사의 상당 부분을 어느 정도 이해할 수 있다. 게다가 불행은 불신을 낳는다는 걸 고려하면 코로나19 팬데믹 당시 백인 저소득층이 백신이나 마스크 착용 의무에 왜 그렇게 저항했는지도 알 수 있다.

따라서 미국에서는 소득 격차뿐 아니라 행복 격차도 갈수록 커지고 있다. 행복하지 않다고 답하는 백인 노동자가 많아졌다는 건 불만이 쌓이고 있다는 신호다. 한 사회 계층은 점점 더 불행해지는데 다른 계층은 만족감이 높아진다면 그곳은 분열된 국가다.

심지어 사회 계층별 격차가 단순한 불행감을 넘어 정신건강 문제에서도 나타나고 있다는 사실은 더더욱 충격적이다. 세대가 내려오면서 정신적으로 피폐한 날이 얼마나 늘었는지 살펴봤을 때 대학 교육을 받은 이들은 큰 차이가 없었던 데 비해 대학 교육을 받지 못한 이들은 급증세를 보였다.

1920년대에 태어난 사일런트 세대의 경우 대학 교육을 받았든 받지 못했든 정신건강에는 그리 큰 차이가 없었다. 하지만 베이비붐 세대의 정신건강은 이에 따라 상당한 격차를 보여서 대학 학위 미소지자는 우울증, 스트레스나 감정 문제를 겪는 날이 대학 학위 소지자보다 두 배 더 많았다. 따라서 사일런트 세대의 저학력자가 겪지 않았던 압박을 베이비붐 세대의 저학력자는 소득 불평등 때문에 겪어야 했다. 이것도 베이비붐 세대가 사일런트 세대보다 전반적으로 더 우울한 한 가지 이유가 될 수 있다. 마찬가지로 사일런트 세대에서는 소득 수준 격차가 우울증을 증가시키는 원인으로 작용하지 않았지만 베이비붐 세대에서는 저소득층 성인이 고소득층보다 우울증을 겪을 확률이 두 배 더 높았다.

이를 고려했을 때 케이스와 디턴의 중년층 사망률 분석 결과는 예상한 그대로였다. 대학 학위가 없는 사람들 사이에서 증가폭이 훨씬 크게 나타난 것이다. 또 다른 논문에서 이들은 25~75살의 평균 기대 수명이 대학 학위가 없는 사람들 가운데서는 줄어든 반면, 대학 학위가 있는 사람들 가운데서는 늘어났다는 사실을 발견했다. 2018년경 대학 학위가 있는 미국인은 대학 학위가 없는 미국인보다 기대 수명이 3년 더 긴 것으로 나타났다. 이는 백인이든 흑인이든 마찬가지로 최근 몇 년 새 인종 격차는 줄었지만, 교육 수준별 격차는 갈수록 커졌다.

소득 불평등은 심지어 죽음에 있어서도 베이비붐 세대를 가진 자와 못 가진 자로 나누었다. 모든 걸 감안했을 때 베이비붐 세대는 이 체제를 만들어낸 주축이 아닌 최초의 희생양이었다. 정상에 도달한 뒤 사다리를 치워 밀레니얼 세대를 빈털터리로 내몬 것이 아니다. 베이비붐 세대의 상당수는 애초에 사다리를 오르지도 못했다. 일부는 정신건강으로 그 대가를 치렀고, 또 다른 일부는 끝내 자신의 목숨으로 그 대가를 치렀다.

9·11과 새로운 전쟁

다니엘 르윈의 기업이 궁지에 몰렸다. X세대이자 천재적 수학자인 르윈 (1970년생)은 웹사이트로 흘러들어가는 인터넷 트래픽을 최적화하는 방법을 발견하고 1998년 아카마이 테크놀로지라는 기업을 설립했다. 보스턴에 본사를 둔 이 회사의 주가는 창업 직후 급등했다가 이내 급락했다. 회사를 살리기 위해 르윈은 4억 달러 규모의 투자를 유치하기 위한 작업에 착수했고 캘리포니아에서 열릴 컴퓨터 컨퍼런스에서 후원자들과 만나기로 했다.

르윈은 덴버에서 태어났지만 14살 때 부모님과 함께 이스라엘로 이주했다. 이스라엘 군에 입대해 대테러 특수부대에서 4년간 복무했으며 결국 대위 직급에까지 올랐다. 박사 학위를 위해 응용수학을 연구하다가 인터넷 알고리즘을 고안해냈다. 캘리포니아 컨퍼런스에 참석하기 위해 아침부터 비행기에 오른 날 르윈은 31살이었다.

항공기는 보스턴의 로건 국제공항에서 게이트를 떠나 정상적으로 이륙했다. 하지만 20여 분 후 무장 납치범이 자리에서 일어나더니 비즈니스 구역의 승무원 두 명을 칼로 찔렀다. 마침 비즈니스 9B석에 앉아 있던 르윈은 대테러부대 출신으로 곧장 진압을 도와야 마땅했지만 얄궂게도 바로 뒷좌석인 10B석에 사탐 알 수카미라는 또 다른 납치범이 앉아 있었다. 수카미는 르윈을 칼로 찔러 죽였다. 그들을 태운 아메리칸 항공 11편 비행기는 이후 30분도 채 지나지 않아 뉴욕 세계무역센터 북쪽 타워를 향해 거세게 날아가 충돌했다. 다니엘 르윈은 9·11 테러의 첫 번째 희생자였다.

르윈은 2001년 9월 11일 세계무역센터와 미국 국방부에 대한 테러 공격으로 사망한 2,977명 중 한 명이었다. 이날 유나이티드 항공 93편 비행기에 탑승한 승객들이 영웅적 행동을 보여주지 않았다면 백악관이나 미국 의회 건물에서도 참변이 일어났을 수 있다. 전화 통화로 다른 항공기가 납치됐다는 사실을 알게 된 이들이 납치범 진압에 나서면서 항공기가 펜실베이니아의 어느 들판에 추락하는 데 그쳤기 때문이다. 진압을 주도한 건 30대의 X세대로 토드 비머(1968년생), 마크 빙햄(1970년생), 제레미 글릭(1970년생) 등이었다. 베이비붐 세대인 톰 버넷(1963년생)과 승무원 산드라 브래드쇼(1963년생)도 포함돼 있었다. 유도 챔피언이던 글릭이 비행기 추락 직전 테러리스트 중 한 명을 쓰러뜨린 것으로 추정된다.

9·11 테러 사망자는 대부분 20, 30, 40대로 인생의 절정기를 보내고 있었으며 90%가량이 X세대와 베이비붐 세대였다. 그중에는 소방관과 경찰관으로 자신의 소명을 다하다 배우자, 자녀, 부모, 형제, 친구와 동료 등 수천 명을 슬픔 속에 남겨둔 채 떠난 이들도 포함된다.

9·11 테러를 목격한 세대에게 미국 역사는 9·11 테러 이전과 이후로 나뉜다. 이후 뉴욕시에는 다시는 집으로 돌아오지 못한 가족의 사진을 담은 '실종' 포스터가 수천 장씩 나붙었다. 그들은 언젠가는 다시 안전하다고 느끼게 될 수 있을지 의문에 사로잡혔다. 그리고 2001년 9월 10일 헤드라인으로 보도된 뉴스가 믿을 수 없을 정도로 가벼웠다는 데 치를 떨었다. 이후 미국은 이라크와 아프가니스탄에서 동시에 치른 전쟁을 포함해 20년간 전

쟁을 치렀다. 물론 대부분의 미국인은 9·11 이후 처음 며칠간을 제외하고는 거의 비슷한 일상을 보냈지만 충격, 슬픔과 분노의 기억만큼은 미국의 위상이 이전과 다르다는 느낌과 함께 남게 되었다. 9·11 테러 이후 수년간 무장 군인이 공항을 지키고 미국 전역의 공공장소 보안이 강화되었으며 이슬람교도와 시크교도는 편견과 차별에 시달리게 되었다.

9·11은 37~55살의 베이비붐 세대에게 자신들이 미국을 이끌어갈 시대가 생각보다 훨씬 버거울 것임을 암시하는 불길한 징조였다. 22~36살의 X세대에게는 의욕과 활기로 가득 차 커리어를 쌓고 가족을 꾸려야 할 시기에 먹구름을 드리우는 사건이었다. 7~21살의 밀레니얼 세대에게 9·11은 유년기의 끝, 혹은 적어도 덜 신나는 시기의 시작이자 "그때 넌 뭐 했어?"라는 질문으로 서로의 서열을 판가름하는 기준이었다. 한 가지 긍정적인 후유증도 있었다. 단결해 공동의 적에 맞서야 한다는 의식 때문이었는지 사람들은 9·11 테러 이후 몇 달간 공공장소에서 서로에게 더할 나위 없이 친절했다. 미국인은 별것 아닌 일에는 더 이상 진땀 빼지 않기로 다 같이 작정한 듯 보였다.

04

1965~
1979년
출생

X세대

1990년대 초반의 어느 날 각 언론사는 문득 한 가지 사실을 깨달 았다. 오늘날의 청년은 더 이상 베이비붐 세대가 아니다. 그렇다면 누 구인가? 답할 수 있는 이는 아무도 없었다. 몇 가지 단서는 있었다. 그들은 검은색 옷을 많이 입고 시위 따위는 안중에 없으며 냉소적 태 도로 무장해 있다. 자기 일은 스스로 알아서 하는 독립성을 자부심의 원천으로 여긴다. 〈더 브래디 번치〉와 〈스타워즈〉가 세상의 중심이던 유년기의 추억을 좋아한다.

알파벳 X가 알 수 없는 변수를 나타내듯 X세대는 파악하기도, 한 마디로 규정하기도 어렵다. 두 개의 거대 세대 사이에 낀 소규모 세대 인 만큼 이들을 정의할 때는 자체 특성보다는 베이비붐 세대, 혹은 밀 레니얼 세대와 다른 점을 강조한다.

베이비붐 세대라는 대형 버스가 지나간 뒤 1960년대의 그늘 속에 서 성장기를 보낸 X세대는 당시 너무 어렸던 만큼 시대의 변화를 체 감하기보다는 매일같이 그 결과와 함께 살았다. 적어도 베이비붐 세대가 보기에 X세대는 이후의 세대였다. 우드스톡 이후, 베트남전쟁 반대 시위 이후, 그리고 민권 및 페미니즘 운동 이후 말이다. 1980년대 베이비붐 세대는 자신들이 '변절'한 게 아닌지 걱정에 휩싸였지만 X세대는 그때나 지금이나 대체 무슨 소리인지 감을 잡지 못했다. 그도 그럴 것이 X세대가 등장할 무렵에는 1960년대의 이상주의가 완전히 바닥나 지킬 만한 게 남아 있지도 않았다. 극히 일부를 제외한 X세대에게 좋은 직장을 얻고 돈을 버는 건 지켜야 할 가치라기보다 그저 모두가 당연히 원하는 것이었다. X세대는 처음부터 이 사실을 알고 있었고 이후 60년 동안 미국 문화는 1960년대의 추상적 이상주의로 회귀하지 않았다.

X세대는 존재감은 별로 없었지만 최초 혹은 마지막 세대라는 꼬리표를 유독 많이 달았다. 태어난 순간부터 TV와 함께한 최초의 세대이고 인터넷 시대에 청년기에 접어든 최초의 세대이며 카세트테이프, 바깥놀이, 종이책과 '지루할 틈'과 같은 아날로그 문화를 마지막으로 경험한 세대다. 모병제라는 지극히 개인주의적 발상 덕분에 20세기에 태어난 세대 중 최초로 징병되지 않았지만 냉전이 절정으로 치달으면서 일촉즉발의 핵전쟁 위기 속에 성장하기도 했다. 게다가 이들은 베이비붐 세대와 다르게 책상 밑에 숨으면 안전하다는 망상 따위를 갖고 있지 않았다.

1990년대 초반에는 X세대의 특징으로 비관적 성향과 청년기의 불확실성이 부각되었지만 원색, 레이건 시대, 물질주의, 확신에 가득 찬 1980년대의 성장 환경 역시 명실상부한 이들의 특성이었다. 1996년 기성세대가 X세대를 바라보는 시선이 어떤 것 같냐는 질문에 X세대는 자신들을 '게으르고', '갈팡질팡하며', '산만하게' 보는 것 같다고 답했다. 이에 비해 스스로 자신을 설명해 달라는 질문에는 '야심 차고', '의지가 강하며', '독립적'이라고 했다. 이들은 냉소적이었지만 그래서 소외돼 있기보다는 자기 자신을 가장 중요하게 여겼다. 이 사실을 깨닫기까지 마케터들은 값비싼 수업료를 치러야 했는데, 1993년 코카콜라가 소외라는 개념에 어울릴 만한 칙칙한 회색 캔으로 'OK 소다'를 출시하려다 실패한 것이다.

X세대를 둘러싼 고정관념은 떠올리는 것만으로 충분히 혼란스럽다. X세대는 검은색 터틀넥 상의 차림의 우울한 아이일까? 아니면 동성 간 성관계를 옹호하는 문구의 네온 색상 티셔츠를 입은 행복한 10대일까? 실직한 한량일까? 아니면 물질주의를 신봉하는 기술 기업가일까? 온갖 책임을 회피하는 고립된 외톨이일까? 아니면 자녀에게 모든 것을 쏟아붓는 극성 부모일까? X세대는 다양한 면이 있고 세월의 흐름과 함께 변화한다는 점에서는 다른 세대들과 같지만 정체성이 유독 분산돼 있다는 점에서는 다르다 하겠다.

X세대는 경계도 모호하다. 더글러스 커플랜드의 소설은 제목이 《X세대》지만 실제로는 보통 후기 베이비붐 세대로 간주되는 1960년대 초반생들에 관한 이야기다. 커플랜드 본인도 1961년생이다. 게다가 반대 지점에서도 후기 X세대의 출생 시기가 초기 밀레니얼 세대와 겹쳐 새로운 용어, '엑세니얼' 세대가 생겨나는가 하면 대체 몇 년생까지가 X세대인지를 두고 논란이 끊이지 않고 있다. 1977년부터 1983년 사이 어딘가로 하자는 의견이 나왔지만 나는 1979년을 경계로 사용했다. 1970년대의 마지막 해이자 세대를 완벽하게 구분 짓는 분수령이 되는 해이기 때문이다. 2001년 9월 11일 당시에 1979년생은 모두 21살 이상으로 적어도 법적으로는 완전한 성인이었다.

X세대의 인생 주기는 기술, 개인주의와 슬로우라이프 전략이 각기 활짝 피어난 시기와 맞아떨어졌다. TV가 생긴 이후에 태어났고, 컴퓨터가 보급되고 인터넷이 개발되던 시점에 성인이 되었으며, 어른으로서 스마트폰과 소셜미디어를 받아들이게 된 것이다. 한때는 베이비붐 세대보다 기술 지식이 풍부하다고 자부했지만 부모가 된 이후 틱톡처럼 듣도 보도 못한 플랫폼에 빠져 사는 Z세대 자녀를 보며 당혹감을 감추지 못했다. 차라리 자녀가 자신들처럼 현실 세계의 문제에 휘말리는 게 낫지 않을지 의문을 품기도 했다. X세대는 개인주의가 단순히 1950년대의 전통을 거부하는 형태에서 자신에게 적극적으로 집중하는 형태로 전환되던 시기에 성장했다. 그 결과 60년대 이후의 고도로 발전한 개인주의적인 문화를 경험한 첫 번째 세대가 되었다. X세대는 삶의 궤적도 들쭉날쭉했다. 청소년기를 일찌감치 강력하게 맞이하면서 유년기는 짧게 끝나는 등 인생 초기엔 패스트라이프를 경험하는 듯했지만 나중에는 청소년기와 청년기를 다른 세대보다 훨씬 길게 보내며 슬로우라이프를 살았다. 심지어 40살이 훌쩍 넘어서도 재미있는 문구가 적힌 티셔츠, 낡은 청바지와 스니커즈를 고수하는 등 중장년이 될 때까지 슬로우라이프의 궤도를 이어갔다.

X세대는 세대 사이에 낀 세대다. 2020년대에 성인인 다섯 세대를 살펴보자. 노년층인 사일런트 세대와 베이비붐 세대, 그리고 청년층인 밀레니얼 세대와 Z세대, 그 사이에 X세대가 자리하고 있다. 비유적으로 봤을 때도 마찬가지다. 가족에서 둘째가 그런 것처럼 모두가 X세대의 존재는 잊어버린다. 2019년 CBS 뉴스에서 세대에 대한 방송을 했을 때 X세대는 완전히 충격을 받았다. 마치 X세대는 존재하지 않는다는 듯 베이비붐 세대와 밀레니얼 세대 사이의 출생 연도를

아무렇지 않게 건너뛰어 버린 것이다. 온갖 기사와 소셜미디어에서도 주기적으로 베이비붐 세대와 밀레니얼 세대의 대결 구도가 형성되지만 그 사이에 또 다른 세대도 있다는 사실은 언급조차 되지 않았다. 하지만 2020년대에 베이비붐 세대가 빠른 속도로 은퇴하면서 생기는 지도층 공백을 X세대가 메울 것으로 예상되는 만큼 이들을 한시라도 빨리 파악할 필요가 있다.

그래서 X세대는 과연 누구인가? 밀레니엄 팰컨[*]에 시동을 걸고, 유년기 친구들과 동네에서 자전거를 타고 다니고, "나는 나의 MTV를 원해"를 따라 부르던 세대. 들로리언 자동차[**]를 시속 88마일로 달리면서 우리가 X세대에 대해 알고 있는 건 뭔지 탐구를 시작해보자.

X세대의 특징 (1965~1979년 출생)

인구수

2020년 기준 인구: 6,140만 명(미국 인구의 18.5%)

구성

62.7% 백인
12.8% 흑인
16.6% 히스패닉
6.7% 아시아계, 하와이 원주민, 태평양 섬 주민
1.2% 미국 원주민

---

[*] 밀레니엄 팰컨: 〈스타워즈〉 4편부터 7편까지 출연했던 한 솔로와 우키족 츄바카가 같이 타던 우주선
[**] 들로리언 자동차: 영화 〈백 투 더 퓨처〉에 타임머신으로 등장한다

부모: 사일런트 세대 또는 베이비붐 세대
자녀: 밀레니얼 세대, Z세대 또는 알파 세대
손주: 알파 세대 또는 알파 세대 이후 세대

인터넷에선 아무도 당신이 개라는 것을 모릅니다
: 아날로그와 디지털 소통기

유튜브가 탄생한 건 한 스타의 가슴을 보고 싶은 어느 X세대 때문이었다. 당시 페이팔 직원이었던 25살의 자베드 카림(1979년생)은 자넷 잭슨(1966년생)의 가슴이 잠깐 노출된 2004년 슈퍼볼 하프타임 쇼 동영상을 보려고 인터넷을 뒤졌지만 찾을 수 없었다. 미국 전역의 사람들이 티보 비디오 리코더로 그 순간을 돌려보고 있었으니 그 모습을 다시 보고 싶은 이는 확실히 카림뿐만은 아니었다. 하지만 그때만 해도 동영상을 공유할 수 있는 온라인 저장소가 존재하지 않았다. 카림은 동료인 채드 헐리(1977년생) 그리고 스티브 첸(1978년생)과 이 문제에 대해 논의하고는 동영상 공유 사이트가 있으면 좋겠다는 데 뜻을 모았다. 2005년 4월 23일 카림은 '동물원에 간 나'라는 제목의 동영상을 처음 게시했고 그해 12월 유튜브를 공식 런칭했다. 이 영상은 〈새터데이 나이트 라이브〉에 힘입어 빠르게 수백만 회의 조회 수를 기록했다. 치과에서 마취가 덜 풀린 아이들 모습, 폭망 사례, 메이크업 강좌, 재미있는 고양이 등 수많은 동영상들이 줄줄이 업로드되었다. 2020년대인 오늘날에는 유튜브가 존재하지 않았던 시기를 기억하기 힘들 정도다.

물론 인터넷이 없었다면 유튜브 같은 사이트도 존재할 수 없었다. X세대는 인터넷의 시작부터 함께했다. 당시 일리노이 대학교 대학원생이던 X세대 마크 앤드리슨(1971년생)은 최초의 인터넷 브라우저인 모자이크(이후의 넷스케이프)를 개발했다. 제리 양(1968년생)과 데이비드 필로(1966년생)는 1990년대 인터넷 검색 엔진인 야후!를 설립했고 이는 1999년 래리 페이지(1973년생)와 세르게이 브린(1973년생)이 공동 창립한 구글로 대체되었다. 한마디로 오늘날 우리가 사용하는 웹사이트의 토대는 대부분 X세대가 개발한 것이다.

얼마 지나지 않아 X세대를 비롯한 여러 세대는 온라인에서 할 수 있는 새로운 활동을 개척했다. 그중에서도 사람들이 가장 좋아하는 두 가지가 주축이 되었는데 바로 대중문화와 인터넷 상거래다. 피에르 오미디야르(1967년생)가 설립한 이베이에서 최초로 판매된 아이템은 망가진 레이저 포인터였다. 톰 앤더슨(1970년생)은 페이스북에 의해 밀려나기 전까지 가장 인기 있는 소셜 네트워킹 사이트였던 마이스페이스를 공동 창립한 인물로 X세대와 초기 밀레니얼 세대에게 여전히 '마이스페이스의 톰'으로 기억되고 있다. 페이팔은 피터 틸(1967년생)과 일론 머스크(1971년생)가 설립했고 트위터는 잭 도시(1976년생)가, 우버는 트래비스 칼라닉(1976년생)과 개럿 캠프(1978년생)가 만들었다. 션 파커(1979년생)는 결국 저작권 문제로 폐쇄된 음악 파일 공유 사이트 냅스터를 공동 설립했으며 페이스북의 초대 회장을 역임하기도 했다. X세대인 셰릴 샌드버그(1969년생)는 페이스북을 만들지는 않았지만(창립자는 밀레니얼 세대인 마크 저커버그) 10년간 경영을 도왔다.

이렇게 인터넷에 관한 한 X세대는 최초였다. 물론 X세대는 마지막을 장식한 경우도 많았다. 아날로그 시대에 유년기의 대부분을 보낸 마지막 세대로서 버튼 방식이나 무선 전화기 대신 다이얼 방식 전화기를 사용한 마지막 세대이고, 어린 시절에 케이블TV나 비디오테이프를 본 마지막 세대이기도 하다. 인터넷 없는 고교 시절을 보낸 마지막 세대이고 유년기가 아닌 10대 시절에 타이핑을 배운 마지막 세대다. 타자기를 이용해 대학 논문을 쓰거나 종이책 백과사전을 사용한 것도 X세대가 마지막이었고 필름 카메라, 다이얼식 라디오나 카세트테이프를 사용한 것도, 직장에서 장난 팩스를 주고받은 것도 이들이 마지막이었다. 또 모뎀의 서버 연결음을 기억하는 마지막 세대이기도 하다. 하지만 이내 X세대는 성인이 되면서 온라인 세상의 힘을 백분 활용한 최초의 세대로 등극했다.

베이비붐 세대가 여전히 인터넷을 이해하지 못해 헤매고 있을 때 X세대는 다른 학교 친구들에게 이메일을 쓰고 실시간 메신저 프로그램을 사용하는가 하면 파일 공유 사이트도 개발했다. X세대는 소프트웨어 기업, 기술 스타트업과 대기업의 IT 부서에서 일했을 뿐 아니라 의료, 법률, 학계에서도 기술 혁신을 일으켰다. X세대 중 특정 작업을 문서가 아닌 컴퓨터로 해야 하는 이유를 두고 베이비붐 세대와 논쟁하지 않은 사람은 찾아보기 힘들다. 나 역시 2010년대 초반 교수 지원서를 전자 파일 형태로는 받을 수 없다고 주장한 어느 베이비붐 세대 대학 행정관과 실랑이 벌인 적이 있었다. 그는 파일로 받더라도 "모든 걸 인쇄해야 한다"며 고집을 부렸는데 나로서는 도무지 이해할 수 없었다.

X세대의 일생 동안 기술 변화가 빠르게 일어남에 따라 새로운 장치나 앱이 출시될 때마다 세대 간 차이는 점점 더 벌어졌다. 컴퓨터

와 이메일은 X세대와 베이비붐 세대를 갈라놓았고, 문자 메시지는 밀레니얼 세대와 X세대를 갈라놓았으며, 틱톡은 Z세대와 밀레니얼 세대를 갈라놓았다. 20세기의 마지막 10년과 21세기의 수십 년 동안 각자 속한 세대에 따라 소통방식도 달라졌다. 사일런트 세대와 베이비붐 세대는 직접 만나거나 전화 통화하기를 원했고, X세대는 이메일을 선호했으며, 밀레니얼 세대는 주로 문자 메시지를 활용했다. Z세대는 이력서도 틱톡 동영상으로 제출하고 싶어 했다.

할머니들이 페이스북을 사용하기 전인 2000년대 초반, 베이비붐 세대와 사일런트 세대가 기술에 약하다는 점을 X세대는 그들의 불운한 특징으로 여겼다. 2000년 도널드 럼스펠드(1932년생)가 국방 장관이 되기 직전 나의 지인 한 명이 그의 개인 비서로 일한 적이 있었다. 럼스펠드가 이메일을 사용할 줄 몰랐기 때문에 그녀가 럼스펠드 대신 로그인을 하고 이메일을 출력했으며 그가 불러주는 답변을 타이핑해 보냈다. 당시 티는 안 내려고 했지만 그게 얼마나 한심해 보였는지 모른다. 물론 나 역시 지금은 누가 돈을 준다고 해도 틱톡 동영상 만드는 법을 배우진 않을 것이다.

모든 건 돌고 도는 법, X세대 저널리스트 메건 다움(1970년생)은 무엇보다 인터넷 기술의 급속한 변화로 X세대와 젊은 세대의 차이가 점점 벌어지는 것을 실감했다. X세대는 이메일을 처음 사용했지만 소셜 미디어 시대의 온라인 상호작용 문화와 캔슬 컬처*로 밀레니얼 세대와의 단절을 피해가지는 못했다. 다움은 어린 시절 선배 작가들을 동

---

* 캔슬 컬처: 자신의 생각과 다른 사람들에 대한 팔로우를 취소한다는 뜻으로, 특히 유명인이나 공적 지위에 있는 사람이 논쟁이 될 만한 행동이나 발언을 했을 때 SNS 등에서 해당 인물에 대한 팔로우를 취소하고 외면하는 행동방식을 말한다.

경했던 건 책, 공중전화, 대면 소통 등 윗세대와 공유하는 게 있었기 때문이라고 말한다. "나의 세대와 내 뒤에 오는 세대와의 관계는 내 앞의 세대와 나의 세대의 관계와 같을 수 없어요"라고 그녀가 주장했다. "젊은 사람들은 우리처럼 되고 싶어 하지 않아요. 우리와는 심지어 같은 종도 아니니까요. 내 시간과 그들의 시간 사이에 세상은 너무 많이 변해서 고작 10년만 어려도 지질학적으로 다른 시대에 속한 것처럼 느껴져요. 이 시대에는 충동적으로 친구에게 전화할 수 있는 공중전화도 없죠. 길을 걸으며 사람들을 마주치는 기쁨은 인스타그램 '좋아요'를 받았을 때 분비되는 도파민으로 대체되었고요. 젊은이들에게 나 같은 사람은 노인이라기보다 멸종된 존재에 가까워요." 다움이 한탄했다. "우리 세대가 아날로그 방식의 세상을 경험한 마지막 세대가 될 것"이라는 게 그녀의 결론이었다. "결과적으로 우리는 실제로 늙기도 전에 늙은이가 됐어요. 50세도 되기 전에 공룡처럼 다른 시대의 존재가 되어버린 거죠."

TV세대
: 대중문화를 향한 사랑, 현실 도피

인터넷이 등장하기 전, X세대가 가장 좋아하는 기술은 TV였다. 최초 출시된 TV를 맞이한 건 어린 베이비붐 세대였지만 X세대는 태어날 때부터 TV가 있었던 최초의 세대이자 케이블이나 VCR 이전의 시대를 기억하는 마지막 세대다. X세대와 후기 베이비붐 세대는 미디어 역사상 독특한 시기에 성장했다. TV가 보편화되기는 했지만 향후 특히 인터넷이나 스트리밍 동영상처럼 시청 옵션이 수백만 개에 이르지는 않았던 때였다. X세대 어린이들은 TV에 나오는 걸 그저 보는 수밖에 없었다. 유튜브가 있다면 대체 어느 10살짜리가 〈배틀 오브 더 네트워크 스타즈〉를 보겠는가? 지금 아이들이라면 아무도 안 보겠지만 X세대 아이들은 달리 볼 게 없었기 때문에 〈배틀 오브 더 네트워크 스타즈〉를 선택했다. 그 결과 대중문화가 생겨난 이래 그 어느 때보다 문화적 경험이 단일화되었고 대중문화의 여러 분수령을 X세대는 대부분 경험할 수 있었다.

X세대 중에는 유년기의 추억이 TV를 중심으로 형성된 이들이 놀라울 정도로 많다. X세대에게는 토요일 아침잠에서 깨면 시리얼을 한 그릇 챙겨 TV 앞에 앉아서는 주말의 만화를 시청하는 것이 가장 행복한 일이었다. 부모님이 맞벌이라면 평일 오후 시트콤 시청도 놓칠 수 없는 즐거움이었다. 당시 어른들은 규칙이 뒤따르는 1970년대 문화에 아이들이 익숙해지게 하려고 노력했지만 종종 실패했으며 이 같은 성장 배경이 X세대가 시청한 프로그램에 그대로 반영되었다. 이는 X세대의 독립성, 냉소주의, 대중문화를 향한 진심 어린 사랑을 구축하는 데 핵심 역할을 했다.

1970년대의 어린이 TV프로그램은 취해 있었다. 마치 환각제에 취한 베이비붐 세대, 혹은 타자기 앞에 앉기 전에 직원 화장실에서 몰래 대마초를 피운 사람들이 쓴 작품 같았다. 제목이 〈H.R. 퍼프앤스터프〉인 프로그램도 있었다. 무엇을 퍼프 Puff('피운다'는 뜻의 영어)한다는 말인가? 〈지그문트와 바다 괴물〉이라는 다른 프로그램은 가족한테 쫓겨난 어린 바다 괴물 이야기였다. 실제로는 배우 빌리 바티가 녹색 폴리에스테르 의상 위에 펠트 재질의 짝짝이 눈과 이빨 한 개를 달고 연기했다. 그리고 〈실종자의 땅〉은 어느 가족이 욕조 물결 속으로 빨려 들어가 공룡과 슬리스탁이라는 생명체가 사는 정글로 떨어지면서 벌어지는 이야기다.

X세대는 토요일 아침 프로그램 사이에 방영되는 단편 만화에서 〈스쿨하우스 록〉으로 알려진 따라 부르기 쉬운 노래를 통해 역사, 정부, 문법에 대해 배웠다. 따라서 이를 활용하면 X세대인지 아닌지 제대로 확인할 수 있다. 누군가에게 다가가 "난 단지 법안이야, 그래 난 법안에 불과해"라고 노래했는데 상대방이 "나는 여기 의회에 있어"라고 화답한다면 X세대가 맞다. 혹시 접속사가 뭔지 기억 못하는 X세대라도 '접속사 속사'라는 곡은 분명히 기억한다.

〈브래디 번치〉는 세 딸과 세 아들로 구성된 복합가족이 2층 다락방과 인조 잔디 마당이 있는 집에서 살면서 벌어지는 이야기다. 본래 1970년대 초에 방영됐지만 1980년대 내내 저작권 임대를 통해 끝도 없이 방영되었다. 제작자 셔우드 슈워츠는 이혼율 상승이라는 시대적 변화를 반영해 의붓형제에 관한 프로그램을 만들었다. 그런데 프로그램 속 브래디 가족은 어떻게든 상황을 매끄럽게 해결해 나간다. 형제가 다투거나 데이트하기 힘든 상황이 생겨도 30분 내로 깔끔하게 정리된다. 그래서 X세대 아이들이 이 프로그램을 좋아한다고 일부는 해석했다. 실제로는 가족 문제가 그리 간단하지 않으니 말이다. "왜 막판으로 접어들어도 다 괜찮아지지 않는지 모르겠어. 〈브래디 번치〉같은 데선 잘만 그러던데" 1994년 영화 〈청춘스케치〉에서 위노나 라이더(1971년생)가 연기한 인물은 말한다. "뭐, 아빠 브래디는 실제로 에이즈로 죽었으니까. 현실은 드라마와 달라" 에단 호크(1970년생)가 답했다. 그렇다. 아빠 브래디를 연기한 골칫덩이 배우 로버트 리드는

1992년 59세의 나이로 사망할 당시 HIV 양성 판정을 받았다.

X세대는 TV의 새로운 용도 역시 개척했다. 바로 비디오 게임이다. 1977년 출시된 미국의 '아타리 게임 시스템'이 1980년대 초반 널리 보급되면서 X세대는 '스페이스 인베이더', '폴 포지션과 센티피드' 등으로 시간을 보냈다. 1980년대 중반이 되자 게임은 컴퓨터, 혹은 닌텐도 같은 다른 시스템으로 옮겨가 '동키콩', '슈퍼마리오 브라더스', '펀치 아웃!' 같은 게임으로 어린이와 청소년(그리고 많은 성인)을 유혹했다. 게다가 오락실은 사교활동의 장이 되었다. '팩맨', '디그더그'와 '프로거'를 하기 위해 친구들끼리 서로 동전을 빌리고 빌려준 것이다. X세대는 향후 수십 년에 걸쳐 디지털 미디어가 구축할 보다 적극적인 상호작용 메커니즘을 향해 최초의 발걸음을 내디뎠다. 수동적인 TV 시청과 달리 게임은 능동적이어서 10년 후 개인이 자유롭게 활동할 수 있는 범위가 더 커질 인터넷 세상을 맛보게 해주었다.

이혼 자녀들
: 적응력, 피로감

X세대를 다룬 1993년 출간된 《13번째 세대》에서 베이비붐 세대 저자는 한 X세대에게 부모님이 아직 함께 사시는지 묻는다. 돌아오는 대답은 "당연히 아니죠"였다. 베이비붐 세대의 결정적 순간이 JFK 암살 사건이라면 X세대에게는 결정적 질문이 존재한다. 바로 "부모님은 언제 이혼하셨나요?"다. 뉴욕의 이혼한 젊은 부부를 다룬 1979년 영화 〈크레이머 대 크레이머〉를 기억하는가? 부부 사이에 낀 아이는

X세대였다. 갈수록 높아지는 이혼율은 개인주의 확산에 따른 자연스러운 결과였다. 이혼을 금기시하는 전통 사회규범보다 개인의 욕구가 더욱 중요해지기 시작한 것이다.

자녀 대부분이 베이비붐 세대였던 1960년에는 결혼한 부모와 함께 사는 자녀가 88%에 이르렀다. 이 비율은 1970년부터 감소하기 시작하더니 X세대 유년기의 정점인 1980년에는 77%까지 떨어졌다. 원인은 대부분 이혼으로 1980년에는 이혼한 엄마 혹은 아빠하고만 사는 어린이가 1960년과 비교했을 때 3배 가까이 증가했다.

이혼한 편부모 가정 어린이가 증가하기는 했지만 X세대 어린이의 상당수는 초혼 부모 가정에서 성장했다. 따라서 'X세대는 대부분 부모님이 이혼했다'는 비유는 사실이 아니다. 하지만 부모의 이혼 사실이 자연스럽게 받아들여진 첫 번째 세대이자 상당수의 인원이 아빠 혹은 엄마가 따로 사는 경험을 한 첫 번째 세대이기도 하다. 1994년에 출간된《프로작 네이션: 젊고 우울한 미국의 청년들》에서 엘리자베스 워첼(1967년생)은 치료사에게 자신의 이혼한 부모님에 대해 이야기한 경험을 썼다. "그들은 내 가족의 상황이 특히 놀랍고 문제가 있다는 듯 반응했다. 지금 시대에는 지극히 정상으로 여겨지는 게 현실인데 말이다." 대학 시절, 워첼과 친구들은 무책임한 아빠와 생활에 치이는 엄마 중 누구의 사연이 더 딱한지 경쟁을 벌였지만 언제나 우열을 가리기 힘들었다.

설사 부모님이 함께 살고 있더라도 친구 부모님처럼 결국 이혼하는 건 아닌지 걱정하는 X세대 아이들도 많았다. 부모의 이혼을 다룬 1970년대 주디 블룸의 청소년 소설《그건 세상의 끝이 아니야》를 읽고 자신의 '깨진 가족'을 이해하려 하는 아이가 있다면 그 옆에는 자신의 부모님도 결국 이혼하는 건 아닌지 걱정하는 친구 두세 명이 함께 있었다.

현관열쇠 아이의 증가와 감소
: 독립성

만약 당신이 1970년대나 1980년대에 학창시절을 보냈다면 학교를 마친 뒤 부모님이 안 계신 집에서 늦은 오후까지 시간을 보내야 했을 것이다. 혼자서 쿠키 한 통을 다 먹고 〈해피 데이즈〉나 〈모크 앤 민디〉 재방송을 몇 편이나 본 뒤에야 부모님이 퇴근해 돌아오셨을 확률이 높다. 이것이 당시 아이들이 목에 걸고 다니던 열쇠에서 이름을 딴 '현관열쇠' 아이의 일상이다.

현관열쇠 아이는 불우한 유년기를 보낸 세대의 한 가지 상징에 불과하다. 1991년 출간된 《세대》에서 윌리엄 스트라우스와 닐 하우는 1950~1960년대 정성스러운 돌봄을 받은 베이비붐 세대와 달리 X세대는 이혼한 부모와 일하는 엄마에 의해 방치돼 있었던 소외된 세대라고 주장했다. 이 같은 육아 문화는 1980년대 밀레니얼 세대의 탄생과 함께 보호 문화로 바뀌기 시작하더니 차에 "아기가 타고 있어요"라는 문구까지 붙이는 시대가 됐다는 게 그들의 주장이었다. 밀레니얼 세대 아이들은 애정과 관심 속에 자라게 됐다.

잘 알려진 이 같은 서사에는 일하는 엄마와 관련된 몇 가지 핵심 사항이 빠져 있다. 첫째, 학령기 자녀를 둔 기혼 여성이 대거 출근하기 시작한 건 X세대나 후기 베이비붐 세대부터가 아니다, 초기 베이비붐 세대가 어렸을 때부터였다. 워킹맘의 수는 데이터 신뢰가 가능했던 1948년부터 이미 증가하기 시작했으며 베이비붐 세대가 대부분 학령기 아동으로 성장한 1972년 무렵 이미 50%를 넘어섰다. 이렇게 베이비붐 세대 학생의 상당수(30~60%)가 일하는 엄마를 두고 있었던 만큼 현관열쇠 아이는 X세대와 함께 등장한 새로운 트렌드라고 할 수 없다.

둘째, 자녀가 있는 기혼 여성이 직장을 갖는 비율은 사실 X세대가 어렸을 때보다 밀레니얼 세대가 어렸을 때 더 높았다. 직장 내에서 6세 미만 자녀를 둔 기혼 여성 비율은 1984년 50%를 돌파했는데 당시 미취학 아동 중 X세대보다 밀레니얼 세대가 더 많았던 것이다. 게다가 워킹맘 증가는 X세대에서 유독 두드러지게 나타난 현상이 아니라 점진적으로 일관되게 이어지는 추세였다.

이는 고등학생을 대상으로 한 또 다른 데이터에서도 확인할 수 있다. 고교 졸업반 학생 중 자신의 성장기에 엄마가 일했다고 답한 비율은 베이비붐 세대에서 X세대, 그리고 밀레니얼 세대에 이르는 동안 지속적으로 증가했다. 가장 극적인 변화는 엄마들의 일자리 형태에서 나타났다. 베이비붐 세대 엄마들은 하루 중 몇 시간만 일하거나 전혀 일을 하지 않았지만 X세대와 밀레니얼 세대 엄마들은 하루 중 대부분의 시간을 일하는 데 보냈다. 어머니가 일한 적 없다고 답한 고등학교 졸업반 학생 역시 X세대가 아닌 밀레니얼 세대에서 사상 최저치를 기록했다.

셋째, 현관열쇠 아이가 생겨난 건 단순히 일하는 엄마가 많아졌기 때문은 아니었다. 대부분의 학부모가 더 이상 집에 머물지 않는 새로운 현실에 학교와 사회가 민첩하게 대응하지 못했기 때문이다. 체계적인 방과 후 프로그램 역시 1990년대에 들어서야 확산되기 시작했다. 따라서 사일런트 세대와 베이비붐 세대에서 일하는 여성이 늘었는데도 학령기 자녀를 돌봐줄 시스템은 미처 확보되지 못한 과도기에 현관열쇠 아이가 증가했다고 할 수 있다. 이후 밀레니얼 세대가 등장하고 맞벌이 가정이 더욱 보편화되면서 보육시설도 더 많이 생겨났다.

따라서 X세대에서 현관열쇠 아이가 많아진 건 주기적으로 증감이 반복되는 현상은 아니었다. 그보다 워킹맘의 증가, (살림을 보다 수월하게 만들어주고 취업 시장에서 여성의 능력을 부각시키는) 기술 발달과 (여성도 동등한 기회를 보장받아야 한다는 인식을 확산시킨) 개인주의라는 문화적 변화에 기반한 선형적 발전이었다. '자기 일은 자기가 알아서'라는 형태의 개인주의는 국가 차원에서도 지배적 가치관으로 자리 잡고 있었기 때문에 자녀의 보육기관을 찾는 게 실제로는 집단의 문제 혹은 다수가 맞닥뜨리는 문제임에도 지극히 개인적인 문제로 간주됐다.

밀레니얼 세대 어린이가 주로 방과 후 프로그램을 통해 좀 더 세심한 돌봄을 받게 되면서 현관열쇠 아이의 시대는 저물기 시작했다. 기술 변화는 가속화되고 개인주의는 심화되며 심지어 일하는 엄마도 늘어만 가는데 왜 이런 현상이 일어난 것일까? 한 가지 원인으로 슬로우라이프의 영향이 커진 사실을 들 수 있다. 출생률이 감소하고 가족의 규모가 작아지면서 부모들은 자녀를 적게 낳는 한편 더욱 애지중지 키웠다. 자녀를 집에 혼자 두지 않았다는 의미다. X세대의 어린 시절에 비하면 유괴가 현저히 줄었는데도 납치 뉴스가 이어졌고 밀레니얼 세대 아이들이 방치돼 있는 경우에는 '보호받지 못한 아이'라며 논란이 벌어졌다. 게다가 10대 청소년의 대학 진학 비율이 높아지면

일하는 엄마를 둔 고등학교 졸업반 학생 비율

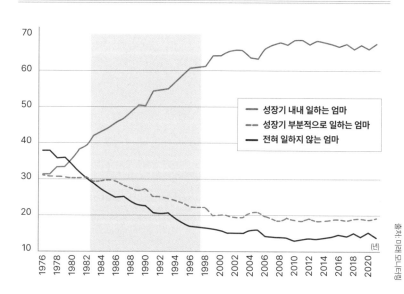

* 음영 구간이 이 연령대의 X세대다. 베이비붐 세대는 1976~1982년에, X세대는 1983~1997년에, 밀레니얼 세대는 1998~2021년에, Z세대는 2013~2030년에 고교 졸업반이었다.

서 인생 주기가 더욱 늦어졌다. 10살짜리 아이가 성인의 책임을 다하기까지 8년이 아닌 10여 년을 더 기다리게 된 만큼 독립심을 키우기까지 더 오랜 시간이 걸리게 된 것이다.

이에 비하면 베이비붐 세대와 X세대는 패스트라이프 시대에 성장했다. 이들은 동네를 자유롭게 돌아다녔고 기껏해야 "가로등이 켜지면 집에 들어와라"는 이야기를 들었을 정도다. 소셜미디어에서 X세대가 모습을 드러내도록 하고 싶다면 자유로웠던 당신의 유년기에 대해 포스팅하면 그만이다. 'X세대가 왜 이런지 궁금하다면 이들의 부모는 '방에서 칼을 갖고 놀아도 좋다, 주방에서 대마초만 피우지 마라'는

출처: 미래 모니터링

식이었다는 걸 기억하라. 반면 밀레니얼 세대나 Z세대 아이들의 부모는 인터넷으로 '자라나는 당신의 기적을 위한 최고의 육아 전략'을 끊임없이 검색한다"고 한 트위터 사용자는 적고 있다.

X세대의 비슷한 반응이 줄을 이었다. 또다른 트위터 사용자도 "70년대 후반과 80년대 초반에 성장기를 보내지 않은 사람들은 우리가 얼마나 방치돼 있었고 위험한 것들이 얼마나 아무렇지 않게 받아들여졌는지 전혀 알 수 없을 것"이라며 공감을 표시했다. "부모들은 말 그대로 자녀가 어디 있는지, 시간의 90%를 뭘 하며 보냈는지 전혀 몰랐다." X세대 중 상당수는 유년기와 청소년기에 속박받지 않고 독립성을 누린 데 만족하며 덕분에 성인기에 필요한 값진 교훈들을 얻을 수 있었다고 여겼다. 한 X세대는 이렇게 적었다. "방금 깨달았다. 우리는 완벽한 자유를 누렸고 그때는 몰랐지만 절대적으로 안전에 취약했다는 사실을. 그건 두려우면서도 짜릿한 일이었다." 또 다른 이는 "나는 4살 때부터 상당히 멀리까지 배회하곤 했다. … 그렇다고 방치돼 있었던 건 아니다. 내가 유리처럼 부서질까 걱정하거나 내 삶에 일일이 관여하지 않았던 부모님께 감사하다."

현실 세계에 단단히 발을 딛고 있는 마지막 세대라는 사실에 이처럼 감시받지 않고 자랐다는 사실까지 더해져 오늘날의 강인하고 회복탄력성 좋은 X세대가 탄생했다. X세대인 메건 다움은 자신이 속한 세대에 대해 (디지털이 아닌) 실제 세상에서 다양한 경험을 쌓은 덕에 "대담하고 용감무쌍하다"고 설명한다. 문화 전쟁의 한가운데서 겪은 중년의 위기에 관한 자신의 회고록을 통해 후세대보다 두꺼운 X세대의 살갗에 대해 이야기한다. 그녀에 따르면 밀레니얼 세대와 Z세대는 "강인함에 대한 경외감이 부족하다. 어려서부터 강인함을 자랑스러워하지 않았고 성인이 되어서도 지나칠 만큼 하찮게 여겼다. … 주짓수라는 기발한 동작을 통해 많은 이들이 자신의 얇은 살갗을 가장 강력한 무기로 사용하는 방법을 깨달았다. 강인함이라는 나만의 브랜드는 더 이상 별 효용 가치가 없는 것으로 여겨졌다." 다음은 "사람들이 예전보다 훨씬 잔인해지고 또 훨씬 연약해진 순간을 정확히 포착해내려고 노력하며" 많은 시간을 보낸다고 말한다.

물론 독립적으로 보낸 자신의 유년기를 찬양하는 X세대 역시 지금은 자녀를 이따금 지나치다 싶을 만큼 보호하는 부모로 바뀌었다. 이는 사회적으로 그렇게 요구하기 때문이기도 하다. 요새 아이들이 1982년처럼 동네를 배회했다가는 아동 보호국에 연행되기 십상이다. 물론 부모가 된 X세대 중 자녀가 스마트폰을 손에서 놓고 밖으로 나가겠다 하면 두 팔 벌려 환영하는 이들도 있겠지만 Z세대의 기술 중독에 맞서기는 힘들다. 그럼에도 수많은 X세대는 자녀가 자신처럼 바보짓을 벌이는 일은 미연에 방지하고 싶어한다. 유년기를 돌아보면 향수에 젖기도 하지만 뒤늦게 공포에 휩싸이기도 하니 말이다. 정말이지 그들은 대체 어떻게 살아남을 수 있었던 걸까?

결혼, 섹스와 자녀, 순서는 무관
: 짧아진 유년기와 길어진 청소년기

나의 X세대 친구 베키는 13살 때 부모님이 이혼했다. 엄마가 다시 출근을 시작하면서 집은 늘 오후까지 비게 되었다. 베키는 15살 때 동갑내기 토드와 데이트를 시작했고 둘이서 밟을 다음 단계는 뻔했다.

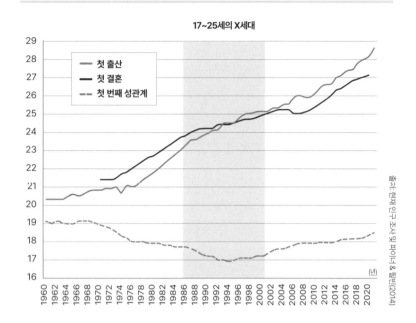

17~25세의 X세대

출처: 현재 인구 조사 및 파이너 & 플린(2014)

부모님의 감시가 없는 집에서 섹스하는 것이다.

X세대의 경우 베키처럼 섹스하는 10대가 사일런트 세대나 베이비 붐 세대보다 많았던 만큼 성인 관계가 일찍부터 시작되었다. 하지만 그들은 성인으로서 해야 할 인생과제를 서둘러 처리하고 결혼이나 출산을 향해 가는 대신 오히려 속도를 늦췄다. 다음 그래프는 X세대 성인의 삶에서 나타나는 세 가지 핵심 특징을 보여준다.

1. X세대는 이전의 어떤 세대보다 늦게 결혼했다

초기 베이비붐 세대는 히피의 명성이 자자했음에도 결혼은 상당히 일찍 했다. 평균 결혼 연령은 여성은 21살, 남성은 23살이었다. 마지막 X세대가 25살이 된 2004년, 평균 결혼 연령은 여성은 25살, 남성은 27살로 높아졌다. 여성은 20세기 내내 20살과 22살 사이에 결혼했지만 1980년대 들어 갈수록 늦게 결혼하기 시작했다. 결국 X세대의 끝 무렵엔 신부의 초혼 연령이 사상 최초로 20대 후반을 기록했다. 그들의 성인기에 슬로우라이프가 자리 잡아 가고 있었다.

2. 첫 성관계 연령은 낮아지고 초혼 연령은 높아졌다

예를 들어, 초기 베이비붐 세대 여성은 기껏해야 결혼하기 2년 전에 처음 성관계를 가졌다. 반면 X세대 여성은 첫 성관계 후 결혼식장에 들어가기까지 7년이 걸렸다. 1991년 10대 10명 중 1명은 첫 성관계를 가진 연령이 12살 이하라고 답해 충격을 안겼다. 한마디로 베이비붐 세대는 대학생 때에, X세대는 고등학생 심지어 중학생 때에 섹스를 시작한 것이다.

따라서 X세대는 좀 더 일찍 성관계를 가짐으로써 '유년기의 순수함을 잃었지만' 결혼은 더 늦게 해 성인으로서의 책임은 또 뒤로 미뤘다. 하지만 이 같은 트렌드가 영원히 지속된 건 아니다. 10대가 밀레니얼 세대로 교체되면서 성관계 연령이 높아지기 시작했고 결혼이나 출산 연령도 덩달아 높아져 인생 궤도의 지표가 다 같이 느려지는 쪽으로 맞춰지고 있다.

요약하자면 X세대는 20세기에 태어난 세대 중 가장 짧은 유년기와 가장 긴 청소년기를 보낸 세대다. 인생 전략에 있어서도 청소년기에는 좀 더 빠르게, 성인기에는 좀 더 느리게 진입하기를 선택한 독특한 세대이기도 하다. 한마디로 X세대는 이전의 그 어떤 세대보다도 긴 청소년기를 누렸다.

3. 출산이 결혼과 분리되기 시작했다

미혼모에게서 태어난 아기는 1960년엔 20명 중 1명에 불과했다. 하지만 베이비붐 세대의 청년기에 늘기 시작하더니 1980년엔 6명 중 1명에 이르렀다. 1993년에는 3명 중 1명까지 늘었고 사상 최초로 여성의 초산 연령이 초혼 연령보다 밑으로 떨어졌다.

독신 부모 중에는 실제 독신인 이들도 있고 파트너와 함께 사는 이들도 있었다. 베이비붐 세대는 젊은 시절인 1960~1970년대에 온갖 규칙을 깨기로 유명했음에도 결혼을 하지 않고 같이 사는 건 하지 않았다. 심지어 1980년대에도 동거는 '죄를 지으며 사는 것'이라고 생각하는 이들이 많았다. 이 같은 인식이 서서히 바뀌기 시작한 건 X세대가 25~34살 연령층을 장악한 1990년대 중반이었다. X세대는 연인과 같이 사는 청년들이 대거 등장한 최초의 세대였고 밀레니얼 세대가 그 트렌드를 이어갔다. 연인과 함께 사는 미혼 청년이 거의 전무한 상태였다가 이처럼 7명 중 1명꼴로 늘어난 건 세대의 핵심적 변화다. 또한 결혼식을 올리기 전 상대방과 같이 사는 이들도 상당히 늘었다. 그런 경험을 가진 19~44살 여성은 1965~1974년(베이비붐 세대와 사일런트 세대)에는 11%에 불과했지만, 2010~2013년(X세대와 밀레니얼 세대)에는 69%에 달했다. 여기서도 개인주의가 가장 큰 원인으로 보인다. 개인이 원하는 건 얼마든지 할 수 있는 세상에서 내가 누군가와 함께 살겠다는데 정부에서 발급해주는 종잇조각을 왜 필요로 하겠는가?

처음에는 결혼을 하지 않았는데도 함께 사는 연인을 뭐라고 불러야 할지 알 수 없었다. 너무나 새로운 부류라 인구통계학자들조차 이들을 어떻게 측정할지, 또 어떻게 명명해야 할지 막막하기만 했다. 그러다 미국 인구조사국에서 '거주 공간을 공유하는 이성의 사람'이라는 의미의 약어 POSSLQPerson of Opposite Sex Sharing Living Quarters를 사용하기 시작했지만 조악할 뿐 아니라 성소수자까지 배제돼 있었다. 요즘에는 이 같은 행위를 가리키는 학술 용어로 흔히 '동거Cohabitation'를 사용한다.

X세대는 일단 결혼에 성공한 이후에는 쭉 함께 살았을까? 본인이 이혼 가정에서 자란 경우가 많은 만큼 이혼을 안 할 확률이 높을 거라는 의견이 지배적이었다. 그리고 실제로 그랬다. 이혼률은 1980년대를 지나면서 떨어져 2019년에는 1981년의 절반 수준으로 낮아졌다. 이는 X세대가 결혼을 늦게 했고, 늦게 결혼한 사람들은 이혼할 가능성이 적기 때문이기도 하다. 오늘날 이혼은 금기시되던 20세기 초반에 비하면 훨씬 일반적인 현상이 됐지만 X세대의 부모님이 이혼하던 때에 비하면 훨씬 드물어졌다. 특히 대학 교육을 받은 사람들 사이에서 급격히 감소했다. 1990년대 중반 결혼한 학사 부부의 경우, 10년 이내에 이혼할 확률이 1970년대에 결혼한 이들보다 27% 더 낮았다. 2011년 《뉴욕타임스》는 '이혼은 어떻게 그 명성을 잃었나?'라는 제목의 기사를 통해 출산 후 이혼하는 부부가 줄고 있는 상황에서 사회적 추세와 다르게 이혼을 강행했다가 민망해진 부부들의 이야기를 다뤘다.

자연스럽게 출산 이야기로 넘어가보자. 출산율은 베이비붐 세대가 젊은 층이던 1970년대에 급락한 후 다시는 이전 수준으로 돌아가지 않을 거라는 전망이 나오기 시작했다. 이제 여성이 커리어를 쌓을 기회가 도처에 널린 만큼 더 이상 육아에 전념할 이유가 없다는 것이다. 게다가 암울했던 X세대의 유년기와 청소년기, 그리고 경제적으로 힘든 시대가 이어질 것이라는 전망을 고려하면 아이를 낳지 않는 여성 비율이 당시와 같은 수준을 유지하거나 심지어 더 늘어날 수밖에 없는 것으로 보였다.

하지만 X세대는 정반대로 움직였다. 출산하지 않는 여성의 수는 베이비붐 세대의 가임기 동안 늘었지만 X세대 들어 감소하기 시작하면서 추세가 역전되었다. 40대 초반까지 자녀를 갖지 않은 여성의 수는 1964년생 여성(베이비붐 세대)과 1974년생 여성(X세대) 사이에서 29% 떨어졌다. 2019년 이 연령대의 여성이 1,000만여 명이었던 걸 고려하면 결과적으로 이는 40대 초반 여성 중 50만 명이 자녀를 적어도 한 명은 가진 것으로 환산된다.

무엇보다 개인주의로 인해 표준이 변화함에 따라 일과 육아를 모두 해내겠다고 마음먹는 X세대 여성이 늘었을 것으로 보인다. 또 출산율 증가는 일부 X세대가 지나치게 일찍 임신을 시작해서 나타난 현상이기도 하다. 거의 30여 년간 감소세를 보이던 10대 임신율이 X세대가 10대이던 1986년에서 1991년 사이 23%나 늘더니 1990년대 후반까지 높은 수준을 유지한 것이다.

X세대의 더 많은 여성이 단순히 출산뿐 아니라 대가족까지 선택했다. 1966~1974년생 여성 중 자녀가 셋이나 그보다 많은 이들의 비율이 18% 증가했다. 이는 자녀가 셋 이상인 여성이 43만 명이나 늘었다는 의미다. 특히 대가족을 꾸리는 비율은 석사 학위를 가진 여성 가운데서 최대 증가폭을 보였는데 여기서 일과 가정의 균형을 맞출 기회가 베이비붐 세대보다 X세대에게 더 많았다는 걸 알 수 있다. 이는 워킹맘의 사회적 입지가 커지고 보육시설도 늘었기 때문으로 보인다.

물론 모든 X세대가 뉴욕의 방 두 개짜리 아파트에서 자녀 다섯 명과 지지고 볶은 코미디언 짐(1966년생)과 지니(1970년생) 개피건 부부 같았던 건 아니다. 짐은 그의 책《아빠는 뚱뚱해》에 다음과 같이 적었다. "나는 온 마음을 다해 너희를 사랑하지만 내가 죽는다면 그건 아마 너희 때문일 거야. … P.S. 2011년 부활절 때 그 훌라후프는 어떻게 식당까지 가져간 거야?" 하지만 아무리 그래도 인구 성장률 0%의 1970년대에 태어난 이른바 '현실도피 세대'에서 여성 3명 중 1명이 자녀를 셋 이상 낳았다는 사실은 놀랍기만 하다. X세대는 출산의 불씨가 꺼져가던 시대에 성장했지만 이를 다시 부활시켰다.

내가 최고야!
: 높은 자존감, 자기중심적

1985년의 어느 날 엄마가 차로 나를 중학교에 데려다주는데 나무 테두리로 장식된 뷰익 스포트 왜건의 신통찮은 스피커에서 휘트니 휴스턴의 히트곡 '가장 위대한 사랑'이 흘러나왔다. "엄마는 이게 뭐에 대한 노래 같아?" 내가 사일런트 세대인 엄마에게 물었다. "그야 아이들에 대한 노래지" 엄마가 답했다.

하지만 틀렸다. 휴스턴(1963년생)과 대부분의 베이비붐 세대에 따르면 가장 위대한 사랑은 '자신을 사랑하는 법을 배우는 것'이다. 휴스턴은 의지할 만한 사람을 아무도 찾지 못했기 때문에 자기 스스로에게 의지하는 법을 배웠다고 노래한다.

9년 후 X세대 밴드인 오프스프링의 곡 '자존감'은 한 차원 더 높은 방식으로 자존감을 노래한다. 가사에 등장하는 남성은 여자친구가 "나만을 원한다고 말하는데… 왜 내 친구들이랑 자는 건지 도무지 알 수 없다"고 말한다. 그러면서 자기는 괜찮다고 하는데 왜냐하면 그는 '자존감 낮은 호구'이기 때문이다. 1994년 무렵 대중들은 '자존감'이라는 용어를 알고, 자존감을 가져야 한다는 것을 알며, 자존감이 낮은 건 어떻게 진단하는지 아는 걸 당연하게 여겼을 것이다. 내 엄마의 답변, 휴스턴의 노래와 오프스프링의 불경한 가사는 사일런트 세대부터 베이비붐 세대, X세대에 이르기까지 미국 문화에서 자기중심적 가치관이 세대의 흐름과 함께 어떻게 변화했는지 잘 포착하고 있다. 그리고 이 같은 변화는 무엇보다 개인주의가 강화되면서 나타났다. 자기 자신, 그리고 자신의 선택에 의지할 수 있으려면 자신을 좋아해야 하니 말이다.

이 같은 변화는 구글 도서 데이터베이스에 체계적으로 잘 드러난다. X세대의 성장기인 1970~1995년, 미국 도서에서 '자존감'과 '자기중심' 같은 단어의 사용이 급증한 것이다. '자존감'이라는 용어의 급상승세는 1990년대 중반을 지나면서 멈췄지만(우습게도 오프스프링의 노래는 '자존감'이 내리막길에 접어들었음을 암시한다), '자기중심'이라는 단어는 심지어 2005년 이후에 인기가 더 뜨거워졌다.

베이비붐 세대에게 자기중심은 새로운 개념이었다. 대부분 집단주의 성향이 강한 1950년대~1960년대 초에 성장한 만큼 1960년대 후반~1970년대의 개인주의는 미지의 영역이었다. 그래서 자아에 관해서라면 오늘날까지도 '여행'이나 '항해'의 관점에서 이야기하는 경우가 많다. 자기 자신과 자신의 욕구를 이해하는 것이 베이비붐 세대에겐 '과정'인 것이다. 1981년 출간된 한 책에서는 '어떻게 하면 남편

책에 등장하는 자기중심 또는 자존감이라는 단어의 사용 빈도

* 그해에 출간된 모든 도서에서 각 용어가 등장한 비율을 보여준다.

과 아내가 동등한 파트너가 될 수 있는가?', '부모님이 '자신'이라는 말의 의미도 모르는 상황에서 자신에게 집중하는 방법은?' 등의 새로운 질문에 답을 찾기 위해 노력하는 젊은 베이비붐 세대를 소개한다. 책 속의 베이비붐 세대는 마치 지도도 없이 어둠 속을 운전해 가는 이들처럼 보인다.

베이비붐 세대가 일반적인 예상과 달리 에르하르트 세미나, 반전 시위, 음악 축제 등 집단을 통한 개별 자아 탐구를 택한 것도 아마 이 같은 혼란 때문이었을 것이다. 이들은 늘 여럿이 모인 상태에서 자신을 고유한 개인이라고 선언했다. 베이비붐 세대에게 자기중심은 타인과 함께 나선 여정이었다.

하지만 X세대에게 개인주의는 찾아가야 하는 목적지가 아니었다.

태어날 때부터 이미 그곳에 속해 있었기 때문이다. 자기중심적 문화가 고향이나 다름없었기에 지도 같은 건 필요 없었고, 집단 속에서 자신이라는 영역을 탐구할 이유도 없었다. X세대는 어렸을 때부터 자기 자신이 가장 우선한다는 사실을 사일런트 세대 혹은 베이비붐 세대의 부모들에게 배워왔다. 그래서 굳이 시위나 집단 상담에 참여해 자신의 필요와 욕구가 가장 중요하다고 되뇔 필요가 없었다. X세대는 이미 내가 가장 중요하다는 것을 본능적으로 알고 있었다.

이것이 베이비붐 세대와 X세대의 핵심 차이 중 하나다. X세대는 고루한 집단주의 문화가 쇠퇴하고 개인주의 문화가 꽃피운 이후 성인이 되었다. 최초의 X세대가 10살이 된 1975년 미국에서는 10여 년 전까지만 해도 지배적이었던 집단주의를 거부하고자 나팔바지 차림으로 대마초를 피우고 또 법석을 부리는 문화가 확산되었다. X세대에게 개인주의는 지극히 당연한 가치다. 자신의 욕구보다 중요한 게 대체 어디 있단 말인가?

이 같은 태도는 베이비붐 세대가 본인의 여정을 지나오면서 자기중심적 태도와 자존감이 반드시 필요하다고 확신하고 X세대 자녀들이 자기 자신을 긍정적으로 느낄 수 있도록 노력한 데서 비롯되었다. 아이들의 자존감이 너무 낮다면 북돋워줘야 한다는 조언도 나왔다. 이에 초등학교에서는 '완벽을 추구하는 용'라는 제목의 프로그램을 실시하기 시작했다. 여기서는 용 한 마리가 등장해 자신에 대해 긍정적으로 느끼는 '반짝이는 마음'을 갖고 자신을 하찮게 여기는 '진흙탕 마음'은 피하라고 가르친다. 개인주의 문화에서는 다 같이 거울을 들여다보며 '나는 뛰어나', '나는 똑똑해', 심지어 '사람들은 나를 좋아해'라고 반복하는 식으로 집단 최면을 걸었다.

그래서 효과가 있었을까? 대학원 재학 중 나는 연구의 일환으로 1960년대~1990년대 초반 사이의 어느 시점에 가장 널리 사용되는 방식의 자존감 측정(로젠버그 자존감 척도)을 완료한 대학생 6만 5,965명의 점수를 수집했다. 대학생들의 자존감은 해마다 상승한 것으로 나타났다. 1990년대의 X세대 대학생은 평균적으로 1968년 베이비붐 세대 대학생의 상위 80%보다 자존감이 높았다. X세대의 경우 "나는 전반적으로 나 자신에게 만족한다"는 명제에 동의하는 비율이 더 높았고, "이따금 내가 보잘것없다고 생각한다"는 명제에는 동의하지 않는 비율이 높았다.

또 다른 연구에서는 더욱 놀라운 결과가 나타났다. 1950년대 초반에는 "나는 소중한 사람이다"라는 명제에 동의하는 10대가 12%에 불과했다. 하지만 1980년대 후반에는 6배가 넘는 80%가 자신은 소중하다고 주장했다. 연구가는 1950년대에는 이 항목을 자기확대 경향 지표로 해석했지만 1980년대에는 "자존감의 긍정적 측면을 반영한다"고 적었다.

X세대는 베이비붐 세대보다 자신을 더 긍정적 관점에서 바라봤기에 자신감도 컸다. 가령 대학교 1학년의 경우 자신이 또래에서 평균 이상이라고 생각하는 비율이 상당히 높았는데 이는 후기 베이비붐 세대에서 시작해 X세대까지 이어진 경향이었다. 자신의 리더십이 평균 이상이라고 생각하는 학생 역시 베이비붐 세대 중에는 10명 중 4명이었지만 X세대가 대학 고학년이 되었을 무렵에는 10명 중 6명으로 늘었다.

이 같은 현상이 인구통계학적 변화 때문에 일어난 것은 아니다. 같은 시기 대학생 사이에서는 여성, 아시아계 미국인과 히스패닉의 수가 증가했는데 세 집단 모두 남성이나 백인에 비하면 자신을 겸손하게 평가하는 경향이 강하다. 따라서 인구통계학적 변화로 스스로 평균 이상이라고 생각하는 비율까지 달라졌다면 수치는 오를 게 아니라 오히려 내렸어야 한다. 능력이 실제로 좋아져서라고 생각하기도 힘들다. 이 기간 동안 SAT 점수가 떨어졌기 때문이다.

인구 구성이 더 다양한 고등학생의 데이터를 활용하면 긍정적 자기관이 확산되는 트렌드를 보다 명확하게 확인할 수 있을 것이다. X세대 고등학생은 이전의 베이비붐 세대, 특히 초기 베이비붐 세대보다 단연 자신감이 높았다. 고등학교 졸업반 학생 3명 중 2명(70년대 중반 베이비붐 세대의 경우 2명 중 1명)은 자신이 '아주 유능한' 직장인이 될 것이라고 확신해 상위 20% 이내의 성과를 낼 것이라고 단언했다. 아주 좋은 부모 혹은 배우자가 될 거라고 예상한 비율도 베이비붐 세대는 3명 중 1명이었던 데 반해 X세대는 2명 중 1명으로 늘었다. 1987년 《워싱턴포스트》의 한 기사는 그해 고등학교 졸업생을 가리켜 X세대를 '자기 자신에게 맹렬히 헌신한다고 일컬어지는 새로운 성인의 세대'로 묘사했다. 이 문장에는 베이비붐 세대의 독선이 다소 들어 있으며, X세대를 정확히 규정한다고 보기에는 무리가 있다. 게다가 자신감은 1970년대 후반의 베이비붐 세대 고등학생부터 점차 상승하기 시작했다. 여기서 한 가지 짚고 넘어갈 문제, 자신감 강화는 과연 좋은 현상일까? 나쁜 현상일까? 대다수 사람들은 좋은 현상이라고 주장한다. 자신감 있는 사람일수록 성공할 가능성이 높다는 게 일반적 견해다.

하지만 수십 년에 걸쳐 자존감을 연구한 결과 높은 자존감이 꼭 학교나 직장에서의 성공을 의미하지는 않는 것으로 나타났다. 한 가

어른의 역할을 스스로 '아주 잘' 수행할 것이라고 믿는 18살 비율

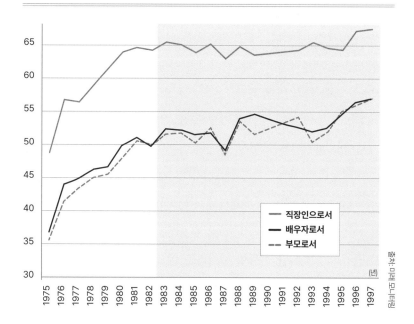

세로축: 65, 60, 55, 50, 45, 40, 35, 30

가로축(년): 1975, 1976, 1977, 1978, 1979, 1980, 1981, 1982, 1983, 1984, 1985, 1986, 1987, 1988, 1989, 1990, 1991, 1992, 1993, 1994, 1995, 1996, 1997

범례: ─── 직장인으로서 / ─── 배우자로서 / - - - 부모로서

출처: 미래 모니터링

* 음영 구간이 이 연령대의 X세대다. 베이비붐 세대는 1975~1982년에, X세대는 1983~1997년에 고등학교 졸업반(18살)이었다. 이 질문은 서로 다른 여러 영역에서 당신이 얼마나 뛰어날 것으로 예상하는지 묻는 것이었다. 질문은 '당신은 남편 혹은 아내, 부모, 직장인으로서 얼마나 뛰어날 것이라고 보는가?'였고, 답변은 '형편없음', '별 볼일 없음', '꽤 잘함', '잘함', '아주 잘함'으로 구성되었고 '모르겠다'는 포함되지 않았다.

지 예를 들어보자. 아시아계 미국인은 미국에서 자존감이 가장 낮지만 학업 성적은 가장 높고 실업률은 가장 낮은 계층이기도 하다. 따라서 많은 이들이 생각하는 것처럼 자신감이 성공을 보장하는 것은 아니며 그렇다고 해서 반드시 악영향을 미치는 것도 아니다. 그럼에도 자존감이 높으면 우울증이 방지되는 등 여러 이점이 있다.

자존감이 높을 때, 특히 지나치게 높은 경우에는 단점도 있을 수 있다. 자신이 너무 똑똑해서 공부나 일을 열심히 할 필요가 없다고 생각하면 무엇이든 잘할 수 있을 리 없다. 게다가 자존감이 비현실적 색깔을 띠게 되면 나르시시즘으로 넘어갈 수 있으며 그때는 여러 부정적 결과가 생길 수 있다. 가령 너무 많은 위험을 감수하거나 이기주의로 관계를 망치게 될 수 있다. 이처럼 자기중심적 가치관의 확산은 전반적으로 동전의 양면과 같다. 우울증을 방지하는 데는 효과가 있지만 비현실적 자기관을 갖게 될 경우 좋을 게 없다.

X세대의 자신감은 막연한 생각에 그치지 않고 미래에 대한 열망으로 이어졌다. X세대는 1980년대의 '하늘의 별을 따겠다'는 문화적 분위기 속에 설정한 높은 목표를 자신이 실제로 달성할 것이라고 믿었다. 30살 무렵에는 의사, 변호사, 간호사, 엔지니어 등 전문직에 종사하거나 석사 학위를 취득할 것이라고 여기는 X세대가 베이비붐 세대보다 많았다. 결국 베이비붐 세대부터 자신감이 강화되기 시작했지만 이 같은 태도를 미래에 대한 높은 기대감으로 연결한 건 X세대였다. 1986년 노래 가사처럼 X세대는 "미래는 너무 밝아. 선글라스를 써야겠어"라고 생각했다(이어지는 가사는 "내가 졸업하기만 기다리는 일자리가 있어. 연봉 5만 달러니까 맥주를 엄청 살 거야"였다).

하지만 현실은 그리 밝지 않았다. 20대 후반~30대 초반의 X세대 노동자 중 전문직 종사 비율은 20%에 불과해 3명 중 2명은 결국 목표를 달성하지 못한 셈이 되었다. 2020년 45~49살의 고교 졸업자(모두 X세대) 중 18%만이 석사 혹은 박사 학위를 취득해 3명 중 2명은 역시 자신의 기대에 미치지 못했다. 애초에 기대치가 너무 높았기에 모두 충족하기는 어려웠을 것이다. 하지만 바로 그래서 가능한 범위 내의 목표라도 달성한 것일 수 있다. 이전의 베이비붐 세대보다 더 많은 수의 X세대가 대학을 졸업했다.

X세대의 높은 자신감은 자기 의심이 많고 억눌린 세대라는 고정 관념에 정면으로 배치된다. 이들은 오히려 같은 연령대의 베이비붐 세대보다 자신감도 강하고 자신에 대한 기대치도 높았다. 자신을 긍정적으로 바라봐야 한다는 걸 당연하게 여긴 최초의 세대이기도 하다. 뻔뻔할 정도로 낙관적인 밀레니얼 세대에게 놀라움을 표시하는 경우도 많았지만 X세대 역시 자기중심적 가치관과 높은 기대치를 온전히 실현한 세대라 하겠다.

부자와 유명인의 라이프스타일
: 물질주의, 외적 가치

현재 우리가 알고 있는 리얼리티 TV프로그램이 등장하기 훨씬 이전, 로빈 리치(1941년생)는 1984~1995년 주말 오후에 방영되곤 했던 〈부자와 유명인의 라이프스타일〉을 통해 엄청난 부를 가진 이들의 자동차와 저택, 그리고 호화로운 휴가생활을 전시하듯 보여주었다(《뉴욕타임스》는 이 프로그램이 "채널과 시간대를 막론하고 수시로 방영돼 수년간 텔레비전에 상주하는 것처럼 보였다"고 논평했다). 평범한 프로그램도 많았는데 당시 이 프로그램이 특히 젊은 X세대에게 유독 인기를 끌었던 이유는 무엇일까?

무엇보다 시대를 잘 반영했다. 그때는 1970년대 특유의 분위기에서 파생된 뻔뻔한 물질만능주의가 판치는 세상이었다. 1960년대를 저항으로 보낸 베이비붐 세대가 갚아야 할 주택담보대출이 생기자 돈을 정복하기로 마음먹었고 이에 다른 문화까지 덩달아 휩쓸려가는 것처럼 보였다. 사실 1970년대부터 시작된 80년대의 반짝이는 물질주의는 한창 자신만의 세계관을 형성하고 있던 X세대의 어린이와 10대 청소년에게 즉각적 영향을 미쳤다. 결과적으로 물질적 가치가 우위를 점했을 뿐 아니라 좀 더 자기 성찰적이고 추상적인 초기 베이비붐 세대의 가치는 사라지기 시작했다. 텔레비전은 X세대가 가질 수 있는 온갖 '물질'을 보여주었고 개인주의는 이것을 갈구하는 게 자신을 위하는 길이라고 부추겼다.

이 같은 변화를 이해하는 한 가지 방법은 삶의 목표를 살펴보는 것이다. 매일 아침 침대에서 일어나 또 한 번 힘을 낼 수 있도록 동기를 부여해주는 것들 말이다. 심리학자들은 삶의 목표를 의미, 생각, 남을 돕기 등 내적 가치와 돈, 명성, 이미지 등 외적 가치의 두 가지 주요 항목으로 분류했다.

1970년대에 들어서면서 선호하는 가치가 추상적인 것에서 물질적인 것으로 바뀌기 시작했다. 대학생 가운데도 '의미 있는 삶의 철학을 구축하는 것'이 중요하다는 비율은 훨씬 줄고 '재정적으로 상당히 부유해지는 것'이 중요하다는 비율은 급증했다. 이 같은 추세는 후기 베이비붐 세대에서 시작돼 X세대에서 강화되었다. 다른 때와 마찬가지로 하나 이상의 세대에서 구축된 문화인 것이다.

1970년대 후반 학생들은 삶의 철학을 일구는 것보다 부자가 되는 게 더 중요하다고 평가했으며 X세대가 대학 1학년이 된 1980년대에는 4명 중 3명가량이 부자가 되는 게 중요하다고 답했다. X세대가 가장 좋아하는 베이비붐 세대인 마돈나(1958년생)의 "차갑고 뻣뻣한 현금을 가진 남자는 누구든 내 남자니까"라는 표현을 빌리면 이들은 물질적 세상에 사는 물질적 소녀들이었다. X세대의 변화는 시작에 불과했다. 밀레니얼 세대와 Z세대 대학생 중에서도 역시 내적 가치보다 외적 가치에 의해 움직인다는 이들이 같은 연령대의 베이비붐 세대보다 많았다. 2019년 미국 신입생 조사에 따르면 경제적으로 풍요로워지는 게 중요하다고 답한 학생이 84.3%로 최고치를 기록했다. 이처럼 갈수록 거세지는 흐름을 X세대는 더욱 단단하게 다졌다.

고등학교 졸업반 학생 사이에도 이 정도로 극적이지는 않지만 비슷한 변화가 나타났다. 특히 1980년대 후반~1990년대 초반 사이 '내 삶의 목적과 의미 발견'을 중시하는 비율은 줄고 '경제적 풍요'를 중시하는 비율은 늘었다.

1980년대에도 의미는 여전히 중요했지만 소득 격차(부유층과 빈곤층 간 격차)가 크게 벌어지면서 돈의 중요성 역시 급격하게 커졌다. 1987년 영화 〈월스트리트〉에서 고든 게코가 단언한 것처럼 "탐욕은, 더 좋은 단어가 생각나지 않지만, 좋은 것"이었다. 게코의 독백은 주식 트레이더 이반 보에스키(1937년생)가 1986년 캘리포니아 대학교 버클리 경영대학원에서 실제로 했던 졸업식 연설에서 따왔다. 이 같은 말이 버클리에서 나왔다는 사실만으로 이상주의의 1960년대가 지나고 물질주의의 1980년대가 도래했음을 확실히 알 수 있었다. 영화 속 (1965년생 찰리 쉰이 연기한) 젊은 X세대 캐릭터가 결국 내부자 거래 혐의로 체포된 걸 보면 베이비붐 세대로서 각본과 감독을 담당한 올리버 스톤(1946년생)은 해당 문장을 통해 경고의 메시지를 보낸 듯하다. 하지만 1980년대의 대표 유행어로 전해지는 이 문구가 항상 나쁜 의미로만 받아들여지는 것은 아니다.

1987년 버지니아주 한 고등학교 졸업식에서 미셸 렌티니(17살)는 《워싱턴포스트》와 인터뷰를 진행하며 자신이 35살쯤 됐을 땐 백만장자가 돼 있을 것이라고 말했다. "저는 미래에 대해 아주 철저한 계획을 갖고 있어요. 부자가 될 수밖에 없죠." 메릴랜드주에서 한 고등학교를 졸업한 스테이시 그린 역시 같은 생각이었다. "부자가 되고 싶어요. 진심으로요." 그린이 말했다. "저는 제 자신을 알아요. 돈에 굶주려 있죠." 해당 기사를 작성한 베이비붐 세대의 두 기자는 그해의 고등학교 졸업생과 1960년대의 졸업생을 비교해보고 이렇게 결론 내렸다. "평화와 사회 정의를 갈구하던 수많은 선배들의 뜨거운 관심은 기억도 잘 나지 않는 과거의 추억으로 묻혀 버렸다."

X세대가 원하는 건 그냥 돈이 아니었다. 큰돈이 있어야 살 수 있는 것들이었다. 자기 소유의 집과 멋진 옷은 물론이요, 부유층의 전유물이자 있으면 좋은 별장과 보트 등을 원했다. 심지어 차도 2~3년에 한 번씩 바꾸고 싶어 했다. TV에 나오는 것처럼 부자와 유명인의 라이프스타일은 상당히 매력적이었다. 이 같은 갈망은 돈에 대한 집착과 마찬가지로 1980년대 후반~1990년대 초반 가장 강력하게 들끓었다.

당시 화제였던 어느 포스터에는 차고에 값비싼 차량이 가득한 바닷가의 한 저택이 등장했다. 포스터 상단에는 "가방끈이 길어야 하는 이유"라는 문구가 적혀 있었다. "호화로운 삶을 살 수만 있다면 뭐든지 할 거예요." 고등학교를 갓 졸업한 샘 브라더스가 1987년 《워싱턴 포스트》와의 인터뷰에서 말했다. "비싼 차 두 대, 토끼 같은 자녀 둘, 방 네 개짜리 집을 갖고 싶어요."

부유한 동네의 백인 아이들만 이 같은 삶을 꿈꾼 건 아니었다. 2013년 팀 카세르와 함께 공동으로 발표한 논문에서 나는 불우한 환경에서 자란 청소년일수록 별장이나 새 차 등 값비싼 아이템을 소유하는 게 중요하다고 답했으며, 이들의 물질적 욕구는 1970~2000년 대에 부유한 아이들보다 심지어 더 큰 폭으로 증가했다는 사실을 발견했다. 워싱턴 D.C.의 한 빈민촌에서 고등학교를 졸업한 니콜 맥크레아 역시 1987년 《워싱턴포스트》와의 인터뷰를 통해 심장외과 전문의가 되고 싶다고 말했는데 "외과 의사가 돈을 많이 버는 것은 누구나 아는 사실"이기 때문이었다.

맥크레아의 말에서 알 수 있듯 외적 가치와 내적 가치는 단순히 머릿속에서 끝나는 것이 아니다. 의사결정과 행동을 좌우하며 젊은 층에게는 특히 더 큰 영향을 미친다. 어떤 가치관을 가졌느냐에 따라 어떻게 시간을 보낼지, 어떤 직업을 가질지, 또 어떤 교육을 선택할지가 달라진다. 예를 들어, 후기 베이비붐 세대와 X세대 대학생 중에는 대학에 진학하는 게 돈을 벌기 위해서지 학문을 탐구하기 위해서가 아니라고 답한 비율이 초기 베이비붐 세대보다 높았다. 교수진 역시 이 같은 변화를 체감하고 소비자를 대하는 마음가짐으로 교육에 접근했다. "언젠가 학생들이 교육 프로그램과 관련해서 '내 A는 어디 있죠? 카탈로그 보고 A를 주문했는데요'라고 말하게 될 겁니다." 한 조교가 1990년대 대학생들에 대해 이렇게 언급하기도 했다.

또 X세대 대학생은 졸업 후 더 높은 연봉이 보장되는 전공을 선택할 가능성이 높았다. 1960년대 후반~1970년대 초반의 초기 베이비붐 세대 대학생은 경영학보다 교육학을 더 많이 전공했지만 후기 베이비붐 세대에서는 경영학 전공이 더 많아지더니 X세대가 대학에 입학한 1980년대 말부터는 경영학 전공자 수가 최고치를 기록했다. 1987년 대학 신입생 4명 중 1명은 경영학을 전공할 계획이었다. 전공 과목이 다양해지면서 1990년대에는 경영학 전공자의 비율이 감소했

대학 신입생이 꼽은 대학 진학 이유는?

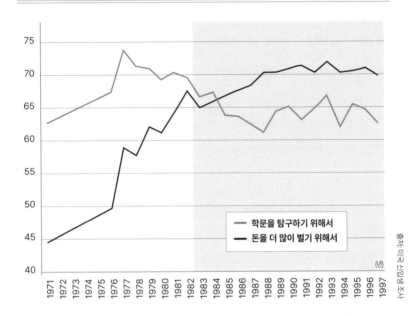

학문을 탐구하기 위해서
돈을 더 많이 벌기 위해서

출처: 미국 신입생 조사

* 음영 구간이 해당 연령대의 X세대다. 베이비붐 세대는 1966~1982년에, X세대는 1983~1997년에 대학 신입생이었다.

지만 X세대가 대학 시절을 보내는 내내 교육학보다는 경영학 전공자가 더 많았다.

중요한 건 물질주의로의 가치관 변화가 어떤 맥락에서 일어났는지 알아보는 것이다. 앞서 '3장 베이비붐 세대'에서 살펴본 것처럼 1980년대 초반 미국에서는 제조업 일자리가 사라지고 빈부 격차가 커지기 시작했다. 학사 학위가 있는 사람과 없는 사람의 소득 격차가 커짐에 따라 여유로운 생활을 위해서는 학위가 반드시 필요하게 되었다. 따라서 더 많은 돈 때문에 대학에 진학했다는 이들이 더 많아지게 되었다. 이 같은 관점에서 보면 가치관의 변화는 경제의 변화에 따라 일어나는 논리적 현상이다. 중산층으로 살아가기 위해서는 더 많은 돈이 필요하고, 많은 돈을 벌기 위해서 대학을 나와야 한다면 외적 가치를 지향하는 게 당연하다. 물론 그렇다고 X세대 고등학생이 별장이나 요트 등을 유독 탐내는 이유까지 설명되는 건 아니다. 이는 오히려 1980년대의 지나친 물질주의가 여전히 유효하다는 사실을 보여준다. 하지만 X세대는 단순히 시장에 반응한 것뿐이라는 측면도 고려해야 한다.

세대에 따른 다른 여러 변화와 마찬가지로 외적 가치를 지향함으로써 치러야 하는 대가가 분명 존재한다. 돈을 비롯해 물질적 목표를 추구하다 보면 불행해지거나 정신적 어려움을 겪을 가능성이 있다. 부자가 되기란 쉽지 않아서 대부분은 목표를 달성하지 못한다. 중산층에 속하기 위해 끊임없이 노력하지만 기준이 매년 높아지다 보니 지치기 십상이다. 반면, 타인을 도움으로써 삶의 의미를 발견하는 일은 대부분 할 수 있다. 내적 가치는 좀 더 의미가 깊을 뿐 아니라 실현하기도 보다 수월해서 행복감을 느낄 확률이 높다. 돈을 좇는 게 정신적으로 가장 건강해지는 길이 아닐 텐데도 많은 X세대는 그래야 한다고 주장한다.

1990년대에 오신 것을 환영합니다
: 강인함, 냉소주의, 부정적 태도

세대는 보통 해당 집단이 청년기에 들어선 시대에 따라 규정하고 명명한다. X세대의 경우 그 시기는 1990년대 초반이었다. 1991년 더

글러스 커플랜드의 소설 《X세대》가 출간되고 얼마 지나지 않아 언론은 너나 할 것 없이 이 '새로운' 세대를 주목했다. 베이비붐 세대가 1960년대의 혼란을 연상시키듯 X세대는 1990년대 초반의 암울한 현실, 그리고 우울한 분위기의 대중문화로 규정되었다. 경제가 발전하면서 X세대를 비롯한 나라 전체가 당시의 불안에서 벗어나기는 했지만 1990년대 초반 미국을 휩쓸었던 어두운 대중문화와 범죄에 대한 두려움은 X세대의 상징으로 남았다.

1980년대의 대중음악은 쉽고 밝았다. 마돈나와 마이클 잭슨, 그리고 발랄한 비트로 누구든 따라 부르게 만드는 릭 애슬리(1966년생)의 '네버 고너 기브 유 업'이 나온 게 바로 이때다. 1980년대의 X세대 관객을 겨냥한 존 휴즈의 여러 영화(〈아직은 사랑을 몰라요〉, 〈조찬 클럽〉, 〈페리스의 해방〉, 〈핑크빛 연인〉)들은 철없는 10대 시절을 다루는 한편 해피엔딩으로 희망적 메시지를 전달하는 것도 잊지 않았다.

그런데 1991년 후반~1992년 초반, 시애틀에서 새로운 사운드가 흘러나오기 시작했다. X세대라면 이름만 들어도 자다가 벌떡 일어나는 밴드 너바나, 펄 잼, 사운드가든과 푸 파이터스였다. 이들의 음악은 처음엔 너무 낯설다 보니 라디오 방송국에서도 틀기를 거부해 결국 '얼터너티브록'이라는 이름까지 얻었다. 하지만 2년이 채 지나기 전에 이름과 어울리지 않는 존재가 되어 버렸다. 어딜 가나 얼터너티브록이 울려퍼졌고 플란넬 셔츠로 대표되는 북서부 지역의 그런지 스타일도 덩달아 유행했다. 너바나의 '스멜스 라이크 틴 스피릿'(우린 지금 여기 있어 / 우리를 즐겁게 해줘)과 펄 잼의 '블랙'(이제 내 손이 한때 모든 것이었던 / 구름 밑에 깔려 상처 입고 있어 / 언젠가 넌 다른 누군가의 하늘에 뜬 별이 되겠지)이 처음으로 큰 인기를 끌었다. 이들의 사운드와 가사는

1990년대 초반 자신이 나아갈 길 앞에서 막막하기만 한 청년의 불안을 포착하고 주말엔 그냥 다 잊고 놀자고 이야기했다. 위저의 '언던-더 스웨터 송'("파티 얘기 들었어? ⋯ 난 갈 것 같은데 친구들은 별로 가고 싶지 않대 / 나 좀 태워줄래?")처럼 말이다. X세대 청년은 이렇게 대중문화를 창조하기 시작했다. 그리고 이는 1980년대 베이비붐 세대의 낙관주의에 비하면 한층 우울했다.

영화도 분위기는 비슷했다. 〈슬래커〉(1990)는 텍사스 오스틴을 배경으로 엄청난 지능과 독특한 세계관으로 무장한 백수 청년들을 그렸다. 또 한 리뷰에서 지적했듯, "날카로운 이성을 지녔지만 생각을 행동으로 옮기지 못하는 세대"를 포착했다. 〈청춘 스케치〉(1994)와 〈클럽 싱글즈〉(1992) 같은 영화는 기존의 직업과 관계에 안주하는 데서 확신을 얻지 못하는 세대의 불안을 묘사했다. 《90년대》에서 저자 척 클로스터만(1972년생)은 영화 〈청춘 스케치〉의 위노나 라이더가 친절하고 안정적인 비즈니스맨인 벤 스틸러 대신 냉소적이고 나태한 에단 호크를 선택하는 엔딩은 X세대가 아닌 이상 이해할 수 없다고 주장한다. 그는 물질주의가 X세대의 지배적 가치관이었음에도 너바나의 커트 코베인을 포함해 90년대 초반 X세대를 가장 거침없이 대변한 것은 그런지, 얼터너티브록, 기업과 주류에 대한 저항 문화였다고 지적한다.

X세대 청년을 다룬 가장 대표적인 영화는 약자에 대한 공감과 데스 스타(영화 〈스타워즈〉에 등장하는 전투용 거대 인공위성)에 관한 한 줄 대사가 돋보인 〈점원들〉(1994)일 것이다. X세대인 케빈 스미스(1970년생)는 자신이 일하던 편의점에서 2만 7,575달러를 들여 이 흑백 영화를 촬영했다. 출연진의 대화에서는 X세대의 특징이 잘 드러난다. 단문으로 말하고 대중문화 언급을 많이 하며 섹스에 솔직하고 불만으로 가

득하다. 세속적일 때가 많고 전반적으로 X세대 특유의 개인주의를 거리낌 없이 드러낸다. "나의 세대는 우리가 거의 모든 걸 할 수 있다고 믿는다." 스미스가 적었다. "나의 캐릭터는 자유롭다. 어떤 사회적 관습에도 억눌리지 않는다." 기업 문화의 관습을 거부하는 〈청춘 스케치〉의 인물들과 달리 〈점원들〉의 단테와 랜달은 거지같은 서비스직에서 벗어날 수만 있다면 '변절'도 주저하지 않았을 것이다.

1990년대에는 대중문화에서 또 하나의 중대한 변화가 일어났다. 흑인 문화의 전유물이던 랩과 힙합이 인종의 경계를 뛰어넘게 된 것이다. 1980년대 백인 청소년들이 학교에서 여전히 그룹 시카고의 '유아 디 인스퍼레이션'에 맞춰 춤추고 있을 때 흑인 청소년은 1970년대 구역 파티에서 DJ가 비트에 가사의 운을 맞추면서 시작된 완전히 새로운 음악 장르 '랩'을 구축하고 있었다. 랩은 처음부터 논란을 일으켰다. 그래서 10대들의 관심을 끌었다. N. W. A, 스눕독(1971년생) 같은 갱스터 래퍼가 범죄, 폭력과 마약에 관한 랩을 했기 때문이다. 초기 X세대의 백인 청소년들은 랩이나 힙합을 듣지 않은 마지막 집단이 되었다. 1990년대 초반이 되자 인종을 막론하고 모든 10대 청소년이 MC해머의 '유 캔트 터치 디스'를 듣고 흥얼거렸다. 얼마 지나지 않아 심지어 백인 어린이들도 갱스터 랩을 듣기 시작했다.

1990년대 대중문화의 거칠고 비관적인 분위기가 당시 현실에서 비롯된 것인지 정확히 알 순 없었지만 시대의 문제를 반영한 것만큼은 분명해 보였다. 1980년대의 좋은 시절이 지나고 1990년대 초반, 경제가 침체로 빠져들면서 청년이 일자리를 구하기는 더욱 어려워진 한편, 그렇지 않아도 냉소적이었던 태도는 더욱 강화되었다. 1970년대부터 증가세였던 폭력 범죄도 1990년대 초반 들어 극단적 수준으로까지 치달았다. 차량 탈취, 강간, 살인, 총격 등 모든 범죄가 기하급수적으로 증가했다. 크랙 전염병[*]이 확산되고 총기 범죄 역시 늘면서 밤에 도시의 거리를 걷다 혹시 강도라도 당할까 무섭다는 이들이 많아졌다.

1980~1990년대의 폭력 범죄는 그야말로 말도 안 되는 급증세를 기록했고 이후 지금까지 그 놀라운 수치는 재현되지 않고 있다. 공포에 질린 사일런트 세대와 베이비붐 세대는 당대의 청년층 X세대를 비난했다. 사일런트 세대 칼럼니스트인 윌리엄 라즈베리(1935년생)는 X세대를 가리켜 '동물의 세대'라고 했고 다른 이들은 '슈퍼 포식자'라고 불렀다. 1988년《뉴욕타임스》는 미국 전역의 소년원에 자리가 없다고 보도했다. 법원이 어떻게든 범죄율을 낮추기 위해 청소년을 성인으로 기소하기 시작했다. 감옥 인구가 빠르게 늘어갔다.

당시 가장 큰 우려를 산 건 청년층의 잇따른 노인 공격 사건이었다. 실제로 청년들이 뉴욕 지하철에서 베이비붐 세대인 버나드 괴츠(1947년생)를 강탈하려다 총으로 쏘는가 하면 관광객이 탄 차를 10대의 차량 탈취범들이 납치하는 사건도 발생했다.

하지만 이들이 예외적 경우였다. 적어도 살인사건을 놓고 봤을 땐 그랬다. 30대와 40대 초반 미국인을 겨냥한 살인 범죄율은 1980년대 초반보다 1990년대 초반에 오히려 더 낮았다. 이는 전반적으로 폭력 범죄가 급증한 시기에도 변화가 거의 없었다. 1990년대 15~24살의 X세대는 운이 별로 좋지 못했다. 이 연령층을 겨냥한 살인 범죄율이

---

[*] 크랙 전염병: 1980년대~1990년대 초 미국 전역의 주요 도시에서 크랙 코카인 사용이 급증한 현상

10년 사이 두 배로 증가한 것이다.

따라서 1980~1990년대 폭력 범죄 급증의 가장 큰 희생양은 고령의 베이비붐 세대와 사일런트 세대가 아닌 젊은 X세대였다. X세대는 이들 범죄의 상당수를 저지른 가해자였지만 대부분의 피해자이기도 했다. 이처럼 10대 청소년이 베이비붐 세대 성인을 잡아먹는다는 '슈퍼 포식자' 헤드라인 뒤에는 젊은 X세대끼리 서로 죽고 죽이는 냉혹한 현실이 있었다. 이례적으로 높은 살인 범죄율은 밀레니얼 세대가 15~24살 집단으로 성장한 2000년 무렵 감소했다.

폭력 범죄율과 살인 범죄율

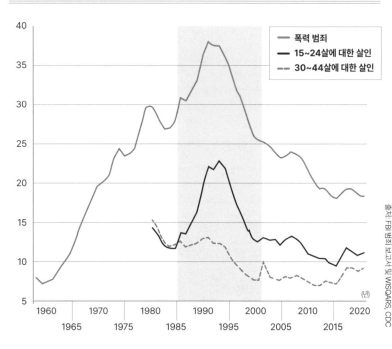

출처: FBI 범죄 보고서 및 WISQARS, CDC

* 1985~1999년 X세대는 15~24살 연령 집단을 장악했다(음영 구간). 폭력 범죄는 5,000명 기준, 살인 범죄는 10만 명 기준으로 집계되었다. 따라서 살인 범죄보다 폭력 범죄 발생률이 20배가량 더 높았다.

살인 사건 피해자 대부분은 젊은 남성이었다. 살인 범죄율이 최고 치를 기록한 1993년, 젊은 남성이 살해당할 확률은 젊은 여성보다 6배 가까이 높았다. 인종 간 격차도 상당히 컸다. 백인 청년보다 흑인 청년이 살해당할 확률이 9배가량 더 높아 그렇지 않아도 컸던 인종별 살인 범죄율 격차가 더욱 벌어졌다.

1980년대 후반~1990년대 초반에 걸쳐 살인 범죄가 그토록 급증한 원인은 명확하지 않다. 일각에서는 크랙 전염병을 원인으로 지목한다. 어떤 이들은 1990년대 초반 저렴한 총기류가 시장에 넘쳐나 쉽게 손에 넣을 수 있었기 때문이라고 지적한다. 하지만 범죄는 흑인이 주로 거주하던 도시 빈민가에서 가장 심각하게 일어나 조직원뿐 아니라 운 나쁜 인근 주민의 생명까지 앗아갔다. 그때까지만 해도 인종 간 범죄 피해율 격차 같은 건 전혀 알려지지 않았다. 《13번째 세대》에서 저자들은 청년 범죄와 '도심 갱스터 문화'를 7페이지에 걸쳐 다루면서도 인종에 대한 언급은 단 한 차례도 하지 않았다. 하지만 통계에서 보듯 X세대 흑인이야말로 80년대와 90년대 초반 급증한 범죄의 가장 큰 피해자였다는 사실은 명백하다. 이 시기는 미국인, 그중에서도 흑인 사회에 지울 수 없는 상처를 남겼다. X세대 영화감독 존 싱글턴(1968년생)은 1991년 반자전적 영화 〈보이즈 앤 후드〉를 통해 이 같은 현실을 포착했다. 영화는 범죄 조직이 기승을 부리는 로스앤젤레스 남부에서 살아남기 위해 애쓰는 청년들의 비극을 그렸지만, 너무 많은 이들에게 90년대는 결국 스러진 이들에 대한 기억으로 남았다.

패스트푸드점 점원에서 테크 백만장자로
: 한량 이미지와 다르게 높은 소득

1990년대 초반 X세대가 직면한 문제는 범죄만이 아니었다. X세대는 자신을 둘러싼 경제환경이 베이비붐 세대에 비해 좋지 않다고 늘 한탄했다. 1990년대 초반, X세대에게 성공은 요원한 일이며 부모 세대만큼 잘살 수 있는 확률도 제로라는 전망이 가득했다. 책《X세대》(1991)에서는 '맥잡*'이라는 용어가 처음 등장했고 전반적으로 X세대는 잠재력을 제대로 발휘하지 못하고 있다는 어조가 지배적이었다. 제프리 홀츠(1966년생)를 비롯한 X세대 작가들은 통계와 차트를 수집해 X세대의 열악한 경제 상황을 보여주었고, 1995년에 출간한《웰컴 투 더 정글》에서 홀츠는 X세대를 아예 '빈곤 세대'로 설명했다.

실제로 1990년대 초반 청년층, 특히 18~24살 청년은 이전 수십 년간 등장했던 청년보다 소득이 적었고 1990년대 초반 주택을 소유한 X세대 역시 같은 연령대의 베이비붐 세대에 비해 적었다. 하지만 X세대의 경제 전망에 대한 이 같은 평가는 두 가지 커다란 이유로 인해 타당하다고 할 수 없다.

첫째, 당시 X세대의 소득이 적었던 건 슬로우라이프의 청년 초기 단계 전략에 따라 학업을 마치는 데 더 오랜 시간이 걸렸기 때문이다. 실제로 30대 초반 연령층 가운데 4년제 대학의 학위 취득 비율은 베이비붐 세대가 4명 중 1명이었던 반면 X세대는 3명 중 1명이었다. 이는 X세대가 성인으로서 커리어를 시작하는 데도 더 오랜 시간이 걸

---

* 맥잡McJob: 임금, 평판, 대우, 혜택 면에서 모두 형편없고 미래도 없는 서비스직

렸다는 사실을 뜻한다. 학업 기간이 길면 10대와 20대 초반에는 돈을 별로 벌지 못하지만 나중에는 더 많이 벌 수 있다. 긴 가방끈은 지연된 만족감과 동의어다.

GI세대의 대다수는 심지어 고등학교조차 졸업하지 않았지만 X세대는 평균적으로 대학에 진학했고 35%는 4년 이상 대학을 다녔다. 2020년에는 45~54살 (모두 X세대) 중 4년제 대학 학위를 취득한 이들이 10명 중 4명에 달했는데 이른바 한량 세대에서 나쁘지 않은 수치다.

X세대를 둘러싼 경제 전망이 암울하기 짝이 없었던 데는 또 다른 원인이 존재한다. 1990년대 초반에 보도된 기사는 하나같이 당대의 부진한 경제 실적에 초점을 맞추고 있었다. 1992년 빌 클린턴이 대선에 출마했을 당시 선거 참모들의 비공식 슬로건은 "바보야, 문제는 경제야"였다. 1993년은 물론, 심지어 1995년에도 사람들은 1990년대 후반 미국 경제가 폭발적으로 성장하리라고는 꿈에도 예상하지 못했다. 이때의 경제 성장은 대부분 X세대가 특기를 발휘한 기술 산업의 주도로 이루어졌다.

그 결과 1990년대 중반 몇 년 사이 X세대의 대중적 이미지는 백수 한량에서 인터넷 백만장자로 180도 달라졌다. 둘 다 정확한 비유는 아니었지만 이 같은 고정관념 변화는 청년 소득의 실제 변화에 따라 일어난 것이었다.

1993년 25~34살 가구의 중위 소득이 무너졌다. 2020년 달러 기준으로 1978년보다 9% 낮은 5만 5,333달러로 하락하면서 책이며 기사에서는 하나같이 X세대의 끔찍한 경제 상황을 우려했다. 2000년 무렵 X세대가 대거 25~34살 연령 집단에 진입하고 경제가 되살아나자 이들의 소득은 21% 상승한 6만 6,946달러를 기록했다. 2019년

45~54살(모두 X세대) 가구의 중위 소득은 각각 2004년과 1987년에 같은 연령대였던 베이비붐 세대나 사일런트 세대에 비해 실제로 더 높았다. 따라서 X세대는 출발은 늦었을지언정 결국엔 더 높은 성과를 기록했다.

그렇다면 주택 소유 상황은 어떨까? 주택을 소유한 사람의 비율은 경제에 따라 등락을 반복하는 만큼 1990년대 초반 X세대의 소유율이 10~20년 전 같은 연령대의 베이비붐 세대보다 낮았다고 해서 놀랄 것은 없다. 사실, 1990년대 초반에는 모든 연령대의 주택 소유율이 이전보다 줄었다. 1990년대 후반 들어 반등하더니 2000년대 후반에 다시 하락했다. 이렇게 반복되는 등락으로 인해 경제 주기에서 세대적 특성을 분리하기는 어렵다. 이 문제를 해결하기 위해 나는 1982~2020년 주택 구입을 가장 많이 하는 연령대인 25~44살의 주택 소유 여부를 조사한 인구 데이터를 모두 통합해 분석했다. 결과는? 해당 연령대에 베이비붐 세대는 56%, X세대는 55%가 주택을 소유했으니 거의 동일하다. 이는 특히 X세대가 더 많이 대학에 진학해 경제활동 시기가 늦었다는 점을 고려하면 나쁘지 않은 결과다. 한마디로 X세대는 잘 해냈다.

항우울제 중독 국가, 아닐지도?
: 높은 자실률 vs. 안정적인 정신건강

1990년대 초반 20대 중 올블랙 의상을 고수한 이가 얼마나 많았는지 생각해보면 X세대의 10대 청소년이 이전 세대보다 우울증 비율이 더 높았던 것으로 연결지어 볼 수 있다. 이 같은 견해는 엘리자베스 워첼의 회고록 《프로작 네이션》(1994)이 출간된 이후 더욱 확산되었다.

실제로 X세대가 10대를 장악한 1980년대 후반~1990년대 초반 사이 10대 자살률이 급증했다. 이는 1990년대 중반 들어 폭력 범죄율이 떨어지기 시작하면서 함께 줄었다. 10대 자살률이 증가한 게 자살률이 전반적으로 급증하면서 생긴 현상은 아니었다. 대부분 베이비붐 세대였던 30~44살의 자살률은 이전과 별 차이 없었다. 물론 비교적 높은 수준이기는 했다. 앞에서 살펴본 것처럼 베이비붐 세대의 자살률은 사일런트 세대보다 꾸준히 높았다.

X세대의 10대 청소년 자살률 최고치는 당시 베이비붐 세대가 10대였던 1970년에 비해 두 배 가까이 높았다. 하지만 여기에는 다른 원인이 작용했을 수 있다. 1990년대 초반에 값싼 총기류를 손에 넣기가 한결 수월해진 것이다. 실제로 10대 자살자가 증가한 건 전적으로 총기 자살이 증가한 데 따른 결과였다. 당시 다른 방법을 사용한 자살 건수는 오히려 줄었다. 다른 방법의 자살 시도는 실패하기 마련이지만 총을 사용했을 땐 실패란 없었다. 따라서 10대 X세대의 자살률 급증은 정신적인 문제보다는 값싼 총기류의 확산에 따른 결과로 볼 수 있다. 고등학교 마지막 학년인 12학년(18살)을 대상으로 한 연간 조사에서 불행하다고 답한 비율은 베이비붐 세대가 10대였던 1978년에는 12%였지만 X세대가 10대였던 1992~1993년에는 18%였다.

X세대는 청소년기에는 정신적으로 불안했지만 성장하면서 한층 나아져 훨씬 안정적인 성인기를 보냈다. 이들의 자살률은 청소년기에는 높았던 반면, 성인기에는 베이비붐 세대보다 낮아졌다. 성인 자살

률은 1950년대 후반 태어난 베이비붐 세대에서 정점을 찍은 뒤 감소했다.

정신건강의 다른 측면은 또 어떨까? 두 가지 대규모 조사를 통해 우리는 X세대와 베이비붐 세대가 동일 연령일 때 정신건강을 비교해보았다. 가령 둘 다 35~38살에 해당하는 1993~1999년의 베이비붐 세대와 2003~2007년의 X세대를 비교한 것이다.

여기서는 세대 간 차이가 거의 드러나지 않았다. 정신적으로 우울한 날의 수(슬프고 모두 게 버거우며 예민한 상태 포함)와 상당한 스트레스에 시달리는 이들의 수를 측정했을 때 X세대는 베이비붐 세대와 거의 동일한 결과를 나타냈다.

설문조사를 통해 우울증을 평가한 지는 몇 년 되지 않았지만 X세대가 성인기에 베이비붐 세대보다 유독 우울한 건 아니었다는 사실을 다시 한번 알 수 있다. 41~55살 연령대가 베이비붐 세대에서 X세대로 교체된 2005~2020년 사이에 우울증의 비율은 약간 감소했다. 이는 다른 세대끼리 비교했을 때와는 사뭇 다른 결과다. 우울증은 56~74살의 연령대가 사일런트 세대에서 베이비붐 세대로 교체됐을 때 증가했고, 26~40살 연령대가 X세대에서 밀레니얼 세대로 교체됐을 때도 많아졌다. 이에 따라 우울증은 사일런트에서 베이비붐 세대로 넘어갈 때 증가했다가 베이비붐 세대에서 X세대로 넘어갈 때 소폭 감소했고 X세대에서 밀레니얼 세대로 넘어갈 때 다시 증가했음을 알 수 있다.

결과적으로 X세대의 정신건강은 베이비붐 세대보다 나쁘지 않았다. 조금 더 나은 수준이었다. 항우울제가 X세대를 장악할 것이라는 암울한 예측이 현실로 이어지지 않았다는 의미다. 적어도 베이비붐 세대보다 심하지는 않았다. X세대는 그저 날씬해 보여서 검은 옷을 즐겨 입은 것인지 모른다.

이처럼 X세대에서 큰 변화가 나타나지는 않았지만 전후 맥락을 살펴볼 필요가 있다. 우울증은 사일런트 세대에서 베이비붐 세대로 넘어오면서 워낙 크게 늘었기 때문에 X세대에서 우울증 정체기가 나타났더라도 여전히 역사적으로 상당히 높은 수준이었다고 볼 수 있다. 그럼에도 한 가지 고무적인 건 우울증이 X세대에서까지 증가하지는 않았다는 사실이다. X세대는 10대 시절이 불안하기는 했지만 자유로운 유년기와 독립적인 청소년기를 보낸 덕분에 성인기에 버틸 자원을 확보할 수 있었던 것으로 보인다.

《X세대를 위한 제로 아워》의 저자 매튜 헤네시(1973년생)는 X세대의 성장 환경에 강점이 있다고 주장한다. "X세대는 미국 일부 지역에는 이미 사라지고 없는 촉각의 세계에서 자랐다. 우리는 헬멧이나 보호대를 착용하지 않고 자전거를 탔다. 학교까지 걸어가서 야구 연습을 하고 연극 리허설을 한 뒤 집으로 돌아왔다. 내내 감시하는 사람 없이 말이다. 그리고 해가 질 때까지 동네를 배회했다." 헤네시가 이어서 회상했다. "부모님이나 친구들에 반드시 연락해야 하는 일이 생기면 휴대폰 없이도 얼마든지 해냈다. 이 같은 독립성 덕분에 우리는 현재 미국에서 서서히 사라지고 있는 회복탄력성과 자립심을 키울 수 있었다. 우리의 어린 시절이 궁금하다면 최근 인기를 끌고 있는 아이들의 기개를 키우는 방법에 관한 책을 참고하면 된다."

아무도 믿지 마라
: 냉소주의, 권위에 대한 회의

1980년대 후반 여론 조사 기관에서 뭔가 이상한 조짐을 감지했다. 역사적으로 젊은 층은 이상주의적이고 연령대가 좀 더 높은 이들은 냉소적이어서 타인이나 보고 들은 것을 잘 믿으려 하지 않는다. 보통 나이가 있으면 경험치가 쌓여 자기 주관도 확고해지는 데 따른 결과로 인식된다. 하지만 이 시기에 실시한 여론조사에서는 정반대 결과가 나왔다. 냉소주의가 젊은 층 사이에서 가장 높게 나타난 것이다. "24세 미만의 경우? 그들은 전부 헛소리라고 생각한다." 한 작가가 이렇게 적었다. 이는 당시 X세대가 냉소적이고 비관적이며 소외돼 있다는 고정관념에도 맞아떨어졌다. 태어나던 순간부터 광고의 홍수 속에 살아온 X세대는 그 어떤 것도 믿지 않았다. 눈동자를 굴리며 "상관없어"라고 내뱉는 젊은 X세대를 떠올려보라.

1990년대 초반 X세대의 고등학교 졸업반 학생 중에서 대부분의 경우에 사람을 믿을 수 있다고 동의한 이는 1970년대 후반 베이비붐 세대의 절반 수준이었다. 이는 단순한 냉소주의로 치부할 현상이 아니었다. X세대는 타인을 개인적으로 신뢰하지 않으며 언제나 신중하게 대해야 한다고 답했다. 사람은 모두 자기 자신을 위해 살아가는 만큼 나 자신을 보호할 수 있는 건 나뿐이라는 데 동의했다.

사람은 대부분 공정하고 남을 돕는다는 명제 역시 X세대는 별로 믿지 않았다. 게다가 이 같은 생각은 1990년대 초반의 여러 부정적 트렌드와 달리 경제 상황이 나아진 뒤에도 바뀌지 않았다. 밀레니얼 세대와 Z세대 역시 고등학교 졸업반 시절 믿음이 부족했던 것이다. X

세대에게 시작된 냉소주의와 불신의 문화는 시간이 지나서도 그대로였다.

이는 단순히 X세대가 암울했던 1990년대 초반 젊은 시절을 보냈기 때문에 나타난 현상일까? X세대도 나이가 들수록 신뢰를 회복해갈 수 있을까? 답은 '아니요'다. 2000년대 후반~2010년대 초반 41~55살의 연령군이 베이비붐 세대에서 X세대로 교체되자 이 집단에서도 신뢰도가 현저히 낮아진 것으로 나타났다. 반면, 같은 기간 사일런

상대방에 대한 신뢰를 표시하는 18살 비율

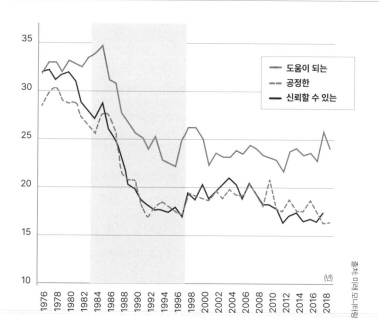

* 음영 구간이 X세대다. 구체적인 질문은 다음과 같다. '사람들은 대개 타인에게 도움이 되려고 노력하나요, 아니면 자신만 챙기나요?', '사람들은 기회만 있으면 당신을 이용하려고 하나요, 아니면 공정하려고 노력하나요?', '일반적으로 말할 때 타인을 대부분 신뢰할 수 있나요, 아니면 최대한 조심해야 하나요?'

트 세대에서 베이비붐 세대로 교체된 56~74살 연령군은 꽤 안정적인 신뢰도를 유지했다. X세대는 성인기 이후 모든 출생 연도에 걸쳐 신뢰도가 꾸준히 하락한 첫 번째 세대였으며 밀레니얼 세대와 Z세대 역시 이 같은 하락 추세를 이어갔다. 한마디로 1960년대 이후 태어난 세대는 타인을 신뢰할 확률이 현저히 낮았다.

친구, 가족이나 동료와 맺는 사회적 관계는 상호 신뢰가 바탕이 될 때 가장 잘 작동한다. 사람들이 서로 믿지 못하면 사회 구조는 무너질 수밖에 없으며 불신은 모두가 언제든 적이 될 수 있는 사회를 창조한다. 게다가 신뢰는 경제의 초석이다. 신뢰가 없으면 모든 거래가 중단되기 때문이다. 한 경제학자는 다이아몬드가 가득 담긴 가방을 보석상에게 건네며 검사를 의뢰한 다이아몬드 도매상을 예로 들었다. 만약 도매상이 보석상을 신뢰하지 못한다면 거래는 진행되지 못하거나 도난 방지를 위해 경비를 배치하느라 상당히 지연될 것이다. 인터넷으로 상품을 구입하는 것도 마찬가지다. 선입금을 하고 상품은 추후 배송받는 만큼 판매자에 대한 신뢰가 있어야 한다. X세대가 그토록 신뢰를 잃은 이유는 무엇일까? 1980~1990년대의 높은 범죄율이 한 가지 원인일 수 있지만 범죄율이 떨어진 이후에도 신뢰는 회복되지 않았다. 신뢰도는 사실 불황기라고 하락하고 호황기라고 상승하는 것이 아니다. 굳이 따지자면 오히려 그 반대로 신뢰도는 1980년대 경제 호황기에 최대치로 떨어졌다. 당시 눈에 띄는 한 가지 현상은 소득 불평등의 증가였다.

경제체계에 외부 세력이 작용하는 것처럼 보이고 조작이 의심되고 특정 무리가 다른 무리보다 훨씬 많이 가져갈 때 신뢰는 무너진다. 소득 불평등의 원인에는 여러 가지가 있지만 정부 정책이 세금을 비롯해 모든 걸 '개인에게 맡기는' 형태로 기울어 가는 개인주의적 자본주의가 그중 하나다. 신뢰 부족은 사회규범을 중시하지 않는 개인주의적 태도에서 기인하기도 한다. 물론, 개인주의에서는 타인과의 차이를 존중하도록 가르치지만 자칫 타인의 취향을 무시하는 '나 우선주의'를 조장해 불신을 초래할 수 있다.

설사 개인이 서로를 신뢰하지 않는다고 해도 정부가 법과 규제를 활용해 사람들 간의 불상사를 막고 서로 돕고 살도록 이끌어준다면 사회는 충분히 합리적으로 기능할 수 있다. 그런데 만약 국민이 정부를 신뢰하지 않는다면 어떻게 될까?

지금 바로 그런 일이 벌어지고 있다. 고등학교 졸업반 학생들 사

소득 불평등과 신뢰 부족 비율

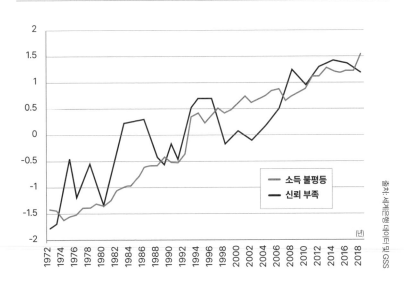

출처: 세계은행 데이터 및 GSS

* 소득 불평등은 지니 계수로 측정되었다. 변수는 표준화되었다.

이에서 정부에 대한 신뢰도는 1970년대 중반~1980년대 중반 한결같이 높다가 하락세에 진입했고 이후 9·11 테러로 잠시 상승했을 때를 제외하면 계속 떨어져 다시는 이전 수준을 회복하지 못했다.

X세대의 매튜 헤네시 등 일부 작가들은 빌 클린턴 대통령의 모니카 르윈스키(1973년생) 스캔들로 인해 X세대가 정부에 갖고 있던 마지막 신뢰마저 깨져버렸다고 추정한다. 물론, 이 사건이 치명적이기는 했지만 정부에 대한 18살 청소년의 신뢰도는 훨씬 오래전인 레이건의 두 번째 임기 시절부터 떨어지기 시작했다. 1990년대 후반 청년층은 정치인에 이미 상당히 회의적이었다. 정부에 대한 청년층의 신뢰도는 X세대가 퇴장한 이후에도 결코 회복되지 않았다.

다른 기관에 대한 신뢰 역시 부진하기는 마찬가지였다. 언론을 향한 신뢰는 20세기 전반기에 태어난 세대에서는 굳건했지만 베이비붐 세대 들어 금이 가기 시작해 X세대에서 완전히 깨져 버렸다. 케이블 TV 채널은 시청률 경쟁에 급급하고 지역 신문사는 줄줄이 도산하는데다 인터넷 뉴스도 조회 수 늘리는 데만 매달리면서 모두에게 신뢰를 주는 뉴스가 아닌, 모두의 시선을 붙잡을 수 있는 뉴스만 기승을 부리고 있다.

타인, 정부, 언론에 대한 신뢰라는 세 가지 요소는 민주주의가 제 기능을 하는 데 반드시 필요하다. 관련 데이터가 있어야 2020년과 2021년의 국가 상황 역시 설명할 수 있다. 거짓 정보는 왜 그렇게 널리 퍼지는지, 2020년 선거 결과에 왜 의문이 제기됐는지, 2021년 1월 6일에 의회는 왜 습격당했는지 말이다. 이 모든 사건이 벌어질 수 있었던 건 언론이나 정부에 대한 신뢰가 더 이상 존재하지 않기 때문이다. 현대 사회는 정부, 돈, 기업, 세금 등의 추상적 개념을 바탕으로 운용되기 때문에 사람들은 신뢰할 수 있는 지도자와 언론을 통해 진실을 가릴 수 있어야 한다. 하지만 현실이 이 같은 전제를 더 이상 따라주지 못하는 지금, 진실은 미궁 속으로 빠져버렸다.

미국의 의료 부문에 대한 신뢰도 역시 이전에 비해 훨씬 떨어진 것으로 나타났다. 의료 부문을 상당히 신뢰한다고 답한 베이비붐 세대, X세대와 밀레니얼 세대가 2000~2010년대 사이 급감한 것이다. 2021년 들어 사일런트 세대와 베이비붐 세대 사이에서는 회복세를 기록하기도 했지만 X세대와 밀레니얼 세대는 여전히 회의적이다. 예전엔 젊은 세대일수록 의료 부문에 대한 신뢰가 기존 세대보다 강했다. 아무래도 의료보험에 실망할 기회가 적기 때문일 것으로 추정된다. 하지만 2021년에는 이마저 뒤집어져 권위에 대한 신뢰 부족 경향이 의료 부문에까지 확산된 것으로 나타났다.

신뢰 부족으로 인해 코로나19 허위 치료법 등 다양한 음모론이 기승을 부렸다. 2021년 12월, 한 의사가 인터넷의 익명 게시판에 '큐어넌*의 희생자'라는 제목의 글을 올렸다. 환자 가족은 의사가 "대량 학살을 저지르려는 국제적 음모에 가담하고 있다"고 고함치며 코로나19에 걸린 가족에게 비타민C나 하이드로클로로퀸을 대량 처방해 달라고 주장했다. 38살의 환자 아내는 의사에게 (허위 치료제) 이버멕틴을 요구했지만 의사가 이를 거부하자 무식한 의사라고 비난했다. 환자가 죽어가는데도 그의 아내는 마스크를 쓸 수 없다며 병원에 들어오지 않았다. 환자는 결국 가족도 없이 의사의 손만 잡은 채 사망했다. 의사가 주차장에서 기다리던 환자 아내를 찾아가 남편의 사망 소식을

---

* 큐어넌QAnon : 인터넷 게시판에서 유래한 미국 극우 음모론의 일종

알리자 그녀는 의사에게 살인자라고 외치며 주먹을 날려 코뼈를 부러 뜨렸다. 의사는 그날로 병원을 그만두고 이렇게 결론지었다. "의사로 30년을 살았는데 큐어넌의 미치광이들이 결국 나를 환자들로부터 쫓아내는 데 성공했다."

신뢰 부족이 X세대뿐 아니라 모든 세대의 일부 사람들을 이렇게 극단적 상태로 몰아갈 수 있었던 데는 개인주의의 영향도 크다. 개인주의는 사람마다 전문 지식에는 차이가 있지만 각자의 견해가 모두 나름 타당하다는 발상을 낳았다. 그래서 코로나19 백신을 차라리 본인이 '직접 연구하겠다'고 나서는 이들이 생기는 것이다. 위 사례의 의사는 자신감 과잉이 음모론 숭배로 이어질 수 있다고 주장했다. 환자 가족들은 말로는 병원이 환자를 죽인다고 하면서 정작 병원에 데려오는 이유가 무엇인가? 의사는 이렇게 말한다. "저는 답을 알고 있습니다. 그들도 다 거짓말이라는 걸 알고 있어요. 거대한 자아가 그걸 인정하는 걸 용납하지 않는 것뿐이죠."

마스크 착용 같은 방역수칙을 거부하는 행위 역시 개인주의에서 비롯된다. 자신은 순전히 개별적 존재인 만큼 어느 누구도 이래라 저래라 할 수 없다고 생각하기 때문이다. 개인주의 문화에서는 개인의 행동이 집단에 미치는 영향 따위는 별로 고려되지 않는다. 마스크는 모두가 함께 착용할 때 효과가 가장 좋다는 사실도 그랬다. 지난 50년간 개인주의가 뼛속까지 스며든 곳에서 마스크 의무 착용을 실시하기는 상당히 힘든 일이었다. 학교와 상점을 폐쇄하는 방역 수칙은 경제적, 심리적으로 훨씬 커다란 반향을 일으켰으며 사람들이 이 수칙에 따르지 않는 요인에는 단순한 개인주의 이외에 몇 가지가 더 있을 수 있다.

기관에 대한 신뢰가 추락한 데는 기술의 영향도 크다. 소셜미디어와 인터넷은 전반적으로 개인주의의 확산을 부추겼다. 정확하든 정확하지 않든 일단 정보를 구할 수 있는 곳이 차고 넘치는 만큼, 사람들은 마음만 먹으면 얼마든지 연구를 진행할 수 있었다. 의학 정보가 일반인은 접근할 수 없는 교재에 한정됐을 때만 해도 사람들은 의사를 믿는 수밖에 없었다. 하지만 마음만 먹으면 인터넷 등에서 얼마든지 정보를 찾을 수 있게 되자 사람들은 매사에 의문을 품게 되었다. 물론, 덕분에 환자도 스스로 공부해 자신을 대변할 수 있게 됐다는 건 장점으로 꼽을 수 있다.

지나치게 많은 정보가 여기저기 떠도는 데 따른 부작용은 백신이 출시되고 얼마 지나지 않아 명백해졌다. '내가 직접 조사한 정보'는 출처가 검증됐을 때는 도움이 되지만 그렇지 못할 때는 문제만 일으킨다. 일반인으로서 검증된 출처와 그렇지 못한 출처를 구분하기란 쉽지 않다. 당신의 마음에 들지 않는다면? 그건 가짜 뉴스다. '가짜 뉴스'란 처음에는 신뢰할 수 없는 웹사이트에서 상업적 이익을 위해 게시한 허위 기사를 의미했지만, 언제부턴가 자기 마음에 들지 않으면 모두 가짜뉴스라고 하면서 본뜻을 잃었다. 온라인 뉴스가 표준이 되고 신뢰는 바닥을 친 상황에서 진실은 미궁 속으로 빠져들었다. 믿을 건 나 자신뿐이라는 신념이 만연한 사회에서 이제 집단행동은 불가능해졌다. 심지어 기본 사실에 대한 집단 합의조차 끌어내기 힘들다.

우리 잘 지낼 수 있을까?
: 회의론, 인종 인식

1991년 3월 3일의 이른 아침 배관공 조지 홀리데이는 경찰차 사이렌 소리에 잠이 깼다. 신발 상자 크기의 새 캠코더를 즉각 꺼내들고 아파트 발코니로 나갔다. "전자기기를 새로 장만했을 때 어떤 기분인지 아시잖아요." 그가 나중에 말했다. "뭐든 닥치는 대로 찍게 되죠. … 사람들은 얼마든지 서로에게 책임을 떠밀 수 있어요. 하지만 카메라에 찍히면 상황이 달라지죠. 반박의 여지가 없거든요."

홀리데이의 카메라에는 로스앤젤레스 경찰관 4명이 25살의 로드니 킹(1965년생)을 구타하는 장면이 찍혔다. 토요일 밤 킹은 친구 두 명과 함께 다른 친구 집에 모여 술도 한 잔 하고 농구 경기도 시청했다. 과속운전으로 경찰차와 고속 추격전을 벌인 끝에 코너에 몰리면서 차에서 내려 경찰의 지시대로 바닥에 엎드렸다. 홀리데이가 찍은 영상은 전기총 충격을 받고 쓰러진 킹이 일어나려고 애쓰는 모습에서부터 시작되었다. 다시 쓰러진 이후에도 경찰관들은 킹을 곤봉으로 때리고 발로 차기를 반복했다. 이 영상은 이후 몇 달간 TV에서 끊임없이 흘러나왔다.

영상이 공개된 후 LA 경찰관 네 명은 체포돼 기소되었다. 1992년 4월 29일 대부분 백인으로 구성된 배심원단이 경찰관들에게 무죄를 선고했다. 이후 LA에서 폭동이 일어나 6일간 계속되면서 63명이 사망하는가 하면 10억 달러의 재산 피해까지 발생했다. 헬리콥터로 촬영한 영상에는 폭도들이 백인 트럭 운전기사 레지널드 데니를 트럭에서 끌어내 구타하는 장면이 담겼다. 이후 로드니 킹은 TV에 출연해

"우리 그냥 잘 지내면 안 될까요?"라며 이성을 되찾자고 호소했다.

X세대, 특히 인종에 대해 별로 생각해볼 일이 없는 호사를 누린 백인 X세대에게 킹의 구타와 LA폭동은 커다란 충격이었다. X세대는 인종이 분리된 학교나 음수대, 그리고 자유를 위한 행진을 직접 경험해 본 적 없는 첫 번째 세대였다. 인종차별은 진작에 끝났어야 했다.

LA폭동 발생 2년 후, 은퇴한 미식축구 선수 O. J. 심슨의 별거 중인 아내 니콜(1959년생)과 그녀의 친구 로널드 골드만(1968년생)이 죽은 채로 발견되었다. 5일 후 심슨을 살인범으로 지목하는 증거가 늘면서 그는 당국의 권유대로 자수하겠다는 의사를 밝혔다. 하지만 결국 친구인 알 카울링스와 함께 집에서 도망쳤고 경찰과 이른바 '저속 추격전'을 벌인 끝에 체포돼 유치장 신세가 되었다. 이후 진행된 심슨의 재판은 1995년 당시 9개월에 걸쳐 생방송으로 중계될 만큼 세간의 이목을 집중시켰다. 심슨은 불리한 증거가 압도적으로 많았음에도 무죄 판결을 받았다. 이에 대해 대다수 사람들은 정의가 농락당했다고 비난했고 다른 이들은 사법체계에서 보기 드문 흑인의 승리라며 환호했다. 이 판결은 미국 사회의 인종분열을 고스란히 드러냈다. 심슨이 유죄라고 주장하는 이는 흑인 가운데는 10명 중 3명이었지만 백인 가운데는 10명 중 8명에 달했다. 미국에서 인종차별은 끝났다는 환상, 어쨌든 흑인은 단 한 번도 믿은 적 없는 이 발상은 해당 판결 이후 자취를 감췄다.

젊은 X세대는 인종 간에 감도는 긴장을 직접 체감하게 되었다. 1990년대 고교 졸업반 학생 중 흑인과 백인의 관계가 악화되고 있다고 답한 이들의 수가 급증하면서 인종관계가 걱정된다는 이들도 그만큼 많아졌다. 대학생들은 인종 간에 서로 이해할 수 있도록 노력하는 것이 그 어느 때보다 중요하다고 믿었다. 개인주의는 인종평등주의를 확산시키는 데 중요한 역할을 했지만 혁명은 불완전했다. 평등에 대한 강한 믿음 속에 성장한 대다수 X세대는 인종평등을 향한 싸움이 아직 끝나지 않았음을 깨달았다.

2000년대가 되면서 상황이 저절로 해결되는 듯 보였다. 9·11 테러 이후 미국이 단합하면서 인종 문제는 뒷전으로 물러났다. 미국은 비욘세를 모든 매체의 여왕으로 추대했고, 숀다 라임스(1970년생)가 만든 ABC 드라마에 열광했으며, 흑인 대통령을 그것도 두 번이나 선출했다. 인종차별은 끝났다는 얘기가 또다시 흘러나오기 시작했다. 2008년《월스트리트 저널》은 오바마의 당선을 두고 "이렇게 멋진 나라에서 인종차별이 성취의 걸림돌이 된다는 오해를 종식시킬 수 있을 것"이라고 주장하기도 했다.

이 같은 예측에 대부분은 동의하지 않았지만 인종 문제와 관련해 2000년대~2010년대 초반은 비교적 조용한 시기였다. 12학년(18살) 사이에서도 인종 관계를 우려하는 이가 5명 중 1명이 채 되지 않았고 실제로 악화됐다고 믿는 이 역시 10명 중 1명도 안 됐다. 하지만 2014년 미주리주에서 마이클 브라운이 경찰에 총격당하는 사건이 발생하면서 인종갈등이 다시 고조되었다. 그리고 2010년대 후반 이후 몇 년에 걸쳐 인종갈등이 들끓은 뒤 무슨 일이 벌어졌는지는 우리 모두 잘 알고 있다. 2020년 미니애폴리스에서 조지 플로이드(1973년생)가 사망하면서 인종문제가 또다시 미국을 집어삼켰다. 2021년 인종 관계가 악화되었다고 여기는 12학년의 수는 사상 최고치를 기록했다.

2015년 이후 인종에 관한 대화의 전면에 나선 작가와 사상가 중 상당수는 X세대였다. 타네히시 코츠(1975년생)와 니콜 한나 존스(1976

인종과 불평등 문제에 동의한 18살 및 대학 신입생 비율

인종 간에 서로 이해하도록 노력하는 것이 중요하다
흑백 인종 갈등이 악화되었다
인종 관계가 우려된다

출차: 미래 모니터링 및 미국 신입생 조사

* 음영 구간이 X세대다. 인종 간 이해를 도모하는 데 대한 질문은 대학 신입생에게, 인종 관계에 대한 질문은 12학년(18살)에게 제시되었다. 2020년의 12학년(18살) 데이터는 코로나19 팬데믹으로 학교가 폐쇄되기 이전이자 조지 플로이드 사망과 관련해 시위가 발생하기 이전인 2월~3월 초에 걸쳐 수집되었다.

년생)는 X세대의 다른 이들과 마찬가지로 인종분리정책을 경험하지는 못했지만 상당한 반향을 일으킨 그들의 책에서 만연한 불평등을 보여주며 그들이 여태 기승을 부리는 이유가 무엇일지 질문했다. 모든 인종의 X세대는 개인주의와 냉소주의가 갈수록 심화되는 문화 속에서 성장한 만큼 모든 것에 의문을 제기하는 법을 배웠다. X세대는 정부는 무한 신뢰할 수 있는 존재가 아니며, 사회 규칙 역시 탐구하고 문제를 제기해야 한다고 믿고, 필요하면 폐지할 수 있다고 여기도록 배운 것이다. 이 같은 X세대의 의심 많은 특징은 심지어 같은 인종이나 민족 집단 내에서도 천차만별로 그들을 갈라놓았다. 존 맥워터(1965년생)는 그의 책 《깨어난 인종차별주의》에서 2015년 이후 인종에 쏟아진 새로운 관심을 한층 부정적인 시각에서 바라보았다. 말은 번지르르하게 하면서 정작 행동으로 연결하지 않는 현상은 자신 같은 흑인을 바보로 여기는 처사라고 비판했다.

X세대는 또 인종문제가 단순히 흑인과 백인만의 문제는 아니라고 여겼다. 첫 번째 X세대가 태어난 1965년 당시 존슨 대통령은 출신 국가에 따른 이민자 수 제한을 철폐하는 혁신적 법안에 서명했다. 덕분에 역사적으로 북유럽인들에게 유리하게 작용해온 제도가 폐지되고 이후 수십 년에 걸쳐 아시아, 라틴 아메리카와 중동에서 수백만 명의 이민자가 유입되었다. 그들의 X세대 자녀는 앞으로도 계속해서 미국의 다음 세대를 다양하게 만들 것이다. 한때 백인과 흑인만 가득했던 고등학교와 대학교 교실에 이제는 히스패닉과 아시아계 학생까지 북적이고 있다. 일부 학교에서는 이 같은 현상이 특히 두드러지게 나타났다. 1990년대 중반 캘리포니아 대학교 버클리 캠퍼스 학생 10명 중 4명이 아시아계 미국인이었던 것이다.

히스패닉이나 아시아계 인종이 벌써 수십 년째 미국에서 살아오고 있지만 이와 별개로 주요 세력을 형성해 주목받는 이민자들도 늘고 있다. 아프리카와 중동에서 온 이민자들 역시 뚜렷한 입지를 구축했다. 이들은 심지어 미시간주에 정착한 중동인들이나 미네소타주의 소말리아인들처럼 미처 예상하지 못한 곳까지 이민자 사회를 형성했다.

X세대는 전 세계에서 모여든 이민자로 인해 생겨난 변화를 온몸으로 경험한 첫 번째 세대다. 이민자의 X세대 자녀들은 대학교 기숙사에서 유년기의 추억을 공유하고, 교실에서는 성인식, 사리, 히잡이나 중국 설날 등 서로의 낯선 문화에 대해 이야기 나누며 유대감을 쌓았다. 오랜 세월 동안 햄버거, 캐서롤, 젤로 샐러드의 수렁에서 벗어나지 못했던 미국의 음식 문화에 타코, 스시, 딤섬이 등장했다. 이렇게 새로운 문화는 심지어 중부 지역까지 침투했다. 내 아버지의 고향 미네소타주 윌마의 경우, 한때 번듯한 레스토랑이라고는 퍼킨스뿐이었지만 이제 '아즈테카'에서 멕시코 요리를, '소말리 스타'에서 소말리아 음식을 맛볼 수 있다.

상관없어
: 정치적 무관심

1981년 앞날을 내다본 노래 '비디오 킬드 더 라디오 스타'와 함께 X세대의 최애 채널 MTV가 세상에 나왔다. MTV는 어린이 프로그램이나 따분하기 짝이 없는 어른 프로그램 이외에 볼거리가 없어 몸이 근질근질했던 X세대의 10대 청소년 사이에 즉각 열풍을 일으켰다. 무섭지만 위험하지 않고, 매끈하게 제작돼 빠져들 수밖에 없는 마이클 잭슨의 '스릴러' 뮤직비디오가 1983년 최초로 공전의 히트를 기록했다. 이 뮤직비디오는 바이럴 마케팅이라는 게 알려지기도 전에 바이럴 마케팅의 효과를 톡톡히 보았다.

1992년 MTV를 시청하는 10대들이 색다른 영상을 접하기 시작했다. 다가오는 대통령 선거에서 반드시 투표할 것을 촉구하는 광고에 그들이 가장 좋아하는 몇몇 뮤지션이 등장한 것이다. 서믹스어랏(1963년생)은 자신의 히트곡 '베이비 갓 백'이 곳곳에 삽입된 영상에서 이렇게 말한다. "요즘 랩 음악에서는 기존 질서를 디스하는 게 최고 인기입니다. … 인기를 얻고 싶다면 투표에 참여하세요. 여러분이 18살 이상이고 미국 시민이라면 투표할 권리가 있습니다. 불만이 있다면 투표로 표출하세요! 피스!" 분량이 3분 30초에 달하는 또 다른 흑백 광고에서는 마돈나가 X세대만 알아들을 수 있는 특유의 어조로 투표하기 너무 힘들다고 불평한다. 끝부분에서 스타일리스트가 1970년대 풍 드레스를 제안하자 마돈나는 이렇게 말하며 거절한다. "셰어가 그런 걸 입고 투표한다고!"

힙합이나 랩 뮤지션이 검열을 거쳐야 하는 현실을 우려해 1991년 음악산업 관계자들이 설립한 '록 더 보트'라는 기관의 지원으로 이들 광고는 제작되었다. 이들은 청년층이 투표에 많이 참여할수록 검열을 의무화하는 법과 정책의 인기가 떨어질 것이라고 여겼다. 1992년 광고는 노골적으로 X세대를 겨냥했고 '록 더 보트'는 1990년대는 물론 그 이후로도 청년 투표를 독려하는 목소리를 높여갔다.

초기 베이비붐 세대는 청년층에 투표를 촉구하는 게 꽤 재미있는 아이디어라고 생각했다. 청년 시절 자신들은 투표에 참여하는 데 그치지 않고 입영 통지서를 불태우는가 하면 정치적 의견을 표출하는 거리 행진도 단행했다. 그에 반해 X세대 아이들은 서믹스어랏과 '매터리얼 걸' 마돈나가 나서서 꼬드겨야 할 정도로 투표에 무관심했던 것일까?

그렇다고 볼 수 있다. 18~41살 청년 중 대통령 선거에 참여한 비율은 1940년대 후반 태어난 베이비붐 세대 가운데는 57%였지만 1960년대 후반 태어난 X세대에서는 47%에 그쳤다. 이 같은 차이가 미칠 영향은 명백했다. 예를 들어, 2016년 당시 이 연령군의 10%는 1,000만 명으로 2016년 대선에서 중서부 일부 주의 결과를 사실상 결정지은 8만 명보다 125배나 많은 수치다. 지난 몇 번의 대선처럼 박빙의 승부가 펼쳐진 선거에서는 단 몇 퍼센트가 운명을 가른다.

투표율의 세대별 추이 역시 중요하다. 베이비붐 세대는 초기에서 후기로 갈수록 투표율이 점점 낮아졌다. 따라서 출생 연도가 늦은 베이비붐 세대일수록 정치 부문 참여도가 낮은 것으로 나타났다. 이는 X세대와는 정반대 양상이다. X세대는 갈수록 참여율이 높아졌다. 1970년대 후반에 태어난 X세대는 1960년대 후반에 태어난 X세대에 비해 투표할 확률이 6% 더 높았다.

그럼에도 투표율은 유감스러울 정도로 X세대의 높은 무관심을 보여준다. 1968년과 1972년 초기 베이비붐 세대가 투표에 적극 참여한 데 비하면 1990년대 18~24살 연령군을 구성한 X세대는 대선 투표에 훨씬 소극적이었다. 청년 투표율은 1972년에서 1996년 사이 35%나 떨어졌다.

1992년 청년 투표율이 높아지고 매체에서도 X세대를 겨냥하기 시작하자 다수의 젊은 리더들이 정치단체를 설립하기로 했다. X세대를 투표장으로 이끄는 건 물론, 국가 부채나 사회보장제도 지급 능력 등 차세대의 요구사항에 정치인들이 주목하도록 만들기 위한 방안이었다. 존 코완(1965년생)과 롭 넬슨(1964년생)은 '이끌어라 … 아니면 떠나라Lead … or Leave'를 설립해 정치인들에 국가 부채를 줄이고 그러지 못할 것 같으면 사임하라고 종용했다. 이 단체는 대학 캠퍼스에서 집회를 열고 의회 계단에 4,000달러에 달하는 동전을 쏟아부어 부채를 상징했다. 국가 부채는 '우리의 베트남'이라고 코완과 넬슨은 말했다. 이들은 유권자 등록 비율을 높이는 등의 결실도 맺었지만 결국 실패해 1995년 와해되었다. 다음해 청년 투표율은 사상 최저치를 기록했다.

2000년대, 2010년대, 그리고 2020년에는 밀레니얼 세대와 Z세대가 청년층 투표에 참여해 투표율을 다시 베이비붐 세대 수준으로 끌어올렸다. 18~34살 연령군에서 X세대 투표율은 평균 43%였던 데반해 베이비붐 세대 투표율은 50%, 초기 밀레니얼 세대 투표율은 49%였다. 이렇게 보면 X세대는 청년기에 정치에 가장 무관심했던 세대로 판단된다.

하지만 이 같은 판단이 사실이 아닌 두 가지 이유가 있다. 첫째, 1996년과 2000년 선거에서는 베이비붐 세대와 사일런트 세대 역시 투표에 별로 참여하지 않았다. 전반적으로 평온한 시기에는 특히 젊은층 사이에 투표율이 떨어지고, 경기 침체기, 혹은 군사 동원이 생기는 전시에는 투표율이 오르는 경향이 있기 때문이다. 경기가 침체된 1992년에 젊은 X세대의 투표율이 오른 것도 서믹스어랏이나 마돈나의 노력 덕분이라기보다 이와 같은 이유에서였다.

둘째, X세대는 청년기를 지나 성인이 된 이후에는 투표에 더 많이 참여했다. 25~44살의 투표율이 반등했었던 2008년 당시 이 연령대의 구성원 대부분은 X세대였다. X세대는 나이 들면서 정치적 무관심에서 벗어나 중년에는 후기 베이비붐 세대의 투표율까지 뛰어넘었다. 한때는 개인주의로 무장한 X세대를 끌어내기엔 투표라는 행위에 공동체적 색채가 다소 강하다고 여겨졌다. 하지만 X세대도 나이 들면서 투표를 통해 개인적 견해를 표출할 수 있다는 사실을 깨달은 것으로 보인다.

2020년대에 X세대는 정치인들의 최대 관심사로 떠오를 수밖에 없었다. 투표에 가장 적극적으로 참여하는 중년기에 들어섰기 때문이다. 세월이 더 흐르면 X세대는 투표를 가장 많이 하는 60대에 접어든다. 2020년 X세대는 등록된 유권자 수만 4,000만 명으로 이미 대규모 유권자층을 형성했다. 이에 비해 베이비붐 세대는 5,200만 명, 밀레니얼 세대는 4,100만 명이었다. X세대는 밀레니얼 세대보다 투표에 더 많이 참여했다. X세대는 등록된 유권자의 93%가 투표한 데 비해 밀레니얼 세대의 투표율은 89%에 그쳤다. 하지만 X세대는 정치에 무관심하다는 인식이 뿌리 깊게 박혀서인지 이 같은 사실이 지금까지도 간과되는 경우가 많다. 실제로 대부분의 매체가 유권자 규모 면에서 밀레니얼 세대가 베이비붐 세대를 넘어섰다는 데 초점을 맞추고 있다.

매일이 지구의 날
: 환경 보호에 관심

정치적, 사회적 명분 중 X세대가 어렸을 때부터 유일하게 열정을 쏟은 분야가 있었으니 바로 환경이다. 1970년 처음 휴일로 제정된 지구의 날은 20년간 이름만 겨우 유지해왔다. 1990년 X세대를 포함한 여러 주최자들이 20주년을 맞아 지구의 날을 화려하게 부활시켰다. 그해에 국가 환경 교육법이 생겨 학생들이 환경 문제에 대해 배우고 환경 관련 직업도 고민해볼 수 있는 프로그램이 마련된 것이다.

이후 젊은 층 사이에 환경 문제에 대한 관심이 크게 높아졌다. 이들은 환경 보호를 위해 자신들의 삶의 방식을 바꾸는 건 물론, 정부 역시 소임을 다해야 한다는 데 동의했다. 환경은 X세대가 보다 중요한 명분을 위해 개인주의를 내려놓은 유일한 분야였다. 혹은 X세대 개개인의 미래를 생각하면 그렇게 할 수밖에 없는 것인지 모른다.

오늘날 우리에게는 일상이 된 친환경 프로그램이 처음 시작된 건 1990년대였다. 많은 도시에서 분리수거가 시작된 것 역시 이 시기에 X세대가 베이비붐 세대와 사일런트 세대의 노인을 대상으로 어떤 게 재활용이 되고 또 어떤 게 재활용이 안 되는지 가르쳐주면서부터였다. 쓰레기 재활용 비율은 1990~2000년 사이에 두 배로 늘어 기록이 시작된 이래 최대폭으로 증가했다. 클로로플루오로카본이 함유된 가압식 스프레이캔의 사용이 금지되었고, 맥도날드에서는 스티로폼 용기 사용을 중단했으며 주유소에서는 가연 휘발유가 1996년 마침내 사라졌다. 1969년 화재가 났던 이리 호에서도 정화 작업이 시작돼 내가 클리블랜드에 거주했던 1999년에는 수영이 가능할 정도로 깨끗해졌다. 1990년대에 수많은 환경 파괴가 일어난 것은 맞지만 그와 동시에 최소한 보호에 대한 관심 역시 커졌다.

사랑의 승리
: 차이 인정

X세대인 짐과 존은 1990년대 초반에 신시내티 대학교 인근의 '우디 아저씨네'라는 술집에서 처음 만났다. 두 사람은 몇 년 후 같은 장

소에서 우연히 다시 마주쳤고 친구가 주최한 파티에서 세 번째로 마주친 뒤 데이트를 시작했다. "세 번째 보고 반했죠." 짐이 말했다.

두 사람은 이후 직장을 여러 번 옮기고 낡은 집을 개조해가면서 20년에 걸쳐 함께 살았다. 그러던 2011년, 존이 신경이 퇴화해가는 근위축성 측색 경화증(일명 루게릭병) 판정을 받았다. 2년 이내에 존은 더이상 걸을 수 없게 될 것이라는 진단을 받았다. "결혼하자"는 짐의 제안에 존은 "좋다"고 화답했다.

하지만 그럴 수 없었다. 두 사람의 거주지가 동성결혼이 법적으로 인정되지 않는 오하이오주였기 때문이다. 이후 가족과 친구들의 도움으로 이들은 메릴랜드주로 가는 환자 수송 비행기에 몸을 실었고 그곳 활주로에서 결혼식을 올렸다. 3개월 후 존은 사망했다.

바로 짐 오버게펠(1966년생)의 이야기다. 그는 변호사와 힘을 합쳐 연방 정부의 허가를 이끌어내는 데 성공했다. 그 덕에 존 아서의 사망 확인서에 생존 배우자로 이름을 올렸지만, 오하이오주 정부가 항소해 승리를 거두면서 결국 이름이 삭제되었다. 이 사건은 미국 대법원까지 올라갔고 그곳에서 세 개의 다른 사건들과 한 묶음으로 다뤄졌다. 그중 하나가 미시간주에 거주하는 에이프릴 드보어와 제인 로우즈의 사건으로 X세대인 이 레즈비언 커플은 둘 중 한 명에게 무슨 일이 생길 경우 입양한 자녀들이 뿔뿔이 흩어지게 될 것을 우려했다. 2015년 6월 26일 미국 대법원은 '오버게펠 대 호지스 판결'을 통해 오버게펠을 비롯한 다른 원고들의 손을 들어주었다. 이렇게 미국에서 동성결혼이 합법화되었다. 동성결혼 합법화는 앞으로 밀레니얼 세대와 Z세대의 삶에 더 큰 영향을 미치겠지만, X세대야말로 합법화를 위한 정치적·법적 투쟁을 최전선에서 이끈 세대였다. 성소수자를 대하는 태도가 경멸에서 수용으로 바뀌고, 이후 축하로까지 발전하는 모든 과정을 직접 목격한 세대이기도 했다.

　동성결혼이 전 국민의 이목을 끌기 시작한 건 앞서 '2장 사일런트 세대'에서 소개한 성소수자 마이클 맥코넬과 잭 베이커가 결혼 허가를 받아내면서였다. 이는 1970년대 미네소타주 정부가 동성결혼을 불허하기 이전의 일이었다. 하지만 1980년대에 에이즈가 유행하자 동성결혼은 관심 밖으로 밀려났고 동성애자 권리 운동에 가담한 수많은 이들도 결혼이 합법화될 리는 없다고 믿었다. 현실도 그렇게 흘러가는 듯했다. 1996년 빌 클린턴 대통령이 결혼 보호법에 서명함으로써 다른 국가에서 진행된 동성결혼을 미국에서 인정할 의무는 없어졌다.

　그 후 각 주에서 차례로 법이 바뀌기 시작했다. 일부 주는 처음에 동성결혼이라는 개념을 법적, 의미론적으로 수용함으로써 결혼으로 생기는 권리를 대부분 보장해주는 '합법적 동성결혼civil unions'을 허용했다. 2004년 밸런타인데이 이틀 전 샌프란시스코 시장 개빈 뉴섬(1967년생)은 시청에서 동성 커플에게 결혼 허가증을 발급해줄 것을 지시했다. 이에 따라 게이와 레즈비언 커플이 빗속에서 몇 시간이나 줄서서 기다린 끝에 법정에서 결혼식을 올렸고 그 모습이 미국 전역의 거실에 그대로 생중계되었다. 샌프란시스코는 기존의 주법은 수정하지 않고 버텨봤지만 결국 3월에 법무부 장관의 지시로 폐지했다.

　시대적 흐름은 이미 바뀌고 있었다. 그해 매사추세츠주는 미국 주 최초로 동성결혼을 합법화했고 다른 주들도 간헐적으로 그 뒤를 따르기 시작했다. '오버게펠 대 호지스 판결'과 관련한 대법원 판결이 나오기 전부터 대부분의 주에서는 동성결혼을 이미 합법화했다.

　X세대는 1980년대에 에이즈가 유행하자 처음에는 동성애에 반

대했지만 이내 찬성으로 급선회했다. 이들의 태도는 다른 어느 세대에 비해서도 급격하게 달라졌다. 이로 인해 X세대와 사일런트 세대 간 의견 차이가 커졌다. 동성결혼을 놓고 그야말로 문화전쟁이 일어났고, 정치인들이 결혼은 남성과 여성의 결합이라고 은근히, 하지만 지속적으로 강조했던 2000년대에는 갈등이 특히 심화되었다. 결국 2008년 진보 텃밭으로 알려진 캘리포니아주에서 발의안이 통과돼 동성결혼이 금지됐다. 구시대의 마지막 몸부림이었다. 2021년에 이르러서는 심지어 공화당 의원도 대다수가 동성결혼을 지지했다. 이는 사회 이슈에 관한 여론이 역사상 최단기간에 바뀐 사례라 해도 과언이 아니다.

동성애에 대한 태도는 세월의 흐름에 따라 달라져 세대 차이를 확인할 수 있는 추세의 전형적인 예라고 할 수 있다. 2015~2021년에도 세대 차이는 여전히 존재한다. 가령 밀레니얼 세대의 동성결혼 지지율은 사일런트 세대보다 훨씬 높다. 동성 간 성관계나 결혼에 대한 신념은 다른 어떤 견해에 비해서도 세대 간 차이가 크다. 20세기 초반에 태어난 이들과 끝 무렵에 태어난 이들을 비교했을 때, 동성애에 찬성하는 비율은 거의 전무했다가 4명 중 3명까지 늘어 10배도 넘게 증가했다. 성인기 전반에 걸쳐 동성 간 성관계와 결혼을 찬성한 비율이 50%가 넘은 세대는 X세대가 최초였다. 그리고 이 같은 태도를 밀레니얼 세대와 Z세대가 한 단계 더 끌어올려 주류로 만들었다. 사일런트 세대가 평등권을 위해 투쟁하고 그 결실을 베이비붐 세대가 온전히 누렸던 것처럼 말이다. 비교적 짧은 기간에 이렇게 급격한 변화가 일어난 사례는 '세대 따위는 존재하지 않는다'거나 '변하는 건 아무것도 없다'고 주장하는 이들이 꼬리를 내릴 수밖에 없도록 만드는 가장

동성결혼과 동성 간 성관계를 지지하는 성인 비율

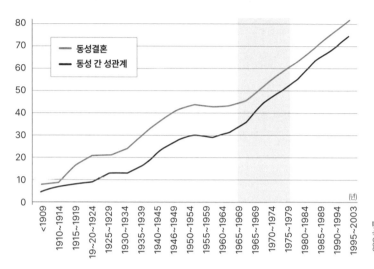

범례:
- 동성결혼
- 동성 간 성관계

(세로축: 0, 10, 20, 30, 40, 50, 60, 70, 80)

가로축: <1909, 1910~1914, 1915~1919, 19~20~1924, 1925~1929, 1930~1934, 1935~1939, 1940~1945, 1946~1949, 1950~1954, 1955~1959, 1960~1964, 1965~1969, 1965~1969, 1970~1974, 1975~1979, 1980~1984, 1985~1989, 1990~1994, 1995~2003 (년)

출처: GSS

* 음영 구간이 X세대다. 1972~20201년 데이터를 포함한다. 성관계 관련 수치는 '동성 성인 두 명이 맺는 성적 관계에 대해 어떻게 생각하나요? 무조건 잘못됐나요, 거의 대부분 잘못됐나요, 이따금 잘못일 때도 있나요 아니면 전혀 잘못되지 않았나요?'라는 질문에 '전혀 잘못되지 않았다'는 답변의 비율을 나타낸다. 동성결혼과 관련해서는 '동성 커플도 결혼할 권리를 보장받아야 한다'는 명제에 '적극 동의' 혹은 '동의'를 택한 이들의 비율이다.

명백한 근거다.

일각에서는 동성결혼을 인정하는 분위기가 확산되고 있는 데 대해 커밍아웃 하는 성소수자가 증가한 데 따른 현상이라고 지적한다. 만약 알고 지내는 누군가가 성소수자라면 성소수자는 더 이상 수수께끼가 아니다. 그리고 성소수자가 막연한 개념 속 존재가 아닌, 친척, 동료나 이웃이라면 거부하기 어려워진다. 매체에서 성소수자가 등장하는 것도 어느 정도 도움이 됐지만 대중이 수용하기까지는 시간이 좀 걸렸다.

1993년 시트콤 〈사인필드〉에서 성소수자라는 사실이 "잘못된 건 전혀 아니다"라고 선포해 시청자에 충격을 안겼다. 베이비붐 세대 배우 엘런 드제너러스(1958년생)는 《타임》을 통해 "네, 저 게이예요"라고 발표한 이후 출연작에서 사실상 퇴출되었다. 어쨌든 주사위는 던져졌다. 이로부터 1년 만에 공개 동성애자 캐릭터를 여럿이나 등장시킨 드라마 〈윌 앤 그레이스〉가 공전의 히트를 기록했다. 2003년 리얼리티 프로그램 〈퀴어 아이〉에 5명의 X세대가 출연해 이성애자 남성에게 하키 유니폼은 이브닝 파티 의상으로 용납되지 않는다고 가르쳤을 때 변화는 완성 단계에 접어들었다. 같은 해 〈도슨의 청춘일기〉와 〈글리〉 같은 하이틴 프로그램은 동성애자 10대들이 학교에서 어떤 괴롭힘을 당해왔는지 밀레니얼 세대에게 적나라하게 보여주었다. 10대 시절 "그건 너무 게이스럽다"는 말로 모욕을 주던 X세대는 자녀들에게 좀 더 수용적인 태도를 가르치기 시작했다.

이는 물론 닭이 먼저냐 달걀이 먼저냐의 문제로 귀결된다. 편견이 여전히 횡행하고 문화적으로 받아들일 준비가 전혀 돼 있지 않았다면 성소수자 역시 커밍아웃은 꿈도 못 꿨을 테고 매체에서도 긍정적 묘사가 불가능했을 것이다. 일단 판을 깔아줄 뭔가가 필요했는데 그것이 바로 개인주의였다. 모든 사람은 개별적 존재로서 누구를 사랑할지는 어디까지나 자신의 선택 문제라면 성적 취향을 둘러싼 이전의 경직된 사회규범은 더 이상 받아들여질 수 없었다. 1960년대 이후 개인주의가 뿌리를 내리면서 태도가 달라지기 시작했고, 이후 수십 년에 걸쳐 성소수자를 인정하고 받아들이는 문화가 확산되었다. 세대 중 처음으로 개인주의를 당연시했던 X세대가 동성결혼 역시 최초로 지지했다는 건 어쩌면 당연한 결과다. 이 같은 추세는 밀레니얼 세대와 Z세대에서 새로운 차원으로 도약했다.

그렇게 말하면 안 돼요!
: 뻔뻔함, 열린 태도

어떤 세대든 더 이상 자신들이 변화를 이끄는 주역이 아니며 젊은 세대가 주도하는 변화에 반응할 뿐이라는 사실을 깨닫는 때가 오기 마련이다. 다른 일에 정신 팔린 사이 세상은 변해 버렸고 어느새 나만 시대에 뒤처져 버린 듯한 순간에 맞닥뜨리는 것이다. X세대에게 그와 같은 순간은 2010년대 중반에 찾아왔다.

일례로 2014년 브라운 대학교의 한 졸업반 학생은 캠퍼스를 방문한 어느 강연자의 일방적인 견해에 동의할 수 없었다. 그래서 강연이 진행되는 동안 학생들이 피신할 수 있는 '안전지대'를 만들고 쿠키, 컬러링북, 담요와 강아지 동영상 등을 제공했다. 이 공간을 이용한 한 학생은 "나의 소중하고 굳건한 신념에 완전히 반하는 관점들로 폭격당하는 기분이었어요"라고 말했다. 집단주의 성향의 X세대는 이렇게 반응했다. "이런, 본래 대학이 그러라고 있는 곳 아닌가요?"

비슷한 시기, 논쟁적 시각을 가진 강연자의 대학 초청이 취소되는 경우가 급증하는가 하면 학생들에 불쾌감을 주는 발언을 한 교수진은 직무 정지나 해고를 당했다. X세대 교수진이나 베이비붐 세대 관리자들은 이 새로운 검열에 놀라움을 감출 수 없었다. 《나쁜 교육》이라는 책에서 저자 조너선 하이트(1963년생)와 그레그 루키아노프(1974년생)는 캠퍼스에서 자유로운 발언을 억압하는 행위 때문에 학생들이 피해를 입고 있다고 주장했다. 다른 관점을 접하지 못할 뿐 아니라 논란을 스스로 해결할 기회도 갖지 못하는 것이다. 작가 클레어 폭스(1960년생)가 2010년대에 런던의 한 고등학교에서 강연을 펼쳤을 때 여학생들은 울면서 이렇게 호소했다. "그렇게 말하면 안 돼요!"

2020년대에 표현의 자유를 둘러싼 논란으로 인해 캔슬 컬처가 확산되었다. 발언이나 관점에 대한 설전은 특히 X세대와 밀레니얼 세대 간의 논쟁으로 치닫는 경우가 많았다. 2020년 《뉴욕타임스》의 한 사설에서 톰 코튼 상원의원은 군이 나서서 여름의 시위를 진압하도록 촉구했다. 해당 일간지의 밀레니얼 세대 관계자들이 이 사설을 읽고 불안해졌다고 반발하면서 사설 편집 책임자 제임스 베넷(1966년생)은 사임할 수밖에 없었다. X세대인 조앤 K. 롤링(1965년생)이 트위터에서 ('여성'으로 칭해야 한다는 어조로) '월경하는 사람'이라는 표현을 비판하자 롤링의 소설이 원작인 영화 〈해리 포터〉에 출연한 밀레니얼 세대 배우들이 반대 목소리를 높였다. 넷플릭스에서 성소수자 비하로 구설수에 올렸던 데이브 샤펠(1973년생)의 코미디 스페셜 〈더 클로저〉를 공개했을 때도 밀레니얼 세대 직원들은 반발했다. 물론 같은 X세대라도 서로 생각이 다르고 이는 밀레니얼 세대와 Z세대도 마찬가지지만 표현의 자유 전쟁에서는 특히 세대 간 갈등, 그중에서도 X세대와 밀레니얼 세대의 대결 구도가 뚜렷했다.

독립 영화 제작자이자 X세대인 마크 듀플레스(1976년생)는 이 사실을 뼈아프게 깨달았다. 한번은 동료 진보 인사들에게 보수 논객 벤 샤피로(1984년생)를 팔로우하자고 제안하는 트윗을 보냈다. "나 역시 상당 부분 샤피로에게 동의하지 않지만 그는 진솔한 사람이며 단순한 호의 이외에 다른 목적 없이 나를 도와준 적도 있습니다. 그는 진실을 왜곡하지 않아요. 의도도 선하고요." 듀플레스는 즉각 트위터에서 뭇매를 맞았고 이내 자신의 트윗이 "여러 면에서 끔찍한 실수였어요. … 정말 죄송합니다. 좀 더 성실하고 신중해야 한다는 사실을 깨달았어요. 노력하고 있습니다"라며 사과했다. 영화감독 제임스 건(1966년생)도 듀플레스를 옹호하기 위해 나섰다 소셜미디어상에서 온갖 공격에 휘말렸다. 사용자들은 제임스 건이 쓴 10년 전 트윗과 블로그 게시물까지 찾아내 그의 농담 수준이 형편없다고 조롱했다. 이후 건은 영화 〈가디언즈 오브 갤럭시 3〉 연출직에서 해고되었다.

표현을 둘러싼 이 같은 논쟁은 대체 어디서 시작된 것인가? 앞서 언급한 강아지 동영상을 제공하는 안전지대를 생각하면 유년기의 안락함을 추구하는 청년층이 슬로우라이프를 지향하는 데서 시작됐음을 알 수 있다. 슬로우라이프 전략은 안전을 궁극의 미덕으로 여기는 경향에 뿌리를 두고 있다. 이 같은 관점에서는 보호가 공개적인 토론보다 중요하다. 슬로우라이프 전략에서도 속도가 느린 편인 밀레니얼 세대는 보호를 선호한다. 이는 X세대가 청소년기에 이를 때까지 강인함을 선호해 아무리 거친 발언에도 면역력이 발달해 있었던 것과 대비된다. 역사적으로 차별받아온 이들의 권리 보호를 중시하는 개인주의가 보호를 중시하는 슬로우라이프 전략과 만나면서, 밀레니얼 세대에서는 누구를 보호하고 또 누구를 따라야 하는지 일일이 알려주는 지경에 이르렀다. 게다가 이 같은 경향은 인터넷의 즉시 소통과 군중심리로 인해 더욱 활활 타오르고 있다.

"이 구역에 새로운 보스가 탄생했다. … 바로 소셜미디어상의 폭도들이다." X세대인 메건 다움이 적었다. "밀레니얼 세대는… 매체, 기술, 교육 그리고 다른 주요 분야의 문지기를 자처한다. 또래에서 규모는 작지만 시끄러운 소수 집단의 노예로 전락해가고 있다. 이들은 자발적으로 사상 검열단을 조직했다."

X세대는 베이비붐 세대의 관리자, 그리고 밀레니얼 세대나 Z세대

의 직원과 학생 사이에 끼어 중재자 노릇을 해야 할 때가 많았다. 표현과 트라우마에 관한 젊은 세대의 관점을 X세대가 이해하지 못할 때도 있었지만 베이비붐 세대만큼은 아니었다. X세대 조 위탈이 트윗한 것처럼 "어떤 것도 트라우마가 아니라고 생각하는 윗세대와 모든 게 트라우마라고 생각하는 아랫세대 사이에 끼어 있는 건 혼란스럽다."

레이건 세대
: 공화당을 지지하는 청년층과 중년층

1970년대 TV시트콤에는 보수적인 부모와 진보적인 자녀가 언쟁을 벌이는 장면이 종종 등장했다. 실제로 시트콤 〈올 인 더 패밀리〉에서는 장인(1924년생 캐롤 오코너)과 진보적 사위(1947년생 로브 라이너)가 툭하면 싸워댔다. 그런데 1980년대 들어 역할이 뒤바뀌었다. 시트콤 〈패밀리 타이즈〉에서는 진보적인 부모가 보수적이고 고지식한 데다 레이건을 사랑하는 아들을 키우고 있다. 〈패밀리 타이즈〉 제작자 게리 데이비드 골드버그(1944년생)는 당시 자신의 주변 상황을 바탕으로 프로그램을 만들었다고 말했다. 골드버그와 그의 친구들은 "급진적 구세대였다가 갑자기 사회 주류로 등극했다. … 그러다 자녀를 낳고 그들에게 힘을 실어주었다. 슈퍼 엘리트가 된 자녀들은 이제 당신보다 분명 오른쪽에 자리를 잡았다. 그들은 돈을 갖고 앞으로 나아가는 게 뭐가 잘못된 건지 이해하지 못한다."

골드버그의 〈패밀리 타이즈〉는 젊은 공화당원의 부상이라는 현실을 정확히 포착했다. 1984년 10월 여론조사에 따르면 레이건에 대한 지지율이 26살 이상보다 18~24살 유권자 사이에서 더 높았다. 젊은 이들은 1970년대 말 어느 연설에서 '국가적 불안감'을 설파하고 1979년 이란 인질 구조 작전에 실패한 이후 '약한 대통령'으로 굳어진 지미 카터와 달리 레이건 대통령은 강하다고 여겼다. 한 민주당 의원은 "투표 연령을 35살로 높이는 헌법 개정안을 마련해야겠다"고 농담했다. 해당 여론조사에 관해 보도한 《뉴욕타임스》 기사에서 전문가들은 청년층의 레이건 지지 추세가 과연 공화당과의 장기 연대로 이어질 수 있을지 논쟁을 벌였다. 일부는 그럴 것으로 내다봤지만 동의하지 않는 이들도 있었다.

그로부터 30년이 흘러 X세대가 중년이 된 지금은 해당 의문에 답을 내놓을 수 있다. 1952년 이후 실시된 두 가지 전국 여론조사 결과를 놓고 봤을 때 특정 연령대에서 X세대는 다른 어떤 세대보다 공화당 지지 경향이 강했다. 레이건 행정부 시절에 청년기를 보낸 게 그들의 정치적 성향에 장기간 영향을 미쳤던 것으로 보인다.

1970년대 초반부터 투표에 참여한 베이비붐 세대가 10명 중 7명은 민주당을 지지했던 것과 달리 X세대는 1980년대 후반 처음 참여한 선거에서 민주당과 공화당을 절반씩 지지했으며 이 같은 경향은 세월이 흐른 이후에도 크게 달라지지 않았다. 2021년 지지 정당 격차는 X세대와 밀레니얼 세대 사이에서 가장 크게 벌어졌는데 밀레니얼 세대와 Z세대보다는 베이비붐 세대와 X세대에서 공화당 지지자가 눈에 띄게 많았던 것이다. 매체에서는 베이비붐 세대와 밀레니얼 세대 간의 대결 구도를 부각시키곤 하지만, X세대와 밀레니얼 세대 역시 그렇지 않아도 정치 갈등이 커지는 상황에서 분열을 고조시킬 위험이 있다.

공화당을 지지하는 성인 비율

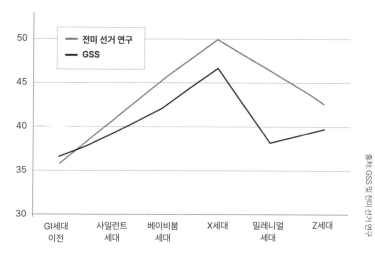

출처: GSS 및 전미 선거 연구

* 1952~2020년 데이터를 포함한다. 민주당 지지자에는 민주당 지지 성향이 강한 무소속 유권자가, 공화당 지지자에는 공화당 지지 성향이 강한 무소속 유권자가 포함된다. 완전 중립 성향의 무소속 유권자는 제외되었다.

실례지만 비켜 주시겠어요?
: 지연된 리더십

1992년 46살의 나이로 대통령에 당선된 빌 클린턴은 최초의 베이비붐 세대 대통령이었다. 이후 세 명의 베이비붐 세대 대통령과 한 명의 사일런트 세대 대통령이 탄생했지만 X세대 대통령은 나타나지 않았다. 2011년 첫 번째 X세대가 46살이 되었고 2018년에는 X세대의 절반이 그 나이가 지났는데도 말이다.

2023년 현재까지 X세대는 부통령 역시 배출하지 못했다. 카말라 해리스는 아주 작은 차이로 X세대는 아니었다. 2012년 미트 롬니의

러닝메이트였던 폴 라이언(1970년생)이 주요 정당 후보 중에는 유일한 X세대였다. 2020년 민주당 대선 예비 경선에서는 코리 부커(1969년생), 줄리안 카스트로(1974년생), 키어스틴 질리브랜드(1966년생), 베토 오루크(1972년생)와 앤드류 양(1975년생) 등 X세대 후보들이 2월 말 일제히 사퇴함에 따라 2명의 밀레니얼 세대(1982년생 피트 부티지지와 1981년생 털시 개버드), 2명의 베이비붐 세대(1960년생 에이미 클로버샤, 1960년생 엘리자베스 워런)와 4명의 사일런트 세대(1942년생 조 바이든, 1942년생 마이클 블룸버그, 1941년생 버니 샌디스, 1945년생 빌 웰드)만이 남았다.

물론 대통령은 한 명이다. 과학적으로 봐도 표본의 규모가 작다. 따라서 정치 지도자 영역에서 일어난 세대적 변화를 좀 더 포괄적으로 알아보고 싶다면 미국 상원 같은 다른 곳을 살펴봐야 할 것이다. 베이비붐 세대의 평균 연령이 50살이었던 2005년에는 미국 상원의원 100명 중 46명이 베이비붐 세대였다. X세대의 평균 연령이 50살이었던 2021년에는 미국 상원의원 중 X세대가 20명에 불과했다. 2021년에도 베이비붐 세대는 여전히 미국 상원의원의 3분의 2를 차지하고 있다. 척 슈머와 리사 머카우스키(1957년생)와 같은 베이비붐 세대가 다수를 구성했고 테드 크루즈(1970년생)와 키어스틴 질리브랜드 같은 X세대는 소수였다. 정계는 각 세대가 나이 들면서 지도부에 진입하고, 더 나이 들면 은퇴하는 만큼 세대의 밀물과 썰물을 관찰하기에 최적의 환경이다. 하지만 적어도 상원에서는 이 밀물과 썰물이 베이비붐 세대에서 멈춰버린 셈이다.

물론, 상원은 고령의원의 비중이 높다. 《어니언》은 몇 년 전 "거미줄로 뒤덮인 채 상원 책상을 차지하고 앉은 산송장이 15번째 임기를 노릴 것으로 예상된다"라고 비꼬았다. 하원이야말로 보다 젊은 정치

지도자들을 영입하는 만큼 X세대로의 전환을 관찰하기에 더 적절할수 있다.

하지만 결과는 어떨까? 2005년 미국 하원의원 435명 중 255명(58.6%)이 베이비붐 세대였다. 이에 비해 X세대가 같은 연령대였던 2021년에는 136명(31.3%)이 X세대 하원의원으로 베이비붐 세대의 절반 수준에 불과했다. X세대는 심지어 하원에서도 같은 연령대의 베이비붐 세대보다 뒤처졌던 것이다. 2021년 57~75살이었던 베이비붐 세대는 하원에서 절반 이상인 229명을 차지했다. 아무리 베이비붐 세대가 수적으로 우세하다고 해도 2021년 X세대와의 인구 격차는 14%에 불과했다. 하지만 베이비붐 세대인 하원의원은 X세대보다 68% 더 많았으며, 이는 인구 규모 격차에 비해서도 5배 가까이 많은 수치다. 각 세대 인구와 비교했을 때 상원과 하원 모두에서 X세대는 대표자수가 지나치게 적은 반면 베이비붐 세대는 지나치게 많다.

그렇다면 주지사는 어떨까? X세대가 입법부보다 행정부를 선호할 수도 있다. 2005년 미국 주지사 50명 중 베이비붐 세대는 37명으로 4명 중 3명이 베이비붐 세대였다. 하지만 2021년 같은 나이였던 X세대는 불과 13명으로 4명 중 1명꼴이어서 베이비붐 세대의 3분의 1수준에 지나지 않았다. 2021년 주지사 중에도 베이비붐 세대는 36명으로 여전히 다수를 차지하고 있다. 제이 인슬리(1957년생), 킴 레이놀즈(1959년생) 같은 세대가 표준이라면 개빈 뉴섬, 그레첸 휘트머(1971년생)와 론 디샌티스(1978년생)는 예외인 셈이다. 앞서 살펴본 것처럼 X세대만큼이나 규모가 작은 사일런트 세대도 직전의 전쟁 영웅 세대이자 수가 좀 더 많은 GI세대와 비교했을 때 여전히 많은 주지사와 상원의원을 보유하고 있으며 베이비붐 세대가 그 뒤를 빠른 속도로 추격하고 있다. 하지만 X세대에 와서는 양상이 달라진다.

X세대가 유독 기관을 불신하는 걸 고려하면 정계 진출을 위해 안간힘 쓰지 않는 것도 그리 놀랄 일은 아니다. 내가 정계 지도부에 X세대가 얼마나 부족한지 설명했을 때 X세대인 한 친구는 이렇게 말했다. "그야 우리는 똑똑하니까." X세대가 베이비붐 세대보다 투표율이 낮다는 건 정치에 대한 전반적인 무관심을 나타내며 이는 결국 정계 진출을 노리는 X세대가 적다는 걸 의미할 수 있다.

X세대가 비즈니스 분야에 관심이 많은 걸 고려했을 때, 기업 리더의 측면에서 베이비붐 세대와 비교해보는 게 더욱 유익할 수 있다. 앞서 살펴본 것처럼 X세대는 돈을 많이 벌어서 경제적으로 최고의 지위까지 오르고 싶은 욕망을 인정하는 데 전혀 거리낌이 없다.

그런데 X세대는 베이비붐 세대만큼 무서운 기세로 기업 리더 자리를 장악하지는 않았다. 심지어 교육도 더 많이 받았는데 말이다. 2005년 《포춘》 선정 100대 기업 CEO 중 베이비붐 세대는 65명이었다. 2021년 같은 연령대였던 X세대는 같은 명단에 23명밖에 이름을 올리지 못했다. 이는 심지어 2005~2021년 사이 《포춘》 선정 100대 기업 중 테크 기업의 비중이 높아지고 아마존, 애플, 알파벳(구글의 모기업)이 2005년 이래 10위권 밖으로 떨어지는 일이 없었음에도 벌어진 일이다. 게다가 앞서 살펴본 것처럼 세대 간 인구 차이가 반영된 결과로도 볼 수 없다. 베이비붐 세대의 CEO 장악력은 2005~2021년에도 거의 변함이 없어서 2021년 《포춘》 선정 100대 기업 중 대다수(63개)의 CEO가 베이비붐 세대였다. 테슬라의 일론 머스크(1971년생)보다 홈디포의 크레이그 머니어(1958년생)가, 티아TIAA의 터션다 더킷(1973년생)이나 마이크로소프트의 사티아 나델라(1967년생)보다 크로거의 로드니 맥멀렌(1961년생)이 더 전형적인 CEO였던 것이다.

리더십 영역에서 X세대가 뒤처지는 이유는 무엇일까? 1991년 고교 졸업반이던 X세대 3명 중 1명은 사회적 지위와 명성을 보장해주는 직업을 갖는 게 상당히 중요하다고 답했다. 이에 비해 1976년 베이비붐 세대 중에는 이처럼 답한 이가 5명 중 1명에 불과했다. 이를 감안하면 X세대가 비즈니스 리더에 더 큰 관심을 보여야 마땅하다. 그렇다면 X세대는 일과 삶의 균형을 워낙 중시하는 만큼 성계에 진출하거나 CEO 자리에 앉는 걸 원하지 않을 수 있다. 실제로 18살 가운데 일이 삶의 중심이 될 수 있다고 답한 이는 X세대보다 베이비붐 세대가 더 많았다. 하지만 일을 대하는 태도에서 미미하게 나타나는 차이만으로 리더십 영역의 세대 간 차이를 설명할 순 없을 것이다. 그러기에는 X세대가 차지한 리더의 자리가 베이비붐 세대에 비해 너무 적다.

다른 가능성을 떠올려볼 수 있다. 베이비붐 세대가 길을 막고 있어 X세대가 리더 지위에 오르지 못했다는 가능성이다. X세대는 이례적으로 수가 많아 소위 '비단뱀이 삼킨 돼지'로 불린 베이비붐 세대 직후 태어났다. 그리고 지금까지도 최고 지도자 역할을 물려받지 못하고 있다. 베이비붐 세대가 리더 자리에서 내려올 줄 모르는 건 기술과 그로 인해 실현되는 슬로우라이프 때문이기도 하다. 사람들이 한결 건강하게 더 오래 살 수 있게 되면서 베이비붐 세대는 늘그막까지 일하고 은퇴 시기도 늦추고 있다. 베이비붐 세대가 실제로 은퇴하기 전까지는 X세대가 리더 자리를 꿰찰 기회가 그리 많지 않을 것이다.

X세대는 어쩌면 아예 리더가 될 수 없을지도 모른다. 밀레니얼 세대가 그들을 추월한다면 말이다. 매튜 헤네시에 따르면 X세대는 베이비붐 세대가 점차 퇴장함에 따라 호시탐탐 그 자리를 노리는 밀레니

《포춘》 선정 100개 기업의 CEO 수

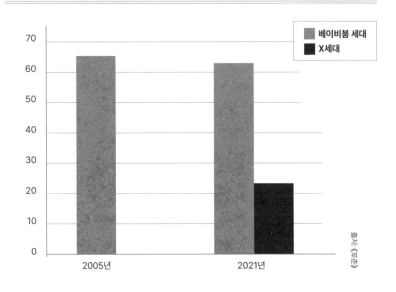

출처: 《포춘》

얼 세대를 차단할 최후의 보루다. "X세대가 정신 차리지 못하면 … X
세대는 마침내 잠재력을 발휘하려는 찰나 눈앞의 카펫을 회수당하는
참사를 겪을 것이다." 그가 적었다. "만약 거대 테크 기업이 당신의 집
과 차를 도청하길 원하지 않는다면… 공개 토론이 중요해지고 현재
대학 캠퍼스에서 불고 있는 캔슬 컬처나 정치적 검열 바람에 등골이
서늘하다면… 만약 드론 택배와 섹스 로봇이 소름끼친다면 … 이제
일어서야 할 때다. … 파티가 곧 끝날 것이다. 이런! 타임오버."

베이비붐 세대가 은퇴하면 X세대도 점차 리더 자리에 오를 것이
다. 물론 아닐 수도 있다. 본래 X세대는 처음부터 예상을 뒤엎는 세
대가 아니었던가? 2020년대에 이들은 디지털 이전의 베이비붐 세대
와 이후의 밀레니얼 세대와 Z세대 사이에서 중재자라는 고유한 역할

을 수행할 수 있다. 하지만 자신들은 단순히 두 개의 거대 세대 사이에 어중간하게 낀 세대가 아니라며 거부할 가능성도 배제할 수는 없다. 혹은 한 발은 물리적 아날로그 세계, 다른 한 발은 디지털 세계를 밟고 서서 기술 포화 시대의 장단점에 대한 지식을 바탕으로 주도권을 잡을 수도 있다.

2008년 금융위기와 그 여파

처음에는 경제 뉴스가 가랑비처럼 이어졌다. 2006년 압류 사례가 늘면서 주택 가격이 떨어지기 시작했다. 모건 스탠리의 한 채권 트레이더는 2007년 서브프라임 모기지에 투자했다가 90억 달러를 잃었다. 2008년 3월에는 투자 은행 베어 스턴스가 파산했다.

그러다 해일이 밀려들었다. 2008년 9월 15일 투자 기업 리먼 브라더스가 파산했고 다음날 연방준비위원회는 보험회사 AIG가 "파산하도록 내버려두기엔 후폭풍이 너무 크다"며 마지못해 인수했다. 금융 시스템이 붕괴 직전이었고 주식 시장은 폭락했다. 10월 3일 의회는 7,000억 달러의 구제 금융을 지원했고 11월에는 자동차 제조업체 '빅3'가 500억 달러 구제 금융을 요청했다.

메인스트리트에 닥친 불황의 여파는 마치 슬로모션으로 일어나는 열차 사고처럼 이후 몇 년에 걸쳐 확산되었다. 주택 시장 붕괴로 집값이 주택담보대출 금액 밑으로 떨어지면서 집만으로 '마이너스 상태'인 사람들이 늘었다. 더 이상 대출을 갚을 수 없거나 당장 이사 가야 하는 이들은 담보권에 밀려 은행으로 열쇠를 보냈다. 실업률도 급증해 2010년 9.6%를 찍었다. 은퇴를 계획 중이던 베이비붐 세대(2008년 당시 44~62살)는 자산 가치가 절반으로 줄어드는 것을 경험했다. 2000년대 초반 상당수가 주택을 구입한

X세대(29~43살)는 가정 꾸리기에 한창이던 시기에 경제적으로 큰 타격을 입었다. 밀레니얼 세대(14~28살)는 고교 신입생 혹은 취업을 위해 고군분투하는 대학 졸업생이었다. Z세대(13살 이하)는 이제 막 세상을 배우기 시작하는 시점에 금융 시스템이 거의 붕괴되는 걸 목격했다. 이는 미국에서 1930년대 대공황 이후 발생한 최대 규모의 금융위기로 덕분에 대침체라는 별명까지 생겨났다.

일반 시민은 지원을 거의 받지 못하는데 월스트리트 기업들은 구제 금융을 받았다는 사실에 수많은 미국인이 분노했다. 이 같은 감정은 뉴욕 금융구역의 주코티 공원에서 2011년 9월부터 펼쳐진 천막 시위 '월스트리트를 점령하라Occupy Wall Street'에서 극에 달했다. 이 월가시위의 슬로건 "우리가 99%다We are the 99%"는 최상위 1% 부자와 나머지 99% 사이에 나타나는 부의 격차를 의미하는 말로 이 같은 소득 불평등은 1970년대 이래 가파르게 상승해왔다. 11월 15일 뉴욕시 경찰이 시위대를 공원에서 쫓아내 시위를 강제 종료시켰다. 시위 자체는 끝났지만 이 시위 이후 수면 위로 드러난 문제는 진보적 운동가 세대를 탄생시켰다.

역시 대침체의 여파로 시작된 티 파티 운동은 정부의 구제 금융에 반대하고 정부 지출 감축을 요구했다. 이 운동으로 공화당의 비주류였던 미네소타주 하원의원 미셸 바크만(1956년생)과 사우스캐롤라이나주 상원의원 팀 스콧(1965년생) 등 다수 공화당 의원이 선거에서 승리를 거뒀다. 이후 티 파티의 영향력은 시들해졌지만 일각에서는 정치적으로 양극화되고 기득권에 반대하는 이들의 시각이 도널드 트럼프 당선까지 이끌어냈다고 주장했다.

대침체 회복은 더디게 진행돼 2015년까지도 실업률은 6% 밑으로 떨어지지 못했다. 하지만 이후 미국 경제가 살아나면서 2019년에는 실업률이 3.7%까지 떨어졌고 2020년 코로나 팬데믹이 닥치기 전까지 지속적인 회복세를 기록했다. 2022년 미국은 높은 인플레이션으로 인한 부작용을 겪었지만 일자리는 넘쳐났고 임금은 상승했다.

하지만 대침체는 당시의 후폭풍 속에 여전히 살아 있다. 최저임금 인상법이 등장할 수 있었던 건 월가시위로 소득 불평등과 자본주의의 단점이 널리 알려지면서부터였다. 2000년대 중반 집을 샀다가 가치가 증발되는 걸 목격한 X세대는 다시는 주택 시장을 신뢰할 수 없게 되었다. 10~20대를 대침체와 함께 지나온 밀레니얼 세대와 Z세대는 경제 상황이 손바닥 뒤집듯 달라질 수 있다는 사실을 깨닫고 대비해야겠다고 다짐했다. 너무 어려서 2008년을 기억 못할 수도 있는 후기 Z세대에게도 소득 격차에 대해 높은 관심이 생겼고 경제를 둘러싼 부정적 인식이 스며들었다.

불황은 2000년대 중반 향락적 성격이 강했던 소비만능주의와 물질주의를 좀 더 냉정한 현실주의로 재설정했다. 대침체 이후 주택 시장이 또다시 붕괴하는 일이 없도록 주택담보대출 관련 규제를 강화하는 새로운 법안이 통과되었다. 정치 관련해서도 다시 한번 깨어나고 투표 참여율도 높아졌는데 이 같은 추세는 경기가 회복된 이후에도 사그라지지 않고 계속되었다. 한편, 공화당과 민주당의 분열이 심해지면서 정치 양극화가 새로운 국면으로 접어드는 부정적 여파도 나타났다. 금융위기 이후 대침체가 낳은 가장 강력한 유산은 아마 분노일 것이다. 2020년대 팬데믹에서 벗어난 이후에도 미국은 낙관주의로 회복하지 못했다.

05

1980~
1994년
출생

밀레니얼 세대

"밀레니얼 세대는 다양하게 부를 수 있지만 다른 무엇보다 그들은 '킬러'다." 냅킨부터 아침 시리얼, 결혼에 이르는 모든 걸 밀레니얼 세대가 "죽였다"는 이야기가 끊임없이 회자되자 인터넷 언론사 《마샤블》이 농담조로 선포했다. 기사 제목은 이랬다. '부고: 밀레니얼 세대가 죽인 70가지를 소개합니다. 거의 다예요!'

밀레니얼 세대가 전부 죽였다는 건 분명 과장이지만 이 세대가 다른 면을 가진 것만큼은 사실이다. 이들의 부모인 베이비붐 세대는 원하면 얼마든지 피임이 가능하고 낙태도 합법인 시대에 태어난 만큼 미국 역사상 가장 계획적이고 자발적으로 출산한 경우라 할 수 있다. 밀레니얼 세대는 낙관주의가 지배적이던 시대에 성장해 스스로에 대한 기대치가 높았다. 베이비붐 세대의 개인주의를 X세대가 공기처럼 당연한 전제로 바꿨다면 밀레니얼 세대는 그 강도를 높였다. 개인의 자아는 그냥 중요한 게 아니라 최고로 중요하다. 그뿐만 아니라 거의 항상 정말 멋지다.

이는 밀레니얼 세대 스스로 만들어낸 관점이 아니다. 밀레니얼 세대 성장기 당시의 문화가 자기중심적 분위기를 형성하고 오늘날까지 지속되고 있는 자신감까지 주입했다. 자라나는 밀레니얼 세대는 강력한 경제부터 컴퓨터 혁명, 냉전 종식에 이르기까지 희망이 샘솟는 환경에 둘러싸여 있었다. 물론 궂은일도 있었다. 아무것도 무서울 게 없었던 1990년대는 2001년 9·11 사태와 함께 막을 내렸다. 하지만 밀레니얼 세대와 기성세대는 이내 다시 일어나 2000년대 중반에는 경제를 새로운 차원으로 도약시켰다. 밀레니얼 세대가 대학에 입학하고 직장에 입사해 만난 교수와 관리자는 그들의 자신감에 기특함과 당혹감을 동시에 느꼈다. 자신들은 젊은 시절 그토록 확신에 차 있던 적이 없었던 것이다.

그러던 중 2008년 경기 침체가 닥치면서 밀레니얼 세대의 낙관주의도 주택 시장의 거품과 함께 꺼져버렸다. 한때 밀레니얼 세대에 관련된 이야기는 그들의 조급한 야망에 초점이 맞춰져 있었지만 이제 그들이 무너진 경제의 폐허 속에서 어떻게 빠져나올지가 관건이었다. 각종 기사와 온라인 게시판은 밀레니얼 세대가 과연 집은 보유할 수 있을지, 부모 세대만큼은 살 수 있을지 혹은 부업은 그만둘 수 있을지에 관한 논의로 들끓었다. 2012년 이후 경제가 호전되던 시기에도 밀레니얼 세대의 암울한 경제 상황은 여전히 화두였다. 오죽하면 이 화두는 밀레니얼 세대 작가가 자신들을 주제로 쓴 첫 번째 논픽션 분야 책의 주제가 되기도 했다.

직전의 X세대에 비해 수가 많았던 밀레니얼 세대는 자신들의 정치적 영향력, 그리고 상당수는 이미 시작됐다고 생각하는 변화에 대한 조급함을 차츰 드러내고 있다. "밀레니얼 세대의 태도는 이미 …

미국 사회를 규정하고 있다." 샬롯 올터(1989년생)가 적었다. "밀레니얼 세대의 스타트업은 경제를 혁신했고, 그들의 취향이 문화를 변화시켰으며, 소셜미디어에 대한 그들의 엄청난 욕구는 인간의 상호작용 방식을 바꿔놓았다. 정치는 엄청난 혼란을 눈앞에 두고 있는 최후의 영역에 지나지 않는다."

밀레니얼 세대가 인터넷과 함께 성장한 첫 번째 세대인 만큼 올터가 언급한 스타트업의 상당수는 테크기업이다. 밀레니얼 세대는 뒤이은 Z세대 같은 스마트폰 원주민은 아니지만 게임 '오리건 트레일'을 하고 AOL* 인스턴트 메시지를 보내며 디지털 원주민이 되었다. 밀레니얼 세대(1987년생)는 1995년 인터넷이 상용화됐을 때 평균 8살, 2000년경 가정용 인터넷이 보편화됐을 때 13살, 2006년 페이스북이 모두에게 열렸을 때 19살, 2012년 미국인 대다수가 스마트폰을 소유하게 됐을 때 25살이었다.

온라인 쇼핑, 소셜미디어, 인터넷 뉴스와 스트리밍 비디오는 밀레니얼 세대의 성장 주기에 맞춰 팡파르처럼 터지면서 끝없이 확장되었다. 답문 한번 보내려면 플립폰의 같은 버튼을 세 번이나 눌러야 하던 시절, 밀레니얼 세대는 답문의 달인으로 등극한 첫 번째 세대였다. 무제한 데이터 출시 이전인 2000년대 초반 수많은 부모는 엄청난 금액의 요금 통지서를 받아든 이후에야 밀레니얼 세대 자녀가 문자를 얼마나 많이 보내는지 깨달았다. 전화는 통화를 위해 존재한다는 개념을 밀레니얼 세대는 더 이상 받아들이지 않았다. "벨소리 볼륨을 최대

---

* AOL: 1983년 미국의 미디어 기업으로 출발해 인터넷 미디어 회사이자 PC통신 서비스 기업으로 초창기부터 미국 온라인 시장을 이끌었던 기업으로 유명하다.

로 해놓고 얼마간 울린 뒤에야 전화받는 게 베이비붐 세대의 문화다."
한 트위터 사용자가 버즈피드 게시판에 적었다. "이에 비해 밀레니얼
세대는 자신의 벨소리가 뭔지도 모르는 문화를 가진 세대다. 진동으
로 설정돼 있기 때문이다."

베이비붐 세대 부모가 자녀를 적게 낳고 훨씬 애지중지하며 키웠
다면, 밀레니얼 세대는 X세대에 이어 다시 한번 슬로우라이프 전략에
따라 길고 느린 청소년기와 청년기를 보냈다. 부모의 선택으로 태어
난 밀레니얼 세대는 유년기에 '육아하다'는 동사가 탄생할 만큼 열정
적인 돌봄을 받았다. 육아를 평가와 경쟁으로 바라보는 관점이 생긴
것도 이때부터다. 부모들은 글로벌 경쟁과 소득 불평등 시대를 맞아
자녀들을 '풍요롭게 하는' 활동에 집착했다. 따라서 X세대가 경험한
방치 육아는 퇴장하고, 감독과 가이드가 필수인 '헬리콥터' 혹은 '온
실' 육아가 등장했다. 이후 어른이 되어가는 과정은 예상치 못한 충격
을 안겼다. 돈벌이, 공과금 납부, 빨래 등 지겹지만 해야만 하는 활동
들을 가리켜 '어른 노릇adulting'이라고 하는 밀레니얼 세대 신조어도 탄
생했다. 2020년 버즈피드는 치실 사용, 개 산책, 공과금 정시 납부 등
의 어른 노릇 '칭찬 배지'를 광고했다. 어른 노릇이 힘들 수 있지만 그
에 따른 보상을 받는다는 것이다.

2020년대 들어 밀레니얼 세대도 어른 노릇을 할 줄 알게 되었다.
더 이상은 '어린애'가 아닌 것이다. 2020년 3~4월 밀레니얼 세대가
곧 청년층이라고 생각하는 데 익숙한 이들은 시간의 흐름까지 거슬러
"봄방학 중인 대학생 '밀레니얼 세대'가 코로나19를 확산시켰다"며 불
만을 터뜨렸다. 당시 밀레니얼 세대의 나이는 26~40살이었기 때문
에 정작 그 학생은 밀레니얼 세대보다 더 어린 Z세대였다. 트위터에

서 혼란이 빚어졌음은 자명하다. "밀레니얼 세대는, 봄방학을, 하지, 않는다, 우리는, 너무 늙었다" 누군가 게시했다. 또 "밀레니얼 세대는 더 이상 청년층을 칭하는 단어가 아니다. 상당수는 부모가 되었고··· 나머지는 숙취에 시달린다", "밀레니얼 세대는··· 임시 자택 사무실에 앉아 나이든 분들께 화상 회의하는 방법을 가르쳐주느라 너무 바쁘다" 등과 같은 트윗을 세대별 출생 연도 도표와 함께 줄줄이 올렸다.

2020년대에 밀레니얼 세대는 어떤 세대든 특정 연령대가 되면 맞닥뜨리기 마련인 기로에 서 있었다. 자신이 더 이상 젊지도, 유행을 주도하지도 않는다는 사실을 깨달은 것이다. 기획력 있는 어느 Z세대는 밀레니얼 세대를 놀리는 말로 '츄기$_{cheugy}$'라는 신조어를 만들었다. 유행을 따라가려고 아무리 노력해도 몇 년은 뒤처지는 이를 가리키는 말이다. Z세대가 온라인에서 밀레니얼 세대를 혹평할 때마다 밀레니얼 세대가 느끼는 감정을 잘 요약한 단어다[*]. 당신이 어느 호그와트 기숙사 소속인지[**] 아는 건 한때 젊음의 상징이었지만 이제는 그 반대의 상징이 되어가고 있다. 2020년대에 일각에서는 이미 '늙은이 밀레니얼 세대'라는 말이 나왔는데 대부분의 사람들에게 달갑게 들릴 리 없었다.

밀레니얼 세대는 베이비붐 세대와 X세대에서 시작된 기술, 개인주의와 슬로우라이프 전략이 정점을 찍은 세대였다. 다시 말해, 쏟아지는 비판의 원인이 됐던 트렌드를 직접 시작하지는 않았다는 것이

---

[*] Z세대에 따르면 스키니진은 한물가고 하이웨이스트진이 유행하기 시작했다. 옆가르마는 가고 앞가르마가 왔다

[**] 한때 호그와트의 여러 기숙사 중 어디가 당신에게 가장 잘 맞는지를 이용한 성격테스트가 밀레니얼 세대 사이에서 유행했다

다. 하지만 밀레니얼 세대를 좀 더 본격적으로 다룬 기사에서도 이 같은 사실은 종종 간과된다. 현재 성인기의 가장 중요한 시기를 보내고 있는 밀레니얼 세대에 대한 새로운 평가가 필요하다.

밀레니얼 세대의 특징(1980~1994년 출생)

인구수

2020년 기준 인구: 6,790만 명(미국 인구의 20.5%)

구성

63.7% 백인

13.1% 흑인

20.8% 히스패닉

7.3%   아시아계, 하와이 원주민, 태평양 섬 주민

1.2%   미국 원주민

가족관계

부모: 베이비붐 세대 또는 X세대

자녀: Z세대 또는 알파 세대

손주: ???

한 사람의 군대
: 자신감

2000년 미국 육군은 모병을 위해 신세대에게 어필할 필요가 있다는 사실을 깨달았다. 지난 20년간 X세대를 대상으로 "될 수 있는 모든

것이 되어라"는 슬로건을 내세워 왔지만 이제 대체할 것이 필요했다. 2001년 1월 밀레니얼 세대를 위해 육군이 새롭게 선보인 문구는 팀워크를 가장 중시하는 조직으로서는 다소 의외의 선택이었다. 바로 '한 사람의 군대An Army of one'다.

밀레니얼 세대는 훨씬 집단주의적이고 온갖 규범이 넘쳐나던 1950년대와 1960년대 초반의 세상은 전혀 알지 못한다. 의도치 않은 임신은 곧 결혼을 의미하고 야구 경기를 보러 가서도 정장과 모자를 착용해야 했던 세상 말이다. X세대도 모르기는 마찬가지였지만 부모님 세대를 통한 간접 경험이라도 있었다. 하지만 밀레니얼 세대에게 그런 시대는 자신과 전혀 무관한 과거였다. 그들에게 문화란 곧 '나 우선주의'를 의미했다.

2차 세계대전 이후 태어난 세대는 모두 각자의 방식으로 개인주의를 받아들였다. 베이비붐 세대는 특히 결혼과 섹스에 대해서 전후 시대의 억압적 사회규범에 대한 반란을 표출했고, 후에는 '내면으로의 항해'와 자신에게 초점을 맞추는 1970년대의 신비주의를 받아들였다. X세대는 자신을 평균 이상의 우월한 존재로 여기고 항상 나 자신이 먼저인 걸 당연하게 여기는 등 1980년대 과감한 자신감의 시대를 열었다. 1990년대와 2000년대의 개인주의는 X세대가 시작한 트렌드 위에 또 하나의 색채를 덧입혔다. 스스로 자신에 대한 신념만 있다면 다른 사람이 나에 대해 어떻게 생각하든 상관없다는 주의가 밀레니얼 세대 사이에 확산된 것이다.

아무리 무심한 사람도 1990년대와 2000년대의 문화에 조금만 귀를 기울이면 자기 자신에 대한 담론이 끊임없이 쏟아져 나온다는 사실을 알 수 있었다. 자신에 대한 믿음이 성공적 삶의 열쇠라는 조언도 이어졌다. 갑자기 자신이 온 세상의 중심으로 부상했다.

"모든 상황이 네게 불리하게 돌아가는 것 같아도 너 자신에 대한 믿음만 있으면 불가능이란 없어." 초기 밀레니얼 세대가 고등학생이던 1990년대 말과 2000년대 초반 방영된 가볍지만 중독성 있는 드라마 〈도슨의 청춘일기〉에서 평소 냉소적인 캐릭터 조이가 말했다. 2000년대 말 고등학교 노래 동아리에 관한 이야기로 밀레니얼 세대를 사로잡은 〈글리〉에서는 교사인 슈스터 씨가 학생들에게 이렇게 말한다. "글리 클럽에서 중요한 건 타인에게 자신을 표현하는 것뿐만이 아니다. 자신에게 자신을 표현하는 것 역시 중요하다." 2007년 NBC 공익 광고 '알면 알수록The More You Know'에서도 이렇게 선언했다. "모든 이에겐 단 하나의 진실한 사랑이 있습니다. 바로 자기 자신이죠."

책에 등장하는 개인주의적 문구의 사용 빈도

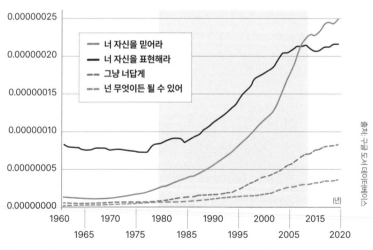

* 음영 구간이 밀레니얼 세대의 유년기에 해당한다. 그해 출간된 모든 도서에서 각 구문이 사용된 비율을 나타낸다.

이렇게 1990년대에 거의 듣기 힘들었던 자신을 내세우는 문구가 이제 신조어 수준으로 많이 쓰인다는 건 단순한 느낌이 아니었다. 수백만 권이 등록된 구글 도서 데이터베이스 조사 결과, 밀레니얼 세대의 유년기와 청소년기에 발간된 책에는 "너 자신을 믿어라", "그냥 너답게" 같은 문구가 놀라울 정도로 빈번하게 등장했다.

이 같은 경향은 친숙하게 사용하는 대명사 단어의 사용 빈도를 통해서도 알 수 있다. 1990년대 후반까지만 해도 책에는 '우리가', '우리를' 등의 복수 대명사가 '내가', '나를' 같은 단수 대명사 못지않게 자주 쓰였다. 하지만 2000년 이후 복수 대명사 사용 빈도는 살짝만 증가한 반면 단수 일인칭 대명사는 두 배 이상 급증했다. 연도별로 가장 큰 인기를 누린 노래 10곡의 가사에 등장하는 대명사를 조사했을 때도 결과는 같았다. 1980~2007년 사이 단수 대명사는 증가하고 복수 대명사는 감소한 것이다. 제임스 페니베이커가 《단어의 사생활》에서 지적했듯 일부 사회 심리학자들은 '내가' 혹은 '나를' 같은 단어를 사용하는 게 반드시 거대 자아와 연관되는 건 아니라고 주장했다. 그보다 긍정적 이유든 아니면 우울감과 같은 부정적 이유든 자신에게 집중하는 행위일 뿐이다. 밀레니얼 세대 청년의 언어는 확실히 자기중심적이다.

자존감 역시 중요성이 커졌다. '자존감'이라는 단어는 한때 대학교 혹은 교사 양성 과정에서 다소 모호한 개념으로 논의될 뿐이었지만 이제는 전 국민이 갖고 싶어 안달하는 대상으로 등극했다. 자존감은 1970년대 전문 교육 잡지를 통해 처음 등장했고 보다 대중적인 잡지와 일간지에서는 1980년대 중반까지도 일절 언급되지 않았던 단어였다. 이후 자존감에 대한 관심은 칡넝쿨처럼 퍼져나가 처음에는 책에서 이후에는 정기 간행물에서 빈번하게 다뤄졌다. 그 결과 밀레니얼 세대는 어딜 가서 누굴 만나든 자존감 얘기였다.

X세대의 유년기부터 이어져 온 추세에 따라 각 학교는 자존감을 높이기 위해 고안된 각종 프로그램을 도입하기 시작했다. 자기 자신에 대한 좋은 감정이 더 좋은 성적과 바람직한 행동 등 긍정적 결과를 낳을 것이라는 믿음에서였다. 어린 시절 대부분 엄격한 훈육을 받고 자란 베이비붐 세대는 자녀들과 좀 더 따뜻하고 우호적인 관계를 구축하길 원했다. 여기에 자신의 욕구를 가장 중시하는 사회 문화가 더해져 부모가 자녀를 사랑한다면 격려를 통해 자존감을 북돋워줘야 한다는 결론이 도출되었다. 전문가들은 동의했다. 미국 소아과 학회에서 밀레니얼 세대 성장기인 1991년에 첫 출간한 육아 도서의 경우, 자존감이라는 단어가 등장한 횟수는 처음 7페이지에서만 10회에 달했다.

어린이 서적도 마찬가지다. 《자존감 왕국의 귀염둥이》에서는 모나 몽키가 어린이들에게 왕국으로 가는 문을 열기 위해서는 "나는 사랑스러워!"를 세 번 연속 외쳐야 한다고 알려준다. 어린이용 자존감 컬러링북에서도 다음과 같은 문장을 완성하도록 제시한다. "당신 자신을 받아들이세요. 당신은 특별한 사람입니다. 긍정적으로 생각해보세요." 이 같은 양상의 뿌리는 베이비붐 세대 부모의 개인주의와 불안에서 찾을 수 있다. 밀레니얼 세대인 샬롯 알터가 말한 것처럼 "유년기가 순식간에 치열한 경쟁으로 물들었고 애지중지 떠받들어졌다. 패배란 위험천만한 일이었기 때문에 모두가 승자가 되어야 했다."

자존감 고양을 위한 노력은 말뿐 아니라 행동으로도 이루어졌다. 학교에서는 가장 뛰어난 학생은 물론 모든 학생에게 상을 수여하기 시작했다. 스포츠 경기에서도 승리한 팀을 포함해 참여 학생 전원에게 트로피를 안겨주었다. 내 조카도 2000년대에 이런 경험을 한 적이 있는데 2피트 높이의 트로피에는 '우수 참여상'이라는 글귀가 새겨져 있다.

이처럼 자존감을 중시하는 분위기는 X세대의 성장기에도 무르익어 있었지만 절정에 이른 건 1990~2010년대 밀레니얼 세대의 유년기와 청소년기였다. 이 시기 수많은 밀레니얼 세대와 그 부모는 뚜렷한 근거도 없이 자존감은 높은 게 좋은 거라는 확신에 사로잡혀 있었다. "아이들에게 트로피를 쓸데없이 너무 많이 주는 것 같다는 의견에 동의하지 않는다. 오히려 충분하지 않을 수 있다. 트로피는 아이들의 자신감을 높여준다는 논리였다." 2013년 《뉴욕타임스》에 이 같은 관행을 비판하는 글이 실리자 한 청년이 이렇게 반박했다. "트로피를 받으면 더 잘할 수 있을 것 같은 기분이 든다. 트로피는 자신감과 자존감을 구축해준다"는 주장이었다.

자기 자신을 긍정적으로 바라보도록 하는 격려는 실제로 효과가 있었다. 그것도 부모와 코치가 아닌, 어린이와 10대 청소년이 직접 그렇게 믿었다. 2000년대 중반 밀레니얼 세대의 어린이는 1980년대 후반의 X세대 어린이에 비해 자존감 수치가 더 높은 것으로 나타났다. 그 차이는 중학생 집단에서 가장 컸는데 자존감 고양 프로그램이 어린 학생을 대상으로 가장 활발하게 실시됐기 때문이다. 아이들은 자존감을 배우면 그대로 습득한다. 적어도 자존감을 가져야 한다는 사실은 알게 된다. 따라서 밀레니얼 세대가 자신감만큼은 최고라는 게 사실이고, 명확한 근거도 없이 자신감을 좇았다는 것도 사실이다. 부모님, 선생님, 그리고 문화 전반에서 자존감을 가지라고 설교하자 그

말에 따랐을 뿐이다.

이렇게 긍정적인 자기 인식은 미래의 삶에 대한 높은 기대감으로 이어졌다. X세대에서 시작된 높은 기대감은 밀레니얼 세대에서도 그대로 나타났다. 자신이 석사 학위를 취득한 뒤 전문직에 종사할 거라고 믿는 고등학교 졸업반 학생의 수가 계속 늘어난 것이다. 밀레니얼 세대 가운데는 자신이 성장해서 어른의 역할도 또다시 잘해낼 것이라고 확신하는 이가 예전보다 많았다. 2010년대 초반 무렵, 자신이 직장에서 상위 20%의 성과를 낼 것이라고 믿는 이가 10명 중 7명에 달했는데 수학적으로 불가능한 수치였지만 자기 자신을 높이 평가해야 한다는 교육 속에 자란 세대에게는 심리적 현실이었다.

밀레니얼 세대는 어린 시절뿐 아니라 성인이 된 이후에도 이 같은 인식을 강하게 유지했다. 2015년 설문조사 결과 부모 역할을 "아주 잘하고 있다"고 답한 부모는 밀레니얼 세대 가운데 52%로 나타나 X세대의 43%나 베이비붐 세대의 41%보다 높았다. 한마디로 조사가 실시된 이래 가장 낙관적이고 높은 자신감을 청소년기뿐 아니라 청년기에도 드러낸 세대가 바로 밀레니얼 세대다.

젊은이들이 더 낙관적이고 자신감도 더 높다는 건 좋은 현상일까? 나쁜 현상일까? 미국 문화에서 긍정적 자기 인식이 얼마나 중요한지 고려하면 두말 할 필요 없이 좋은 일이다. 스스로를 긍정적으로 평가하면 우울감이 줄어드는 등 여러 가지 장점을 누릴 수 있다. 낙관적인 사람은 스트레스에도 강할 뿐 아니라 자신을 높이 평가할 때 자신을 별 볼일 없다고 평가할 때보다 훨씬 기분도 좋다.

미국인은 대부분 자신을 긍정적으로 바라봐야 좋은 성과를 낼 수 있다고 여기는 만큼 높은 자존감을 좋다고 여긴다. 하지만 자존감이 높은 사람이라고 해서 낮은 사람보다 반드시 성공률이 높은 것은 아니다. 분명한 근거도 없이 빈껍데기인 상태로 자존감만 높은 경우에는 특히 더 그렇다. "당신은 당신이라는 이유만으로 특별하다"는 명제는 텅 빈 자존감의 좋은 예다. 과장해서 말하자면 텅 빈 자존감은 자신을 높이 평가하는 게 워낙 중요해 실제 행동이나 재능 따위는 중요하지 않다고 결론짓는다. "공부는 왜 해?"라는 질문에 텅 빈 자존감의 주인공은 이렇게 답할 것이다. "내가 이렇게 똑똑한데!" 반면, 단단한 자존감을 갖춘 이는 자신의 실제 성과에 기반해 능력을 평가하고 공부를 통해 더 발전해나갈 수 있다는 것을 이해한다.

결국 문제는 이것으로 귀결된다. 1990~2000년대에 높아진 자존감은 단단한 자존감일까? 아니면 텅 빈 자존감일까? 이전 세대 어린이가 숱하게 들었던 가혹하고 별 도움 안 되는 피드백은 배제하고 아이들에게 잘했다고 칭찬해준 건 본래 단단한 자존감을 구축하기 위해서였을 것이다. 하지만 얼마 지나지 않아 초점이 텅 빈 자존감으로 옮겨가기 시작했다. 2000년대 어느 대학의 교육학과 벽에는 "무슨 일이 있어도 우리는 특별하고 가치 있는 존재이기로 했다"고 적혀 있었다. 당시 교사 10명 중 6명, 상담사 10명 중 7명은 "학생의 성과나 행동이 아닌, 존재 자체를 좀 더 조건 없이 평가함으로써 자존감을 높여야 한다"는 데 동조했다. 이것이야말로 근거 없는 자존감이라 하겠다.

부자연스러운 건 자존감을 높이기 위한 노력만이 아니었다. 밀레니얼 세대가 성장기에 숱하게 들어온 얘기 중 자기 자신이 강조된 문구를 살펴보자. "그냥 너답게", "자신을 믿으면 못할 게 없다", "너 자신을 표현하라" 그리고 "다른 사람을 사랑하기 전 너 자신부터 사랑해야 한다" 등이다.

문제는 이 같은 조언이 자기 자신만을 내세울 뿐 아니라 망상적이라는 점이다. '그냥 너답게'는 얼핏 들으면 별 문제 없지만 조금만 더 깊이 들어가면 말이 안 된다. 만약 당신이 바보라면? 연쇄 살인범이면 어쩌란 말인가? 그럴 땐 다른 사람이 되어야 하는 게 맞다. "못할 게 없다?" 사실은 그렇지 않다. 너 자신을 표현하라는 것도 어느 정도 수준에서 이루어져야지 과도하면 타인에게 상처를 입힐 수 있다. "너 자신부터 사랑해야 한다"는 조언에도 치명적 결함이 존재한다. 자신을 지나치게 사랑하는 사람은 소위 나르시시스트로 불리는데 이들과 관계 맺기란 상당히 끔찍할 수 있다. 무슨 일이 있어도 자신을 높이 평가하라는 조언, 그리고 자존감을 고양하는 격려가 바로 밀레니얼 세대에 지배적인 문화였다.

실제로 그들은 조언과 격려에 그대로 따랐다. 밀레니얼 세대 대학생 중에는 자신이 또래 평균보다 높은 수준이라고 믿는 이가 다른 세대보다 많았다. 이 같은 질문을 받으면 학생들은 자신과 또래를 비교하기 때문에 50%가 넘는 수치는 모두 자기 자신을 부풀려 생각한다는 의미가 된다. 2012년 대학 신입생의 78%는 자신의 성취욕이 평균보다 높다고 여겼고 63%는 자신의 리더십이 평균 이상이라고 믿었다. X세대 역시 청년기엔 자신을 과신하는 경향이 있었지만 밀레니얼 세대는 X세대보다 더했다.

자신이 평균 이상이라는 느낌은 학업 성적처럼 좀 더 객관적인 지표를 통해 추적하는 게 특히 유익할 것이다. 실제로 그와 같은 조사를 실시했더니 결과는 동일했다. 밀레니얼 세대 고등학생 중 스스로 지능과 학업 성적이 평균 이상이라고 믿는 이는 베이비붐 세대나 초기 X세대와 비교했을 때 더 많았다. 심지어 2010년대 초반에는 밀레니얼 세대 고등학교 졸업반 학생 중 자신의 지능이 평균 이상이라고 믿는 이가 거의 3명 중 2명 수준이었다.

밀레니얼 세대 고등학생이 스스로 더 똑똑하다고 여긴 건 실제로 더 똑똑했기 때문일까? 그렇지 않다. 1990년대 X세대와 2000년대 밀레니얼 세대를 비교했을 때 SAT 점수는 그대로이거나 오히려 하락했다. 전국교육성취도평가를 통해 본 12학년 학생들의 점수도 마찬가지였다. 따라서 학업 성취도는 그대로이거나 오히려 더 나빠졌지만 자기인식은 더 긍정적으로 발전한 셈이다.

10대는 주변 환경에 영향을 많이 받는 만큼 이 같은 인식도 출발점은 따로 있는 게 분명하다. 한 가지 추측해볼 수 있는 원인은 고등학교 학생들의 성적이다. 교내 성적은 학생이 교사로부터 받는 피드백이기 때문에 전국적으로 치르는 시험보다 더 주관적이며 긍정적 평가를 중시하는 문화 역시 더 강하게 반영된다. "모두에게 트로피를!"이라는 구호가 학업의 영역에서 "모두에게 A를!"로 나타나는 것이다. 그렇다면 밀레니얼 세대는 자신의 학업 성취도에 대해 어떤 이야기를 들었을까?

이들은 한마디로 대단하다는 말을 들었다. 후기 X세대의 학창시절부터 시작된 경향이 계속 이어져 평균 A를 받은 12학년 학생 수는 급증한 반면, 평균 C를 받은 12학년 학생 수는 급감했다. 이때는 학생들에게 더 좋은 성적을 주도록 학부모가 교사를 압박한 시대이기도 해서 성적 인플레이션이 순전히 교사만의 책임이라고는 할 수 없었다.

학생들이 더 좋은 성적을 받을 수 있었던 건 당시 숙제에 더 많은 노력을 쏟았기 때문일까? 사실은 그 반대로 2000년대 학생들은 숙제하는 데 오히려 더 적은 시간을 할애했다. 일주일에 10시간 이상 공부하는 12학년 학생의 수는 1996년과 2006년 사이에 24% 감소했다.

이런데도 밀레니얼 세대가 청소년기에 들어선 무렵에는 자신을 무조건 높이 평가하는 게 시스템의 표준으로 자리 잡았다. 교사 역시 학생이 숙제에 더 적은 시간을 할애하더라도 더 높은 점수를 주었다. 텅 빈 자존감을 구축했다는 것이 더 이상 이론이 아닌 현실이 된 것이다.

학생들이 스스로 더 똑똑하다고 여기기 시작한 건 자신의 능력이 향상되었거나 공부에 더 많은 시간을 투자했기 때문이 아니다. 학생에겐 긍정적 피드백이 필요하다고 베이비붐 세대 어른들이 결정했기 때문이다. 점수 A를 받는 학생이 더 많아진 것도 해당 과목을 섭렵한 학생이 늘었기 때문이 아니라 A짜리 자부심을 가진 학생이 많아져야 한다고 학부모와 교사가 결정했기 때문이었다.

이 같은 자기 확신은 눈에 띄는 태도 변화로 이어졌다. 대학 교수진은 수업에 출석하거나 과제를 제출하는 행위만으로 A를 받으려는 학생이 얼마나 많아졌는지 살펴보기 시작했다. 2000년대 후반 한 대학생은 담당교수에게 이메일을 보내 학생이 모든 과제를 완료하고 수업에 나오기만 해도 "A라는 높은 학점을 받는 것이 마땅하다"는 주장을 펼쳤다. 2008년 설문조사에 따르면 학생들이 스스로 얼마나 열심히 노력했는지 설명만 하면 교수가 높은 점수를 줘야 한다고 생각하는 대학생이 3명 중 2명에 이르는 것으로 나타났다. 뿐만 아니라 나머지 3분의 1은 대부분 수업에 출석만 해도 최소 B학점을 받을 자격이 있다고 생각했다.

2000년대 들어 밀레니얼 세대가 직장을 얻기 시작하면서 관리자들의 눈에 특이한 현상이 포착되었다. 젊은 직원들이 불과 몇 달 일하고 나면 승진을 기대한다는 소문이 나돌기 시작했다. 직원들이 끊임없이 칭찬만 갈구하고 비판은 받아들이지 못한다는 얘기도 있었다. 당시에는 밀레니얼 세대를 대부분 Y세대라고 불렀는데 2000년대 관리자를 위한 지침서 제목은 〈직장에서의 Y세대: '나부터' 세대를 관리하는 방법〉이었다. 또 다른 지침서는 〈모두가 트로피를 받는 것은 아니다: Y세대 관리하기〉로 첫 번째 챕터 제목이 'Y세대와의 만남: 세계 역사상 가장 관리가 까다로운 노동력'이었다. 2013년 《타임》이 마침내 밀레니얼 세대를 커버스토리로 다뤘을 때도 제목은 '나, 나, 나 세대'였다.

타당한 제목이었을까? 물론 모든 밀레니얼 세대가 자신감 과잉에 자기중심적 성향이 강한 것은 아니다. 하지만 학생들의 자신감이 평균적으로 높아진 만큼 전부는 아니라고 해도 자신감 과잉인 밀레니얼 세대가 증가한 것은 사실이다. 관리자들은 젊은 직원 가운데 한층 자기중심적인 이들을 많이 목격하고 해당 세대에 대한 결론을 내렸다. 밀레니얼 세대 중 좀 더 현실적인 구성원은 억울하겠지만 트렌드 데이터를 통해 보더라도 이 같은 인식은 틀리지 않았다.

물론 긍정적 자기관과 높은 기대감이 밀레니얼 세대에서 처음 시작된 것은 아니다. 베이비붐 세대와 X세대가 먼저 시작했다. 밀레니얼 세대에서 한 단계 더 강화되기는 했지만 우수 참여상까지 나눠달라는 아이디어는 애초 밀레니얼 세대가 낸 것이 아니었다. 그래서 베이비붐 세대나 X세대의 책임을 물어야 할까? 그건 아닐 것이다. 책임 소재를 추궁하는 게 유익한 경우는 거의 없다. 이는 특정 개인이나 세대가 아닌 문화처럼 규모가 큰 변화인 경우 더더욱 그렇다. 게다가 부모나 교사가 아이들의 자아를 과도하게 부풀리겠다고 의도했을 리 없다. 당시의 문화가 더 많이 칭찬해주고 더 높은 점수를 주며 참여상을 수여하는 게 도움이 되면 됐지 해가 될 리 없다는 확신을 심어준 것뿐이다.

하늘 높은 줄 몰랐던 밀레니얼 세대의 기대감은 자연히 성인기의 실망감으로 이어졌다. 실망감은 특히 밀레니얼 세대가 금융위기로 가장 큰 타격을 입은 이후 더 커졌다. 미국 문화에서 밀레니얼 세대는 기본적으로 대단하다는 말을 들으며 자랐다. 사람들에 따르면 그들은 뭐든지 잘하는 아이였지만 실제로는 그리 대단할 것 없다는 게 자명했다. 대다수 밀레니얼 세대는 가혹한 평가를 중단해달라고 기성세대에게 호소하면서도, 유년기의 근거 없는 자신감 때문에 성인이 된 이후 마주할 현실에 대비하지 못했다는 사실을 깨닫게 되었다. 2013년 티파니 방(1990년생)은 이렇게 적었다. "대학교는… 우리가 잘하기는커녕 갖고 있지도 않은 기술을 요구하는 취업 시장으로 우리를 내몰았다… 전통적인 방법으로 성공하는 게 이전에는 가능했을지 모르지만 오늘날에는 전혀 통하지 않는다." 밀레니얼 세대 제이슨 도시는 성인이 되어 '절망과 환멸에 빠진' 또래의 많은 이들을 보면서 그들을 위한 《나의 현실 점검은 실패했다!》라는 책을 썼다.

"다들 우리에게 자격이 있다고 했다." 맷 보스(1983년생)가 적었다. "우리도 그런 줄 알고 이 자리에 있기만 하면 세상이 뭔가를 손에 쥐어줄 줄 알았다. 가령 직업 같은 것 말이다…. 학자금은 어차피 받아봤자 갚을 능력이 안 되지 않는가. 밀레니얼 세대에 대한 혐오를 중단하라. 이 난장판을 만든 건 우리가 아니다. 우리는 파티에 뒤늦게 도착해 부스러기만 먹었다…. 먹기 전에 잊지 말고 인스타그램에 올려야지. #먹방."

나의 세상은 훨씬 좋은 곳이 될 것이다
: 그럴 만한 자격

"나는 특별해. 나는 특별해. 나를 보세요." 1990년대에 유치원을 방문한 적이 있다면 어린이들이 부르는 이 노래를 들어봤을 가능성이 높다. 아이들은 이어서 '이달의 주인공은 나' 같은 프로그램을 통해 거울 속 자신을 들여다보며 자신이 독특한 고유한 이유를 탐구했을 것이다. 2000년대 어느 신문에서 펜실베이니아의 한 남성은 자신의 딸아이에게 "틈날 때마다 아이가 특별하다고 말해 준다"고 기고했다. 이 모든 건 새로운 현상이었다. "너는 특별해"라는 문구는 1980년대 이전까지만 해도 책에서 거의 찾아볼 수 없다가 1990년대 후반에 이르러 본격적으로 인기를 얻기 시작했다.

문제는 자신이 특별하다고 생각하는 게 자신감이 아닌 나르시시즘의 지표라는 사실이다. 보통 확대된 자아 감각으로 규정되는 나르시시즘은 복잡한 만큼 잘못 이해되는 경우가 많다. 나르시시즘적 인격 장애라는 임상 질환도 있지만 나르시시즘은 비교적 일반인과 다름없이 살아가는 사람들 사이에 나타나는 성격적 특징이기도 하다. 일반적 인식과 달리 나르시시즘이 있다고 해서 학교나 직장에서 더 큰 성공을 거둔다고 할 수는 없다. 나르시시스트는 대개 내적으로 불안하지는 않다. 일단 자존감이 높고 진심으로 자신이 타인보다 낫다고 믿기 때문이다(설사 사실이 아니더라도 그렇다. 나르시시즘적 특징과 외모를 연구한 어느 논문의 제목은 '나르시시스트는 자신이 너무 섹시하다고 생각하지만 실제로는 그렇지 않다'였다).

나르시시즘적 성격에는 대가가 따른다. 단기적으로는 긍정적 감정을 일으킬 수 있지만 장기적으로 대인관계에 악영향을 미친다. 그래서 일정 성과를 꾸준히 올리지 못하는 경우가 많다. 나르시시스트는 주변인들에게도 좋을 게 없다. 자기 자신에게 집중하는 경향이 지나치게 강해 타인의 욕구와 감정은 무시하기 일쑤기 때문이다. 나르시시즘은 한마디로 스테로이드를 주입받은 개인주의라 할 수 있다. 앞서 논의한 낙관주의, 자존감과 높은 기대치가 한데 묶여 변질돼 독특한 감정을 생성한다(가령 "나는 나를 사랑해"라고 선언할 수 있는, 어떤 세대에게는 다소 이상한 감성도 2000년대 이전에는 찾아볼 수 없었다).

임상 이외의 목적으로 나르시시즘을 연구하는 연구자들은 대부분 나르시시즘적 성격 목록NPI을 활용한다. 여기서는 두 가지 명제 중 자신은 어느 쪽에 더 가까운지 묻는 질문이 40가지 제시된다. 나르시시즘적 명제에는 '내게 관심이 집중되는 것을 즐긴다', '나는 원하는 대로 내 삶을 살 수 있다', '나는 거울 보는 것을 좋아한다', '내가 지배하면 세상은 훨씬 좋은 곳이 될 것이다', '나는 특별하다고 생각한다' 등이 있다. 예를 들어, 누군가 '나는 대부분의 사람들보다 더 낫지도 못하지도 않다고 생각한다' 대신 '나는 특별하다고 생각한다'를 선택한다면 나르시시즘적 성격 목록에서 1점을 얻는 것이다. NPI는 자기 보고 측정 방식으로써 나에 대한 타인의 생각이 아닌 나 자신의 생각을 포착한다.

NPI는 행동을 예측하는 데 꽤 믿을 만한 지표다. 이 성격 목록에서 높은 점수를 기록한 사람은 장기적 관계보다 단기적 관계를 선호하고 문제제기에 분노로 대응하며 배려보다 소유와 지위를 중시하는 경향이 있다. 또 외향적이고 낙관적이며 행복을 잘 느끼기도 한다. 적어도 일이 잘 풀릴 때는 말이다. 하지만 특히 노년기처럼 모든 게 마음 같지 않을 때는 우울증에 걸리기 쉽다. 흥미롭게도 나르시시스트는 자신의 특성을 인정하는 데 거의 거리낌이 없다. NPI에서 높은 점수를 받은 사람은 대부분 "나는 나르시시스트다"라는 명제에 기꺼이 동의했다.

그럼에도 '나르시시즘'이라는 단어에 감정적 반응을 보이는 이들도 많다. 나르시시스트란 나쁜 사람과 동의어이며 훌륭한 요소를 찾아볼 수 없다고 여기는 것이다. 반면 나르시시즘이 오늘날과 같은 경쟁사회에서 살아남는 데 꼭 필요한 긍정적 요소라는 주장도 존재한다. 이 두 가지 반응 중 어느 쪽도 나르시시즘의 복잡한 특성을 포착하지는 못한다. 대신 나르시시즘은 자기 자신에게는 좋지만 타인에게는 해를 끼치고, 단기적으로는 성과를 올리더라도 장기적으로는 실패로 이어지기 쉬운 특성이 결합돼 있다는 게 좀 더 정확한 표현일 것이다.

2008년 나는 동료들과 함께 헤드라인을 장식할 만한 연구 결과를 논문으로 발표했다. 당시 대부분 밀레니얼 세대였던 대학생이 과거 대학생에 비해 나르시시즘적 경향이 높았던 것이다. 실제로 1980년대 초반~2000년대 중반에 걸쳐 대학생의 NPI 점수는 꾸준히 상승했다.

2000년대 중반의 문화를 살펴보면 이 같은 결론은 이미 예견돼 있었다. 특히 지방 흡입술과 유방 확대술을 비롯한 성형수술이 급증하는 추세였다. 2007년 〈4차원 가족 카다시안 따라잡기〉가 방영을 시작한 이후 명성은 모두가 동경하고 또 갖고 싶어 안달하는 욕망의 대상이 되었다. 한 연구에 따르면 〈아메리칸 아이돌〉, 〈한나 몬타나〉 등 당시 어린이와 청소년에게 인기 있었던 TV프로그램에서도 16가지 가치 중 가장 중요하게 손꼽힌 가치가 바로 '명성'이었다. 불과 10년 전인 1997년에는 15번째에 지나지 않았던 점에 비하면 상당한 변화라

하겠다.

2000년대 중반에는 가짜 파파라치를 고용해 저녁에 외출하는 당신을 미행하도록 하는가 하면 자신을 메인 모델로 하는 유명 패션잡지의 가짜 표지를 만들어 집으로 가져가기도 했다. 패리스 힐튼은 자신의 얼굴이 대문짝만하게 찍힌 티셔츠를 입고 다녔고 밴드 위저는 "나는 지금껏 살았던 이들 중 가장 위대한 사람"이라는 가사의 곡을 불렀다. 다른 뮤지션들도 진심으로 "세상은 나를 중심으로 돌아간다"고 노래했고 또 다른 이는 "내가 억만장자가 될 날에 대비하는 게 좋을 거야"라고 경고했다. 심지어 "네 여자친구가 나처럼 섹시하길 원하지 않아?"라고 묻는 곡도 있었다.

이후 벌어진 일은 모두의 기억 속에 남아 있다. 경제가 추락하면서 금융위기가 발생했고 대침체로 이어졌다. 그 결과 심지어 대학생을 포함한 모든 이가 현실을 직시하게 되었다. 2000년대 중반 허세와 거대 자아가 넘쳐나던 문화는 개인주의만 남기고 모두 현실적 관점으로 옷을 갈아입었다. 특히 위험한 주택담보대출이 경기침체의 원인이었다는 점을 고려할 때 근거 없는 낙관주의로 일관했다가는 큰코다치기 십상이라는 깨달음이 일어났다.

나르시시즘적 특성 역시 같은 노선을 걸었다. 1990년대와 2000년대 대부분의 기간 동안 개인주의가 자기중심주의와 비현실적으로 긍정적인 자기관을 조장하면서 대학생들의 나르시시즘적 경향은 꾸준히 커졌고 경제적 거품이 꺼지면서는 나르시시즘의 거품도 함께 꺼졌다. 책에서 나르시시즘적 문구의 사용 횟수가 줄지는 않았지만 다수의 책에서 증가세 역시 멈췄다.

이 같은 결과가 무작위 변수 혹은 조사 대상 캠퍼스가 달라서 생

대학생의 나르시시즘적 성격 점수

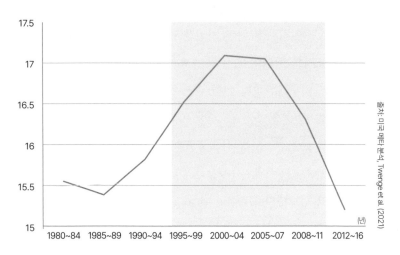

출처: 미국 메타분석, Twenge et al. (2021)

* 음영 구간(특히 1999~2013년)이 밀레니얼 세대가 대부분인 연령대다. 점수 분포는 0~40점이다.

긴 차이가 아니라는 점을 분명히 하기 위해 우리는 NPI를 매년 실시한 두 캠퍼스 학생들의 평균 NPI 점수를 확인했다. 연간 데이터는 나르시시즘이 언제 최고치에 도달했고 또 언제 떨어졌는지 좀 더 정확히 보여준다는 점에서도 유용하다. 두 캠퍼스 모두 전국 데이터와 비슷한 양상을 보였다. 나르시시즘은 2008년까지 증가 곡선을 그리다리먼 브라더스 사태 이후 하락했다.

성격 목록에서 나르시시즘적 명제를 대다수 택한 대학생은 2000년대 중반에는 10명 중 3명으로 1980년대 초반의 10명 중 2명에 비해 늘었다. 이는 여러 교수들과 관리자가 주목할 수밖에 없는 결과였다. 나르시시즘 점수가 높은 학생 혹은 직원일수록 문제를 일으키는 경우가 많은데 그 수치가 1.5배 늘어난 것이다. 하지만 대침체를 지나면서 다시 감소 추세로 돌아섰다. 심지어 2020년대에 들어서도 일부 교사와 관리자들은 여전히 청년층의 나르시시즘에 대해 불만을 늘어놓고 있지만 증빙 서류 하나 없이 주택담보대출을 받을 수 있었던 2008년 이전에 비하면 훨씬 정도가 덜하다 하겠다.

따라서 초기 밀레니얼 세대의 3분의 2에 해당하는 1980년대생일수록 X세대와 베이비붐 세대에 비해 나르시시즘적 경향이 평균적으로 더 강했다. 하지만 1990년대에 태어난 밀레니얼 세대는 대부분의 X세대보다 나르시시즘적 경향이 더 강하다고 볼 순 없었다. 결국 "밀레니얼 세대가 X세대와 베이비붐 세대보다 나르시시즘적 경향이 더 강한가?"라는 질문의 답은 단순한 세대뿐 아니라 좀 더 세분화된 분석에 따라 달라지게 된다.

성인을 대상으로 한 NPI 조사가 수십 년에 걸쳐 일관되게 진행된 적이 없기 때문에, 밀레니얼 세대가 장년이 된 이후에도 나르시시즘적 경향에서 세대 차이를 보이는지 알아보기는 어렵다. 나르시시즘은 나이가 들면서 감소하는 성질이 있지만 만약 연령에 따른 감소 속도가 모든 세대에 걸쳐 동일하게 나타난다면 세대 간 차이는 지속될 것이다. 그리고 그게 사실이라면 2020년대에 나르시시즘은 누구나 예상하는 20대가 아닌, 30대와 40대에서 가장 두드러지게 나타날 것이다.

연속채팅
: 디지털 네이티브

"어릴 때 나는 학교가 끝나면 밑위가 짧은 청바지를 한껏 끌어올리고 집까지 달려가 컴퓨터로 인터넷에 연결하기 바빴다. 어딘가 세련되지는 않았지만 매혹적인 전화 연결음이 울려퍼지고 인터넷이 연결되고 나면 나는 AOL의 인스턴트 메신저를 켜고 중요한 걸 하나도 놓치지 않겠다는 태도로 샅샅이 읽어 내려갔다." 밀레니얼 세대인 애나 켄트가 적었다. 밀레니얼 세대는 인스턴트 메신저를 자유자재로 다뤘을 뿐 아니라 지금은 사라진 플립폰으로 문자를 입력하는 기술이 예술의 경지에 올랐던 유일한 세대다. 이들은 또 게임 시장이 이렇게 거대해지기 전부터 가정용 컴퓨터로 '오레곤 트레일'을, 닌텐도에서 '슈퍼 마리오 브라더스'를 즐겼다.

X세대가 인터넷이 등장하기 전 성인이 된 마지막 세대라면 밀레니얼 세대는 인터넷이 한창 확산되던 시기에 성장한 세대다. 밀레니얼 세대가 어린이, 청소년을 거쳐 청년으로 성장하는 사이 이전의 세상은 점차 사라지고 새로운 세상이 꽃피기 시작했다. 음악 CD, DVD, 신문, 카드 카탈로그, 필름 카메라, 공중전화, 종이 지도, 전화번호부, 팩스, 롤로덱스* 등 기존의 소통 또는 정보수집 수단이 서서히 웹사이트와 앱으로 대체되었다. 베이비붐 세대와 X세대가 이러한 예전 방식의 수단을 직접 사용했다면 밀레니얼 세대는 구체적 출생연도에 따라 사용해본 이들과 들어보기만 한 이들로 나뉘었고, Z세대 중에는 옛날 TV프로그램에서 본 적 있다는 이조차 절반도 채 되지 않았다.

1990년대 후반 음악은 MP3 파일 형태의 디지털로 전환됐지만 음악업계는 어떻게 음악을 디지털로 판매할지 아무런 대책이 없었다.

---

* 롤로덱스Rolodex: 업무상 연락처 정보를 저장하는 데 사용되는 회전식 카드파일 장치

매사추세츠 노스이스턴 대학교 학생이었던 숀 패닝(1980년생)이 각각 보유하고 있는 MP3 음악 파일을 공유할 수 있는 파일 공유 서비스를 고안했다. 패닝이 자신의 고등학교 시절 별명을 따 냅스터라고 이름 붙인 이 서비스는 1999년 6월 첫 선을 보였다. 그해 가을, 밀레니얼 세대와 X세대 학생들이 음악 파일을 업로드하거나 다운로드하겠다고 냅스터 사이트에 벌떼같이 몰려들면서 전국 대학 캠퍼스의 이더넷 네트워크에 과부하가 걸렸다. 이로 인해 일부 캠퍼스에서 냅스터 금지령을 내렸고 그 여파로 인디애나 대학교 학생들이 세이브냅스터닷컴Savenapster.com에서 청원을 시작하는 등 일부 밀레니얼 세대는 시위에 돌입했다. 한편 뮤지션들이 저작권료를 받지 못해 냅스터는 저작권법 위반으로 고발되었고 2001년 7월 결국 강제 폐쇄되었다. 하지만 아이튠즈를 비롯한 여러 사이트에서 공식 판매되면서 디지털 음악은 계속 살아남았을 뿐 아니라 주요 매체로 자리 잡게 되었다.

그로부터 3년 후 마크 저커버그(1984년생)가 하버드 대학교의 기숙사 방에서 더페이스북닷컴이라는 작은 웹사이트를 런칭했다. "프로필에 내가 가장 좋아하는 인용문을 게시했어요." 저커버그의 룸메이트였던 아리 하시트(1983년생)가 말했다. "내가 가장 좋아하는 책, 하버드에서 수강하는 과목까지 구체적으로 적었죠. 프로필에 사진도 한 장 게재했고. 넘지 못할 방해물도, 뉴스피드도 없었어요." 불과 일주일 만에 하버드 학생 4,000명이 가입했고 저커버그는 사이트를 일부 다른 학교 학생들에게도 개방했다. 2006년 9월에는 (본래 이름에서 '더the'를 뺀) 페이스북으로 거듭나면서 13살 이상의 이메일 소지자는 누구나 가입할 수 있게 되었다. 2022년 기준 페이스북의 전 세계 활성 사용자는 30억 명에 육박하며, 마크 저커버그는 세계에서 가장 유명한 미국 밀레니얼 세대이자 포춘 100대 기업 CEO 중 유일한 밀레니얼 세대(2022년 기준)다.

페이스북 등 소셜미디어 사이트가 다양하게 등장하면서 밀레니얼 세대는 사상 최초로 '나중에 직장 상사가 대학교 음주 파티 사진을 보면 어떡하지?' 같은 딜레마에 직면했다. 스탠포드 대학교의 밀레니얼 세대 학생 세 명은 이 같은 고민을 해결해줄 앱을 개발하기로 했다. 친구들과 공유한 사진이 몇 초 후면 사라지는 스냅챗이다. "취업 면접을 앞두고 페이스북의 사진 태그를 긴급 삭제했다거나 인터넷에 올리기 전 사진에 '9학년 38번째 날 뾰루지가 났었다는 사실이 알려지면 당신의 세계는 무너질 것이므로' 포토샵 처리를 했다는 등 웃지 못할 사연을 들은 뒤 대책이 있어야겠다고 생각했다." 스냅챗 창립자 에반 스피겔(1990년생)이 적었다. 스냅챗은 2011년 9월 출시돼 2015년까지 7,500만 명의 가입자를 확보했다.

밀레니얼 세대는 소셜미디어로 친구들과 소통하고 뉴스나 동영상을 시청하는 건 물론, 생판 모르는 사람과 논쟁을 벌이고 심지어 창업에 정치 운동까지 하는 달인들이다. 소셜미디어의 최초 사용자인 이들은 이미 대다수가 소셜미디어 없이 일상생활을 영위할 수 없다. 2010년대 후반에는 사용 연령대가 확대돼 베이비붐 세대와 사일런트 세대(주로 페이스북)는 물론, Z세대(주로 인스타그램과 틱톡)까지 영입되었다. 2020년 말 전 세계적으로 실시한 설문조사에 따르면 밀레니얼 세대가 소셜미디어에 할애하는 시간은 하루 평균 2시간 34분으로, 다른 모든 세대의 평균 사용시간보다 10분 더 길고 TV시청 40분 더 길게 나타났다.

소셜미디어는 밀레니얼 세대의 사회 운동이 갖는 독특한 특징 역시 설명해준다. 이들은 리더나 핵심세력 없이 분산된 상태로 운동을 전개하고, 한 가지 구체적인 목표보다 어휘와 아이디어에 집중한다. 2011년 밀레니얼 세대가 주도한 월가시위 역시 리더나 구체적 요구사항 따위는 존재하지 않았지만 소득 상위 1%에 속하지 않는다는 의미로 '99%'를 자처하는 이들의 관점이 소셜미디어를 통해 확산됐다. 청년들은 자신의 끔찍한 재정난에 대해 적은 메모를 들고 사진을 찍은 뒤 텀블러 등의 사이트에 게재했다. "질문을 누구에게 하느냐에 따라 목표가 수백 가지가 될 수도, 아예 없을 수도 있다." 밀레니얼 세대인 샬롯 알터가 적었다. 하지만 월가시위는 "열심히 일하는 미국인의 대다수가 탐욕스러운 엘리트 계층에 착취당하고 있다는 막연한 느낌에 구체적인 언어를 부여했다. '우리는 99%다'는 소수에 대항하는 다수의 시위 구호가 되었다." 월가시위가 일어나지 않았다면 엘리자베스 워런과 버니 샌더스가 대통령 선거에 출마하는 일은 없었을 것이며 밀레니얼 세대를 대표하는 알렉산드리아 오카시오-코르테즈가 의원이 되지도 못했을 거라고 알터는 주장한다.

2018년 처음 선출된 오카시오-코르테즈(1989년생)는 밀레니얼 세대식 소셜미디어 활용법의 살아 있는 교본으로 등극했다. 뭔가 새로운 경험을 할 때마다 팔로워들과 은밀하게 공유하는 전략을 취했는데 가령 신규 의원 오리엔테이션 때는 짧은 영상을 찍어 올리며 이런 캡션을 달았다. "증정백 받았어요! 연감도요. … 의원증이 든 폴더도 있네요, 학생증 같아요!" 의회 지하 내부를 촬영해 공유하며 "비밀 지하터널이 있어요"라고 속삭이는가 하면 해리 포터 얘기를 빠트릴 수 없었는지 의회 도서관 사진에 "호그와트에 오신 것을 환영합니다"라는 캡션을 삽입했다.

누구나 대학에 가야 한다
: 긴 가방끈

"대학에 지원할 때 내가 지금 뭘 하는 건지 제대로 알지 못했어요." 가족 중 처음으로 대학에 진학한 재클린이 말했다. "부모님은 내가 미쳤다고 생각했죠. 어떻게 그게 가능할 수 있는지 이해도 못했고요. 아무래도 대학 경험이 없다 보니 시야가 좁을 수밖에 없었어요."

나는 지난 20년간 샌디에이고 주립대학교의 내 수업을 듣는 학생들에게 그들과 부모 세대의 다른 점이 무엇인지 질문해왔다. 그때마다 학생들에게서 가장 먼저 나온 답은 '교육'이었다. 재클린의 경우와 마찬가지로 내 학생의 부모는 대부분 대학에 가지 않았다. 학생들은 대학 진학의 기회가 새롭게 주어진 것을 때로는 불만으로, 때로는 혜택으로 받아들였지만 세대 차이에 관해 생각할 때 항상 가장 먼저 떠오르는 요소임은 분명했다.

이는 우연이 아니다. 밀레니얼 세대는 20대 후반 가운데 4년제 대학 학위를 취득한 이가 3명 중 1명 이상인 미국 최초의 세대로, 이는 X세대가 같은 연령대였을 때 4명 중 1명이었던 데 비해 증가한 수치다. 여성의 경우 대학 학위 소지자의 비율이 매년 50%를 향해 가고 있다. 특히 대학 학위 증가 변곡점은 2005년과 2009년 사이로 이 연령대가 X세대에서 밀레니얼 세대로 교체된 시기와 정확히 일치한다. 밀레니얼 세대가 대학에 '가야만 한다'고 말한 데는 그만한 이유가 있었던 것이다. 4년제 대학은 밀레니얼 세대에서 아주 신속하게 사회 표준으로 자리 잡았다.

20대 후반 밀레니얼 세대의 흑인과 히스패닉 가운데서도 대학 졸업자의 비율은 이전 세대보다 훨씬 높았다. 대학 학위를 가진 히스패닉의 수는 2005년 이후 두 배 이상 증가했으며, 대학 학위를 가진 흑인의 수 역시 1990년 이후 두 배로 늘었다. 대학 학위를 취득한 히스패닉과 흑인의 수는 2015년과 2020년 사이, 즉 1980년대 후반~1990년대 초반 출생자 사이에서 특히 급증했다.

밀레니얼 세대의 학력 수준은 단순히 4년제 대학의 관점에서뿐 아니라 전반적으로 상당히 향상되었다. 사일런트 세대인 조부모 혹은 증조부모의 경우, 고등학교도 졸업하지 못한 이가 10명 중 3명이었지만 밀레니얼 세대는 10명 중 1명도 채 되지 않았다. 밀레니얼 세대 3명 중 2명은 대학을 적어도 1년 이상 다녔고 3명 중 1명 이상은 4년

4년제 대학 이상 끝마친 25~29살 비율

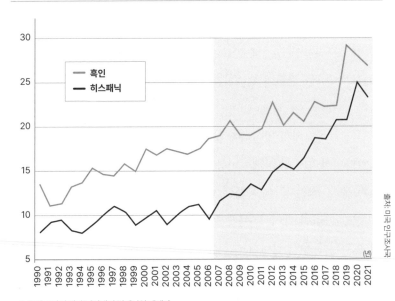

* 음영 구간이 해당 연령대의 밀레니얼 세대다.

동안 다녔다.

한마디로 밀레니얼 세대는 미국 역사상 교육을 가장 많이 받은 세대다. 사회와 기술이 갈수록 복잡해지고 육체노동 집약적인 일자리가 줄어듦에 따라 대학 교육을 요구하는 일자리가 늘었다. 그 결과 교육을 마치기까지 더 오랜 시간이 걸리고 성인의 생활이 시작되는 시기도 더 늦춰져 삶의 주기가 더 느리게 굴러간다. 따라서 밀레니얼 세대가 결혼이나 성인기를 '죽었다'기보다 대학, 교육, 기술 발전의 여파로 결혼과 성인으로의 진입이 모두 지연되었다고 해야 할 것이다

밀레니얼 세대는 가난하다?
: 고소득자

밀레니얼 세대를 주제로 한 책을 보거나 온라인 토론에 참여하면 끊임없이 동일한 주장에 맞닥뜨리게 된다. 밀레니얼 세대가 부모 세대보다 가난한 최초의 세대라는 것이다. 베이비붐 세대가 3루에서 태어나 3루타를 친 행운아라면, 밀레니얼 세대는 대학 교육을 받고도 저임금 일자리에서 벗어나지 못하는 등 시대적 경제 상황의 피해자가 되었다. "절약에 관한 베이비붐 세대의 조언이 도대체 얼마나 기가 막힌지 몰라. 별장 중 한 군데는 세놓고 해외여행은 한 번 줄여서 1년에 두 번만 가라니 말이야. 이게 우리한테 할 소리야?" 한 밀레니얼 세대가 트위터에 올린 말이다.

경제적 어려움은 밀레니얼 세대가 자녀를 갖지 않는 이유로 자주 언급된다. "또다시 자녀를 갖지 않는 밀레니얼 세대가 화제다." 2021

년 11월 한 밀레니얼 세대가 트위터에 적었다. "정당한 급여와 적정한 출산 휴가를 받고, 병원비를 내거나 집을 살 능력을 갖춘 이가 아무도 없는데 그럼 달리 어떻게 하겠는가?" 이 트윗은 24시간이 채 지나기 전에 12만 회도 넘게 '좋아요'를 받고 2만 5,000회 이상 '리트윗'되었다. 같은 날 또 다른 트위터 사용자는 이렇게 말하기도 했다. "'밀레니얼 세대는 왜 자녀를 갖지 않는가'라는 기사는 일주일씩 먹이도 안 주면서 햄스터가 왜 꼼짝 않냐고 묻는 일곱 살짜리를 연상시킨다."

이 문제는 수년간 끊임없이 제기되어 왔다. 《요즘 아이들》에서 말콤 해리스(1988년생)는 밀레니얼 세대가 경제적으로 지나치게 불리한 여건에 처해 자본주의에 등을 돌리고 있다고 주장했다. 케이틀린 피셔는 《밀레니얼 세대의 가스라이팅》에서 "열심히 일한 밀레니얼 세대에게 기껏해야 돌아오는 건 세상이 그들에게 빚진 게 없다는 말뿐"이라고 이야기한다. 밀레니얼 세대 질 필리포비치(1983년생)가 쓴 《오케이 부머, 얘기 좀 합시다》의 부제는 '나의 세대는 어쩌다 뒤처지게 되었는가'다. "우리가 얼마나 벼랑 끝으로 내몰렸는지 이제야 어느 정도 파악하기 시작해 절망, 때로는 분노로 대응하고 있다"고 말하며 "'오케이 부머'라는 말이 생겨난 이유가 여기 있다. 정치적, 경제적으로 수년간 방치되어 온 이들이 낙담한 나머지 마지막 조소를 날린 것이다"라는 말도 잊지 않았다. 이런 얘기를 하는 건 밀레니얼 세대에 국한되지 않는다. 《월스트리트 저널》 역시 밀레니얼 세대가 "인생이라는 게임에서 따라잡느라 안간힘을 쓰고 있다"고 적었다. 밀레니얼 세대가 경제적으로 불리한 지위에 처했다는 게 마치 새로운 진리처럼 떠받들어졌다.

하지만 이들 책과 기사는 경제가 금융위기에서 벗어나 아직 회복중이던 2010년대 초반의 낡은 통계 자료에 의존하고 있다. 따라서 최근의 업데이트 된 수치를 가장 신뢰할 수 있는 기관의 발표 자료로 알아보는 게 의미 있을 것이다.

이들 수치를 보면 트위터와 전혀 다른 이야기가 도출된다. 2019년 무렵, 밀레니얼 세대가 꾸린 가구는 같은 연령대의 사일런트 세대, 베이비붐 세대, X세대가 꾸린 가구보다 수입이 더 많았다. 물론, 인플레이션을 감안해서 조정한 결과다. 밀레니얼 세대의 중위 소득 가구는 같은 연령대의 X세대보다 9,000달러, 베이비붐 세대보다 1만 달러가량 더 벌었다. 따라서 밀레니얼 세대는 부모 세대보다 열악한 삶이 아닌, 실제로는 더 풍요로운 삶을 살고 있다.

이 시기에는 경제 상황이 비교적 좋았기 때문에 모든 세대에 걸쳐 공정한 비교가 가능하다. 하지만 전체 상황을 파악하기 위해서는 모든 연도를 살펴볼 필요가 있다. 게다가 2020년 팬데믹이 시작되면서 이전 몇 년간 이어진 상승분이 상당 부분 증발되지 않았는가?

놀랍게도 그렇지 않았다. 2019~2021년 35~44살 가구의 중위 소득은 살짝 감소했지만 밀레니얼 세대인 25~34살 가구의 경우엔 변함이 없었다. 전반적으로 밀레니얼 세대의 중위 가구 소득은 1967년 이후 X세대 가구의 소득이 정점을 찍었던 2000년보다도 높아 또 한 번 상당히 긍정적인 결과를 보여줬다.

퓨 리서치 센터는 2019년도 분석을 통해 같은 결론에 도달했다. 밀레니얼 세대의 가구가 동일 연령대의 이전 세대에 비해 실제로 소득이 더 높다는 것이다. X세대의 경제 환경에 대한 1990년대 초반의 암울한 예측이 실현되지 않았듯 밀레니얼 세대의 경제적 재앙에 관한 예측도 시기상조다. 두 전망 모두 경제가 침체기에 빠졌을 때 나온 것

2019년 달러 기준 25~34살 가구의 중위 소득

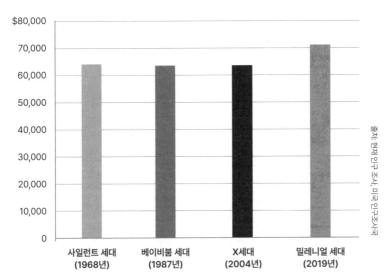

* 각 막대는 25~34살 연령집단을 각 세대가 완전히 장악한 연도, 혹은 그와 같은 기간의 중간 연도를 나타낸다. 중위 소득이란 가구의 50%는 그보다 적게, 다른 50%는 그보다 많이 버는 액수를 의미한다. 이는 평균보다 보수적인 수치로 나타나는데 평균은 소득이 극도로 높은 가구로 인해 부풀려질 수 있지만 중위는 그렇지 않기 때문이다. 고정 달러를 사용해 인플레이션을 반영했다.

으로, 회복기에 접어든 이후에는 더 이상 타당하다고 할 수 없다.

하지만 더 깊이 파고들어 봐야 한다. 가계 소득이 밀레니얼 세대의 상황을 온전히 반영하지 못할 수 있기 때문이다. 실제로 밀레니얼 세대가 직접 꾸린 가구가 아니거나 두 사람의 소득이 합산 집계된 경우를 배제할 수 없다. 따라서 개인 소득을 살펴보는 게 더 정확할 수 있다. 사회보장국은 미국 근로자들의 평균 임금을 세심하게 기록해왔는데 이 역시 인플레이션을 반영한 이후에도 꾸준히 증가한 것으로 나타났다.

하지만 이는 모든 연령대를 대상으로 실시한 조사 결과다. 개인

임금이 베이비붐 세대에서는 상승했지만 밀레니얼 세대에서는 오르지 않았을 수 있다. 하지만 이 역시 사실이 아니었다. 2020년 밀레니얼 세대인 25~34살의 개인 중위 소득은 사상 최고치를 기록했으며 35~44살의 경우 2019년 최고치보다 살짝 하락하는 데 그쳤다.

이 같은 통계 결과로 봤을 때 온라인에서 떠도는 '임금 정체' 낙인은 2015년을 끝으로 사라졌어야 한다. 사실, 임금이 최장기간 하락하거나 정체돼 있던 시기는 밀레니얼 세대가 근로 연령이던 때가 아닌, 베이비붐 세대가 노동 시장에 뛰어들기 시작한 1970년대~1990년대 중반이었다. 그 후로 임금은 금융위기 기간 동안 잠시 정체돼 있었던 걸 제외하면 꾸준히 상승세를 기록했다.

이들 통계는 또 다른 핵심 고려 사항을 반영하지 못한다. 밀레니얼 세대 중에는 자녀를 둔 이가 적어서 자신의 소득으로 부양할 가족도 더 적다. 이를 감안할 때 밀레니얼 세대는 형편이 단순히 나은 수준이 아니라 훨씬 풍요롭다고 볼 수 있다. 소득은 더 높은데 부양할 가족은 더 적으니 말이다.

소득 규모 최하위층에서도 상황은 나아졌다. 같은 연령대를 두고 봤을 때 밀레니얼 세대의 빈곤층 비율이 베이비붐 세대나 X세대에 비해 낮아진 것이다. 따라서 소득 계층의 가장 밑바닥을 차지하는 이들의 수가 밀레니얼 세대에서는 줄어들었다.

물론 소득만으로 정확한 경제 상황을 파악할 수 있는 것은 아니다. 가구의 총자산에서 부채를 뺀 실제 자산을 고려하는 것도 중요하다. 소득과 더불어 실제 자산을 함께 살펴보면 밀레니얼 세대가 더 나은 일자리를 위해 지급해야 했던 대가, 즉, 학자금 대출에 대해 알아볼 수 있다. 또 밀레니얼 세대가 대침체기 동안 감내한 타격의 누적 효과 역시 파악이 가능하다.

2018년 세인트루이스 연방 준비 위원회(이하 연준위) 연구원들은 2016년 실시된 소비자 금융 조사 결과를 분석해보니 밀레니얼 세대 가구의 실제 자산이 동일 연령의 이전 여러 세대에 비해 34% 적다고 발표해 커다란 반향을 일으켰다. 그들은 자산 문제에 있어서 밀레니얼 세대는 '잃어버린 세대'일 수 있다는 이론을 제시했다. 적어도 예선에는 그랬을 수 있다. 세인트루이스 연준위가 2019년도 데이터를 활용해 밀레니얼 세대의 실제 자산을 업데이트해보니 상당하게 사정이 나아진 것으로 분석됐다. 당시 밀레니얼 세대의 자산은 이전 여러 세대의 동일 연령에 비해 11% 뒤처지는 정도였다.

미시간 대학교에서 실시한 소득 역학 패널 연구에서도 2009년 이후 동일한 형식을 사용해 실제 자산을 지속적으로 평가해왔다. 연준위 데이터로는 세대 간 비교가 어렵지만 이 자료를 이용하면 청년층 (1970~1984년생)이 대부분 X세대였던 시기에서 모두 밀레니얼 세대 (1980~1994년생)로 교체된 전환기를 살펴볼 수 있다. 대침체기 이후 10년에 걸쳐 청년층의 실제 자산이 어떻게 변화했는지도 추적이 가능하다. 당시 침체로 밀레니얼 세대의 자산 구축이 영구적으로 불리해졌는지 여부를 이 자료로 확인해볼 수 있다.

분석 결과는 연준위의 결론과 동일했다. 밀레니얼 세대가 2015~2019년 상당한 자산을 축적했다는 것이다. 덕분에 밀레니얼 세대는 2009년의 청년 X세대에 비해 재정적으로 훨씬 유리한 입지를 다질 수 있었다. 금융위기 이후 일어난 경제 회복의 긍정적 여파가 베이비붐 세대뿐 아니라 밀레니얼 세대를 포함한 청년층에까지 미친 것이다. 따라서 밀레니얼 세대는 침체기 이후에도 계속해서 상당한 부를 축적할 수 있었다.

주택 보유 문제는 어떨까? 밀레니얼 세대는 집을 매입할 정도의 소득을 올리지 못한다는 인식이 일반적이다. "밀레니얼 세대판 모노폴리 게임이 새로 출시되어야 한다. 무엇이든 살 능력은 안 되니 임대의 형태로만 진행되는 게임 말이다." 몇 년 전 한 밀레니얼 세대가 인터넷 게시판에 이렇게 올리자 댓글만 4,000개가량 달렸다. 또 다른 인터넷 사이트에서는 '밀레니얼 세대가 주택을 보유하는 스물네 가지 방법'을 연재했는데 온갖 기상천외한 이야기가 동원되었다. 그중 하나가 "말 그대로 트럭에 치였다… 소송을 제기해 이겼다… 집 계약금을 충당할 정도의 금액을 벌었다"인데 밀레니얼 세대가 주택을 장만하는 게 교통사고로 뇌진탕을 일으켜야 가능할 정도로 어려운 일이라는 사실을 말해준다. 밀레니얼 세대의 악명 높은 아보카도 토스트 밈도 밀레니얼 세대를 향해 돈 모아 집 살 생각은 않고 아보카도 토스트 브런치 등 쓸데없는 데 돈을 너무 많이 쓴다고 일격하면서 시작되었다.

같은 연령의 베이비붐 세대나 X세대와 비교했을 때 밀레니얼 세대의 주택 보유율은 아주 살짝 낮은 데 불과하다. 그런 걸 보면 예상과는 다르게 밀레니얼 세대도 상당수가 브런치를 포기한 것이 분명하다. 수치는 거의 동일하다. 청년기 주택 보유 비율이 베이비붐 세대는 50%, 밀레니얼 세대는 48%인 것이다. 따라서 같은 연령대에서 밀레니얼 세대와 베이비붐 세대의 주택 보유율 격차가 5% 미만인 만큼 밀레니엄 세대의 가난이 신문 1면을 장식하거나 소셜미디어상에서 논쟁을 일으킬 정도의 사안으로는 보기 어렵다.

이렇게 작은 격차가 생긴 데에도 상당히 논리적인 이유가 존재한다. 밀레니얼 세대는 베이비붐 세대나 X세대에 비해 더 많은 수가 대학 및 대학원 과정을 밟았기 때문에 커리어도 더 늦게 시작했다. 또 이들은 더 오래 살 확률이 높다. 밀레니얼 세대의 경우 성인기의 전체 주기가 더 천천히 흘러가는 걸 감안하면 이전 세대보다 주택을 매입하는 데 더 오랜 기간이 걸린다고 보는 게 합당하다.

한마디로 밀레니얼 세대의 경제 성과는 생각보다 훨씬 훌륭하다. 이들 통계 자료는 밀레니얼 세대와 이전 세대의 동일 연령을 비교하고 있지만 성인기에 도달하기까지의 기간은 슬로우라이프 전략과 더불어 상당히 길어졌다. 밀레니얼 세대가 더 늦은 나이에 돈을 벌기 시작한 걸 감안하면 동일 연령을 비교하는 것은 공정한 결과를 보장하지 않을 수 있다. 이 사실만으로 연준위의 분석에서 나타난 이전 세대와의 실제 자산 격차와 주택 보유율 격차까지 모두 설명이 가능하다. 베이비붐 세대에게 27살은 노동 시장 진입 5~9년차를 의미했지만 밀레니얼 세대에게는 겨우 시작일 수 있다. 게다가 그게 오히려 강점으로 작용하는 경우가 많다. 커리어 시작이 늦어지는 동안 대부분 학사 혹은 석사 교육을 받거나 인생 경험을 쌓았기 때문이다.

밀레니얼 세대에서는 다른 속도도 느려졌다. 오늘날의 60살은 과거의 50살이라고 여겨질 정도로 수명이 길어진 만큼 더 오랜 기간에 걸쳐 부를 축적하는 게 가능하다. 이들이 학사 학위를 취득하고 고임금 직종에 종사한다는 사실을 감안하면 밀레니얼 세대는 자산 부문에서 베이비붐 세대보다 훨씬 좋은 결과를 낼 확률이 높다. 한마디로 트위터에 떠도는 밀레니얼 세대는 가난하다는 주장은 사실이 아니다.

밀레니얼 세대는 왜 가난하다고 느끼는가?
: 가난하다는 인식의 만연

수수께끼는 여기에 있다. 밀레니얼 세대는 분명 꽤 잘살고 있는데 경제적으로 열악한 처지에 놓였다는 인식이 왜 그리 만연한가? 밀레니얼 세대를 둘러싼 서사는 왜 그리 부정적이고 분노로 가득한 것인가? 여러 가설 중 더 많은 지지를 받는 원인을 알아보자.

집값

밀레니얼 세대가 아무리 돈을 더 많이 번다고 해도 집값 등 필수적으로 나가는 비용이 많다면 가난하다고 느낄 수 있다. 소득 역학 패널 연구에서는 25~39살의 사람들에게 집값이 얼마나 되는지 질문해 세대별로 비교해보았다. 밀레니얼 세대는 2019년도에 해당 연령대를 장악했다. 집값은 분명 올랐지만 이는 사일런트 세대부터 베이비붐 세대를 거쳐 X세대까지만 해당되는 이야기였다. X세대에서 밀레니얼 세대로 넘어오면서는 집값이 실제로 하락했다. 사실, 2019년에 미국의 밀레니얼 세대는 2005년의 X세대보다 더 적은 돈을 집값으로 지출하고 있었다.

어떻게 이런 일이 벌어졌을까? 사람들은 보통 20대 후반~30대 초반에 처음으로 집을 장만한다. 일부는 추후 더 좋은 집으로 이사하기도 하지만 생애 처음으로 마련한 집은 주거비나 향후 자산 형성에 가장 큰 영향을 미친다. 이 같은 관점에서 보면 주택 시장 때문에 손해를 본 건 적어도 1980년대에 태어난 밀레니얼 세대가 아닌 단연 X세대다.

예를 들어, 미국에 사는 1975년생 X세대는 2005년에 가장 비싼 금액을 치르고 주택을 매입했지만 이후 6년간 집값이 21%나 폭락하는 걸 목격했다. 만약 당시 계약금을 20% 이내로 책정했다면 이는 현재 집의 가치가 주택담보대출금에도 미치지 못한다는 의미다. 1순위 압류 대상으로 손꼽히는 이른바 '손실 상태'에 빠진 것이다. 2005년 매입한 주택은 거의 10년이 지난 2014년에야 매입 당시의 집값을 회복했다. 따라서 2003~2007년 30대 초반이던 X세대의 중앙에 분포한 1969~1977년생들은 대개 자녀가 어렸던 시기에 주택 시장에서 장기간 손해를 감수해야 했다.

하지만 1981년 태어나 2011년에 집을 매입한 밀레니얼 세대는 그야말로 남는 장사를 했다. 주택 가치가 이후 6년간 40%, 10년에 걸쳐서는 49% 상승한 것이다. 2010~2015년에 30대 초반이던 밀레니얼 세대는 주택 시장 진입 타이밍이 상당히 좋았다.

하지만 1990년대 초반에 태어난 밀레니얼 세대의 경우는 이야기가 다르다. 2021년에 주택 가격이 급등함에 따라 이들은 상당히 비싼 돈을 주고 주택을 매입하거나 아니면 2021~2022년에 걸쳐 금리가 치솟으면서 거래는 아예 꿈도 못 꾸게 되었다.

결론적으로 밀레니얼 세대가 주택 시장 때문에 손해를 봤다는 불만 섞인 주장은 적어도 2020년 말까지는 사실이 아니었다. 이전 주택 시장에서 시기를 잘못 만나 생긴 손해는 X세대가 고스란히 떠안고 있었다. 심지어 1980년대 초반에 태어난 밀레니얼 세대는 주택 시장 진출 타이밍이 오히려 기가 막혔다. 따라서 적어도 2020년도 후반까지는 밀레니얼 세대가 집값 때문에 경제적 박탈감을 느꼈다고 주장할 수는 없었다.

인종과 민족

만약 밀레니얼 세대의 지극히 일부만 지난 세대보다 돈을 더 많이 벌고 나머지는 훨씬 적게 번다면 밀레니얼 세대로서는 경제에 불만이 생길 수밖에 없다. 구체적으로 말하자면 일각에서는 밀레니얼 세대의 흑인과 히스패닉이 경제적으로 다른 이들에 뒤처진다고 주장했다.

이 같은 인식에는 근거가 있다. 《월스트리트 저널》 분석에 따르면 밀레니얼 세대 중 흑인 대학 졸업생의 소득은 백인 대학 졸업생에 비해 느리게 증가했고 학자금 대출이 쌓여감에 따라 이들의 자산 역시 타격을 입었다. 게다가 흑인과 히스패닉의 소득 자체도 백인이나 아시아계 미국인보다 낮았다. 그러나 밀레니얼 세대의 백인과 아시아계만 소득이 증가하고 흑인과 히스패닉은 배제되었다는 인식은 사실이 아니다. 2014년 이후 청년층 소득은 흑인과 히스패닉을 포함해 인종과 민족의 구분 없이 일제히 상승했다.

대부분 밀레니얼 세대인 35~44살의 흑인과 히스패닉은 사일런트 세대, 베이비붐 세대, X세대가 동일 연령대였을 때보다 높은 소득을 올렸으며 최근 몇 년간은 사상 최고치를 기록했다. 2020년에 25~34살의 흑인과 히스패닉은 1980년대와 1990년대 대부분의 기간보다 훨씬 많은 돈을 벌었다. 흑인 청년층의 소득이 2000년대 초반 가장 높았을 때에 비하면 살짝 줄기는 했지만 말이다.

단, 학자금 부채 증가를 고려하면 모든 게 장밋빛이었던 건 아니다. 그럼에도 밀레니얼 세대의 흑인과 히스패닉이 경제적으로 이전 세대에 뒤처진다는 주장은 현실과 동떨어져 있다. 이들은 오히려 경제적으로 앞서나가고 있었다.

교육

최근 몇 년간 경제적으로 이득을 본 사람과 그렇지 못한 사람이 확연히 나뉘었는데 그 차이를 결정짓는 건 인종이 아닌 교육 수준이었다. 4년제 대학 학위를 가진 미국인의 중위 소득은 꾸준히 오른 반면, 고등학교까지만 나오거나 일부 전문대 출신인 미국인의 소득은 감소했다. 오늘날 대학 학위 없이 성공하기가 하늘에 별 따기라는 건 엄연한 사실이다.

대학 학위를 취득한 청년의 수가 급증하면서 고소득층 규모도 그만큼 커졌다. 대학 졸업자의 엄청난 증가는 밀레니얼 세대가 경제적으로 윤택한 삶을 누리는 주요 이유 중 하나다. 다시 말해, 경제적으로 불리한 여건에 놓인 건 밀레니얼 세대 전체가 아니라 대학 학위가 없는 이들로 한정된다.

성性

밀레니얼 세대는 이전 세대가 같은 나이에 벌었던 것보다 실제로 더 많은 돈을 벌고 있으며 이 같은 현상은 인종과 민족을 불문한 모든 집단에서 동일하게 나타났다. 그런데 여기서 간과된 한 가지 놀라운 사실이 있다. 청년층의 소득 증가분이 하나같이 여성 소득에서 나왔다는 사실이다.

밀레니얼 세대 여성의 소득은 앞선 네 세대, X세대, 베이비붐 세대, 사일런트 세대, GI세대의 소득에 비해 월등히 높았다. 2021년에 밀레니얼 세대의 35~44살 여성은 1950년 GI세대의 25~34살 여성보다 3배, 1965년 사일런트 세대 여성이나 1980년의 베이비붐 세대 여성보다 2배 이상, 그리고 2005년 X세대 여성에 비해서도 21% 더 많이 벌어들였다. 소득은 25~34살 여성 사이에서도 비슷하게 늘어 가령 2021년에는 1980년보다 69%나 증가했다.

하지만 남성의 소득은 1970년 이후 감소했다. 여성의 소득 증 가분이 남성의 소득 감소분보다 더 컸기 때문에 결과적으로 밀레니 얼 세대 전체를 놓고 봤을 때는 같은 연령대의 이전 세대보다 소득 이 더 많은 것으로 나타났다. 그리고 남성이 여성보다 여전히 많이 벌 고 있기는 하지만 성별에 따른 소득 격차는 상당히 줄었다. 1980년에 는 25~34살 여성의 연봉이 남성보다 2만 5,000달러 적었던 데 반해 2021년에는 1만 달러 적은 데 그쳤다.

이는 결국 밀레니얼 세대 대부분 가정의 소득이 그만큼 증가했다 는 의미이니 좋은 소식이 분명하다. 하지만 성별에 따른 임금 격차가 줄면서 일반적인 부부는 딜레마에 직면했다. 자녀가 생겨 여성이 직 장을 그만두는 경우에 이전 세대보다 가구 소득이 더 줄어들게 된 것 이다. 여성이 일을 계속하기 위해서는 아이를 어딘가 맡겨야 했는데 그렇게 할 경우 드는 비용은 물가 상승률보다 훨씬 더 높았다. 따라서 밀레니얼 세대가 이전 세대와 같은 수준의 소득을 유지하려면 남편과 아내가 모두 일을 하고 자녀 양육까지 직접 책임져야 했다. 이 문제는 심지어 팬데믹 기간 동안 훨씬 심각해졌다. 가까스로 맡길 곳을 찾는 다 해도 일손 부족으로 보육비가 천정부지로 솟아올랐다.

대부분 주에서 보육비는 주립대학 등록금 1년치보다 비쌌고 심지 어 주택담보대출금보다 더 드는 경우도 있었다. 따라서 남성과 여성 의 임금 격차가 지속적으로 줄어드는 긍정적 추세 속에서도 밀레니얼 세대 부부는 운신의 폭이 한정돼 있었는데 어떤 상황에도 아내의 수 입을 포기하기 어려웠기 때문이다.

이처럼 임금과 자녀 양육 사이에서 끊임없이 줄다리기해야 하는 어려운 환경은 밀레니얼 세대가 출산을 지양하는 원인 중 한 가지로 작용했을 수 있다. 그뿐만 아니라 밀레니얼 세대, 특히 자녀를 둔 이들은 더더욱 자신이 부모 세대만큼 경제적으로 여유롭지 못하다고 느끼는 원인이기도 하다. 이들은 더 많은 소득을 올리지만 그중 더 많은 부분을 자녀 양육비로 지출해야 했다.

학자금 부채

밀레니얼 세대는 역사상 가방끈이 가장 긴 세대다. 하지만 여기에는 학자금 부채라는 대가가 따랐다. 베이비붐 세대가 대학에 진학했을 때는 대학 등록금이 소득 대비 저렴했기 때문에 아르바이트로 등록금을 마련하는 게 가능했다. 그렇다고 밀레니얼 세대나 Z세대에게 "나 때는 다 일해서 번 돈으로 학교 다녔어"라고 말하면 즉각 이들을 화나게 할 수 있다. 베이비붐 세대 시절에는 캘리포니아 주민이라는 이유로 캘리포니아 주립대학교에 무료로 다닐 만큼 여건이 좋았으니 말이다. 하지만 베이비붐 세대가 처음으로 대학에 입학한 1964년 이후 대학 등록금은 심지어 인플레이션을 반영한 상태에서도 두 배 이상 올랐다.

이를 일부 충당할 수 있도록 연방 보조금뿐 아니라 학교에서 나오는 재정 지원금이 늘기는 했지만 밀레니얼 세대는 남은 금액의 대부분을 학자금 대출로 메워야 했다. X세대가 대학에 다닌 1992~1993년, 학자금 대출을 받은 학생은 3명 중 1명에 불과했지만 밀레니얼 세대 대학생이 마지막으로 졸업한 2015~2016년에는 2명 중 1명을 넘었다.

1990년대 이후 학자금 대출의 평균 액수는 심지어 인플레이션을 반영한 이후에도 두 배로 늘었다. 2016년 재정 지원을 받은 학생들은 연평균 1만 1,850달러, 4년간 총 4만 7,400달러의 빚을 떠안게 되었다. 이 대출금은 졸업 후 상환해야 했기 때문에 대다수 밀레니얼 세대가 임금의 상당 부분을 빚 갚는 데 쓸 수밖에 없었다. 금리에 따라 달라지기는 하지만 보통 4만 7,400달러의 학자금을 10년간 갚으려면 매달 500달러씩 갚아 나가야 한다. 따라서 밀레니얼 세대의 소득이 높다고는 해도 4년제 대학을 졸업하고 취업하기까지 치러야 하는 대가가 너무 높았다. 학자금 상환에 대한 부담은 밀레니얼 세대를 항상 따라다녔다. 알렉산드리아 오카시오-코르테스(1989년생) 의원을 비롯해 민주당의 밀레니얼 및 X세대 의원 '군단'은 학자금 부채 탕감을 국내 핵심 의제로 선정했다.

집과 안정적 직장에 자녀까지 있어 웬만큼 자리를 잡았다는 밀레니얼 세대조차 학자금 부채를 '마치 비오는 날처럼 나를 우울하게 하는 존재'로 지목했다. 테란스 클레게트(1990년생)는 학자금으로 4만 6,000달러를 대출받아 오하이오주 볼링그린 주립대학교에 다녔으며 지금은 클리블랜드의 한 공립 고등학교에서 아이들을 가르치고 있다. 그는 현재 학자금 부채로 인해 동일 연령대의 고졸자들과 경제적으로 별 다를 바 없는 삶을 살고 있지만 자신의 직업에 대한 만족도만큼은 크다. "대출금이 유일한 단점이에요" 테란스가 말했다. "그 외에는 모든 게 좋죠" 밀레니얼 세대의 전반적 경제 상황을 단적으로 엿볼 수 있는 대목이다.

빈곤감

대학 학자금 부채의 부담과 성별 소득 격차가 줄면서 각 가구가 직면하게 된 딜레마에도 불구하고 밀레니얼 세대는 이전 세대가 같은 연령대일 때보다 실제로 더 많은 소득을 올리고 있다. 게다가 삶의 주기를 더 느리게 맞이하고 있음에도 불구하고 이전의 여러 세대와 거의 비슷한 시기에 내 집 장만까지 완료했다.

그런데 밀레니얼 세대는 빈털터리라는 인식이 왜 그리 끈질기게 따라다니며 '불리하다'는 인식에 따른 그들의 분노는 온라인상에 대체 왜 그리 만연한 것인가? 소득과 부는 단순히 객관적 수치로만 존재하지 않는다. 누군가 자신이 잘살고 있는지 아닌지 판단하는 데는 인식의 요소도 상당히 크게 작용한다. 실제로 누군가에게는 만족스러운 임금이 다른 누군가에게는 말도 안 되게 느껴지고, 또 누군가에겐 턱없이 비싼 임대료가 다른 이에게는 가뿐하게 받아들여지지 않는가? 밀레니얼 세대의 경제 상황을 둘러싸고 이렇게 분노가 들끓는 이유를 설명하기 위해서는 수치뿐 아니라 인식과 심리 부분까지 역시 살펴봐야 한다.

첫째, 밀레니얼 세대는 청년기 때부터 기대치가 높았다. 가령 자신이 석사 학위를 딸 것으로 기대하는 이가 절반이 넘었다. 이 같은 경향은 X세대부터 시작됐지만 밀레니얼 세대 중 석사 학위를 딴 이는 예상보다 적었고, 전문직에 종사하는 이도 예상보다 적었다. 고전 공식에 따르면 현실에서 기대치를 뺀 만큼 느낄 수 있는 게 행복이다. 따라서 기대치가 높으면 현실이 아무리 좋아도 행복해지기는 힘들다. 밀레니얼 세대의 기대치는 하늘을 찔렀다. 설사 결과가 좋다고 해도 기대에 미치지 못하면 실망할 수밖에 없다.

둘째, 행복감은 상대적 감정이다. 사회 심리학 연구에 따르면 소득 등의 객관적 지표와 사람들이 소득에 대해 느끼는 주관적 인식 사이에는 상당한 격차가 있었다. 자신과 타인을 비교하게 되기 때문이다. 사람들이 만약 아무 선입견 없이 타인의 소득을 바라볼 수 있다면 그들의 주관적 견해 역시 객관적 견해와 일치하게 될 것이다. 예를 들어, 백분위상 소득이 80%에 해당하는 사람은 자신이 꽤 잘살고 있다고 여길 것이다. 하지만 현실은 달랐다. 그보다 소셜미디어와 TV를 통해 소득이 가장 높은 이들을 접하게 되면 비뚤어진 시선으로 타인의 소득을 바라보게 된다. 이때 작용하는 게 상대적 박탈감이다. 현실은 그렇지 않은데도 객관적으로 봤을 때 자신만 유독 잘 못하고 있다는 느낌을 갖게 되는 것이다.

소셜미디어, 특히 TV가 등장하기 전에는 사람들이 아는 부자라고 해봐야 마을에서 잘산다고 소문난 몇몇 가구에 지나지 않았다. 하지만 최근 밀레니얼 세대는 인스타그램이든 〈4차원 가족 카다시안 따라잡기〉를 통해서든 대부호의 라이프스타일을 일상적으로 끊임없이 접하게 된다. 심지어 〈4차원 가족 카다시안 따라잡기〉는 제목에서부터 이들을 따라잡는 것도 가능하다는 뉘앙스를 풍기지만 판단은 각자의 몫이다. 그리고 여기엔 대가가 따랐다. 최근 일련의 실험을 실시한 결과, 객관적 사실은 그렇지 않음에도 타인보다 가진 게 적다는 이야기를 들은 집단은 한층 적대적이며 분노를 느끼는 것으로 드러났다. 온라인상에서 세대별 소득 격차를 둘러싼 논쟁이 벌어질 때의 양상과 무척 유사하다.

셋째, 온라인상에서는 밀레니얼 세대가 경제를 주도하고 있다는 이야기가 끊임없이 재생산된다. 단, 높은 조회 수를 기록하는 건 "밀레니얼 세대는 잘하고 있어!"가 아닌 "밀레니얼 세대는 망했어!"라고 단언하는 기사다. 특히 분노를 유발하는 부정적 뉴스는 더 많은 트래픽을 유도해 높은 수익을 창출한다. 소셜미디어 역시 사람들이 분노에 휩싸여 사이트에 더 오래 머물 때 번창하게 돼 있다. X세대 작가인 메건 다움이 말했듯 "소셜미디어는 과장된 언어뿐 아니라 종말론적 언어에도 보상을 제공한다." 실제로 밀레니얼 세대의 빈약한 소득을 한탄하는 기사는 온라인에서 엄청난 트래픽을 기록한 반면, 퓨 리서치 센터의 낙관적 발표 내용은 소리 소문 없이 묻히고 말았다.

넷째, 온라인 등에서 활발한 논쟁이 진행되면서 상황이 실제보다 훨씬 부정적으로 인식되는 결과가 나타났다. 본래 특정 의견에 그다지 강성이지 않았던 이들도 논의를 하다 보면 훨씬 급진적 성향을 띠면서 자신의 신념에 더욱 빠져들게 돼 이른바 '집단 양극화'라는 현상을 겪게 된다. 이 같은 현상은 부정적 주제, 특히 돈을 둘러싼 논의에서 일어날 확률이 특히 더 높다. 누군가 자신의 형편없는 임금과 비싼 임대료에 대한 불평을 시작하면 으레 다른 이들도 하나둘 가담해 결국 모두가 부정적 감정에 휩싸인 채 집단 반추에 들어가기 때문이다.

타인과 서로 위로를 주고받는 게 좋을 때도 있지만 참담한 심정을 공유하다 보면 기존의 부정적 감정이 오히려 증폭되는 역효과도 일어날 수 있다. 이런 분위기에서는 자신의 연봉에 상당히 만족스러워하는 사람이 있더라도 어느 누가 이 논쟁에 참여하고 싶겠는가? 이따금 소셜미디어는 이전 세대의 활동이 거의 없는 공간으로 피해서 밀레니얼 세대가 서로 동질감을 나누는 은밀한 안식처, 또 경제에 관한 불평을 늘어놓기도 하는 대나무숲이 되었다. 데릭 톰슨(1986년생)이 《애틀랜틱》에서 말했듯 "오늘날 인터넷에서 일어나는 현상을 분석하는 데 가장 흔히 적용되는 관점은 순간적으로 불쾌한 감정이 들면 일단 현대 자본주의부터 비난하고 본다는 것"이다.

최종적으로 자신이 경제적으로 불리하다고 믿는 밀레니얼 세대가 늘면서 이들의 정치적 태도와 가치관 역시 점차 달라지고 있다. 무엇보다 체제가 제 기능을 못한다고 보는 이가 늘었고, 학자금 대출 탕감, 양육비 지원, 주택 보조금 등 재정적 부담을 덜어주는 정부 정책이 더 큰 지지를 얻어가고 있다. 갈수록 많은 이들이 자본주의는 비판하고 사회주의는 옹호하고 있다. 2018년 갤럽에서 밀레니얼 세대와 Z세대를 대상으로 실시한 설문조사 결과, 18~29살 가운데 사회주의에 대한 긍정 여론(51%)이 자본주의에 대한 긍정 여론(45%)보다 높았다.

어쩌면 밀레니얼 세대의 재정적 여건이 상당히 좋아서 결국 미국 경제가 엄청나게 확대되는 아이러니한 결과를 맞이할 수 있다. 밀레니얼 세대는 직전의 X세대보다 규모가 더 큰 데다 2020년대의 시작과 함께 구매력의 정점에 도달했다. 이는 2022년 인플레이션이 심화된 이유 중 하나다. 2020년대 초반 미국 경제의 가장 큰 이슈는 청년층이 신통치 않은 게 아니라 오히려 너무 잘하는 바람에 생산이 받쳐주지 못했고 그 결과 인플레이션이 확대된 것이다. 희한하게도 밀레니얼 세대는 2020년대 초반 경제활동을 지나치게 활발히 수행해 여러 산업이 수요를 맞추지 못하는 상황을 초래했고, 그 결과 2020년대 중반 결국 경제적으로 위태로울 수 있는 상황에 맞닥뜨렸다.

목 빠지게 기다린 결혼 피로연의 이보카도 토스트
: 책임지는 관계의 지연

"며칠 전 딸이 전화해서는 좋은 소식이 있다는 거예요" 미네소타에 거주하는 베이비붐 세대 낸시가 말했다. "얘가 드디어 남자친구랑 결혼하나 보다 했죠. 그런데 웬걸, 2주간 같이 캠핑을 가기로 했다고 하더라고요." 2년 후 낸시의 밀레니얼 세대 딸과 그 남자친구가 드디어 결혼에 골인했다. 만난 지 8년, 동거를 시작한 지 7년 만의 일이었다. 밀레니얼 세대의 연인은 이렇게 나름의 호흡에 따라 관계를 구축해 나갔으니 한마디로 '서두르지 말고 천천히'다.

의료기술의 발달로 수명이 길어지고 또 대학 교육이 확대되면서 실현된 슬로우라이프 양상은 밀레니얼 세대에서 활짝 꽃피웠다. X세대의 청년기가 끝날 무렵이던 1990년대 후반의 몇 년 동안엔 평균 결혼 연령이 남성은 27살, 여성은 25살 전후로 안정되는 듯 보였다. 그런데 밀레니얼 세대가 청년기의 바통을 이어받고 나자 새신랑 새신부의 연령이 각각 30살, 28살로 사상 최고치를 기록했다. 이 같은 추세는 Z세대가 20대에 접어드는 와중에도 완화될 기미가 보이지 않고 있다. 그 결과 오늘날 결혼한 청년의 수는 이전의 그 어느 때보다 적다. 밀레니얼 세대는 미국에서 25~39살 성인의 절반 정도가 결혼하지 않은 최초의 세대다.

이 같은 추세는 20대 후반 남성 사이에서 특히 두드러지게 나타났다. 1940년대 초반에 태어난 사일런트 세대가 20대 후반에 접어든 1970년에는 해당 연령대 남성 10명 중 8명이 결혼했다. 이 수치는 베이비붐 세대에서 감소하기 시작해 1960년대 초반 태어난 이들이 20

25~39살 성인 중 기혼자 비율

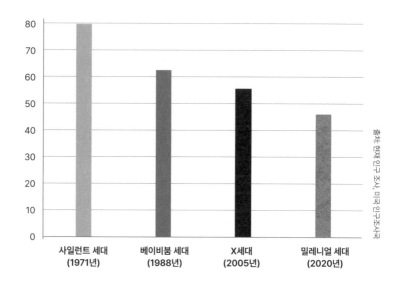

출처: 현재 인구 조사, 미국 인구조사국

대 후반이 됐을 때는 50% 밑으로 떨어졌다. 게다가 심지어 1990년대 초반 태어난 밀레니얼 세대가 해당 연령대가 됐을 때는 조부모인 사일런트 세대 때의 비율과 거꾸로가 됐다. 한 번도 결혼한 적 없는 20대 후반 남성이 10명 중 7명을 넘은 것이다.

이는 단순히 20대가 결혼을 몇 년 늦추는 수준이 아니었다. 30대 후반 미혼 여성의 수는 밀레니얼 세대에서 4명 중 1명으로 18명 중 1명이던 베이비붐 세대보다 4배 이상 많아졌다. 일부 전문가는 밀레니얼 세대 여성 5명 중 1명은 끝까지 결혼하지 않을 것으로 내다봤다. 미혼 남성의 수도 대폭 늘기는 마찬가지였다. 30대 후반에 미혼인 남성은 베이비붐 세대(15.2%)보다 밀레니얼 세대(28.9%)에서 두 배 더 많았다.

이 같은 추세가 나타나기 시작한 2000년대, 일각에서는 청년층이 곧장 결혼하지 않을 뿐 동거는 하고 있다고 주장했다. 물론, 여기에 해당되는 이들도 있었지만 결혼 여부를 떠나 연인과 함께 사는 25~34살 성인의 비율 역시 감소했다. 2020년 동거 커플의 비율은 53%로 1980년의 70%보다 줄어든 것이다. 밀레니얼 세대의 상당수는 결혼을 미룰 뿐 아니라 연인과의 동거 역시 미루고 있었다.

내신 청년층은 혼자 살거나 룸메이트 혹은 자신의 부모와 함께 살 확률이 높았다. 실제로 혼자 살거나 룸메이트와 사는 밀레니얼 세대의 비율은 1980년대 초반 같은 연령대였던 베이비붐 세대보다 30% 가량 더 높았다. 2020년 부모와 함께 사는 밀레니얼 세대 청년은 17%로 베이비붐 세대와 비교하면 두 배 더 많았다. 이는 큰 변화이긴 하지만 부모와 함께 사는 밀레니얼 세대를 두고 우려의 목소리가 높은 걸 감안하면 비교적 낮은 수치다. 그래도 10명 중 8명은 부모와 함께 살지 않는다는 뜻이니 말이다.

결혼을 아예 안 하거나 늦게 하는 이가 늘었다는 건 같은 연령대의 베이비붐 세대에 비해 밀레니얼 세대의 이혼 건수가 줄었다는 의미이기도 하다. 실제로 1990년과 2020년 사이 이혼한 30대 후반 여성의 비율은 42% 감소했다. 밀레니얼 세대가 무엇이든 없애고 있다면 그중 하나는 이혼인 것이다.

출생률 감소의 마법
: 출산의 연기 혹은 회피

"아기를 꼭 가져야 할까?" 지나 토메인(1987년생)이 물었다. "그럴지도. 하지만 그랬다간 결국 나는 가난하고 우울해질 것이다. 아이를 원하기는 한다. 반드시 가져야 하는 건지 모르겠을 뿐." 한 잡지에 자신의 고민을 구구절절 늘어놓은 토메인은 의학 쪽에 새로운 분야가 생겼다는 사실을 발견했다. 여성들이 자녀를 낳을지 말지 결정할 수 있도록 도와주는 생식 정신의학이다. "자녀를 가질지 결정하는 게 예전에는 좀 더 쉬웠던 것 같다. 아니면 애초에 별로 고민하지 않았던가." 그녀가 적었다.

고민 끝에 결국 아이를 갖지 않기로 선택하는 밀레니얼 세대가 늘고 있다. X세대는 1990년대와 2000년대 초반 베이비붐 세대가 일으킨 출생률 감소 추세를 되돌려 놓았다. 이후 2000년대 후반 X세대에서 밀레니얼 세대로 교체가 이루어지면서 합계 출산율 여성 한 명당 평균 자녀 수가 급격히 줄어들기 시작했다.

물론, 2007년은 대불황이 시작된 때이기도 한 만큼 전문가들은 모든 걸 경제 탓으로 돌리기 일쑤였다. 하지만 그와 같은 설명으로는 부족했다. 2011년 경제가 회복되기 시작한 이후에도 출산율은 계속해서 낮아진 것이다. 인구학자들은 합계 출산율 2.1명을 '인구대체수준'으로 본다. 합계 출산율은 2007년 2.1명 밑으로 떨어진 이래 다시는 회복되지 못했으며 2018년에는 사상 최저치를 기록했다. 이는 밀레니얼 세대가 미국 역사 속 어느 세대보다 자녀를 적게 낳고 있다는 의미다.

출산율은 심지어 2020년에 더 떨어졌다. 하지만 이는 본래 있었던 추세가 이어진 것일 뿐 팬데믹이 원인이라고는 볼 수 없다. 2020년 태어난 아기는 대부분 2020년 3월 팬데믹으로 인한 격리 조치가 시행되기 전에 잉태되었기 때문이다. 2021년에는 출산율이 소폭 증가하기도 했지만 이전의 하락 추세에 영향을 미칠 만한 수준은 아니었다.

출산율 감소는 인종과 민족 구분 없이 모든 집단에서 일어났으며 흑인과 히스패닉 사이에서 특히 그 폭이 컸다. 그중에서도 밀레니얼 세대의 히스패닉은 X세대의 히스패닉보다 큰 차이로 자녀를 적게 낳아서 2006년과 2020년 사이 출산율이 40%나 감소했다.

이는 밀레니얼 세대가 기대했던 모습이 아니었다. 고등학교 졸업반 시절에 이들은 95%가 자녀를 1명 이상 원한다고 답했다. 그중 절반은 2명의 자녀를 원했고 심지어 3명 이상 원한다는 사람도 10명 중 4명이나 됐다. 이 같은 욕구는 밀레니얼 세대가 고등학교에 재학하는 동안에도 꾸준히 이어졌으며 심지어 성인기에도 계속됐다. 성인을 대상으로 한 GSS조사에서 밀레니얼 세대가 이상적이라고 꼽은 평균 자녀 수는 2.6명으로, 48%는 2명의 자녀가, 또 다른 48%는 3명의 자녀 이상이 이상적이라고 답한 것이다. 하지만 1980년대에 태어난 밀레니얼 세대가 40대를 향해 가는 2020년대에 밀레니얼 세대는 본래 스스로 꿈꿔 온 자녀의 수보다 적게 갖고 있다.

밀레니얼 세대에서는 여성이 아이를 갖는 시기에도 급격한 변화가 생겼다. 사실 1982년까지만 해도 20대 초반 여성의 출산율이 20

---

* 인구대체수준Populataion replacement level : 이민으로 나라를 떠나거나 들어오는 사람은 제외하고 인구를 안정적으로 유지하기 위해 여성이 출산해야 하는 자녀 수

대 후반 여성보다 더 높았다. 하지만 2000년대 초반 X세대에서 밀레니얼 세대로의 교체가 일어나면서 20대 초반 여성의 출산율은 급락했다. 밀레니얼 세대가 22~36살이었던 2016년에는 미국 역사상 최초로 30대 초반 여성의 출산율이 20대 후반 여성의 출산율을 넘어섰다. 이렇게 20대 후반보다 30대 초반에 출산을 더 많이 함에 따라 뒤늦게 부모가 되는 등 인생 주기가 또 한 번 느려지게 되었다. 게다가 2021년에는 35~44살 여성의 출산율이 1960년대 초반 이후 최고치를 기록했다. 한마디로 밀레니얼 세대는 이전보다 늦은 나이에 자녀를 더 적게 갖고 세심한 보호 속에 키우는 슬로우라이프 전략을 지속해나갔다.

이 같은 현상의 원인으로 밀레니얼 세대에서 대학 교육을 받은 이가 늘고, 또 4년제 대학을 나온 여성은 대개 30대 초반이 되어서야 출산을 한다는 사실 등을 꼽을 수 있다. 하지만 밀레니얼 세대는 여기에 또 하나의 변화를 추가했다. 대학에 진학하지 않은 여성 역시 출산을 늦게 해 고졸 여성의 평균 초산 연령이 2007년 이후 가장 높아진 것이다. 게다가 교육 수준을 막론하고 모든 여성의 평균 초산 연령도 2년 더 높아졌다. X세대 여성의 평균 초산 연령은 25살이었던 데 반해, 1990년대 초반에 태어난 밀레니얼 세대는 27살에 첫 아이를 출산했다.

밀레니얼 세대가 출산을 더 늦게, 더 적게 하는 이유는 무엇인가? 일반적 요인 중 두 가지를 꼽을 수 있으니 바로 슬로우라이프와 개인주의다. 출산을 늦게 하고 또 적게 하는 건 슬로우라이프 전략의 핵심 특징이다. 인생은 길고 육아에는 더 많은 자원이 드는 만큼 안정적 기반을 확보한 뒤에 자녀를 갖는 것이다. 슬로우라이프 전략은 한때 대학 교육을 받은 백인들 사이에서만 흔히 볼 수 있었지만 이제 인종, 민족, 교육 수준과 관계없이 전체적으로 확대되었다. 대학 졸업반이지만 정규직으로 일하고 있는 밀레니얼 세대 비앙카는 자신이 28살인데 아직 자녀가 없는 걸 보면 멕시코계 미국인 친척들이 놀라움을 금치 못한다고 말한다. "'내가 네 나이였을 때는 애가 넷이었어'라고 웃으면서 말씀하시죠. 그럼 저는 제게 지금 아이가 있었다면 제가 하고 싶은 걸 못했을 거라고 말씀드려요."

자신에게 집중할 수 있도록 해주는 개인주의도 또 다른 핵심 동력이다. 아이를 원하지 않는 전국의 청년층을 대상으로 원인을 조사한 결과, 대다수는 재정적 이유나 기후 변화가 아닌 개인주의적 답변을 내놨다. 더 많은 여가 시간과 개인적 독립을 원하고 또 말 그대로 "그냥 갖고 싶지 않다"고 응답한 것이다. 이것이야말로 현대에 누릴 수 있는 호사다. 피임 기술 덕분에 출산 여부를 선택할 수 있고 개인주의 덕분에 자녀를 낳지 않는 게 용인된다. 자녀를 갖지 않으면 이상한 사람 취급받던 사일런트 세대의 청년 시기와는 가치관이 근본적으로 달라진 것이다. 후노 디아스는 《이렇게 그녀를 잃었다》에서 한 여성은 이웃 가정에 자녀가 없는 이유를 궁금해한다. "그냥 아이를 안 좋아하나 보죠"라는 10대 아들의 말에 그녀가 답한다. "아이를 안 좋아하는 사람은 없어. 그렇다고 자녀를 안 가져서도 안 되고."

이제 자녀를 갖는 건 순전히 선택의 문제로 자기중심적 메시지를 강조하는 오늘날의 문화와 충돌하는 경우도 많다. 자기 자신이 가장 중요한 존재라고 교육받아 왔다면 자녀를 갖는 데는 물음표가 생길 수밖에 없다. "우리는 여행도 하고 싶고 멋진 체험형 저녁식사도 하고 싶다." 밀레니얼 세대인 지나 토메인이 적었다. 그녀 세대의 부모는

"갓난아기 시절부터 우리는 원하는 걸 무엇이든 할 수 있다고 말씀하셨다. 우울증의 시대를 살아온 그들의 부모로부터 그와 같은 얘기를 듣지 못하셨기 때문이다. 그 덕분에 우리는 원하는 삶을 살 수 있다는 자신감을 갖게 되었다." 2020년대 개인의 선택을 존중하는 이 같은 신념은 2022년 6월 미국 대법원이 '로 대 웨이드 판결'을 폐기한 이후 여러 주에서 낙태를 불법화한 시대적 퇴행과 점점 더 충돌할 것이다.

밀레니얼 세대의 낮은 출산율을 다룬 수많은 기사들은 이들이 아이를 갖지 않는 이유로 경제적 어려움을 지목한다. 하지만 우리가 앞서 살펴본 것처럼 밀레니얼 세대는 사실 경제적으로 꽤 윤택한 삶을 살고 있다. 이 주장은 개인적 차원에서 살펴봐도 앞뒤가 맞지 않는다. 평균적으로 소득이 높은 가구일수록 자녀가 더 적고, 소득이 낮은 가구일수록 자녀가 더 많은 것이다. 높은 소득과 적은 자녀 사이의 연관관계는 시간이 갈수록 더 분명해졌다. 2010~2019년 사이에 미국 내 일자리는 급증했지만 정작 출생률은 가장 많이 떨어졌다. 실제로 자녀를 갖지 않는 이유가 '돈'과 '일자리'가 맞다면 생길 리 없는 현상이 현실로 펼쳐진 것이다. 세 명의 경제학자가 발표한 최근 논문에 따르면 출생률 감소의 원인은 임대료와 학자금 부채 등 경제적 이유가 아니다. 그보다 '청년층의 우선순위'가 변화했기 때문이다. 다시 말해 '세대별 태도의 차이'다.

한편, 부부가 경제적으로 자녀를 가질 여력이 있다고 해도 정작 맡길 곳을 찾기는 어려울 수 있다. 2018년 조사 결과 자녀를 본래 원했던 것보다 적게 낳을 계획이라고 답한 청년의 64%는 그 원인으로 '너무 비싼 보육료'를 꼽았다. 18~36살 성인 10명 중 9명은 자녀를 낳을지 말지 결정하는 데 보육료가 어느 정도, 혹은 상당히 중요한 요인이라고 답했다. 보육료가 인플레이션을 넘어설 정도로 비싸진 걸 고려하면 유급 육아 휴직의 부족, 그리고 높은 보육료야말로 출산율 하락의 핵심 원인이라 할 수 있다. 이는 앞서 살펴본 것처럼 성별 소득 격차가 줄어들고 있어 특히 더 그렇다. 여성이 육아를 위해 일을 그만둘 경우 밀레니얼 세대는 이전 세대보다 더 많은 소득을 잃게 되는 것이다. 그런데 또 경제학자들의 논문에 따르면 보육료가 인상된 주라고 해서 출산율이 더 크게 떨어지거나 하지는 않은 것으로 나타났다. 현실을 제대로 파악하자면 출산율이 높아지면서 수요가 늘어 보육료가 인상되었다고 볼 수 있다.

출산율이 떨어진 데에는 좀 더 복잡한 다른 이유도 있다. 아이를 키우는 데 예전보다 더 많은 노력이 요구되는 것이다. 모유 수유가 권장되는가 하면 아이들을 보다 체계적인 활동에 참여시키고 훨씬 세심하게 감독해야 한다. 사일런트 세대가 X세대 자녀를 키울 때만 해도 어른을 동반하지 않은 채 자유롭게 동네를 배회하는 아이들이 많았다. 하지만 지금 그렇게 했다가는 아동보호국에 신고당하기 십상이다. 이렇게 끊임없이 지켜보고 돌봐줘야 하니 부모는 시간도 많이 빼앗기고 지칠 수밖에 없다. 게다가 자녀들을 위해 다양한 종목의 스포츠를 비롯해 여러 활동을 시켜야 한다는 기준도 충족시켜야 한다. 일부 경제학자들은 이를 '육아 경주the rug rat race'라고 부른다. 한때는 중상위 계층에 한정됐던 '집중 육아' 방식이 계층과 관계없이 모든 가구로 확산되면서 2010년대 후반의 엄마들은 2000년대 초반보다 훨씬 많은 시간을 자녀를 돌보는 데 할애했던 것이다. 엄마가 자녀와 보내는 시간이 줄었다는 일반적 인식과 달리 실제로는 더 많은 시간을 함께하면서 육아는 훨씬 버거운 일이 되었다.

일부 밀레니얼 세대는 아이를 갖지 않는 이유로 기후 변화 등 이 세상을 둘러싼 불확실성을 지목한다. 급기야 '왜 자녀를 원하지 않는가? 종말이 다가오니까!'라는 기사 제목까지 등장했다. 밀레니얼 세대인 지나 토메인은 친구들과 이 문제에 대해 이야기를 나눠봤지만 대다수가 '헛소리'로 치부했다. 결국 환경 파괴의 주범은 개인이 아닌 대기업이라는 것이다. "아마존이 벌목과 화재에 시달리는 게 아직 태어나지도 않은 내 아기 때문이라고요?" 그녀가 물었다. 2022년 조사 결과, 아이를 원하지 않는 성인 가운데 기후 변화를 원인으로 꼽은 이는 28%에 불과했던 반면, 개인적 자유를 위해서라고 답한 이는 54%였다.

아기를 꼭 가져야 할지 토메인이 자신의 엄마에게 묻자 엄마는 세상의 불투명한 앞날에 대해 이야기했다. "할머니는 2차 세계대전 직후에 엄마를 낳으셨는데 무슨 소리야! 지금이 그때랑 비교해 얼마나 나쁘다고 그래?" 토메인이 답했다. 어쩌면 하지 말라면 더 하고 싶은 심리가 해결책이 될 수 있다고 그녀는 결론지었다. "할머니, 할아버지가 되고 싶은 베이비붐 세대에 보내는 편지: 밀레니얼 세대한테 아이를 가지면 안 된다고 말씀해 보세요. 그러면 출산율이 즉시 급상승할 거예요. 감사는 사양할게요"라고 말이다.

섹스? 홍수, 아니면 가뭄?
: 소극적 성생활

밀레니얼 세대 중 싱글인 성인은 '이전 세대는 20대 때 머릿속에서 그려보는 '뭔가'를 손안에 갖고 있다. 바로 잠재적 섹스 파트너 목록이다. 온라인 데이트 앱을 활용하면 적어도 이론상으로는 성적 파트너를 쉽게 찾을 수 있다. 게다가 결혼 전 성관계를 갖는 데 도덕적 가책을 느끼는 이도 줄었고 평균 결혼 연령도 높아졌다.

그 결과 성생활은 더 풍요로워졌어야 마땅하지만 실상은 그렇지 않다. 흔히 틴더* 세대로 여겨지는 밀레니얼 세대가 이전 세대에 비해 성생활에 그다지 적극적이지 않은 것이다. 심지어 성인이 되고도 성경험이 없는 이가 20대의 X세대보다 두 배나 더 많았다.

1990년대에 태어난 20대 초반의 미국인 7명 중 1명은 성인이 된 이후에도 성관계 경험이 없었다. 그래도 보통 20대 후반에는 경험이 생기기 마련이지만 1990년대생들은 연령대를 서른 살까지 늘려도 성경험 있는 이가 X세대보다 50%나 적었다. 밀레니얼 세대 16명 중 1명은 성인이 된 이후에도 섹스를 못해 본 것이다.

밀레니얼 세대 사이에서는 첫경험 이후 일상에서도 섹스하는 생활이 줄곧 이어지지는 않았다. 2010년대 26~40살 남성 중 지난해에 성생활을 하지 않았다는 이가 10명 중 1명이 넘어 1990년대와 2000년대 초반의 두 배에 육박했다. 이 같은 경향은 팬데믹이 시작된 2021년에도 계속됐지만 이미 그 전부터 기반을 다져온 게 분명했다. 한마디로 틴더에 열광했던 밀레니얼 세대 중에는 사실 성생활을 하지 않는 이가 더 많다.

섹스를 하고 싶지만 못하고 있는 남성을 가리켜 인셀Incels(비자발적 금욕주의자)이라고 한다. 관련해 '채드Chads(여성과의 데이트에 성공한 남

* 틴더Tinder: 데이트 상대를 찾아주는 온라인 앱

성'와 '스테이시Stacies(매력적인 여성)' 같은 고유 용어도 있다. 일부 인셀 커뮤니티 사이트에서는 "여성이 어린아이라는 건 누구나 본능적으로 알고 있다" 같은 게시물을 올리며 여성 혐오 성향을 노골적으로 드러낸다. 인셀들의 분노가 폭력 사태로 이어진 경우도 있었다. 2018년 토론토에서는 25살 남성이 자신의 차를 몰고 군중을 향해 질주해 11명이 사망했고, 2014년 캘리포니아 이슬라 비스타에서는 22살의 엘리엇 로저(1991년생)가 6명을 살해했다.

사이트 더핑크필닷컴ThePinkPill.com에서는 성관계를 갖지 않기로 한 여성들(일부는 펨셀femcels이라는 용어를 사용한다)이 그 이유에 대해 논의한다. 이들 역시 뿔나기는 마찬가지다. 그들 중 한 명은 "나는 여러 가지 이유로 독신주의가 되었다. '남성이 만든' 불가능한 미의 기준, '남성이 만들고 남성 때문에 여성이 내면화한' 조직적 여성 혐오 같은 것들 말이다. 사랑을 찾고, 나를 섹스 인형이 아닌 사람으로 대해줄 남성을 찾기가 이렇게나 어렵게 만든 남성에 화가 난다"라고 밝혔다. 젊은 남성 중에는 포르노를 통해 성에 눈뜬 이도 많기 때문에 여성이 성적 파트너로부터 무엇을 원하는지 배우지 못했을 수 있다.

성생활이 이렇게 메마르게 된 원인 중 하나는 청년층이 슬로우라이프를 실천하면서 연인과 정착하는 걸 뒤로 미루고 있기 때문이다. 평균 결혼 연령이 여성은 28살, 남성은 31살로 높아졌지만 그에 따라 동거율이 늘어난 것은 아니어서 함께 사는 연인은 오히려 줄었다고 볼 수 있다. 섹스를 하려면 더 많은 이가 섹스 상대를 찾아야 한다. 물론 매력이 넘치는 사람들에겐 어려운 일이 아니겠지만 모두가 그런 것은 아니다. 일부는 이 현실을 기꺼이 인정하고 인스타그램에 사진을 올릴 만큼 아름답지 않은 이들을 '평범남' 혹은 '평범녀'로 칭한다.

이전 세대에서 평범남 혹은 평범녀는 보통 20대 초반에 서로를 만나 결혼했다. 하지만 늦게 결혼하는 틴더의 시대인 오늘날 이들은 집에서 휴대폰이나 들여다보고 있다. 여러 인셀 그리고 펨셀 사이트로 미뤄봤을 때 이들은 집에 처박혀 서로에 대한 증오만 키워가고 있다.

한 가지 문제는 사람들을 연결하기 위해 고안된 디지털 기술이 결국엔 지극히 일부의 사람들만 연결하고 있는 현실이다. 데이트 앱은 소득 불평등에 버금가는 관계를 창조했다. 부자는 갈수록 부유해지고, 가난한 사람은 갈수록 가난해지는 것처럼 외모가 뛰어난 사람은 데이트 앱에서 손쉽게 파트너를 찾지만 평균이거나 그에 못 미치는 이들은 어려움을 겪는다. 데이트 앱에서는 사진, 따라서 외모를 전면에 내세우기 때문에 어느 정도 그럴 수밖에 없다. 오프라인 환경에서 사람을 직접 만나면 외모 이외의 매력을 비교적 손쉽게 찾을 수 있다. '외모가 뛰어나지 않은 이들'에게서도 똑똑하고 재밌고 매력적이거나 세심한 매력을 얼마든지 발견할 수 있는 것이다. 하지만 외모가 중요한 판단 기준이 될 수밖에 없는 온라인에서 이들은 손가락으로 단숨에 넘겨지고 만다. 이처럼 소수의 승자와 다수의 패자가 존재한다는 점에서 연애는 갈수록 소득 불평등이 활개를 치는 자본주의 자유시장을 닮아가고 있다.

만약 이게 사실이라면 밀레니얼 세대에서는 다수의 성적 파트너를 가진 이들이 늘어날 수 있다. 평범한 남녀와 달리 인기 있는 채드와 스테이시는 새로운 데이트 시장에서 성공을 거두기 마련이기 때문이다. 그리고 이는 실제로도 그랬다. 같은 연령대에 성적 파트너를 20명 넘게 둔 밀레니얼 세대는 베이비붐 세대보다 45% 더 많았다. 따라서 소득뿐 아니라 적어도 성적 파트너만 놓고 보면 성생활 측면에서도 갈수록 불평등이 커지고 있다.

물론 성적 파트너가 많다고 해서 1년 내내 풍부한 성생활을 누리는 것은 아닌데 특히 상대가 '훅업$_{hookup}$'(베이비붐 세대가 '원나잇 상대$_{one-night\ stands}$'라고 부르던 것과 같은 의미로 쓰이는 밀레니얼 세대의 용어)일 땐 더더욱 그렇다. 자연히 청년층의 성생활 빈도는 베이비붐 세대에서 X세대, 또 밀레니얼 세대로 넘어오는 동안 꾸준히 하향세를 그렸다. 26~40살 성인의 경우, 1990년대 초반엔 연 80회(주당 1~2회) 성관계를 가졌지만 2021년엔 60회(주당 가까스로 1회 이상) 갖는 데 그쳤다. 이는 단순히 팬데믹으로 생긴 현상이 아니다. 2010년대 초반부터 감소 추세가 계속 이어지고 있는 것이다.

그뿐만 아니라 이 같은 추세가 단순히 결혼하는 사람이 줄어서 나타났다고도 할 수 없다. 기혼자는 물론, 미혼자 사이에서도 성생활이 줄었기 때문이다. 2021년 미혼 청년은 2000년대 후반에 비해 성관계를 연간 20회 더 적게 했다. 이전까지만 해도 상승세였던 추세가 역전된 것이다. 사실 1980년대 후반~2000년대 초반 미혼 청년은 성생활을 더욱 활발하게 누렸다. 혼전 성관계를 금기시하던 분위기가 사라지고 동거하는 연인이 늘면서 생긴 현상으로 보인다. 하지만 이후 X세대에서 밀레니얼 세대로 교체되면서 미혼자들의 성관계는 감소했다.

성생활이 메마른 이는 미혼의 연인과 싱글뿐만이 아니었다. 젊은 부부 역시 성관계를 이전만큼 왕성하게 갖지 않아서 2021년에는 2000년대 초반보다 횟수가 20회가 줄었다. 이 같은 추세는 팬데믹 이전부터 이미 시작돼 부부가 함께 집에 있는 시간이 길어졌을 수밖에 없는 팬데믹 중에도 계속되었다.

따라서 결혼을 했든 안 했든 밀레니얼 세대는 X세대나 베이비붐 세대에 비해 성관계를 덜 갖는다. 이렇게 전반적으로 성생활이 메마른 이유는 무엇인가? 앞서 살펴봤듯 밀레니얼 세대는 자녀도 많이 낳지 않기 때문에 육아에 지치거나 한밤중 부부침실에 아이가 들이닥치는 것 따위는 문제가 아닐 것이다. 이 같은 방해 요소는 훨씬 줄었을 테니 말이다. 밀레니얼 세대가 경제적으로 상당한 성과를 내고 있는 걸 고려하면 경제적 부담이 위축 요인일 리도 없다. 심지어 성생활은 경제가 호황이던 시기에 더욱 시들해졌다.

다른 이론도 넘쳐난다. 현대 기술 덕분에 이제 밤 10시에 집에서 할 수 있는 일이 예전보다 훨씬 많아졌다. 인스타그램을 계속 내려보거나 넷플릭스를 몰아보는 것도 그중 하나다. 당신은 분위기가 잡혔는데 상대방은 비디오게임에 한창이거나 휴대폰을 내려놓지 못한다면 어떻겠는가? 심리학자들은 자신의 휴대폰에서 눈을 떼지 못하는 사람 때문에 무시당하는 경험을 설명하고자 '퍼빙phubbing'이라는 신조어를 만들었다. 최초의 퍼빙 관련 연구는 부부를 대상으로 실시되었다. 배우자가 자신을 퍼빙한다고 말한 이는 당연히 부부관계에 만족하지 못했으며 그래서는 성관계를 자주 갖기가 힘들 수밖에 없다.

포르노를 얼마든지 구할 수 있는 것도 또 다른 원인일 수 있다. 어떤 기기에서든 클릭만 몇 번 하면 포르노를 볼 수 있는데 실제 상황을 위해 애쓰는 건 너무 위험하고 또 번거롭게 느껴진다. 하지만 이 가설은 입증하기가 힘든데 포르노를 많이 보는 사람일수록 섹스를 더 많이 하는 경향이 있기 때문이다.

성관계 감소에는 잠재적으로 긍정적인 원인도 있다. 밀레니얼 세대가 섹스의 횟수보다 질을 더 중시하는 것이다. 이런 욕구는 남성과 여성 모두에게서 동일하게 나타날 수 있지만 보통은 여성에게서 더 흔히 볼 수 있다. 그리고 그게 사실이라면 밀레니얼 세대 여성은 자신이 원하는 것에 대해 훨씬 소리 높여 이야기할 것이다. 횟수는 줄었을지언정 지속시간이 길어지고 만족도도 더 높은 섹스 말이다. 지금까지 증거로 봤을 때 기술과 슬로우라이프가 일부 기여를 한 건 맞지만 성생활이 메마르게 된 원인은 전반적으로 수수께끼다.

이전보다 늘어난 섹스 유형이 한 가지 있으니 바로 동성 파트너와의 섹스다. 20대 후반~30대 초반 사이 1명 이상의 동성 섹스 파트너를 가진 이는 베이비붐 세대에서는 20명 중 1명에 불과했지만 밀레니얼 세대에서는 여성의 경우 5명 중 1명, 남성은 8명 중 1명꼴이었다.

변화는 여성에게서 특히 크게 나타났다. 베이비붐 세대에서 밀레니얼 세대로 교체되면서 여성의 동성 섹스 경험은 4배 급증했고 남성은 두 배 늘었다. 따라서 베이비붐 세대에서는 남녀 모두 동성 섹스 경험이 비슷하게 있었다면, 밀레니얼 세대에서는 여성이 남성보다 훨씬 풍부해졌다고 할 수 있다.

이는 단순히 젊어서 부린 객기라고 할 수도 없다. 밀레니얼 세대, 특히 여성은 최근 28~36살에도 동성 파트너를 둔 비율이 동일 연령의 베이비붐 세대(2%)보다 3배 더 높았다(6%). 따라서 밀레니얼 세대에서는 성인이 된 이후에도 다른 여성과 섹스를 즐기는 이가 늘었다.

하지만 LUG Lesbian Until Graduation(졸업할 때까지만 레즈비언) 혹은 BUG Bisexual Until Graduation(졸업할 때까지만 양성애자)를 자처하는 이도 계속해서 등장했다. 실제로 밀레니얼 세대 여성의 3분의 2가 과거에는 동성 파트너가 있었지만 작년에는 동성 섹스를 하지 않았다고 답했다. 어렸을 때는 동성 섹스를 했지만 이유가 무엇이든 더 이상은 하지 않는다는 의미다. 양성애자가 이성 관계에 진지하게 임하는 경우는 극히 드물다. 약어에 '졸업'이라는 단어가 들어가기는 하지만 실제로는 대학에 진학하지 않은 여성이 동성 파트너를 갖는 경우(6명 중 1명)가 4년제 대학을 나온 여성(8명 중 1명)보다 더 많았다. 일부 남성들에게 대학 캠퍼스는 여성 동성애의 천국이라는 판타지가 있었지만 실제 여성 동성애는 캠퍼스 밖에서 더 활발하게 일어났다.

성인이 되면서 동성애를 그만둔 남성의 비율은 다음 세대로 갈수록 줄었다. 28~36살 남성 가운데 베이비붐 세대는 28명 중 1명, 밀레니얼 세대는 20명 중 1명이 동성애를 유지했다. 동성의 성적 파트너를 계속 유지하는 비율은 여성보다 남성에서 더 높았다. 18살 이후 동성의 성적 파트너를 둔 남성의 42%는 지난해에도 동성 파트너를 사귀었다.

성행위와 구분되는 성소수자 정체성 역시 세대별로 차이가 있었다. 2021년 갤럽 조사에서 스스로 성소수자라고 밝힌 이는 베이비붐 세대에서 50명 중 1명이었던 데 비해 X세대에서는 26명 중 1명, 밀레니얼 세대에서는 11명 중 1명이었다. 밀레니얼 세대 성소수자의 절반가량, 즉 세대 전체로 봤을 때 20명 중 1명은 본인이 양성애자라고 밝혔다. 동성 관계를 금기시하던 인식이 사라지면서 성소수자로 살아가는 밀레니얼 세대도 늘고, 동성 성관계를 갖는 이들도 늘었다.

탈종교
: 신앙 감소

"우리는 중학교 때부터 혼전 성관계가 왜 허용되지 않는지, 적극적 동성애는 왜 금기인지 교육받아 왔어요. 그런 곳에서 성장했다면 그런 것들을 절로 멀리할 수밖에 없었죠." 가톨릭 신자로 자라 가톨릭 학교에 다녔던 밀레니얼 세대 멜리사가 말했다. "제가 가톨릭교를 떠난 건 이와 같은 핵심 신념을 받아들이지 않고는 가톨릭 공동체의 일원이 될 수 없다고 생각했기 때문인 게 커요."

2000년 출간된 《밀레니얼 세대의 부상》에서 세대 전문가 닐 하우와 윌리엄 스트라우스는 밀레니얼 세대가 X세대나 베이비붐 세대보다 종교색이 강할 것으로 예측했다. 이들이 제시한 세대주기 이론에서는 밀레니얼 세대와 GI세대가 짝을 이루는 만큼 GI세대가 수용했던 의무와 규범 준수의 가치를 밀레니얼 세대가 되살려 놓을 것으로 내다보았다. 실제로 1990년대 후반까지 고등학교에서 기도 동아리의 인기는 높았고, 당시 청소년부 성직자의 말에 따르면 10대들이 '예전 방식의' 종교를 좋아한다는 것이었다.

불과 몇 년 후 이 이론에 균열이 생기기 시작했다. 물론, 밀레니얼 세대의 개인주의 성향을 고려할 때 애초에 그다지 신빙성 있는 이론이라고도 할 수 없었다. 종교란 정의상 자신을 넘어서는 뭔가에 신념을 갖는 것이며 특정 규범을 따를 것으로 기대되는 사람들의 무리와 함께 수행하는 문화를 지닌다. 집단주의 문화에 종교적인 성향이 있다면 개인주의 문화는 종교색이 덜한 것이다. 밀레니얼 세대의 슬로우라이프 스타일도 종교 교리와 양립하기 힘들다. 결혼할 때까지 금욕 생활을 유지해야 하기 때문이다. 20대 후반이나 30대 초반은 되어야 결혼하는 게 표준인 세상에서 사춘기가 지나고도 성관계 없이 15~20년은 더 기다려야 하는 건 따르기 어려울 수밖에 없다.

1990년대 후반 밀레니얼 세대가 10대를 장악하기 시작하면서 청소년의 예배나 미사 참여율이 급격히 하락했다. 어떻게 보면 예상을 완전히 뒤엎은 변화였다. 모든 표준이 전복되고 신은 죽었다는 구호가 활개를 친 1970년대에도 고등학교 졸업반 학생의 90%가 종교 행사에 참석했고, 검은 터틀넥을 입고 냉소적 태도를 장착한 1990년대의 X세대에서도 85%는 종교 행사에 출석했다. 2000년대에 종교를 '죽인' 건 낙관적이고 자신감에 가득 찬 밀레니얼 세대였다. 대학 신입생의 경우 이 같은 경향이 특히 더 강해 종교 행사에 참석한 적 있다는 이가 3명 중 2명에 불과했다. Z세대 역시 이후 10년간 동일한 추세를 이어가 10대의 3분의 1가량이 종교 행사에 얼씬도 하지 않았다.

2005년 출간된 《영혼 탐색》에서 노트르담 대학교의 크리스천 스미스 교수는 밀레니얼 세대 청소년과 청년을 대상으로 그들의 종교적 신념과 그 정도에 대해 인터뷰했다. 그 결과 상당수가 종교에 대해 지적으로 회의적이라는 사실을 발견했다. "답 없는 질문이 너무 많다" 누군가 답했다. 또 다른 이들은 종교가 "내게 전혀 흥미를 주지 못한다" 혹은 "지루하다"고 말하기도 했다.

밀레니얼 세대의 종교색이 더 강할 것이라는 발상은 이후 계속된 오류 중 첫 번째를 장식했을 뿐이다. 다음 이론에서는 밀레니얼 세대가 20대와 30대에 안정을 찾으면 종교로 돌아올 것이라고 예측했다. 결국 그 정도 나이가 되면 사람들은 정착해 자녀를 갖고 가족과 함께 종교 행사에 참석하기 시작한다는 것이다. 하지만 밀레니얼 세대는 아니었다. 대부분 밀레니얼 세대였던 26~40살 성인들은 그 종교가 무엇이든 종교에 귀의하고 종교 행사에 참석하는 비율이 사상 최저치였다. 밀레니얼 세대는 가정을 꾸리는 나이가 되어서도 종교로 돌아오지 않았다.

종교 행사에 참석해본 적 있는 10대 비율

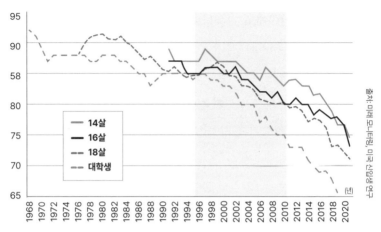

* 음영 구간이 이 연령대의 밀레니얼 세대다. 대학생은 4년제 대학의 신입생을 나타낸다.

한 가지 비교를 통해 이 같은 변화를 극명하게 파악할 수 있다. 2020년에는 밀레니얼 세대 중 무교인 이들의 수가 기독교인의 수와 비슷했다. 베이비붐 세대에서는 기독교인이 무교보다 3배 가까이 많았던 데 비하면 상당한 세대 차이라 할 수 있다.

예수회 가톨릭 사제인 제임스 마틴 목사(1960년생)는 세대 교체를 목격했다. "25년 전만 해도 젊은이들이 '교회의 가르침에 따르는 데 어려움이 있는데 어떻게 신앙을 유지할 수 있을까요?'라고 물었지만 이제… 그들은 '그만두겠습니다.' 하고 끝이에요" 그가 말했다. "스스로 편협하다고 느낀다면 그게 무엇이든 어지간해서는 받아들이려 하지 않죠."

또 다른 오류는 종교를 멀리하는 행위는 '백인의 전유물'이며 소수민족에게서는 나타나지 않는다는 인식이다. 이는 적어도 흑인 사회에서는 사실이 아니다. 흑인 밀레니얼 세대 역시 종교 행사에 참석하지 않았다. 이들의 출석률은 아직까지 백인 밀레니얼 세대보다 높지만 그래봐야 하향세를 그리기는 마찬가지다.

물론 밀레니얼 세대가 짜여 있는 규범에 알레르기 반응을 일으킨다는 건 잘 알려진 사실이다. 결국 결혼과 아침 시리얼까지 '죽인' 게 밀레니얼 세대가 아닌가. 이 같은 가설에서 밀레니얼 세대는 공식적으로는 종교를 멀리하지만 사실은 은밀하게 종교생활을 하고 있다는 결론이 도출된다. 워낙 짜여 있는 규범을 혐오하다 보니 종교 행사에는 잘 참석하지 않지만 여전히 많은 수가 신을 믿고 기도하고 있고, 신앙은 그대로지만 혼자 예배드리는 것을 선호할 수도 있다는 것이다. 다시 한번 말하지만 전혀 그렇지 않다. 26~40살 성인 중 신을 믿고, 경전을 신의 은혜로운 말씀이라고 믿으며, 그래서 기도를 한 번이라도 해본 적 있는 사람의 비율은 하나같이 감소했다.

전반적으로 밀레니얼 세대는 공식적으로든 사적으로든 이전 세대의 동일 연령대와 비교했을 때 덜 종교적이다. 얼마 전인 2018년에 조사한 결과에서도 이전 세대보다 종교색이 약한 것으로 드러났다. 2018년 데이터에서 놀라운 사실은 X세대와 밀레니얼 세대 간의 엄청난 차이다. 종교 신앙의 관점에서 베이비붐 세대, 사일런트 세대, X세대를 비교했을 때는 약간의 차이만 발견되었을 뿐이지만 X세대와 밀레니얼 세대는 상당한 차이를 나타냈다. 청년층이 가정을 꾸리는 시기에도 이전 세대는 종교로 돌아가는 경향을 보였지만 밀레니얼 세대는 꿈쩍하지 않았고 Z세대 역시 밀레니얼 세대의 뒤를 따랐다.

다음 오류는 밀레니얼 세대가 종교적이지는 않지만 영적이라는 가설이다. 이 역시 말이 안 된다. GSS에 참여한 26~40살 성인 중 본인이 어느 정도 영적이라고 답한 이는 2018년 10명 중 6명으로, 2006년의 10명 중 7명보다 줄었다. 밀레니얼 세대는 종교 대신 영성을 택하고 있는 것이 아니며 종교적이지도 영적이지도 않다.

종교색이 약해지고 있기는 하지만 밀레니얼 세대의 대다수가 여전히 신을 믿고 이따금 기도를 하며 1년에 적어도 한번은 종교 행사에 참석한다는 사실을 잊어선 안 된다. 물론, 이중 어떤 활동도 하지 않고 완전히 세속적 관점을 가진 이들도 아직은 적은 수지만 계속 느는 추세다. 게다가 2020년대에는 많은 밀레니얼 세대가 40대에 접어드는 만큼 이 추세가 역전될 가능성도 낮다. 밀레니얼 세대 청년층은 미국 역사상 적어도 통계가 등장한 이후부터 Z세대로 교체되기 전까지는, 종교와 가장 거리가 먼 세대다.

밀레니얼 세대에게 종교의 인기가 시들한 이유는 무엇인가? 한마디로 개인주의와 양립할 수 없기 때문이다. 결국 개인주의는 다른 무엇보다 우선하는 밀레니얼 세대의 핵심 가치다. 개인주의는 자아에 집중하고 자신만의 길을 찾도록 독려하지만 종교는 자신보다 더 큰 존재를 섬기며 특정 규범에 따라야 한다. 어느 밀레니얼 세대는 자신의 신념에 대해 이렇게 말했다. "무엇을 느끼든 그건 개인적인 거예요. 하느님에 대해서는 모두가 자기만의 생각을 갖고 있죠… 당신이 받아들일 수 있는 건 무엇이고 당신이 옳다고 느끼는 건 무엇인지 각자 자기만의 신념을 갖고 있어요." 또 다른 이는 교회를 떠나는 이유에 대해 "이곳에서는 나 자신을 중심에 두고 생각하도록 격려받지 못했어요. 종교 규범은 말 그대로 '이건 검은색이고 이건 흰색이야. 이건 하고 저건 하지 마'라는 식이에요. 더 이상 견딜 수 없었죠."라고 말했다.

퓨 리서치 센터에서 무교인 이들에게 종교를 갖지 않는 이유에 대해 물은 결과 10명 중 6명은 "상당수 종교적 가르침에 의문이 들기 때문"이라고 답했고 10명 중 5명은 "교회가 사회·정치적 현안에 취하는 입장이 마음에 들지 않기 때문"이라고 했다. 또한 10명 중 4명은 "종교 단체를 좋아하지 않는다"고 답했다.

여러 밀레니얼 세대에게 가장 참을 수 없었던 건 많은 종교가 성소수자를 받아들이지 않는다는 점이었다. 2012년 전부 밀레니얼 세대였던 18~24살을 대상으로 조사한 결과, 3명 중 2명은 기독교가 동성애를 반대한다고 여겼다. 또 그 못지않게 많은 이들이 그런 시각을 '편협'하고 '위선적'이라고 느꼈다. 이 같은 견해는 이들이 좀 더 나이가 든 이후까지 지속되었다. 2019년 실시한 조사에 따르면 밀레니얼 세대 10명 중 6명은 종교가 있는 이들이 없는 이보다 관대하지 못하다고 답했다.

종교에서 멀어지는 추세가 세대를 거듭할수록 더 뚜렷하게 나타나고 있다. 젊은 시절 신앙을 가졌던 베이비붐 세대가 자신의 밀레니얼 세대 자녀는 종교적으로 키우지 않았으며, 신앙이 없는 가정에서 자란 이들은 성인이 되어서도 대부분 종교를 거들떠보지도 않았다. 한 연구에 따르면 무교인 밀레니얼 세대는 배우자도 무교로 선택할 확률이 이전 세대보다 높고 배우자 때문에 종교에 귀의할 확률 역시 낮았다.

밀레니얼 세대 가운데는 자녀를 키우는 데 종교가 필요하다고 생각하는 이들도 적었다. 베이비붐 세대의 경우, 자녀에게 훌륭한 가치를 가르치는 데 종교가 필수라고 믿는 이가 4명 중 3명이었던 데 반해 밀레니얼 세대는 2명 중 1명에 불과했다. "제가 어렸을 때 우리 가족은 신앙생활을 했지만 저는 굳이 종교가 아니어도 중요한 도덕적 가르침을 습득할 수 있다고 믿게 됐어요." 유아를 키우는 32살 여성 맨디가 말했다. "여러 종교 단체가 그와 같은 가르침을 전수하기에 적합하지 않다고 생각되기도 하고요."

종교에서 멀어지는 게 좋은 현상이라고 주장하는 이들도 많지만 일각에서는 장기적 영향에 대해 우려하는 목소리도 제기된다. "우리는 여전히 관계와 초월, 그리고 이를 통해 나보다 더 큰 무언가의 일부가 되기를 원한다" 밀레니얼 세대인 크리스틴 엠바가 《워싱턴포스트》에 올렸다. "우리 중 일부는 신앙과 유대를 대신하면서도 편리하고 부담 없는 점성술, 그리고 요가와 셀프케어 등의 손쉬운 '영성'으로 눈을 돌리고 있다. 하지만 진정으로 걱정되는 건 이들 중 어떤 활동도 제대로 된 종교만큼 깊이 있는 관계를 구축해주고 공동체의 지지를 경험하게 해주지는 못한다는 점이다."

무관심, 혹은 대장 노릇
: 정치에 참여하는 성인들

2000년대 밀레니얼 세대의 청년층 사이에서는 낙관주의가 급속도로 확산되는가 하면 정치 참여도 급증했다. 《밀레니얼 메이크오버》에서 몰리와 마이클은 밀레니얼 세대가 국가 통합과 제도 구축의 새 시대를 열 것이라고 예측했다. 또, 하우와 스트라우스는 《밀레니얼 세대의 부상》을 통해 밀레니얼 세대가 2차 세계대전을 승리로 이끈 GI세대의 재림이라고 보고 시민운동과 정치참여에서 고유한 존재감을 드러널 것이라고 내다보았다.

실제로 그랬을까? 적어도 고등학생 때는 그렇지 않았다. 1998~2012년 사이 12학년 밀레니얼 세대는 같은 연령대의 베이비붐 세대나 X세대에 비해 정치 참여에 대한 관심이 현저히 낮았다. 1970년대 후반의 베이비붐 세대와 비교했을 때 정치 캠페인에 관심을 표한 이는 절반 정도에 불과했으며 정치 캠페인에 기부할 의향이 있다고 답한 이는 31% 더 적었다. 가장 놀라운 사실은 공공기관에 의견서를 보낼 의향이 50% 가까이 감소했다는 점이다. 도서관에 가서 주소를 찾고 편지를 타이핑해서 작성한 뒤 봉투와 우표까지 갖춰 보내야 했던 1970년대에 비하면 이메일과 웹형식이 보편화된 2000년대에는 그리 어려운 일도 아닌데 말이다.

밀레니얼 세대가 성인이 된 이후 이 같은 경향에 변화가 생겼다. 26~40살 연령군이 X세대에서 밀레니얼 세대로 교체된 2000~2020년 사이의 선거 기간 동안 해당 연령대에서 정치 캠페인에 관심을 보이는 이가 늘어난 것이다. 하지만 이 시기에는 다른 연령군에서도 정치에 대한 관심이 높아졌다. 따라서 이때 정치적 관심이 높아진 건 세대에 따른 변화가 아닌, 시기의 영향으로 봐야 한다.

이는 1992년의 경기침체, 2004년 전쟁, 2008년 또 다른 경기침체, 2020년 팬데믹 등 혼란과 갈등의 시기를 맞아 정치 참여가 더 활발해졌기 때문에 일어난 현상일 수 있다. 2012년과 2016년에도 관심이 높았던 이유는 명확하지 않다. 다만 대침체기로 인해 정치적 사안에 대한 경각심이 일면서 경제가 회복되고 난 이후에도 관심이 줄지 않은 것으로 보인다. 2016년에는 사람들의 관심을 집중시켰던 트럼프의 존재도 영향을 미쳤다. 2010년대 초중반에는 밀레니얼 세대 3명이 주도했던 '흑인의 생명도 소중하다Black Lives Matter 운동'과 함께 인종을 둘러싼 새로운 인식이 생겨났으며 덕분에 정치에 대한 관심도 더더욱 높아졌다.

그런데 밀레니얼 세대가 과연 투표했을까? 그렇다. 밀레니얼 세대 청년층의 투표율은 X세대보다 높았다. 밀레니얼 세대의 투표율은 같은 연령대 초기 베이비붐 세대의 투표율에는 미치지 못했지만 후기 베이비붐 세대와 X세대에서 시작된 하락세를 역전시키기엔 충분했다. 25~31살의 대다수가 투표에 나선 건 1950년대 후반 태어난 베이비붐 세대 이외엔 밀레니얼 세대가 처음이었다.

특정 세대의 정치에 대한 관심을 알아볼 수 있는 또 다른 척도는 해당 세대에서 몇 명이나 정계에 진출했는지 알아보는 것이다. 첫 번째 밀레니얼 세대가 이제 막 40대에 접어든 가운데 2022년을 기준으로 밀레니얼 세대 정치인은 주지사 한 명이 유일하다. 아칸소주 최초의 여성 주지사 1982년생 사라 허카비 샌더스다. 미국 상원 최초로 밀레니얼 세대 의원인 1987년생 존 오소프가 취임한 게 불과 얼마 전인 2021년의 일이고 이후 2023년에 두 명의 의원 1982년생 케이티 브릿과 1984년생 J. D. 밴스가 그 뒤를 이었다. 밀레니얼 세대의 정치적 성공을 가늠하기에 가장 좋은 곳은 상원이나 주지사가 아닌, 그보다 연령층이 낮은 미국 하원일 것이다.

그래서 밀레니얼 세대의 성적은? X세대보다 좋다. 2021년 미국 하원의원 중 밀레니얼 세대는 40명으로 2005년 동일 연령의 X세대 하원의원 24명보다 많았다. 비슷한 연령대를 비교했을 때 밀레니얼 세대가 하원에서 X세대보다 67% 더 많은 의석을 점유한 것이다. 밀레니얼 세대 하원의원의 3분의 1가량은 여성이며 4분의 1은 유색인종이다. 밀레니얼 세대는 진보 성향이 압도적으로 강하다고 알려져 있지만 밀레니얼 세대 의원 중 공화당이 23명, 민주당이 17명이다.

하원에 진출한 밀레니얼 세대는 세간의 이목을 끌며 강한 영향력을 행사해왔는데 특히 여성 의원의 활약이 두드러졌다. 바텐더 출신 알렉산드리아 오카시오-코르테스는 2018년 뉴욕 선거구에서 열린 민주당 예비선거에서 깜짝 승리를 거뒀다. 그녀는 이른바 '스쿼드*'로 알려진 젊은 하원의원 집단을 이끌며 학자금 대출 탕감, 보편적 건강보험, 그리고 기후 변화에 대한 정부 행동을 촉구하는 그린 뉴딜을 옹호해왔다. "우리의 지구는 불타고 있는데 손 놓고 있을 시간이 없습니다." 그녀는 말한다. "청년들에게 기후 변화는 선거나 재선보다 훨씬 중요한 문제입니다. 생사가 걸려 있으니까요." 그녀는 2021년 멧 갈라 행사에서 커다란 붉은색 글씨로 "부유층에 세금을"이라고 적힌 드레스를 입어 정부가 부를 재분배해야 한다는 자신의 신념을 어필했다. 개인적 삶에서도 밀레니얼 세대의 전형적 궤도를 밟아왔는데 남자친구와 대학생 시절 처음 만나 수년간 동거하고 연애 11년 만인 2022년에야 약혼했다.

2015년 30살의 엘리스 스테파닉(1984년생)이 미국 의회 건물 계단을 올라가는데 경찰이 그녀를 막아섰다. 해당 출입구는 의원만 이용할 수 있다는 얘기였다. 그 말에 스테파닉이 신분증을 꺼내 보여주었

---

* 스쿼드Squad: 미국의 젊은 하원의원 4명을 가리키는 별칭이다. 소말리아 난민 출신이자 첫 무슬림 여성 하원의원 일한 오마(미네소타주), 최연소 여성 하원의원이자 히스패닉계 미국인인 알렉산드리아 오카시오-코르테스 (뉴욕주), 첫 흑인 여성 하원의원 아이아나 프레슬리(매사추세츠주), 팔레스타인 난민 2세 출신 러시다 털리브(미시건주). 이들은 모두 진보 성향의 유색인종 재선 여성의원이라는 공통점이 있다. 2018년 중간선거에 동시에 당선되어 결성되었으며, 2020년 선거에서 모두 재선되었다.

다. 사실 그녀는 미국 하원 최연소 의원이었던 것이다. 2021년에는 하원 공화당 의원총회 의장으로 선출되기도 했다.

2021년 조지아주의 존 오소프(1987년생) 민주당 의원은 밀레니얼 세대 중 최초로 상원에 진출했다. 오소프는 20대에 미국 의회에서 외교 업무를 담당했고 이후 해외 부정부패를 고발하는 다큐멘터리 프로덕션을 운영했다. 정치일간지 《폴리티코》는 오소프에 대해 상원의원 중 최초로 "극도로 온라인 친화적"이고 "트위터 네이티브"인 데다 심지어 이매진 드래곤스(미국의 얼터너티브 록밴드)의 슈퍼팬이라고 설명했다. 같은 밀레니얼 세대인 데렉 로버트슨(1985년생)은 오소프가 2010년대 초반에 게시한 트위터 피드를 보면 "빌 클린턴이 1992년 선거 캠페인 주제곡으로 플리트우드 맥(영국 록밴드)의 '돈 스톱'을 사용했을 때 베이비붐 세대가 느꼈을 감정과 비슷한 것을 느낀다. 너무나 달콤하고 짜릿하다"고 적었다. 오소프는 또 2021년 조지아 결선 투표에 오른 네 명의 후보 중 유일하게 틱톡 계정을 보유해 Z세대 투표율을 높이는 데 기여한 공로를 인정받았다. 오소프는 2021년 11월 UN 기후변화회의에서 말했다. "특히 청년층은 지난 30년간 제 할 일을 안 하는 정치 엘리트를 지켜보면서 가혹한 평가를 내려왔습니다. 지금 이 순간 일어서지 않으면 우리 역시 가혹한 평가를 받게 될 것입니다."

밀레니얼 세대의 투표법
: 진보 성향의 민주주의자와 자유주의자

밀레니얼 세대가 정치에 미치는 영향력을 논할 때 알렉산드리아 오카시오-코르테스, 엘리스 스테파닉, 사라 허카비 샌더스, 존 오소프 같은 정치인은 빙산의 일각에 불과하다. 2020년 유권자로 등록한 밀레니얼 세대는 4,100만 명으로 4,000만 명이던 X세대보다 많고 심지어 5,200만 명이던 베이비붐 세대의 아성까지 넘보기 시작했다.

2020년 밀레니얼 세대에서는 진보 민주당을 지지하는 비율이 이전보다 높았다. 무소속을 제외하고 민주당을 지지한다고 밝힌 이가 베이비붐 세대에서는 10명 중 5명이었지만 밀레니얼 세대에서는 10명 중 6명으로 나타난 것이다. 하지만 이는 밀레니얼 세대 정당 지지자 중 10명 중 4명은 공화당을 지지한다는 의미다. 밀레니얼 세대는 으레 민주당을 지지한다는 인식이 퍼져 있는 걸 감안하면 꽤 높은 수치다. 그래도 밀레니얼 세대는 이전 세대만큼 열렬히 트럼프를 지지하지는 않는다. 사일런트 세대, 베이비붐 세대와 X세대 중 공화당을 지지하는 이는 거의 모두가 트럼프에 표를 던진 반면 밀레니얼 세대의 공화당 지지자 중에서는 그 수가 현저히 적었다.

세대 간 격차는 스스로 보수라고 밝힌 이들의 수에서 더욱 극명하게 나타난다. 2020년 진보를 자처한 밀레니얼 세대의 비율이 베이비붐 세대보다 64% 더 높은 것을 알 수 있다. 하지만 고령층일수록 청년층보다 보수 성향이 강해지거나 공화당을 지지할 확률이 높은데 이 데이터는 2020년 단발적으로 실시된 조사 결과이기 때문에 연령이나 세대의 영향을 알아볼 수 없다. 이를 보완하려면 1980년대에 발표된 데이터까지 거슬러 올라가 각 세대가 젊었을 때는 어땠는지 살펴봐야 한다. 그 결과 밀레니얼 세대는 예전에도 진보 성향이 강했던 것으로 드러났다. 26~34살 당시 밀레니얼 세대 가운데는 동일 연령의 베이비붐 세대나 X세대에 비해 진보의 비율이 훨씬 높았고 민주당 지지 비율 역시 좀 더 높았다.

지지 정당이나 정치 이념에서 나타나는 세대 차이가 그다지 크게 여겨지지 않을 수 있지만 선거에서 불과 몇 퍼센트 차이로 결과가 결정되는 걸 감안하면 그 정도도 상당히 핵심적 역할을 한다. 물론, 각 세대 내에도 의견은 다양하게 존재하지만 평균 성향이 잠재적으로 세대 간 갈등의 원인이 될 수 있다.

오늘날 미국의 정치 양극화가 얼마나 심각한지 고려하면 갈등의 위험은 더욱 커진다. 밀레니얼 세대의 공화당 지지자와 민주당 지지자는 생애 내내 헤드라인을 장식한 거의 모든 이슈를 둘러싸고 한 치의 물러섬 없이 대립했다. 1994년 공화당 하원의장 뉴트 깅리치가 '미국과의 계약Contract with America'을 통해 복지혜택 축소안과 균형 예산 요구안 등 보수색 짙은 일련의 제안들을 발표했을 때 첫 번째 밀레니얼 세대는 14살, 마지막은 이제 막 태어난 시기였다. 이후 두 당은 사건건 격렬하게 대립했고 유권자들은 빌 클린턴 탄핵, 이라크전과 아프가니스탄 전쟁, 오바마의 건강보험 개혁, 기후 변화와 세금 등 거의 모든 안건에서 지지 정당 노선에 따라 표를 던졌다. 대법관 후보자는 대개 초당적 지지를 받기 마련이었지만 1990년대 이후 표가 지지 정당의 노선을 그대로 따라가기 시작했다. 소셜미디어, 인터넷 뉴스와 케이블 TV로 인해 사람들은 본인의 의견뿐 아니라 자신만의 근거 역시 표출할 수 있게 되었다.

정치 양극화 양상은 본래 정치 지도자와 언론에서 주로 나타났지만 2016년을 기점으로 일반 시민 사이에서도 관찰되기 시작했다. 본인을 단순한 보수주의자 혹은 진보주의자가 아닌, '골수 보수' 혹은 '골수 진보'로 여기는 미국인의 수는 2010~2017년 사이 일정 수준으로 유지되었지만 2020년 무렵에는 2010년대 초반보다 두 배 이상 늘어났다.

이는 정치뿐 아니라 세대 간에도 양극화가 일어나고 있음을 의미한다. 연령층이 높은 세대는 보수, 낮은 세대는 진보 성향이 강한 만큼 시민들이 정치 신념의 극단으로 나아가면 세대 간 차이도 벌어질 수밖에 없다. 2017년 이후 밀레니얼 세대와 Z세대는 갈수록 좌익 성향이 강해졌고 사일런트 세대, 베이비붐 세대, X세대는 우익 성향이 강해졌다. 우익 성향은 심지어 연령대가 올라갈수록 조금씩 더 강해지는 것으로 나타났다. 2017년 이후 젊은 세대 사이에는 극좌파가, 나이 든 세대에서는 극우파가 각각 두 배로 많아지면서 그 사이에 커다란 간극이 생겨났다.

이 같은 세대 간 격차는 정치 논쟁이 벌어지는 자리에서 공공연히 드러나 진보적 밀레니얼 세대와 나이 든 베이비붐 세대 사이에 대립 구도를 형성했다. 심지어 한 가족 내에서도 마찰이 일어났다. 밀레니얼 세대 자녀와 베이비붐 세대 부모의 관계는 갈수록 멀어졌다. 2016년 선거 이래 추수감사절 저녁식사 자리에서 주고받는 대화는 점점 험악해졌고 팬데믹 예방 수칙이 정치 쟁점이 된 2020~2021년에는 모임을 위한 기본 규칙조차 전혀 합의가 이루어지지 않았다. 《타임》은 오랫동안 공화당 편이었고 역시 트럼프를 지지하는 베이비붐 세대 리넷 빌라노를 인터뷰했다. 그녀는 2018년 추수감사절에는 가족으로부터 저녁식사 초대를 받았지만 이후로는 함께하기를 거부당했고 지금은 두 자녀 그리고 여동생과도 연락조차 하지 않고 있다.

밀레니얼 세대인 소렌 블라이프닉은 2020년 대선에서 자신의 부모가 왜 트럼프를 뽑았는지 도무지 이해할 수 없었다. 소렌이 말했다. "부모님은 미국과 헌법 등을 사랑한다고 공언해놓고 이제 와 당신들 손으로 이 모두를 해치려는 거나 다름없어요. 그래서 지금은 부모님과 단절된 느낌이에요. 그 일의 그림자가 계속 따라다니다 보니 부모님과 이야기하고 싶은 마음이 안 들어요." 이에 비해 소렌의 어머니 메리는 자신이 누굴 뽑았는지를 두고 자녀들이 왜 그리 성화인지 이해할 수가 없다.

"우리도 중요하게 여기는 가치에 기반해 결정을 내린 것인데 아이들이 그런 점을 전혀 인정해주지 않는다는 게 너무 큰 상처예요." 그녀가 말했다. 소렌의 부친 게리는 미주리에서 자란 소렌이 보스턴의 대학교로 진학하면서 모든 문제가 시작됐다고 여겼다. 게리에 따르면 그의 자녀는 "미국이 어떤 곳인지 왜곡된 관점에 휘둘리고 있고, 우리 때와 전혀 다른 역사를 배우고 있다"고 했다.

게리가 아들의 대학 교육을 정치에 연결해 언급한 건 우연이 아닐 것이다. 1970~1980년대에는 대학 교육을 받은 미국인이 공화당을 지지하고 대학 교육을 받지 않은 미국인은 민주당을 지지할 확률이 높았다. 이후 1990~2000년대에는 지지 정당과 학력 간에 연관성이 나타나지 않다가 대다수 밀레니얼 세대가 청년기에 접어들어 정치 성향을 구축해가던 2015년을 전후해서는 정치와 학력 간 연관 관계가 급작스럽게 뒤집혔다. 4년제 대학 학위가 없는 이들은 갈수록 공화당을 지지한 데 반해 4년제 대학 학위가 있는 이들은 공화당을 지지하

공화당을 지지한다고 밝힌 26살 이상 성인 비율

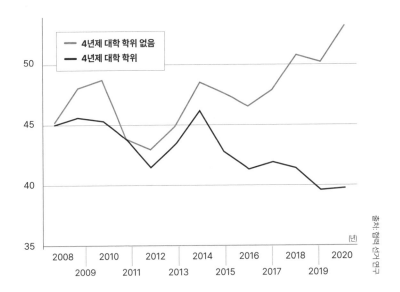

출처: 협력 선거 연구

지 않는 경향이 강해진 것이다.

2020년 학력에 따른 지지 정당 차이는 밀레니얼 세대에서 가장 크게 나타났다. 밀레니엄 세대의 경우 대학 학위가 없는 사람이 있는 사람보다 공화당을 지지할 확률이 15% 더 높아 X세대 당시 9% 격차보다 더 크게 벌어졌다. 따라서 정치 양극화는 각 세대 간에도 심해졌지만 한 세대 내 학력에 따라서도 갈수록 극심해졌다.

2019년 말 일종의 비아냥으로 확산되기 시작한 "오케이, 부머"는 처음에 기술 변화가 아닌 정치 때문에 등장했다. 밀레니얼 세대는 경제적 난관에 둘러싸여 있었고 따라서 학자금 대출 탕감 같은 정부 프로그램이 필요했다. 베이비붐 세대가 이런 사정을 전혀 이해하지 못한다고 느낄 때, 밀레니얼 세대가 무기처럼 투척한 말이었던 것이다.

뿐만 아니라 환경 문제를 토론할 때에도 자주 등장했는데 뉴질랜드 의원 클로이 스와브릭(1994년생)은 기후 변화에 관한 토론 도중 "오케이 부머"라고 응수하기도 했다. 그녀는 《가디언》에 기고한 글을 통해 이 같은 대응방식이 "시간은 계속 줄어드는데 끝도 없이 커지는 문제 를 물려받아야 하는 다음 세대의 총체적 난국"을 나타낸다고 말했다.

환경 문제는 생각만큼은 아니더라도 세대 간 시각차가 뚜렷하게 드러나는 핵심 이슈다. 2021년 퓨 리서치 센터 설문 조사 결과, "미래 세대에게 지속 가능한 지구를 물려주기 위해 기후 변화를 최고 우선 순위로 다뤄야 한다"고 답한 밀레니얼 세대는 71%로, 57%였던 베이 비붐 세대보다 많았다. 기후 변화를 해결하고자 (자원봉사, 기부, 당국에 요청 등의 방법으로) 노력을 기울였다고 답한 이는 밀레니얼 세대에서는 28%였지만 베이비붐 세대에서는 21%에 그쳤다.

또 다른 쟁점은 어떤가? 밀레니얼 세대의 견해는 대개 개인주의 정신을 반영하고 있는 경우가 많다. 다시 말해 밀레니얼 세대는 누구 나 원하는 건 모두 할 수 있길 바란다. 그래서 총기 규제 강화 반대 등 보수 색채의 이슈뿐 아니라 낙태 합법화, 사형제 폐지 등 진보적 이슈 에 관해서도 일관된 입장을 견지한다. 따라서 밀레니얼 세대의 견해 는 규제는 줄이고 정부도 국민의 삶에 관여해선 안 된다고 믿는 자유 주의의 견해와 가장 크게 일치한다.

정치 신념 중 지난 몇 년간 가장 큰 변화가 생긴 이슈 중 하나는 마리화나 합법화 여부다. '3장 베이비붐 세대'에서 살펴봤듯 마리화나 는 1960~1970년대 베이비붐 세대가 대거 피우기 전까지만 해도 미 국에서는 그 사용이 상당히 드물었다. 1980년대의 X세대에 접어들어 서는 "무조건 거절하라"는 교육과 함께 마리화나의 유행이 지나가는 듯 싶었지만 베이비붐 세대의 자녀 세대인 밀레니얼 세대가 마리화나를 다시 사용하기 시작했고 이후 정신이나 신체 질환 치료제로 널리 사용되기도 했다. 정부는 처음엔 의료용 마리화나 사용만을 허용했다가 여론이 바뀌면서 기호용 마리화나 사용도 합법화하기 시작했다. 2021년 26~40살의 밀레니얼 세대 10명 중 8명은 마리화나가 합법화돼야 한다고 믿었다. 대부분 사일런트 세대가 이 연령대의 대부분을 차지했던 1970년대 초반에는 10명 중 2명만이 동의했다. 마리화나를 최초로 받아들인 베이비붐 세대조차 1970년대 후반~1980년대 초반의 젊은 시절에도 합법화를 지지하는 비율은 확연히 낮았다. 하지만 이는 밀레니얼 세대의 특징이 아닌, 시대적 추세에 가깝다고 할 수 있다. 2차 세계대전 이후 태어난 모든 세대가 2000년 이후 마리화나 합법화를 찬성하는 쪽으로 점차 기운 것이다. 결국 2010년대 말에는 사일런트 세대만을 제외하고 베이비붐 세대, X세대와 밀레니얼 세대의 대다수가 마리화나 합법화에 찬성했다.

낙태 합법화 지지 비율은 2차 세계대전 이후 태어난 3개 세대를 통틀어 과반으로 늘었지만 최근 몇 년간은 밀레니얼 세대에서 가장 크게 증가했다. 특히 '로 대 웨이드 판결' 이후 낙태 허용 여부가 각 주 정부의 결정 사안으로 넘어가면서 낙태 합법화는 세대 간 전쟁을 촉발할 수 있는 화약고로 자리잡았다. 출산 가능 연령대의 세대는 낙태도 선택할 수 있기를 바라는데 정작 낙태 관련 법안을 만드는 고령 세대는 필요성을 체감할 일이 거의 없기 때문이다.

#흑인의생명은소중하다
: 인종 인식 향상

2013년 7월 동네 순찰 자원봉사자 조지 짐머맨(1983년생)은 플로리다주 샌포드에 거주하던 비무장 흑인 청소년 트레이본 마틴(1995년생)을 살해한 혐의에서 무죄 판결을 받았다. 판결이 부당하다고 생각한 알리시아 가르자(1981년생)는 페이스북에 '흑인에게 보내는 러브레터'라는 제목의 글을 시리즈로 게시했다. "흑인의 생명이 이토록 하찮게 여겨진다는 사실에 저는 끊임없이 충격받고 있습니다. 흑인 여러분, 저는 당신을 사랑합니다. 저는 우리를 사랑합니다. 우리의 생명은 소중합니다." 동료 활동가 패트리스 컬러스(1983년생)는 댓글에 해시태그와 함께 '#흑인의생명은소중하다 BlackLivesMatter'라고 적었다. 이후 가르자가 말했다. "파운드 기호인 줄 알았어요! 컬러스가 해시태그의 의미를 제게 가르쳐줬어요. 그렇게 #흑인의생명은소중하다가 탄생했죠."

컬러스와 가르자는 소셜미디어상의 해시태그 사용을 더욱 확산시킨 활동가 오팔 토메티(1984년생)를 만나 이 운동명으로 계정을 만들기 시작했다. 결국 '흑인의 생명은 소중하다' 운동은 3명의 밀레니얼 세대가 소셜미디어를 기반으로 창조한 것이다.

하지만 이후 1년간은 트위터에서 6개월에 걸쳐 5,000회 조금 넘게 언급되는 등 크게 존재감을 드러내지 못했다. 그러던 2014년 7월 뉴욕시 스태튼아일랜드에서 에릭 가너(1970년생)가 경찰에 목이 졸려 사망하는 사건이 발생했고 지나가던 행인이 휴대폰으로 해당 장면을 촬영했다. 그뿐만 아니라 8월에도 마이클 브라운(1996년생)이 미주리주 퍼거슨에서 경찰이 쏜 총에 맞았다. 해당 장면은 카메라에 포착되지 않았지만 브라운의 시신이 길바닥에 4시간 동안 방치돼 있는 모습은 영상으로 퍼져나갔다. 퍼거슨에서 시위가 일어나자 컬러스는 500명의 사람들을 동원해 시위에 참여했다. "사람들은 피로 범벅된 마이클 브라운의 시신 영상을 보고는 흑인들이 나무에 매달린 채 처참하게 죽어 있던 그리 오래되지 않은 역사를 떠올렸다. 그리고 1960년대 초반 인종분리정책이 시행되던 남부의 프리덤 라이더스*정신을 이어받아 '흑인의 생명은 소중하다' 운동에 가담했다." 컬러스가 적었다. 브라운의 죽음에도 불구하고 총을 쏜 경찰이 기소되지 않자 #흑인의생명은소중하다 해시태그는 그야말로 날개를 달아 이후 3주간 170만 회나 달렸다.

세간을 떠들썩하게 한 흑인 살해 사건은 이후로도 계속되었다. 2014년 11월에는 타미르 라이스(2002년생)라는 12살 소년이 클리블랜드 경찰이 쏜 총에 맞아 사망했고, 2015년 4월에는 프레디 그레이(1989년생)가 경찰차 뒷좌석에서 척추 부상으로 사망했다. 2016년 7월에는 필란도 카스틸(1983년 출생)이 미네소타주 경찰의 총에 맞았다. 2016년 샌프란시스코 포티나이너스의 풋볼 선수 콜린 캐퍼닉(1987년 출생)은 국가 연주 중 무릎을 꿇으며 기자에게 이렇게 말했다. "나는 흑인과 유색인종을 억압하는 나라의 국기 앞에 일어서서 긍지를 표시할 수 없습니다. 이는 내게 풋볼보다 더 큰 의미를 지니며 평소처럼 행동하는 건 이기적 행위일 뿐입니다. 거리에 사람의 시체가 나뒹구는데 어떤 사람들은 유급 휴가를 떠나기도 하고, 나아가 살인을 하고

---

* 프리덤 라이더스the Freedom Riders: 1961년 버스를 타고 분리된 미국 남부로 들어간 민권 운동가들

도 무죄로 풀려납니다." 캐퍼닉의 이 같은 행동은 인종문제를 둘러싸고 미국 전역에서 일기 시작한 갈등에 불을 지펴 분열을 심화시켰다.

2010년대 중반에는 흑백 인종문제가 새로운 분수령을 맞았다. 미국 국민이 1990년대 이후 볼 수 없었던 방식으로 진지한 문제의식을 갖기 시작한 것이다. 저널리스트 매튜 이글레시아스(1981년생)는 이 시기를 '대각성기'라고 명명해 논란에 직면하기도 했다. 하지만 뭐라고 칭했든 2010년대 중반부터 미국 문화가 달라진 것만큼은 분명하다. 인종차별이 사회의 '큰 문제'라는 데 동의한 미국 성인의 수는 2011년 11월에는 28%에 불과했지만 2015년 7월 50%로 급증했고, 조지 플로이드(1973년생)가 미니애폴리스 경찰에 의해 살해되었다. 그가 사망한 2020년 6월에는 인종차별이 큰 문제라고 생각하는 미국 성인의 수가 76%까지 늘었다. 흑인과 백인의 평등을 위해 정부가 할 일

흑백 평등을 위해 국가가 혁신을 지속해야 한다고 답한 성인 비율

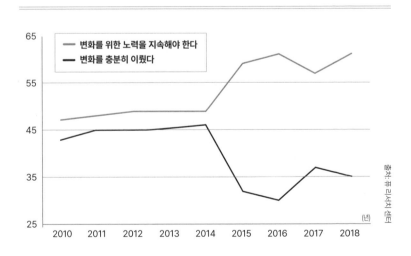

출처: 퓨 리서치 센터

이 아직 더 많다는 데 동의하는 미국인이 2015년 이후 급격하게 증가하기 시작했다.

2015년은 미국이 인종문제와 관련해 전환점을 맞이한 해였다. 국내의 인종 간 관계가 불만이라고 답한 미국 성인의 수가 상당히 증가한 것이다. 인종관계에 불만을 표하는 이는 이전 10년간 안정적 수준을 유지하다가 2014년 1월~2015년 1월 사이 불과 1년 만에 77%나 급증했다. 이전 조사에서는 향후 일어날 진전에 초점을 맞춘 긍정적 질문이 제시됐다면 이번 조사에서는 서로 다른 인종 간 관계가 악화됐다는 부정적 감정을 들여다보았다. 따라서 인종에 대한 관심이 더 높아졌을 뿐 아니라 긴장감도 높아졌다고 볼 수 있다. 이 두 가지 경향은 전 세대에 걸쳐 일관되게 나타났지만 밀레니얼 세대에서 특히 더 두드러졌다. 2015년 당시 그들은 한창 정치적 정체성을 탐구하고 정치 운동에 참여하는 청년기였기 때문이다.

인종차별에 대한 시각도 달라졌다. 흑인이 백인에 비해 소득, 직업, 주거 수준이 떨어지는 건 인종차별 때문이라고 답한 흑인은 2012년까지만 해도 절반에 그쳤지만 갈수록 증가해 2014년 57%, 2016년 61%, 2018년 66%, 2021년에는 심지어 83%로 증가했다.

하지만 '흑인의 생명은 소중하다' 운동과 인종문제를 둘러싼 관심이 높아진 건 흑인 사회에 국한된 현상이 아니었다. 백인, 그중에서도 민주당 지지자들 역시 조사가 시작된 이래 최초로 인종 인식에 커다란 변화를 드러냈다. 학교, 거주 지역의 인종분리정책이 폐지되고 얼마 지나지 않은 1970년대에는 흑인의 열악한 삶이 차별에서 기인한다고 여기는 백인이 심지어 민주당 지지자 중에도 절반이 채 안 됐다. 1990년대 로드니 킹 구타 사건 이후에도 인종문제를 둘러싼 관심이 높아졌지만 흑인 차별에 대한 백인 민주당 지지자들의 인식에는 거의 변함이 없었다. 그런데 2010년대 중반 이후 좌파 성향 미국인 사이에 뭔가가 달라진 것이다. 2021년에 흑인의 소득, 직업, 주거 수준이 백인보다 떨어지는 가장 큰 원인이 차별이라고 생각하는 백인 민주당 지지자는 82%에 달해 그렇게 생각하는 흑인 비율 83%와 거의 동일하게 나타났다.

반면, 백인 공화당 지지자 가운데 차별이 인종 격차의 주요 원인이라고 생각하는 이는 1990년대 들어 감소하고 이후 2021년까지 계속 낮은 수준을 유지했다. 그 결과 백인 민주당 지지자와 공화당 지지자 간 인종을 둘러싼 견해 차이가 갈수록 커지고 있다. 예전에는 지지 정당이 다르더라도 인종차별을 바라보는 견해에 차이가 거의 없었지만 2010년대에는 지지 정당에 따라 극과 극으로 다르게 나타났다.

2020년 무렵에는 역사적으로 전례 없던 일이 벌어졌다. 백인 민주당 지지자들이 다양한 인종문제와 관련해 흑인 민주당 지지자만큼이나 진보적인 견해를 드러낸 것이다. "여러 세대에 걸쳐 시행된 노예제 및 차별정책으로 인해 흑인이 자력으로 계층을 이동하기 어려운 환경이 창출되었다"는 주장에 동의하는 백인 민주당 지지자 비율이 8년 만에 50%에서 78%로 늘었다. 이제는 백인 민주당 지지자와 흑인 민주당 지지자의 견해가 일치할 확률이 높아졌다.

심지어 일부 인종문제에 관해서는 백인 민주당 지지자가 흑인보다 더 진보적 견해를 드러내기도 했다. "아일랜드인, 이탈리아인, 유대인 그리고 기타 여러 소수 민족들은 선입견을 극복하고 계층 상승을 이뤘다. 흑인 역시 다른 우대조치 없이 동일한 성과를 내야 한다"는 명제에 동의하지 않는 대신 흑인은 다른 소수 민족과 다르며 좀 더 위태로운 환경에 처해 있다고 주장하는 이들의 수는 2012~2020년 사이 두 배 넘게 증가해 같은 의견을 보이는 흑인 민주당 지지자보다도 많아졌다. 반면 백인 공화당 지지자 중에는 흑인의 환경이 다른 소수 민족과 다르다고 생각하는 이가 거의 없었고 2020년에도 4명 중 1명에 지나지 않았다. 인종에 관한 태도를 결정하는 데 인종보다 지지 정당이 더 큰 영향을 미치게 된 것이다.

백인 민주당 지지자는 인종평등에 관한 거의 모든 문제에서 한층 진보적 태도를 취했다. "지난 몇 년간 흑인은 마땅히 누려야 할 권리를 제대로 누리지 못했다"는 데 동의하는 백인 민주당 지지자 수는 2011년엔 4명 중 1명에 불과했지만 2020년엔 4명 중 3명으로 늘어 9년 사이 괄목할 만한 변화를 보였다. 인종문제를 바라보는 백인 민주당 지지자의 견해가 크게 달라지고 백인 공화당 지지자는 그대로인 현상은 수년에 걸쳐 같은 사람들을 대상으로 조사를 실시해도 동일하게 나타났다. 그러니 다른 견해를 가진 이들이 정당에 가입하거나 탈퇴해서 생긴 견해 차이라고는 볼 수 없다.

인종문제에 관한 시각이 갈수록 진보화되는 경향은 전 세대에 걸쳐 나타났지만 밀레니얼 세대와 Z세대에서 유독 더 두드러졌다. 이같은 종류의 세대 간 차이는 처음이었다. 2012년과 2014년 인종평등을 바라보는 백인 민주당 지지자의 견해는 세대를 불문하고 흡사했지만 2018년 밀레니얼 세대가 크게 벗어났고, 2020년에는 백인 밀레니얼 세대와 그들의 부모인 베이비붐 세대 또는 사일런트 세대 간에 상당한 격차가 생겼다. 심지어 모두 동일하게 민주당을 지지하는 경우에도 말이다. 따라서 인종 의식은 시기의 영향으로 전 세대에서 변화가 나타났지만 한편으로는 세대에 따라서도 달라져 젊은 세대일수록 더 큰 변화를 보였다.

오늘날 미국에서 여성뿐 아니라 흑인이 상당한 차별에 시달린다고 답하는 이는 이전 세대에 비해 밀레니얼 세대와 Z세대에서 더 많았다. 따라서 연령층이 낮을수록 2020년 미국의 인종 또는 성차별이 심각하다고 생각할 확률이 높아 인종 및 성차별 문제를 둘러싼 세대 차이를 보여준다.

2021년 밀레니얼 세대와 Z세대에서는 결국 모든 것을 뒤집어엎어야 한다고 생각하는 이가 3분의 1을 넘었다. 2021년 퓨 리서치 센터 여론조사에 따르면 청년층의 37%는 "미국의 법과 제도는 대부분 일부 인종이나 민족 집단에 대한 선입견을 기저에 깔고 있기 때문에 완전히 다시 만들어야 한다"고 여겼다. 반면 65살 이상 베이비붐 세대와 사일런트 세대 고령층 가운데는 16%만이 이에 동의했다.

세대 간 차이는 단순히 견해뿐 아니라 행동에서도 나타났다. 2020년 인종문제에서 정의 실현을 촉구하는 시위는 밀레니얼 세대와 Z세대인 20대가 장악하는가 하면 다양한 인종이 참여해 이목을 끌었다. 1960년대와 1990년대, LA에서 인종 소요사태를 모두 겪은 작가 얼 오파리 허친슨(1945년생)은 2020년이 여느 해와 다른 건 이 같은 요인 때문이라고 풀이했다. 2020년 6월 그는 "오늘날의 민간 봉기는 참여하는 백인도 늘고 민족 집단도 다양해져 마치 작은 UN을 보는 듯하다"고 말했다. "오늘날에는 있지만 1965년과 1992년에는 존재하지 않았던 중요한 한 가지는 백인 청년층이 흑인과 같은 분노를 느낀다는 사실"이라고 덧붙였다.

감정에도 근본적 변화가 일어났다. 사람들은 대개 자신이 속한 인종 집단을 다른 인종보다 따뜻한 시선으로 바라본다. 이 같은 현상을 가리켜 이른바 집단 내 선입견이라고 한다. 백인과 흑인에 대해 얼마나 따뜻한 마음이 드는지 0~100도 중 각각 온도를 매겨 보라고 하면 역사적으로 백인은 흑인보다 백인에 더 높은 온도(더 따뜻한 마음을 의미)를 매겨 왔다. 이는 1972년 이후 조사에 응답한 백인, 특히 진보 성향을 가진 백인의 경우에도 마찬가지였다.

그런데 2016년을 기점으로 진보 성향의 백인, 특히 밀레니얼 세대와 Z세대는 백인보다 흑인에 더 따뜻한 마음이 든다고 답하기 시작해 1970년 이후 내내 동일하게 유지되던 결과에 큰 변화를 가져왔다. 흑인의 경우, 같은 흑인에 대한 마음은 거의 비슷한 온도를 유지한 반면 백인에 대해서는 다소 차갑게 식어 2008년 75도에서 2020년 62도로 낮아졌다. 결국 진보 성향의 백인은 흑인에 대한 마음의 온도가 상승했지만 흑인의 백인에 대한 온도는 내려갔다.

물론 이 추세가 얼마나 오래 지속될지, 그리고 과연 인종관계가 달라질지 여부는 알 수 없다. 다시 말해 이번에는 과연 진짜 변화로 이어질 수 있을지 말이다. 특히 백인 진보층 사이에 나타난 커다란 변화를 감안하면 그럴 가능성도 있지만 그래봐야 정당별로 양극화돼 있다는 걸 생각하면 제도적 변화까지 기대하기는 아직 이르다. 미국에서는 인종문제가 전국적으로 들끓었다 다시 가라앉는 현상이 반복돼 왔다. 그 결과 어떤 시기에는 진보와 평화가 찾아오고 어떤 시기에는 오히려 역효과가 일어나며 또 어떤 시기에는 두 가지 현상이 동시에 일어나기도 했다.

2020년 시위의 경우 역효과가 나타나고 있다는 징후, 즉 적어도 이전 태도로 회귀하는 결과를 일으켰다고 볼 만한 징후가 몇 가지 존재한다. 2020년 5월 말 조지 플로이드 사망을 규탄하는 시위가 한창 시작되던 때 '흑인의 생명은 소중하다' 운동을 지지하는 이가 백인 무소속 유권자 사이에 급증했지만 이후 2년에 걸쳐 감소한 것이다.

급기야 2021년 9월에는 '흑인의 생명은 소중하다' 운동에 반대하는 백인 무소속 유권자 비율이 2017년 때만큼 높아졌다. 그리고 2020년대에는 인종관계를 둘러싼 분위기가 호전됐다 악화되기를 반복해 앞날은 더욱 불투명하다 하겠다.

밀레니얼 세대의 정신건강
: 10대에는 행복했지만 성인기에는 우울

"정말이지 너무 좋았다." 존(1992년생)이 2000년대의 성장기를 떠올리며 적었다. "우리는 매일같이 밖에 나가 놀았다. 삶은 지금에 비하면 훨씬 차분했고 이렇게 빡빡하지도 않았다." 1990년대에 성장기를 보낸 것 역시 좋았다고 루시아 피터스(1985년생)는 말한다. 피터스가 꼽은 '내가 1990년대에 자라서 다행인 이유' 21가지에는 경제 호황기였고, '해리 포터', '베이비시터 클럽', '스파이스 걸스'가 있었으며, 매 순간 연결되어 있을 필요가 없었다는 점 등이 포함되었다. 적어도 인터넷으로는 말이다. 1990년대와 2000년대에 10대를 보낸 밀레니얼 세대는 대다수가 이에 동의했다. 밀레니얼 시대에는 10대의 행복지수가 상당히 높았다. '아주 행복하다'고 답한 밀레니얼 세대 청소년 비율은 1990년대 초반 X세대 청소년에 비해 32%나 늘었다.

밀레니얼 세대 청소년 중에는 자신의 삶에 만족한다고 답한 이들이 더 많았다. 이는 행복과 연관되지만 엄연히 다른 개념이다. 덕분에 이전의 X세대에서는 검은 옷을 입고 '블라인드 멜론Blind Melon'처럼 음침한 분위기의 그런지, 고스 음악을 듣는 것이 주류 문화였다면 밀레니얼 세대 들어 배꼽티를 입고 브리트니 스피어스의 노래에 맞춰 에너지 넘치는 춤을 추는 것이 주류로 바뀌었다. 물론 이렇게 규정짓는 건 지나친 일반화일 수 있지만 전혀 사실이 아니라고도 할 수 없다.

긍정적 감정의 확산은 개인주의의 부상과 함께 일어났다. 일반적으로 자존감이 높은 사람일수록 행복하고 자신의 삶에 만족하는 경향이 있으며 청소년기와 청년기에는 특히 더 그렇다. 나르시시즘은 청년층의 행복감과도 깊이 연관돼 행복한 이들이 많아지면 나르시시즘 역시 늘어날 뿐 줄어들지는 않는다.

밀레니얼 세대는 정신건강에 심각한 문제를 겪을 확률도 낮았다. 자살에 대해 진지하게 고민해본 적 있거나 어떻게 하면 자살할 수 있을지 구체적 계획을 세워본 적 있다고 답한 이가 X세대에 비해 훨씬 적었다. 고등학생이 모두 X세대였던 1991년과 거의 모두가 밀레니얼 세대였던 2009년 사이 자살을 진지하게 고민한 이들의 수가 거의 절반으로 줄었다.

자살률 역시 비슷한 패턴을 보였다. 15~19살 청소년 자살자 수는 1990년대 초반에 정점을 찍었다가 40%나 줄면서 모든 청소년이 밀레니얼 세대였던 2007년에는 낮은 수준으로 떨어졌다. 밀레니얼 세대는 대체로 X세대보다 훨씬 긍정적 태도를 지닌 게 분명했다.

하지만 겉보기엔 이렇게 낙관적인 밀레니얼 세대도 이면에는 우울한 감정을 숨기고 있음을 보여주는 지표도 몇 가지 존재한다. 밀레니얼 세대의 12학년은 X세대에 비해 잠을 잘 못 자고, 기억이나 사고에 어려움을 겪는 것으로 나타났는데 이는 대부분 사람들이 알지 못

자살을 진지하게 고민하고 구체적 자살 계획을 세운 고등학생 비율

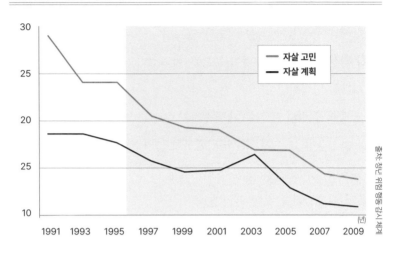

* 음영 구간이 해당 연령대의 밀레니얼 세대다. 1996~2010년에 9~12학년(15~18살) 학생의 대부분은 밀레니얼 세대였다.

하는 우울증 증상이다. 밀레니얼 세대의 대학 신입생 가운데는 해야 하는 일에 상당한 압박감을 느끼며 자신의 정신건강이 평균 이하라고 답한 이들이 많아졌다. 청소년기의 밀레니얼 세대는 얼핏 차분해 보이지만 잔잔한 수면 아래 미친 듯 발을 허우적대고 있다는 점에서 백조에 비유할 수 있다. 그래도 X세대 청소년에 비하면 잘 적응하고 있는 게 분명했다.

그리고 성인기가 도래했다. 2010년대 중반 밀레니얼 세대가 26~34살 연령군을 완전히 장악하자 이 연령대에서 우울증의 비율이 높아지기 시작했다. 심지어 더 높은 연령대에서도 비교적 안정적으로 유지됐는데 말이다. 청소년기에 기세가 창창했던 밀레니얼 세대의 행복감은 성인기에 접어들어 우울증으로 전환되기 시작했다. 꿈이 무너지기 시작한 것이다.

이 조사는 기껏해야 2005년부터 시작됐기 때문에 동일 연령대의 밀레니얼 세대와 이전 세대를 비교하기는 어렵다. 하지만 1993년부터 사람들이 한 달 중 우울감을 느낀 날의 수를 추적해온 조사를 통해 이를 보완할 수 있다.

그 결과 청년층이 우울감을 호소한 날의 수는 조금씩 꾸준히 늘다가 2010년대 중반 갑자기 급증해 최고 기록을 세웠다. 우울감의 증가 추세는 1990년대 초반에 태어나 2020년 25~29살 연령군을 점령한 밀레니얼 세대 사이에서 가장 크게 나타났다. X세대, 베이비붐 세대와 사일런트 세대로 구성된 40살 이상 고령층의 우울감 비율은 2012~2020년 사이에 거의 변화가 없었다. 이를 감안하면 밀레니얼 세대가 상당히 밝은 유년기와 청소년기를 보낸 것과 달리 청년기에 뭔가 심각한 일을 겪은 게 분명했다.

앞서 '3장 베이비붐 세대'에서 살펴본 것처럼 베이비붐 세대의 우울증은 자살이나 약물 오남용 등 절망의 죽음으로 이어져 중년 베이비붐 세대의 사망률 증가에 기여했다. 그렇다면 밀레니얼 세대는 이보다 낮은 연령대에서도 같은 현상을 보였을까?

그렇다. 2014년 이후 30~39살의 사망률이 급격히 증가해 2019년 모두 밀레니얼 세대였던 30대의 사망률은 모두 X세대였던 1999년보다 높았다. 따라서 밀레니얼 세대는 성인으로서 전성기를 보내야 할 때 사망하는 비율이 상당히 높아졌다. 그리고 심지어 이는 코로나19 팬데믹이 미국을 강타하기도 전이었다.

의료 부문과 안전 분야의 혁신으로 사망률이 낮아져야 마땅한 시기에 이는 놀라운 전개가 아닐 수 없다. 가령 1999년 이후 암, 혹은 자동차나 오토바이 사고로 사망하는 성인의 수는 줄었다. 이렇게 암과 교통사고로 인한 사망이 감소하는 와중에 다른 원인으로 인한 사망이 급격히 늘면서 전체적 사망률은 상승했다.

원인은 약물 남용, 자살과 같은 '절망의 죽음'이었다. 1999년 같은 연령대의 X세대와 비교했을 때 2019년 25~34살의 밀레니얼 세대는 약물 남용, 특히 아편류 약물인 오피오이드로 인해 사망할 확률이 6배 정도로 높았다. 이 연령대에서는 자살률 역시 38% 증가하는가 하면 약물 남용에서 비롯되는 치명적 간질환 비율도 2배 이상 늘었다. 베이비붐 세대 앤 케이스와 앵거스 디턴이 세상에 알린 것처럼 절망의 죽음이 이제 밀레니얼 세대에서 등장한 것이다. 이중 일부는 아편류 사용이 여러 세대에서 동시다발적으로 증가한 데 따른 영향이기도 했다. 2019년 중년의 X세대는 2004년 같은 연령대였던 베이비붐 세대보다 오피오이드 남용의 확률이 높았지만 이 역시 두 배 차이에 그쳤다. 밀레니얼 세대의 6배 차이에는 비할 정도가 아니다.

연령대와 시기를 좀 더 확대해 조사한 결과에서도 밀레니얼 세대 성인의 우울증 비율이 더 높기는 마찬가지였다. X세대의 시기에 걸쳐 감소하던 자살률이 1980년대에 태어난 초기 밀레니얼 세대의 시기에 접어들면서 다시 오르기 시작한 것이다. 이후 1990년대 초반에 태어난 후기 밀레니얼 세대의 시기에는 자살률이 X세대 성인의 자살률을 합친 것보다 더욱 높아졌다.

따라서 긍정적이고 행복한 청소년기를 보낸 밀레니얼 세대의 성인 가운데 우울증이나 절망의 죽음이 나타날 비율이 더욱 높아졌다. 10대에는 그렇게 행복했던 밀레니얼 세대가 성인기 들어 우울증에 시달리고 심지어 극단적 선택에까지 이르게 된 원인이 무엇일까? 밀레니얼 세대의 정신건강에 문제가 생긴 원인을 알 수 있다면 가능한 해결책 역시 얻을 수 있을 것이다. 이를 위해 몇 가지 가설을 탐색해볼 만하다.

가설1
밀레니얼 세대는 트럼프 대통령 당선에 분노했다

이 가설이 사실이라면 대선이 2016년 11월 실시돼 트럼프가 예상 밖의 승리를 거뒀다는 사실을 감안할 때 우울증은 빠르면 2016년 늦어도 2017년부터 증가했어야 한다. 하지만 우울증은 트럼프가 당선되기 1년도 더 이전인 2015년부터 특히 20대 후반을 중심으로 증가했다. 절망의 죽음 역시 이보다 앞선 2014년 무렵부터 늘기 시작했다. 만약 트럼프가 원인이라면 우울증은 캘리포니아처럼 트럼프를 뽑지 않은 주에서 주로 증가하고 텍사스처럼 트럼프를 뽑은 주에서 감소하거나 적어도 안정세에 접어들었을 것으로 예상할 수 있다. 하지만 우울증은 수년간 캘리포니아와 텍사스의 두 지역에서 모두 늘었고, 그 증가세는 트럼프가 당선되기 이전인 2014년 혹은 2015년부터 시작되었다.

우울증 증가 추세는 공화당을 지지하는 주와 민주당을 지지하는 주 모두에서 거의 흡사하게 나타났다는 점, 그리고 이 추세의 시작 시점이 아직 오바마 대통령이 재임 중이던 2015년이었다는 점을 감안할 때 트럼프가 주요 원인일 확률은 낮다.

가설2
밀레니얼 세대가 우울한 건 가난 때문이다

하지만 앞서 살펴본 것처럼 이들은 가난하지 않으며 그중에서도 대학을 졸업한 이들은 특히 더 높은 소득을 올렸다. 밀레니얼 세대가 갚아야 하는 학자금의 금액이 평균적으로 더 많은 건 사실이지만 그렇다고 해서 4년제 대학 학위로 보장받을 수 있는 상당한 임금 수준을 상쇄할 정도는 결코 아니다. 결국, 밀레니얼 세대에서는 대학 교육을 받은 이들이 승자다. 따라서 밀레니얼 세대가 돈이 없어 우울증을 겪는 거라면 대학 학위가 없다는 이유로 경제적으로 더 큰 불이익에 시달리는 이들이 가장 큰 고통에 시달릴 것으로 예상할 수 있다.

하지만 우울증은 오히려 4년제 대학 학위가 있는 밀레니얼 세대에서 4년제 대학 학위가 없는 이들보다 더 크게 늘었다. 학위가 없는 이들 역시 우울증을 겪기는 했지만 학력별 정신건강 상태는 밀레니얼 세대가 태어난 이후 그 격차가 더 줄었다.

여기서 세대별로 나타나는 차이는 놀라운 수준이다. 사일런트 세대에서는 학력 수준이 다르더라도 정신건강 상태는 거의 비슷했는데 베이비붐 세대의 경우 대학을 졸업한 이들은 정신적으로 건강했던 반면 대학을 졸업하지 않은 이들 사이에선 우울증이 급증했다. 이에 비해 밀레니얼 세대부터는 대학 졸업자들 사이에서도 우울증이 늘면서 학력 차이에 따른 우울증 비율 격차가 다시 줄었다. 따라서 경제적 요인이 정신건강 악화의 주범이라고 할 수 있는지 의심스럽다. 우울증은 소득이 가장 높은 수준인 이들 사이에서 가장 크게 늘었다.

또한 경제적 요인이 주범이라고 하면 우울증 비율은 2008~2011년이나 이 시기를 전후한 대침체기에 크게 뛰어올라야 한다. 하지만 그때에는 소폭 상승하는 데 그치다가 이후 경제가 마침내 회복세를 보인 2010년대 중반에 가파르게 상승하기 시작했다.

밀레니얼 세대는 성인기에 접어든 이후 실망감에 빠졌다

밀레니얼 세대의 대다수는 우수 참여상과 높은 점수를 아낌없이 수여한 어른들 덕분에 자기 자신에 대한 기대가 상당히 높았다. 성인기에 접어들어 실망감에 휩싸인 건 어쩌면 불가피한 결과였을지 모른다.

이 같은 가설은 어느 정도 진실일 수 있다. 더 이상 어린아이가 아니라는 사실에 경멸의 의미가 담긴 '어른 노릇adulting'이라는 단어를 처음 만든 것도 결국 밀레니얼 세대였기 때문이다. 2013년 큰 화제를 모은 블로그 게시물에서 팀 어반은 밀레니얼 세대가 행복하지 않은 건 그들의 현실이 결코 기대치를 충족시킬 수 없기 때문이라는 이론을 제시했다. 그는 이를 라벤더색 갈기의 유니콘이 무지개를 토해내는 일러스트로 표현했다. 2020년 앤 헬렌 페터슨(1981년생)은 밀레니얼 세대가 '번아웃 세대'라고 선포했다. 밀레니얼 세대는 부모님을 만족시킬 만큼 안정적이고 친구들에게 부러움을 살 만큼 멋진 직업을 원한다. "밀레니얼 세대가… '어른 노릇'을 시작했는데 자라는 동안 눈앞에 펼쳐질 것으로 장담받아 온 꿈같은 현실과 거리가 멀다면 어떻겠는가?" 페터슨이 물었다. 질 필리포비치(1983년생)도 동의했다. "우리가 자랄 때 가졌던 기대와 현재 경험하고 있는 현실 사이에 간극이 너무 크다." 그녀가 적었다. "어릴 때 우리는 규범에 따르고 올바르게 행동하면… 결국 보상받을 수 있으며 삶은 환상적 수준까지는 아니더라도 최소한 마음에 들고, 안정적이며, 예측 가능할 것이라고 믿었다. 하지만 현실은 그렇지 않다."

이 같은 실망감은 밀레니얼 세대의 정신건강이 대학 졸업자들 사이에서 가장 눈에 띄게 악화된 이유 역시 설명해줄 수 있다. 그들은 누구보다 높은 기대치를 갖고 있었던 만큼 성인이 된 이후 자신의 삶에 대한 실망감도 가장 컸을 것이다. 해야 하는 모든 걸 성실하게 수행했지만 기대했던 모든 걸 손에 넣지는 못했기 때문이다.

물론 경제 혹은 다른 요인으로 인한 실망감이 반드시 우울증으로 연결되는 건 아닌 만큼 이 가설을 좀 더 깊이 있게 파고들어가 볼 만하다. 이를 위해 각 세대를 시간의 흐름에 따라 추적해보자. 밀레니얼 세대는 성인기의 현실에 눈뜬 이후 우울증에 빠질 확률이 더 높았는가? 1980년대에 태어난 밀레니얼 세대의 경우 이 질문에 대한 답은 '아니요'다. 다음 그래프에서 알 수 있듯 1980년대에 태어난 밀레니얼 세대는 나이가 들어 성인이 된 이후에도 우울감을 느끼는 빈도에 거

성인이 한 달 중 심리적 불안정을 느끼는 날의 수

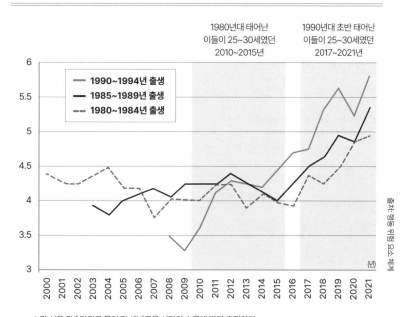

* 각 선은 5년 단위로 묶인 각 생년군을 시간의 흐름에 따라 추적한다.

의 차이가 없었다. 하지만 1990년대에 태어난 밀레니얼 세대는 성인
기에 접어든 뒤 심리적 불안정에 시달리는 비율이 더 높았다. 이는 단
지 우연이라고 할 수 없다. 이 집단은 18살 당시 기대치나 자신감이
가장 높았기 때문에 성인이 된 이후 눈뜬 현실에 대한 환멸도 가장 심
각할 수 있다.

그 결과는 또 한가지 놀라운 사실을 보여준다. 출생 연도가 다음
으로 넘어갈수록 심리적 불안정이 급상승하는 시기가 1년씩 빨라지
는 것이다. 우울감 증가 추세가 1980년대 초반 출생자의 경우 2016년
에 시작됐다면 1980년대 후반 출생자는 2015년에, 그리고 1990년대
초반 출생자는 2014년에 각각 시작되었다. 만약 성인이 된 이후 느끼
는 실망감이 심리 불안정으로 이어지는 것이라면 해마다 그 시기가
빨라지고 있다.

이런 데이터는 밀레니얼 세대가 성인기에 실망했다는 증거도 될
수 있지만 2010년대 중반 미국 상황이 뭔가 꼬이기 시작했고 이에
1990년 이후 출생자들이 특히 큰 타격을 받았다고 가정해볼 수도 있
다. 그렇다면 대체 그건 무슨 일이었을까? 가능한 원인을 몇 가지 찾
아볼 수 있다.

가설4

미국의 분열

수년간 이른바 '버서*' 논란에 시달려 온 오바마 대통령은 2011년

---

* 버서birther: 오바마 대통령의 출생지가 미국이 아니어서 대통령 자격이 없다고 믿는 사람들
을 지칭

4월 장문의 출생증명서를 공개했다. 그는 미국이 해결해야 할 수많은 과제, 그리고 해당 문제로 불거진 혼란에 대해 언급하며 이렇게 말했다. "서로를 비방하는 데 시간을 낭비했다간 이 같은 과제를 절대 해결할 수 없을 것입니다. 허위 사실을 꾸며내고 정작 진실은 진실이 아닌 척하면 그 어떤 일도 할 수 없습니다. 별로 중요하지 않은 일이나 옆에서 소란 피우는 이들에게 한눈팔았다가는 우리의 문제를 해결할 수 없습니다."

그의 말에는 선견지명이 있었다. 2020년 '별로 중요하지 않은 일과 옆에서 소란만 피우는 이들'이 그 어느 때보다 활개를 쳤다. 민주당과 공화당 지지자들은 누가 2020년 선거에서 당선될지, 마스크를 쓰는 게 과연 현명한 일인지, 그리고 사람들이 코로나 백신을 맞아야 하는지 등 기본적 사항조차 합의를 볼 수 없었다.

미국에서는 한동안 정치 양극화가 진행돼 왔지만 2010년대 중반 무렵 그 기세가 훨씬 거세졌다. 민주당 지지자와 공화당 지지자는 본래 의견이 다른 수준이었지만 이제는 서로에 대한 혐오감을 드러내는 이들이 늘었다. 상대방에 대한 감정을 0(매우 차갑거나 비호감)에서 100(매우 따뜻하고 호감) 사이의 '감정 온도'로 매겨 달라는 질문에 1970년대, 1980년대, 1990년대의 미국인은 45도 정도로 서늘하지만 편안한 감정을 내보인 데 반해, 2010년대 공화당에 대한 민주당의 감정, 또 민주당에 대한 공화당의 감정은 그야말로 냉각된 것으로 나타났다. 그리고 이후 2020년에는 20도 이하의 혹한 상태로까지 떨어졌다. 양극화는 사람들이 자신의 지지 정당을 더욱 좋아하고 지지하게 되어서가 아니라 상대당에 대한 감정이 훨씬 싸늘해지면서 가속화되었다.

민주당 지지자와 공화당 지지자는 세상을 다르게 바라보기 시작했다. 2014년 무렵 인종문제에서 시작된 분열은 조지 플로이드 사망 이후 2020년 여름에 일어난 시위로 정점을 찍었다. 시위는 본래 경찰의 가혹성을 규탄하는 운동으로 시작되었지만 이후 인종차별 반대를 상징하는 운동으로 확대되었다. 2021년과 2022년 정계의 다양한 후보자들은 학교에서 비판적 인종 이론을 가르쳐야 하는지, 그리고 특정 서적을 금지해야 하는지를 두고 논쟁을 벌였다.

2016년 무렵 온라인의 가짜 정보로 인해 극우파 사이에 기이한 음모론이 확산되었다. 가령 민주당이 워싱턴 DC의 한 피자 가게에서 아동 인신매매 조직을 운영한다는 '피자게이트', 2016년 12월 한 남성이 어느 음식점에 들어가 벽과 테이블을 향해 총을 난사하고는 아이들을 돕기 위해서라고 떠벌였다는 소문 등이다. 네오 나치, 프라우드 보이즈 같은 우익 단체는 어느 때보다 세간의 이목을 끌었다. 2017년 버지니아주 샬러츠빌에서 열린 '유나이트 더 라이트 집회'*에서는 일부 참가자가 "유대인은 우리를 대체할 수 없다"는 구호를 외쳤다. 이후 일부 트럼프 지지자들은 코로나19 팬데믹이 과연 심각한 게 맞는지 실제로 존재하기는 하는 건지 의문을 제기했으며 심지어 극우 음모론 집단 큐어넌처럼 기괴하기 짝이 없는 음모론을 믿기도 했다.

이렇게 두 당파가 극단적으로 분열되고 대체 진실이 무엇인지 기본적 합의조차 보지 못하는 지경이 되자 그 여파가 일었다. 2020년 9월 공화당 지지자의 44%, 민주당 지지자의 41%는 상대당 후보가 선거에서 이겨 폭력 사태가 발생하더라도 '어느 정도' 이해할 수 있다고

---

* 유나이트 더 라이트 집회Unite the Right rally: 2017년 8월 11일과 12일에 미국 버지니아에서 개최된 극우 집회

답했으며 이중에는 '얼마든지' 혹은 '매우' 그럴 수 있다고 답한 이도 20% 포함돼 있었다. 그리고 이후 무슨 일이 일어났는지 우리는 모두 기억한다. 트럼프 지지자들이 트럼프를 계속 대통령으로 유지하기 위해 2021년 1월 6일 백악관에 난입한 것이다.

어쩌다 이 지경이 됐을까? 여러 요인이 있겠지만 소셜미디어의 역할이 크다. 2010년 이전까지만 해도 소셜미디어는 대개 친구들과 사진을 공유하는 용도로 쓰였다. 이후 페이스북에서 '좋아요'를 도입하고 트위터에서는 '리트윗'을 선보이면서 각 소셜미디어 기업은 사람들이 계속 클릭하게 만드는 방법이 뭔지 깨달았다. 사람들에게 분노를 일으킬 수 있는 게시물을 올리는 것이다. 페이스북의 연구원들은 내부 메모를 통해 "잘못된 정보, 유해 콘텐츠나 폭력적 콘텐츠가 유독 많이 공유된다"고 설명했다. 온라인 분노 제조기가 탄생하는 순간이었다.

얼마 지나지 않아 오늘날의 여러 문화적 특징이 하나둘 나타나기 시작했다. 잘못된 정보는 공유를 유도하는 가장 쉬운 방법이었고 충격적 소식은 심지어 사실이 아님에도 최고 속도로 확산됐다. 소셜미디어를 통해 누구든 빛의 속도로 공개 망신시키는 일이 가능해지자 캔슬 컬처가 등장하기도 했다. 젊은이들은 몇 년 전까지만 해도 볼 수 없었던 방식으로 서로의 발언을 감시하면서 불쾌감을 줄 수 있는 말과 의견을 걸러냈다. 대학생 레이첼 휴브너는 2016년 《하버드 크림슨》(하버드대학교의 대학신문)에 기고한 글에서 "상대방의 감정이 과도하게 부각되다 보니 대학 캠퍼스는 이제 어떤 상황에서든 어느 누구든 조금이라도 기분이 상하는 일이 없도록 입 밖으로 내뱉는 모든 음절을 감시해야 하는 곳처럼 느껴진다"고 적었다.

한마디로 심지어 트럼프가 대통령이 되기 이전인 2014~2015년부터 미국에서는 모든 것이 정치 쟁점화되었다. 이 같은 상황은 모든 세대에게 스트레스를 줬겠지만 특히 밀레니얼 세대는 이전 세대보다 더 큰 스트레스를 받았을 것이다. 무엇보다 이렇게 갈등과 분열이 극심한 시기에 정치적 정체성을 형성해야 했으니 말이다. 뿐만 아니라 밀레니얼 세대는 이전 세대에 비하면 가장 많은 시간을 소셜미디어에 할애하고 있다. 따라서 온라인에 멋지고 성공한 삶을 전시해야 한다는 압박감을 경험한 건 물론이고 온라인에서든 직접적으로든 자칫 말을 잘못했다가는 비방에 시달릴 수 있다는 사실도 깨달았다.

만약 소셜미디어로 가장 많이 소통하는 연령이 다음 세대로 내려갈수록 1~2년씩 빨라진다면 심리적 불안정이 1990년대 초반에 태어난 밀레니얼 세대 사이에서 가장 먼저 급증하고, 이후 1980년대 후반에 태어난 밀레니얼 세대, 마지막으로 1980년대 초반 태어난 밀레니얼 세대 순으로 급증한 이유가 설명된다. 각 연령군이 유해 인터넷 환경에 노출된 기간이 길면 길수록 더 일찍, 더 극심하게 심리적 불안정에 시달리는 것이다.

가설5

결혼과 종교를 '죽인' 것은 행복에 도움이 되지 않았다

당신은 언제 행복을 느끼는가? 대부분은 친구나 가족과 함께하고 또 공동체에 소속돼 있다고 느낄 때 행복하다. 하지만 밀레니얼 세대에서는 배우자를 맞이하는 건 물론, 종교 단체에 가입하는 경우도 줄면서 역사적으로 사회적 교류의 장으로 여겨져 온 공간에서 단절된 이들이 많아졌다. 그리고 '도시 공동체'라는 개념이 존재하기는 하지만 친구가 공동체를 대신해 주지는 못하는 것으로 나타났다. 2019년 조사 결과, 밀레니얼 세대에서 친구가 없다고 답한 이는 22%에 달해 9%에 불과했던 베이비붐 세대와 대비를 이뤘다. 그래서인지 자주 혹은 항상 외롭다고 답한 이가 베이비붐 세대에서는 15%에 그쳤지만 밀레니얼 세대에서는 30%나 됐다.

밀레니얼 세대는 평생을 개인주의 문화 속에서 살아온 만큼 결혼과 종교 등 제도를 통해 생기는 끈끈한 사회적 결속보다 개인의 자유를 더 소중하게 여긴다. 물론 개인주의는 많은 장점을 지니지만 고립과 외로움, 그리고 그로 인한 불행과 우울증 등 위험 요소 역시 안고 있다. 외로운 사람일수록 정신적으로 강건하기 힘들다. 사람은 사회적 관계 속에서 행복감은 물론 삶에 대한 만족감까지 느낄 수 있기 때문이다. 게다가 이 경향은 청년기를 지나 나이가 들수록 더 강해진다. 어쩌면 밀레니얼 세대가 10대에는 행복했지만 성인이 되어서는 행복하지 않은 이유도 이 때문인지 모른다. 개인주의와 자유는 어려서는 좋을지 몰라도 나이가 들면 공허하게 느껴진다.

20대 후반의 기혼자는 미혼자보다 우울증에 걸릴 확률은 낮고 행복감은 높았다. 26~29살 밀레니얼 세대 중 '아주 행복하다'고 답한 이는 기혼자의 경우 44%였던 데 비해 미혼자는 23%에 그쳤다.

종교도 마찬가지다. 26~29살 밀레니얼 세대 중 '아주 행복하다'고 답한 이는 한 달에 한 번 이상 종교 행사에 참석하는 이들 중에는 39%였지만 그 정도도 참석하지 않는 이들 중에는 26%였다. 이처럼 결혼과 종교는 두 가지 모두 행복과 깊은 연관성을 갖는다. 둘 다 멀리하는 밀레니얼 세대가 늘고 있는 현실을 감안하면 이들이 성인이 되면서 심리적 불안지수가 높아진 원인을 짐작해볼 수 있다.

물론 이 데이터만으로 원인과 결과를 단정지을 수는 없다. 결혼과 종교가 행복을 가져다준다기보다 결혼을 하고 종교 행사에 참석하는 이들의 행복지수가 본래 더 높았을 확률도 배제할 수 없다. 두 가지 요소가 모두 작용했을 수도 있다. 하지만 비단 밀레니얼 세대뿐 아니라 누구든, 사회적 관계망을 구축하는 제도에서 벗어나는 게 과연 행복을 위한 최선의 선택인지 한번 생각해봐야 한다.

가설6
기술은 자신의 삶을 평가하고, 사회적 교류 방식을 바꿔놓았다

인스타그램을 하는 사람은 하나같이 휴가 중이라는 사실을 깨달은 적 있는가? 물론 실제로 그런 건 아니지만 이따금 그렇게 느껴질 때가 있다. 온라인에 전시된 다른 모든 이들의 삶은 내 삶보다 훨씬 근사해 보인다. 트위터를 하는 이들은 모두가 방금 승진했고 인스타그램에 올라온 사진은 이보다 더 완벽할 수 없다. 이렇게 나보다 나은 뭔가를 올려다보며 사는 건 상당한 우울감을 유발할 수 있다. "밀레니얼 세대는 소셜미디어상에서 물건이나 소유물에 별다른 시기를 느끼지 않는 것처럼 보인다. 하지만 이는 그런 척 하는 것일 뿐 정작 소셜미디어가 제시하는 총체적 경험이라는 건 결국 이런 말을 내뱉게 만드는 것이다. '네 삶이 탐나' 라고." 앤 헬렌 페터슨이 밀레니얼 세대의 번아웃에 관한 책《요즘 애들》에 말하고 있다.

소셜미디어는 또 온라인 분노 제조기라는 별명에 걸맞게 밀레니얼 세대가 경제적으로 불리한 여건에 놓였다는 인식을 퍼뜨렸다. 심지어 그게 사실이 아님에도 말이다. 나쁜 소식("밀레니얼 세대는 베이비붐 세대 때문에 망했다!")은 온라인에서 빠르게 확산되지만 좋은 소식은 그렇지 않다. 예를 들어, 2020년 《워싱턴포스트》에 실린 '밀레니얼 세대는 미국 역사상 가장 불행한 세대'라는 제목의 기사는 엄청난 주목을 끌었다. 나쁜 소식, 분노와 불안을 유발하는 뉴스는 정신건강에 전혀 좋을 게 없다.

디지털로의 전환은 스크린을 넘어 다양한 영역에 영향을 미치고 있다. 여기서 당신이 스물다섯 살이고 오늘은 토요일이라고 가정해보자. 이제 친구들을 만나 저녁식사를 하고 술집에 가서 음주가무를 즐길 것이다. 혹은 친구 집으로 가서 당신의 고민에 대해 이야기를 나눈 뒤 함께 영화관으로 향할 수도 있다.

이 두 가지 경우는 주말 밤에 얼마든지 일어날 수 있는 상황이었다. 첫 번째 밀레니얼 세대가 25살이던 2005년에는 말이다. 시간을 빠르게 돌려 1990년대에 태어난 밀레니얼 세대가 20대 초반이던 2015년으로 가면 상황은 달라진다. 사람들은 이제 술집에 가는 대신 소셜미디어에 열중하며, 영화를 본다는 것은 혼자 소파에 누워 넷플릭스를 시청한다는 의미일 때가 더 많다. 2018년 리파이너리29*는 '계획을 취소하세요: 지금 집에 머무는 게 대세인 이유'라는 기사를 게재했으며 같은 해 《뉴욕포스트》 역시 "밀레니얼 세대는 외출에 '너무 많은 품'이 든다고 생각한다"고 언급했다.

표현은 다소 과장됐을지 모르나 이는 엄연한 현실이었다. 2019년 밀레니얼 세대는 같은 연령대의 X세대에 비해 다른 사람들과 어울리는 시간이 하루 평균 10분 정도 더 적었다. 이를 합산하면 일주일에 1시간 10분, 한 달이면 5시간, 1년이면 61시간 더 적은 것이다. 게다가

* 젊은 여성에 초점을 맞춘 미국의 다국적 디지털 미디어 및 엔터테인먼트 웹사이트

이는 팬데믹 이전의 수치로 2021년에는 사람들과 만나 어울리는 시간이 1년에 90시간 가까이 줄었다.

사람들과 직접 만나 어울리면 정신적으로 건강해진다. 따라서 후기 밀레니얼 세대가 타인과 어울리는 시간이 특히 적다는 사실을 감안하면 심리적으로 불안정한 게 당연하다. 사람들은 소셜미디어 덕분에 멀리 떨어져 있어도 서로 연결될 수 있지만 직접 만나 교류할 때 생기는 좋은 기운을 기대할 순 없다. 그리고 소셜미디어는 하루 3시간 이상 오래 사용하면 우울증을 일으킬 수 있다.

하지만 밀레니얼 세대는 대부분 온라인 분노 제조기가 등장하기 이전뿐 아니라 소셜미디어가 자신의 사회생활을 장악하기 이전의 삶도 기억한다. 디지털 기술은 밀레니얼 세대의 삶을 구축했지만 최초의 기억까지 바꿔놓지는 않았다. 첫 번째 밀레니얼 세대가 스물일곱 살이던 2007년에야 아이폰이 출시되었고 마지막 밀레니얼 세대가 고등학교를 졸업한 2012년에야 미국 내 스마트폰 보급률이 50%를 넘어섰다. 밀레니얼 세대가 대부분 10대였던 시절에 소셜미디어라고는 마이스페이스뿐이었으며 그마저도 지금처럼 친구나 세상과 소통하는 데 반드시 필요하다기보다는 해도 그만 안 해도 그만인 존재였다. 이들이 고등학생이던 시절엔 실제 사람들과 어울리는 게 여전히 더 보편적이었다. 밀레니얼 세대는 온라인 교류가 시작된 이후 삶과 정신 건강에 큰 변화를 겪었지만 이들의 성장기만 해도 아직 디지털이 세상을 점령하기 전이었다. 그렇다면 스마트폰 시대에 온전히 10대를 보낸 이들은 누구일까? 바로 Z세대다.

코로나19 팬데믹

처음에 미국인들에게 이 뉴스는 먼 나라 이야기에 불과했다. 2020년 1월 중국 우한의 시민이 신종 코로나 바이러스 감염 증세를 보이면서 도시 전체가 폐쇄되는가 하면 감염자 격리를 위한 병원이 발 빠르게 세워졌다. 그래도 북미 지역에서는 해당 바이러스가 여기까지 번져오지는 않을 것이라는 희망을 갖고 있었다. 2020년 1월 15일 워싱턴 주의 한 남성이 바이러스 양성 판정을 받았을 때만 해도 CDC는 대중 감염 위험이 "현재로서는 낮다"고 발표하면서 "해당 바이러스가 타인에게 얼마나 쉽게 감염되는지는 확실하지 않다"고 덧붙였다.

1월 말 바이러스는 미국까지 침투했다. 미국 내 확진자 수가 서서히 증가하고 있었지만 미국인은 변함없이 일상을 그대로 이어갔다. 이탈리아와 크루즈 선박에서도 확진자가 발생했다는 소식이 들려왔지만 다들 아직 우리 동네까지 퍼지지는 않았다고 믿었다. 그런데 모든 것이 무너졌다. 2020년 3월 11일 NBA는 선수들이 연이어 확진되면서 시즌의 남은 경기를 모두 취소했고 배우 톰 행크스도 코로나19에 걸렸다고 발표했다. 3월 13일 트럼프 대통령은 국가 비상사태를 선포했다.

일주일이 채 지나지 않아 전국의 학교와 기업이 문을 닫았고 3월 19일 캘리포니아를 시작으로 각 주 정부는 자가격리 명령을 내렸다. 음식점은 폐쇄되고 회의와 컨퍼런스는 취소됐으며 호텔은 텅 비었다. 실업률이 대공황 이후 최고 수준으로 치솟으면서 《뉴욕타임스》가 발표한 실업수당 청구 건수 도표에서도 3월 15일에 해당하는 부분이 지면의 3분의 2 높이까지 치솟았다. 그나마 다행인 점도 있었다. 줌 같은 화상 채팅 프로그램 덕분에 어린아이들은 학교에 가지 않고도 지도를 받을 수 있었고 수많은 직장인 역시 반드시 출근해야 하는 일부 인력을 제외하고는 집에서 업무를 처리할 수 있었다.

하지만 주로 Z세대와 알파 세대인 중고등학생이나 대학생의 경우는 상황이 달라서 학교에서 완전히 멀어지는 경우도 많았다. Z세대 대학생은 집 침실에서 온라인 수업을 들었고 특히 소매 업종이나 서비스 부문에 종사하던 이들을 비롯해 많은 Z세대 청년들이 일자리를 잃었다. 보육시설도 문을 닫아 자녀가 있는 X세대와 밀레니얼 세대는 집에서 자녀의 학업을 도우면서 업무까지 처리하느라 애를 먹었다. 바이러스로 인한 중증 질환이나 사망 위험이 높은 고령의 베이비붐 세대와 사일런트 세대는 은퇴 여행이나 손주 방문 등을 포기하고 집에만 갇혀 지냈다.

2020년 늦은 봄, 격리 의무가 해제되고 백신도 개발 중이었지만 바이러스의 확산은 계속됐다. 2021년 여름, 백신이 널리 보급되고 사람들도 마스크를 벗으면서 깃든 희망은 델타 변종의 출현으로 두 달 만에 산산조각 났다. 2021년 가을에도 바이러스의 기세가 주춤해졌다가 오미크론 변종이 등장했고 팬데믹이 시작된 지 2년 만인 2022년 겨울에는 확진자 수가 사상 최대로 증가했다. 학교가 다시 문을 열었고 일부 행사는 계획대로 진행됐지만 삶은 이전으로 돌아가지 않았다. 물론, 배달 앱으로 먹거리를 해결하고 효험 있는 백신을 단기간에 개발하는 등 기술이 일군 성과도 적지 않다. 하지만 삶의 구석구석까지 침투한 팬데믹 여파를 온전히 되돌려놓을 수는 없을 것이다.

코로나19 팬데믹은 사람들의 일상을 근본적으로 바꿔놨다는 점에서 단순 사건으로만 볼 수는 없다. 수많은 문화적 변화와 정치 논쟁을 일으키는 촉매제 역할을 하는가 하면 가상세계 속 교류와 베이비붐 세대의 은퇴 등 이미 진행 중이던 추세를 더욱 가속화하는 역할도 했다. 모두가 잠재적 바이러스 보균자라는 인식이 확산 되면서 사람들은 서로를 경계하게 되었고 마스크 착용이나 백신 접종 등 이전에는 정치와 전혀 무관했던 이슈에도 정치 성향에 따라 찬반이 나뉘면서 정치 분열이 심화되었다. 미국에서만 100만 명이 넘는 바이러스 사망자(2022년 말 기준 전 세계 사망자는 700만여 명이다)의 가족에게 팬데믹의 기억은 영원할 것이다. 코로나19로 인한 육체적·정신적 후유증도 향후 수십 년간 지속될 것이다.

06

1995~
2012년
출생

Z세대

"한 번씩 혁신적 제품이 등장해 모든 걸 바꿔놓을 때가 있죠." 2007
년 1월 9일 애플 CEO 스티브 잡스가 말했다. "오늘 애플은 휴대폰을
재창조할 겁니다." 사실이었다. 6개월 후 애플은 첫 번째 아이폰을 선
보였고 세상은 이전과 전혀 다른 모습으로 거듭났다. 모두의 세상이
바뀌었지만 1995년 이후 태어나 인터넷 없는 세상은 전혀 모르는 포
스트 밀레니얼 세대에게는 특히 더 그랬다. 이들은 아이폰이 출시되
고 스마트폰이 사회생활, 커뮤니케이션, 엔터테인먼트는 물론, 문화
와 정치 영역까지 바꿔놨을 때 기껏해야 12살이었다. 2012년 무렵 미
국인의 절반이 스마트폰을 소유하게 되었고, 스마트폰은 인류가 가장
빠르게 받아들인 기술로 기록되었다. 기술이 이렇게 급격하게 발전하
면서 1990년대 전반 출생자와 후반 출생자 사이에 극적 단절이 일어
났다.

이 세대는 직전 세대가 한때 Y세대로 불렸다는 이유로 대개 Z세
대라고 불린다. 하지만 1980~1994년에 태어난 Y세대는 이제 밀레니

얼 세대로 불리는 게 더 일반적이다. Z세대라는 표현은 결국 옛날 명
칭에서 파생됐지만 그럼에도 2020년대 들어 널리 통용되고 있다. 나
는 스마트폰 시대에 청소년기 전체를 보낸 첫 세대라는 데 착안해 i세
대_{iGen}라는 명칭을 제안하기도 했다. 또 다른 명칭으로는 코로나19 팬
데믹 이후 계속해서 많은 이들이 수업 또는 업무용으로 사용하고 있
는 화상 채팅 플랫폼 줌_{Zoom}에서 기인한 줌 세대_{Zoomers}가 있다.

어떤 명칭으로 불리든 이들은 다르다. Z세대는 스마트폰과 소셜
미디어를 광범위하게 사용하는 만큼 '현실 세계'보다는 온라인상에서
더 많은 사회적 교류를 한다. 초기 Z세대는 극심한 불황 속에서 유년
기를, 경제는 급성장하고 정치 분열은 심화되던 시기에 청소년기를,
코로나19 팬데믹 기간에 청년기를 보낸 데 비해 후기 Z세대는 트럼
프 전 대통령 이전의 세상을 거의 기억하지 못하고 2020년과 2021년
에는 온라인 학습을 하느라 애를 먹었다. 2012년에 태어나 코로나19
팬데믹이 미국의 일상에 영향을 미치기 시작한 2020년 3월 당시 7~8
살이었던 Z세대 막내들은 코로나 없는 세상을 기억할 마지막 연령군
이다. 팬데믹의 엄청난 영향을 고려하면 2012년을 Z세대의 끝지점으
로 봐야 적절할 것이다. 2017년, Z세대에 관해 펴낸 저서 《#i세대》에
서 나는 1995년생부터를 Z세대로 분류했다. 몇 년 후 퓨 리서치 센터
에서는 1997년생부터 Z세대로 본다고 발표했지만 나는 2011~2013
년 사이 10대들에게 급격한 변화가 관찰되기 시작해 1995년을 고수
하기로 한다.

Z세대는 역사를 통틀어 인종적, 민족적으로 가장 다양한 세대다.
흑인, 히스패닉이나 아시아계뿐 아니라 복합인종의 인구 역시 이전
어느 세대보다 많다. Z세대는 미국에서 특정 인종 집단이 과반수를

차지하는 마지막 세대가 될 것으로 보인다. 이들은 성 정체성이나 성적 지향의 다양성에도 전례 없이 많은 관심을 기울이는 세대다. 이전의 많은 젊은 세대와 마찬가지로 이들은 머리카락을 무지개색으로 염색하는 건 물론, 부모들은 이해하지 못하는 틱톡, 스냅챗 등과 같은 기술과 엔비enby, 범성애자 등과 같은 언어를 사용해 기성세대를 당황스럽게 만들었다.

2020년대 들어 Z세대가 제자리를 찾아가고 있다. 무엇보다 이들은 밀레니얼 세대의 특징을 간파해 트위터에서 "밀레니얼 세대는 왜?"로 시작하는 질문을 끊임없이 반복하는 중이다. 가령 "밀레니얼 세대는 왜 자녀 이름 끝에 'eigh'를 붙이도록 고집하나요?", "밀레니얼 세대는 왜 카펫이라면 진저리를 치나요?", "밀레니얼 세대는 왜 자기 결혼식에 개를 등장시키지 못해 안달인가요?" 등이다. 밀레니얼 세대가 좋아하는 것들을 Z세대는 도무지 이해할 수 없다. "밀레니얼 세대가 노트북으로 작업할 때면 '반려견에게 사상 최고의 생일 파티를 열어주는 13가지 방법' 같은 가십 기사 탭이 항상 열려 있어요." 한 Z세대가 당황스럽다는 듯 내게 말했다.

Z세대는 새로운 문물이나 트렌드에 적응할 수 있도록 돕는 중재자 역할을 즐긴다. 예를 들어, Z세대는 '웃으면서 우는' 이모티콘이 한물갔다고 치부하기로 한 게 분명하다. 밀레니얼 세대 상사인 제시카 페인은 업무 관련 사이트에 해당 이모티콘을 올렸다가 한 Z세대 회원에게서 이런 훈계를 들었다. "이 이모티콘이라면 저는 직장의 공식 석상에서만 사용해요. 이런 말하게 돼 유감이네요(H8 2 break it 2 you), 제스." 마지막 문장은 밀레니얼 세대가 플립폰을 사용할 때 배운 문자메시지용 언어 정도는 Z세대라면 굳이 배우지 않아도 직관적으

로 다 안다. Z세대는 웃으면서 우는 이모티콘 대신 해골이나 관 이모티콘을 사용한다. "Z세대는 어딘가 오싹한 유머를 구사해요." 한 관찰자가 말했다.

Z세대의 개성은 사용하는 언어에서도 분명하게 드러나는데 젠더에 대해서는 폭넓은 인식을 표현하고 받아들이지만 심리적으로 불안정한 면도 드러낸다. 최근 온라인 및 대면 조사를 통해 획득한 단어 7,000만 개 중 16~25세가 쓰는 언어와 그보다 높은 연령대에서 쓰는 언어를 비교 분석했다. 그 결과 Z세대는 계급, 지위, 국가, 종교, 영적이라는 단어를 덜 사용하는 데 반해 스트레스가 많은, 공감할 수 있는, 성 정체성, 자유로운, 진실한, 정직한, 가짜, 취소, 유령, 차단, 한 패squad라는 단어는 더 많이 사용했다. Z세대는 한마디로 이렇게 정의할 수 있다. 진정성을 중시하고 표현의 자유를 추구하며 젠더 규범을 확장하는 한편 심리적 불안정을 겪는다. 2020년대 들어 청년층의 대다수를 차지하게 된 Z세대는 우리의 관심을 요구하고 있다.

Z세대 (1995~2012년 출생)

일명: i세대, 줌세대

인구수

2020년도 인구: 7,590만 명 (미국 전체 인구의 23.0%)

구성

52.9% 백인

15.3% 흑인

23.4%	히스패닉
6.9%	아시아계, 하와이 원주민, 혹은 태평양 섬 주민
1.5%	미국 원주민

가족관계

부모: X세대 또는 밀레니얼 세대

자녀: 알파 세대 또는 포스트 알파 세대

손주: ???

나의 성별은 너의 성별보다 유동적이야
: 젠더 플루이드

2015~2016년, 《#i세대》 집필을 위해 Z세대와 이야기 나눴을 때 대부분은 트랜스젠더 정체성에 회의적 반응을 보였다. 누군가는 "그냥 헷갈려요"라고 했고, 다른 누군가는 "그렇게 태어난 게 아니니까 이전의 자신을 부정하는 것 같아요. 본래의 자신에게 진실하지 못한 것 같고 그래서 전 마음에 안 들어요"라고 말했다.

이 같은 반응은 2010년대에 한정된 이야기였다. 최근 조사에서는 청년층의 3분의 2가 지난 5년간 트랜스젠더의 권리를 지지하는 마음이 커졌다고 답했다. 오늘날 Z세대의 10대 청소년은 트랜스젠더의 권리를 지지할 뿐 아니라 학교에서 친구 중 한 명이 트랜스젠더라고 커밍아웃하면 집에 돌아와 기쁜 마음으로 이야기를 전한다.

2018년 캘리포니아의 한 고등학교 학생이던 15살의 사무엘(2002년생)은 테드엑스TEDx를 통해 "트랜스젠더는 무서운 단어가 아니다"

라는 제목으로 강연했다. 그는 자신이 뭔가 다른 존재가 될 순 없다고 생각하면서 어쩔 수 없이 여자아이로 성장했다고 설명했다. 13살 때는 자신의 몸이 너무 싫어서 자해하기 시작했다. 그런데 인터넷에서 트랜스젠더에 관한 글을 접하게 되면서 자신이 누구인지 깨달았고 다시 온전한 자신을 느끼기 시작했다. "트랜스젠더가 무서운 단어여서는 안 됩니다. 어떤 정체성이든 무섭거나 이상하거나 부끄러워서는 안 됩니다." 그가 말했다. "우리가 중요하게 생각해야 하는 건 우리의 다른 점이 아니라 같은 점이에요."

Z세대에게 성별의 개념은 더욱 유동적이다. 사람들은 태어날 때의 성별과 다른 성별을 가진 트랜스젠더가 될 수 있을 뿐 아니라, 남성도 여성도 아닌 정체성도 가질 수 있다. 이는 흔히 '논바이너리$_{nonbinary}$'라고 부르며 이를 줄여 '엔비$_{enby}$' 발음을 따 nb라고도 한다. '젠더 플루이드', '젠더 퀴어', '데미보이$_{demiboy}$', '데미걸$_{demigirl}$' 등의 용어도 다양하게 존재한다. Z세대가 성별과 관련해 사용하는 언어는 X세대인 부모는 물론 심지어 밀레니얼 세대인 부모도 거의 이해하지 못하며 불과 몇 년 전에는 대부분의 사람이 이해하지 못했다. 가령 '시스젠더$_{cisgender}$'(또는 '시스$_{cis}$', 즉 트랜스젠더가 아니면서 신체와 성 정체성이 일치하는 사람), 그리고 성별은 다른 누군가 지정해준 것에 지나지 않으며 얼마든지 바꿀 수 있음을 의미하는 AMAB(태어날 때 남성으로 지정)과 AFAB(태어날 때 여성으로 지정)도 있다. '아젠더$_{agender}$'(성별이라는 걸 갖고 있지 않다고 자처하는 사람)도 빼놓을 수 없다. 이렇게 성 정체성이 다양하다 보니 Z세대는 상대방을 잘못된 성별 호칭으로 부르지 않는 것을 중요하게 생각한다. 상대방이 어떤 호칭을 선호하는지 명확하지 않을 수 있기 때문이다. 따라서 상대방이 자신을 어떻게 불러주기를

바라는지 스스로 명확하게 표현하는 것이 필요하다고 그들은 말한다.

Z세대는 성별에 따라 표준으로 여겨지는 외형 역시 기꺼이 비웃는다. 지난 반세기 동안에는 한때 남성의 전유물이던 바지 등의 옷을 여성이 착용해도 비교적 자연스럽게 받아들여져 왔다. 하지만 남성이 여성적인 옷을 입는 건 가혹한 평가를 받았다. Z세대는 이 같은 규범을 바꾸기 시작했다. 윌 스미스의 아들 제이든(1998년생)은 2010년대 후반 각종 행사에 치마와 드레스를 입고 참석해 화제를 모았다. 뮤지션 해리 스타일스(1994년생)는 레이스, 귀걸이와 볼드 패턴 드레스를 착용한 모습으로 드라마 〈베니티페어〉에 등장해 세간의 이목을 끌었

성性이 두 가지 이상 존재한다고 믿는 성인 비율

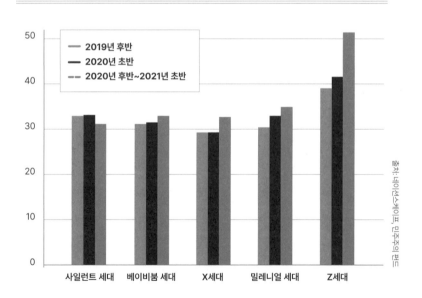

출처: 네이션스케이프, 민주주의 펀드

* 수치는 '세상에 성별은 남성과 여성의 두 가지뿐이다'라는 명제에 동의하지 않는 비율을 나타낸다. 2019년 후반 데이터는 7월 18일~12월 26일, 2020년 초반 데이터는 1월 2일~6월 25일에 수집되었으며 2020년 후반~2021년 초반 데이터는 2020년 7월 2일~2021년 1월 12일에 수집되었다.

다. 유튜버로 활동하다 복서로 변신한 로건 폴(1995년생)은 그다지 섬세한 스타일이 아니었음에도 스타일스를 칭송하며 드레스를 입는 건 '남자답지 않다'고 말한 한 남성 친구와 말다툼을 벌였다. "남자답다는 게 뭔데?" 로건이 반문하며 말을 이었다. "남자답다는 건 사람들이 너의 옷차림을 어떻게 생각하든 상관없이 네가 입었을 때 편안하고 또 너 자신에 대해 편안함을 느끼는 태도 아냐?"

이 같은 태도는 유명인에만 국한된 것이 아니다. 2020년 후반 ~2021년 초반 Z세대는 세대 인구 중 과반이 '성별은 두 개 이상'이라고 믿는 유일한 세대다. 2020년 상반기에만 해도 이런 의견을 지닌 이들이 심지어 Z세대에서도 소수였던 걸 감안하면 불과 6개월 만의 엄청난 변화다. 반면 고령 세대에서는 이런 의견이 소폭 증가하는 데 그쳤다.

성별을 둘러싼 이런 새로운 태도는 적어도 두 가지 측면에서 개인주의가 강화됨에 따라 논리적으로 나타날 수밖에 없었던 결과라고 할 수 있다. 첫째, Z세대의 젠더 플루이드는 지금까지 수십 년간 인종과 성소수자 정체성에 적용해온 '다른 건 좋은 것', '네 모습 그대로'라는 인식을 성 정체성에까지 확대한 것이다. 사람은 모두 고유한 개인이고 성 정체성 역시 개인의 선택 문제라면 선택지가 꼭 두 가지에 한정될 필요는 없다. 둘째, Z세대의 태도는 남성 혹은 여성이라는 이유로 기회나 선택에 제한을 당해서는 안 된다는 주장이다. 즉, 가령 남성의 육아 휴직이 가능해야 하고 여성도 변호사나 의사가 될 수 있어야 한다는 등 1960년대 이후 성평등 운동의 개인주의에 새로운 신념을 가미한 것이다. 즉, 누구든 특정 성별 집단의 구성원으로서 정해진 대로 행동해야 하는 게 아니라 고유한 개인으로 취급되어야 한다. Z세대는 이 같은 신념을 받아들이고 개인주의의 잣대를 높였다. 사람들은 자신의 성 정체성을 스스로 결정할 수 있어야 하며 심지어 남성 아니면 여성이라는 개념은 무조건 거부해야 한다.

오드리 메이슨 하이드(2005년생)는 여성으로 태어났지만 나비넥타이 등의 남성 의류를 즐겨 입었다(인터뷰에서 오드리는 여자아이나 남자아이 취급받는 건 싫지만 여성 대명사는 괜찮다고 말했다). 오드리는 한동안 자신이 톰보이라고 생각해왔으나 그것도 진정한 자신의 모습은 아니라는 생각이 들었다. 12살 때는 테드 강연을 통해 제3의 성으로 살아가는 것에 대해 이야기했다. "제게 성은 스펙트럼이에요. 나의 성 정체성과 표현에서 전적으로 중요한 건 나 자신이지 타인이 나를 어떻게 보느냐가 아닙니다. 성별을 규정하지 못해 안달인 세상에서 그게 어떻게 받아들여질지는 모르겠지만요." 그녀가 말했다. 이후 인터뷰에서 그녀는 "제가 논바이너리라는 사실에 상당한 편안함을 느껴요. 여자아이 혹은 남자아이 취급받는 건 너무 불편하고요. 그건 제가 아니거든요."

최근까지만 해도 트랜스젠더나 논바이너리가 얼마나 많은지, 그리고 자신을 그렇게 밝히는 이들의 수에 세대 간 차이가 있는지 여부는 밝혀지지 않았다. 트랜스젠더 정체성을 조사한 경우가 거의 없고 젠더 바이너리라고 밝힌 이들의 수가 얼마나 되는지 전혀 알려져 있지 않기 때문이다. 이른바 논바이너리에는 스스로 젠더 플루이드, 젠더 퀴어 혹은 논바이너리라고 밝힌 이들이 포함된다. 이들 개인은 모두가 그런 건 아니지만 대개 자신을 칭하는 성별 호칭으로 '그he'나 '그녀she'가 아닌 '그들they'을 선호한다. 이 같은 정체성을 조사한 이전의 연구는 특히 트랜스젠더 집단 등의 경우 표본이 너무 작아 신뢰할 수 없었다. 대부분의 통계가 트랜스젠더 규모를 인구의 1% 미만으로 추정하고 있는 상황에서 정확한 집계를 위해서는 표본의 규모가 수십만 명까지는 아니더라도 최소 수만 명에는 이르러야 한다. 그것도 각 세대별로 말이다.

이 같은 유형의 데이터가 드디어 발표되었다. 미국 인구조사국은 2021년 7월부터 가계동향 조사 질문에 네 가지 선택지를 제공하기 시작했다. 바로 '남성', '여성', '트랜스젠더'와 '해당 없음'으로 바이너리를 포용할 수 있는 (완벽하지는 않지만) 괜찮은 척도였다. 조사에는 백만 명이 넘는 응답자가 참여해 어느 정도의 정확성도 보장되었다. 물론, 트랜스젠더와 논바이너리의 경우 하나는 성전환자를 포함하고 다른 하나는 양성의 범주에서 벗어나 있는 만큼 전혀 다른 정체성이라 할 수 있지만 둘 다 젠더 플루이드에 해당해 같은 섹션에서 동일한 질문을 제공받았다.

결과는 명확했다. Z세대 청년층이 스스로 트랜스젠더 혹은 논바이너리라고 밝힌 확률은 다른 세대에 비해 훨씬 높았다. 트랜스젠더라고 밝힌 이들은 베이비붐 세대에서는 1,000명 중 1명(0.1%)에 불과했던 데 비해 Z세대에서는 1,000명 중 23명(2.3%)에 달해 스무 배가 넘게 더 많았다. 이 통계치에 따르면 현재 미국 청년 중 트랜스젠더는 보스턴 시민보다도 많다.

논바이너리 정체성의 경우 베이비붐 세대에서는 1%가 채 되지 않았던 데 반해 Z세대 청년 가운데는 3%가 넘었다. 이를 2%가 넘는 트랜스젠더와 합치면 2021~2022년 청년 18명 중 1명은 스스로 남성이나 여성이 아닌 정체성을 지녔다는 결과가 나온다. 즉, 미국의 18~26세 인구 3,900만 명 가운데 200만 명가량이 트랜스젠더 혹은 논바이너리이며, 이는 미국 도시별 인구 순위 5위에 해당하는 피닉스의 인구보다 더 많은 수치다.

10대 청소년은 어떨까? 2017년 10만 명이 넘는 미국 고등학생을 대상으로 실시한 CDC(미국 질병통제예방센터) 청년위험행동감시체계 YRBSS 조사 결과 14~18세 청소년의 1.8%, 즉 55명 중 1명이 트랜스젠더라고 밝혔다. 이는 2010년대 후반 14~18세 미국 청소년 가운데 40만 명이 트랜스젠더라는 의미다.

또 다른 연구에 따르면 좀 더 구체적 질문을 제시할 경우 10대 트랜스젠더의 수가 훨씬 많아질 수 있는 것으로 나타났다. 2018년 가을 피츠버그 공립 고등학교 학생 3,000여 명을 대상으로 실시한 조사에서 태어났을 때의 성별과 지금의 성 정체성 두 가지를 모두 질문했더니 6.3%, 즉 16명 중 1명이 트랜스젠더라고 밝혔다. 또 2.9%는 논바이너리라고 밝혀 10대의 9.2%, 즉 11명 중 1명이 시스젠더 이외의 성별에 해당되었다. 10대를 대상으로 한 좀 더 최근의 데이터는 찾아보기 힘들지만 2020년대에는 이 수치가 좀 더 높아졌을 가능성이 있다.

2022년 실비아 체삭(2007년생)은 자신이 다니고 있는 신시내티 고등학교에서 같은 9학년 학생 중 3분의 1이 지난 2년간 본인을 지칭하는 대명사를 바꾼 것으로 집계했다. "제 또래 아이들은 성별·성 정체성에 대해 아무런 거리낌없이 이야기하고 타인의 대명사에 대해서도 아무렇지 않게 물어봐요." 체삭이 말했다. 아멜리아 블랙니(2008년생)는 여성으로 태어났지만 12살 때부터 논바이너리를 자처하기 시작했고 지금은 '그'나 '그녀'로 규정되는 것이 아닌 '그들' 대명사를 선호한다. "저는 제가 여자아이라고 느낀 적도 없지만 남자아이라고 느낀 적은 더더욱 없었어요. 그래서 둘 사이에 있는 뭔가를 찾아야 했죠."

13살의 블랙니가 말했다. "'그들'이라는 대명사를 사용하는 덕분에 두 성별 사이에서 선택할 수 있는 입장이 됐어요. 기분 좋죠."

로스앤젤레스에서 아이들을 키우는 제니퍼 첸은 인스타그램에 가족의 크리스마스카드를 올리며 다섯 살 쌍둥이에 관해 언급했다. "모두에게 클라크를 소개할게요. 이전엔 클레어였죠. 클라크는 논바이너리로 이제 '그들'이라는 대명사를 더 선호하고 내 아들로 알려지길 원합니다." 그녀가 적었다. 첸이 쌍둥이에게 《너 자신이 된다는 건 근사한 일이야: 성 정체성에 관한 책》을 읽어주자 클라크가 논바이너리에 관한 설명을 손으로 가리키더니 "내 기분이 이래. 난 남자아이도, 여자아이도 아닌 것 같아"라고 말했다. 이에 첸은 "머리칼을 짧게 자르고 자신에게 편안한 옷을 입겠다는 아이의 선택을 존중해주자 클라크의 얼굴이 기쁨으로 환하게 빛났어요. 바로 그 순간 우리가 옳은 일을 했다는 걸 알 수 있었죠"라고 적었다.

논바이너리가 아닌 아이들 역시 그런 이야기를 자연스럽게 꺼내고 있다. "6살 아들이 반려견을 포함해 집안의 모두가 여자인 데 불만을 품고는 '남자 강아지 혹은 논바이너리 강아지'를 사달라고 하네요." 트위터에 한 엄마가 적자 다른 엄마가 "맞는 말이네요!"라고 맞장구쳤다. "제가 우리집 개를 계속 '그'라고 칭하자 아이들이 '논바이너리인데 말 못하는 것일 수도 있잖아!'라고 화를 내네요!"

트랜스젠더 혹은 논바이너리 정체성과 관련해 세대별 차이를 드러내는 결정적 특징이 또 한 가지 존재한다. 베이비붐 세대와 X세대 트랜스젠더는 대부분 남성으로 태어나 어렸을 때는 남성으로 간주됐다가 이후 여성의 정체성을 갖게 되었다. 하지만 Z세대 트랜스젠더 가운데는 여성으로 태어난 이가 대부분이다.

이렇게 여성으로 태어난 이의 비율이 커지는 추세는 논바이너리 사이에서도 동일하게 나타난다. 베이비붐 세대, X세대, 밀레니얼 세대의 논바이너리 가운데는 각각 남성과 여성으로 태어난 이의 비율이 거의 동일했지만 Z세대 청년층에서는 논바이너리 인구의 3분의 2가 여성으로 태어났다. 따라서 트랜스젠더 혹은 논바이너리와 관련된 가장 큰 세대 차이는 여성으로 태어난 이의 비율에서 나타난다.

이 같은 차이는 새롭게 등장한 현상일까? 아니면 본래 젊을수록 성 정체성과 관련해 유동적 입장을 취하게 되는 것일까? 가구동향조사가 실시된 기간이 2021~2022년으로 짧았던 만큼 트랜스젠더와 논바이너리라고 밝힌 이들에게 나타난 차이는 세대가 아닌 연령에 따른 것일 수 있다. Z세대보다 밀레니얼 세대가 많았던 5~7년 전에도 청년층 가운데 비슷한 수가 트랜스젠더 혹은 논바이너리라고 밝혔을 수 있는 것이다.

차이의 원인이 연령인지 세대인지 밝히기 위해서는 웬만하면 대규모 표본 집단을 대상으로 수년간 성 정체성을 조사한 결과가 필요하다. CDC에서 관리하는 행동위험요소감시체계는 2014년부터 매년 20만 명의 미국 성인(총 170만 명)에게 트랜스젠더인지 여부를 물어봤다. 결과는 놀라웠다. 2014~2021년 사이 자신을 트랜스젠더로 밝힌 이는 청년층 가운데 4배나 늘었지만 고령층 가운데는 거의 변화가 없었다. 2014년만 해도 트랜스젠더의 비율이 연령대별로 별 차이가 없었지만 2021년에는 중장년보다는 청년 트랜스젠더가 4배 더 많았다.

18~26세의 연령 집단이 밀레니얼 세대에서 Z세대로 교체되자 트랜스젠더라고 밝힌 이의 수가 급증했다. 그 결과 청년 트랜스젠더의 인구는 2014년 22만여 명이었다 2021년에는 90만여 명으로 68만 명

이 늘었다. 트랜스젠더를 자처하는 청년의 수가 불과 7년 만에 라스베이거스 인구만큼 증가한 것이다. 이런 결과는 모든 청년층에서 나타나는 변화가 아니라, 세대 교체에 따른 변화라고 볼 수 있다.

2020~2021년 트랜스젠더 정체성이 급증한 걸 보면 변화가 가속화되고 있음을 알 수 있다. 가구동향조사에서도 이를 확인할 수 있다. 2000년대에 태어난 청년 가운데 트랜스젠더라고 밝힌 이의 비율이 2021년 후반~2022년 후반 48%나 급증했고, 논바이너리라고 밝힌 이의 비율도 불과 1년 만에 60%나 치솟았다. 2022년 후반 트랜스젠더가 3%를 넘고 논바이너리가 5%에 육박함에 따라 18~22살 성인 가운데 트랜스젠더 혹은 논바이너리인 이들의 비율은 8%가 되었다.

2014~2021년 트랜스젠더라고 밝힌 이가 급증한 건 여성에서 남성으로 전환했거나 성별 비순응자가 압도적으로 늘었기 때문이며 남성에서 여성으로 전환한 이의 비율에서는 비슷한 변화를 찾아볼 수 없었다. 성별 비순응자의 수는 2014년 이후 10배 늘었고 여성에서 남성으로 전환한 이의 수도 4배 늘어 2020~2021년 증가 추세가 더욱 가속화되었음을 알 수 있다. 2016년까지만 해도 청년층 가운데는 남성에서 여성으로 전환한 이가 여성에서 남성으로 전환한 이보다 더 많았지만 2021년에는 여성에서 남성으로 전환한 사람이 남성에서 여성으로 전환한 사람보다 두 배 더 많았다. 의료 부문과 대중문화 영역에서는 1950년대의 크리스틴 조겐슨부터 2010년대 케이틀린 제너에 이르기까지 역사적으로 남성에서 여성으로 전환한 경우에 초점을 맞춰왔다는 사실을 감안하면 이 같은 추세가 더욱 놀랍다. 지금은 여성에서 남성으로 전환하는 사례를 훨씬 흔히 접할 수 있게 되었는데 2020년 트랜스젠더가 되어 등장한 배우 엘리엇 페이지(1987년생)도 그

중 하나다. "지금은 너무나 행복하지만… 두렵기도 합니다." 그가 적었다. "무례함, 증오, 농담과 폭력이 무섭습니다."

만약 이 같은 세대 간 차이가 사실이라면 행동에도 반영되어야 하는데 실제 그런 자료를 찾아볼 수 있었다. 수많은 연구 보고에 따르면 트랜스젠더 의료 클리닉을 찾는 이의 수가 대폭 늘었다. 예를 들어, 카이저 퍼머넌트 북캘리포니아 소아 트랜스젠더 클리닉을 찾는 청소년의 수는 2015년 상반기 30명에서 2018년 상반기 154명으로 늘어붐과 3년 만에 5배나 증가했다. 뿐만 아니라 같은 기간 병원을 찾은 환자 4명 중 3명은 출생 성별이 여성으로서 이 역시 조사 데이터와 일치했다. 어린아이를 대상으로 한 치료는 대부분 정신건강 부문에서 시행된 반면 청소년은 호르몬 치료나 수술을 받는 경우가 더 많았다. 이 기간 동안 집도된 수술의 80%는 유방 절제술이었다.

Z세대, 그중에서도 여성으로 태어난 이들 가운데 더 많은 수가 트랜스젠더를 자처하는 이유는 무엇일까? 여기서 우리가 알 수 있는 건 오로지 가설뿐이다. 그리고 이는 Z세대 청년층이 이전 세대에 비해 트랜스젠더라는 용어를 더 많이 알고 있기 때문일 수 있다. 이전 세대도 해당 용어를 몰랐더라도 자신을 출생 성별과 다른 성별로 인식하는 이라면 그 차이를 알고 있었을 확률이 높다.

일각에서는 사회적으로 트랜스젠더 정체성을 수용하는 분위기가 확산돼 더 많은 이들이 트랜스젠더임을 밝힐 수 있게 되었기 때문이라고 주장했다. 하지만 오로지 사회적 인식이 바뀌었기 때문에 나타난 현상이라면 트랜스젠더의 수는 고령의 세대에서도 증가했어야 하는데 현실은 그렇지 않았다. 혹시 고령층 사이에서는 인식 변화가 더디게 일어나 커밍아웃이 더욱 어려웠던 것일까? 그럴 수도 있다. 하지만 최근 트랜스젠더 695명을 대상으로 실시한 조사 결과 베이비붐 세대, X세대와 밀레니얼 세대는 자신의 트랜스젠더 정체성에 부정적 인식을 갖고 있는 확률이 Z세대보다 오히려 낮았다. 고령일수록 치욕을 느낄 거라는 예상과 정반대의 결과가 나타난 것이다. 하지만 고령층 가운데 상당수가 마음속 깊숙이는 트랜스젠더의 정체성을 갖고 있으면서 공개적으로 인정하는 건 원하지 않을 수 있다. 특히 평생 출생 성별대로 살면서 그에 걸맞은 삶을 꾸려왔다면 더더욱 그럴 것이다. 물론 이 같은 가능성을 배제할 수는 없지만 세대 간의 엄청난 차이를 설명하기 위해서는 상당한 규모의 27살 이상 트랜스젠더 표본 집단이 필요하다.

게다가 고령의 트랜스젠더 중에는 어느 정도 유명세를 자랑하는 이들도 여러 명이나 포함돼 있어 적어도 이론상으로는 커밍아웃을 장려하는 분위기를 형성한다. 〈오렌지 이즈 더 뉴 블랙〉의 배우로 유명한 래번 콕스(1972년생)는 42세가 된 2014년 '트랜스젠더 티핑포인트: 미국 민권의 차세대 선구자'라는 제목의 《타임》지 표지를 장식했다. 베이비붐 세대인 케이틀린 제너(1949년생)는 2015년 65세의 나이에 성전환을 해 트랜스젠더에 대한 인식을 바꾸고 용인되는 분위기를 확산시킨 주인공으로 평가받는다. 하지만 사회적 인식이 좋아졌다는 사실만으로는 트랜스여성보다 트랜스남성이나 성별 비순응자가 빠르게 증가한 원인을 설명할 수 없다. 만약 그게 원인이라면 일부가 아닌 모든 유형의 트랜스젠더가 증가했어야 한다.

Z세대는 온라인 활동을 통해 트랜스젠더가 무엇인지 일찍부터 알고 있었을 가능성이 높다. 정체성이 이미 구축된 성인층과 달리 아직 어린 세대에게는 온라인 정보가 중요하게 작용할 수 있다. 이 이론에

대한 한 가지 반론으로 트랜스젠더는 이미 수십 년 전부터 온라인에서 서로 소통해왔다는 사실을 들 수 있다. 한 연구에 따르면 트랜스젠더 청소년은 X세대가 10대였던 1980년대 후반부터 온라인 메시지를 주고받기 시작했으며 밀레니얼 세대가 10대가 된 1990년대 후반에는 온라인 게시판에 글도 자주 올렸다.

지금은 온라인 소통 방식이 달라졌을 수 있다. 틱톡, 인스타그램 등 어린 세대가 사용하는 사이트에서는, 비교적 높은 연령층에서 사용하는 페이스북에 비해 트랜스젠더 정체성을 둘러싼 논의가 좀 더 긍정적으로 이루어졌을 가능성이 있다. 만약 그렇다면 성별 비순응자 또는 트랜스남성에 관한 논의가 특히 더 긍정적일 것으로 보인다. 해당 집단에서 가장 큰 변화가 나타났기 때문이다. 물론 그렇다고 해서 트랜스젠더와 관련된 모든 게 지금은 긍정적이라는 의미는 아니다. 이들은 여전히 엄청난 선입견, 협박 그리고 폭력에 직면해 있다.

일각에서는 트랜스젠더 정체성이 진보, 대도시, 그리고 민주당을 지지하는 주에서 주로 증가하고 있다고 해석했다. HBO의 진행자 빌 마는 "고소득에 상당히 진보적인 가구(로스앤젤레스 거주자)의 저녁식사 자리에 참석하면 부모들이 각자의 트랜스젠더 자녀에 대해 이야기하는 걸 들을 수 있습니다. 그런데 오하이오에서 그런 일이 일어날 확률은 얼마나 될까요?" 빌 마는 트랜스젠더 청소년 증가 추세가 공화당을 지지하는 주에서는 찾아볼 수 없고 민주당 지지하는 주에 편중된 현상이라고 결론지었다.

하지만 데이터를 통해 알 수 있는 결론은 다르다. 2014~2021년 오하이오, 와이오밍, 텍사스 등의 공화당을 지지하는 주에서도 트랜스젠더라고 밝힌 이가 캘리포니아, 뉴욕, 오레곤과 같은 민주당을 지지하는 주 못지않게 많아진 것이다.

시골과 도시 등 지역에 따른 차이도 그다지 발견되지 않았다. 2021~2022 가구동향조사에 따르면 트랜스젠더 Z세대의 비율은 농촌 지역(2.2%)과 도시·교외 지역(1.9%)이 거의 동일했다. 트랜스젠더 청년의 비율도 뉴욕, 로스앤젤레스, 보스턴, 샌프란시스코 등 진보적인 대도시와 다른 지역 간에 차이가 없었다.

이처럼 트랜스젠더 정체성이 특정 지역이 아닌 전국에서 증가한 것으로 확인됨에 따라 또 다른 가설도 성립할 수 없게 되었다. 결국 변화가 왜 이리 급작스럽게 나타났고, 높은 연령층보다 청년층 사이에서 훨씬 크게 나타났으며, 출생 성별이 여성인 이들이 가장 많은 변화를 기록했는지 확실하거나 입증할 수 있는 답은 존재하지 않는다. 원인이 무엇이든 성별을 둘러싼 문화가 급격히 달라졌고 이 같은 변화의 선두에 Z세대가 있다는 것만큼은 분명하다.

Z세대는 트랜스젠더 인권 보호를 위한 정치운동 역시 주도하고 있다. 2021년 16살의 스텔라 키팅은 10대 트랜스젠더 중에는 최초로 미국 상원에서 증언했다. 키팅이 지지선언을 한 평등법안은 성 정체성에 따른 차별을 금지하는 내용을 담고 있었다. "저는 스텔라고 저를 지칭하는 성별 호칭은 '그녀'예요. 이 자리에 서게 된 건 제 일생의 영광입니다." 이렇게 연설을 시작한 키팅은 주마다 다른 법안으로 인해 자신이 맞닥뜨릴 수밖에 없는 여러 고난에 대해 설명했다. "이제 고등학교 2학년인 만큼 대학도 알아보기 시작했어요. 그런데 알아볼수록 드는 생각은 이것뿐이더라고요. '미국에서 법적으로 나를 동등하게 보호해주는 주는 절반이 채 안 되는구나. 나를 보호해주지 않는 주의 대학을 가고 싶으면 어떻게 해야 하는 거지?'

저는 단순히 트랜스젠더라는 이유로 많은 주에서 의료보험을 제공받지 못하고 추방될 수도 있습니다. 이런 게 어떻게 옳을 수가 있죠? 이런 게 어떻게 미국적인 처우인가요?" 키팅은 트랜스젠더를 위해 싸워줄 세대가 바로 Z세대라고 여겼다. "제 세대는 모든 이가 국민으로 인정받는 나라를 창조하고 있습니다. 그들이 누구이고 또 누구를 사랑하든 상관없이 모든 청년이 자신의 미래에 기대를 품을 수 있는 나라를요." 키팅은 충만한 삶을 영위하는 트랜스젠더 및 논바이너리 청소년의 삶을 보여주기 위해 설립된 '젠더쿨 프로젝트GenderCool Project'의 창립자 중 한 명이다. 이 프로젝트의 목표는 사람들이 "트랜스젠더와 논바이너리 청소년도 다른 모든 아이와 전혀 다를 바 없다는 사실을 이해하도록 만드는 것이다."

성 정체성이 새로운 화두로 떠오름에 따라 사람들이 자신을 지칭할 때 쓰는 성별 호칭도 새롭게 관심받고 있다. 이메일 서명, 줌의 대화명과 소셜미디어 프로필에 '그'와 '그녀'와 같은 성별 호칭을 표기해두는 이들도 증가하는 중이다. 일부 논바이너리들은 '그들' 같은 논젠더 호칭을 선호한다. 2021년 가수 데미 로바토(1992년생)는 '그들'을 선호한다고 밝혔다. 2022년에는 여기에 더해 '그녀가', '그녀를'까지 수용했다. "성별, 성적 취향, 음악, 창의성에 있어서라면 저는 워낙 유동적인 사람입니다." 영화 〈헝거게임〉 1편에서 루를 연기한 배우 아만들라 스텐버그(1998년생)는 2016년 논바이너리라는 사실을 밝히며 이렇게 말했다. "성별이라면 당신이 원하는 건 무엇이든 될 수 있어요… 오늘날과 같은 사회에 기존의 성별은 존재하지 않죠." 아만들라는 여성 대명사까지 문제 삼진 않지만 '그들'을 선호한다고 말한다. 배우 엘리엇 페이지는 대명사로 '그들'과 '그'를 모두 사용한다.

베이비붐 세대, X세대와 밀레니얼 세대는 이렇게 새로운 발상에 차츰 적응해가고 있지만 개인을 칭하는 데 사용하는 성별 호칭을 두고는 아직 많이들 우왕좌왕하고 있다. 하지만 어린 Z세대는 이 같은 성별 호칭의 혼란스러운 상황을 편안하면서도 민첩하게 헤쳐나간다. 고령의 세대에겐 눈 깜짝할 사이에 천지개벽한 듯한 문화를 수많은 Z세대는 아무렇지 않게 받아들이고 있는 것이다. 물론 이들은 언제나 그렇게 해왔다.

나를 위한 성소수자
: 레즈비언, 게이, 양성애자의 증가

2011년 내셔널퍼블릭라디오에서는 미국 내 성 소수자, 즉 레즈비언, 게이, 양성애자 인구를 몇 명으로 추산하는지 두 전문가에게 물었다. 20세기에 수많은 연구가와 활동가는 1950년대의 비이성애자 비율을 10%로 추정한 알프레드 킨제이의 추산치를 활용했다. 하지만 2011년 성소수자의 실제 수는 이보다 훨씬 적어서 기껏해야 3~4%에 불과하다고 인구통계학자들은 주장했다. 이에 대해 내셔널퍼블릭라디오에서는 '성소수자가 미국 인구의 10%라고? 인구통계학자, 틀렸다고 입 모아'라는 제목의 기사를 보도했다.

하지만 지금으로서는 맞는 얘기다. 적어도 Z세대에 한해서는 말이다. 인구 비율 10%는 성소수자 비율로 그다지 많은 게 아닐뿐더러 사실 청년층 성소수자를 생각하면 너무 작은 수치다. 2021년 청년층의 16.1%, 즉 6명 중 1명은 이성애자 이외의 성적 취향을 갖고 있다고 밝혀 불과 7년 전보다 두 배 이상 증가한 것으로 나타났다. 게다가 대부분 밀레니얼 세대인 핵심 연령대 성인 가운데 성소수자라고 밝힌 이도 같은 기간 동안 두 배 늘었다. 반면 2021년 X세대, 베이비붐 세대 그리고 사일런트 세대에 해당되는 42세 이상 연령층에서는 성소수자 비율이 이전과 거의 동일하게 나타났다.

성소수자라고 밝힌 이가 이렇게 급증한 이유는 무엇인가? 성소수자에는 세 종류의 집단이 포함된다. 때문에 그중 한 집단만 늘거나, 두 집단, 혹은 세 집단 모두 늘어나는 경우의 수를 각각 생각해볼 수 있다. 조사에서는 레즈비언, 게이, 양성애자 등 자신의 성적 취향에 대해 질문해 어느 집단이 가장 크게 증가했는지 알아보았다.

그 결과 양성애자, 특히 양성애 여성 인구 증가가 이 같은 변화를

레즈비언, 게이 또는 양성애자라고 밝힌 성인 비율

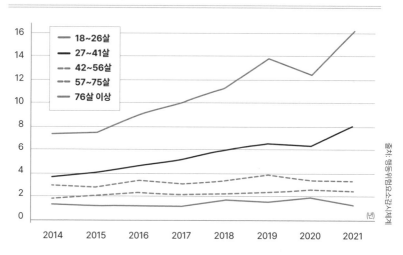

출처: 행동위험요소감시체계

* 자신의 성적 취향이 이성애가 아닌 레즈비언, 게이 혹은 양성애라고 밝힌 이의 비율을 나타낸다. '그밖에' 및 '기타' 응답은 제외했다. 연령군은 2021년 각 세대별로 분류했다.

오롯이 주도해온 것으로 드러났다. 2015년과 2021년을 비교했을 때 게이 혹은 레즈비언이라고 밝힌 청년 비율은 소폭 상승하는 데 그쳤지만 양성애자라고 밝힌 여성은 두 배로 늘어 6년 만에 상당한 변화를 기록했다. 2021년에는 젊은 성인 여성 5명 중 1명꼴로 양성애자를 자처한 것이다. 게다가 양성애자라고 밝힌 남성의 수도 두 배로 증가했다.

수치는 2022년 데이터까지 포함할 경우 훨씬 높아진다. 2021~2022년 가구동향조사에 따르면 Z세대 여성의 23%가 양성애자라고 밝혀 밀레니얼 세대 여성보다 2배, X세대 여성보다 8배 더 많은 것으로 나타났다. 이는 사일런트 세대나 베이비붐 세대와 비교하면 심지어 32배 더 많은 수치다. 결국 Z세대 여성 10명 중 3명은 자신이 이성애자가 아니라고 밝힌 셈인데 사일런트 세대 여성 가운데는 100명 중 1.4명으로 20분의 1 수준에 불과했다.

게이라고 밝힌 남성의 비율도 세대마다 차이가 컸다. Z세대가 사일런트 세대보다 3배 더 많았지만 밀레니얼 세대는 Z세대보다도 더 많았다. 양성애 남성도 크게 증가했다. Z세대가 사일런트 세대보다 8배 더 많았다. 결과적으로 Z세대 남성 8명 중 1명 이상이 이성애 이외의 성적 취향을 갖고 있는 것이다.

웹사이트 웬아이케임아웃닷컴WhenICameOut.com에는 연령대를 불문하고 성소수자로 커밍아웃한 사람들의 이야기가 담겨 있다. "저는 갑작스럽게 부모님께 커밍아웃을 하게 됐어요." 한 게이 남성이 적었다. "사실 아빠가 먼저 질문해왔죠. 저는 대답 안 하려고 했지만 결국 5분 만에 인정하게 됐어요. 두 분은 '아, 그렇구나. 진작 말하지 그랬니? 우리는 네 부모로서 언제나 널 사랑한단다'라고 하셨죠." 하지만 모두가 이렇게 지지해주는 것은 아니다. "할머니 댁에 있을 때 커밍아웃을 하게 됐어요." 15살의 레즈비언이 적었다. "할머니는 '동성애자가 어떻게 하나같이 지옥으로 떨어지는지' 말씀해 주시더군요. 그 자리에서 일어나 나왔어요. 아빠가 어디 가느냐고 물으시길래 '어디겠어요? 지옥이지'라고 했죠."

10대 청소년의 통계 수치는 어떤가? 지난 수십 년 동안 고등학교에 재학 중인 10대가 성소수자로 커밍아웃하는 경우는 드물었다. 오명을 씌우고 괴롭히는 경우가 허다하다 보니 대개 대학 진학 이후에야 이성애 이외의 성적 취향을 받아들였던 것이다. 따라서 최소 열일곱 혹은 열여덟 살이 되어서야 커밍아웃을 했지만 더 이상은 그렇지 않다. CDC의 '청소년 위험 행동 감시 체계YRBSS 조사'에서 고등학생을 대상으로 조사를 실시한 결과, 레즈비언, 게이 혹은 양성애자라고 밝힌 10대의 수는 6년 만에 두 배 가까이 늘었다. 2021년에는 고등학교 신입생 7명 중 1명이 이성애 이외의 성적 취향을 공개했다.

이렇게 수많은 9학년과 더불어 중학교에서도 많은 학생들이 커밍아웃 중이다. 하지만 그렇다고 또래 학생으로부터 환대받는 분위기는 아니다. 14살이자 8학년인 그레이스가 적었듯 "우리 학교에서는 누군가 성소수자로 커밍아웃하면 '좋네, 그건 그렇고 우리가 저번에 본 영화가 뭐였지?' 이런 식이에요."

청년층의 경우와 마찬가지로 10대 성소수자가 증가한 것 역시 양성애 여학생 증가에 따른 현상이었다. 2015년에는 양성애자라고 밝힌 여고생이 10명 중 1명에 불과했지만 2021년에는 5명 중 1명으로 늘었다.

웬아이케임아웃닷컴에 올라오는 이야기의 대다수는 10대가 작성한 것이다. "부모님 귀에는 들어가지 않았으면 해서 제 베프한테 (온라인 게임으로) 쪽지를 보내 커밍아웃했어요." 양성애자라고 밝힌 13살 여학생이 적었다. "그 애는 나중에 '아, 정말 잘됐다! 난 완전히 네 편이야'라고 문자를 보내줬죠. 이틀 전 일인데 얼마나 기분이 좋은지 몰라요." 19살 한 남학생은 16살 때 할시 콘서트에 갔다가 LGBTQ+(레즈비언, 게이, 양성애자, 트랜스젠더 그리고 퀴어의 머릿글자를 따온 약어)는 일제히 소리치라는 할시의 요청에 힘껏 소리치는 방법으로 커밍아웃을 했다. "형과 형의 여자친구가 진짜 충격받았어요. 나한테 뭐냐고 묻길래 게이라고 했죠. 형이 가장 처음 한 말은… '나는 항상 게이 동생을 갖고 싶었어'였어요. 반면 형의 여자친구는 이후 저랑 말을 섞지 않았죠." 이렇게 쓴 그는 자신의 성적 취향에 대해 '지옥 같은 게이'라고 덧붙였다. 사이트 게시물 중에는 부모님께 커밍아웃 하니 '그러다 말 것'이라고 말씀하셨다는 이야기가 많았다.

앞으로 미래의 조사에서는 게이, 레즈비언 그리고 양성애자 이외의 성적 취향 항목을 추가해야 할지 모른다. 예를 들어, Z세대의 상당수는 '범성애자pansexual'라는 용어를 사용하는데 모든 성별에 동일한 매력을 느끼는 사람을 의미한다. Z세대가 아닌 이들은 범성애자가 양성애자와 어떻게 다른지 궁금할 테지만 많은 Z세대는 성별이 두 가지 이상이라고 여기는 만큼 범성애는 훨씬 범위가 넓어진다. 즉, 남성, 여성, 논바이너리 그리고 다른 성별 유형을 자처하는 이들 모두에게 끌리는 것이다. 웬아이케임아웃닷컴에서 12살의 한 학생이 10살 여동생에게 자신은 범성애자임을 커밍아웃한 일화에 대해 적었다. "동생한테 LGBTQ+가 무엇인지 설명하고 나는 범성애자라고 말했어요. 동생은 10초 동안 나를 가만히 응시해 신경이 곤두서게 만들더니

어깨를 으쓱하고는 '알았어' 그러더군요… 동생이 TV를 보다 게이 캐릭터를 비난할 때가 있어요. 그런 소리를 들으면 저는 동생 양말을 하나씩 숨기죠."

정체성과 행동은 별개의 문제다. 조사에서는 동성애 파트너가 있는지도 질문했는데 성소수자가 증가한 것만큼이나 충격적인 결과가 나타났다. 1명 이상의 동성 파트너를 둔 젊은 여성 비율이 1990년대 초반의 5배로 껑충 뛰어오른 것이다. 젊은 남성 역시 1명 이상의 동성 파트너를 둔 비율이 2배 이상 늘었다. 이 같은 증가율의 대부분은 남성, 여성 모두와 성관계하는 여성이 주도했다. 2015~2021년 성생활을 즐기는 여성 4명 중 1명은 남성, 여성 모두와 성관계를 가졌으며, 여성하고만 성관계하는 경우는 1.4%에 불과했다. 성적 취향에서 나타난 트렌드가 성적 행동에도 그대로 반영된 것이다. 순수 게이 혹은 레즈비언의 비율은 예전과 별다를 바 없었지만 양성애자의 비율은 크게 달라졌다.

10대 청소년 역시 동성 파트너를 둔 경우가 많아졌다. 2021년 CDC가 10대를 대상으로 실시한 조사 결과 성경험이 있는 여학생 4명 중 1명, 남학생 가운데는 10명 중 1명이 동성 파트너가 있었다. 흥미롭게도 성생활을 즐기는 학생의 연령이 어릴수록 동성 파트너를 두고 있을 확률도 높았다. 성생활을 즐기는 9학년(15살) 여학생 가운데 33%, 12학년(18살) 여학생은 19%가 동성 파트너가 있었다. 어린 학생일수록 동성의 상대와 더 편안하게 성적 취향을 탐구할 수 있고 또는 세대 차이가 심해지면서 일어난 현상으로 볼 수 있다.

왜 남성이 아닌 여성이 성적 취향에 있어 그렇게 단기간에 가장 큰 변화를 보였는지 질문해볼 필요가 있다. 사회 심리학자 로이 바우

마이스터가 2003년 논문에서 주장한 바에 따르면 여성은 '에로틱 가소성'을 더 많이 가지고 있다. 여성이 남성에 비해 문화나 상황에 따라 성적 행동이 달라지는 경향이 강하다는 것이다. 예를 들어, 교육이 남성의 성적 취향은 거의 바꿔놓지 못하지만 여성은 교육 이후 양성애나 레즈비언이 될 확률이 더 높다. 따라서 에로틱 가소성을 감안할 때 문화적으로 소수자의 성이 널리 받아들여질수록 여성의 성적 취향이 가장 많이 변할 수밖에 없다.

다른 경향 역시 영향을 미쳤을 수 있다. Z세대 남자아이의 경우 상당히 어린 나이부터 포르노에 노출된다. 일부 집계에 따르면 평균 아홉 살까지 낮아졌다. 전문가들은 이 같은 경향이 Z세대의 성적 관계에 어떤 영향을 미치는지 알아보았다. 사회학자 리사 웨이드는 《아메리칸 훅업》의 집필을 위해 광범위한 인터뷰를 실시한 결과 미국 대학 캠퍼스의 새로운 성 표준을 발견했다. 바로 '뜨거운 섹스와 차가운 감정'이다. 포르노에서 주로 묘사되는 성이 이 같은 형태이기 때문으로 추정된다. 만약 남학생이나 젊은 남성이 포르노를 통해 남성 위주의 섹스를 배우고 있다면 바로 그 때문에 여학생이나 젊은 여성이 서로에게서 성적 욕구를 충족하고 있는 것 아닐까? 성을 포르노로 배운 이성애자 젊은 남성은 여성의 성적 쾌감을 위해서는 뭘 해야 하는지 모르고 있을 수 있다.

동일한 경향을 다른 시각에서 살펴보면 포르노 때문에 양성애가 멋있는 뭔가로 등극했는지도 모른다. 혹은, 관점에 따라서는 페티시즘의 대상으로 둔갑했을 수도 있다. 여성의 양성애라 하면 흔히 여성 위에서 여성이 움직이는 장면을 떠올리는 만큼 포르노에 노출된 젊은 남성은 양성애 여성에 일종의 로망을 갖고 있을 수 있다. 하지만 지금으로서는 이 같은 변화에 과연 포르노가 영향을 미쳤는지, 아니면 다양한 취향을 존중하는 사회적 분위기가 가장 큰(혹은 유일한) 동력인지 확실히 알 수 없다.

섹스 침체기
: 성생활 감소

아, 청년기여! 식을 줄 모르는 에너지와 건강한 몸을 생각하면 섹스하기에 이보다 더 좋은 때는 없다. 심지어 21세기가 가져다준 수많은 혜택을 떠올려보라. '틴더'와 같은 소개팅 앱에서 금세 파트너를 찾을 수 있고 어디서든 혼전 섹스를 금기시하는 분위기는 찾아볼 수 없으며 피임약도 무료다. 인터넷 채팅으로 즉석 만남이 가능한 데다 심지어 평균 출산 연령이 높아지고 있는 걸 감안하면 이 같은 충동에 찬물을 끼었을 자녀도 없다. 어디로 보나 Z세대 청년은 삶에서 성생활의 최전성기를 누리고 있어야 마땅하다.

하지만 현실은 그렇지 않다. 사실 Z세대는 X세대나 밀레니얼 세대의 청년기에 비해 성관계 횟수가 지극히 적다. GSS에 따르면 18~25살의 Z세대 남성 10명 중 3명은 지난 1년간 성관계를 전혀 갖지 않았는데 이는 같은 연령대의 밀레니얼 세대보다 두 배 많은 수치다. Z세대 여성도 4명 중 1명이 지난 1년간 성관계를 전혀 갖지 않았는데 밀레니얼 세대의 7명 중 1명에 비해 늘어난 수치다. 이 같은 현상의 원인을 코로나19 팬데믹에서 찾을 순 없다. 성관계를 갖지 않는 Z세대 청년의 수는 팬데믹이 닥치기 전인 2018년과 거의 비슷한 수

지난해 성관계를 갖지 않은 18~25살 성인 비율

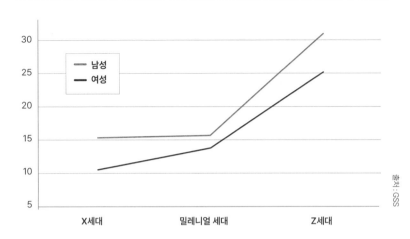

* 1989~2021년 수집된 데이터다. 질문은 지난 12개월간 응답자는 성관계를 '얼마나 자주' 가졌는지 여러 선택지와 함께 제시되었다. 수치는 '전혀 안 가짐'이라고 답한 이들의 비율이다.

준이다. 혹시 섹스 침체기라고 들어봤는가? Z세대에게는 섹스 불황기다.

젊은 층 중에는 일부러 성관계를 갖지 않거나 심지어 성생활을 하지 않는 것을 하나의 성적 취향(이른바 '무성애자$_{asexual}$' 줄여서 '에이스$_{ace}$'라고도 함)으로 구축한 이들도 있었다. 최근 미국 전역의 대학생을 상대로 한 조사에서는 선택지가 게이부터 레즈비언, 양성애자, 범성애자 그리고 '의문$_{Questioning}$'에 이르기까지 여덟 가지가 제시되었다. 이렇게 많은 선택지에도 불구하고 학생 수백 명은 이외의 답변을 적어 제출했으니 바로 무성애다. 2020년 가을에는 자신이 무성애자라고 직접 밝힌 학생의 비율이 1%가 넘었는데 이 같은 답변이 선택지에 포함되지 않았음을 고려하면 실제 수는 훨씬 많을 것으로 추정된다."한 남학생이 농담처럼 내게 좋아하는 성별이 뭐냐고 묻기에 '사실 없어. 무성애자라고 봐야지'라고 했어요." 한 19살 학생이 온라인 게시판에 적었다. "제 성적 취향을 입 밖으로 낸 건 처음이네요."

다른 이들은 실제 섹스 대신 포르노와 자위를 즐겼다. "사회적, 성적 기본 욕구를 인터넷을 통해 워낙 쉽게 충족할 수 있다 보니 굳이 바깥의 '맨살 세상'에 뛰어들어 노력할 만한 동기가 거의 없어요." 케이트 줄리안이 섹스 침체기를 주제로 2018년 《애틀랜틱》에 기고한 기사를 통해 24살의 한 남성이 말했다. "그와 같은 욕구를 충분히 만족시킬 만한 재료들을 인터넷이 제공해주니까요. 만약 전혀 그렇지 않다면 밖으로 더 나가게 될까요? 실제 섹스도 더 많이 하고요? 제 또래 중에는 아마 상당수가 그렇다고 답할 거예요." 정신건강 문제가 또 다른 원인을 제공하기도 한다. 현재 젊은 층 가운데는 우울증을 앓는 경우가 비일비재한데 우울증이 성욕 감퇴로 이어지는 경우가 많은 것이다.

게다가 성적 파트너를 직접 만나는 건 이제 한물갔을뿐더러 심지어 스토킹의 냄새까지 풍길 수 있다. 줄리안이 2001년 엘리베이터에서 남편을 만났다고 하면 (두 사람의 직장이 한 건물에 있었다) 요즘 같아서는 상상도 할 수 없는 일이라고 답하는 여성이 많을 것이다. 만약 일면식도 없는 남성이 엘리베이터에서 말을 걸어온다면 여성은 속으로 "소름끼쳐! 꺼져!"라고 생각할 거라고 누군가 말했다. 스마트폰의 시대에 우리는 누구와 교류할지 선택할 수 있는 능력을 갖게 된 것으로 보인다. 모든 사람을 살피다 팔로우하고 싶은 이가 생기면 팔로우하고, 댓글을 달고 싶은 게시물이 보이면 댓글을 다는 것이다. 만약 이 같은 태도가 현실 세계로까지 이어지면 알지 못하는 사람과 대화할 가능성은 완전히 차단될 수밖에 없다. 연애 파트너를 만나기가 지극히 어려운 분위기라는 사실은 두말할 필요도 없다.

평가와 거부가 만연한 인터넷의 소통 문화도 도움될 게 없기는 마찬가지다. 20살의 펜실베이니아 주립대학교 학생 셰인은 한 인터넷 사이트의 연애 게시판을 항상 꼼꼼히 읽는다. 그곳엔 여성들이 데이트에서 무엇이 문제였는지 상당히 구체적으로 적어놓았다. 셰인은 아직 성경험이 없지만 데이트앱에 가입할 엄두는 나지 않는다. "사람들이 인터넷에서 솔직하게 털어놓는 내용을 보면 너무 불안해요." 그가 말했다. "그걸 보면 걱정할 게 많다는 걸 알 수 있죠. 사람들은 다른 사람과 얼굴을 마주할 때에는 입 밖으로 잘 꺼내지 않는 잔인하고 부정적인 이야기들을 온라인에서는 마구 떠벌린다.

과연 어떤 행동까지 받아들일 수 있는지에 관한 기준이 오늘날에는 확실히 달라졌다. 어느 Z세대는 최근 트위터에 "결국 누군가와 섹스하겠다는 의도로 친해지려고 애쓰는 건 인위적이고 이상해요"라고 적었다. 이에 누군가가 "이상할 뿐인가요? 완전 이기적이죠. 그 사람하고 한번 자보고 싶어서 친한 척하는 건 이용하는 거나 다름없어요"라는 댓글을 달았고 곧이어 Z세대가 아닌 것으로 보이는 이가 한마디로 응수했다. "Z세대가 걱정되네요."

젊은 층 사이에 성관계가 줄어든 데에는 또 다른 이유도 있다. 같은 나이라 하더라도 이전보다 어려졌기 때문이다. 나이가 어리다는 게 아니라 어른이 되기까지 더 오랜 시간이 걸린다는 뜻이다.

천천히, 더 천천히
: 느린 성장

왜 바로 운전면허를 취득하지 않았느냐는 질문에 19살의 후안은 "부모님이 면허를 따라고 '성화하지' 않았기 때문"이라고 답했다.

당신이 만약 X세대나 베이비붐 세대라면 이 문장을 두 번은 읽어야 이해가 갈 것이다. 불과 얼마 전까지만 해도 운전면허를 따겠다고 성화를 부리는 게 10대요, 나중에 따라고 타이르는 게 부모 쪽이었으니 말이다.

더 이상은 그렇지 않다. Z세대 청소년은 운전면허 취득뿐 아니라 독립, 그리고 성인이 됐음을 의미하는 모든 활동을 뒤로 미루고 있다. 고등학교 졸업반인 12학년(17살 또는 18살)에도 이들은 이전 세대의 10대에 비해 술도 덜 마시고 데이트도 덜 하며 아르바이트도 덜 한다. 성관계는 말할 것도 없다. 1991년 당시 X세대였던 12학년 가운데는 67%가 성경험이 있었지만 2021년에는 그 비율이 47%로 줄었다.

이렇게 어른의 생활에서 멀어지는 원인이 부모의 개입 때문이라고는 볼 수 없다. Z세대의 10대는 동일 연령대의 X세대보다 부모와 싸우는 횟수는 물론, 가출을 시도하는 횟수도 적다. Z세대는 그저 더 오랜 시간이 걸려 성장하는 데 안주하고 있는 듯보인다.

독립을 미루는 건 17~18살뿐만이 아니다. Z세대의 13~14살 가운데서도 어른의 활동을 즐기는 비율이 낮아졌다. 1990년대 X세대였던 8학년, 즉 14살 학생은 대다수가 데이트와 음주를 즐기고 아르바이트도 했던 반면, 2021년 Z세대의 8학년에서는 불과 4명 중 1명만 그와 같은 양상을 보였다. 9학년, 즉 15살 봄 무렵까지 성경험을 가진

어른의 활동을 즐기는 미국 18살 비율

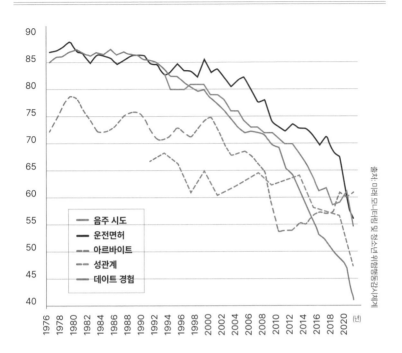

출차: 미래 모니터링 및 청소년 위험행동조사시체계

* 2020년 데이터는 코로나19 팬데믹으로 학교가 폐쇄되기 이전인 2020년 2~3월 초에 수집되었다. 성관계에 관한 2021년 데이터는 팬데믹 기간의 YRBSS 조사 대신 CDC가 2021년 초반~중반 실시한 청소년 행동 및 경험 조사에서 가져왔다. 2013년 이후 12학년(18살)의 대부분은 Z세대였다.

학생의 비율은 X세대에서는 40%에 가까웠지만 2021년 Z세대 사이에서는 15% 미만으로 떨어져 2009년 밀레니얼 시대 이래 절반으로 줄었다.

Z세대의 18살은 여러모로 이전 세대의 14살처럼 보인다. 예를 들어 18살인 12학년 학생 중 데이트를 즐기는 이는 1990년대 초반의 14살 8학년 학생과 같은 절반 수준이다. Z세대는 단순히 청소년기뿐 아니라 유년기까지 연장시키는 바람에 어른의 생활에 진입하기까지 더

오랜 시간이 걸린다.

이를 통해 미국에서 여러 세대를 거치면서 지속적으로 슬로우라이프 전략이 확대돼 왔다는 사실을 똑똑히 확인할 수 있다. 기술 덕분에 수명이 연장되고 더 많은 교육을 받아야 경제적으로 독립할 수 있게 되었으며 부부는 자녀를 더 적게 갖고 아이들은 더욱 천천히 성장한다. 슬로우라이프 전략은 주어진 여건에 대한 적응의 결과인 만큼 단순히 좋고 나쁘고의 평가를 내릴 순 없다. 10대가 이전보다 책임감이 약하다거나 성숙하지 못함을 나타내는 지표도 아니다. 성장하기까지 더 오랜 시간이 걸린다는 사실을 의미할 뿐이다. 부모들은 10대가 이전보다 술도 덜 마시고 성관계도 덜한다는 사실을 반기는 한편, 독립하는 방법을 배우지 않는 데 대한 우려도 표시하기 시작했다. Z세대 역시 자신들이 놓치는 재미가 있다는 걸 인정하면서도 이전 세대는 어릴 때부터 어른의 생활을 그렇게 다양하게 누렸다는 사실에 적잖이 당황하기도 한다. 내가 어느 Z세대에게 1990년대의 X세대는 8학년 때쯤부터 술을 마셨다고 이야기해주니 이 같은 답변이 돌아왔다. "옛날 사람들은 가끔 무섭다니까요."

만약 10대 청소년이 단순히 알코올을 마시는 대신 마리화나를 사용하게 된 것이라고 생각한다면 오산이다. 지난해 12~17살 청소년의 마리화나 사용률은 1995년과 비슷한 수준이었다. 약물 사용이나 보건에 관한 전국 조사 결과 14% 내외로 나타난 것이다. 이에 비해 21~29살 청년층 사이에서는 마리화나 사용률이 2008년보다 48%나 늘어 2019년에는 이 연령대의 3분의 1가량이 마리화나를 피웠다. 지난해에는 30~34살 사이에서도 증가 추세가 나타나 12%에서 24%로 두 배 뛰었다. 따라서 마리화나를 피우거나 섭취하는 이들이 늘어난 건 대개 밀레니얼 세대와 Z세대 청년층에서 나타난 현상이다. 또 이는 21살 이상을 대상으로 마리화나의 기호 소비가 합법화된 데 따른 결과였으며 10대의 성장이 느려진 데에는 별다른 영향을 미치지도 않았다.

슬로우라이프 전략은 지난 여러 세대에 걸쳐 현실에서 이루어졌다가 중단되기를 반복했다. 베이비붐 세대는 독립적 성향이 강한 어린이와 청소년으로 빠르게 성장했지만 출산은 늦게 해 긴 청년기를 보냈다. X세대는 일찍 성 경험을 하고 10대 임신율도 높아지는 등 청소년기를 심지어 베이비붐 세대보다 빠르게 시작했지만 결혼을 늦게 하고 커리어를 늦게 시작해 진짜 어른이 되는 시기는 늦어졌다. 하지만 밀레니얼 세대와 특히 Z세대의 경우에는 유아기부터 성인기까지 모든 주기가 느려졌다. 유년기가 본래 청소년기가 시작돼야 하는 시기까지 이어졌고 청소년기가 본래 청년기가 시작돼야 하는 시점까지 계속됐으며, 청년기 역시 학업이 길어지고 출산도 차일피일 미뤄지면서 한없이 늘어졌다.

한때 동네를 배회하고 학교에서 집까지 스스로 걸어다니던 학령기 아동은 이제 거의 매 순간 어른의 세심한 돌봄을 받는다. X세대 부모의 경우 본인은 어릴 적 동네에서 수 마일씩 되는 거리를 혼자 자전거 타고 다녔지만 자녀가 그와 같은 자유를 누리는 건 용납하지 않는다. 만약 자녀에게 일찍 독립심을 키워주고자 하는 부모가 있으면 이내 새로운 문화 표준에 위배되는 행동으로 비난받고 어떤 때는 심지어 법 위반으로 적발되기도 한다.

2018년 8살의 도로시 와이든은 일리노이주에 위치한 집 인근에서 반려견인 마시멜로를 산책시켰다. 이를 본 한 이웃이 경찰에 신고했고 와이든의 가족은 형사 처벌은 받지 않았지만 아동보호서비스의 조사를 받아야 했다. 다행히 조사는 중단되었지만 이 같은 일이 또다시 벌어지지 않을 리 없다. 일리노이주에서는 14살 미만 아동을 혼자 내버려두는 행위가 아동 방임에 해당되기 때문이다. 얼마 전까지만 해도 13살은 베이비시터로 아르바이트하며 더 어린아이를 돌봐줄 수 있는 나이였는데 이제는 아직 베이비시터가 필요한 나이로 간주된다. 슬로우라이프가 어느 단계까지 왔는지 여실히 보여주는 대목이다.

니중에, 결혼과 출산
: 늦어진 성인기

"아무도 당신을 위해 기뻐하거나 응원해주지 않을 거예요." 몇 년 전 19살의 나이로 결혼한 한 여성이 말했다. "지금은 모두가 우리를 '근사한 부부'로 바라봐주지만 처음엔 축하나 격려 따위는 전혀 받지 못했어요."

몇 세대 전 같았으면 이 같은 발언이 꽤 놀라웠을 것이다. 1960년대 초반에는 결국 여성의 절반 이상이 스무 살을 전후해 결혼했기 때문이다. 그런데 오늘날 19살이 결혼한다고 하면 말도 안 되는 상황으로 여겨져 대부분 사회에서 즉각적 비난에 직면하게 된다. 심지어 21살 이전에 진지한 연애를 하는 것조차 달갑지 않게 여기는 곳이 많다. 노스웨스턴 대학교에서 '결혼 101'이라는 과목을 가르치는 알렉산드라 솔로몬은 '사랑은 커리어에서 성공을 일군 다음에나 해야 한다'는 게 요즘 학생들의 신념이라고 말했다. "나의 학생들은 졸업하기 전까지 사랑에 빠지지 않으려고 안간힘을 쓰고 있다고 말한다." 이어서 그녀가 또 말한다. "그러지 않으면 자신의 계획을 망칠 수 있다는 우려에서다."

어쩌면 이는 오로지 엘리트 대학의 표준일 뿐 다른 청년들에게는 해당되지 않는 이야기일 수 있다. 윌리엄 스트라우스와 닐 하우가 소개한 세대 순환 이론에 따르면 Z세대는 사일런트 세대와 상당히 흡사하다. 그런데 1950년대~1960년대 초반의 청년은 어려서 결혼하고 이후 얼마 지나지 않아 출산까지 했다. 하지만 Z세대는 청년기까지 슬로우라이프 전략을 따르면서 결혼과 출산을 모두 미루고 있다. 사일런트 세대의 20대 초반과 Z세대의 20대 초반은 엄청난 차이를 보인다. 1960년에는 20대 초반 여성 중 10명 중 7명이 결혼했지만 2020년에는 10명 중 1명에 그쳤다. 남성의 경우에도 1960년에는 20대 초반 남성의 절반가량이 기혼이었지만 2020년에는 14명 중 1명뿐이다.

Z세대가 결혼과 연애를 단순히 미룰 뿐 아니라 아예 시작조차 하지 않는다는 초기 징후도 보인다. 밀레니얼 세대 고등학교 졸업반 학생 가운데는 자신이 결국 결혼할 것이라는 의견이 베이비붐 세대보다 많았지만 Z세대에서는 줄었다. 더불어 결혼과 가족이 상당히 중요하다는 의견 역시 감소했다. 결혼뿐만이 아니다. Z세대에서는 심지어 평생을 함께할 짝이 있었으면 좋겠다는 의견도 줄어들었다. 물론 감소폭이 그다지 크지 않고 아직 Z세대의 상당수는 평생의 짝이나 배우자를 원한다. 하지만 Z세대 이전의 40년간은 어른으로서 관계를 갖고자 하는 욕구가 일정한 수준으로 유지되거나 증가해왔는데 Z세대 들어 감소한 것을 고려하면 진지한 관계에 회의를 갖는 이들이 늘었다는 사실을 알 수 있다.

자녀를 갖는 시기 역시 Z세대의 슬로우라이프 양상과 더불어 변화했다. X세대는 결혼을 대폭 미룬 데 비하면 출산은 그나마 덜 미뤄서 평균 출산 연령이 평균 결혼 연령보다 낮아졌다. 이에 비해 Z세대는 결혼과 출산을 둘 다 미뤘다. 2010년대에 15~24살 연령군이 밀레니얼 세대에서 Z세대로 교체된 이후에도 출산율은 하락세를 이어갔다. 2020년에는 10대와 20대 초반 여성의 출산율이 1918년 기록을 시작한 이래 최저치로 떨어져 해당 연령군이 X세대였던 1990년의 절반 수준을 기록했다. 2021년 10대 여학생의 출산율은 1990년대 초반의 4분의 1에도 못 미쳤다.

전반적으로 Z세대는 미국 역사상 이전의 어느 세대보다 늦게 결혼하고 또 늦게 출산한다. 사일런트 세대와 같은 길을 걷기는커녕 성인으로 성장하기까지 훨씬 오랜 시간이 걸리는 슬로우라이프 전략을 따랐으며 갈수록 더 많은 이들이 결혼이나 출산을 아예 선택하지 않을 것으로 보인다.

그렇게 말하면 안 되지!
: 언론 규제

매사추세츠 공과대학에서 상당한 권위를 자랑하는 존 칼슨 강연의 연사로 초청받았을 때 도리안 애봇은 기쁨을 감추지 못했다. 시카고 대학교 지구물리학자인 애봇은 기후 변화는 물론 다른 행성의 생명체 존재 가능성을 주제로 한 자신의 연구 내용을 발표할 예정이었다.

그런데 얼마 지나지 않아 논란이 일었다. 애봇은 기고문과 동영상을 통해 대학 신입생 선발이 오로지 실력만을 기준으로 이루어져야 하며 따라서 적극적인 우대조치나 기여입학제도는 모두 폐지돼야 한다고 주장한 바 있었다. 물론 이는 그의 지구물리학 연구나 예정된 강연과 전혀 무관했지만 MIT 재학생과 졸업생은 트위터에서 애봇의 강연을 당장 취소하라고 거세게 요구했다. 애봇이 연사로 나선다는 건 "받아들일 수 없고", "분노가 치밀며" 학교의 DEI(다양성, 형평성, 포용성)*를 위한 노력에 위배된다는 주장이었다. 며칠 후 MIT는 애봇의 강연을 취소했다.

언론 자유를 둘러싼 갈등은 지난 수십 년간 기성세대와 젊은 세대를 갈라놨지만 이제 세대가 뒤바뀌었다. 과거엔 젊은 세대와 진보층이 언론의 자유를 지지하고 기성세대와 보수층이 이들에 맞서는 형국이었다. 실제로 1950년대와 1960년대 초반에는 레니 브루스 같은 코미디언이 욕설을 쓰고 종교를 웃음거리로 만든 걸 두고 논란이 일었다. 1960년대 중반에는 당시 사일런트 세대나 베이비붐 세대였던 캘리포니아 대학교 버클리 학생들이 언론 자유 운동을 시작했는데 이들이 민권기관을 설립하려 하자 대학 행정부에서 캠퍼스 내 정치 토론 금지 정책으로 맞불을 놓으려고 하면서 일어난 일이었다. 1970년대에는 일리노이주 스코키에 위치한 유대인 거주 지역을 네오 나치가 행진하려 하자 진보 기관으로 간주돼온 미국시민자유연맹ACLU이 그런 권리를 지지했다. 진보 진영은 대개 자기 표현의 일환으로 언론의

---

* DEI: 다양성(Diversity), 형평성(Equity), 포용성(Inclusion)의 약자로 배경, 정체성, 장애 등에 의한 차별 없이 모든 사람의 공정한 대우를 촉진하는 개념

자유를 지지했다. 보수 진영은 캠퍼스나 사회 전반에 혼란을 막으려는 의도로 언론의 규제를 지지했다.

이후 반전이 일어났다. 2010년대에 젊은 진보층이 이전과 달리 언론의 규제를 요구하기 시작한 것이다. 1980년대에 극단적 언행의 강연은 금지돼야 한다고 생각하는 X세대 대학 신입생은 4명 중 1명꼴이었지만 2019년에는 Z세대 신입생 대다수가 그렇게 생각했다. 게다가 2019년 대학생 4명 중 3명은 인종차별이나 성차별로 간주되는 언론은 반드시 규제받아야 한다고 생각했다. '4장 X세대'에서 살펴본 것처럼 표현의 자유를 대하는 태도에 있어 세대 간 차이가 갈수록 벌어지고 있다.

이는 단순히 의견 개진으로 마무리되는 이야기가 아니다. 대학 캠퍼스 연단에 서기로 한 인사들의 '강연이 취소'되거나 야유로 중단되었다. 캠퍼스 내 언론의 자유를 옹호하는 중립 단체 '개인의 권리와 표현을 위한 재단FIRE'이 2019년 적발한 강연 취소 시도만 해도 40건으로 2010년과 비교해서 17건이나 늘었다. 학생에게 불쾌감을 주는 발언을 한 교수는 정직 또는 해고 처리되었다. 2015년 예일대의 한 교수는 할로윈 의상의 적절성 여부 정도는 학생 스스로 결정할 수 있어야 한다는 뉘앙스의 이메일을 보냈는데, 이후 분노한 학생들의 횡포에 교수의 남편까지 시달려야 했다. 2021년 필라델피아에 위치한 어느 작은 대학의 수학 교수는 익명의 트위터 계정에서 과거 노예제 피해자의 후손에 대한 배상론에 반대하는 발언으로 해고되었는데 조사 결과 무혐의 처분이 내려진 이후에도 복직되지 않았다.

2010년대 중반에는 이 같은 사건이 일어나더라도 일부 엘리트 대학의 소수 학생이 벌이는 일로 치부되었다. 하지만 얼마 지나지 않아 사람들이 입에 담아선 안 되는 것도 있다는 발상이 캠퍼스 밖에서도 널리 받아들여졌다. 〈배첼러〉라는 프로그램을 오랫동안 진행한 크리스 해리슨(1971년생)은 대학생 시절 노예제를 지지하는 남북전쟁 이전 시대를 테마로 한 파티에 참석한 적이 있는 참가자를 옹호했다가 해고되었다. 2021년 넷플릭스의 젊은 직원들은 성소수자를 혐오한 것으로 알려진 데이브 샤펠(1973년생)의 코미디 스페셜이 넷플릭스를 통해 공개되자 퇴사했다.

이들은 예외적 사례에 불과할까 아니면 광범위하게 여론이 달라지고 있음을 반영하는 것일까? GSS는 지난 60년간 논란의 소지가 있는 언론을 미국 성인이 어디까지 수용할 수 있는지 조사했다. 대중적이지 않은 견해를 가진 인사가 공개석상에서 연설하고 대학 강의를 하거나 지역 서점에 책을 출간하는 게 허용돼야 하는지 질문했다. 더이상 선거를 실시하지 말고 군대 통치로 전환하자는 군국주의자의 언론자유가 허용돼야 하는지, 공산주의자 혹은 모든 종교를 반대하는 좌파주의자의 권리는 어떻게 해야 하는지도 포함되었다. 또 보통 인종차별주의자의 견해로 간주되는 흑인은 유전적으로 열등하다고 믿는 이의 권리에 대해서도 물었다. 이들 견해는 모두 대중적이지 않을 뿐더러 논쟁의 대상이 된다.

1970년대~2000년대 초반 모든 개인을 대상으로 표현의 자유에 대한 관용은 일제히 증가했다. 가령 반종교주의자 표현의 자유를 옹호하는 의견은 1976년 56%에서 2002년 71%로 증가했고, 인종차별주의자 옹호율은 1976년 55%에서 2002년 61%로 늘어난 것이다. 그런데 이들이 분리되기 시작했다. 좌파주의자와 군국주의자 표현의 자유에 대한 지지율은 지속적으로 상승한 반면 인종차별주의자 표현의 자유에 대한 지지율은 2021년 48%까지 떨어져 사상 최저치를 기록했다.

논란의 여지가 있는 다양한 견해에 대한 표현의 자유를 놓고 지지 양상이 갈라지기 시작한 데에는 세대 간 차이의 영향도 있다. 공산주의자, 반종교주의자, 군국주의자의 언론 자유 지지율은 GI세대에서부터 Z세대에 이르는 모든 세대에서 꾸준히 상승했다. 반면, 인종차별주의자의 언론 자유 지지율은 베이비붐 세대에서 정점을 찍은 뒤 하락하기 시작해 Z세대에서 사상 최저치를 기록했다.

가장 놀라운 사실은 언론의 자유를 향한 각 정치 이데올로기의 지지 양상이 예전과 정반대로 나타나고 있다는 점이다. 사일런트 세대와 베이비붐 세대의 경우, 인종차별주의자의 언론 자유를 지지하는 비율은 진보층에서 더 높았다. 그 내용이 무엇이든 언론의 자유는 보장되어야 한다는 입장이었다. 그러나 밀레니얼 세대가 태어나던 시기에 하락하기 시작하더니 1990년대에 태어난 세대부터는 진보층에서의 지지율이 보수층에서의 지지율보다 낮아졌고, Z세대 진보층에서는 그야말로 바닥을 찍었다. 따라서 심지어 인종차별적 견해를 가진 이의 언론 자유 지지 의견은 한때 진보층에 더 많았지만 지금은 보수층에 더 흔하다. 반면, 공산주의자나 군국주의자의 언론 자유 지지 의견은 베이비붐 세대부터 Z세대까지 꾸준히 일정한 수준을 유지했으며 반종교주의자에 대한 지지는 오히려 늘었다. 결과적으로 진보층의 언론 자유 지지 여부는 그 내용에 따라 결정된다고 하겠다. "진보층은 헌법을 외면하고 있어요." 1970년대 미국시민자유연맹의 변호사로서 나치의 언론 자유를 옹호한 사일런트 세대 데이비드 골드버거가 말했다.

정치학자 데니스 총과 동료들에 따르면 언론 자유 지지율은 대학 학위가 없는 이들보다 있는 이들 가운데서 더 큰 낙폭을 기록했다. 이 역시 세대가 달라지면서 뒤바뀐 현상이다. 베이비붐 세대와 X세대에서는 대학을 졸업한 이들이 졸업하지 않은 또래보다 인종차별주의자의 언론 자유도 지지할 확률이 더 높았기 때문이다. 이 같은 세대 간 차이는 언론 규제에 대한 지지가 대학 캠퍼스에서 처음 시작됐다는 이론과도 일치한다.

언론 자유를 둘러싼 논쟁은 세대 분열 심화로 이어졌다. 한 여론조사에 따르면 사람들의 공격적 발언을 정부가 차단할 수 있어야 한다는 의견에 밀레니얼 세대와 Z세대는 40%가 동의한 반면 X세대는 27%만 동의했다.

심지어 미국 역사에서 좌파와 우파 모두의 언론 자유를 내내 옹호해온 미국시민자유연맹ACLU조차 흔들리는 모습을 보였다. 2017년, 2018년, 2019년의 연례 보고서에서는 '언론의 자유'라는 단어가 사용되지 않았다. ACLU의 한 젊은 변호사는 자신들이 반대하는 책자의 배포를 중단하기 위해 "죽을 각오로 싸우겠다"고 트위터에 올렸는데 출판과 언론의 자유를 위해 싸워온 해당기관의 역사에 비춰볼 때 반전이 아닐 수 없다. ACLU에서는 심지어 조직 내에서 목소리를 높이는 것도 달갑게 여겨지지 않을 때가 있었다. "전체적으로 느껴지는 강압적 분위기가 있어요." ACLU 변호사이자 밀레니얼 세대인 오르티스가 말했다. "또래 집단이 대부분 옳다고 믿는 신념에는 의문이 생기더라도 주저하게 되죠."

언론의 자유가 허용되지 않는 주제는 인종차별과 성차별뿐 아니라 특정 정치 견해로까지 확대되고 있으며 단순히 캔슬 컬처에 의해 거부당하는 것에 그치지 않고 일자리를 잃는 이들까지 생겨나고 있다. 2020년 조사 결과 조 바이든 캠페인에 개인적으로 기부한 기업 간부를 해고해야 한다는 데 미국인 10명 중 2명이, 도널드 트럼프 캠페인에 개인 기부를 한 간부를 해고해야 한다는 데 10명 중 3명이 지지 의사를 밝혔다. 또 해고를 선호하는 경향이 청년층 가운데 더 높게 나타났다는 점에서도 세대 간 차이가 확인되었다. 정치 신념에 윤리 문화 및 감정까지 깊이 개입하게 되면서 밀레니얼 세대와 Z세대를 필두로 반대 견해에 대한 관용이 점차 사라져 가고 있다.

같은 조사에서 청년층의 55%를 포함해 미국인의 62%는 "최근의 정치 분위기를 보면 내가 믿는 것들을 자유롭게 발언하기 힘들다. 다른 이들이 불쾌감을 느낄 수 있기 때문"이라고 답했다. 또 직장인의 3분의 1은 자신의 정치적 의견이 알려지면 직장을 잃거나 취업 기회를 놓칠까 봐 걱정된다고 답했는데 이중에는 연령층이 높은 이들(27%)보다 낮은 이들(44%)이 더 많은 것으로 나타났다. Z세대와 젊은 밀레니얼 세대는 누구든 정치 신념 때문에 해고될 수 있다고 생각하는 이가 더 많고, 따라서 자기 자신도 정치 신념 때문에 해고될 수 있다는 우려가 더 큰 세상을 살아가고 있다.

몸조심하세요
: 신체적 감정적 안전에 대한 관심

2015년 컬럼비아 대학교 학생들은 오비디우스의 《변신 이야기》 같은 인문학 수업 교재에 '자극적이고 불쾌한 내용'이 포함돼 있다고 학생 신문 사설을 통해 비판했다. 학생은 '강의실에서 안전하다고 느낄 필요'가 있는데 이 같은 교재는 오히려 불안감을 조장한다는 것이다. 같은 해 논란을 일으킨 인사를 윌리엄스 대학교에서 강연자로 초청하자 학생들은 해당 강연이 성사될 경우 '정서적 상해'를 입게 될 것이라며 반발했다. 2022년 아이오와주 드레이크 대학교의 학생 의회에서는 한 보수 단체 캠퍼스 지부의 승인을 거부했는데 한 학생 의원에 따르면 "이 단체로 인해 캠퍼스 사람들이 불편함이나 안전에 위협을 느낀다면 지지할 수 없기 때문"이라고 설명했다. Z세대는 특정 유형의 언론에 대해서는 불쾌감을 유발하는 걸 넘어 큰 피해를 주는 해로운 대상으로 여긴다.

2010년대 중반에 집필되어 2018년에 출간된 저서 《나쁜 교육》에는 "언론 검열 또는 강연 거부가 갈수록 신체적 · 정신적 안전을 이유로 들어 이루어지고 있다. 학생들은 특정 종류의 언론, 심지어 일부 책이나 강의의 내용까지 자신들이 '제 기능을 발휘하는 데' 방해가 된다고 주장했다. … 학생들은 연약하다는 전제가 오늘날 새로운 트렌드로 등장했다"고 밝혔다. 이는 강인함을 자부심으로 여겼던 X세대, 언론의 자유를 진보적 권리로 여겼던 베이비붐 세대의 관점과 정면으로 충돌한다. 캠퍼스, 나아가 사회 전체의 언론 자유를 두고 벌어진 논란을 둘러싸고 그 내용이 무엇이든 표현의 자유를 옹호하는 베이비붐 세대와 X세대, 그리고 사람들은 불쾌감을 느끼는 언론에서 보호받을 권리가 있다고 주장하는 Z세대와 밀레니얼 세대가 팽팽하게 맞서고 있다.

이 같은 논의의 중심에 안전이 자리하고 있는 건 우연이 아니다. 이때 안전은 신체적 안전에서 시작돼 이제는 정서적 안전, 심지어 불편함에서 보호받을 권리를 뜻하는 안전으로까지 확대된다. 이 같은 경향의 뿌리는 어린이의 신체 안전으로 거슬러 올라간다. 슬로우라이프 전략이 펼쳐지면서 부모들은 자녀를 하나 혹은 둘만 낳아 세심하게 보호해왔고 그에 따라 아이의 안전에 대한 관심도 커졌다. 첫 번째 Z세대가 태어난 1995년 이후 미국에서는 안전에 대한 관심이 급격히 높아졌다. 2019년 미국 도서에서는 '몸조심해라'라는 문구가 1995년 보다 4배 이상 많이 쓰였고 정서적 안전에 초점을 맞춘 '안전한 공간'이라는 문구도 마찬가지였다. 2000년대에 접어들어 안전에 대한 우려가 확산됐다. 아스피린 같은 일반의약품을 학생들이 소지하지 못하도록 하는 학교 정책에서부터 학교에 가는 9살짜리의 손에 스마트폰을 쥐어주는 행동까지 모든 행위의 저변에는 안전이 자리잡게 됐다.

이전 세대에서 청소년이나 청년은 신체 안전을 위한 조언을 무시하기 일쑤였다. 일단 위험을 감수한 뒤 무슨 일이 일어나는지 지켜보는 게 이들의 일과였으니 말이다. 과속하고, 치고받고 싸우며, 위험을 감수하는 데서 쾌감을 느끼는 게 10대의 오랜 전통이었다고 해도 과언이 아니다. 1976년 영화 〈멍하고 혼돈스러운〉에서는 베이비붐 세대인 10대 무리가 야구 방망이로 우편함을 부수고 주차된 차를 사이에 두고 볼링공을 주고받는 등의 놀이를 하며 스릴을 즐긴다. 집주인이 소총을 들고 쫓아오기 전까지는 말이다.

Z세대는 다르다. 그들은 안전이나 보호에 관한 어른들의 관심을 거부하기는커녕 철저하게 수용했다. 가령 '위험한 행동을 하다 쫓겨났다'거나 '이따금 위험을 감수하고 싶다'고 말하는 이들이 현저히 줄었다.

통계도 이들의 행동변화를 뒷받침한다. Z세대의 10대 가운데는

위험한 행동을 하거나 위험을 즐기는 14살과 16살의 비율

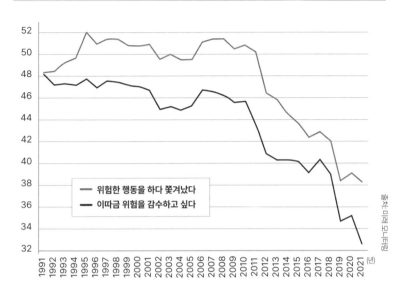

* 2010년 이후 8학년(14살)과 10학년(16살) 학생 대부분은 Z세대였다.

술에 취하고 몸싸움을 벌이며 자동차 사고를 내는 경우가 이전 세대보다 줄었다. Z세대에서는 안전의 개념도 신체적 피해뿐 아니라 정서적 피해까지 예방하는 수준으로 확대되었다. 분노 혹은 불쾌감을 유발하는 언어나 경험으로부터 보호받는 이른바 '감정적 안전'이 지극히 중요하게 여겨지는 것이다. "안전하다는 건 신체적, 정서적 욕구를 세심하게 보살피는 거예요." 한 20살 청년이 내게 말했다. "본인 스스로 심각한 정서적 피해를 겪을 수도 있는데 이는 신체적 피해보다 훨씬 치명적일 수 있죠." 물론, 정서적 안전은 보장받기 어렵다는 문제가 있다. "정서적 안전은 아무도 보장할 수 없어요." 어느 19살이 말했다. "신체적으로는 조심할 수 있지만 누군가 당신에게 이야기하면 들고 있는 수밖에 없으니까요." 다시 말해, 모든 사회적 교류는 감정 피해의 위험을 안고 있다.

언어가 피해를 입히고 심지어 폭력까지 유발할 수 있다는 발상을 두고 최근 몇 년간 수많은 대학 캠퍼스에서 논란이 일었다. 학생들이 캠퍼스 강연자의 견해에 동의하지 않을 경우, 피신할 수 있는 '안전한 공간'을 찾으려고 하는 새로운 문화가 등장했다. '안전한 공간'은 감정적 피해에서 사람들을 보호해야 한다는 신념에서 시작된 것이다. 구글 도서 데이터베이스에 따르면 '안전한 공간'이라는 개념은 1990년대에 처음 등장한 새로운 개념으로 폭발적 인기를 끈 건 2012년 이후의 일이었다.

2010년대에는 글, 영상 혹은 이벤트에 (어느 대학에서 로버트 루이스 스티븐슨의 소설 《유괴》에 표시한 바와 같이) "살인, 사망, 가족 배신 또는 납치 묘사"가 포함돼 있는지 여부를 알려주는 '수위 경고$_{trigger\ warning}$'를 요청하는 학생도 새롭게 등장했다.

이유가 무엇인가? 2021년 템플 대학교 학생 줄리아는 "교실은 학생들에 늘 안전한 공간이어야 하기 때문"이라고 적었다. "학생들이 강의실에서 항상 편안함을 느낄 수 있도록 하는 한 가지 방법은 교수들이 불쾌감을 일으키는 자료에 대해 가르치기 전에 수위 경고를 하는 것이다." 이 방법이 실제로 효과가 있는지는 확실하지 않다. 심리학 전공 학생 중 상당수는 수위 경고가 정서나 다른 면에서 실제로 학생들에게 도움이 된다는 근거를 찾지 못했다. 효과가 있든 없든 수위 경고는 상당히 새로운 개념이다. 2012년 이전까지만 해도 구글 데이터베이스 내의 미국 도서에서는 거의 찾아볼 수 없었으나 급격하게 인기를 얻었다.

2010년대의 역사에서 한 가지 뚜렷하게 나타난 현상이 있다. 바로 대학 캠퍼스에서 시작된 경향이 매번 사회 전반에까지 확산되는 경향이다. Z세대의 청년층이 정서적 안정과 안전한 공간을 중시하는 경향은 대학을 졸업한 이후에도 계속해서 이어질 것이다. 그래서 어른의 일상과 직장에까지 깃들 게 분명하다. 따라서 얼마 지나지 않아 직장 내 안전한 공간을 설치해달라는 요구, 민감한 자료에 노출되기 전에 수위 경고를 해달라는 요구나 제기될 확률이 상당히 높다.

인종과 검열
: 인종 의식

쌀쌀해지기 시작한 저녁 7시경, 17살 한 남성이 편의점에서 구입한 아이스티와 스키틀즈를 들고 여자친구와 전화 통화하며 집으로 돌아가고 있었다. 순간 그는 누군가 자신을 쫓아오고 있다는 사실을 알게 되었다. 싸움이 이어졌고 남성은 총에 맞아 사망했다. 그의 이름은 트레이본 마틴(1995년생)이었다.

마틴에게 총을 쏜 동네 순찰 자원봉사자 조지 짐머맨(1983년생)은 2012년 2월 정당방위를 주장했고 2013년에는 살인 혐의를 벗었다. 이 판결 이후 밀레니얼 세대 여성 3명은 '흑인의 생명은 소중하다' 운동을 시작하게 되었다.

7년 후 17살의 다넬라 프래지어(2003년생)는 사촌동생과 길모퉁이 상가로 가던 중 한 남성이 경찰에 의해 길바닥에 짓눌려 있는 모습을 목격했다. 프래지어는 해당 장면을 휴대폰으로 촬영했다. "그 남자는… 이제 끝났다는 걸 알고 있는 듯했어요. 완전히 겁에 질려서는 고통스러워하고 있었죠." 그 남성 조지 플로이드(1973년생)는 미니애폴리스의 데릭 쇼빈 경관에게 9분 동안 무릎으로 목을 짓눌려 사망했다. "엄마! 난 끝났어!" 어느 순간 플로이드가 외쳤다. 그날 밤 프래지어는 녹화 영상을 페이스북에 올렸고 영상이 빠르게 퍼져나가면서 시위까지 일어났다. 시위는 전 세계로 확산돼 몇 달이나 지속되었다. 이후 프래지어는 특별 퓰리처상을 수상했다.

이어진 이 시위 중심에는 Z세대가 있었다. 한 여론조사에 따르면 시위 참가자의 41%가 18~29살이었던 데 반해 50~64살은 15%에 불과했다. 2020년 6월 초 시위에 참가한 미국인은 1,500만~2,600만 명 사이로 미국인 10명 중 1명꼴로 시위에 나선 셈이다. 미국 역사상 최대 규모의 시위에 해당한다.

청년층에서 변화가 나타난 것처럼 미국 청소년 사이에서도 2015년을 전후해 인종관계와 사회 전반의 불평등에 대한 관심이 높아졌다. 일각에서는 심지어 '대각성'이라는 말까지 나왔다. 사회적, 경제적 불평등을 바로잡는 것이 중요하며 소수 인종을 돕는 기관에 기부할 의향이 있다고 답한 10대도 늘었다. 이 두 가지 견해를 가진 이의 비율은 1990년대의 기록을 넘어 2021년 사상 최고치를 기록했다. 인종문제에 대한 관심은 성인층에서와 마찬가지로 2014년 미주리주에서 마이클 브라운(1996년생)이 사망하면서 촉발된 시위 이후 조금씩 높아지기 시작했다. 2017년 트럼프 대통령이 취임하기 3년 전, 조지 플로이드가 미니애폴리스에서 사망하기 5년 전 일이었다.

인종차별을 둘러싼 관심은 인종과 법 집행에 집중돼 있었다. 경찰의 흑인 살해(에릭 가너, 브리오나 테일러, 타미르 라이스, 필란도 카스티야),

혹은 흑인(트레이본 마틴, 아머드 알버리)을 살해한 민간인을 신속하게 기소하지 않은 데 대한 반발로 시위가 이어졌기 때문이다. 하지만 치안과 법 집행을 둘러싸고 특히 10대 사이에서 인종적, 정치적 분열이 일어나기 시작한 건 비교적 최근의 일이다. 1970~1980년대에도 흑인이 백인보다 경찰에 더 부정적이기는 했지만 차이가 그리 크지는 않았다. 차이가 크게 벌어지기 시작한 건 1990년대 초반으로 로드니 킹 구타 동영상이 공개되면서 생긴 현상으로 보인다.

지지 정당별로 경찰을 바라보는 시각 역시 2015년까지만 해도 큰 차이 없었다. 그런데 이후 백인 민주당 지지자들이 경찰을 더 비판적으로 바라보기 시작했고 2021년에는 민주당을 지지하는 백인 청소년이 심지어 흑인 청소년보다 경찰에 더 부정적인 태도를 취했다. 반면 공화당을 지지하는 백인 청소년은 2015년 이후 같은 기간 동안 경찰에 대한 비판적 시각을 서서히 거둬들였다. 그 결과 2020년대에 경찰을 바라보는 관점은 인종보다 지지 정당에 따라 더 뚜렷하게 구분할 수 있게 되었다.

2015년 이후 백인 민주당 지지자들은 경찰을 바라보는 관점 이외에 수많은 영역에서 변화를 드러냈다. '5장 밀레니얼 세대'에서 볼 수 있듯 민주당을 지지하는 어른 백인은 인종차별을 비판하고 또 흑인이 마땅한 대우를 받지 못하고 있다고 목소리를 높였다. 민주당을 지지하는 10대의 백인(공화당을 지지하는 백인 10대는 제외)은 이 같은 관점의 변화를 인간관계에까지 적용해 다른 인종의 친구를 사귀고 싶다거나 다른 인종의 이웃이나 상사와 친하게 지내는 것을 꿈꿨다. 민주당을 지지하는 백인은 2015년 이후 모든 방면에서 일관된 관점의 변화를 드러냈다.

Z세대의 침담한 정신건강
: 불만과 우울

나오미 오사카(1997년생)는 상태가 별로 좋지 않았고 본인도 그 사실을 잘 알고 있었다. 최고 랭킹의 이 테니스 선수는 언론을 대할 때마다 '엄청난 불안감이 밀려드는 것'을 느껴 2021년 5월 프랑스 오픈 때에는 경기 직후 열리는 기자회견에 '컨디션 조절'을 이유로 불참했다. 이후 1만 5,000달러의 과태료 통지를 받은 오사카는 프랑스 오픈에서 완전히 발을 뺐다.

두 달 후 세계 최고의 체조 선수로 손꼽히던 시몬 바일스(1997년생)가 올림픽 단체 결승전에서 기권하자 전 세계가 충격에 빠졌다. 바일스는 체조 묘기에 열중하던 중 자신이 지금 어디 있는 건지 도무지 알 수 없는 기분에 사로잡혔다고 했다. 그녀가 기자에게 말했다. "나를 위해 옳은 일을 해야죠. 중요한 건 내 정신건강에 집중하고 나의 건강과 웰빙을 해치지 않는 거예요." Z세대가 자신의 정신건강에 대해 주저 없이 밝히고 있다. 하지만 이전보다 더 많이 털어놓는 이유가 이전에 비해 한층 더 힘들기 때문이라는 건 그다지 반가운 소식이라 할 수 없다.

2012년 이후 청소년과 청년층 사이에서는 정신건강이나 심리적 웰빙을 가늠할 수 있는 모든 지표가 한층 부정적으로 나타났다. 2017년 출간한 《#i세대》에서 나는 10대 청소년 사이에 이 같은 경향이 나타나기 시작한 초기 징후를 제시했는데 이후 상황은 더 나빠지기만 했다. 10대의 정신건강이 지속적으로 악화되었을 뿐 아니라 Z세대가 20대에 들어서면서 청년층의 정신건강 문제가 끊임없이 대두되었다.

이 같은 경향은 일관성, 범위, 규모의 측면에서 놀라울 정도다. 그들은 대부분 심리학자들이 내면화 장애라고 일컫는 우울증 또는 불안을 겪는다. 또 질병 수준으로까지 심각해지지 않더라도 불행한 느낌이 들거나 삶이 불만족스럽고 자신에게 실망하는 등 유쾌하지 않은 감정에 휩싸이게 된다. 우울한 느낌은 단순 감정이라기보다 인지적 측면도 포함하므로 전반적으로 부정적 태도나 비관주의로 이어질 수 있다.

이러한 감정의 전조 증상 중 하나가 혼자만 고립돼 있다고 느끼는 외로움이다. 타인에게 친밀한 연결감을 느끼는 건 정신건강, 특히 젊은 층의 정신건강에 상당히 중요하다. Z세대의 청소년은 동일 연령대의 이전 세대보다 외로움을 훨씬 많이 느낀다. 외롭다거나 자신만 고립된 듯하다고 말하는 10대가 2012년부터 상당히 많아진 것이다. 1990년대 초반 이후 외로움을 느낀다는 10대의 비율은 서서히 감소하거나 적어도 제자리걸음인 상태를 유지해왔는데 2012년 이후 갑자기 급증했다.

10대는 또 자기자신, 그리고 자신의 삶에 만족하지 못하게 되었다. 만족스럽지 않다고 답한 18살 학생의 수는 40년간 별다른 변화가 없다가 2012년 이후 갑자기 급증해 불과 8년 만에 두 배로 늘었다. 타이밍이 이상하다고 하지 않을 수 없는데 2012~2020년 초에는 미국 경제가 차츰 살아나면서 10대 청소년을 둘러싼 경제 환경도 개선됐을 게 분명한 만큼 삶에 대한 만족도 역시 더 높아져야 마땅하기 때문이다.

청년층 사이에서 삶에 대한 불만이 나타나기 시작했다. 밀레니얼 세대가 주축이던 2008~2016년에는 서서히 드러나다가 18~25살이 모두 Z세대로 바뀐 2016~2020년에는 갑자기 여기저기서 표출되었다. 2012년 이후 청년층 사이에 불만이 증가한 건 다른 연령층과 비교할 때 특히 더 충격적이었다. 같은 시기 중장년 성인의 불만은 변함없이 그대로였고 좀 더 높은 연령층의 불만은 급격히 줄었기 때문이다.

10대 청소년 역시 우울증과 자기 비하의 징후를 보이기 시작했다. 2012년을 기점으로 '나는 제대로 하는 게 없다', '내 삶은 쓸모없다' 같은 명제에 동의하는 비율이 높아진 반면, '나는 누구 못지않게 삶을 즐긴다'에 동의하는 비율은 낮아져 우울증이나 낮은 자존감의 전형적 징후를 드러낸 것이다. 이 또한 수십 년 동안 그 변화가 매우 미미하다가 갑작스럽게 대규모로 일어났다.

14살 때 사운드클라우드에 노래를 올렸다 스타덤에 오른 가수 빌리 아일리시(2001년생)는 Z세대의 절망을 가사에 담았다. "오늘 나는 치명적인 것들을 생각하고 있어." 아일리시가 노래했다. "익사하고 싶다거나 날 끝장내고 싶다는 생각 말이야." 아일리시는 문화 전반에 드러나기 오래전부터 세대의 분위기를 제대로 파악하고 있었다. "처음에 라디오 관계자들은 하나같이 틀 수 없다는 반응이었어요. 가사가 너무 슬퍼 아무도 공감 못할 거라고 했죠. (하지만) 모두가 그렇게 느끼고 있던 거예요." 아일리시가 게일 킹에게 말했다. "물론 행복을 추구하고 자신을 사랑하는 건 상당히 중요한 일이지만 세상엔 자신을 사랑하지 않는 이들도 많아요." 적어도 아일리시의 세대에서는 맞는 얘기다. 13~18살의 자존감은 이전 세대에서 상승했지만 2012년 이후 Z세대로 교체되면서 급격히 추락했다.

올리비아 로드리고(2003년생) 역시 자신이 속한 세대의 우울한 기분에 대해 노래한다. "난 너무나 불안해. 술 마시기 시작하기도 전에 죽을 것 같아." 그녀가 읊조렸다. 로드리고는 자기 스스로를 전혀 옹호하지 않을 뿐 아니라 불안한 자신을 도울 수 있는 사람은 아무도 없다고 털어놓는다. 그리고 자기한테 젊음을 즐기라고 하는 사람이 한 명만 더 나오면 울어버릴 거라고도 덧붙인다. "난 멋있지도 않고 똑똑하지도 않아." 그녀가 노래에서 읊조린다. "심지어 난 평행주차도 못하는걸."

지금껏 살펴본 이 같은 징후는 걱정스럽기는 해도 심각한 정신 질환의 결정적 지표라고는 할 수 없다. Z세대가 슬픈 건 맞지만 임상학적으로 우울증은 아닐 수 있는 것이다. 정확한 파악을 위해 연방 정부가 지원하고 사생활 보호를 위해 엄격하게 개인정보 비밀을 지키는 '약물 사용과 건강에 관한 전국 조사' 결과를 살펴보자. 해당 연구는 정신 질환 진단의 대표 기준으로 사용되는 미국 정신의학 협회의 '정신 질환 진단 및 통계 매뉴얼'을 활용해 우울증 여부를 평가했다. 매뉴얼에서는 우울한 기분, 불면증, 피로를 겪거나 일상의 즐거움을 느낄 수 없는 기간이 2주 이상 지속된 적 있는지 질문한다.

그 결과 임상 수준의 우울증이 있는 청소년과 청년은 2011년과 2021년 사이 2배 이상 증가한 것으로 나타났다. 젊은이들의 정신건강이 심각한 위기에 직면해 있으며 이는 심지어 코로나19 팬데믹이 시작되기 오래전부터 쌓여온 현상이었다. 팬데믹은 예상과 달리 우울증을 급격하게 증가시키지는 않았지만 2019년에 이미 충격적으로 높았던 우울증 비율을 지속적으로 높이는 역할은 했다. 2021년 10대 청소년 가운데는 여학생의 30%, 남학생의 12%가 임상 수준의 우울증을 앓았다.

이렇게 우려스러운 결과에는 수많은 의구심이 따라붙는다. 일각에서는 정신과 전문의가 우울증 진단을 지나치게 남발하거나 오늘날 젊은이들이 정신건강 문제로 의사 혹은 치료사를 찾는 경우가 늘어서 그런 것 아니냐는 의문을 제기한다. 하지만 이 같은 설명은 즉각 어불성설로 치부할 수 있는데 지금껏 제시된 모든 데이터가 의사나 치료사를 찾은 이들뿐 아니라 병원을 찾지 않은 사람들까지 반영한 표본이기 때문이다.

이 같은 결과는, 가령 나이가 어릴수록 나이가 많은 사람보다 외로움이나 우울감을 느낄 확률이 높다는 식으로 연령의 영향이라고도 볼 수 없다. 조사가 시기를 달리 해 동일 연령대의 사람들을 대상으로 실시되었기 때문이다. 그리고 만약 특정 시기의 영향이라면 연령과 세대를 불문하고 모든 이들이 같은 경향을 나타냈겠지만 2020년에 26살 이상은 이전과 비교해 삶의 만족도가 전혀 떨어지지 않았으며, '5장 밀레니얼 세대'에서도 볼 수 있듯 40살 이상 연령층에서는 우울증이 증가하지 않았다. 정신건강 문제가 증가한 것은 Z세대만의 변화임이 분명하다.

조사가 익명 또는 비밀로 이루어졌다고는 하지만 Z세대가 다른 세대에 비해 정신건강 문제를 더 솔직하게 시인했을 수도 있다. 누군가의 표현대로 Z세대 청소년은 '괜찮지 않다고 말해도 괜찮다'고 여기는 만큼 정신건강 문제에 대한 선입견이 사라져 한층 편안하게 인정할 수 있게 되면서 증가 추세가 나타난 것일 수도 있다. 만약 그렇다면 정신건강에 문제가 있음을 보여주는 행동은 증가하지 않아야 한다. 행동은 더욱 객관적으로 측정되고 또 증상에 대한 자신의 진술에 따라 좌우되지 않기 때문이다.

하지만 증가 추세는 행동에서도 나타났다. 가령 의도적으로 자해한 뒤 응급실에 실려오는 어린이와 청소년이 늘었고 특히 10~14살 여자아이 중에서는 4배나 뛰어 이들에게서 가장 크게 증가했다. 또 다른 연구에 따르면 2010~2018년 사이 13~15살 여학생 가운데 (일반의약품의) 음독을 통한 자살 시도가 2배 이상 늘었다. 자살 시도로 응급실에 입원하는, 남학생과 여학생 모두 포함한 10대 청소년의 비율 역시 2008~2015년 사이 2배로 뛰었다. 자살 시도도 자해와 마찬가지로 극도의 우울증이 원인인 경우가 많다.

자해 행위나 자살 시도는 자진 신고를 통해 집계되는 것이 아님에도 증세를 본인 스스로 진술한 것과 상당히 유사한 형태로 나타났다. 이는 청소년 우울증이 실제로 증가하고 있음을 강력하게 시사한다. 무엇보다 안타까운 건 2007년 이후 젊은 층의 자살률이 급증해 1990년대 초반의 최고치를 뛰어넘었다는 사실이다. 10대 자살률은 2007~2019년 사이 2배 가까이 늘었고 20대 초반의 자살률은 41%나 급증했다. 우울증과 마찬가지로 자살 역시 팬데믹이 닥치기 훨씬 이전부터 증가세를 보이고 있었다. 더욱 충격적인 건 대부분 초등 혹은 중학생인 10~14살 청소년의 자살률이 남녀를 통틀어서는 3배, 여학생 사이에서는 4배 가까이 증가했다는 사실이다.

곰곰이 생각해보자. 2019년 자살한 10대는 12년 전의 2배로 늘었고 4~9학년 가운데는 3배 더 많은 아이들이 스스로 목숨을 끊었다. 이는 결코 간과할 수 없는 증가폭이다. 만약 미국의 자살률이 2019년까지 2007년 수준을 유지했다면 10~14살 청소년 2,873명이 여전히 살아서 국내선 항공기 20대의 좌석을 가득 메웠을 것이다. 15~19살 청소년 6,347명(항공기 44대), 20~24살 청년 8,457명(항공기 59대)도 마찬가지다. 모두 합쳐 1만 7,677명의 어린 생명이 9대의 항공기를 가득 메울 수 있는 인원인 1,300명씩 해마다 꺼져갔다. 만약 10~24살의 젊은층을 가득 실은 항공기 9대가 매년 추락해 탑승자 전원이 사망한다고 가정해보자. 그렇게 많은 항공기가 추락하는 원인을 밝혀낼 때까지 항공기 운행은 허용될 수 없을 것이다. 그보다 더 많은 젊은이가 2007년 이후 자살로 목숨을 잃었다는 것이다. 심각한 일이 아닐 수 없다.

정신건강에 대해 드러내놓고 이야기하는 분위기가 형성되고 도움을 요청하는 이들에 대한 선입견이 약화되었다는 것만으로는 이 비극적인 결과를 설명할 수 없다. 또한 정신건강 문제로 도움을 구하는 많은 청년들이 실제로 적절한 도움을 받고 있다면 자살률은 감소해야 마땅하다. 하지만 자살률이 증가했다는 사실은 우울증이나 다른 정신건강 문제를 겪는 10대가 늘었음을 의미한다.

청소년과 청년층의 정신건강 문제는 광범위한 영역에서 일관되게 큰 폭의 증가세를 기록하고 있다. 젊은 층의 행동이 이를 대변한다. 자해하는 이가 많아지고 스스로 목숨을 끊는 이도 늘어난 것이다. 2012년을 전후해 청소년과 청년의 삶은 분명 뭔가 잘못되었다. 중요한 것은 그 원인이 무엇이냐 하는 것이다.

Z세대의 정신건강에 무슨 일이?
: 온라인 소통 증가

2010년대 초반 청소년 우울증이 처음으로 증가 추세를 나타냈을 때 나는 무엇 때문인지 도무지 알 수 없었다. 2012년 전후로 발생해 이후 10여 년간 여파가 지속된 구체적 사건이 있는지 떠올리기 어려웠다. 사실 당시는 대침체기 이후 경제가 마침내 회복세를 보이던 때라 주요 사건을 기준으로 하는 종래의 세대 이론에 따르면 우울증은 감소해야 했다. 하지만 오히려 증가했다. 정신건강 문제를 겪는 10대가 증가한 건 말 그대로 수수께끼였다.

그러다 우연히 퓨 리서치 센터의 한 조사 결과를 접하면서 나는 퍼즐 조각을 맞출 수 있게 되었다. 미국 내 스마트폰 보유 현황 그래프였는데 2007년 아이폰 출시와 함께 보급되기 시작한 스마트폰은 2012년 후반~2013년 초반 보급률이 50%를 넘어설 정도로 확산되었다. 이 시기는 10대들의 소셜미디어 사용이 선택 사항에서 사실상 의무로 바뀐 시기이기도 했다. 2009년 소셜미디어를 매일 사용하는 10대는 절반 정도에 불과했지만 2012년에는 4명 중 3명으로 늘었다.

청소년 우울증, 자해, 자살 증가의 원인으로 생각해볼 수 있는 수많은 요소 가운데 스마트폰 확산은 가장 큰 설득력을 지닌 듯 보인다. 내가 2017년 《#i세대》을 통해 처음 이 같은 주장을 제기했을 때만 해도 과연 그런 건지 논란이 많았지만 (《애틀랜틱》의 어느 기사 제목은 '스마트폰이 한 세대를 파괴했는가?'였다) 이후 몇 년이 지나도록 신빙성 있는 다른 원인은 찾아볼 수 없었다. 밀레니얼 세대에서 Z세대로 넘어오면서 정신건강 문제와 그에 결부된 행동이 급증한 것을 우연으로 치부할 수는 없다. 인류 역사상 최단기간에 확산된 신기술이 촉매제 역할을 한 것이다.

기술, 특히 소셜미디어 때문에 정신건강 문제를 겪는 젊은 층이 늘었다는 주장에는 네 가지 근거를 제시할 수 있다. 첫째는 시기, 둘째는 일상생활에 미치는 영향, 셋째는 집단 차원의 영향, 넷째는 여학생에게 미치는 영향이다. 내가 《#i세대》을 집필하던 2010년대 중반만 해도 근거가 상당히 부족했지만 이후 계속해서 근거가 축적돼 왔다.

한 가지 분명하게 짚고 넘어갈 사항은 그렇다고 해서 디지털 미디어가 모든 10대 우울증의 원인이라고 주장하는 건 아니라는 점이다. 유전적 요인, 가난, 트라우마, 차별과 괴롭힘 등 다양한 요인이 10대 우울증을 일으킬 수 있다. 또한 모두가 소셜미디어를 손에서 놓지 않는다고 해도 우울증에 걸리는 건 그중 일부에 불과하다. 데렉 톰슨이 《애틀랜틱》에서 실었듯 "소셜미디어는 모두에게 독성을 발휘하는 쥐약과는 다르다. 그보다 알코올에 가깝다. 약간의 중독 증세는 사회생활을 풍성하게 할 수 있지만 일부 사용자에게는 의존성과 우울증을 유발할 수 있다". 사람은 복잡한 존재인 만큼 정신건강 문제에는 다양한 원인이 있을 수 있다. 여기서 목표는 모든 우울증의 원인을 설명하는 것이 아니라 2012년 이후 급증한 원인을 밝혀내는 것이다. 우울증 증가의 원인이 되기 위해서는 우울증을 증가시킬 만한 방식으로 2012년 이후 빠르게 일어난 변화여야 한다. 따라서 유전적인 요소와 빈곤은 후보군에서 제외된다. '유전적인 요소'의 경우 그렇게 빨리 변화가 일어날 수 없고, '빈곤'의 경우 해당 시기 청소년층에서는 오히려 감소했기 때문이다.

스마트폰, 게임, 소셜미디어나 동영상 시청이 각기 개별적으로 영향을 미치는지 혹은 모든 인터넷 미디어가 종합적으로 영향을 미친 것인지 구분하기 어려울 때가 많으므로 논의의 대부분에서 나는 디지털 미디어라는 포괄적 용어를 사용할 것이다. 그리고 특정 유형의 디지털 미디어가 다른 유형보다 우울증을 더 잘 일으키는지 여부를 다시 한 번 살펴보겠다.

타이밍

청소년 우울증과 디지털 미디어 사용은 나란히 증가했다. 인터넷
과 소셜미디어의 사용이 늘고 스마트폰이 확산되면서 우울증도 늘었
다. 반면, 경기 불황 지표인 실업률은 그 시기에 줄어 우울증 증가의
원인이 아님을 시사했다.

연령대별 변화의 패턴도 일치했다. 디지털 미디어 기술을 가장 먼
저, 가장 능숙하게 사용한 인구가 청소년층이라는 사실을 고려할 때
우울증이 기술 때문에 급증한 게 사실이라면 청소년층에서 가장 먼저
증가하고 다음으로 청년층, 그 다음으로 장년층에서 증가 추세가 나

10대 여학생의 우울증 비율과 그 원인

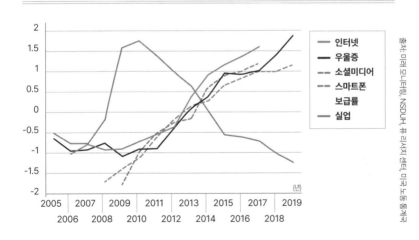

출처: 미래모니터링, NSDUH, 퓨 리서치 센터, 미국 노동통계국

* 수치가 같은 그래프상에 표시될 수 있도록 표준화를 거쳤다. 인터넷 사용은 8~10학년(14~16살), 우울증
은 12~17살 여학생, 소셜미디어 사용은 8~10학년(14~16살), 스마트폰 보유율은 미국 성인을 대상으로
조사한 결과다.

타나야 한다. 그리고 실제로 그랬다. '5장 밀레니얼 세대'에서 2015년을 전후해 우울증 증가 추세가 연령대별로 조금씩 늦게 시작된 사실을 떠올려보자.

물론 그렇다고 원인과 결과를 단정지을 수 있는 것은 아니다. 서로 아무 관련이 없더라도 비슷한 양상의 변화는 얼마든지 나타날 수 있다. 사건의 타이밍은 원인일 가능성보다는 원인이 아닐 가능성으로 볼 때 더 효과적으로 작용한다. 그리고 타이밍은 첫 번째 증거에 불과하다는 사실을 기억하라.

타이밍을 활용해 여러 가지 가능성을 배제할 수 있다. 일단 전반적 경제 상황과 실업률이 원인이 아님은 분명해보인다. 만약 학교 총기 난사를 둘러싼 불안감이 원인이라면 증가 추세는 1990년대 말부터 시작돼 굵직한 고등학교 총기 사건이 다수 발생한 2000년대 중반 정점을 찍었어야 한다. 하지만 우울증은 이 시기에는 별다른 변화가 없다가 2012년 이후에야 증가하기 시작했다. 만약 환경 문제가 원인이라면 관심이 가장 뜨거웠던 1990년대 초반부터 우울증이 증가했어야 하지만 실제로는 이때 증가하지 않았다. 타이밍으로만 보면 마리화나 사용이 급증한 것을 원인으로 지목할 수도 있지만 이는 청소년보다는 높은 연령층에 주로 영향을 미쳤고 일부 지역에서만 나타난 만큼 미국 전역에서 증가한 우울증의 원인으로는 볼 수 없다. 타이밍으로 보면 트럼프 대통령에 대한 부정적 감정 역시 원인이라고 할 수 없다. 그가 선출되기 4년 전부터 우울증이 증가하기 시작했기 때문이다. 물론 2017년 이후 증가 추세가 계속된 한 가지 원인으로는 볼 수 있다. 숙제가 지나치게 많다거나 일부 대학 선호 현상이 강해지는 등 학업으로 인한 압박감이 원인 같아 보이지도 않는다. 미국 청소년의 숙제는 예전과 다를 바 없거나 오히려 줄었으며, 우울증은 심지어 4년제 대학에 진학할 계획이 없는 고등학교 졸업반 학생 사이에서도 증가했기 때문이다.

만약 디지털 미디어의 부상으로 10대 우울증이 증가한 것이라면 같은 시기에 스마트폰과 소셜미디어 같은 기술을 도입한 미국 이외의 국가에서도 비슷한 패턴의 변화가 나타나야 한다. 스마트폰과 소셜미디어가 원인이라면 그 증거를 다른 국가에서도 찾아볼 수 있어야 한다.

이내 증거가 쏟아져 나오기 시작했다. 영국, 캐나다와 오스트레일리아의 청소년 사이에서 자해, 불안감과 우울증이 급증했다. 예를 들어, 영국에서는 13~16살 청소년의 우울증 비율이 두 배 이상 증가한 가운데 2010년 이후 가장 가파른 증가세가 나타났다. 이 같은 데이터로 인해 학교 총격 사건에 대한 우려나 트럼프를 둘러싼 분열 등 특히 미국에 한정된 원인은 아닌 것으로 볼 수 있다.

게다가 영어권 4개 국가의 청소년과 청년층 가운데 불행하다고 답하는 이의 비율이 갈수록 늘었다. 1990~2000년대에는 15~25살 젊은층 사이에 불행하다는 이들은 거의 찾아볼 수 없었다. 이 같은 수치는 2010년 이후 2017~2020년 무렵 증가해 캐나다, 미국, 오스트레일리아 청년층의 20% 이상, 그리고 뉴질랜드 젊은층의 15%가량이 불행하다고 답했다. 이는 불행한 젊은이가 2000년대 후반과 비교해 캐나다는 6배, 미국은 7배, 오스트레일리아는 3배, 그리고 뉴질랜드는 14배나 늘었음을 의미한다. 그리 길지 않은 기간에 일어난 변화임을 감안하면 충격적 결과가 아닐 수 없으며 다시 한번 말하지만 이는 2010년 이후 더 많은 젊은이가 불행하다고 느끼는 게 비단 미국만의 현상은 아님을 보여준다.

하지만 지금까지의 데이터는 영어권 국가에 한정되어 있다. 따라서 문화와 언어가 다른 나라에서도 동일한 경향이 나타났는지 확인해 보는 게 좋을 것이다. 이에 걸맞은 한 가지 자료는 노르웨이에서 1990년대~2010년대 후반의 시기에 10대 청소년의 불안과 우울 증세를 세 차례에 걸쳐 대규모로 조사한 연구 결과다. 이 연구에 따르면 이 시기 특히 높은 수준의 불안감 혹은 우울증에 시달리는 여학생 비율이 두 배로 뛰는 등 정신건강 문제가 상당히 증가했다.

그 밖의 나라는 어떨까? 세계보건기구는 2002년부터 주로 유럽에 위치한 40개 국가의 13~15살 청소년 60만여 명을 대상으로 학령기 아동의 건강 행동을 조사해왔다. 조사에는 심리적 고통을 나타내는 불안감, 짜증이나 불면 증세를 측정할 수 있는 질문이 포함되었다. 심각한 수준의 고통을 겪는 청소년의 수는 2002~2010년에는 변화가 없거나 감소했지만 2010~2018년에는 특히 여학생 사이에서 급증세를 기록했다. 정신적 고통을 호소하는 학생의 수는 2010~2018년 40개 국가 중 38개 국가에서 증가세를 기록했다. 모든 국가를 합쳤을 때 정신적 고통이 심한 여학생의 수는 2010년 26%에서 2018년 34%로 증가했다.

하지만 전 세계 더 많은 지역의 국가를 포함하는 표본이 있다면 더욱 좋을 것이다. 이 같은 유형의 데이터 중 10대의 정신건강 측정치를 구하기는 어렵지만 비슷한 지표를 한 가지 찾을 수 있었다. 국제 학생 평가 프로그램PISA에 교내에서 느끼는 외로움에 관한 항목이 포함된 것이다. 37개국의 15~16살 청소년 100만 명 이상이 '학교에서 외로움을 느낀다', '학교에서 어색하고 동떨어진 기분을 느낀다'

고도의 외로움을 겪는 15살의 비율

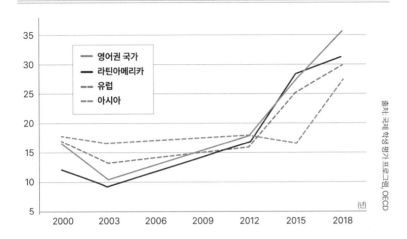

```
35

30 ┌─────────────────┐
   │ ── 영어권 국가   │
25 │ ━━ 라틴아메리카 │
   │ ── 유럽          │
20 │ ─ ─ 아시아       │
   └─────────────────┘
15

10

 5
   2000  2003  2006  2009  2012  2015  2018  (년)
```

출처: 국제 학생평가 프로그램, OECD

* 교내 외로움 측정에 포함된 여섯 가지 항목은 '나는 학교에서 아웃사이더(혹은 따돌림 당한다)라고 느낀다,' '나는 학교에서 친구를 쉽게 사귄다,' '나는 학교에 소속감을 느낀다,' '나는 학교에서 어색하고 동떨어진 기분을 느낀다,' '다른 학생들이 나를 좋아하는 것 같다' 그리고 '나는 학교에서 외로움을 느낀다'이다. 답변은 '전혀 동의하지 않는다,' '동의하지 않는다,' '강력히 동의한다' 그리고 '동의한다'까지 각각 1~4점으로 측정되며 점수가 높을수록 외로움도 크다는 의미다. 이때 2.22 이상을 기록하면 고도의 외로움으로 분류된다.

등의 문항에 답했다.

결과는? 학교에서 외로움을 느끼는 청소년 비율은 세계 37개국 중 36개국에서 증가세를 보였고 평상시 느끼는 외로움은 세계 모든 지역에서 증가했다. 이 같은 증가 추세는 2012년 이후 주로 나타나 미국 청소년 사이에 외로움과 우울증이 증가한 시기와 정확히 맞아떨어졌다. 고도의 외로움을 경험하는 청소년의 수는 유럽, 라틴 아메리카 그리고 영어권 국가에서 두 배로 늘었고 아시아 국가에서는 65% 증가했다. 오스트리아, 오스트레일리아, 벨기에, 브라질, 불가리아, 캐나다, 칠레, 체코, 덴마크, 핀란드, 프랑스, 독일, 그리스, 홍콩, 헝가리, 아이슬란드, 인도네시아, 아일랜드, 이탈리아, 일본, 라트비아, 룩

셈부르크, 멕시코, 네덜란드, 뉴질랜드, 노르웨이, 페루, 폴란드, 러시아, 스페인, 스웨덴, 스위스, 태국, 영국과 미국에서 외로운 청소년이 늘었다.

뿐만 아니라 세계 모든 국가에서 외로운 청소년이 증가한 양상은 이들이 스마트폰을 더 많이 사용하고 인터넷에 할애하는 시간이 길어진 시기와 상당히 밀접한 연관성을 보였다. 반면 실업, 소득 불평등, 국민총생산이나 가족 규모와는 아무런 연관성도 보이지 않았다. 스마트폰 보급이 확대되면서, 특히 스마트폰을 가진 청소년 비율이 75%를 넘어선 이후 학교에서 외로움을 느끼는 청소년 비율도 갈수록 증가했다.

전 세계 데이터를 종합한 결과, 미국만의 고유한 뭔가가 아닌, 디지털 미디어가 원인이라는 주장에 더 큰 힘이 실리게 되었다. 전 세계적으로 스마트폰이 보급되면서 청소년의 외로움과 정신적 고통 역시 세계적으로 증가하는 양상이 나타났다. 그것도 모두가 상당히 유사한 패턴으로 말이다.

일상에 미치는 영향

디지털 미디어가 우울증 증가의 원인으로 가장 유력하게 손꼽히는 이유가 또 한 가지 있다. 일상을 근본적으로 바꿔놨기 때문이다. 베이비붐 세대와 대부분의 X세대가 젊었을 때만 해도 직접 만나거나 전화 통화하는 게 유일한 소통 수단이었지만 Z세대의 경우 디지털 세상에서의 소통이 일상이 되었다. Z세대는 영화관에 가거나 파티에 참석하는 대신 스냅챗, 인스타그램과 틱톡을 사용했다. 2020년 초에는 8학년(14살) 학생의 절반가량이 하루 3시간 이상씩 소셜미디어를 사용하는 것으로 나타났다. 2021년 커먼센스 미디어는 청소년이 스크린 미디어에 할애하는 시간을 모두 합치면 하루 평균 8시간 반이 넘는 것으로 집계했다.

디지털 소통이 확산되면서 직접 만남은 줄어들었다. 그냥 만나 어울리든 쇼핑몰에 가든 드라이브를 하든 파티에 가든 청소년이 직접 만나는 횟수는 2000년대부터 차츰 줄기 시작하더니 2010년대에는 더욱 가파르게 하향 곡선을 그렸다. 코로나19 팬데믹이 발생하기 전인 2020년 초반 8학년과 10학년이 친구들과 어울리는 날은 X세대가 같은 연령대였던 1990년대보다 1주일에 하루 더 적었다.

이는 결코 작은 변화가 아니었다. 대학 진학을 준비하는 고등학생은 친구들과 교류하고 파티하는 데 쓰는 시간이 1980년대의 X세대보다 하루 한 시간씩 적어진 것으로 나타났다. 그렇다고 해서 공부하는 시간이나 과외 활동 시간이 늘어난 것도 아니다. 이 두 일정에 고교 졸업반 학생이 쏟는 시간은 1980년대와 2010년대가 거의 동일했다. "제 세대는 사람들과 어울리는 데 흥미를 잃었어요. 실제로 만나는 일 없이 각자 집에서 문자만 하죠." 내가 팬데믹 이전 방문했던 한 고등학교에서 17살 케빈이 말했다.

청소년과 청년층은 심지어 팬데믹이 시작되기 전인 2019년에도 2012년의 같은 연령대에 비해 타인과 어울리는 시간이 하루에 25분 더 적었다. 결국 사람들과 만나는 시간이 일주일에 3시간, 한 달에 13시간, 1년에 152시간이나 줄어든 것이다. 게다가 이 역시 청년층이 직장이나 학교에서 보내는 시간이 길어지면서 나타난 현상은 아니었다. 해당 연령대가 직장이나 학교에서 보내는 시간은 2000년대 중반보다 2010년대에 오히려 살짝 줄었다.

청소년의 수면 시간도 줄었다. 12~17살 청소년의 경우 하루 평균 아홉 시간은 자야 하는데 이 연령대에서 하루 일곱 시간도 채 잠을 이루지 못한다면 심각한 수면 부족에 해당한다. 수면 부족에 시달리는 청소년은 1990년대에 증가 추세를 보이다 잠시 안정되는 듯하더니 스마트폰과 소셜미디어가 확산된 2012년을 기점으로 다시 늘기 시작해 2021년에는 10대의 절반가량이 심각한 수면 부족에 시달리고 있다. 일부 청소년의 경우 잠들었을 거라는 부모의 생각과 달리 야심한 시각까지 혹은 밤새도록 휴대폰을 들여다보는 이른바 '뱀핑$_{Vamping}$'에 몰두하기도 한다. 또 청소년층은 대부분 밤에 잠들기 직전까지 들여다보고 또 아침에 눈뜨면 가장 먼저 집어드는 게 휴대폰이며, 휴대폰은 잠자는 동안에도 꼭 손 뻗으면 닿을 곳에 둔다고 한다. 휴대폰을 내려놓고 잠을 청하는 것도 어려운 일이지만 한밤중에 휴대폰을 집어들고 싶은 욕구를 억누르는 것도 쉽지 않기는 마찬가지다.

따라서 10대가 학교 밖에서 시간을 보내는 방식도 2012년 이후 근본적으로 바뀌었다. 디지털 미디어에 더 많은 시간을 할애하는 반면 직접 사람들을 만나거나 잠자는 데는 더 적은 시간을 쓰는 것이다. 고등학교에서는 대부분 학생들의 휴대폰 사용을 허용해주기 때문에 학교생활 자체도 상당히 많이 바뀌었다. 현재 우리가 다루고 있는 시기에서 청소년이나 청년층에 이렇게나 깊고 광범위한 영향을 준 변화는 디지털 미디어 외에는 생각하기 어렵다.

이것이 정신건강에 중요한 이유는 무엇일까? 잠도 충분히 못 자고 타인과 실제로 덜 만나는 이들일수록 우울할 확률이 높으며 청소년과 청년층이 집단적으로 우울한 이유도 바로 여기에 있다.

소셜미디어 사용과 우울증은 직접적으로 관련되기도 한다. 영국에서 14~15살 청소년을 대상으로 실시된 대규모 연구 결과에는 이 같은 연관성을 가장 잘 보여주는 데이터가 포함돼 있다. 소셜미디어를 과도하게 사용하는 여학생은 전혀 사용하지 않는 여학생보다 우울증에 걸릴 확률이 3배 더 높았으며 남학생은 2배 더 높았다. 이 연구에서는 소셜미디어 사용이 우울증을 유발하는 원인 세 가지를 밝혀냈다. 소셜미디어를 많이 사용할수록 잠을 잘 못 자고, 온라인에서 괴롭힘 당할 확률이 높으며, 외모에 더 집착할 확률이 높다는 것이다.

물론 소셜미디어가 우울증을 유발하는 게 아니라 우울한 10대일수록 소셜미디어에 더 매달리는 것일 수도 있다. 두 가지 작용이 조금씩 영향을 미치겠지만 숱한 실험 결과 소셜미디어가 우울증을 유발할 확률이 더 높으며, 소셜미디어 사용 시간을 줄이면 그에 따른 이점도 나타나는 것으로 드러났다. 한 실험에서 한 대학생 집단은 소셜미디어를 하루에 30분씩만 하도록 규제하고 다른 집단은 평소대로 하도록 내버려두었다. 3주 후 소셜미디어 사용 시간을 줄인 집단의 구성원은 이전보다 행복감은 높고 우울감은 한층 낮아진 것으로 나타났다.

이제 우리는 그 이유에 대해 좀 더 정확하게 알게 되었다. 2021년 페이스북 직원이던 프랜시스 하우겐(1984년생)은 페이스북 내부 자료를 《월스트리트 저널》에 유출했다. 기업 내부적으로 실시한 이 연구에서 10대들이 소셜미디어를 하다가 어떻게 부정적 감정에 휩싸이게 되는지 정확히 설명했다. 소셜미디어는 사회적 비교를 강화한다. 자신을 타인과 비교하고 결국 자신은 못났다는 결론에 이르게 만드는데 특히 인스타그램 같은 앱이 대표적이다. 한 심층 연구는 10대가 "여러 면에서 슬픔의 각 단계를 모방하는" 감정의 하향 곡선을 경험할 수 있다고 결론지었다. 특히 10대 여학생의 경우 자신의 신체는 물론, 삶

자체가 앱에 등장하는 이들만큼 완벽하지 않은 데 대해 의문을 갖고 자기 자신에 불안감을 느끼다가 분노를 일으킨 뒤 결국 앱에서 탈퇴하는 절차를 밟는다. "아침에 더 이상 인스타그램을 들여다보지 않아요. 제 감정이 엄청나게 휘둘리더라고요." 한 10대 여학생이 말했다.

10대 포커스 그룹을 대상으로 한 페이스북의 또 다른 연구 프로젝트에서는 이런 결론을 내렸다. "10대 청소년은 또래 사이에 불안과 우울증의 비율이 증가한 게 인스타그램 때문이라고 지적한다. 이 같은 반응은 유도된 것이 아니며 모든 집단에서 일관되게 나타났다." 한 10대 여학생이 말한 것처럼 "우리 세대가 완전히 엉망이고 우리 부모들보다 불안감과 우울증이 심한 이유는 소셜미디어 때문이에요. 모두가 스스로 완벽해야 한다는 강박에 시달리죠." 10대들이 스마트폰과 소셜미디어를 우울증의 원인으로 지목하길 꺼린다는 사람들의 인식과 달리 미국 내 최대 소셜미디어 기업에서 실시한 연구에서는 거의 모든 10대들이 스마트폰과 소셜미디어의 역기능을 인정하는 것으로 나타났다.

집단 차원의 영향

스마트폰과 소셜미디어는 개인뿐 아니라 집단에도 영향을 미친다. 스마트폰은 소통 장치다. 그리고 소셜미디어는 사회적이다. 이들은 개인이 혼자 사용하는 기술이 아니다. 스마트폰은 인간의 사회적 교류를 전 세계적으로 개편했다. 대부분의 사람들이 스마트폰을 소유하고 소셜미디어를 사용하게 되면서 모두가 본인의 사용 여부와 관계없이 영향을 받았다. 모두가 휴대폰을 들여다보고 있으면 가벼운 대화조차 시도하기 어렵다. 또 온라인 소통이 표준인 시대에는 친구들을 직접 만나기가 하늘에 별 따기다.

특히 또래의 대다수가 디지털 기술을 사용하는 Z세대의 경우에는 어려움이 더하다. 16살의 소피아가 소셜미디어를 사용하지 않기로 했다고 가정해보자. 소피아는 덕분에 흠잡을 데 없는 몸매의 인플루언서와 꿈도 못 꿀 수준의 소비생활, 초대받지 못한 파티의 사진을 매일같이 들여다보지 않고 오히려 그 시간에 잠을 더 잘 수 있게 되었다. 하지만 친구들과 동급생들은 모두가 소셜미디어를 하다 보니 고립감이 느껴질 때도 많다. 많은 10대들이 내게 털어놓는 내용들을 보면 그들은 소셜미디어를 하든 안 하든 고립감을 이길 수 없기는 마찬가지라고 한다. 게다가 소피아가 1988년처럼 친구들과 실제로 어울리며 살고 싶다고 해도 다들 소셜미디어에 게시물 올리는 걸 선호하는 이때 과연 누가 소셜미디어를 하지 않는 소피아와 만나 주겠는가?

이 문제는 10대가 대학에 진학한 뒤에도 해결되지 않는다. "Z세대는 믿을 수 없을 만큼 고립된 집단이다." 최근 한 캐나다 대학생이 적었다. "캠퍼스에 공동체 의식이라고는 찾아볼 수 없는데 이유는 자명하다. 보통 서른 명 내외의 학생들이 앉아 있는 강의실에 좀 일찍 도착하면 모두가 철저한 침묵 속에 스마트폰에 빠져 있는 모습을 볼 수 있다. 괜히 뭔가 얘기를 꺼냈다가 다른 학생들이 들을까 두려워진다. 결과적으로 학생들은 더욱 고립되고 정체성과 자신감은 약해지게 되는데 내가 직접 경험했기 때문에 더욱 확실히 알 수 있다." 스마트폰과 함께하는 삶은 "우리는 영원히 다른 어딘가에 있다"는 의미라고 작가인 셰리 터클도 말하고 있다.

집단 차원의 경향을 살펴보면 디지털 미디어 사용이 우울증을 유발하는지, 아니면 우울증 때문에 디지털 미디어에 집착하는지 좀 더 명확하게 확인할 수 있다. 개인 단위에서는 인과관계가 양방향으로 움직이지만 집단 차원에서는 디지털 미디어가 확산되면서 우울증이 뒤따랐을 확률이 훨씬 높다. 집단 차원에서 우울증이 디지털 미디어 사용을 유발한다고 주장하려면 전혀 알 수 없는 이유로 청소년 우울증이 증가했고 그 때문에 사람들이 스마트폰을 구매하고 소셜미디어를 사용하기 시작했다고 주장해야 하는데 그럴 확률은 거의 없어 보인다.

여학생에 미치는 영향

정신건강 문제는 남학생보다 여학생 사이에서 더 큰 증가세를 보였다. 예를 들어 2007~2019년 15~19살 여학생의 자살률은 2배로 뛴 반면 남학생 자살률은 그대로였다. 임상 수준에 해당하는 우울증의 경우 여학생과 남학생 모두 늘었지만 본래 여학생의 비율이 더 높았기 때문에 여학생은 14%나 증가하는 사이 남학생은 5% 증가에 그쳤다. 외로움을 느끼는 비율 역시 미국과 전 세계에서 남학생보다 여학생 사이에 더 크게 늘었다.

증가세가 남학생과 여학생 모두에게 나타났지만 여학생에게서 더 두드러진다는 점을 감안하면 원인이 모든 학생에게 영향을 미치되 여학생에게 특히 강력한 영향을 미칠 확률이 높다. 그리고 디지털 미디어는 이 같은 특징에 완벽하게 들어맞는다. 물론 남학생과 여학생 모두 소셜미디어에서 자신과 남을 비교하지만 여학생일수록 온라인에서 볼 수 있는 완벽한 비율의 신체에 자신의 신체를 비교하거나 신체에 관련된 언급을 받을 확률이 높다. "소셜미디어에서는 절대 이길 수 없어요." 한 10대 여학생이 페이스북 연구원과의 인터뷰에서 말했다.

"볼륨 있는 몸매는 너무 빵빵하게 나오고, 마른 몸매는 너무 마르게 나와요. 좀 크다 싶으면 너무 뚱뚱하게 나오고요. 하지만 다들 가슴과 엉덩이는 크면서도 날씬하고 예뻐 보이길 원하죠. 이렇게 끝이 없으니 결국 자신은 무가치하고 보잘 것 없다고 느끼게 돼요. 수술하지 않는 한 저는 절대 그런 몸매를 가질 수 없을 거예요." 인스타그램은 결국 여학생과 젊은 여성이 자신의 사진을 게시하고 다른 사람들이 와서 구경한 뒤 댓글을 달아주도록 고안된 플랫폼이다.

신체 이미지를 제쳐놓더라도 여학생은 남학생보다 어휘, 친밀한 우정이나 인기에 더 크게 신경 쓰는 만큼 소셜미디어의 위력은 여전히 강력하다. 10대 여학생 사이에서 항상 중요하게 여겨지는 인기는 이제 팔로워 수, 좋아요 수 등 정확한 수치로 표현된다. 여학생들은 또 남학생보다 소셜미디어를 더 많이 하기도 한다. 2021년 소셜미디어를 하루 5시간 이상씩하는 10학년 여학생은 35%였지만 남학생의 경우 20%였다.

정신건강 문제가 여학생 사이에서 특히 더 증가한 또 다른 원인이 바로 여기 있다. 여학생이 소셜미디어에 더 많은 시간을 할애하는데 소셜미디어가 다른 형태의 디지털 미디어에 비해 불행, 우울증과 더 강력한 연관성을 보이는 것이다.

TV 시청 시간은 불행과 약한 수준의 연관성만 보였고 남학생이 더 많이 즐기는 게임은 하루 5시간까지는 거의 영향을 미치지 않았다. 그런데 여학생은 소셜미디어를 하루 1시간씩만 해도 불행감이 상승하기 시작하는 경향이 나타났다. 영국에서 청소년을 대상으로 실시한 두 가지 연구 역시 결과는 동일했다. 소셜미디어와 인터넷 사용이 특히 여학생 사이의 우울증과 자해 행동을 가장 크게 증가시켰고 게임을 하거나 TV나 동영상을 시청하는 건 별다른 영향을 주지 않았던 것이다.

다시 말해 모든 스크린 매체가 동일한 결과를 일으키는 것은 아니다. 소셜미디어와 인터넷 사용이 자해 행동이나 우울증과 가장 밀접한 연관성을 보였으며 이 같은 경향은 특히 여학생 사이에서 두드러졌다. 전자 게임, TV와 동영상 시청은 정신건강에 이렇다 할 영향을 미치지 못했다. 따라서 청소년과 청년층 사이에 정신건강 문제가 급증한 원인이 실제로 디지털 미디어가 맞다면 특히 소셜미디어에 중점을 둔 해결책이 말도 안 되게 높은 우울증, 자해와 자살의 비율을 낮추는 데 가장 효과적으로 작용할 것이다.

워싱턴 대학교에 재학 중인 엠마 렘브케(2003년생) 같은 젊은 활동가는 청소년과 청년층에 소셜미디어를 그만두거나 제한하도록 촉구하는 운동을 창설했다(렘브케의 이 운동은 '로그오프'라고 불린다). 렘브케는 12살 때 인스타그램에 가입해 하루 6시간씩 몰두하기 시작했다. "무의식적으로 스크롤을 계속 내리면서 신체의 비현실적 표준을 그대로 받아들였어요. 결국 섭식장애까지 생겼죠." 그녀가 말했다. "계속 끔찍한 반복이에요. … 인스타그램을 하면 나 자신이 형편없게 느껴지는데 그래도 스크롤을 멈출 수가 없어요. 뭔가 이상한 힘이 저를 지배하는 것 같죠." 렘브케는 소셜미디어와 정신건강에 대한 논의를 더 활발하게 일으켜 청소년에 더 안전한 플랫폼으로 거듭날 수 있도록 규제를 강화하는 게 목표라고 말한다. 또한 "Z세대가 기술에서 필요로 하는 게 뭔지, 사생활이나 정신건강과 관련해 어떤 우려를 갖고 있는지 당국이 제대로 이해할 수 있도록 청소년이 자신의 경험에 대해 툭 터놓고 이야기했으면 한다"고 말을 이었다.

건강하지 않은 습관
: 신체건강 감소

얼마 전까지만 해도 어린이와 청소년이 동네 공원에서 픽업 농구를 하고 학교에서 집까지 걸어다니며 친구끼리 서로의 집을 자전거로 오가는 모습을 흔히 볼 수 있었다. 오늘날 아이들은 부모가 차에 태워 데려오면 곧장 집으로 들어가 비디오게임을 하거나 틱톡으로 동영상을 시청한다.

디지털 시대의 아이들은 정신적으로뿐 아니라 신체적으로도 대가를 치르고 있다. 스마트폰이 보편화된 2012년을 기점으로 운동을 거의 하지 않는다고 답한 청소년의 수가 늘기 시작해 2019년에는 8학년과 12학년 모두에서 사상 최고치를 기록했다. 아침을 거의 먹지 않는 아이의 수도 20년간 서서히 감소해오다 증가세로 돌아섰다. 앞서 살펴본 바와 같이 충분한 수면을 취하지 못하는 청소년도 늘기 시작해 스마트폰은 정신건강은 물론 신체건강에도 좋지 않은 영향을 미치고 있다.

운동은 부족한데 건강하지 않은 다른 습관은 늘어서인지 과체중인 청소년과 청년의 수는 2012~2019년 사이 급격히 증가했다. 2016년에는 미국 청년의 절반 이상이 과체중이었고 2019년에는 청년 3명 중 1명이 단순 과체중을 넘어 비만으로 나타나 2014년 4명 중 1명보다 늘었다.

이 수치는 정확한 집계 결과라고 봐도 무방하다. CDC가 이동식 실험실에서 키와 체중을 직접 측정하는 방식으로 조사를 실시한 만큼 (체중을 보고할 때 몇 파운드 정도는 빼고 싶은) 자기 스스로의 진술보다 훨씬 정확하고 정밀한 데이터가 보장되기 때문이다. 한편 같은 기간 과체중이나 비만인 성인 역시 증가한 것으로 나타나 이는 Z세대에만 국한된 문제라고도 할 수 없다. 하지만 아무리 그래도 젊은 층에 과체중인 이가 이렇게 많다는 사실은 놀랍기만 하다.

과체중이 운동이나 움직임이 줄어서라기보다 식단 때문에 증가했을 수도 있을까? 군이 따지자면 오늘날의 청소년과 청년층은 건강한 식습관에 대해 누구보다 잘 알고 있다. 코카콜라에 물어보라. 그들의 가당 음료 판매량은 급감했다. 한 연구에 따르면 같은 기간 동안 건강에 해로운 음식을 섭취하는 청소년과 성인의 수는 크게 감소했다. 특히 학교 급식이 개선되었다. 학교에서 해로운 음식을 먹는 어린이와 청소년 비율은 2004년에는 56%였지만 2018년에는 24%로 감소했는데 감소 현상의 대부분이 2010년 이후 일어났다. 식품의 질이 개선됐지만 그와 동시에 과체중인 청소년의 수도 증가한 것이다. 따라서 식단은 주요 원인이 아니며 체중 증가를 일으키는 다른 요인이 작용했다고 봐야 한다. 결국 운동 부족, 심지어 집 근처나 동네를 걷는 이가 줄어든 것조차 원인일 수 있다. 특히 청소년이 거의 걷지 않다 보니 체중이 증가하는데 이 같은 경향 역시 우울증과 연관된다. 우울증이 있는 사람일수록 덜 움직이는 경우가 많은데 이는 또 체중에 영향을 미칠 수 있다.

어린이와 청소년이 온라인 생활을 더 많이 해야 했던 팬데믹으로 상황은 더욱 악화되었다. 수많은 연구 결과 2020년 3월과 11월 사이 어린이와 청소년의 BMI 지수가 급격히 증가했다. 캘리포니아 남부 의료기록 데이터베이스에 따르면 2020년 말에는 12~15살의 43.4%가 과체중 혹은 비만이었다.

청소년과 청년층의 신체건강에서 나타난 이 같은 변화는 동시에 안전이나 부상 예방 영역에서는 긍정적 변화를 가져오기도 했다. 주먹다짐하거나 살해되거나 교통사고 당하는 청소년은 갈수록 줄고 있다. Z세대의 경우 '실제의 세상'의 위험에 대면할 확률은 줄었지만 실내에서 가만히 스크린으로 '가상의 공간'을 쳐다보는 생활로 인해 신체적, 정신적 병폐는 가속화되었다. Z세대는 사고나 폭력 사건에 휘말려 사망하거나 부상당하기보다 소셜미디어를 들여다보며 자살, 우울증, 자해, 꼼짝 안 하는 성향으로 인해 사망하거나 부상당할 확률이 높은 것이다.

모든 게 무너지고 있어
: 비관주의

전 직원이 Z세대로 이뤄진 컨설팅 기업에서 나온 한 21세 남성이 무대에서 그가 속한 세대의 특징에 대해 구체적으로 설명 중이었다. 한창 흥미롭게 듣고 있는데 그가 놀라운 발언을 했다. "우리는 세상이 가혹하다는 사실을 깨달았습니다. 모든 게 힘들고 상황이 어느 때보다 좋지 않죠." 기성세대에게 이 발언은 당시 여건을 고려했을 때 특히 이해되지 않는 면이 있었다. 그때는 코로나19 팬데믹이 미국을 강타하기 전인 2020년 1월이었다. 미국 경제는 호황을 누리고 있었고 실업률은 사상 최저치를 기록했다. 물론, 전 세계가 기후 변화와 같은 심각한 문제에 직면해 있기는 했지만 2020년 초의 Z세대 상황이 졸업 후 대침체기를 맞은 밀레니얼 세대보다 더 나쁘다고 할 수 있을까? 폭력 범죄가 급증한 1990년대에 성인이 된 X세대, 혹은 베트남 전쟁에 동원된 베이비붐 세대보다 더 나쁜 것일까?

젊은 컨설턴트의 이 같은 발언 이후 젊은 층 사이에 우울증이 증가했다는 사실에 생각이 미치자 '인식의 정도'에 대해 생각해보게 되었다. Z세대가 우울한 건 세상이 가혹해서일까? 아니면 그들이 우울한 탓에 세상이 가혹하다고 느끼는 것일까? 우울증의 정의를 살펴보면 주변 세상을 좀 더 부정적으로 인식하는 경향도 포함된다.

10대 청소년은 심지어 코로나19 이전에도 "현재 일어나고 있는 온갖 끔찍한 일들을 생각할 때 세상에 큰 희망을 품기는 어렵다"거나 "현재 전 세계가 직면한 상황에 비춰볼 때 내 삶에 진짜 목표가 있는지 궁금할 때가 많다"는 명제에 동의할 확률이 이전 50년 동안의 그 어느 때보다 높았다. Z세대는 세상에 비관적일뿐 아니라 그와 같은 자신의 생각을 거침없이 이야기한다.

이 같은 변화는 실제 사건이 아닌, '인식의 정도'를 보여준다. 물론 1992년 LA폭동이나 2007~2009년의 대침체 등 전국을 들썩인 사건에 대한 반응으로 비관주의가 급증했을 때도 있지만, 대개는 그렇지 않았다. 9·11 테러 공격이 발생하고 2002년 봄에 처음 실시한 조사에서도 비관적인 태도를 가진 청소년 비율은 사상 최저치를 기록했다. 그리고 만약 경제에 대한 우려가 주요 원인이라면 경제가 회복된 2012년 이후에는 비관주의가 감소했어야 마땅하지만 실제로는 계속 증가했다.

Z세대는 자신의 미래에 대해서도 그리 낙관적이지 못하다. 청소년이 자신의 향후 교육, 직업, 경제력에 대해 갖는 기대감은 베이비붐 세대에서 X세대로 넘어오면서 급상승하고 밀레니얼 세대 사이에서

계속 높은 수준을 유지했다. 그런데 Z세대가 해당 연령대에 들어서면서 갑자기 낮아지기 시작했다. 이제 Z세대 가운데는 자신이 향후 전문직에 종사할 것이고 석사나 박사 학위를 딸 것이며 부모님보다 많이 벌 것이라고 기대하는 이가 갈수록 줄고 있다. 같은 기간 중위 소득이 심지어 상승했는데도 말이다.

Z세대는 자신의 미래에 대해 심지어 밀레니얼 세대보다도 확신을 갖지 못한다. "Z세대는 유난히 허무주의가 심해요." 한 젊은 남성이 인터넷 게시판에 적었다. "우리 중 상당수가 정신건강 문제를 겪는 게 저는 '하하하, 삶은 덧없어. 하지만 걱정 마. 난 괜찮지 않아도 괜찮아'라고 넘어가기 때문이라고 생각해요." 2022년 Z세대의 경제 상황을 이전 세대에게 설명하려고 만든 틱톡 동영상에서 헌터 카이미는 "여러분은 희망과 기회가 보장된 시대에 성장하는 영예를 누렸지만 우린 그렇지 않아요"라고 말한다. 밀레니얼 세대 청년층이 지녔던 과도한 낙관주의는 더 이상 찾아볼 수 없다. Z세대는 자기 의심이 강한 나머지 개인주의에 따라다니는 강한 자신감까지 상실해버렸다.

젊은 층의 부정적 태도는 정치와 사회를 위해서도 그다지 좋은 소식이 아니다. 민주주의가 살아남기 위해서는 그 구성원이 '시스템은 공정하며 국가는 제 기능을 잘하고 있다'는 긍정적이고 낙관적인 믿음을 가져야 한다. 또 국가의 기원에 확신을 주는 근사한 건국 스토리가 있는 것도 도움이 된다.

하지만 지금의 젊은 층은 이 세 가지 신념 중 어느 하나 제대로 갖고 있지 못하다. 우선 청년일수록 '미국은 누구나 성공할 수 있는 공정한 사회'라고 믿을 확률이 낮았다. Z세대 10명 중 6명은 이 명제에 동의하지 않아 이 사회가 공정하지 못하다고 생각하는 것으로 나타났다. Z세대 4명 중 3명이 정부의 '근본적 설계와 구조'에 '중대한 변화'가 필요하다고 주장하면서 사실상 모조리 무너뜨리고 새로 시작해야 한다고 생각하는 것도 이 때문일 수 있다. 이들이 느끼기에 예전 방식은 더 이상 통하지 않는다.

가장 놀라운 건 이제부터다. Z세대 10명 중 4명은 미국 건국의 아버지를 '영웅'보다는 '악당으로 묘사하는 게 맞다'고 여긴다. 언젠가부터 청년층의 상당수가 미국을 건국한 이들을 두고 선하기보다 악하다고 규정짓게 된 것이다. 사일런트 세대나 베이비붐 세대에서는 이 같은 생각에 동의하는 이가 10명 중 1명에 불과했는데 그 사이 세대 간의 인식에 엄청난 차이가 생겨났다.

이 같은 결과는 Z세대가 비관적인 이유가 상황이 실제로 나쁘기 때문이 아니라는 사실을 보여준다. 오늘날의 세상뿐 아니라 250여 년 전 과거에 대해서도 부정적이기 때문이다. 이들은 미국을 건국한 이들마저 나쁜 사람으로 치부할 정도로 국가에 대해 뿌리깊은 부정적 인식을 갖고 있다.

2021년 7월 조사 결과, 18~24살 성인(모두 Z세대) 중 미국인이라는 사실이 '아주' 혹은 '너무나' 자랑스러운 이는 36%에 불과했다. 반면, 65살 이상 인구인 베이비붐 세대와 사일런트 세대에서는 그렇게 생각하는 이가 86%에 달했다. 하버드 케네디 행정대학원의 여론조사 책임자인 존 델라 볼페는 2022년 출간된 《투쟁: Z세대는 미국을 구하기 위해 자신의 두려움과 열정을 어떻게 발현하는가?》의 집필을 위해 수백 명의 청년과 인터뷰했다. 그에 따르면 2010년대 중반까지만 해도 젊은 밀레니얼 세대에게 미국에 대해 설명해달라고 하면 '다양성', '자유', '풍요의 땅' 등의 답변이 나오기 마련이었다. 몇 년이 지난 지

자본주의에 긍정적 견해를 가진 성인 비율

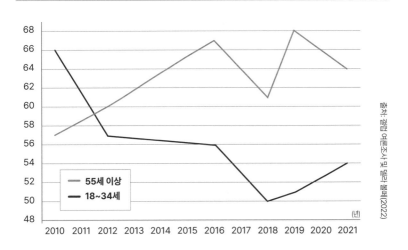

출처: 갤럽 여론조사 및 엘러 불페(2022)

금 Z세대는 '디스토피아', '망가진', '피비린내가 진동하는 난장판'과 같은 답변을 내놓는다. 불페가 Z세대에게 미국인인 게 자랑스러웠던 순간이 있었는지 물었을 때 "다들 멀뚱히 날 쳐다보거나 2017년 미국 축구팀이 가나에 이겼을 때처럼 스포츠 경기 얘기를 했다"고 그는 적었다.

청년층은 자본주의에 대해서도 한층 부정적 견해를 갖고 있었다. 한때는 젊은 층이 중장년층보다 자본주의를 좀 더 긍정적으로 바라봤지만 Z세대가 성인기에 접어든 2012년을 기점으로 상황이 달라졌다. 2021년 자본주의를 긍정적으로 평가하는 이는 중장년층에서는 3명 중 2명에 이른 데 비해 청년층에서는 가까스로 절반을 넘어섰을 뿐이었다.

Z세대의 어느 젊은 유권자는 자신들은 자본주의를 "아이들이 자

라서 정신적으로 불안해질 때까지 일하는 것을 정상이라고 말하는 것"으로 규정한다고 볼페에게 말했다. 오하이오에 사는 16살의 한 청소년은 "우리 학교는 자본주의적 방식의 성공을 추구해요. 그들에게 중요한 건 행복이 아니라 거물들을 위해 일하면서 그들이 돈을 벌 수 있도록 돕고, 그렇게 당신이 번 돈으로 또 그들의 제품을 구입하는 것이죠."

미국 정부와 자본주의 자유시장체제가 완벽과는 거리가 멀다는 점에서 Z세대의 주장에도 일리가 있다. 하지만 이는 새롭게 등장한 문제점이 아니다. 가령 소득 불평등은 2000~2020년이 아닌, 1980~2000년에 가장 크게 벌어졌다.

그렇다면 비관론이 증가한 이유는 무엇일까? 아마 기술과 관련 있을 것이다. 소셜미디어와 인터넷은 오늘날 빼놓을 수 없는 뉴스 공급처가 되었다. 부정적 뉴스가 높은 클릭 수를 기록하는 데 반해 긍정적 뉴스는 별로 그렇지 못하다. 게다가 온라인 토론은 사람들이 서로를 대면한 상황에서 이루어지는 게 아닌 만큼 더욱 부정적이고 공격적으로 전개되는 경향이 강하다. 얼굴을 볼 수 없는 누군가를 훨씬 성급한 태도로 대하고 모욕을 안길 확률이 훨씬 높아진다.

트위터가 대표적인 예다. 부정적 트윗엔 누구나 할 말이 많지만 긍정적 트윗엔 아무도 대꾸하지 않는다. 따라서 해당 사이트는 이따금 거대한 불만 제조기로 돌변한다. Z세대가 소셜미디어 중 가장 많이 사용하는 틱톡이 이에 비하면 훨씬 긍정적이지만 여기에도 염세적 유머가 자주 등장한다. 어느 동영상에서는 한 남성이 환경을 지키기 위해 모두가 어떻게 제 역할을 해야 하는지 "멕시코 만에 240만 배럴의 석유를 버리지 마세요!"라고 트렌디한 어조로 노래하지만 이내 무언가를 비꼬고 있다는 사실이 밝혀진다. 틱톡이 으레 그렇듯 동영상은 "금속 빨대!"라고 외치며 갑자기 끝나 버리는데 메시지는 이렇다. 물론, 우리는 모두 환경을 지키려면 뭘 해야 하는지 이야기할 수 있지만 정작 환경을 파괴하는 건 대기업이다. 그럼 이게 다 무슨 소용인가?

청소년과 청년층 사이에 우울증이 증가한 것도 부정적 견해가 강해진 한 가지 원인일 수 있다. 우울증은 단순히 감정뿐 아니라 사고에도 영향을 미친다. 우울증 치료에 가장 널리 쓰이고 또 가장 효과적인 인지 행동 치료CBT에서는 우울증이 인지 왜곡을 수반하는 현상을 관찰했다. 이 같은 왜곡 중 상당수는 사람들이 사회를 바라보는 관점에서 일어난다. '부정적 필터링negative filtering(가령 '전 세계에서 나쁜 일이 너무 많이 벌어지고 있어'처럼 부정적 요소에만 집중하고 긍정적 요소에는 관심도 기울이지 않는 것을 말한다)'과 '긍정 요소 깎아내리기discounting positives(가령 '시스템이 지나치게 불공정하다면 자유도 별 의미 없어'라는 식으로 긍정적 요소를 중요하지 않다고 생각하는 것이다)'와 같은 방식으로 말이다. 따라서 우울증을 앓고 있는 청년이 늘었을 뿐 아니라 사회를 부정적으로 바라보고 이를 바꾸려고 노력하는 이도 늘었다. 이 같은 성향은 긍정적 변화로 이어질 수 있지만 자칫 아직 망가지지도 않은 것을 고치려 드는 결과를 낳을 수도 있다. 우울할수록 세상의 더 많은 부분이 망가진 것처럼 보이게 된다.

우울증은 이분법적 사고방식, 혹은 사람이나 사건을 무조건 흑백으로 분류하는 방식으로도 인지 왜곡을 일으킨다. 일상에서 '모두가 너무 무례해'라고 생각하는 게 한 가지 예시가 될 것이다. 또 이분법적 사고가 사회적 차원에서 나타나면 '이 나라는 좋을 게 없어' 같은 생각을 일으킨다. 다시 말해, 잘못된 점이 몇 가지만 있어도 모조리 바꿔 버리는 게 낫다고 생각하는 것으로 Z세대의 대다수가 미국 정부의 구조에 중대한 변화가 필요하다고 여긴 것과 일맥상통한다. 사람을 흑백의 관점에서 바라보는 것 역시 ('당신은 아군 아니면 적군'이라고 생각하거나 실수를 한 번만 해도 악마라고 여기는 등) 특정한 결과를 일으켜 Z세대 세상의 두 가지 특징인 '캔슬 컬처'와 '정치 양극화'를 낳았다.

앞으로 미국은 물론 전 세계적으로도 가장 큰 과제로 떠오를 문제는 한 가지다. 지도자들은 어떻게 국가가 살기 좋은 곳이라는 확신을 청년층에 심어줄 수 있을까? 실패할 경우 젊은이들은 모든 것을 폐기하고 다시 시작하려고 할 것이다. 바로 혁명 말이다.

불리한 조건
: 차별 인지 및 외적 통제 위치

1968년 12월까지 《뉴욕타임스》를 비롯한 일간지는 일자리를 성별로 나눠 '구인-남성'과 '구인-여성'의 별도 칼럼으로 제시했다. 이 같은 관행은 더 이상 용납되지 않는다. 오늘날 구인 광고를 성별대로 분리해 게재하려는 꿈을 꾸는 곳은 일간지, 잡지, 인터넷 사이트를 통틀어 아무 데도 없다. 이제 여성도 남성과 마찬가지로 원하는 직종은 어디든 지원할 수 있는 게 당연하게 여겨진다. 물론 성차별은 여전히 존재하지만 1970년대보다는 덜하다는 데 대부분의 사람들이 동의할 것이다.

다음으로 소개할 트렌드가 너무나 당혹스러운 이유가 여기에 있다. 최근 10대 여학생 가운데는 오늘날 자신들이 1970년대 여학생보다 더 심한 성차별에 시달린다고 믿는 이들이 증가했다. 사실 성차별이 실제로 일어난다고 믿는 Z세대 여학생의 비율이 사상 최고치를 기록했다. 여성은 지도자나 경영진으로 발탁되고 전문직으로 채용되는 데 차별을 겪는다고 답한 여성이 절반을 넘었다. 또 성차별로 인해 여성이 원하는 직업을 얻지 못할 수 있는 만큼 개인적 여파도 크다고 생각하는 이가 절반에 가까웠다. 성차별이 도처에서 일어나고 있다고 믿는 미국 여학생이 갈수록 늘고 있다.

어쩌면 이 같은 인식에 어느 정도 진실이 포함되었을 수 있다. 성차별은 항상 일관되게 발생해왔는데 1970년대 여학생이 미처 인지하지 못했을 가능성도 얼마든지 있는 것이다. 어쩌면 성적 괴롭힘이 지나치게 심해져서 갈수록 많은 여성이 최고의 직업을 얻기 위해 매진할 기회를 박탈당하고 있을 수도 있다. 온라인 뉴스를 읽어보면 이 가설이 어느 정도는 그럴듯해 보인다. 하지만 실제 검증을 하려면 성차별을 측정할 방법이 필요하다. 그중 한 가지가 과연 몇 명의 여성이 법조계나 의학계 등 권위 있는 직종에 진출하고 있는지 살펴보는 것이다.

1960년대에는 신규 의사와 변호사 중 여성의 비율이 지극히 적었지만 1970~1980년대에 더 많은 여성이 진출하면서 상황이 급격하게 달라졌다. 따라서 직장 내 성차별에 대한 인식도 완화됐을 거라고 예상하기 쉬운데 실제로는 그렇지 않았다. 심지어 성차별이 존재한다고 믿는 10대 여학생 비율이 2012~2019년 사이 50%나 급증하는 기이한 일이 벌어졌다. 이 시기에는 법학 또는 의학 분야에서 학위를 취득하는 여학생 비율도 50% 전후로 안정돼 남성과 동등한 입지를 달성했는데 말이다. 물론 여성이 법조인이나 의료인으로 커리어를 시작한 이후에도 성차별은 일부 계속된 게 분명하다. 하지만 Z세대가 인식하는 것처럼 2012~2019년 사이 여성에 대한 차별이 50%나 증가했다고 보기는 어렵다.

대학 교육 기회에서 생기는 성차별을 둘러싸고 현실과 인식 사이에 얼마나 괴리가 있는지를 수치로 살펴보기는 더 쉽다. 대학 교육을 받는 데 있어 여성은 차별당한다고 믿는 10대 여학생 수는 2012~2019년 사이 2배로 증가했다. 하지만 2019년에는 대학 학위 취득자의 대다수, 즉 10명 중 6명이 여성이었다. 남성은 10명 중 4명에 그쳐 여성이 성차별을 받고 있다는 인식과는 오히려 정반대의 결과가 나왔다. 1982년부터 여성은 4년제 학위의 절반 이상을 가져갔고 그 비율은 이후로도 꾸준히 증가해왔다. 그런데 이렇게 학위를 취득하는 여성이 많아질수록 조건이 여성에게 불리하게 돌아간다고 믿는 10대 여학생도 늘었다. 뿐만 아니라 여성이 대학 교육에서 차별받는다고 믿는 10대 남학생의 비율도 2012년 18%에서 2019년 30%로 크게 증가했다. 물론 여성은 대학 재학 중 성차별, 성추행 또는 성폭행을 경험할 수 있다. 하지만 질문은 대학 교육 기회에 관한 것이었고 이는 더 많은 여성이 누리고 있음이 분명하다.

Z세대 청소년이 이렇게 현실과 동떨어진 믿음을 갖고 있는 이유는 무엇일까? 수년에 걸쳐 일어난 변화의 패턴을 보면 그 원인을 어느 정도 짐작할 수 있다. 성차별이 일어나고 있다는 믿음은 1990년대에도 강해졌다. 1991년 아니타 힐과 클라렌스 토마스의 성추행 청문회에 세간의 이목이 집중되고 워킹맘을 비방하는 여러 법정 소송이 숱한 화제 속에 이어졌다. 또 1995년 O. J. 심슨 재판 당시에는 마

르시아 클라크 검사의 헤어스타일과 육아 방식을 두고 집착에 가까운 여성 혐오가 일어나면서 생긴 결과다. 뿐만 아니라 2010년대 후반에도 미투 운동이 일어나 성추행이나 폭행에 대한 관심을 증폭시켰다. 이렇게 성차별 문제가 사회 이슈로 대두될 때마다 더 많은 청소년이 세상에 성차별이 만연하다는 인식을 갖게 되었다.

하지만 뉴스 속 사건만으로 일어난 결과라고 하기엔 증가폭이 너무 크다. 심지어 1990년대에 증가한 것보다 훨씬 크게 늘었으니 말이다. 게다가 성차별 인식이 확산되기 시작한 건 2012년 전후로 #미투 소식이 터지기 시작한 2017년 말보다 훨씬 앞선 시점이었다.

다른 원인이 작용하고 있는 게 분명했다. 한 가지 고려해볼 수 있는 건 성차별을 둘러싼 분노가 온라인에서 상당한 관심을 받고 있다는 사실이다. 결과적으로 미국 사회는 10대 여학생에게 온 세상이 적이며 여성의 성공을 대체로 반대한다는 확신을 심어주는 데 성공했다. 게다가 우울증의 인지 왜곡 현상으로 세상은 내 편이 아니라는 시각까지 확산됐다.

이 같은 태도에서는 단순히 성차별을 인지하는 데 그치지 않고 일반적 의미의 패배주의에 젖어들기 십상이다. Z세대 청소년은 '나 같은 사람은 삶에서 성공할 기회가 별로 없다'거나 '내가 성공하려 할 때마다 무언가 혹은 누군가 나를 가로막는다'는 생각에 빠져들 확률이 더 높은데 예전에는 10대 남학생에서 그런 비율이 더 높았다면 지금은 여학생 중에서 그런 비율이 좀 더 높다.

이 같은 경향은 서로 연결되어 있다. 대학 교육 기회의 측면에서 여성이 차별당한다고 생각하는 여학생(22%)은 그렇지 않은 여학생(12%)보다 '나 같은 사람은 성공할 기회가 별로 없다'고 믿을 확률이

2배 가까이 높았다. 이 세상에 차별이 만연하다는 인식이 생기면 노력해봐야 소용없다고 생각할 확률도 높아진다.

카드 패가 자신에게 불리하다고 믿는 건 심리학자들이 말하는 '외적 통제 위치external locus of control'에 해당한다. '내적 통제 위치internal locus of control'가 있다는 게 자신의 삶을 스스로 통제할 수 있다고 믿는 것을 의미한다면 외적 통제 위치는 그 반대다. 모든 건 운에 달려 있으며 힘 있는 사람들이 결정하는 대로 이루어질 것이기 때문에 아무것도 소용없다고 믿는 태도다. 안타깝게도 그게 사실인 경우도 있지만 이는 패배주의에 젖은 관점이며 문제는 Z세대 사이에 더욱 흔하게 나타나고 있다는 것이다.

이것은 중요한 문제다. 통제 위치에 따라 삶의 결과도 달라지기 때문이다. 내적 통제 위치가 있는 사람은 운동하고 좋은 식습관을 유지하는 등 건강한 생활을 할 확률이 40% 더 높은 반면 불안감이나 우울증에 시달릴 확률은 훨씬 낮다. 고전으로 전해지는 한 보고서에 따르면 유색인종 어린이의 학업 성취도가 높아지는 데는 다른 어떤 요인보다 내적 통제 위치의 영향이 가장 크다. 하지만 Z세대 청소년들이 스스로의 의지를 바탕 삼아 성공할 수 있다는 생각(내적 통제 위치)을 갖지 못하고, 성공은 불가능하다는 확신만을 갖게 되었다.

개인주의의 강화가 한 가지 원인일 수 있다. 개인주의에서는 자신에 대해 좋은 느낌을 갖는 게 중요하며 자신의 가치를 부정하는 위협은 물리쳐야 한다고 강조한다. 만약 실패한다면 자신이 아닌 외부 요인의 탓으로 돌려야 한다. 둘째, Z세대는 우울한 경향이 강하기 때문에 모든 게 자신의 통제 밖에 있다고 믿을 확률이 높다. 외적 통제 위치와 우울증은 연결돼 있다. 내가 뭘 하든 처한 상황이 바뀌지 않는다고 믿는 건 우울증의 또 다른 인지적 발현이다.

셋째, 논란의 여지가 있기는 하지만 일각에서는 우리의 문화적 가치가 근본적으로 달라졌다고 주장한다. 예를 들어, 사회학자 브래들리 캠벨과 제이슨 매닝은 얼마 전까지만 해도 타인이 나를 어떻게 생각하든 자신의 가치에 신념을 갖는 '존엄 문화'가 미국에 존재했다고 말한다. 그런데 최근엔 '도움이 필요한 피해자 이미지를 구축하기 위해 애쓰는 피해의식 문화'로 변화하고 있다는 게 이들의 주장이다. 이 새로운 문화에는 모욕 피해자라는 상태가 존재한다. 특히 소셜미디어에서 공개적으로 모욕당한 경우를 뜻한다. 신조어 '크라이블리crybully(피해자인 척하는 가해자)'는 주로 다른 누군가를 공격하는 방법으로 관심을 끌려고 하는 이들을 의미한다. 크라이블리는 취약하면서도 공격적인데 작가 로저 킴볼은 크라이블리의 탄생이 2000년대 후반으로 거슬러 올라가며 "괴롭힘당하는 안도감에 공격하는 쾌감까지 추가했다"고 말하고 있다.

흔히 일어나는 일이지만 소수의 행동으로 다른 모든 이가 피해를 입을 수 있다. 실제 차별은 엄연히 존재하는 만큼 세상에 널리 알려지고 하루빨리 중단돼야 한다. 하지만 실제 차별은 줄어드는데 청소년은 그 반대로 인식한다면 오히려 현실적으로는 피해를 주장하는 의미가 왜곡될 수 있다. 게다가 청소년 스스로 긍정적 효과를 얻지도 못하게 된다. 온 세상이 적이라는 확신에 찬 일부 청년은 노력해봐야 소용없다는 패배주의적 관점에 도달했다. 이런 시각에 맞서는 게 향후 10년간 가장 큰 과제 중 하나가 될 것이다.

협상에 부정적
: 정치 양극화

2014년 브래드 레드포드와 매디슨 코손이 봄철 휴가를 맞아 플로리다로 여행 떠났다가 집으로 돌아오는 길이었다. 운전하던 브래드가 졸음을 이기지 못하면서 타고 있던 SUV가 콘크리트 담장을 들이받았다. 이 사고로 코손은 다리가 일부 마비돼 평생 휠체어 신세를 지게 되었다. 6년 후, 코손(1995년생)은 자신이 나고 자란 노스캐롤라이나에서 정계에 진출하기로 결심했다. 2021년 1월 3일 그는 Z세대로는 최초로 미국 하원의원이 되었다.

코손은 전형적인 Z세대였다. 보수적인 공화당 지지자로서 25살에 결혼했다. 그리고 26살에 이혼했다. 이후 그는 기이한 발언을 쏟아내고 여러 법적 문제에 휘말리면서 재선에도 실패했다. 하지만 코손은 Z세대에서 흔히 볼 수 있는 특징을 하나 갖고 있었다. 2000년대가 들어 교내 필기체 교육의 비중이 줄어든 탓인지 코손의 서명은 마치 초등학교 3학년이 쓴 것처럼 보였다.

Z세대에서 코손과 같은 정치적 성향을 가진 이는 생각보다 많다. 어느 정당도 지지하지 않는 무소속을 제외하면 Z세대 내 공화당 지지자는 38%, 민주당 지지자는 62%로 밀레니얼 세대와 상당히 유사하다. 따라서 Z세대는 밀레니얼 세대보다 나이는 어려도 (2020년 기준 Z세대는 18~25살, 밀레니얼 세대는 26~40살) 정치적 성향과 이념은 매우 비슷했다. 그나마 차이가 드러난 건 대통령으로 뽑은 후보였는데 트럼프에 표를 던진 비율이 밀레니얼 세대보다 적었고 공화당 지지자 중에서도 지극히 적었던 것이다. Z세대 사이에 트럼프 지지율이 유난

히 낮은 건 무소속 지지자의 영향이기도 한데 밀레니얼 세대 무소속 지지자는 3명 중 1명이 트럼프에 투표했다면 Z세대 무소속 지지자는 4명 중 1명만 트럼프에 투표했다.

2020년 대선의 경우 젊은 유권자층이 대거 투표에 참여한 데다 트럼프보다 민주당 후보에 더 많이 표를 던진 게 조 바이든의 승리 요인으로 분석되었다. "이번 선거를 통해 투표가 얼마나 중요한지 깨달았어요." 펜실베이니아 대학생 오드리 수(2001년생)가 말했다. "어떻게든 트럼프를 몰아내고 싶었어요." 이 같은 경향은 대학생 사이에서 특히 강했다. 한 분석에 따르면, 대학생 인구가 많은 카운티에서는 2020년 조 바이든 지지율이 8% 포인트 더 높게 나타나 2016년 힐러리 클린턴 후보의 3% 포인트 격차보다도 컸다.

트럼프가 젊은 유권자의 호감을 사지 못한 이유 중 하나로 보수층 내에서도 세대 간 격차가 뚜렷한 인종문제를 들 수 있다. '미국의 백인은 분명 피부색 때문에 여러 이점을 누린다(소위 '백인 특권'에 대한 신념)'는 명제에 동의하는 이는 X세대나 베이비붐 세대의 백인 보수파 가운데는 8명 중 1명이었지만 Z세대 백인 보수파에서는 3명 중 1명으로 비율이 더 높았다. '여러 세대에 걸친 노예 제도와 차별로 인해 흑인이 낮은 사회 계층에서 벗어나기 힘든 여건이 조성되었다'는 명제 역시 X세대나 베이비붐 세대 백인 보수파는 10명 중 1명만 동의했지만 Z세대 백인 보수파는 3명 중 1명이 동의했다. Z세대의 보수파는 인종적 선입견이 존재한다고 믿는 경향이 이전 세대보다 더 강한 것이다. 반면 백인 진보층 사이에서는 이 같은 견해에 대한 세대 간 차이가 사실상 존재하지 않았다. 백인 특권이 엄연히 존재하고 차별로 인해 흑인은 계층 상승이 어렵다는 사실에 세대를 불문하고 대다수가

극단적 정치 성향을 띤 미국 18살 비율

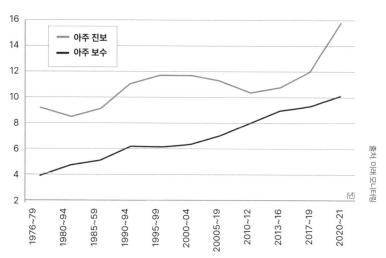

출처: 미래 모니터링

* '아주 진보'에는 '아주 진보'와 '급진'이 포함된다. 2013년 이후 대부분의 12학년(18살)은 Z세대였다.

동의하는 것으로 나타났다.

정치 양극화로 나아간 기성세대의 발자취를 Z세대는 그대로 따라가고 있다. 심지어 정치적으로 명확한 견해를 갖기엔 아직 어린 17~18살 사이에도 극단적 정치 신념을 지지하는 비율이 급증하고 있다. 고등학교 졸업반 학생 중 단순 '보수'와는 다른 '아주 보수'를 자처하는 이는 놀랍게도 1980년대 후반 레이건 시대의 X세대 고등학교 졸업반 학생의 두 배로 늘었다. '아주 진보' 혹은 '진보'를 자처한 학생의 수도 늘기는 했지만 증가세가 좀 더 완만했다. 베이비붐 세대, X세대와 밀레니얼 세대의 고등학교 졸업반 학생 가운데는 '아주 진보'가 '아주 보수'보다 훨씬 많았지만 Z세대에서는 두 집단의 규모가 거의 비슷해졌다. '아주 보수'에 해당하는 매디슨 코손은 Z세대에서는 소수파에 속할지 모르지만 이전 세대에 비하면 또래 중 같은 성향을 가진 이가 많아진 게 분명하다. 보통 청년층, 특히 Z세대는 진보 성향이 강하다고 알려진 것과 달리 수구를 자처하는 이가 이렇게나 많다는 사실은 놀랍기만 하다.

4년제 대학에 진학한 학생들 사이에서도 극단으로 나아가는 경향이 지속됐지만 방향은 왼쪽이었다. 대학 신입생 가운데 자신의 정치적 성향이 '아주 진보'라고 답한 이는 1980년대 초반의 3배, 그리고 신입생의 이 밀레니얼 세대에서 Z세대로 막 교체되기 시작한 2013년에 비해서는 두 배 가까이 증가했다. 극좌파 성향의 Z세대 대학생은 급진주의로 명성을 떨친 1970년대 초반의 베이비붐 세대 대학생보다도 많아졌다. '아주 보수'를 자처하는 대학 신입생 역시 증가했지만 증가세가 좀 더 완만해 2000년대의 밀레니얼 세대와 2010년대의 Z세대가 거의 비슷한 수치를 유지했다. 전반적으로 Z세대는 기성세대의 행보를 따라 정치 성향의 양극단으로 나아가고 있지만 그 시기가 앞당겨졌다. 이 같은 현상이 장기적으로 어떤 결과를 낳을지는 아직 알수 없다.

극좌파로 분류되는 대학 신입생은 2019년 기준 4.5%(22명 중 1명)로 결코 적은 수가 아니다. 이는 모든 캠퍼스를 평균한 수치로 종교대학이 아닌 경우에는 5.4%(18명 중 1명)가 극좌파라고 밝혔다. 또 인문대학, 졸업생의 상당수가 전문직이나 주요 기업으로 진출하는 아이비리그 대학에서는 그 비율이 더욱 높을 확률이 크다. 22명 중 1명이면 자유주의적 명분을 위해 수백, 수천 명씩 시위에 나서고 기후 변화, 다양성, 캠퍼스 내 포용성 같은 문제를 사회 이슈로 끌어내기에 충분한 숫자다. 공개서한을 작성해 특정 인물의 강연을 취소시키고

교직원을 해고하며 교내 정책을 수정하기에도 부족함 없는 숫자다.

따라서 정치 신념이 교육 수준에 따라 달라지는 경향이 갈수록 강해지고 있다. 대학에 극좌파가 더 많은 데 비해 4년제 대학에 당장 진학할 계획이 없는 고등학생 가운데는 극우파가 더 많은 것이다. 이 같은 패턴은 Z세대가 청년으로 성장한 이후에도 계속 이어졌다. 합동 선거 조사에 따르면 4년제 대학 학위가 있는 22~25살의 Z세대는 본인이 진보라고 밝힐 확률이 중도를 제외하고 70%로 학위가 없는 이들의 56%보다 더 높았다. 결론적으로 Z세대는 정치적 양극화가 심화되는 환경에서 성인이 될 뿐 아니라 정치 신념이 사회 계층, 특히 교육 수준에 따라 차별화되는 것을 당연하게 여길 가능성이 높다.

Z세대에서 처음으로 대거 등장한 정치 후보자들은 이 같은 양극화 속에서 성장한 영향을 고스란히 드러냈다. 2023년 1월 플로리다의 맥스웰 알레한드로 프로스트(1997년생)는 (1997년생부터 Z세대로 규정한) 퓨 리서치 센터의 기준에 따라 최초의 Z세대 하원의원이 되었다. "보통 민주당 의원은 타협이 이미 진행 중인 상태에서 협상 테이블에 앉지만 우리는 다릅니다." 그가 말했다. "우리 세대는 좌절한 시민이 엄청난 트라우마와 불안에 시달리는 시대 배경 속에서 태어났습니다. 그래서 다소 다른 관점을 갖게 되었다고 생각합니다." 프로스트는 총기 규제를 옹호하는 청년들이 모여 만든 '우리 삶을 위한 행진'의 책임자를 역임하며 풍부한 시위 경험을 갖고 있었다.

보수주의는 대개 현상 유지를 선호하지만 Z세대의 보수파 가운데는 변화를 옹호하는 이도 일부 존재했다. "진보 성향 후보 중 일부는 제가 맞서 싸우고자 하는 시스템을 고스란히 반영하고 있죠." 뉴햄프셔 주 하원의원 선거구에서 공화당 후보자 지명을 받았지만 2022년

총선에서 패배한 캐롤라인 리빗(1997년생)이 말했다. "아메리칸 드림은 제 유권자 세대에서는 꿈도 꿀 수 없는 일이에요." 보수적 여론조사위원 크리스틴은 밀레니얼 세대가 정계의 젊은 후보자로 등장한 오바마 시절과는 상황이 다르다고 여겼다. "후보자들이 추구하는 프레임이 '초당적으로 일할 기회를 활용해 변화를 일으킬 것'에서 '계속해서 상대방에 유리한 기관과 체계를 망가뜨려 버릴 것'으로 변했어요." 내셔널퍼블릭라디오에서 지적했듯 Z세대의 정치 후보자들은 "의원직에 출마해놓고 타협하지 않고 맞서 싸우고" 있는 중이다.

정치 무관심의 종말
: 정치 행동주의와 투표율 증가

2018년 2월 14일 플로리다주 파크랜드에 위치한 마조리 스톤맨더글러스 고등학교에서 총기 난사 사건이 발생해 학생 14명과 교직원 3명이 사망했다. 이후 이 학교 학생들은 희생된 친구를 위한 추모 공간을 마련했을 뿐 아니라 정치 행동에까지 나섰다.

"오늘 이 자리에 모인 한 분 한 분은 모두 집에서 고요한 추모의 시간을 가졌어야 합니다." 며칠 후 열린 대규모 집회에서 엠마 곤잘레스가 군중을 향해 말했다. 그는 현재 X 곤잘레스로 알려진 1999년생 인물이며, '그들'이라는 호칭을 사용한다. "하지만 우리는 이렇게 이 자리에 서 있습니다. 우리의 정부와 대통령이 할 수 있는 게 추모와 기도뿐이라면 우리에게 필요한 변화는 피해자인 우리가 직접 일궈야 하기 때문이죠." 그들이 말했다. "NRA(전미총기협회)에서 자금을 지원

받아 상하원까지 진출한 의원들은, 이번 사건은 무슨 수로도 막지 못했을 거라고 말합니다." 곤잘레스와 급우들은 지속적으로 더 많은 총기 규제 입법을 촉구했고 결국 플로리다 주의 총기 소지 가능 연령을 18살에서 21살로 상향 조정하는 데 성공했다. 입법이 진작 이루어졌다면 파크랜드 총기 난사 사건은 일어나지 않았을 것이다.

파크랜드 학생들의 행동주의는 Z세대에서 급증하는 정치적 관심의 한 가지 징후에 불과하다. 9개월 후인 2018년 11월 중간선거에서 나타난 청년층 투표율은 1972년 이후 가장 높은 수준을 기록했다. 2020년 대선 역시 청년층 투표율이 48%에 달해 1976년 이후 실시된 모든 대선을 통틀어 가장 높았다. 2018년과 2020년은 18~24살의 대다수가 밀레니얼 세대에서 Z세대로 교체된 이후 처음 선거가 실시된 해라는 점에서 이는 더욱 주목할 만하다. 집계에 따르면 2022년 중간선거에서도 이 같은 경향이 계속돼 청년층 투표율이 높게 나타났다.

X세대가 청년층을 구성한 1980년대부터 선거가 치러질 때마다 각 기관은 청년 투표율을 높이고자 애썼지만 특히 중간선거를 비롯한 대다수의 선거 투표율은 당황스러울 만큼 낮은 수준에서 벗어나지 못했다. 그런데 이 같은 경향에 극적으로 종지부를 찍은 게 바로 Z세대다. Z세대가 국가를 부정적으로 바라봐서 나쁜 점도 있지만 한 가지 좋은 점은 정치에 적극적으로 참여한다는 사실이다. 이들은 자신의 목소리를 낼 동기가 충분한 세대다. 2022년 '로 대 웨이드 판결'의 번복으로 낙태 문제를 둘러싼 분열이 심화되면서 젊은 유권자층은 심지어 더 적극적으로 자신의 의견을 피력하고 있다.

정치 양극화라는 먹구름 사이로 비춰지는 한 줄기 빛이 바로 사람들이 선거에 관심을 갖는다는 사실이다. 트럼프의 지지자뿐 아니라 그를 비방하는 이들까지 참여한 2016년 선거는 투표, 그리고 젊은층의 행동이 왜 중요한지 여실히 보여주었다. 코로나 팬데믹 역시 정부 정책이 일상생활에 얼마나 큰 영향을 미치는지 절실히 깨닫도록 하는 계기가 되었다. 1990년대의 X세대와 2000년대 초반의 밀레니얼 세대와 달리 Z세대는 세상이 바뀌어야 한다고 생각한다. 이들의 외적 통제 위치는 얼핏 무관심을 유발할 것처럼 보이지만 실제로 수많은 Z세대가 엄청난 분노에 휩싸인 나머지 심지어 별 효과가 없을 것 같아도 행동에도 나서기를 주저하지 않는다.

"성장하는 내내 이 시스템이 당신에게 유리한 줄 알았겠지만 사실 세뇌당한 거예요." 2020년 17살 릴리 맨델이 말했다. "솔직히 얘기할 게요." 20살의 커뮤니티 칼리지 학생 벳시 왓슨도 같은 생각이다. 그녀는 '평등, 수용, 협력과 공감을 추구하는 사람들PEACE'이라는 대학 동아리를 설립했다. "Z세대의 좋은 점은 침묵하지 않는다는 거예요." 그녀가 말했다. "우리는 변화의 세대가 될 겁니다." 그녀는 가장 중요한 가치로 '전반적 평등과 인간의 존엄성'을 꼽았다.

커뮤니케이션 교수이자 《다른 세상은 가능하다》의 저자인 제이슨 델 간디오는 Z세대가 결국 1960년대 베이비붐 세대의 운동가들과 비슷해질 것이라고 예측한다. 그에 따르면 두 시대 모두 정치 양극화라는 특징이 있었다. "Z세대는 사회 변화를 요구하는 과정에서 결국 베이비붐 세대와 같은 전투적 성향을 띠게 될 거예요." 그가 예측했다. 하지만 중요한 차이점이 존재한다. 베이비붐 세대의 정치 운동은 백인 남성이 주도한 데 반해 "요즘 수많은 청년 운동가들은 다양한 목소리를 확실하게 반영하려고 해요. 이는 다양성 또는 동맹 관계 같은 개념으로 연결되는데 둘 다 1960년대에는 존재하지 않았던 것이죠." 델

간디오가 말했다.

Z세대의 행동주의에서 소셜미디어의 역할은 중요하다. 단점도 많지만 소셜미디어 덕분에 비슷한 견해를 가진 이들이 쉽게 뭉칠 수 있게 되었다. 뿐만 아니라 잔혹하게 살해당한 조지 플로이드 사건처럼 이전 같았으면 잘 알려지지 않았을 사건도 공론화될 수 있었다. 젊은 활동가 릴리 만델은 Z세대가 사회 변화에 관심을 갖게 된 핵심적 계기가 바로 소셜미디어라고 말한다. "우리는 떠오르는 생각을 빠르게 공유해서 새로운 화두를 만들어내요." 그녀가 말했다. "만약 이러한 대화를 나누지 못하고 새로운 정보를 끊임없이 접하지 못하면 과거의 관행에 매여 있을 수밖에 없겠죠." 만델에 따르면 오늘날 빠르게 이동하는 정보만큼 세상도 빠르게 달라져야 한다는 게 Z세대의 생각이다.

이렇게 뜨거운 Z세대의 정치적 관심은 향후에도 계속 이어질까? 아직은 알 수 없지만 그럴 것으로 보이는 징후가 몇 가지 있다. 우선 고등학교 졸업반 학생 중 사회 이슈에 관심이 많다고 답하는 이가 늘고 있고, 또 정부 문제에 관심을 쏟는 이가 청년층 투표율이 낮았던 1990년대 후반보다 많아진 것이다. 우울증이 있으면 대개 내향적이라는 사실을 고려할 때 우울증 비율이 높은 세대가 정치 문제에는 적극적으로 대응하는 게 의외일 수 있다. 하지만 우울증의 사촌 격이자 정치 소요로 이어질 수 있는 불행과 불만 역시 Z세대 사이엔 크다는 사실을 기억해야 한다. 이 세상과 자신의 삶에 대해 Z세대가 전반적으로 갖고 있는 부정적 견해가 사회 변화를 촉구하는 청년 운동의 불씨를 당긴 것일 수 있다. Z세대의 힘이 아직 완전히 드러나지 않은 만큼 이들을 과소평가하는 기성세대는 위태롭기만 하다.

죄파의 분노
: 진보세력의 불행과 우울증

대학원생 잭 골드버그는 퓨 리서치 센터의 2020년 데이터를 살펴보던 중 흥미로운 결과를 발견했다. 진보 성향의 백인일수록 병원에서 정신건강 관련 진단을 받았다고 답할 확률이 높다는 것이다. 이 같은 경향은 진보적 백인 여성 가운데서 특히 두드러졌는데 이들은 절반가량이 진단을 받았다고 답해 보수 성향 백인 여성보다 두 배 많은 수를 기록했다. 골드버그는 이 같은 결과를 트위터에 게시했다. "제가 진보적 백인 혹은 그들의 정신 질환 비율이 말도 안 되게 높다는 사실을 비웃으려고 이 글을 쓰는 건 아닙니다(당신도 그래선 안 됩니다)." 그가 경고했다.

그럼에도 우파 언론은 먹잇감이라도 포착한 듯 달려들었다. 한 보수 팟캐스트는 '절반은 비정상'이라는 제목으로 해당 연구 결과를 다뤘다. 우파 성향 매체에 실린 한 기사에서는 해당 데이터를 울고 있는 진보 세력의 이미지와 함께 실었고 다른 기사에서는 진보주의가 '무력감과 피해의식'을 조장할 수 있다고 지적했다. 토크쇼 〈루빈 리포트〉에서 진행자 데이브 루빈은 해당 연구가 "특히 진보적 여성이 완전히 미쳐가고 있다는 사실"을 잘 보여준다고 요약했다.

일각에서는 데이터를 그런 식으로 해석해서는 안 된다고 지적했다. 우선 의사 혹은 다른 보건 전문가에게 정신건강 관련 진단을 받은 적 있는지 묻는 질문이었던 만큼 진보파, 특히 진보 성향의 젊은 백인 여성이 보수파보다 단순히 정신건강 소견을 더 많이 구한 것으로 볼 수도 있다. 하지만 익명의 설문 조사 결과 진보 성향인 이들이 보수 성향에 비해 행복감은 낮은 반면 불안감은 높았다. 따라서 정치 성향에 따라 정신건강에도 차이가 있다고 볼 수 있으며 이 같은 경향은 특히 젊은 층 사이에서 두드러졌다.

질문이 한 가지 더 있다. 정신건강의 이 같은 차이가 늘 존재해왔을까 아니면 새로운 현상일까? 2012년 이후 청년층 사이에서 불행감과 우울증이 급증했다는 사실을 고려할 때 이 같은 경향이 정치 성향에 따라 다르게 나타났는지 알아볼 필요가 있다.

미래 모니터링에서 고등학교 졸업반 학생을 대상으로 실시한 연구는 정신건강이나 행복감뿐 아니라 정치 성향에 대해서도 질문한 몇 안 되는 연구 중 하나다. 그 결과는 2011년까지는 다른 여러 연구 결과와 동일하다. 진보세력이 보수세력보다 불행한 경향이 살짝 더 강했던 정도다. 하지만 이후 불행한 진보세력은 급증한 반면 불행한 보수세력은 완만하게 증가하는 데 그쳐 격차가 상당히 커졌다. 따라서 불행한 10대 청소년 증가는 진보 성향에서 두드러졌다. 진보 성향이 주도한 것이다.

하지만 불행하다는 게 정신건강에 문제가 있다는 의미는 아니다. 그보다 자신이 쓸모없다고 느끼거나 삶이 즐겁지 않다는 등의 우울증 증상을 활용할 때 정신건강 상태를 더욱 정확하게 평가할 수 있다. 이때도 진보파는 보수파보다 우울한 경향이 더 강하게 나타났는데 2010년대 초반 이후 그 격차가 더 벌어졌다. 우울한 청소년의 수는 진보와 보수 모두 두 배로 늘었지만 그 차이를 퍼센트로 따졌을 때는 진보가 더 많았다. 2019~2021년 진보 성향의 청소년은 보수 성향의 청소년보다 우울할 확률이 2배 가까이 더 높았다.

이 같은 경향은 10대에게만 국한된 것일까? 아니다. 진보적 성인,

특히 청년들은 2016~2020년 사이 자신의 삶에 대한 불만이 더욱 커진 것으로 나타났다. 반면 보수적 성인 사이에서는 불만이 오히려 줄었다. 그렇다면 진보 성향 청년들은 최근 왜 보수 청년에 비해 더 불행하고 불만족스러우며 우울한 것일까? 몇 가지 가능성을 짚어볼 수 있다.

대통령이 트럼프라는 사실?

진보주의자는 대통령이 트럼프라서 불행한 것일까? 그럴 확률은 적다. 청소년의 불행감과 우울증은 오바마의 두 번째 임기 중 증가하기 시작했고 트럼프가 당선된 2016년 이전까지 계속 상승세를 그리고 있었다. 잭 골드버그는 트럼프가 퇴임한 후인 2021년 2월에도 정치 견해에 따른 정신건강 격차가 지속됐다는 사실을 발견했다.

그리고 진보층 사이에 우울증이 증가하는 게 오로지 정치 때문이라면 특히 정치와 정부에 관심 많은 이들 사이에서 우울증 증가 추세가 두드러져야 한다. 하지만 실제로는 그렇지 않았다. 정부에 관심이 있든 없든 진보층은 모두 2012년 이후 갈수록 불행해졌다.

문제를 기꺼이 인정하는 경향?

진보층일수록 자신이 불행하거나 우울한 사실을 기꺼이 인정하는 경향이 더 강하다. 하지만 이 조사는 익명으로 진행되었다. 게다가 실제로 그렇다면 시간의 흐름과 관계없이 진보층과 보수층의 차이가 일정하게 나타나야 한다. 하지만 처음엔 그리 크지 않았던 차이가 2010년대부터 벌어지기 시작했다.

사회적 이벤트

진보층인 이들은 경찰이 흑인에 가혹행위를 하고 전 세계 기후 변화가 가시화되고 있는 만큼 진보층이 불행하고 심지어 우울증에 빠질 수밖에 없다고 주장할 것이다. 이에 비해 보수층은 진보 매체의 농간으로 진보층이 부정적 측면만 보고 잘 일어나지도 않는 일에 집중해 지나치게 예민해졌다고 주장할 수 있다.

이 두 가지 이론 중 어느 쪽도 데이터 내용과 맞지 않다. 첫째, 불행감과 우울증은 진보층과 그 정도만 다를 뿐 보수층 내에서도 증가했다. 둘째, 타이밍이 맞지 않는다. 불행을 느끼는 이는 '흑인의 생명은 소중하다' 운동이 시작되기 전인 2012년을 전후해 증가했다. 게다가 환경에 대한 우려는 불행감과 우울증이 증가하기 수년 전부터 이미 높은 수준이었다(기후 문제가 전환점에 도달해 이 같은 주장이 제기되었지만 말이다). 전반적으로 정치나 사회와 관련된 특정 이벤트를 원인으로 볼 수는 없다.

기술과 사회생활?

우울증을 측정하는 방법에는 '나는 제대로 하는 게 아무것도 없다.' 혹은 '내 삶은 쓸모가 별로 없는 것 같다'는 생각에 동의하는 비율이 포함된다. 이 같은 항목은 주요 사건이나 정치적 견해가 아닌 개인의 삶과 관련한 개인적 느낌을 측정한다.

국가적 사건에 대해 불행감을 느끼는 게 외로움을 유발할 수 있다고 생각하는 건 무리다. 굳이 따지자면 진보층이 인종이나 사회 정의를 위해 화합하는 경우 외로움이 증폭되는 게 아니라 줄어야 마땅하다. 하지만 실제로는 그렇지 않았다. 2012년 이후 진보와 보수 청소년은 하나같이 외로움을 더 많이 느꼈으며, 증가폭은 진보 성향 청소년, 특히 여학생 사이에서 더욱 컸다. 이 같은 패턴은 불행감과 우울증에 대해서도 거의 동일하게 나타났다.

외로운 학생이 많아진 건 진보와 보수 청소년 모두에게서 정신건강 문제가 증가한 데 따른 사회적 결과로 볼 수 있지만 그 경향은 진보층 사이에서 더욱 강하게 나타났다. 가장 강력하게 의심해볼 수 있는 원인은 청소년의 사회적 교류 방식이다.

앞서 살펴본 바와 같이 젊은 층이 갈수록 온라인 활동에 몰두하고 실제로 어울리는 시간은 줄어드는 게 우울증, 불행감과 외로움이 커지는 한 가지 원인으로 작용하고 있다. 만약 진보 청소년이 보수 청소년보다 친구들과 더 적게 어울리고 소셜미디어에 더 많은 시간을 할애한다면 그들의 정신건강 문제가 더 빈번하게 나타나는 이유를 설명할 수 있다. 그리고 실제로 그랬다. 2018~2021년 소셜미디어를 상당히 많이 사용하는 여학생 가운데는 진보 성향이 보수 성향보다 더 많았다. 진보 남학생 역시 보수 남학생보다 소셜미디어를 많이 사용하는 확률이 높았다.

친구들과 놀러 나가는 등 실제로 만나는 경우가 줄어든 비율도 보수층보다는 진보층 사이에서 더 높았다. 1970년대~2000년대의 40년 동안엔 진보 여학생이 보수 여학생보다 친구들과 더 많이 어울렸지만 2010년 이후에는 보수 여학생이 외출하는 횟수가 더 잦았다. 비슷한 패턴의 차이는 친구들과 일상적으로 어울리고 파티에 가는 등 다른 대면 사회 활동에서도 그대로 나타났다.

사회적 상호작용에서 나타난 변화의 양상은 정신건강 문제에서 나타난 양상과 거의 완벽하게 일치한다. 진보층과 보수층 모두 변화를 보였지만 진보층의 변화 폭이 더 큰 것이다. 진보적 청소년은 온라인 교류가 늘고 실제 대면 교류는 줄어든 데 비해 보수적 청소년은 진보 청소년보다 소셜미디어는 덜하고 실제로는 더 많이 어울려 2010년대 초반과 비슷한 양상을 보였다.

진보적 청소년이 온라인에서 더 많은 시간을 보내고 대면 만남은 덜 하는 이유는 무엇일까? 일반적으로 진보주의자는 사회 변화를 보수주의자보다 더 편안하게 받아들인다. 따라서 진보 청소년과 그들의 부모는 기술로 일어난 변화에 더 빠르게 적응했을 것이다. 진보 청소년일수록 온라인 소통이라는 새로운 방식에 더욱 매력을 느껴 사람들과의 실제 교류 대신 전자 소통으로 기꺼이 갈아탔다. 마찬가지로 (자녀가 진보적일 확률이 더 높은) 진보적 부모는 자녀가 온라인에 더 많은 시간을 할애하는 걸 허용하고 예전만큼 외출하지 않더라도 그다지 걱정하지 않았을 것이다. 변화는 피할 수 없으며 그런 게 요즘 방식이라고 생각했을 확률이 높다. 반면 보수적 부모들은 이런 식으로 어울리는 게 과연 맞는 건지 의구심을 가졌을 것이다. 따라서 자녀의 온라인 사용을 좀 더 강하게 억제하고 실제로 외출하는 건 그다지 만류하지 않았을 것으로 보인다.

우울증이 보수층보다 진보층에서 더 크게 늘어난 건 청소년이 소셜미디어에서 접한 내용 때문일 수 있다. 우울증이 증가한 시기를 보면 정치 이슈 자체가 원인은 아니지만 소셜미디어에서 정치 이슈가 논의되는 방식으로 인해 영향이 생겼을 수 있는 것이다.

정치 성향에 관계없이 청소년은 2010년대 내내 온라인에서 일어나는 정치 토론의 부정적 영향에 노출되어 왔다. 정의만 놓고 보면 보수주의자는 현재 상황에 만족하는 경향이 강하고 진보는 변화를 원하는 경향이 강하다. 진보적 청소년이 만연한 불공정, 성추행, 기후변화, 경찰 총격, 인종 차별과 트랜스젠더 차별 등 스스로 생각하기에 바뀌어야 하는 사안에 대해 온라인에 글을 올리면서 그로 인해 세상은 더욱 끔찍하고 무서운 곳으로 둔갑하고 더 많은 우울증이 유발될 수 있다. 그리고 확실하지는 않지만 진보 청소년이 이 같은 내용에 더 많이 노출되었을 가능성을 배제할 수 없다. 게다가 이 같은 문제로 친구나 가족 간에 갈등이 생겼다면 그 때문에 외로움이 커졌을 가능성 역시 존재한다.

빠르게 정보를 공유하고 그로 인해 갈등이 불거지는 두 가지 현상이 소셜미디어가 대중화된 이후 더욱 빈번해졌을 확률이 높다. 가령 2005년에 청소년이 경찰 총격, 기후 변화, 성소수자 차별 등에 관해 논쟁을 벌였다면 아마 대면 상황에서 진행됐을 테고 그랬다면 상대방이 눈앞에 있는 만큼 걷잡을 수 없는 비방전으로 번지지는 않았을 것이다. 하지만 2010년대 들어 분노와 비방을 부추기는 온라인 환경이 조성되면서 정치 이슈를 둘러싼 감정이 광기를 띠게 되었다. 따라서 진보 청소년 사이에 우울증과 외로움이 증가한 원인을 정치 이슈 자체로 볼 수는 없을 것이다. 그보다는 이 같은 논의가 '어디에서 어떻게' 이루어졌는지가 더 큰 영향을 미친다고 볼 수 있다.

코로나 시기의 정신건강
: 팬데믹의 영향

2020년 3월 코로나19 팬데믹이 닥쳤을 때 Z세대 청년층은 누구보다 거센 타격을 받았다. 대학생은 온라인으로 수업을 들어야 했고 스스로 "이제 우리는 모두 줌 대학교에 다닌다"고 자조하기도 했다. 서비스직 종사자는 상당수가 일자리를 잃었다. 줌으로 면접을 본 일부 졸업생은 1년이 더 지나도록 동기를 실제로 만나지 못했다는 사실을 깨달았다. 다른 청년들 역시 친구들을 직접 만나지 못하는 등 사회생활에 어려움을 겪었다.

이 같은 상황은 당연히 정신건강에 영향을 미쳐 Z세대 청년(18~26살) 중 불안 증세를 보이는 이가 2019년 10명 중 1명에서 2020년 4월 말 10명 중 4명으로 급증했다. 그게 끝이 아니었다. 2020년 12월 초 코로나 확진자가 증가함에 따라 심각한 불안감을 호소하는 청년도 10명 중 5명 수준으로 늘었고, 2022년 10월에도 청년 10명 중 4명은 여전히 높은 불안감을 호소했다. Z세대의 정신건강은 스마트폰 시대가 도래하면서 위태로워지기 시작했는데 특히 불안감은 팬데믹으로 더욱 악화되었다. 이는 2020년에 불안감이 급증했지만 2021년에는 어느 정도 회복한 베이비붐 세대(56~76살)와는 대조적인 결과다.

어린이와 청소년 역시 학교 수업이 온라인으로 전환되고 활동이 취소되는 등 팬데믹으로 삶이 크게 바뀌었다. 학부모와 교육자들은 교육계뿐 아니라 사회 전반에서 나타나는 이 모든 혼란으로 아이들의 정신이 병들고 있는 건 아닌지 즉시 알고 싶어했다. 불행히도 데이터를 구하기가 어려웠다. 조사에서는 부모들이 자녀들에게 더 많은 문제가 나타나고 있다고 답했지만 팬데믹 이전의 데이터가 존재하지 않기 때문에 이전과의 차이에 관해서는 부모의 인식에 의존하는 수밖에 없었다. CDC 보고에 따르면 2021년 정신건강 문제로 응급실을 찾은 어린이의 비율이 높아졌지만 아이들이 스포츠를 즐기거나 차를 타는 경우가 줄었기 때문에 정신건강 문제가 늘었다기보다 신체 부상이 줄어서 생긴 결과로도 볼 수 있다.

아이들의 정신건강을 팬데믹 이전과 팬데믹이 진행되는 동안 측정해 그 결과를 비교해볼 수 있다면 가장 이상적일 것이다. 다행히 인구조사국에서 실시한 전국 보건 인터뷰 조사에서 그걸 해냈다. 팬데믹 이전과 팬데믹이 진행되는 동안 아이들의 정신건강에 대해 동일한 질문을 던진 것이다.

그래서 아이들의 상태는 어땠을까? 바이러스가 서서히 확산되던 2020년 초 봉쇄 정책이 시작되자 청년층, 특히 청소년의 불안감과 우울증이 급격히 악화되었다. 그러다 뜻밖의 현상이 벌어졌다. 2020년 4~6월 늦봄과 초여름 사이에는 청소년의 불안감과 우울증이 완화된 것이다.

놀라운 결과로 여겨질 수 있지만 나와 내 동료들은 우리가 2020년 늦봄에 실시한 별도 연구에서도 동일한 패턴을 발견했다. 2020년에 청소년이 직접 진술한 우울증과 불행감을 인구통계학적으로 유사한 2018년 표본과 비교한 결과, 2020년 봄에 청소년이 우울감을 느끼는 비율이 실제로 줄었다.

어떻게 이런 일이 생겼을까? 청소년은 일단 잠을 더 많이 잤다. 하루 평균 일곱 시간 이상 자는 청소년은 2018년엔 55%에 그쳤지만 2020년 봄엔 85%나 됐다. 대부분의 학교가 온라인 수업을 진행하면서 아침 일찍 학교 갈 필요가 없어진 학생들은 잠을 더 잘 수 있었다. 수면이 부족할수록 우울할 확률도 높아지는 만큼 청소년은 늘어난 수면 덕분에 팬데믹 초기의 충격 이후 이어진 부정적 여파에 조금이나마 의연해질 수 있었을 것이다. 또 매일같이 학교에 갔다 여러 가지 일정을 소화하는 쳇바퀴 같은 일상에서 잠시 벗어날 수 있다는 사실도 위안이 됐을 것으로 보인다.

학생들은 가족과도 더 많은 시간을 보냈다. 10대 청소년 3명 중 2명은 팬데믹 기간 동안 가족이 더 가까워졌다고 답했고, 절반 이상은 팬데믹 이전보다 가족과 대화하는 시간이 더 많아졌다고 이야기했다. 이들은 최신 기술 역시 정신건강에 더 도움이 되는 방식으로 사용했다. 2020년 봄, 소셜미디어를 하거나 메시지를 주고받는 시간은 2018년보다 줄고 페이스타임 같은 영상 통화 시간은 더 늘어난 것이다. 영상 통화는 실시간으로 진행되는 만큼 불안감을 증폭시키는 소셜미디어와 달리 고립감을 해소하는 데 도움이 됐을 수 있다.

2020년 가을에 접어들면서 자가격리는 일상이 되어버렸다. 일부 학생은 학교로 완전히 복귀한 데 비해 일주일에 며칠만 등교하는 학생도 있었고 여전히 온라인 수업만 하는 학생도 있었다. 백신은 아직 나오지 않았고 코로나19 확진자 수는 빠르게 증가하고 있었으며 2020년 대선은 박빙이었다. 2020년 가을 무렵 우울증과 불안 증세를 보이는 어린이와 청소년이 2019년보다 늘었는데 이 같은 추세는 2021년 말까지 계속되었다. 다행히 전문가들이 예측한 수준의 천문학적 상승세가 나타난 건 아니었지만 어린이, 특히 청소년 사이에 정신건강 문제가 지속적으로 증가했다는 사실은 알 수 있다.

코로나19 팬데믹은 Z세대의 세계관을 구축한 요인인 만큼 살아가는 내내 영향을 미칠 것이다. 이들은 학교가 줄줄이 폐쇄되고 행사가 취소되는 걸 지켜보며 오히려 유연성이 높아졌을 수 있다. 또 2021년 근로자의 무더기 퇴직으로 Z세대에게 돌아갈 일자리가 늘어난 만큼 몇 년 후면 이들도 경제적 보상을 누리게 될 것이다. 하지만 좋은 영향만 있는 건 아니다. Z세대는 2020년 이전부터 이미 기성세대보다 더 불안하고 우울했는데 팬데믹으로 인해 정신적 취약성, 그리고 국가와 주변 세상을 상당히 부정적으로 바라보는 시각이 더 공고해졌을 것이다. Z세대는 마냥 낙천적이던 밀레니얼 세대와 달리 비관적이고, 또 자유분방한 X세대와 달리 온실 속 화초처럼 성장했다는 점에서 독특한 세대다. 하지만 베이비붐 세대와의 공통분모, 즉 더는 작동하지 않는다고 판단한 시스템은 바꾸려 드는 저돌적 욕구를 조금씩 보여주고 있기도 하다.

Z세대는 대부분 코로나19 이전 시대를 기억하고 있으며 모든 게 변해 버린 2020년 3월의 기억도 간직할 것이다. 하지만 2013년 이후 태어난 이들의 동생들은 다르다. 다음 장에서는 알파Alpha 세대(폴라 Polar 세대)라고 부르는 이 신세대를 어떻게 규정해야 할지 살펴보겠다.

07

2013~
2029년
출생

알파 세대

2020년 겨울 최초의 알파 세대는 유치원 혹은 초등학교 1학년의 2학기를 보내고 있었다. 읽기, 덧셈, 뺄셈을 배우면서 쉬는 시간과 점심시간을 위해 줄을 서는 등 하루의 리듬을 익혀가고 있었다.

그런데 코로나19 팬데믹이 닥쳤다. 3월 중순 5~7살의 아이들은 노트북과 아이패드 앞에서 아이들의 참여를 유도하려고 애쓰는 선생님을 줌 화면 속으로 바라보며 꼼지락댔다. 유치원과 어린이집에 다니던 아이들이 모두 집으로 돌아왔고 부모들 역시 재택근무를 하기 위해 고군분투했다. 이후 2년 동안엔 학교 운영이 재개되고 일상을 회복한 이후에도 마스크와 백신, 그리고 입원과 사망 같은 암울한 소식이 계속되었다. 알파 세대 대부분은 코로나 이전의 시대를 기억할 수 없을 것이다.

심지어 팬데믹 이전에도 알파 세대 또는 폴라 세대는 고유한 시대에 들어서고 있었다. 이 시기의 두 가지 특징이 이들의 명칭까지 결정했다. 첫 번째는 2010년대 초반부터 미국을 점령하기 시작해 팬데믹 기간 중 극에 달한 정치 양극화Polarization이고, 두 번째는 지구 온난화의 상징으로 북극Polar 빙하가 녹아내린다는 사실이다. 알파 세대는 살아가는 내내 이 두 가지 문제와 씨름하게 될 것이다. 이 세대는 그리스 문자 A의 이름을 따 알파Alphas로 불린다. Z세대 이후 다시 알파벳을 사용하려면 처음으로 돌아가는 수밖에 없다는 주장 때문이다.

2013년생부터 알파 세대로 분류되는 데는 세 가지 이유가 있다. 바로 '기술'(미국 내 스마트폰 보유율이 50%를 넘어선 게 2012년 말~2013년 초의 일이다), '흑인의 생명은 소중하다' 운동(2013년 처음 시작돼 알파 세대가 유치원에 들어가기 전 광범위한 지지를 얻었다), 그리고 '코로나 팬데믹의 시작'(당시 7살 미만이던 아이들은 2020년 3월 이전의 시대는 어렴풋하게만 기억할 수 있을 것이다)이다. 알파 세대의 마지막 출생 연도가 언제가 될지는 누구도 알 수 없으며 향후 이어질 굵직한 사건이나 기술 발전에 따라 결정될 것이다. 하지만 만약 이전 세대의 지속 기간이 알파 세대에도 적용된다면 2028년생이나 2029년생, 2030년생이 마지막 알파 세대가 될 것이다. 그중에서도 2029년은 세 후보의 평균치인 데다 2020년대의 마지막 해이기도 한 만큼 가장 유력하다.

알파 세대는 기술과 독특한 관계를 맺고 있다. 1960년대 문화혁명을 거치며 '모든 것이 일어난 이후' 성장한 X세대처럼 알파 세대 역시 스마트폰과 소셜미디어 혁명이 진행된 이후에 태어났다. 최초의 알파 세대가 태어났을 때 미국인 대다수는 이미 스마트폰을 보유하고 있었고 소셜미디어도 일상적으로 사용했다. 아이패드 같은 태블릿PC는 출시된 지 2년 만에 사용하지 않는 사람을 찾아보기 힘들었다. 인스타그램, 트위터, 스냅챗과 우버가 이미 존재하고 있었던 만큼 알파 세대는 이 모든 것을 당연하게 받아들였다.

미국 인구조사국의 예측에 따르면 알파 세대는 백인이 절대 다수를 차지하지 않는 최초의 세대가 될 것이다. 2020년 기준 미국 내 비히스패닉계 백인의 비율은 50.7%로 과반을 겨우 넘는 수준이다. 2020년대 가임기 여성 중 비백인계가 증가하고 있어 이마저 감소할 예정이다. 알파 세대는 다인종 인구가 가장 많은 세대이기도 하다. 2020년 인구조사국에 따르면 다인종 미국인의 수는 2010~2020년 사이 4배가 뛰어 900만 명에서 3,380만 명으로 늘었다.

알파 세대의 유명인 중 한 명이 알렉시스 올림피아 오하니안 주니어(2017년생)다. 밀레니얼 세대인 테니스 선수 세레나 윌리엄스(1981년생)와 레딧(미국의 소셜 뉴스 웹사이트)의 창립자 중 한 명인 알렉시스 오하니안 시니어(1983년생)의 딸로 그녀는 아버지의 이름에 주니어를 붙인 이름에서부터 성 고정관념에 도전한다. 혼혈이기도 해서 비백인계가 절반을 넘어설 미국 최초의 세대를 대변한다. 인스타그램 팔로워 수가 50만 명을 넘고 심지어 그녀의 인형(그 이름도 귀여운 카이 카이) 계정도 그에 버금가는 팔로워 수를 자랑한다. 올림피아는 코로나19 팬데믹이 닥치기 전이나 스마트폰이 생기기 전, 그리고 '흑인의 생명은 소중하다' 운동이 시작되기 전을 기억하지 못할 것이다.

최초의 알파 세대가 아직 초등학생에 불과한 만큼 이들에 관한 데이터는 찾아보기 힘들다. 앞으로 이어질 수십 년의 역사가 빈칸으로 남아 있는 가운데 어떤 기술, 사건과 문화 세력이 이 세대의 특징을 만들어갈지는 아무도 알 수 없다. 미국 역사상 앞이 보이지 않는 불투명한 시대에 태어난 알파 세대가 앞으로 닥칠 도전 과제에 꿋꿋이 맞서 싸워주길 바랄 뿐이다.

알파 세대의 특징(2013~2029년 출생)

일명: 폴라 세대

인구수

2020년 기준 인구: 3,140만 명(미국 전체 인구의 9.5% (진행 중)

구성

50.7% 백인

25.7% 히스패닉

15.3% 흑인

6.8% 아시아계, 하와이 원주민, 혹은 태평양 섬 주민

1.5% 미국 원주민

가족관계

부모: X세대, 밀레니얼 세대 또는 Z세대

자녀와 손주: 알 수 없음

생각보다 안전한 세상

요즘 사람들은 지역 뉴스만 봐도 어린이에게 위험천만한 세상이라는 확신을 갖게 된다. 어린이의 부상 또는 사망 소식이 심심치 않게 들리는 것이다. 다행히 현실은 그 반대다. 오늘날 어린이는 X세대와 밀레니얼 세대의 유년기에 비해 (교통사고, 살인사건, 익사, 독사 등으로) 다치거나 사망할 확률이 훨씬 낮다. 카시트나 안전벨트 관련 법, 의약품 안전 뚜껑, 수영장 안전 규정 변경 등으로 세상은 Z세대나 알파 세

대의 어린이에게 한층 안전한 곳으로 거듭났다.

사망할 정도는 아니지만 응급실에 가야 할 만큼 심각한 부상의 발생률은 더욱 낮아졌다. 이 비율은 2011년 이후 급격히 감소해 2010년대의 알파 세대와 후기 Z세대의 어린이는 2000년대 밀레니얼 세대 및 초기 Z세대의 어린이보다 훨씬 안전한 것으로 나타났다.

오늘날 어린이는 그 어느 때보다 물리적으로 안전한 환경에 놓여 있다. 부모, 학교, 어린이집과 의원이 모두 어린이의 부상을 방지하고자 애쓰고 또 성공한 덕분이다. 하지만 부상 감소요인이 하나같이 바람직한 건 아니다. 아이들이 나가 노는 대신 전자 장비를 사용하는 시간이 길어지면서 생긴 현상으로도 볼 수 있기 때문이다. 아이들은 신체 활동을 덜 하는 만큼 다칠 위험도 줄어들었다.

아이들이 신체적으로 안전해졌을 뿐 아니라 가족 경제도 더욱 안정되었다. 팬데믹으로 경제 혼란이 야기되기도 했지만 2020년 아동 빈곤율은 1970년대 이후 그 어느 때보다 낮았고 2019년엔 사상 최저치에 근접했다. 따라서 알파 세대와 Z세대 어린이는 밀레니얼 세대와 X세대 어린이에 비해 빈곤할 가능성이 낮다. 18살 미만 아동의 거의 모든 부모를 포함하는 64살 미만 성인의 빈곤율 역시 2020년에 역사적으로 낮은 수준을 기록했다. 2019년 성인 빈곤율은 1979년 이후 그 어느 때보다 낮았다.

'5장 밀레니얼 세대'에서 살펴본 바와 같이 초기 알파 세대 대부분의 부모인 밀레니얼 세대는 경제적으로 탁월한 능력을 발휘해 (2019년 기준) 같은 연령대의 X세대와 주택 보유율이 거의 비슷하다. 뿐만 아니라 자녀를 이전보다 늦은 나이에 적게 낳아서 자녀에게 투자할 수 있는 자원이 많아졌다. 2022년엔 인플레이션에 직면하기도 했지만 상당수 산업이 인력 부족으로 허덕임에 따라 임금 상승 혜택을 누리기도 했다. 경제적 재앙이 닥치지 않는 한 미국의 알파 세대는 수십 년 만에 경제적으로 가장 윤택한 세대로 성장할 수 있을 것이다.

태블릿은 내 친구

아이들은 휴대폰과 태블릿을 좋아한다. 엄마, 아빠가 사용한다는 사실만으로도 탐나는데 밝은 화면에 동영상까지 나오니 아이들에겐 달콤한 사탕처럼 느껴지는 게 당연하다. 공공장소에서 어린아이들과 시간을 보내다 보면 기술에 흠뻑 빠져 있는 아이들을 볼 수 있을 것이다.

유아용품 매장에 가보면 휴대폰이나 태블릿PC를 유모차에 부착할 수 있는 거치대가 널려 있다. 2015년 한 조사 결과 자신의 태블릿PC를 가진 유아가 4명 중 3명에 달했는데 코로나19 팬데믹 기간 동안 육아 부담이 가중되면서 이 같은 수치는 자연스럽게 증가했다. 휴대폰의 경우 8살 어린이 5명 중 1명, 그리고 11살 초등학생 대부분이 본인 것을 가지고 있었다. 2021년 8~12살 어린이는 학교에서 보내는 시간에 버금가는 5시간 30분을 매일같이 스크린 미디어에 할애했는데 2015년과 비교해 1시간 늘어난 수치다. 대부분의 아이들은 미디어 활동 중 온라인 동영상 시청을 가장 좋아한다고 답했다.

아이들이 스크린에 몰두하는 시간이 늘면서 신체 활동이 많은 유형의 놀이는 대체로 줄었다. 기술을 사용하는 어린아이가 늘면서 나타난 또 다른 경향은 아이들이 이전만큼 운동을 하지 않는 것이다. 유치원생과 초등학생 가운데 놀러나가는 날이 일주일 중 절반도 안 되는 아이들의 비율이 2012~2019년 사이 두 배로 늘었다. 불과 7년 만의 엄청난 변화다. 2019년에는 미취학 아동 5명 중 1명, 초등학생 4명 중 1명 이상이 필요한 운동량을 채우지 못하는 것으로 나타났다.

물론 이 같은 추세에는 여러 가지 원인이 있을 수 있다. 초등학교 중에는 쉬는 시간을 줄인 곳도 있지만 유치원에는 해당되지 않는 이야기이며, 부모에게 자녀의 활동량에 대해 보고해야 한다는 사실을 감안하면 유치원이나 학교는 오히려 외부 활동에 신경 쓸 확률이 높다. 생활환경이 원인일 가능성도 낮다. 어린아이를 둔 부모의 연령이 2012년에 비해 높아진 만큼 안정된 가정이 늘고 있고 주택 소유율도 꾸준히 오르고 있기 때문이다. 그렇다면 실내에서 비디오게임을 하거나 태블릿PC를 사용하는 아이들이 늘면서 외부에서 신체 활동을 즐기는 아이가 줄었다고 보는 게 가장 타당한 설명일 것이다.

그래서인지 특히 미취학 아동 가운데 과체중인 아이가 놀라울 정도로 많아졌다. 미국 CDC의 국민건강영양 조사NHANES에 따르면 과체중인 2~5살 아동의 수는 2012~2019년 사이 26%나 증가했다. 이 조사는 본인 혹은 부모가 보고하는 방식이 아니라, 키와 체중을 직접 측정하는 방식으로 실시된 만큼 특히 신뢰할 수 있다. 건강하지 않은 체중의 아이가 점점 많아지고 있다. 식습관 때문일 수도 있지만 아이들이 충분히 운동하지 않는 게 원인일 수도 있다.

물론 팬데믹으로 상황은 악화되었다. 집에 머물게 된 아이들은 학교 급식을 먹거나 놀이 시간을 갖지도 못하고 그 어느 때보다 스크린에만 몰두했다. 그 결과 체중이 늘었다. CDC에서 의료 기록을 분석한 결과, 2020년 3~11월의 BMI(체질량 지수) 증가율은 팬데믹 발생

과체중인 어린이 비율

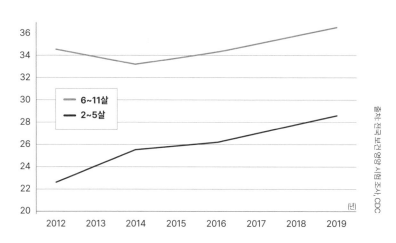

출처: 전국 보건 영양 시험 조사, CDC

* 체중과 키는 의료 검사로 측정했다.

수년 전에 비해 두 배나 높아진 것으로 나타났다. NHANES의 조사에 따르면 과체중 어린이의 수가 심지어 더 많아질 확률이 높다.

어린이 건강에 관해 짚고 넘어갈 게 두 가지 있다. 첫째, 알파 세대 어린이는 Z세대의 청소년이나 청년층에서 나타나기 시작한 경향을 그대로 이어받아 부상당할 위험이 그 어느 때보다 줄어들었다는 것이다. 반면 운동량이 적고 과체중 비율은 높은 것으로 나타났다.

둘째, 기술 사용이 많은 알파 세대는 신체건강뿐 아니라 정신건강도 안전하다고 할 수 없다는 것이다. 소셜미디어는 또래의 압박과 어른들의 이슈에 노출될 수밖에 없음에도 가입 연령이 갈수록 어려지고 있는 것으로 보인다. 2022년 봄, 10대의 아동과 청소년을 대상으로 실시한 조사에서 5~6학년생(10-12살) 10명 중 7명은 소셜미디어를 조금씩은 사용한다고 답했다. 심지어 그중 다수는 부모 동의 없이 사용하고 있었다. 부모가 소셜미디어 사용을 명시적으로 금지했지만 여전히 사용한다는 아동도 10명 중 4명에 달했다. 미성년자도 부모 동의 없이 계정을 만들 수 있으며, 따라서 소셜미디어의 사용 가능 연령이 13살부터라고 해도, 당연히 지켜지지 않는다.

물론 소셜미디어에 꼭 바람직하지 않은 내용만 있는 것은 아니지만 특히 10대의 아동과 청소년은 유해 콘텐츠에 쉽게 노출될 수 있다. 코네티컷주 리처드 블루멘탈 상원의원의 직원들이 13살 여학생 신분으로 인스타그램 계정을 만들고 제일 눈에 띄는 극단적 식이요법 계정을 팔로우했더니 섭식 장애와 자해를 조장하는 웹사이트가 불과 하루 만에 줄줄이 추천으로 떴다. 어린 나이에 소셜미디어에 휩쓸려가는 Z세대의 추세를 알파 세대가 계속 이어간다면 10대 아동과 청소년의 우울증과 자해 역시 계속될 것이다.

팬데믹 기간 어린이의 정신건강

코로나19 팬데믹으로 전 세계 대부분 지역이 폐쇄된 2020년 봄, 아이들은 집에 갇혀 평소와는 전혀 다른 패턴으로 생활하며 온라인 수업을 들어야 했다. 온라인 수업이 학습 결손으로 이어졌다는 사실은 의심의 여지가 없어 보인다. 여러 연구에 따르면 학업 성취도가 떨어진 건 물론이고 일부 학생은 온라인 학기에 전혀 참여하지 않았다고 보고한 교사도 적지 않았다.

정신건강, 특히 팬데믹 기간 어린이의 정신건강을 조사한 데이터는 드물다. 다행히 전국 보건 인터뷰 조사에서 2019년과 2020년에 아이들의 정신건강과 관련된 질문을 동일하게 구성해 학부모를 대상으로 조사를 실시했다. 질문은 자녀가 '불안, 긴장 혹은 걱정'(불안 증상)에 휩싸인 듯 보일 때와 '슬프거나 우울'(우울증 증상)해 보일 때가 얼마나 자주 있는지 등을 물었다. 여기서는 알파 세대를 다루고 있는 만큼 2020년의 5~7살을 중심으로 살펴보겠다.

팬데믹 초기 6개월 동안 5~7살 어린이 가운데 한 달에 1번 이상 불안 증세를 보이는 아이는 2019년에 비해 증가했지만 증가폭이 크지는 않았고 이들의 우울증 비율도 소폭 상승하는 데 그쳤다. 당시 재택근무하는 부모가 늘면서 아이들은 학교에는 못 가더라도 가족과 더 많은 시간을 함께하게 돼 심각한 수준의 정신건강 문제는 예방할 수 있었던 것으로 보인다.

그런데 2020년 말에는 아이들에게서 스트레스 징후가 나타나기 시작했다. 2020년의 마지막 3개월 동안 한 달에 한 번 이상 불안 증세를 보인 5~7살 어린이가 4명 중 1명에 달해 2019년보다 51%나 증가한 것으로 나타났다. 우울증 증상을 보인 어린이도 8명 중 1명으로 늘어 2019년의 2배를 기록했다. 그래도 다행인 건 2021년 말에는 아이들의 불안감과 우울증이 다시 2019년 수준으로 돌아갔다는 사실이다. 수많은 학교가 정상 운영을 재개하면서 아이들이 회복기에 돌입한 것으로 보인다.

2022년을 기준으로 봤을 때 첫 번째 알파 세대는 인생의 4분의 1 이상을 팬데믹 규제 속에 살아왔다. 2015년 이후 태어나 마스크 착용이 의무인 도시와 주에서 성장한 알파 세대는 의무가 상당수 해제된 2022년 3월까지 매일같이 마스크를 쓰고 학교에 다녀야 했다. 2020

년 3월 이후 태어난 알파 세대는 평생이 코로나19 시대였다.

그렇다고 이들이 불운하다는 뜻은 아니다. 이 책은 사일런트 세대의 이야기로 시작되었다. 그들은 대공황과 2차 세계대전이라는 재난의 시대에 태어난 데다 출생률도 낮았지만 가족을 꾸리고 민권과 여성 인권 부문에서 상당한 발전을 일구는 등 안정적이고 풍족한 삶을 누렸다. 알파 세대 역시 역경의 시대를 맞아 더욱 강인하게 성장하며 더 나은 시대로 끌고 나갈 준비를 할 수 있다.

지금까지 우리는 사일런트 세대부터 알파 세대에 이르기까지 기술의 발전이 가속화됨에 따라 이들의 행동과 라이프스타일은 어떻게 바뀌었는지 살펴보았다. 자유는 제한적이고 관습은 경직돼 있으며 역할도 한정된 집단주의 사회에서, 원한다면 무엇이든 누릴 수 있는 자유가 무한정 보장된 개인주의 사회로 탈바꿈했다. 사회 표준 역시 10대에 독립하고 20대 초반에 결혼하는 패스트라이프에서 유년기가 길어지고 성인의 책임도 지연되는 슬로우라이프로 대체되었다. 세대 역시 팬데믹 시기 최고 위험군에 해당하는 연령대였지만 회복탄력성을 잃지 않은 사일런트 세대에서 스마트폰 시대에 성장기를 보내는 만큼 정신건강 위험성이 어느 때보다 큰 세대 Z세대로 교체되어 왔다. 지금껏 우리는 각 세대가 어떻게 결혼하고 일하며 느끼고 생각하고 살아가고 또 투표하는지 알아보았다. 그렇다면 이제 이 모든 역학이 향후 어떤 작용을 일으킬 것이며 각 세대의 경제, 정치, 사회적 차이가 앞으로 새롭게 등장하는 세대에 어떤 여파를 미칠지 살펴보도록 하자.

08

미래

1962년, 수십 년 후 미래의 네 식구를 주인공으로 하는 만화 〈젯슨 가족〉이 첫 방영되었다. 이 프로그램은 영상 통화(실현)부터 로봇 비서(일부 실현)와 하늘을 나는 자동차(비실현) 등 2020년대의 일상에 자연스럽게 등장하는 멋진 장치들을 다양하게 선보였다. 하지만 기술적으로 이렇게 창의적 예측을 해낸 연출자도 이 가정의 아내이자 엄마인 제인 제슨이 집 밖에서 일하게 되리라는 건 상상도 하지 못했다. 작가들은 기술이 생활을 표면적으로 바꿔놓을 수 있다는 건 이해했다. 하지만 기술이 인간 이면의 태도와 행동에도 영향을 미쳐 일개 로봇 비서보다도 훨씬 크게 일상생활을 바꿔놓을 수 있다는 건 미처 예상하지 못했다.

〈젯슨 가족〉의 작가들도 깨달았을 테지만 미래를 예측한다는 건 어려운 일이다. 물론 궤도가 분명하게 보이는 영역도 있지만 그렇지 않은 영역도 많다. 그러나 세대 변화를 명확히 이해하고 광범위한 변화의 물결을 파악한다면 다가올 시대를 좀 더 명확하게 내다보고 인구, 직업, 정치를 비롯한 모든 사항에 어떤 영향을 미칠지도 알 수 있다.

직업의 미래

최근 《뉴욕타임스》는 "37살은 23살의 부하직원을 두려워한다"고 보도했다. 다시 말해 밀레니얼 세대는 더 이상 호기로운 신입사원이 아니다. 어엿한 상사가 되어 멋있어 보이는 것을 지상 최고의 가치로 여기는 Z세대 청년을 이해하려고 애쓰는 중이다.

2020년대에 Z세대는 사회초년생, 밀레니얼 세대는 40대, X세대는 40대 후반~50대, 그리고 베이비붐 세대는 50대 후반을 넘어서면서 직장 내 세대 역학이 중요한 전환점을 맞게 되었다. 1940년대 후반~1950년대 초반에 태어나 수십 년간 리더의 지위를 장악해온 초기 베이비붐 세대가 70대가 되면서 빠르게 퇴직 수순을 밟고 있다. 2030년에는 모든 베이비붐 세대가 66살 이상이 되는 만큼 대부분의 직위를 X세대와 밀레니얼 세대에 넘겨주게 될 것이다. 슬로우라이프가 진행되고 기술의 발달로 고령에도 건강을 유지하게 되면서, 베이비붐 세대가 정치와 비즈니스 부문을 이례적으로 오랫동안 장악해왔다. 하지만 2020년대에는 이 위계에 변화가 생길 수밖에 없다.

세대와 문화의 변화를 고려할 때 향후 비즈니스와 투자 부문에서는 다음의 7가지 경향이 두드러지게 나타날 것이다.

원격 업무

코로나19 팬데믹은 많은 어려움을 야기하기도 했지만 다른 한편으로는 상당수 직장인이 그 덕분에 출퇴근 과정을 건너뛰는 편리함에 눈뜨게 되었다. 자녀를 둔 X세대와 밀레니얼 세대는 근무 방식에 유연성이 커지면서 가족과 더 많은 시간을 누리는 호사를 누렸다. Z세대 역시 모든 것을 온라인으로 처리하는 편리함에 이미 익숙한 만큼 수월하게 적응했다.

재택근무 경향은 앞으로도 계속될 것으로 보인다. 2019년에는 모든 산업 노동자의 전체 근무일 중 약 5%만이 재택근무로 이루어졌다. 그런데 이 수치가 2020년에 62%로 급증하더니 2022년 8월엔 31%로 안정화되었다. 심지어 정보, 기술 혹은 금융업 종사자의 경우엔 50%로 자리잡았다. 한 경제학자는 이 같은 변화가 "노동 시장에 최근 수십 년 사이에 일어난 최대 충격"이라면서 "덕분에 출퇴근에 드는 시간과 거리를 따졌을 때 미국에서만 주당 2억 시간과 60억 마일이 절약된다"고 설명했다.

한때 사무실 근무가 기본값이었다면 이제 재택근무가 새로운 기본값으로 자리잡아 향후 그래선 안 될 이유가 생기기 전까지는 지속될 것으로 보인다. 이전에 일주일에 하루 재택근무를 허용한 직장은 이제 일주일에 하루만 사무실 근무를 하거나 아예 하지 않는 쪽으로 바뀔 수 있다. 기업과 직원은 2020년대를 거치면서 새로운 표준을 협의해 나갈 것이다.

리더십에 부는 세대교체 바람도 이 같은 변화를 가속화할 전망이다. 컴퓨터 혁명이 일어나던 시기에 커리어를 시작한 X세대 상사는 재택근무를 최소한 일부만이라도 찬성할 확률이 베이비붐 세대보다 높다. 밀레니얼 세대도 마찬가지다. 2021년 여론조사에 따르면 원격 근무를 하더라도 생산성이 똑같이 높게 나타나는데 왜 사무실로 돌아가야 하는지 의문이라는 밀레니얼 세대가 55%에 달했다. 이에 비해 베이비붐 세대는 코로나에 훨씬 취약한데도 36%만이 의문을 제기했다.

한마디로 생산성을 떠나 직원이라면 상사가 퇴근할 때까지 사무실에 앉아 있어야 한다는 관습적 태도가 더 이상 받아들여지는 세대가 아니다. 중요한 건 노동 시간이 아니라 성과나 유연성이라는 데 갈수록 더 큰 합의가 이루어지고 있다.

하지만 이를 어떻게 실현할지는 여전히 논의 중이다. 고용주는 대부분 노동자가 풀타임으로 일하기를 바라지만 풀타임을 과연 어떻게 규정할 것인가? 허브 보충제 기업을 운영하는 밀레니얼 세대 가베 케네디가 면접에서 만난 Z세대 지원자는 그날의 목표량을 달성하면 퇴근해도 되는지 질문했다. 이에 케네디는 9시부터 5시까지 근무하는 일이라고 답했다. "이전 세대는 시간제로 근무하는 데 훨씬 익숙해요. 승진해서 연금도 타고 금시계도 받겠다는 생각이었죠. 이후 밀레니얼 세대까지는 '아직 사무실 근무를 하지만 탁구도 치고 캡슐 커피도 마실 수 있어'라는 식이었다면 그 다음 세대의 태도는 '세상에, 내가 원하는 때 원하는 방식으로 소셜미디어에 게시물만 올리면 생계를 유지할 수 있어'였어요." 직장이 유연하다는 건 근무 도중 장시간 쉴 수도 있고 저녁에 일할 수도 있다는 걸 의미했다. 유연성은 Z세대가 직장에 요구하는 핵심 요건 중 하나가 되었다.

젊은 밀레니얼 세대와 Z세대에게 기술은 문서 작성부터 회의, 협업에 이르는 사무직의 수많은 업무를 원격으로 처리할 수 있다는 것을 의미한다. 특히 Z세대는 집에서 모뎀을 사용해 온라인에 접속하던 시절을 전혀 알지 못한다. 게다가 자신에게 가장 편안한 장소에서 노트북으로 작업하는 걸 이미 고등학생, 대학생 때부터 해왔다. 이렇게 어디서든 일할 수 있는데 굳이 사무실에 앉아 있어야 한다는 게 이들에겐 이상하게 느껴질 수밖에 없다. 물론 사무실에서 서로 얼굴 보고 일해야 동료애도 생기고 아이디어도 더 잘 떠오른다고 말하는 이들도 이전 세대를 비롯해 많다. 게다가 소매 매장부터 의료 분야까지 원격으로 수행하기는 어려운 직종도 적지 않다.

성장기의 대부분을 줌을 사용하며 보낸 Z세대는 선택과 유연성을 선호한다. "저는 실제로 사무실에 가는 걸 좋아해요. 유기적으로 연결된 느낌이 들거든요." 긴지 스티븐슨(1999년생)이 말했다. "하지만 예전엔 어떻게 매일같이 출근했는지 모르겠어요." 최근 대학을 졸업한 샘 퍼디는 매일 '칸막이에 갇혀 있기는' 싫다고 말한다. "우리는 사무실에 출근해야 한다는 사실보다 다른 업무를 우선순위에 놓고 처리할 거예요." 데이비드 그로스(1981년생)가 광고 대행사 직원들에게 2021년부터 사무실 풀타임 근무로 돌아갈 것이라고 공지하자 직원들 사이엔 정적이 흘렀다. "의무적으로 따라야 하는 정책인가요?" 한 젊은 직원이 물었다. 팬데믹 기간 동안 재택근무를 하고 나니 정장으로 갈아입고 사무실까지 출근해 주 5일, 하루 8시간씩 사무실에 앉아 있어야 한다는 건 다들 생각만 해도 진 빠지는 일이 된 것이다.

안전이 그다지 보장되지 않는 일 같기도 했다. 코로나가 팬데믹에서 엔데믹으로 조정됐다고는 하지만 코로나든 독감이든 걸렸다고 해도 그리 호들갑 떨지 않았던 2019년 스타일로 돌아가기는 어려울 것이다. Z세대는 2020년 이전부터 이미 조심성이 많은 세대였고 생애 내내 그럴 확률이 높다. 이 같은 태도는 재택근무와 근무 유연성에도 영향을 미쳐 Z세대는 자신이 출근할 수 있을 만큼 컨디션도 좋고 안전한지 스스로 결정하려 할 것이다. 무조건 출근을 강요하고 출근 안 하면 벌점을 매기던 시대는 지났다. 관리자는 재택근무의 필요성과 출근의 필요성 사이에서 갈등하는 경우가 갈수록 많아질 것이다. 사무직의 경우 원격 근무로 어느 정도 유연성을 발휘할 수 있지만 서비스, 생산, 의료 직종은 해결책이 명확하지 않다.

재택근무로 전환되면서 투자, 도시 계획 부문에도 변화가 나타날 것이다. 교외 지역은 일과 생활을 도심에서 멀리 떨어져 해야 하는 만큼 인터넷 접속은 물론 이동통신과 광대역 서비스가 더 잘 구축돼야 할 것이다. 향후 10년 이내에 사무단지는 공실이 되거나 철거되거나 주거단지로 거듭날 것이다. 주요 고객이 근로자였던 시내 음식점과 매장들은 위기에 빠질 수 있다. 건축업자는 주택 평면도에 홈오피스를 어쩌면 2개씩 그려넣기 시작할 것이다.

사람들의 주거 형태도 바뀌기 시작할 것이다. 적어도 조용한 삶을 선호하는 이들은 대도시를 떠나 교외와 시골 지역으로 향할 것이다. 직장 근처에 살아야 한다는 인식은 사라질 것이다. 따뜻하고 경관이 좋은 지역은 부동산 가격이 상승하는 반면, 춥고 인근 환경도 좋지 않은 지역은 결국 수요가 줄어들 것이다. 《애틀랜틱》에 기고하는 데릭 톰슨은 디지털 출퇴근이야말로 역사상 최초로 집과 직장의 지리적 위치를 분리시키는 차세대 산업혁명이라고 지적했다. 미래의 직장은 어디에나 있고 어디에도 없다.

안전한 공간과 언론

2013년 Z세대가 대학에 입학하기 시작했을 때 기성세대는 민감한 물질에 경고 문구를 게시해 달라는 등의 요구를 받고 당황할 수밖에 없었다. 학생들은 또 "스트레스 받을 때 피신할 수 있는 '안전한 공간'을 마련해 달라고도 요청했다. 이 같은 요구는 조만간 직장에서도 터져나올 것이다. 일부 직장에서도 마음을 편안하게 해주는 동영상, 안락의자에 차분한 음악까지 갖추고 직원들이 화나거나 스트레스 받을 때 갈 수 있도록 '안전한 공간'을 구축할 날이 머지않았다. 물론 단순 휴식 공간을 갖춘 기업은 이미 많지만 앞으로는 이들도 표면적으로 안전과 쉼에 더 큰 초점을 맞춘 공간으로 탈바꿈하게 될 것이다. 그리고 그 안에는 테이블 축구 등 X세대와 밀레니얼 세대에서 인기를 누린 단체활동 설비는 빠지고 명상, 요가와 마사지처럼 Z세대에 더 인기 있는 개인활동 설비가 들어설 것이다. 이 같은 공간은 사람들이 대부분 재택근무를 하게 되더라도 반드시 필요하다. 젊은 직원이 경험이 없을수록 대면 회의는 더 큰 스트레스로 작용할 테니 말이다.

소통의 상당 부분이 온라인에서 이루어지는 만큼 말과 어휘의 중요성이 갈수록 커지고 있다. 밀레니얼 세대와 Z세대는 부당한 일을 당했을 때 아무런 망설임 없이 문제를 제기한다. 그리고 이때 당사자와 직접 대화하기보다는 관리 당국에 보고하는 방식을 선호한다. X세대와 밀레니얼 세대의 관리자, 교수, 근로자들은 적지 않은 대가를 치르고 나서야 이 같은 사실을 깨달았다. 관리자들은 이제 누구든 사실상 그들의 '캔슬 컬처' 위험 없이 자유로운 분위기 속에 서로 존중하며 논의할 수 있는 분위기를 구축해야 한다. 물론 그와 같은 분위기의 범위는 점점 좁아질 테고 밀레니얼 세대와 Z세대가 직장을 점령하고 있는 만큼 거부당하는 경우는 갈수록 줄어드는 게 아니라 오히려 빈번해질 것이다.

Z세대는 밀레니얼 세대가 아니다

신입 직원을 채용하는 기업은 이미 직원의 대부분이 밀레니얼 세대에서 Z세대로 교체되는 현상을 목격해왔다. Z세대가 20대 후반 ~30대 초반에 접어드는 2020년대에는 경력직을 채용하는 경영, 법률, 의학, 학계 등의 분야에서도 동일한 현상이 나타날 것이다. 그리고 이는 낙관주의가 비관주의로, 안정이 불안으로, 자신감이 의구심으로 대체된다는 사실을 의미하기도 한다. 밀레니얼 세대는 칭찬을 너무 당연하게 여겨 어려웠다면 Z세대는 칭찬을 해줘야 안심한다는 점에서 어렵다. 밀레니얼 세대를 이제 겨우 파악한 관리자들은 또다시 Z세대를 이해해야 하는 처지에 놓였다.

Z세대는 업무 자아와 일상 자아 사이에 뚜렷한 경계가 있었던 적이 단 한 번도 없다. 기술이 둘의 경계를 모호하게 만들었을 뿐 아니라 개인주의로 인해 사람은 매 순간 진실한 자신이어야 한다는 개념이 생겨났기 때문이다. 이는 그럴 듯하게 들리지만 업무 상황에 어떻게 접근해야 하는지 모른다는 의미일 수도 있다. Z세대가 밀레니얼 세대와 공통적으로 갖는 특징이 바로 이것이다. 이들은 좀 더 구체적인 설계와 지시를 필요로 한다. 이들은 아동 낙오 방지법 시대에 학교를 다니고 체계가 이미 다 잡힌 활동만 소화하며 성장한 데다 인생 전반에 걸쳐 슬로우라이프 궤도를 밟아온 만큼 독립적으로 행동하거나 스스로 결정할 기회가 거의 없었다. 따라서 이들에게는 기대하는 바가 무엇인지 구체적이고 명확하게 설명해줘야 한다.

일이 삶의 중심이 될 것이며 야근도 기꺼이 할 것이라는 18살 비율

2013년: 대부분 Z세대

일이 삶의 중심이 될 것이다
야근도 기꺼이 할 것이다

출처: 전국 보건 영양 실태 조사, CDC

* 일이 삶의 중심이라는 항목에는 '동의한다'와 '대체로 동의한다'가, 야근 항목에는 '동의한다'가
제시되었다.

좋은 소식은 Z세대가 상당히 실용적이며 노력의 중요성을 이해한
다는 사실이다. 실제로 고등학교 졸업반 학생 가운데는 야근도 필요
하면 기꺼이 할 것이며 일이 삶의 중심이 될 것이라고 답한 비율이 밀
레니얼 세대보다 높았다. 물론 직업윤리가 1970~1980년대 수준으로
돌아간 건 아니지만 상당 수준 회복됐던 것만큼은 분명하다. 그런데
2021년 팬데믹으로 직업윤리에 균열이 생기고 침체기 이후 일에 더
욱 집중하겠다던 청소년의 의지도 약해졌다.

Z세대의 직업윤리에 대한 인식은 Z세대가 주로 이용하는 틱톡에
서 '조용한 퇴사quiet quitting'(직장에서 최소한의 일만 하는 것)라는 용어가
유행하기 시작하며 더 큰 타격을 받았다. "오늘의 목표, 전화 500통?!
우리는 50통만 할 거예요." 조용한 퇴사에 관한 어느 틱톡 영상에서

한 여성이 상사에게 말한다. "일거리 만들지 마세요." 실업률이 낮고 노동력이 부족한 상황에서 젊은 근로자가 유리한 입장에 있는 건 사실이지만 일각에서는 이 같은 태도를 처음 노골적으로 보여주기 시작한 건 Z세대가 아닌, 1990년대 X세대의 '나태한 자들'이라고 지적한다. 1999년 영화 〈오피스 스페이스〉의 주인공이 대표적 사례다. 직장에서 최소한의 업무만 하기로 결심한 그는 상사가 주말 근무를 지시하자 낚시하러 가버린다(이에 두 명의 컨설턴트는 아이러니하게도 그의 태도가 관리직에 적합하다고 판단하고 승진을 결정한다). 심지어 '조용한 퇴사'라는 용어 역시 X세대인 브라이언 크릴리가 만들었다. 직접 만든 동영

직업의 특정 가치를 중시하는 18살 비율

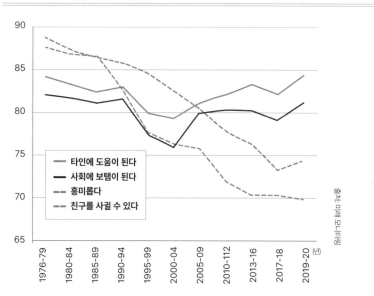

* '타인을 도울 기회를 주는 직업', '사회에 보탬이 되는 직업'과 '친구를 사귈 수 있는 직업' 항목에는 선택지로 '다소 중요' 및 '아주 중요'가, '흥미로운 직업' 항목에는 '아주 중요'가 제시되었다. 2021년에는 조사가 실시되지 않았다. 2013년 이후 대부분의 12학년(18살)은 Z세대였다.

상에서 "쉬지 않고 계속 일만 하던 시대는 이제 까마득한 역사 속으로 사라졌습니다. … 당신도 '조용한 퇴사'의 주인공인가요?"라는 질문을 던진 것이다. 팬데믹 이후에도 과연 조용한 퇴사 물결이 계속될 것인지는 좀 더 지켜볼 일이다.

Z세대가 직업의 요건으로 또 무엇을 꼽았는지 들으면 아마 깜짝 놀랄 것이다. 젊은 층은 친구를 사귈 수 있는 흥미로운 직업을 갖길 원한다고 생각하곤 한다. 하지만 Z세대는 이전 세대에서 시작된 경향을 이어받아 흥미롭거나 친구를 사귈 수 있는 직업이 우선순위가 될 확률이 이전 세대보다 낮은 게 사실이다. Z세대는 온라인에서 소식을 주고받는 친구들 무리가 이미 있기 때문에 직장에서까지 친구를 사귈 필요가 없다고 생각할 수 있다. 물리적으로 멀리 떨어져 있는 친구라도 소셜미디어 덕분에 계속해서 연락하기가 한결 수월해졌으니 말이다. Z세대는 또 사회적 지위가 보장되는 직업에 연연하지 않아 밀레니얼 세대에서 시작된 하향 추세를 이어가고 있다.

Z세대가 직업의 요건으로 이전 세대보다 더욱 중요하게 꼽는 가치는 다음 두 가지다. 타인에 도움이 돼야 한다는 게 첫 번째요, 사회에 보탬이 돼야 한다는 게 두 번째다. 이는 인생 목표에서 일어나고 있는 경향을 반영한다. 최근 대학 신입생 사이에서는 어려운 처지의 타인을 돕는 게 중요하다고 답하는 이가 많아지고 있다. 공감의 가치가 다시 한번 중요하게 부각되면서 Z세대는 직장에서는 물론이거니와 자신이 뭔가에 기여하고 있음을 느끼고 싶어 한다. 게다가 이런 생각을 가진 무리는 코로나19 팬데믹의 여파가 이어지고 정치 행동주의 경향이 강해지면서 2020년대의 남은 기간 동안 더욱 늘어날 것이다. 그 결과 의료, 간호, 치료, 공중 보건, 임상 심리학 분야에 진출하는

청년도 더욱 많아질 것으로 보인다. 각 기업에서는 타인을 돕고 받은 걸 돌려주기 위해 할 수 있는 게 무엇인지 질문하는 젊은 직원이 늘어날 것이다.

모든 게 정치적

얼마 전까지만 해도 대학과 기업에서 공식적으로 일어나는 소통은 모두 일상적인 업무나 관련된 정보에 국한됐고 비즈니스의 일환이었다. 그런데 2010년대 중반, 대학에서 이 같은 관행이 바뀌기 시작했다. 학생들이 대학 행정처에 캠퍼스에서 일어나는 일들에 관해 소통하고 때로는 사과해주기를 요구한다. 이 같은 경향은 명망 높은 기관에 국한된 게 아니었다. 내가 교수로 재직 중인 샌디에이고 주립대학교에서 일어난 사건은 변화의 궤적을 잘 보여주는 사례다. 2016년 4월 교외의 한 단체에서 일부 학생과 교직원을 '팔레스타인 테러리스트와 동맹을 맺은 자들'로 지목하며 비판하는 성명을 발표하자 학생들은 분노했다. 학교 총장은 이메일을 통해 전단지에서 학생과 교직원의 이름을 게재한 것은 잘못이라면서도 언론의 자유는 보장돼야 한다고 분명히 밝혔다. 학생들은 "샌디에이고 주립대학교는 우리를 테러리스트라고 생각한다"고 적힌 배너를 들고 즉각 시위에 나섰다. 심지어 경찰차를 포위하고 총장이 학교를 빠져나가지 못하도록 두 시간 동안 지키고 서 있기도 했다. 당연히 그 총장은 1년이 채 지나기 전에 새로운 일자리를 찾아 다른 학교로 떠났다.

샌디에이고 주립대학교의 차기 총장인 아델라 데 라 토레는 다른 접근 방식을 취했다. 캠퍼스 소식뿐 아니라 국가의 여러 소식까지 담긴 이메일을 주기적으로 발송했다. 2021년 11월 위스콘신주의

카일 리튼하우스 재판과 조지아주의 아머드 알버리 살해범 재판 소식으로 미국 전역이 들끓자 총장은 학교의 모든 구성원에 이메일을 보내 "이렇게 요란하게 진행되는 재판으로 인해 … 우리 학교의 일부 구성원은 더욱 높은 수준의 스트레스를 경험할 수 있습니다. 특히 근거 없는 선입견과 미묘한 인신공격에 일상적으로 시달리는 이들은 더더욱 그렇죠. … 최근 몇 년의 시간은 우리에게 유난히 힘들고 때로는 절망적이었습니다. 우리는 팬데믹 기간 동안 엄청난 상실을 겪었으며 유색인종 집단에 불어닥친 시련은 더욱 가혹했습니다. 게다가 이번 주 재판을 둘러싸고 전국에서 진행 중인 논란은 우리 사회의 구조를 계속해서 위협하는 체계적 인종차별을 더욱 두드러지게 만들 뿐입니다."

이는 새로운 표준이며 따라서 Z세대 학생에게는 유일한 표준이다. Z세대는 리더들이 심지어 극도로 민감한 정치 이슈에 대해서도 거침없이 발언하고 체계적 인종차별에 대해서도 강도 높은 발언을 서슴지 않는 데 익숙해졌다. Z세대는 미국이 정치적으로 첨예하게 대립하기 이전의 시대를 거의 기억하지 못한다. 모든 것이 정치적이며 후보자나 토론뿐 아니라 도덕과 가치 역시 정치색을 띠게 되었다. '우리와 맞서는 저들'이라는 새로운 느낌이 생겼고 어떤 식으로든 한 가지 입장을 취해야만 하게 되었다. 대학교에서부터 모든 사안에 이렇게 목소리 내는 문화를 경험한 Z세대는 향후 소비자로서는 물론 고용인으로서도 동일한 목소리를 내려고 할 것이다.

각 기업은 비즈니스야 어떻게 되든 정치 이슈에 대해 발언하라는 직원들의 갈수록 거세지는 압박에 직면할 것이다. 바이브레이터 판매 기업을 운영하는 밀레니얼 세대 폴리 로드리게즈는 2020년 6월 조지 플로이드 사망 이후 시위가 이어지는 동안 어떻게 시위를 지원할지 밝히라는 젊은 직원들의 요청에 시달렸다. 2022년 3월 플로리다주에서는 유치원생부터 초등 3학년까지 성 정체성 또는 성적 지향에 대한 교육을 금지하는 법안을 도입해 논란이 일었다(이 법안은 이내 '게이라고 말하지 마세요'라는 이름으로 불렸고 그달 말 통과되었다). 월트디즈니컴퍼니 CEO 밥 차펙(1960년생)은 처음엔 기업 성명서가 "결과나 민심을 바꾸는 데 별로 도움되지 않는다"며 해당 법안에 공식 입장을 취하지 않을 것이라고 직원들에게 공표했다. 직원들은 즉각 반발했다. 디즈니 픽사 소속 직원들은 회사가 해당 법안에 반대하는 입장을 발표하지 않은 데 "실망하고 상처받았으며 두렵고 분노한다"는 내용의 서한을 전달했고 다른 직원들도 소셜미디어를 통해 공개 비판에 나섰다. 차펙은 5일 만에 사과하고 플로리다에 대한 정치 기부를 모조리 중단하겠다고 밝혔다. 그러자 공화당 소속의 론 드산티스 플로리다 주지사는 월트디즈니월드 지구가 누리고 있던 모든 세금 혜택을 취소했다. 《로스앤젤레스 타임스》에는 '기업에게 주는 교훈: 직원의 고통을 무시했다가는 큰코다친다'라는 제목의 기사가 실렸다. 하지만 회사가 행동에 나선 뒤에는 큰 정치적 대가를 치러야 했다.

이전에는 일부 고객을 잃을까 두려워 정치적 입장표명을 꺼렸던 기업이 이제는 입장을 밝히라는 젊은 직원들의 요구를 일상적으로 맞닥뜨리고 있다. 《로스앤젤레스 타임스》 기사에서 '고통'이라는 단어를 사용해 직원들의 입장을 설명한 것도 주목할 만하다. 밀레니얼 세대나 Z세대 운동가들이 때로 언론의 발언을 신체 상해와 동일시하며 사용하는 어휘를 빌린 것이다. 각 기업이 직원 만족과 고객 이탈의 위험 사이에서 어떻게 현명한 줄다리기를 해낼지 지켜봐야겠지만 이 같은 경향은 앞으로도 계속될 것으로 보인다.

정신건강

젊은 층 사이에 우울증이 증가하고 있는 만큼 기업들은 정신건강을 지키기 위해 좀 더 분발해야 할 것이다. 젊은 직원들은 다음과 같은 질문들을 던질 수 있다. "귀사의 건강보험 정책에서는 정신건강 관리 비용을 어느 정도 보장해 주나요? 신체건강뿐 아니라 정신건강을 위해서도 동일하게 휴가를 사용할 수 있나요?"

'정신건강의 날' 지정 여부는 아직 정해지지 않았지만 그리 오래 걸리지는 않을 것이다. Z세대는 자존감은 낮을지 몰라도 정신건강 관리의 필요성을 어떻게 어필해야 하는지 잘 알고 있고 정신건강 문제를 논의하는 게 얼마든지 자연스럽게 받아들여질 수 있도록 애쓰고 있다. 상사들은 젊은 직원의 스트레스 정도, 나아가 그들의 진단명에 대해 더 많은 이야기를 들어야 한다.

일이 가정으로 침투하고 정신건강이 가장 중요하게 대두되면서 관리자들은 직원들의 직장생활뿐 아니라 삶 전체에 집중하게 될 것이다. "20년 전만 해도 관리자가 직원과 일대일로 대화할 때면 'ㅇㅇㅇ는 마쳤나? 아냐? 언제 끝마칠 예정인가?' 정도가 다였어요." 한 금융 서비스 기업의 인사과 간부가 말했다. "그런데 이제는 '주말 잘 보냈나?' '부모님은 잘 계시지?'처럼 폭넓게 접근해야 하죠." Z세대가 정신건강과 관련해 겪은 경험과 계속해서 강화되는 개인주의로 인해 이들은 심지어 직장에서도 부품화를 지양한다. "젊은 노동자 집단은 고용주들이 자신을 온전한 사람으로 대우해줄 것을 요구해요." 링크드인의 린다 징팡 카이가 말했다.

직장 내 혜택을 질문하자 수많은 Z세대가 웰빙에 대해 말했다. 샘 폴츠(2000년생)는 현재 근무 중인 '캐피탈 원'이 정신건강의 날 휴가를 무제한 보장해주는 점을 좋아한다. 케니 콜론(1999년생)은 어느 기업에 입사할지 결정할 때 웰빙에 관한 기업 정책도 고려 대상이 될 것이라고 답했다. 콜론이 현재 인턴으로 근무하고 있는 회계법인 '언스트 앤영'은 직원이 매트리스 등 웰빙을 위한 용품을 구입할 수 있도록 최대 1,000달러의 지원금을 제공한다.

Z세대는 직장에서 상당한 스트레스에 시달린다. 2020년 13~25살을 대상으로 한 대규모 조사에서 응답자의 3분의 2는 향후 일할 생각에 엄청난 스트레스를 느낀다고 답했다. 또 절반가량은 괜찮은 일자리를 구할 수 있을지 걱정이라고도 했다. 그럴 수 있다고 긍정적으로 내다본 이는 17%에 불과했다. 지나치게 낙관적이던 밀레니얼 세대를 지나 결국 모든 게 불확실하고 불안하며 스트레스에 시달리는 Z세대가 온 것이다.

Z세대가 직장 내에서 높은 직급으로 올라갈수록 관리자들은 이들의 불안을 간과하지 말고 오히려 생산성 향상에 쏟아부을 수 있도록 도와야 할 것이다. 다음과 같이 조언하는 걸 추천한다. "스트레스를 받을 때 관심을 다른 곳으로 돌리려 하지 말고 오히려 프로젝트에 정면으로 부딪혀 결과를 내는 데 전념해보라. 불안하답시고 괜히 소셜미디어나 웹서핑에 몰두하는 것보다 이렇게 하는 게 오히려 스트레스 해소에 도움이 된다. 집중력을 유지하는 것도 전투의 일부다."

위계의 파괴

"좋은 아침이에요, 마이크." 호세가 사무실에 들어서며 말했다. 여기서 퀴즈! 호세가 인사한 사람은 상사일까 부하직원일까?

오늘날의 사회에서 이는 꽤 어려운 질문이다. 마이크는 호세의 상사일 수도, 부하직원일 수도 있기 때문이다. 얼마 전까지만 해도 이런 상황에서는 마이크가 호세의 부하직원, 혹은 동료라는 사실이 명백했다. 상사라면 단순히 이름이 아닌 직함을 불러야 했기 때문이다. 1990년 이전에 직원이 상사를 이름으로 부른다는 건 상상할 수도 없었다.

개인주의로 모든 곳에서 관리자와 고용인의 구분이 사라짐에 따라 직장 내 위계도 사라졌다. 직장인들은 서로 간에 격식은 덜어내고 좀 더 편안한 관계를 맺었다. 관리자 역시 일방적으로 지시하기보다는 팀의 구성원으로서 동등하게 함께 일했다. 관리자가 직원들에게 지시를 내리고 직원들은 무조건 따르던 시절은 이미 오래전에 지나버렸다.

Z세대는 벌써 몇 년 전부터 리더가 과연 꼭 필요한지 의구심을 품을 때가 많았다. 2016년 시위를 조직하던 당시 스탠퍼드 학생들은 구글 문서 프로그램으로 요구사항을 작성해 구성원 누구나 내용을 추가하고 또 편집할 수 있도록 했다. 한 명의 책임자가 정해져 있지 않았고 그들도 리더를 지목하지 않았다. 밀레니얼 세대가 시작한 '흑인의 생명은 소중하다' 운동도 비슷했다. 특정 지도자 없이 권력이 분산된 구조였다.

이처럼 위계가 사라진 구조가 비즈니스 영역에서는 얼마나 확산될지 알 수 없다. 비즈니스의 경우 지도자가 목표를 설정하는 전통 구조가 좀 더 일반적이다. 하지만 Z세대는 이전의 밀레니얼 세대와 마찬가지로 지시에 무조건 따르지 않는다. 다만 그 이유는 서로 다르다. 밀레니얼 세대가 자신감이 워낙 강해 권위에 도전하고 몇 년 이내에 스스로 상사가 되고자 해서 그런다면 Z세대는 자신감은 부족하지만 모든 사람은 평등하며 따라서 동등한 대우를 받아야 한다는 신념이 강하기 때문이다.

따라서 직원들도 상사가 항상 더 많이 안다고 생각하고 무조건 의지하기보다 자율성을 발휘해 일하면서 수평적인 지도 체계를 구축해 나간다. Z세대는 기술이나 성(性)을 둘러싼 새로운 문화 표준을 받아들이고 적응해온 만큼 기성세대가 더 무지하다고 여기는 경우도 적지 않다. 각 기업은 상명하복의 지도체계 대신 좀 더 집단친화적인 구조를 확립해 나가야 할 것이다. 실제로 많은 기업에서는 직원들이 지시대로 움직이는 대신 함께 기업 문화를 만들고 목표도 설정할 수 있는 환경을 구축했다. 예를 들어, 직원들의 제안을 경영진에 전달하는 직원위원회를 설립하는 것이다.

기업 내 차림새와 관련된 정책을 보면 개인주의, 그리고 젊은 직원들의 영향력이 얼마나 대단한지 알 수 있다. 최근까지 홈디포, UPS, 디즈니 등의 기업은 직원들에게 사내에서는 문신을 드러낼 수 없도록 했고 수염도 금지했다. 하지만 문신과 수염이 자신을 표현하는 한 가지 형태로 자리잡게 되면서 이 같은 정책도 완화되었다. 가령 UPS는 이제 '격식 없어 보이지 않는다'는 전제하에 턱수염과 콧수염을 기르는 것도 허용하고 있다. UPS 간부인 크리스토퍼 바틀렛은 새로운 정책으로 '보다 현대적인 업무 환경이 조성돼 직원들이 직장에서도 진실한 자아를 마주할 수 있을 것'이라고 말했다. 디즈니는 오랫동안 ('캐스트 멤버'로 불리는) 놀이공원 직원들의 문신을 금지해왔다. 하지만 지금은 허용하고 있는데 임원인 조쉬 드아마로에 따르면 "오늘날의 직장에서는 중요한 문제로 … 우리의 캐스트 멤버들이 자신의 문화와 개성을 좀 더 잘 표현할 수 있게 해주는 수단이기 때문이다.”
기업들은 갈수록 자기표현, 특히 차림새를 통한 자기표현을 제한하는
정책은 모조리 폐지해달라는 직원들의 요구에 직면할 것이다.

미래는 논바이너리

“언제든 원하는 옷을 입을 수 있어야 합니다.” 의상 디자이너 피에
르 데이비스는 이렇게 말한다. 그가 만든 의류 브랜드 (이탈리아어로 ‘젠
더가 없다’는 의미의) 노 세쏘No Sesso 는 사람들이 젠더 정체성과 무관하
게 즐길 수 있으면서도 섹시한 의상의 제작을 목표로 한다. 데이비스
는 트랜스 여성으로서 입고 싶은 옷을 찾지 못해 브랜드를 만들었다
고 이야기한다.

오늘날 청년 18명 중 1명 (18~22살 가운데는 13명 중 1명)은 스스로
논바이너리 혹은 트랜스젠더라고 밝히고 있어 젠더리스 의상은 갈수
록 더 큰 인기를 모을 것으로 보인다. 게다가 보통 청년층이 스타일
트렌드를 주도하는 만큼 젠더 벤딩* 산업도 향후 성장을 기대할 수 있
다. 이 같은 경향이 직장에 반영되면 성 중립적 화장실이 탄생해 ‘남
성용’ 화장실과 ‘여성용’ 화장실 옆에 하나의 선택지로 제공됨으로써
Z세대의 남다른 젠더 개념을 실현하게 된다. 트랜스젠더, 시스젠더,
논바이너리, 출생 시 여성 등 젠더를 둘러싼 신조어 중 일부만 알아도
X세대와 베이비붐 세대가 젠더 정체성에 관해서는 대책 없이 무지하
다고 여기는 Z세대와의 격차를 좁힐 수 있다.

젠더가 새롭게 부각되면서 자신을 부르는 성별 호칭의 선택도 새

---

* 젠더 벤딩gender bending : 이성의 옷차림으로 자신을 표현하는 행위

삼 주목받고 있다. 대학 캠퍼스에서는 이제 자신의 성별 호칭을 밝히는 게 일반화되었지만 비즈니스 세계에서는 아직 표준으로 자리잡지 못했다. 최근 한 X세대는 자신이 운영하는 기업에 입사를 지원한 어느 지원자의 이력서를 살펴보다 이름 밑에 대명사가 기술돼 있는 걸 보고 놀라지 않을 수 없었다. "이 사람은 모든 일을 정치적으로 받아들이지 않을까 걱정해야 하는 것 아닐까요?" 그가 물었다.

이 같은 태도는 곧 바뀔 것이다. 비즈니스 업계에서도 대명사를 명시하는 게 표준이 될 테니 말이다. 신입 사원의 대다수를 차지하게 된 Z세대는 이제 성별 호칭 병기를 요청(어쩌면 강요)할 것이다. Z세대에 따르면 모든 이가 성별 호칭을 명시하게 되면 트랜스젠더나 논바이너리가 성별 호칭을 명시하는 게 한층 자연스럽게 받아들여질 수 있다. 성별 호칭을 명시하는 건 이메일 서명과 줌 통화 대화명에서도 일반적 관행이 되어가고 있으며 머지않아 구두로 대화할 때도 당연한 절차로 자리 잡을 것이다. 한 전문가는 이렇게 조언한다. "이제 '성함이 어떻게 되세요?' 질문한 뒤 '성별 호칭을 뭘 사용하시나요?'라고 묻게 될 거예요. 누군가 치마를 입고 있다거나 축구를 한다는 이유로 그 사람의 구체적 성별 호칭이나 젠더 정체성을 규정할 수는 없는 거죠."

성별 호칭 명시가 일반화되는 이유는 한 가지 더 있다. 바로 실용적이라는 점이다. 오늘날과 같은 다문화 세상에서는 이름만으로 성별을 가늠할 수 없는 경우가 많다. 젠더 중립적 이름도 갈수록 인기가 높아지고 있다. 게다가 직접 만남보다 온라인 소통이 많아지다 보니 상대방을 볼 수 없는 경우도 적지 않다. 이 모든 경향을 감안했을 때 젠더 정체성을 명확히 밝히는 게 한층 실용적이다. 인사 담당자가 면접을 보다 이력서에 명시된 성별 호칭과는 다른 실물에 화들짝 놀라는 날도 이제 얼마 남지 않았다.

대명사 명시가 일부 진보적 대학 캠퍼스에 국한된 추세라고 단정지을 순 없다. 물론 일부 대학에서 시작된 일이기는 하지만 그게 끝이라고는 볼 수 없다. 대학생은 언젠가 졸업을 하고 또 취업을 하면서 직장에서 영향력을 끼친다. 최근 대학 캠퍼스에서 광범위하게 나타난 경향은 사실 신경 쓰지 않을 수 없다. 2010년 이후만 보더라도 다양싱에 대한 관심이 높아지거나 캔슬 컬처가 정립되는 등 대학 캠퍼스에서 시작된 경향이 다른 문화 영역으로까지 확산되고 있다.

많은 사람이 가장 적응하기 힘들었던 문화는 그 사람이 남자든 여자든 상관없이 '그들they'이라는 대명사를 붙이는 것이었다. '그들'이 본래 한 명 이상을 칭할 때만 사용하는 대명사였으니 말이다. 하지만 생각해보면 한 사람을 '그들'로 칭하는 게 전혀 낯선 문화는 아니다. "우리 매장 매니저님은 아직도 '그들'에 적응이 안 된대요. 기꺼이 사용할 수 있고 사람들에 불쾌감을 주고 싶지도 않은데 도무지 이해가 안 된다 하더라고요." Z세대인 엘 리가 트위터에 적었다. "그래서 제가 피자 주문을 예로 들어 설명해줬어요. 피자를 주문했는데 배달은 늦고 배달부가 남자인지 여자인지도 알 수 없을 때 우리는 이렇게 말한다고요. '대체 그들은 내 망할 피자를 갖고 어디로 간 거야?' 그랬더니 바로 알아듣더라고요."

가족의 미래

미국의 출산율이 자유낙하 수준으로 급락하고 있는 가운데 인구통계학자 라이먼 스톤은 숫자로 심각성을 파악해보기로 했다. 2008~2019년 출산율이 감소하지 않고 동일한 수준으로 유지됐다면 미국에서는 몇 명의 아기가 더 태어났을까?

정답은 580만 명이다. 노르웨이 전체 인구보다 많은 이 정도 수가 태어나지 않았다는 건 미국에서 1년 반 동안 아기가 한 명도 태어나지 않은 상황과 동일하다. 심지어 출산율이 더 떨어진 2020년과 2021년은 계산에 넣지도 않았는데 말이다. 미국은 어쩌다 이 지경까지 왔을까?

밀레니얼 세대의 출산율

2008년까지만 해도 미국의 합계 출산율은 2.1명이었다. 산모 한 명당 자녀 두 명은 낳는다는 의미로 인구 대체율을 충족했다. 그런데 이 출산율이 2009년 들어 대체율 밑으로 떨어지더니 계속해서 하락했다. 결국 2020년에는 합계 출산율이 역대 최저치인 1.64명을 기록했다. 출산율이 대체율보다 낮아지면 나라에 청년층 인구보다 고령층 인구가 더 많아지는 방향으로 나아가게 된다.

출산율은 단순히 아기를 낳는 것 이상의 의미를 갖는다. 출산율은 국가 인구 구성의 현재와 미래를 결정해 제품 마케팅부터 공공 정책, 미래 경제에 이르는 모든 것에 영향을 미치기 때문이다. 다가올 10년간 출산율이 어떻게 변화할지 예측할 수 있다면 국가 미래의 핵심 영역에 미리 역량을 집중할 수 있다. 따라서 2020년대의 핵심 질문은

'출산율이 다시 크게 상승할 수 있을까?'가 될 것이다.

이 질문의 답은 명백히 '아니요'다. 우리는 그걸 어떻게 알고 있으며 왜 '아니요'라고 말하는 것일까? 우선 어떻게 아는지부터 답해보자. 2020년대에는 밀레니얼 세대가 40대에 접어들면서 출산 적령기에서 벗어났다. 여러 전문가는 밀레니얼 세대가 출산을 싫어하는 게 아니라 단순히 미루고 있는 것뿐이라고 추정했다. 하지만 2010년대 말~2020년대 초 출산율이 계속 하락하면서 이 같은 가설은 빗나갔다. 물론 후기 밀레니얼 세대가 추세를 뒤집을 수도 있겠지만 그럴 확률은 낮아 보인다. 2021년 퓨 리서치 센터의 여론조사에 따르면 자녀가 없는 18~49살 가운데 44%가 출산 계획이 없다고 답해 2018년의 37%보다 증가한 것으로 나타났다.

인구통계학자인 스톤은 과거 데이터를 사용해 밀레니얼 세대에서는 더 많은 여성이 자녀를 갖지 않을 것이라고 예측했다. 이들이 30대 후반~40대 초반이 되어도 이전 세대의 출산율을 '따라잡을 수는' 없을 거라는 얘기다. 그의 전망에 따르면 자녀를 갖지 않는 이는 1970년대 초반에 태어난 X세대에서는 7명 중 1명이었지만 1990년대 초반에 태어난 밀레니얼 세대에서는 4명 중 1명으로 늘어날 것이다. 브루킹스 연구소 역시 분석 결과 비슷한 결론에 도달해 1990년에 태어난 미국인은 1970~1980년대에 태어난 미국인보다 자녀 수가 적을 것이라고 내다봤다. 결국 밀레니얼 세대가 출산율을 다시 끌어올릴 확률은 지극히 낮아 보인다.

Z세대의 출산율

이제 남은 건 Z세대다. 2020년대에 20대를 장악한 Z세대의 태도

자녀 계획이 있다고 답한 18살 비율

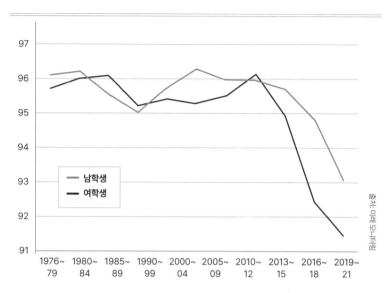

출처: 미래 모니터링

* '향후 자녀를 갖고 싶을 것 같은가?'의 질문에 '매우 그렇다'부터 '매우 그렇지 않다'까지의 선택지가 제시되었다. 그래프는 '매우 그렇다' 혹은 '어느 정도 그렇다'를 택한 이들의 비율을 나타낸다. '이미 자녀가 있다'는 응답은 제외되었다. 2013년 이후 12학년(18살) 대부분은 Z세대였다.

는 향후 10~20년의 출산율을 가장 정확하게 예측해주는 지표나 다름없다. 우리에겐 2021년까지 17~18년간 쌓아온 데이터가 있기 때문에 앞으로 어떤 상황이 펼쳐질지 알 수 있다.

자녀 계획이 있다고 답한 고등학생의 수는 지난 40년에 걸쳐 증가하거나 안정적 수준을 유지해왔다. 그런데 Z세대가 이 연령대를 지배하기 시작한 2010년대 초반부터 수치가 떨어지기 시작했다. 자녀 계획이 있는 청소년 비율은 특히 여학생 사이에서 가장 가파르게 떨어졌는데 출산에서 여성의 의도가 무엇보다 중요하게 작용한다는 점을 고려하면 결코 좋은 징조라 할 수 없다.

젊은 층이 출산에 부정적인 건 Z세대의 우울증 비율이 높아서일 수도 있다. 우울증은 정의 자체가 세상을 부정적으로 바라보는 것으로 낙관주의와는 양립할 수 없다. 하지만 출산은 낙관적 행위다. 아기를 돌볼 수 있는 자신의 능력이나 앞으로 아이가 살아갈 세상에 대해 최소한 낙관적으로 바라본다는 의미이기 때문이다. 밀레니얼 세대는 Z세대에 비하면 낙관적인 편이었음에도 출산율을 역대 최저치로 떨어트려 놓았다. 밀레니얼 세대도 출산을 하지 않았는데 Z세대라고 해서 이를 되돌려놓을 가망은 거의 없어 보인다. "20, 30, 40년 후에는 어떤 세상이 될지 도무지 모르겠어요." 엘 존슨(1998년생)이 최근 AP통신과의 인터뷰에서 말했다. 존슨은 피임을 위해 난관 결찰 수술을 받을 계획인데 의사들은 이 수술이 향후 더 흔해질 것이라고 입을 모은다.

설문조사에서는 청소년을 대상으로 향후 자녀를 갖고 싶을 것 같은지 질문했다. 때문에 경제나 관계, 혹은 세상에 대한 우려로 인해 답변하면서 심리가 위축됐을 수 있다. 다시 말해 이 결과가 'Z세대도 자녀를 갖고 싶지만 가령 경제적 능력이 안 되거나 배우자를 찾지 못해 갖지 못할 수 있을 것 같다'는 의미일 수도 있다. 만약 이 같은 장벽이 존재하지 않는 이상적 세상이라면 이전 세대 못지않게 Z세대도 자녀를 원할 것이다.

하지만 그렇지 않다. 이상적 여건에서라면 자녀를 갖고 싶다는 젊은 층의 비율은 지난 40년간 놀라울 만큼 안정적으로 유지됐지만 Z세대 들어 감소하기 시작했고 특히 여학생 사이에서 감소폭이 가장 컸다. 그래도 17~18살 청소년은 대다수가 여전히 1명 이상은 낳고 싶다고 답했고 베이비붐 세대에서 X세대, 그리고 밀레니얼 세대에 이르기까지 거의 변화가 없었다는 사실을 고려하면 이 같은 감소 추세는 놀랍기만 하다.

다른 방식으로 데이터에 접근해보자. 2010~2012년만 해도 자녀를 원하지 않는 젊은 여성은 26명 중 1명에 그쳤다. 그런데 2019~2021년에는 그 두 배인 12명 중 1명이 자녀를 원하지 않았다. 낙관적 성향이 꽃피는 10대 후반에도 자녀 없이 사는 게 최고라고 생각하는 이가 갈수록 늘고 있는 것이다.

이 같은 변화는 고등학생 사이에만 나타난 게 아니다. 자녀 계획이 없다는 성인 역시 2006~2010년과 2013~2017년 사이에 24% 증가했는데 단기간에 이뤄진 큰 변화가 아닐 수 없다. '로 대 웨이드 판결'을 뒤집고 낙태를 불법화한 법안이 일부 주에서 어떤 영향을 미칠지 두고 봐야겠지만 다른 모든 징후를 감안할 때 출산율은 계속 하락할 것으로 보인다.

그렇다면 출산율이 계속 하락하는 이유는 무엇일까? 세대 차이를 가져온 세 가지 주요 원인을 따져보면, 출산율은 앞으로도 계속 떨어지거나 아니면 낮은 상태에서 안정화될 것이다. 첫째, 기술의 발전으로 피임이 가능해지면서 자녀를 갖는 건 선택의 문제가 되었다. 둘째, 개인주의 강화로 가족과 전통이 해체되고 있는 만큼 자녀를 갖는 사람도 줄어들 수밖에 없다. 셋째, 슬로우라이프 전략은 사람들이 자녀를 더 늦게, 더 적게 갖는다는 걸 의미한다. 게다가 이 세 가지 현상은 미혼과 기혼 모두가 성생활을 예전만큼 즐기지 않는 요인으로 작용하기도 하며 성생활이 활발하지 않으면 출산율도 떨어질 수밖에 없다. 뿐만 아니라 기술이 사람들의 의지와 상관없이 출산율을 떨어트리는 역할도 했을 수 있다. 1970년대 이후 남성의 정자 수가 급격히 감소했기 때문인데 호르몬을 교란하는 화학 물질이 주위에 많아진 게 원인일 수 있다.

기술이 이 같은 영향의 위력을 조금이나마 상쇄해줄 거라고 믿고
싶기도 하다. 예를 들어 체외수정IVF, 난자 동결 같은 인공 생식 기술
덕분에 부부의 가임 연령이 연장될 수 있다. 그 결과 슬로우라이프 양
상과 개인주의의 영향으로 뒤늦게 가정을 꾸리기 시작한 부부라도 얼
마든지 아기를 갖도록 도울 수 있다. 이는 소수의 사람들에게는 도움
을 줄 수 있지만 출산율에는 별로 영향을 미치지 못할 것으로 보인다.
40살이 넘은 여성이 체외수정에 성공할 확률은 여전히 매우 낮은데
다 그 비용(최소 2만 달러 많게는 그 서너 배)도 건강보험이 적용되지 않는
경우가 많아 상당히 비싸다. 젊은 여성이 나중에 대비해 미리 난자를
냉동해 둔다면 이것이 오히려 더 유망한 해결책이 될 수 있다. 하지만
난자 냉동 역시 일찌감치 계획을 세워야 할 뿐 아니라 엄청난 비용이
들고, 성공 여부도 보장할 수 없다는 단점이 있다. 그리고 말할 필요
도 없겠지만 인공 생식 기술에 의존하는 것도 일단 자녀를 원해야 하
는 것인데 요새는 그런 사람 자체가 별로 많지 않다.

코로나19 팬데믹도 미국의 보육 체계가 얼마나 부실한지 여실히
보여줌으로써 사람들이 출산에서 더욱 멀어지게 만들었다. 오늘날과
같은 사회에서 출산한다는 게 얼마나 어려운 일인지 다시 한번 확인
시켜 주었다. 아이를 갖지 않는 이유에 대해 많은 이들은 경제적 문제
에 이따금 개인주의적 이유까지 더해 이야기한다. 대니 린 머피(1994
년생)는 28살에 "자녀는 고사하고 주택담보대출에 매여 사는 건 상상
할 수 없어요. 가장 큰 이유는 재정적인 거죠. 아이 하나 키우느니 그
돈으로 여행을 다니겠어요."라고 말했다. 2022년 실시한 여론조사에
서 청년층은 자녀를 원하지 않는 이유로 '개인적 독립'을 가장 많이

꼽았고 두 번째로는 개인의 재정 상황이라고 답했다(기후 변화는 7위).

또 다른 요인도 작용하고 있다. 오늘날 사람들은 자녀를 (사회적 의무가 아닌) 개인의 선택으로 여긴다. 그러다 보니 자녀가 없는 이들은 공공장소에서 어린이로 인해 불가피하게 생기는 혼란을 견디기 힘들어한다. "비행기에서 아기를 볼 때마다 혼자 속으로 '네가 왜 여기 있어?' 하면서 정색을 하죠." 최근 한 젊은 남성이 아기와 함께 비행기 여행을 하려던 작가 스테파니 머레이에게 말했다. "아기들은 너무 시끄러워요." 다른 친구가 말했다. 머레이는 '미국은 아이 키우기 힘든 곳'이라고 주장하는데 공공장소에서 아이들을 바라보는 시선도 커다란 부분을 차지한다. 만약 '자녀가 개인의 선택이고 따라서 개인적 문제'라면 아이들로 인해 타인이 얼마나 불편함을 느끼는지와 상관 없이 얼마든지 낳아 데리고 다닐 수 있을 거라고 그녀는 말한다. 하지만 이는 전혀 현실성 없는 이야기다. 영유아는 부모가 아무리 노련하더라도 시끄럽게 할 것이고 따라서 주변의 눈총을 받게 될 것이다. 그 결과, 앞으로 자녀를 더 낳을 수 있을지 모르겠다고 머레이는 적었다. "부모가 자신의 역할을 수행하려면 아이들이 야기하는 불편을 우리 모두가 인내할 수 있어야 하는데 우리 사회에서는 그런 사람을 어느 때보다 찾아보기 힘들다." 이 문제는 정부 보조금 따위로 해결할 수 없다고 그녀는 지적했다.

출산율 감소의 영향

출산율이 계속 떨어지거나 낮은 수준을 유지한다면 미국은 어떻게 될까? 그 결과는 이민 정책에 따라 다소 달라질 수 있다. 젊은 이민자 가족이 많아지면 출산율이 낮더라도 인구를 어느 정도 유지할 수 있다. 물론, 미국의 인구 구성은 연령보다는 문화와 민족의 측면에서 더 많은 변화가 일어날 것이다. 그런데 팬데믹 규제뿐 아니라 트럼프 행정부의 정책으로 인해 2010년대 중반 이후 이민이 상당히 둔화된 만큼 2020년대에는 이민이 빠르게 증가해야 감소분을 메울 수 있다.

저출산 국가의 미래는 1970년대 중반 이후 출산율이 인구 대체율에 미치지 못하고 있는 일본에서 엿볼 수 있다. 일본은 1980년대에 경제 호황을 누렸지만, 일본의 '잃어버린 10년'으로 알려진 1990년대에는 줄곧 인플레이션과 경제 부진에 시달렸다. 일본 경제는 정점을 찍었던 1980년대의 영광을 결코 되찾지 못했으며 인구의 고령화와 생산과 소비가 모두 저조한 걸 고려하면 앞으로도 낙관적이지 않을 것으로 전망된다.

심지어 더 큰 문제는 퇴직 프로그램이다. 일본은 은퇴한 고령층을 부양할 젊은 인력이 부족한 상황이다. 미국 역시 사회보장제도가 무너질 위기에 처해 있는 만큼 남 얘기가 아니다. 미국의 경우 2005년까지만 해도 은퇴자 1명을 3.3명의 근로자가 부양할 수 있었고 사회보장국에서는 기금 고갈 시점을 부양 근로자가 2.1명으로 줄어드는 2040년으로 예상했다. 그런데 갈수록 퇴직자가 많아지고 노동 연령 인구가 감소하면서 고갈 시점이 지금은 2033년으로 앞당겨졌다. 이는 오로지 근로자가 납부하는 돈으로 퇴직자를 부양해야 한다는 의미인데 현재 예상 수당의 약 76%에 그칠 것으로 보인다.

저출산의 영향이 재정 부문에만 나타나는 것은 아니다. 자녀가 줄면 형제자매도 줄어들 테고 그러면 사람들이 가족 하나 없이 노년기를 맞을 확률도 높아진다. 이는 결국 고독한 노년기로 이어질 수 있

다. 이번에도 일본을 참고 삼아 살펴보자면 일본에는 찾아오는 사람
도 거의 없이 혼자 사는 노인이 수두룩하다. 《뉴욕타임스》에서 91살
이토 부인의 사연을 소개한 적이 있다. 이토 부인은 1960년 가족과
함께 이사 온 아파트에서 지금은 혼자 살고 있다. 다른 가족은 모두
먼저 사망한 것이다. 기사의 제목은 직설적으로 '고독사에 직면한 일
본의 한 세대'였다. 이토 부인은 한 이웃에게 자기 집 창문을 봤을 때
낮인데도 블라인드가 내려와 있으면 사망한 것으로 알고 당국에 신고
해 달라고 부탁해 두었다.

자녀를 둔 사람이 줄면서 반려동물을 단순한 동물이 아닌, 가족
의 일원으로 대하는 이들이 늘고 있다. 2010년대 중반부터는 밀레니
얼 세대가 특히 반려동물을 자녀 대신으로 여긴다는 사실을 보여주
는 데이터가 갈수록 많아졌다. 한 조사에 따르면 자녀가 없는 밀레니
얼 세대 여성 10명 중 7명은 반려견이나 반려묘를 자식처럼 여긴다
고 답했다. 사람들은 얼마 전까지만 해도 자신을 반려동물의 주인으
로 칭했지 반려동물의 엄마, 아빠 혹은 부모라고 하지 않았는데 이제
는 그렇게 말하는 이들이 흔하다. 구글 도서 데이터베이스에 따르면
'반려동물 부모'라는 표현은 1995년까지는 미국 도서에 단 한 번도 등
장하지 않았고 2004년까지도 거의 나오지 않다가 2012~2019년 사
이 사용 빈도가 갑자기 3배로 증가했다. 1997년 미국 서적에 처음 등
장한 '퍼베이비furbaby'(대리자녀로 여기는 개나 고양이를 의미)라는 단어는
2012~2019년 사이 빈도가 4배로 뛰었다.

저출산으로 기업과 단체들의 전략 수정도 불가피해졌다. 아이들
이 줄고 있으니 학교 및 대학교의 등록률이 떨어질 테고 아동 제품에
대한 수요도 위축될 것이다. 25년 후엔 아파트 수요가 줄고 몇 년 더

지나면 주택 수요도 감소할 것이다. 재택근무자가 늘면서 사람들은 더 큰 집을 선호하게 되겠지만 트윈베드와 축구 트로피 대신 책상과 원형 조명을 갖춘 방이 더 많아질 것이다.

혁신은 청년이 주도하는 경우가 많다 보니 청년층이 줄면 경제 부문의 혁신과 벤처 기업 역시 줄어들 수 있다. 기업들은 젊은 근로자를 찾지 못해 안달할 것이다. 하지만 낮은 출산율이 잠재적으로 긍정적 결과를 끌어낼 수도 있다. 부모가 자녀를 적게 낳으면 각 자녀에게 더 많은 시간과 자금을 투자할 수 있기 때문이다. 또 인구가 줄면 환경오염도 줄고 자원 경쟁도 완화될 것이다. 물론, 자원을 생산할 젊은 인력이 충분하다는 전제하에 말이다.

그런데 이 같은 이점은 제쳐두고 일단 출산율을 높이고 싶다면 어떻게 해야 할까? 일부 전문가들은 자녀 세액 공제와 육아 보조금을 해결책으로 제시했다. 밀레니얼 세대가 경제적으로 풍요로운 삶을 누리고 있지만 이는 여성의 소득 증가로 인한 영향이 크다. 따라서 일반 부부가 자녀를 갖고 싶어도 육아 부담이 장애물이 될 수 있는 만큼 이를 덜어주면 출산율 증가로 이어질 수도 있다. 하지만 경제학자들의 심층 분석 결과 경제적 요소는 출산율 감소의 주요 원인이 아닌 것으로 밝혀져 비용에 초점을 맞춘 전략이 과연 실효성 있을지 의문이 제기되고 있다.

종전과는 다른 전략도 고려해볼 수 있다. 자녀를 갖는 건 낙관주의와 공동체 의식의 결과물이라고 해도 과언이 아니다. 하지만 기후변화, 정치 불안정, 소득 불균형 등 심각한 문제가 산적해 있는 개인주의 사회에서 이 두 가지 요소를 찾아보기란 하늘에 별 따기나 마찬가지다. 게다가 현대 사회의 문제들은 해결하기도 어렵다. 물론 자녀 출산 여부를 오늘날 세계가 직면한 상황에 따라 결정하는 것은 아니다. 결국 20세기의 사람들은 대공황과 2차 세계대전 중에도 아이를 낳았고 심지어 핵전쟁이 일촉즉발의 위기까지 치닫던 1950~1960년대는 출산율이 최고치를 기록했다.

출산은 우리가 세상을 어떻게 인지하는지 보여주는 지표일 때가 많다. 현대 사회가 개인의 즐거움을 최우선으로 하는 문화에서 가족과 공동체의 장기적 안위를 중시하는 문화로 바뀐다면 출산율은 높아질 수 있다. 또, 개입을 통해 온라인 세상에 넘쳐나는 부정적 콘텐츠를 줄이고 사람들 간의 대면 교류를 촉진하면서 정신건강을 돌볼 수 있도록 해준다면 궁극적으로 출산율을 높이는 결과를 가져올 수 있다. 우울증과 불만이 급증하면서 그와 동시에 출산율이 감소한 건 결코 우연이 아니다. 정신건강을 회복할 수 있다면 출산율도 회복할 수 있을 것이다.

정치의 미래

미국 내 유권자가 정치 성향별로 정확히 50 대 50으로 나뉨에 따라 선거 결과가 간발의 차로 결정되는 경우가 갈수록 늘고 있다. 따라서 유권자 역학을 이해하는 게 정치 캠페인, 정당 조직, 여론조사 기관, 언론, 참여 시민 등에 점점 더 중요해지고 있다. 그중에서도 세대 간 역학 관계는 퍼즐의 핵심이다. 미국의 민주주의를 걱정하는 미국인이 늘고 있는 가운데 이를 위해 해결할 과제의 상당 부분이 세대와 문화적 추세의 영향을 많이 받는다 하겠다.

정당 선호, 연령 혹은 세대?

정치학자들은 정치적 견해를 결정짓는 게 과연 나이(현재 몇 살인지)인지, 아니면 세대(언제 태어났는지)인지를 두고 오랫동안 논쟁을 벌여왔다. 일각에서는 사람들이 나이를 먹을수록 보수적으로 변해간다고 주장했다. 속담처럼 "25살에 진보가 아니라면 열정이 없는 것이고 35살에 보수가 아니라면 생각이 없는 것"이라고 여긴다. 다른 한편에서는 태어난 시기가 더 많은 영향을 미친다고 봤는데 세대별로 삶의 밀물과 썰물을 동일하게 경험하기 때문이다.

정치적 견해가 주로 나이에 따라 결정된다면 유권자 행동을 예측하기가 상당히 쉬울 수밖에 없다. 연령층이 올라갈수록 보수 성향이 꾸준히 강해질 테니 말이다. 물론 그런 경우도 있지만 앞서 살펴본 것처럼 세대 역시 중요한 역할을 한다. 나이와 상관없이 전반적으로 민주당 지지 성향이 강한 세대도 있고 공화당 지지 성향이 강한 세대도 있기 때문이다.

정치학자와 통계학자로 구성된 한 집단에서 최근 세대 간 정치 성향 차이에 대한 데이터를 분석했다. 그 결과 누구나 14~24살 시절 당시 대통령이 얼마나 인기 있느냐에 따라 평생의 정치 성향이 결정되는 경향이 강한 것으로 나타났다. 그리고 이 같은 형성기를 지나면 해당 세대의 정치 성향은 비교적 안정되는 모습이었다. 결국 특정 세대의 미래 정치 성향은 이들의 청소년기와 청년기 시절 대통령 지지도를 통해 어느 정도 신빙성 있는 예측이 가능하다. 그 당시 대통령의 지지율이 높으면 대통령이 속한 정당으로 기울고, 그 당시 대통령의 지지율이 낮은 경우 상대 정당으로 기울게 되는 것이다. 실제로 로널드 레이건이 높은 지지율 속 두 번의 임기를 지낸 1980년대에 공화당을 지지한다고 밝힌 X세대가 많았던 것도 이 때문이라 할 수 있다. 이후로도 X세대 사이에서는 공화당 지지율이 평균보다 높았다.

이 같은 사실을 고려했을 때 밀레니얼 세대와 Z세대의 향후 투표 패턴은 과연 어떤 식으로 나타날까? 트럼프 대통령의 지지율이 낮았던 걸 생각하면 2016~2020년 성인이 된 유권자(1990년대 초반~2000년대 초반 출생)는 민주당 지지 성향이 강할 것으로 예상할 수 있다. 그리고 실제로 그렇다는 걸 보여주는 초기 징후가 존재한다. 대학 신입생 사이에 자신을 극좌파 혹은 진보라고 밝힌 학생이 2018~2019년 사이 갑자기 10%도 넘게 증가한 것이다.

이로 인해 향후 10년간 정치적으로 세대 간 갈등이 일어날 수밖에 없는 환경이 조성되었다. 베이비붐 세대와 X세대는 보수 성향이 강하다면 2005년 이후 성인이 된 Z세대와 밀레니얼 세대는 민주당 지지 성향이 강하기 때문이다. 공화당 소속이던 조지 W. 부시의 지지율은 2005년 이후 낮았던 데 비해 민주당 소속 버락 오바마는 비교적 인기가 좋았으며 공화당 도널드 트럼프의 지지율은 역대 최저치를 기록했다. 1985년을 기준으로 이전 출생자와 이후 출생자 간의 정치 성향 차이는 연령이 아닌 세대 간 차이로 인해 2020년대 중반까지 심화될 것으로 보인다.

밀레니얼 세대와 Z세대는 X세대가 그랬던 것처럼 40살이 넘어서도 민주당을 더 많이 지지할 것이다. 여기에 더해 인구 구성 역시 인종적, 민족적으로 다양해지면서 청년 세대의 민주당 지지율은 더욱 높아질 테고 결국 민주당 지지 인구는 해가 갈수록 늘어날 것이다. 이 같은 분석은 무소속 유권자의 증가로 복잡해질 수 있다. 하지만 무소속도 대부분 좀 더 지지하는 정당은 있기 마련이다. 조 바이든 대통령의 경우 지지율이 낮아 후기 Z세대에서는 민주당 지지율이 떨어질 수 있다.

다른 요인 역시 생각해볼 수 있다. 밀레니얼 세대와 Z세대는 나이가 들더라도 이전 세대만큼 보수화되지는 않을 것으로 보인다. 최근 한 논문에 따르면 부모가 되거나 육아가 최대 관심사로 떠오르게 되면 안전, 안정과 가족의 가치를 강조하는 사회 보수주의로 나아갈 확률이 높다. 연령층이 높을수록 보수 성향이 강한 것도 부모의 지위 때문이라고 논문 저자는 결론지있다. 따라서 출산율은 물론, 출산 계획 역시 감소하는 데서 알 수 있듯 자녀를 낳는 사람이 줄면 특히 종교, 낙태, 성적 취향 등의 사회 문제와 관련해서도 보수파는 줄고 진보파가 늘어날 것이다. 부모가 적은 사회는 전통 사회에서 벗어나 변화를 추구할 확률이 더 높다.

하지만 이 경향이 민주당 의원의 강세로 이어질지는 투표율과 게리맨더링gerrymandering(특정 후보자나 특정 정당에 유리하도록 선거구를 획정하는 것) 등 다른 요인에 따라서도 얼마든지 달라진다. 지금까지 Z세대가 높은 투표율을 기록한 걸 보면 민주당이 대세로 떠오를 날이 머지않았다고도 볼 수 있다. 단, X세대가 지도자 지위에 오르고 투표 참여율이 높아지는 연령에 도달하면서 향후 10년 이내에 공화당이 다시 집권할 확률도 무시할 수 없다. 여기에 공화당이 선거인단과 상원에서 점유하고 있는 우위까지 고려하면, 인구의 상당수가 진보 성향의 민주당 지지자라고 해도 공화당과 보수층에서 더 많은 정치 지도자가 뽑힐 확률이 높아진다. 그 경우 정치 지도자와 대다수 인구 사이에 단절이 일어나 거리 시위나 집회와 같은 단체행동이 폭발적으로 늘어날 수 있다.

보수 기성세대와 진보 청년층이라는 구도만 놓고 보면 1960년대가 재현될 것이라고 섣불리 결론 내리기 쉽다. 하지만 Z세대의 세계관은 1960년대 베이비붐 세대의 자유주의와 다르다. 물론 겹치는 부분도 있다. 가령 타인을 돕는 걸 중시하는 베이비붐 세대의 경향은 X세대와 밀레니얼 세대에서 약해졌다가 Z세대 청년층에 이르러 부활했다. Z세대가 정치, 시위, 시스템 혁신에 열정을 쏟는 것도 베이비붐 세대와 공통점이다. 하지만 베이비붐 세대나 X세대의 관점에서 보면 Z세대는 보수적 성향도 강하다. 음주나 성생활을 그다지 즐기지 않고 부모님과 함께 사는 기간도 길다. 또 안정적 커리어를 선호하고 경제적 풍요를 중시하는 비율이 심지어 X세대보다도 높다.

Z세대는 자신의 신념을 위해 싸우는 한편 안전과 목표 추구에도 여전히 높은 가치를 부여한다. 이 같은 사실을 감안할 때 Z세대는 총기 규제, 기후 변화 같은 안전 문제와 학자금 대출 탕감이나 정부 주도의 건강보험 실시 등 경제 정책을 더욱 중요하게 다룰 것으로 보인다. 뿐만 아니라 인종평등, 트랜스젠더와 논바이너리의 권리를 위해서도 적극 움직일 것이다. 팬데믹과 2020년 시위를 계기로 미국은 청년층이 주도하는 정치 변혁을 목전에 두고 있는 것인지 모른다.

만약 이 같은 변혁이 좌파에서 시작된다면 주도 세력은 여성일 가능성이 상당히 높다. 본래 진보층의 미래는 여성이, 보수층의 미래는 남성이 쥐고 있기 마련이다. 또 여성은 남성에 비해 진보적이고 민주당을 지지할 확률이 언제나 더 높았지만 최근 들어 성별 격차가 훨씬 크게 벌어졌다.

Z세대가 나이 들면서 이 같은 추세가 이어진다면 갈수록 민주당의 의제는 여성이, 공화당의 의제는 남성이 장악하는 경향이 강해질

것이다. 성별로 소통 스타일, 입법에서 우선순위와 가치관이 다른 만큼 이 경우 양당 간에 더 큰 오해가 쌓이고 괴리가 더욱 커질 수 있다.

예전의 공화당이 아냐

대마초를 피우거나 게이가 되고 싶은가? 젊은 공화당 지지자들은 전혀 문제 삼지 않는다. 보수적인 공화당 지지자들은 얼마 전까지만 해도 마리화나 합법화와 동성결혼에 거세게 반대했다. 그런데 이제는 상당수기 생각을 바꼈다. 특히 청년 지지사 중 생사을 바꾼 이가 많은 걸 보면 앞으로 진보적 견해가 공화당을 지배하거나 아니면 이런 문제는 뒷전으로 밀려날 것임을 알 수 있다. 최근 몇 년간 Z세대 공화당 지지자의 대다수는 트랜스젠더의 군 복무, 마리화나 합법화, 유급 출산휴가 12주 의무화를 지지하고 게이와 레즈비언에 호의적 시각을 보여왔다. 2010년대까지만 해도 청년층을 포함한 공화당 지지자가 마리화나 합법화나 트랜스젠더의 군 복무를 찬성한다는 건 상상도 못할 일이었다. 그런데 이제는 다르다. 이들은 여러 사회 이슈에 놀라울 정도로 진보적 시각을 드러내고 있다.

젊은 공화당 지지자와 젊은 민주당 지지자를 가장 극적으로 갈라놓는 이슈는 인종이다. 흑인이 극심한 차별을 받고 있다고 답한 이는 젊은 민주당 지지자 가운데는 흑인보다 백인이 더 많았지만 젊은 공화당 지지자 가운데는 백인 10명 중 4명으로 절반을 밑돌았다. 반면, 오히려 백인이 극심한 차별에 시달린다고 답한 이는 젊은 백인 공화당 지지자 10명 중 3명으로, 10명 중 1명을 기록한 젊은 백인 민주당 지지자보다 3배 더 많았다.

이 같은 관점은 각 집단에서 즐겨찾는 미디어에도 반영돼 있다.

뉴스소스가 인종은 별로 중요하지 않고 중요해서도 안 되며 인종차별은 큰 문제가 아니라고 주장하는 우파, 그리고 인종차별은 매우 중요한 이슈이며 인종차별은 미국 사회 전반에서 체계적으로 일어난다고 주장하는 좌파로 나뉘는 것이다. '5장 밀레니얼 세대'에서 살펴본 것처럼 2015년 이후 인종에 대한 시각 차이는 지지 정당별로 더 크게 벌어지기 시작했다. 이 같은 분열은 앞으로도 이어져 인종문제에 관한 한 민주당은 계속 중시하고 공화당은 관심을 다른 데로 돌리려 하는 경향이 지속될 것이다.

젊은 공화당 지지자들은 가령 총기규제 법안에 대부분 반대하는 등 정부 개입을 놓고는 예상대로 보수적 태도를 견지한다. 하지만 대출 없는 공립대학, 환경 보호를 위한 친환경 기술 투자 등 다른 사안에 대해서는 큰 정부의 역할을 지지하기도 한다. 심지어 민주당이 주장하는 때로는 사회주의적 발상으로 간주되기도 하는 의료보험 개혁을 지지하는 이들도 예상과 달리 10명 중 4명에 이른다. 이는 Z세대가 정당을 특정 신념 때문에 지지한다기보다 개인의 정체성으로 받아들이는 경향이 크다는 사실을 나타낸다.

오늘날의 젊은 공화당 지지자들은 이전 세대에 비해 정부의 더 큰 역할을 기대한다. 밀레니얼 세대와 Z세대의 공화당 지지자 가운데 "더 많은 서비스를 제공하는 더 큰 정부를 선호한다"는 이는 10명 중 4명이 넘어 베이비붐이나 사일런트 세대의 공화당 지지자보다 훨씬 많았다. 한때 "가장 무서운 말은 '나는 정부에서 당신을 돕기 위해 나왔다 I'm from government, and I'm here to help'는 말"이라고 했던 로널드 레이건을 숭배하던 정당으로서는 놀라운 변화가 아닐 수 없다. 레이건 시대에 공화당 지지자들은 정부의 개입을 어떻게든 없애기 위해 고군분투했다. 하지만 오늘날 젊은 공화당 지지자 중에는 그와 같은 발상에 회의적 태도를 보이는 이들이 적지 않다.

민주당 지지자 중에는 큰 정부를 선호하는 이가 대다수이며 이는 세대별로도 거의 비슷하다. 이에 비해 무소속 유권자의 경우, 밀레니얼 세대와 Z세대가 기성세대보다 큰 정부를 선호하는 경향이 더 강하다. 이렇게 젊은 공화당 지지자와 젊은 무소속 유권자가 정부의 더 많은 서비스를 원하는 만큼 미래에는 정부의 역할이 더 커지고 세금은 인상될 수 있다.

투표에 참여하고 공직에 도전하는 밀레니얼 세대와 Z세대가 증가함에 따라 미래의 공화당은 과거와는 다른 모습을 띨 것이다. 물론 낙태와 총기 규제에 대해서는 반대 의견을 고수하겠지만 각종 사회 이슈에 좀 더 진보적 입장을 취하게 되면서, 환경, 대학 등록금, 의료보험 등 특정 분야에서는 큰 정부를 지지하는 민주당과 갈수록 의견을 같이할 것으로 전망된다.

미래는 양극화?

의회 내 정당들의 대립이 극으로 치닫는가 하면 정치에서 시민의식은 실종되고 비방이 난무하는 등 정치 양극화가 심화되고 있다. 이는 한때 정치인에 국한된 이야기였지만 이제는 일반 국민까지 분열된 양상을 보이고 있다. 데이터에 따르면 이 현상은 당분간 계속될 것으로 보인다. 정치 성향이 다른 이들은 심지어 가장 젊은 유권자까지 사회적으로뿐 아니라 지리적으로도 서로 분리돼 있다. 예를 들어, 시골 거주민과 도시 거주민의 정치 성향은 갈수록 차이가 커지는 중이다. 예전엔 거주지가 시골 혹은 소도시인지, 아니면 대도시인지가 정치 이념에 별다른 영향을 미치지 않았지만 2010년부터는 지역별 지지 정당 격차가 지속적으로 벌어졌다.

좀 더 최근에는 학력, 심지어 진로에 따른 정치 분열 현상까지 나타났다. 예전엔 대학 진학을 앞둔 고교 졸업반 학생과 곧바로 대학에 진학할 계획이 없는 학생의 정치 성향에 별 차이가 없었다. 하지만 18살이 밀레니얼 세대에서 Z세대로 교체된 2013년부터 이 경향이 바뀌기 시작해 2010년대 말에는 대학 진학 계획이 없는 이들 가운데 보수파가 훨씬 많아졌다. 그렇다고 대학생이 4년간의 캠퍼스 생활을 거치며 진보 성향으로 많이 바뀌어서 정치 분열이 심화됐다고는 볼 수 없다. 최근엔 고등학교 시절부터 학력에 따른 정치 분열이 시작되는 추세이기 때문이다.

보수라고 밝힌 18살 비율

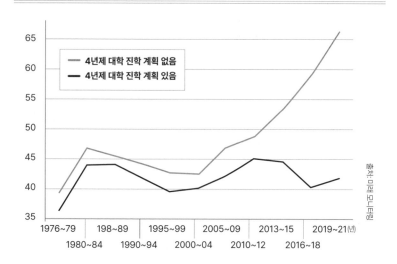

* 중도파 제외. 2013년 이후 12학년(18살)의 대부분은 Z세대였다.

동부 대도시에서 대졸자에 둘러싸여 사는 사람의 경우 그 지인들도 대부분 진보 민주당 지지자라고 볼 수 있다. 마찬가지로 중부 시골 지역에서 고졸자들과 어울려 사는 사람은 보수 공화당 지지자가 대부분이다. 많은 대기업들이 안고 있는 한계는 바로 여기에 있다. 기업 간부는 대부분 대학 학위를 갖고 있고 본사는 보통 대도시에 있으니 거의 모든 직원들의 정치 성향이 비슷하다. 이들이 이따금 이해하지 못하는 건 많은 고객의 정치 성향이 다를 수 있다는 사실이다.

정치 신념이 다른 사람들은 물리적으로 서로 멀어졌을 뿐 아니라 정보를 얻는 뉴스소스 역시 분리되고 있다. 예를 들어, 보수 공화당 지지자는 폭스 뉴스를, 진보 민주당 지지자들은 MSNBC를 주로 시청한다. 이 같은 현상은 소셜미디어가 뉴스와 정보를 제공하는 주요 매체로 자리 잡으면서 더욱 가속화되었다. 이제 정치 성향이 다른 이들은 저마다 의견이 다를 뿐 아니라 알고 있는 사실도 다르다. 실제로 2020년 대선 승자, 코로나19 팬데믹이나 백신 등에 관한 정보는 정치 신념에 따라 상당히 달라진다.

백신은 태도와 행동이 얼마나 빠르게 정치화될 수 있는지 가장 명확하게 보여주는 단적인 사례다. 백신 반대론자들은 한때 유기농 식품을 즐겨 먹는 진보적 히피족이었다. 그러던 중 공화당 지지자들이 팬데믹을 둘러싼 거대 음모론의 연장선에서 코로나19 백신도 의심하기 시작했다. 2021년 말에는 인종, 성별, 지역, 학력 혹은 기타 인구통계학적 변수보다 코로나19 백신 접종 여부를 더 정확하게 예측할 수 있는 지표가 바로 지지 정당이었다. 2021년 11월 백신을 접종하지 않은 성인 중에는 공화당 지지자가 민주당 지지자보다 3배 더 많았다.

그런데 거기서 끝이 아니었다. 2021년 말, 공화당 지지자는 독감 예방 주사를 맞은 비율도 훨씬 낮았다. 코로나19 백신에서 피어나기 시작한 의심이 다른 백신으로까지 확산된 것으로 보였다. 2020년 2월 까지만 해도 독감 예방 접종을 한 비율은 공화당 지지자와 민주당 지지자가 거의 비슷했지만 불과 21개월 만에 정치 성향에 따라 차이가 크게 벌어졌다.

코로나19 팬데믹이 시작될 때 일부 전문가들은 바이러스라는 공동의 적에 맞서기 위해 미국이 단결할 것으로 내다봤다. 하지만 현실은 정반대로 나타났다. 팬데믹으로 기존의 정치 양극화 현상이 오히려 가속화된 것이다. 이는 잠재적 보균자의 위협 앞에서 사람들의 이해관계가 충돌하는 팬데믹의 고유한 특성 탓에 초래된 결과이기도 하다. 예를 들어, '영업을 계속하고 싶은 음식점 vs. 환자가 넘쳐나는 것을 원하지 않는 병원' 혹은 '학교가 정상 운영되기를 바라는 학부모 vs. 감염되기 싫은 교사' 등이 있다. 미국이 팬데믹에서 회복함에 따라 민주당 지지자와 공화당 지지자의 분열을 부채질하는 새로운 이슈가 등장할 수도 있다. 적어도 기본 사실을 두고는 좌우가 모두 동의하던 시절로 과연 돌아갈 수 있을지 두고 볼 일이다.

정부 관료를 향한 불만이 광범위하게 퍼져 있는 것도 관건이다. 트럼프는 현직 대통령으로서는 역대 최저치의 지지율을 기록했다. 2022년에는 조 바이든 역시 못지않게 낮은 지지율을 기록해 소속 정당이 어디든 대통령 지지율이 낮은 새 시대가 열렸음을 시사하고 있다. 비단 대통령뿐 아니다. 정부 전반에 대한 불만 역시 고조되었다. 불만이 만족감보다 커진 건 2000년대 후반 금융위기가 시작되면서부터였지만 경제가 다시 살아난 이후에도 역전은 일어나지 않았다. X세대에서 시작된 정부에 대한 냉소주의와 신뢰 부족은 이제 성인 대부분의 태도에 침투했고 팬데믹은 이 같은 상황을 더욱 악화시켰다.

성인층의 불만이 큰 데다 미국 자체와 미국 역사에 대한 Z세대의 부정적 견해가 강해졌다. 따라서 2020년대에 미국은 더 심각한 정치 불안이 야기될 수 있는 위태로운 처지에 놓이게 되었다. 이 같은 추세를 고려할 때 미국 민주주의에 대한 두려움이 터무니없다고 할 수는 없을 것이다.

기술과 규제

2021년 10월 열린 상원 청문회에서는 초당적 지지라는 보기 드문 일이 벌어졌다. 상원의원 마샤 블랙번(공화당)과 리처드 블루멘탈(민주당)이 이끈 청문회에 페이스북의 데이터 엔지니어 출신인 프랜시스 하우겐(1984년생)이 증인으로 나섰다. 《월스트리트 저널》에 많은 문서를 유출한 하우겐은 페이스북이 기본적으로 안전보다 이윤을 추구했다고 증언했다. 2020년 대선 이후 잘못된 정보를 포함한 콘텐츠에 대해서도 규제를 완화했으며 그 결과 2021년 1월 6일 의회 점거 시도가 발생하는 데도 기여했다. 그녀에 따르면 페이스북의 수입원은 분노와 부정적 콘텐츠다. 사람들은 부정적 감정을 유발하는 사이트일수록 오래 머무르며 광고 수익을 늘려줄 뿐 아니라 판매 가능한 개인정보까지 노출해주기 때문이다. "사람들은 감정적 반응을 끌어내는 콘텐츠를 즐겨요. 그리고 분노에 더 많이 노출될수록 상호작용이나 소비도 더 많이 하죠." 하우겐이 증언했다.

소셜미디어는 정치 분열을 조장할 뿐 아니라, '6장 Z세대'에서 살펴본 것처럼 청소년 우울증 증가에도 영향을 미친다. 페이스북은 자체 조사를 통해 인스타그램이 10대 여학생들에 미치는 부정적 영향을 문서화했다. 가령 여학생의 3분의 1은 인스타그램으로 인해 자신의 신체에 부정적 인식이 생겼다고 답하는가 하면 Z세대의 우울증 비율이 높은 건 소셜미디어의 압박 때문이라고도 했다.

이 책 전반에서 살펴본 것처럼 디지털 기술은 양날의 검이다. X세대의 표현을 빌리자면 기술은 스마트폰 시대가 근사한 이유이자 끔찍한 이유다. 인터넷의 가장 좋은 점은 정보에 무한정 접근할 수 있다는 사실이요, 가장 나쁜 점 역시 정보에 무한정 접근할 수 있다는 사실이다.

온라인에서 순식간에 퍼져나가는 불공정을 향한 분노 서사로 인해 특히 청년 세대는 자신의 문제를 결코 혼자서는 극복할 수 없으며 미국 사회는 뼛속부터 불공정하다는 오해에 빠지고 있다. 이를 테면 증거도 없는데 청년 세대가 '임금 정체'에 시달린다고 믿거나('5장 밀레니얼 세대' 참조) 실제로는 여성 학위 취득자가 더 많음에도 대학 교육 기회에 성차별이 심각하다고 믿는 것이다('6장 Z세대' 참조).

2022년 《애틀랜틱》 기고문에서 사회심리학자 조너선 하이트는 소셜미디어상의 양극화와 분노 양상을 페이스북과 트위터에 '좋아요' '공유하기' 및 '리트윗' 버튼이 도입된 2010년대 초반까지 추적해보았다. 분노, 특히 특정 집단에 대한 분노를 선동하는 게시물이 가장 많이 공유되었다. 소셜미디어는 본래 사람들을 한데 모으는 게 목표였음에도 오히려 훨씬 적대적인 공간으로 돌변해 사람들을 갈라놓았다. 트위터 리트윗 버튼을 개발한 크리스 웨더렐은 그 후 트위터 군중이 사람들을 공격하는 것을 지켜보며 후회를 금치 못했다. "4살짜리에게 장전된 무기를 건네준 것인지도 몰라요." 그가 말했다.

이 같은 부정적 성향과 분노는 우울증, 캔슬 컬처, 정보 왜곡, 정치 양극화와 민주주의에 대한 위협 등 현 시대의 수많은 병폐를 야기하는 요인이 될 수 있다. 청년들은 소셜미디어에서 타인과 자신을 비교하며 우울감을 느끼고, 나쁜 뉴스가 끝도 없이 등장하는 '둠스크롤링doomscrolling'으로 절망에 빠지며, 소셜미디어에서 상대방을 거부하는 문화가 계속된다. 잘못된 정보, 적대적이고 분노에 찬 게시물은 초고속으로 확산돼 정치 양극화에 기여하고 거짓 진실이 널리 받아들여지는 사회를 만들어 2021년 1월 6일 실제로 일어난 것과 같은 폭력 사태를 낳기도 한다. 각 세대에서 나타난 수많은 트렌드가 기술에서 시작되었듯 오늘날 우리를 분열시키는 원인의 대부분은 소셜미디어에서 시작되었다고 할 수 있다. 물론 유일한 원인은 아니겠지만 결정적 기여를 하고 있는 게 사실이다.

오늘날까지 인터넷 전반 특히 소셜미디어는 규제에서 비교적 자유로웠다. 이른바 230조Section230라는 연방법에서는 사람들이 플랫폼에 게시한 내용의 책임을 콘텐츠 제공업체에 물을 수 없다고 규정하기 때문에 실제로 플랫폼을 규제하려고 해도 여의치 않다. 하지만 소셜미디어 기업을 플랫폼 설계 문제로 고소하거나 더 나은 사회를 위해 변화해달라고 설득할 수는 있다.

소셜미디어 규제를 통해 장점은 보존하고 단점을 개선하는 것은 2020년대의 가장 중요한 과제 중 하나가 될 것이다. 과제는 다음과 같다.

부정적 성향 차단

일부 소셜미디어 사이트에서는 다른 사람을 모욕하거나 괴롭히는 글을 게시할 때 재고해달라고 요청하는 메시지를 실험적으로 사용해왔다. 이렇게 하면 온라인의 부정적 성향을 조금은 줄일 수 있겠지만 게시물이 순식간에 확산되는 건 막기 힘들다. 이를 위해서는 알고리즘을 변경해 지금처럼 부정적 게시물이 눈에 잘 띄는 일은 없도록 해야 한다. 예를 들어, 사용자 피드 상단에 노출되지 않도록 하는 방법이 있다. 유튜브 같은 동영상 앱 역시 지금처럼 갈수록 자극적인 동영상을 노출하는 추천 기능을 변경해야 한다. 물론 소셜미디어든 동영상 앱이든 기업이 비즈니스 모델(더 많은 사용 = 더 많은 수익)을 해치는 이 같은 방안을 자발적으로 도입할 확률은 낮다.

부정적 콘텐츠에 대응하는 또 다른 방법은 소셜미디어 계정을 개설할 때 신원 인증을 요구하거나 팔로워(친구 수)가 일정 수를 넘겨 영향력이 커지면 신원을 인증하도록 하는 것이다. 신원을 확인하면 익명의 게시물을 제거할 수 있고 사람들의 행동에 책임을 물을 수 있는 만큼 공격성 역시 줄어들 것이다. 익명이라는 가림막 뒤에 숨어 실제 다른 사람 앞에서는 절대 하지 않을 말을 게시하는 이들이 너무 많다. 중간 수준의 해결책은 익명을 허용하되 신원 인증을 의무화해 폭력 위협 등의 공격적 행동에 책임을 물을 수 있도록 하는 것이다.

잘못된 정보 줄이기

온라인상의 잘못된 정보는 민주주의에 해를 입히지만 가짜 뉴스는 돈이 되는 만큼 제거하기가 쉽지 않다. 또 무엇이 진실인지는 시간이 지나면서 바뀔 수 있기 때문에 규제하기도 상당히 어렵다. 코로나19 팬데믹 기간의 마스크 착용 조언이 대표적인 예다. 정부는 처음에 마스크를 착용하지 않아도 된다고 했다가 다시 착용하라고 하고, 이

내 구할 수 있는 마스크는 무엇이든 착용하라고 했다가 천 마스크는 오미크론 변종을 막아내지 못하니 제외하라는 등 계속 말을 바꿨다. 소셜미디어 사이트에서 치명적인 거짓 정보와 음모론을 규제할 방법을 찾아낸다면 국가를 정상화하는 데 큰 도움이 될 것이다. 어떤 정보가 이 같은 범주에 해당하는지 판단하고 또 실제로 제거하는 일은 모두 엄청난 도전에 해당한다.

어린이 보호

1998년 제정된 '아동 온라인 개인정보 보호법COPPA'에 따라 소셜미디어는 13살 이상만 사용할 수 있다. 하지만 거의 지켜지지 않는 게 현실이다. 연령을 증명할 필요가 없어 어린이가 생년월일을 거짓으로 기재하거나 13살 이상이라는 확인란에 체크만 해도 사용이 가능하기 때문이다. 2021년 8~12살 어린이 10명 중 4명가량이 부모의 허락 없이 소셜미디어를 사용했다고 답했다. 소셜미디어 기업은 사용자가 많을수록 더 많은 수익을 창출할 수 있다. 또 소비자가 어릴 때부터 마음을 사로잡기 위해 마케팅 전략을 펼쳐왔기 때문에 법을 준수할 만한 동기가 거의 없다. 《월스트리트 저널》에 따르면, 페이스북 내부 보고서에서는 어린이들이 놀이 시간에 온라인에 접속하도록 유도하는 방법에 대한 고민이 담겨 있다. 이는 규제를 해야 할 분명한 명분이 될 수 있다. 소셜미디어 사용을 위해서는 나이를 증명하거나 최소한 부모의 허락이 필요하다고 규정해야 한다.

최소 연령이 너무 낮은 것일 수도 있다. 13살이라는 연령 제한은 특정한 심리학 혹은 발달 기준을 근거로 정해진 것이 아니다. 오히려 사람을 어색해하는 경향이 강해지고 다른 학생을 괴롭히기도 하는 중학생 시기는 소셜미디어를 시작하기에 적합하지 않다고 주장하는 이가 많다. 소셜미디어 사용과 우울증은 고학년보다 저학년 학생들 사이에서 더 큰 연관성을 보인다. 2012년 이후 자해와 자살 역시 10~14살 사이에 가장 크게 증가했다. 이 모든 사실을 감안할 때 소셜미디어 사용의 최소 연령을 아이들이 더 성숙하고 소셜미디어의 압박감을 더 잘 감당할 수 있는 16살, 혹은 18살까지 상향 조정하는 게 마땅하다. 소셜미디어 플랫폼은 어린이가 아닌 성인을 위해 설계된 것이다.

아이들이 소셜미디어를 더 안전하게 사용할 다른 방법을 찾아볼 수도 있다. 17살 이하 사용자는 일일 사용 시간을 제한하고 18세 미만의 경우 수면을 취해야 하는 밤 시간대에는 사용할 수 없도록 접속을 차단하는 것이다. 청소년도 한밤중에 간혹 휴대폰을 사용할 일이 있을 수 있지만 밤 11시~새벽 5시 사이에 소셜미디어 사용이 반드시 필요한 경우는 생각하기 어렵다.

소셜미디어에 더 많은 규제가 필요하다는 건 민주당과 공화당이 합의할 수 있는 몇 안 되는 문제 중 하나일 수 있다. 민주주의의 건강 그리고 우리 아이들의 건강이 여기에 달려 있다.

인종의 미래

미국은 수십 년에 한 번씩 인종을 둘러싼 논란에 직면해왔다. 1990년대에는 운전자 로드니 킹 폭행 사건에 연루된 경찰관들이 무죄 판결을 받아 민심이 요동친 데 이어 인종차별 혐의로 기소된 O. J.

심슨의 재판이 진행되었다. 2000년대에는 최초의 흑인 대통령이 선출돼 탈인종의 미래를 예측하는 주장이 나오기도 했다. 하지만 현실은 달랐다. 비무장 흑인 총격 사건을 계기로 오바마 대통령의 두 번째 임기에 '흑인의 생명은 소중하다' 운동이 시작되었고 인종문제에 관한 진보와 보수의 견해는 2014년 이후 급격하게 어긋나기 시작했다. 백인 민족주의가 다시 부상하면서 2017년 버지니아주 샬러츠빌에서는 햇불과 함께 남부 연합이나 나치 깃발을 든 이들의 행진 시위가 벌어지기도 했다. 2020년에는 조지 플로이드 사망 이후 시위가 미국 전역으로 번지며 또 한 번 큰 혼란이 벌어졌다. 다양성, 형평성과 포용성이 지난 수십 년간 볼 수 없었던 방식으로 교육과 비즈니스에서 가장 중요한 의제로 부상했다. 2020년대의 남은 기간 동안 인종관계가 이 같은 궤적을 기반으로 구축되면서 우리는 놀라운 방향으로 나아가게 될 수 있다.

청년층의 태도는 인종관계가 지난 수십 년간 어떤 부침을 겪어왔는지 잘 보여준다. 1970년대 베이비붐 세대의 고등학교 졸업반 학생 중에서는 타 인종과 좋은 기억을 갖고 있다고 답한 흑인이 백인보다 많았다. 인종차별이 심했던 1990년대에는 그 비율이 줄었지만 2000년대에 다시 증가세로 돌아섰다. 2010년대에는 흑인 학생의 부정적 경험이 많아진 반면, 백인 학생은 긍정적 경험을 더 많이 보고했다. 트럼프 대통령과 '흑인의 생명은 소중하다' 운동이 문화적으로 충돌한 몇 년 동안 인종 간 긍정적 상호작용은 흑인 사이엔 줄어들고 백인은 늘어난 것으로 보인다.

2015년 이후 인종문제를 둘러싼 분위기가 심상치 않게 흐르면서 공간 분리 요청이 나오기도 했다. 2017년 하버드 대학교는 흑인 학생의 졸업식을 별도로 진행했다. "우리는 우리의 정당성과 역량에 대해 끊임없이 제기돼 온 의문을 딛고 마침내 이 자리에 섰습니다." 졸업생이자 기조연설자인 듀웨인 핀더가 졸업식에서 말했다. 브랜든 테리 교수는 졸업식을 시대적 사건과 직접 연결했다. "여러분은 조지 짐머맨이 트레이본 마틴을 무자비하게 살해한 사건에서 무죄 판결을 받은 지 불과 몇 주 만에 대학 생활을 시작했습니다." 테리 교수가 2017년 졸업생들에게 말했다. "여러분은 마이클 브라운이 총에 맞아 사망한 뒤 뙤약볕에 방치돼 소포클레스의 치욕을 당하고 있을 때 그와 같은 10대였습니다. 여러분은 이를 비롯해 여러 비슷한 죽음이 지울 수 없는 상처로 각인된 세상을 살아가고 있으며 상당수는 이 같은 비극으로부터 정의 비슷한 것이라도 실현하기 위해 수십 년 만에 가장 큰 규모로 열린 시위에 용감하게 참여했습니다."

하버드 대학교의 사례가 예외적인 것이 아니었다. 한 설문조사에 따르면 2019년까지 인종별로 분리된 졸업식을 개최한 대학은 72%에 달했는데 이는 대개 같은 인종끼리 축하할 수 있는 공간을 희망한 학생들의 요청에 따른 것이었다. 또 46%의 대학이 학생 오리엔테이션 프로그램을 인종별로 제공했으며 43%는 사실상 인종별로 분리된 기숙사를 제공했다.

2020년 여름 뉴욕 대학교의 흑인 학생 두 명이 인종별로 분리된 기숙사에서 살고 싶다는 청원을 시작했다. 이는 단순히 흑인 문화에 초점을 맞춘 '테마' 기숙사가 아니라 1990년대 이후 인종별 기숙사 사용을 원하는 이들이 많아졌으니 그들을 모두 수용할 공간을 만들자는 것이었다. 청원서에는 '흑인 기숙사 조교와 흑인 학생들로만 구성된 건물'을 구체적으로 요구하는 내용이 적혀 있었다. 뉴욕 대학교는 거부했지만 이 같은 요청은 헤드라인을 장식했다.

여기서 나타나는 세대 간 차이는 크다. 인종과 인종을 분리시키는 행위가 분리와 불평등을 의미하는 시절을 살았던 사일런트 세대와 베이비붐 세대는 특히 더 큰 격세지감을 느낀다. 밀레니얼 세대와 특히 Z세대는 인종통합의 단점을 느끼고 오히려 다시 분리되고 싶어해 고령층에 충격을 안겼다. 물론, 이번엔 자발적 선택이지만 아무리 그래도 충격을 피할 길은 없다. "아이비리그 대학에서 인종분리 졸업식이 열린다는 소식을 처음 들었을 때 깜짝 놀랐다." 피터 우드(1953년생)가 적었다. "나는 인종분리나 화합이 단순한 법적 문제가 아니라고 믿고 자란 세대에 속한다. 그것은 도덕 원칙이었으며 지금도 마찬가지다. 정부의 강제에 의한 것이든 민간 기업의 정책에 의한 것이든 분리는 잘못되었다."

인종차별 때문에 공간 분리 요청이 나오는 경우도 많다. "우리는 다른 흑인 학생과 공유하며 나 자신을 최대한 자유롭게 표현할 수 있는 안전한 공간이 얼마나 소중한지 잘 알고 있습니다. 흑인 학생들은 학교와 기숙사에서 일상을 보내는 와중에도 무지한 다른 학생들에게 인종차별에 대해 교육해야 하는 부담을 떠안아야 할 때가 너무나 많습니다." 인종분리 기숙사를 요청한 두 뉴욕 대학교 학생이 청원서에 적었다. "뉴욕 대학교 흑인 사회가 이 같은 책임을 떠안아야 하는 건 상당히 진 빠지고 불공정한 일이라는 사실에 의심의 여지가 없습니다. 흑인 학생들이 일상을 보내는 공간에서 문화적 표준을 설명하고 자신의 존엄성을 옹호하는 경우를 강요받아서는 안 됩니다."

젊은 세대는 차별을 최소화하며 함께 어울려 사는 사회로 나아가는 길을 개척할 수 있다. 2020년대에는 2015년 무렵 시작돼 2020년

절정에 달한 인종차별이 밀레니얼 세대와 Z세대를 중심으로 해소될 것이다. 오늘날 기업과 교육기관의 상당수는 '다양성, 형평성, 포용성 DEI' 이니셔티브 전략에 전념하고 있다. DEI를 책임지는 정규팀을 별 도로 두고 있는 기관도 적지 않다. 교과서를 출판하는 주요 기업들은 이제 모든 신간의 DEI 검토를 의무화하고 있으며 직원 DEI 교육을 의무화한 기업도 많다.

흥미로운 일부 사회심리학 연구에 따르면 포용성을 키우는 가장 좋은 방법은 DEI 훈련에서처럼 사람들의 선입견을 지적하는 것이 아니라 포용이 표준이라고 말해주는 것이다. 소해드 모르가 이끄는 연구진은 "우리는 다양성을 포용하며 배경과 상관없이 모든 이를 환영합니다"라는 메시지에 대학생 93%가 동의했다는 내용이 담긴 포스터를 일부 대학 강의실에 게시했다. 포스터를 통해 대다수 사람이 포용적이라는 사실을 알린 것이다. 반면 다른 강의실에는 포스터를 부착하지 않았다. 그 결과 포스터를 본 학생들은 보지 못한 학생보다 그후 다양성에 긍정적 관점을 갖는 비율이 더 높아졌다. 뿐만 아니라 포스터가 게시된 교실에서 생활하는 흑인 학생이 더 좋은 대우를 받기도 했다. 반면 무라르는 동료들이 차별적 행동을 자주 한다고 사람들에게 알리면 포용적 분위기를 해칠 수 있다고 지적했다. 차별이 오히려 당연한 것처럼 보일 수 있기 때문이다. 다시 말해, 소수의 편향된 태도보다는 다수의 포용적 태도가 강조될 때 포용성이 향상된다.

종교의 미래

종교는 10대 청소년의 경험과 신념을 통해 미래 추세를 예측할 수 있는 또 다른 영역이다. 모든 징후에 따르면 미국인 사이에선 종교가 계속 쇠퇴하고 있다.

2017년에는 고등학교 학생 가운데 자신의 삶에서 종교가 중요하다고 답한 학생이 사상 최초로 절반 미만으로 줄었다. 2018년에는 일주일에 한 번 이상 종교 예배에 참석하는 학생이 역시 사상 최초로 4명 중 1명 밑으로 떨어졌다. 한때 흑인 청소년은 백인 청소년의 이 같은 추세를 거스르는 듯 보였지만 2010년대 후반 들어 정기적으로 종교 예배에 참석하는 흑인 청소년 역시 급감했다. 이 감소세는 이제 겨우 13살이나 14살인 8학년 학생 사이에도 비슷하게 나타나고 있다. 이에 따라 향후 수년간 종교적 신념을 갖는 이가 지속적으로 줄어들 것으로 보인다.

고등학생뿐만이 아니다. 청년층 역시 공적(예배에 참석함, 종교에 소속됨)으로든 사적(기도함, 성경이 하나님의 말씀이라고 믿음, 하나님을 믿음)으로든 신앙이 점차 약해지고 있다. 따라서 Z세대는 같은 연령대의 밀레니얼 세대에 비해 종교와 훨씬 단절됐다고 볼 수 있다. 청년층이 종교를 가진 적이 전혀 없는 것은 아니다. 오히려 한때는 거의 모두 종교를 가졌었다. 1970년대 베이비붐 세대의 경우 청년 10명 중 9명이 특정 종교를 갖고 적어도 일주일에 한 번씩은 종교 예배에 참석했다. 2010년대 후반에는 종교 단체에 다니다 안 다니다 하는 청년이 3명 중 2명꼴이었으며 2021년에는 심지어 이들의 비율조차 더욱 낮아졌다.

한때 일부 전문가들은 젊은 세대가 자녀를 낳으면 다시 종교로 돌아올 것이라고 주장했다. 하지만 밀레니얼 세대의 경우 가정을 꾸리기 시작한 이후에도 신앙을 갖는 이가 이전 세대보다 적어 이 주장은 슬그머니 사라져 버렸다. 밀레니얼 세대가 고령화에 따른 변화가 없는 편이라는 점을 고려할 때 신앙 감소는 영구적 추세일 수 있다. 청소년과 청년층 가운데 신앙 없이 성인의 삶을 시작하는 이가 늘고 있으며 앞으로도 계속 그럴 확률이 높다.

따라서 시간이 지날수록 미국 인구 중 종교인의 비율이 점차 줄어듦과 동시에 1980년을 기준으로 이전과 이후 세대의 격차가 눈에 띄게 벌어질 것이다. 이 같은 추세로 인해 X세대와 베이비붐 세대에게는 있었던 종교적 성향이 밀레니얼 세대, 특히 Z세대에게는 없다는 식의 오해가 생길 수 있다. 또 점점 더 많은 교회, 유대교 회당 및 사원이 문을 닫을 것이다. 재택근무자가 늘면서 업무단지의 용도가 바뀌듯 신자들이 떠나면서 교회 등의 예배 공간도 더 이상 성소의 역할을 못하게 될 수 있다. 종교의 쇠퇴는 공동체의 쇠퇴로 이어진다. 사람들이 모일 수 있는 장소가 한 군데 더 사라진다는 의미이기도 하다. 빈곤층 지원 등 다양한 지역 사회 서비스를 종교 단체에서 운영해온 만큼 앞으로는 종교가 빠진 공백을 다른 기관이 메워야 할 것이다.

인간에게는 본능적으로 자신보다 더 큰 무언가를 신봉하고 삶의 의미를 찾고자 하는 욕구가 있다. 이 역할을 종교가 더 이상 수행하지 못한다면 대신할 다른 무언가가 등장할 것이다. 미국에서는 평등과 자기 결정권이라는 개인주의 정신이 그 역할을 어느 정도 수행해왔다. 현대 시민의 대다수는 인간이 인종, 성별, 성적 지향, 트랜스젠더 지위와 무관하게 평등하다는 신념을 종교적 신앙만큼 확고하게 가지고 있다.

보통은 정치 신념에 기반한 단체가 종교 단체를 대신할 수 있다. 정치적 성향이 교육, 거주지, 시골과 도시에 따라 분화되면서 미국인은 비슷한 견해를 가진 이들끼리 어울리는 경향이 갈수록 강해지고 있다. 또 정치 견해를 도덕성의 기준으로 가져와 각 집단이 서로를 좋아하지 않거나 심지어 미워하는 일까지 벌어진다. 세상을 우리 대 그들, 신자 대 이단으로 분류하는 이가 늘고 있는 것이다. 하지만 전 세계 역사에 비춰볼 때 종교적 신앙 대신 정치 신념을 따르는 건 행복한 결말에 이르지 못한다.

경제의 미래

2030년에는 모든 베이비붐 세대가 65살 이상이 되고 2034년에는 어린이보다 노인이 더 많아질 것이다. 출산율이 낮아진다는 건 앞으로 수십 년간 인구 고령화가 진행된다는 것을 의미한다. 인구 분포와 행동 트렌드에 관한 데이터를 특히 세대별 렌즈로 들여다보면 향후 10년간 미국인이 소비할 제품의 미래를 정확히 내다볼 수 있다. 물론, 세대별 데이터가 모든 것을 예측할 수는 없지만 몇 가지 핵심 통찰을 제공할 수 있다.

부동산

2020년 3월 팬데믹이 닥쳤을 때 부동산 전문가들은 하나같이 주택 가격 하락을 예측했다. 하지만 정반대 현상이 펼쳐지면서 이후 2

년간 집값이 천정부지로 치솟았다. 그리고 2022년 금리가 급등함에 따라 하락세로 돌아섰다. 다음은 어떻게 될까? 인구 통계를 기반으로 수요와 공급을 분석함으로써 장기 전망을 해볼 수 있을 것이다.

공급 측면에서는 고령층의 주택 매매 시기를 고려할 수 있다. 하지만 이는 선택의 문제인 만큼 예측하기가 다소 어렵다. 고령층이 집을 팔거나 규모를 줄이는 시기는 정해져 있지 않으며 그 이유도 마찬가지다. 자녀가 대학에 진학해서, 혹은 은퇴 후 새로운 환경으로 옮기고 싶어서 집을 파는 이가 있는가 하면 70대 후반에서 80대 초반 사이 요양시설로 옮기기 전까지는 그대로 머무는 이들도 있다. 만약 이사하지 않고 계속 거주하는 베이비붐 세대가 더 많다면 당분간 기존 주택의 공급은 늘어나지 않을 것이다. 베이비붐이 정점을 찍은 건 1957년으로 그해에 태어난 베이비붐 세대는 2032년에야 75살이 된다.

수요 측면에서는 앞날을 예측하기가 좀 더 수월하다. 먼저 주택에 대한 욕구를 살펴볼 수 있다. 밀레니얼 세대와 Z세대 청년층이 과연 주택을 소유하고 싶어 할까? 2010년대에는 밀레니얼 세대가 교외에 위치한 집이나 승용차는 원하지 않는다는 의견이 압도적이었다. 어디든 걸어서 다닐 수 있는 도심의 생활 공간을 원한다는 것이다. 그런데 실제로 무슨 일이 벌어졌는가? 밀레니얼 세대가 주택을 매입했다. 생각해보면 그리 놀라운 일도 아니다. 18살 때 밀레니얼 세대는 직계가족이 살 집을 소유하고 싶다는 비율이 베이비붐 세대보다 높았는데 그 바람을 실천하고 있는 것뿐이었으니 말이다.

이 조사를 통해 밀레니얼 세대의 행동을 예측한 만큼 Z세대의 행동도 예측 가능하다고 할 수 있는데 Z세대 역시 주택을 소유하고 싶은 열망을 강하게 표명했다. 따라서 Z세대가 30대에 들어서는 2025

년부터 주택 시장이 강세를 보일 것으로 기대할 수 있다.

하지만 젊은 세대가 원하는 주택 유형에 약간의 변화가 있었다. Z세대는 넓은 마당을 그다지 중시하지 않아 미래에는 타운하우스, 그리고 마당 없이 주택과 도로 경계선이 맞닿은 형태의 주택이 개발될 것으로 보인다. 별장은 1980년대 최고조에 달했던 인기가 한풀 꺾이고 오히려 사치로 여겨지고 있다.

그렇다면 다음 질문을 해보자 청년들에게 집 살 돈이 있을까? 앞서 살펴본 것처럼 밀레니얼 세대는 경제 능력이 생각보다 훨씬 좋다. 심지어 일반인은 상상도 못할 수입을 올리기도 한다. 2020년대 초반 주택 가격이 급등한 이유 중 하나도 여기에 있다. 밀레니얼 세대는 소비할 돈이 있었고 그 돈으로 주택을 매입한 것이다. 밀레니얼 세대가 계속해서 경제적 여유가 넘쳐난다면 주택, 그것도 더 좋은 주택을 계속 구입하고 싶을 것이다. 2020년 팬데믹으로 Z세대의 경제 전망이 조금씩 지연되기는 했지만 이후 몇 년간 노동력 부족으로 많은 이들에게 기회가 생겼고 어떤 이들은 임금 상승을 경험했다(인플레이션이 상승분을 고스란히 잠식했지만 말이다).

장기적으로 봤을 때 향후 주택 트렌드를 결정할 핵심 요소는 인구 통계다. 아무리 어느 세대의 연령층 대부분이 주택 매입을 원한다 해도 그 수가 적으면 수요는 약해질 수밖에 없다. 하지만 인구가 많으면 수요도 강해져 가격이 상승할 수 있다. 사람들은 보통 30대에 주택을 구입한다. 부동산 앱 질로우에 따르면 2019년 미국에서 처음 내 집을 장만한 이들은 대부분 34살이었다.

이를 감안할 때 주택 수요는 적어도 2025년, 어쩌면 2030년까지도 강세를 유지할 것이다. 특히 베이비붐 세대와 X세대가 주택을 내놓지 않아 공급은 제한적인 데 반해 밀레니얼 세대와 Z세대의 수요가 계속 증가하면 주택 가격은 상승세를 유지할 것이다. 심지어 이전 세대가 주택을 팔기 시작해도 높은 수요는 계속 이어질 수 있다. 2008년부터 시작된 출산율 감소로 30대가 줄기 시작하는 시점은 2040년 무렵이다. 따라서 2040년대 초반부터는 주택 가격이 하락할 가능성도 적지 않다.

중대 변수가 또 한 가지 있다. 밀레니얼 세대의 출산율은 X세대와 베이비붐 세대의 출산율에 한참이나 못 미치는 수준이며 Z세대 역시 이 추세를 이어갈 태세다. 이는 교외의 좋은 학군에 위치한 대형 주택의 수요 감소를 의미한다. 반면 다른 유형의 주택(학군이 안 좋은 지역의 주택, 아파트, 타운하우스) 수요는 증가한다는 의미일 수 있다. 하지만 아무리 출산율이 떨어져도 방이 많은 대형 주택의 인기는 계속될 것으로 보인다. 자녀 없이 둘 다 재택근무를 하는 부부의 경우 침실 하나와 사무실 두 개, 이렇게 총 세 개의 방이 필요하기 때문이다. 여유 자금만 있다면 방 네 개짜리도 환영이다. 남는 방 하나는 게스트룸으로 사용하거나 나이 들어가시는 부모님께 내드려야 할 수 있다. X세대가 대부분 세 자녀 또는 네 자녀 가정인 것과 달리 밀레니얼 세대는 대부분 두 자녀 가정인 만큼 직접 노부모를 모셔야 할 확률도 높다.

침실은 하나 더 있어도 좋다. 부부라도 따로 자는 이들이 많아지고 있기 때문이다. 부부가 일상적으로 한 침대에서 자는 게 인류의 표준은 아니다. 수 세기에 걸쳐 유행처럼 왔다 갔다 했을 뿐이며 여유 있는 이들은 분리된 방을 원하는 경우가 많았다. 예를 들어, 영국 부유층 부부들은 역사적으로 각자 다른 방에서 잤고 함께 자는 것은 20세기까지도 유행에 뒤떨어진 선택이었다. 최근 미국의 한 설문조사에서는 결혼한 부부 4쌍 중 1쌍이 각자 다른 방에서 자는 것으로 나타났다. 매번 그런 건 아니라고 해도 빈방이 하나 있으면 누군가 아프거나 늦게까지 일해야 할 때도 좋다. 특히 밀레니얼 세대와 Z세대의 심리적 특성을 고려할 때 연령대가 높아질수록 부부가 따로 자는 집도 많아질 것이다. 개인주의 성향이 강할수록 따로 자길 원하고 불안과 우울증이 심할수록 불면증도 심해져 침대를 공유하기는 힘들기 때문이다. 따라서 출산율이 떨어져도 넓은 집은 물론 침실이 두 개인 집을 선호하는 현상은 계속될 것이다.

임대 아파트는 또 다른 이야기다. 30대 인구가 증가 추세인 것과 달리 미국에서 20대 인구는 2020년대에 40만 명가량 감소할 예정이다. 20대의 상당수는 임대 아파트에 거주하기 때문에 수요가 정체되거나 심지어 감소할 수도 있다. 지금껏 인구는 꾸준히 증가해왔지만 이제는 인구가 바닥으로 향하는데 대비한 대책을 세워야 한다. 대학교는 이미 그 여파를 겪고 있다. 지난 수십 년간 꾸준한 성장을 기록해왔지만 이제 신입생이 줄어 운영난에 허덕이고 있다. 다음은 아파트 차례다. 새 아파트 건설 호황은 머지않아 끝날 것이다. 2030년대에는 20대 인구가 심지어 더욱 감소해 건설 시장이 아예 붕괴될 수도 있다. 또한 20대가 선호해온 저가형 가구나 가정용품의 판매는 감소하는 반면, 30대의 주택 소유자가 선호하는 고급 제품은 매출이 오를 수 있다. 월마트는 내리막길을 걷고 코스트코가 부상하며 이케아는 하락하고 포터리반이 상승한다고 생각하면 된다.

소비자 습관

밀레니얼 세대와 Z세대는 소비를 가장 왕성하게 하는 연령대에

장바구니에 무엇을 담고 또 담지 않을까? 대규모 조사에 몇 가지 단서가 있다. 일단 의류와 관련해 Z세대는 밀레니얼 세대가 시작한 트렌드를 이어가고 있다. 옷이 멋지기만 하면 유행은 크게 신경 쓰지 않는 것이다. 개성 표현에 강한 Z세대는 자신만의 스타일을 만드는 걸 선호한다.

근무 형태가 달라지면서 옷 입는 경향에도 변화가 생겼다. 지난 수십 년간 출근 복장으로 캐주얼이 대세였다. 이후 팬데믹이 닥치면서 캐주얼 차림을 넘어 파자마를 입는 등 옷차림이 더 편해졌다. 심지어 줌 회의를 할 때에도 셔츠에 파자마 바지를 입기도 했다. 어차피

특정 소비가 중요하다고 여기는 18살 비율

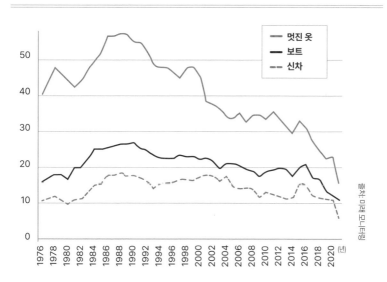

* 신차에 관한 질문은 '2~3년에 한 번씩' 신차로 바꾸는 게 중요한지 여부를 물어 낮은 응답률에 기여했다. 옷에 관한 질문은 '최신 유행 스타일의 옷'을 갖는 게 중요한지 물었고 보트는 '전기로 작동하는 여가용 보트(모터보트, 스노모바일 등)'를 의미했다. 2013년 이후 12학년(18살) 대부분은 Z세대였다.

다리는 보이지도 않는데 굳이 바지를 입을 필요가 어디 있겠는가?

출퇴근이 다시 시작되자 사람들은 옷을 차려입고 일하는 게 얼마나 불편했는지 깨달았다. 그리고 세대가 내려갈수록 자신의 개성과 개인주의를 중시하는 경향이 더욱 강해졌다. 옷을 고를 때에도 편안함과 개성을 가장 중요하게 여긴다. 따라서 편안한 차림으로 일하는 경향은 앞으로도 계속될 것이다.

브랜드는 새로운 세대의 기준에 이미 대응하기 시작했다. 차세대에 초점을 맞추는 오랜 마케팅 전략에 따라 기업들은 젠더 중립적이고 섹슈얼한 느낌이 덜하며 한층 민감하고 캐주얼한 스타일을 추구하기 시작했다. 2022년, M&M은 마스코트의 새로운 변신을 발표했다. 그린 부인, 브라운 부인으로 불리던 캐릭터가 성별을 빼고 단순히 그린과 브라운으로 불리게 된 것이다. 그린은 하이힐 대신 스니커즈 운동화를 신었고 브라운 역시 스틸레토 대신 굽이 낮은 펌프스로 갈아 신었다. M&M은 광고에서도 성적인 분위기를 배제하는 한편(예전엔 그린이 스트립쇼 하는 모습이 등장한 적도 있다) "보다 포용적이고 따뜻하며 통합적인 목소리로 업데이트될 것"을 약속했다.

자동차 같은 고가의 소비는 어떻게 될까? 2010년대 내내 전문가들은 밀레니얼 세대가 차량 공유와 대중교통에 의존할 것이며 따라서 자동차를 구매하지 않을 것이라고 내다봤다. 이 또한 현실로 나타나지 않았으며 밀레니얼 세대가 18살 때 했던 말만 봐도 그 이유를 알 수 있다. 자동차에 대한 이들의 관심이 심지어 1970년대 베이비붐 세대보다 높았던 것이다. 이들 데이터에 따르면 Z세대 역시 차량 구입을 원할 것으로 보인다. 특히 코로나19 팬데믹 이후 차량 공유와 대중교통에만 의존하는 건 불편을 초래한다는 사실이 드러났다. 하지만 Z

세대는 고가품을 탐내던 X세대와 밀레니얼 세대와는 다르다. 이들은 사치스럽게 느껴질 수 있는 뭔가를 원한다고 말하기에는 지나치게 실용적이고 또 지나치게 비관적이다.

출산율이 낮아짐에 따라 유아용품과 어린이 장난감 시장은 점점 줄어들 것이다. 일부 놀이 시설, 어린이 병원과 이들 시장에 서비스를 제공하는 주변 업체들은 문을 닫을 것이다. 2020년대가 흘러갈수록 어린이와 청소년 수가 꾸준히 감소해 청소년이 사용하는 제품과 서비스에 대한 수요가 감소할 것이다. 중학생과 고등학생이 줄어드는 데 이어 대학생도 줄 것이며 젊은 인력에 의존하는 산업은 2030년대엔 고용에 더 큰 어려움을 겪을 것이다.

이 와중에도 성장이 예상되는 한 가지 산업이 있다면 가족 구성원으로 간주되고 있는 반려동물 산업이 될 것이다. 반려동물의 생일파티를 열어주는 게 인기를 끌고 있으며 이를 위해 펫푸드로 만든 생일 '케이크'와 선물도 등장했다. 우울증이 증가하는 만큼 동물에게서 정서적 위안을 얻고자 하는 사람들이 늘어날 것이다. 반려동물을 위한 각종 용품과 호텔 역시 성장 산업으로 자리 잡을 것이다.

깨어난 자본주의

개인의 정치적 성향이 강해지면서 청년들은 각 브랜드 역시 정치적 입장을 취하길 기대한다. 2020년 설문조사에서 Z세대와 밀레니얼 세대의 54%는 기업의 정치적 입장이 상품 구매에 영향을 미친다고 답했다. 자신과 견해가 같은 기업에서 더 많이 구매한다는 이가 34%, 견해가 다른 기업에서는 적게 산다는 이가 20%였다.

어떤 기업이 자신과 견해가 같은지 어떻게 알 수 있을까? 기업들의 입장 표명을 통해서다. Z세대와 밀레니얼 세대의 경우 "미국 기업은 국가가 직면한 정치 혹은 사회 문제에 입장을 표명할 책임이 있다"는 명제에 동의할 확률이 확연히 높다. 젊은 세대는 지지 정당에 관계없이 이 같은 응답의 비율이 높았다. 이에 비해 기성세대에서는 민주당 지지자들의 응답 비율이 더 높아서 지지 정당에 따른 차이가 나타났다.

"연령대가 높은 분들은 '우리가 파는 건 토마토소스지 정치가 아니다'는 식이에요." 허브 건강보조제 기업을 설립한 밀레니얼 세대 게이브 케네디가 말했다. "그에 비해 '이건 정치적 토마토고 정치적 토마토소스'라는 게 젊은 층의 생각이죠."

기업들에겐 딜레마가 아닐 수 없다. 젊은 세대에게 어필하고 싶지만 정치적으로 특정 입장을 취해 잠재 시장의 절반을 소외시키는 것도 원하는 바는 아니기 때문이다. 일부 브랜드의 경우, 반대 성향의 고객이 완전히 등 돌리게 되더라도 한 가지 정치 성향과 확실히 연대하는 정책을 취하기도 한다.

나이키는 전 미식축구 선수 콜린 캐퍼닉을 2018년 광고에 출연시키면서 이 같은 노선을 취하기 시작했다. 캐퍼닉은 경찰의 흑인 피살에 항의하는 의미로 국가 연주 도중 무릎을 꿇어 화제가 된 선수다. 우파의 즉각적인 반발에도 불구하고 광고는 소기의 목적을 달성했다. 나이키 매출이 31%나 증가한 것이다. "브랜드를 좋아하는 고객이 충분히 존재한다면 얼마나 많은 이가 싫어하든 상관없습니다." 나이키 창립자 필 나이트가 말했다. "이런 태도를 갖고 있으면 사람들의 기분을 상하게 하는 것을 두려워할 필요가 없어요. 괜히 어정쩡하게 대처해선 안 됩니다. 분명한 입장을 취해야 하죠. 캐퍼닉의 광고가 성과를 거둔 것도 그래서고요." 이때 어려운 건 진정성을 바탕으로 움직여야 한다는 점이다. 특히 Z세대는 기업이 내놓은 정치 성명이 립서비스에 불과하다고 느낄 때 가장 가혹한 반응을 보인다.

정당 지지층이 주마다 다른 것은 물론이고 교육 수준과 도시 또는 농촌 거주지에 따라서도 분열 양상을 보이는 만큼 브랜드는 잠재 고객의 정치적 성향을 예측하고 어떤 집단을 대상으로 마케팅할지 결정할 수 있게 되었다. 앞으로 더 많은 브랜드가 정치적 입장을 과연 어디까지 취할지 결정하게 될 것이다. 그중 수위 조절을 잘 못한 기업은 실패할 테지만 자신이 선택한 집단에 걸맞은 강도의 정치색을 드러내는 기업은 성공할 것이다.

세대의 미래

2020년대는 오늘날을 살아가는 미국의 여섯 개 세대에 상당히 역동적인 10년이다. 팬데믹 기간 동안 격리 생활을 해온 사일런트 세대는 다시 한번 은퇴 후의 삶을 즐기고 있다. 수십 년간 미국 문화를 지배했던 베이비붐 세대는 일선에서 빠르게 물러나는 중이며 X세대는 이따금 떠밀리듯 지도자 지위로 올라가고 있다. 밀레니얼 세대는 인생의 전성기에 접어들면서 더 많은 책임을 떠안는가 하면 Z세대는 자신의 목소리를 찾고 자신의 영향력도 이해하고 있다. 알파 세대는 역경에서 비롯된 잠재적 강인함과 회복탄력성을 바탕으로 글로벌 팬데믹의 한복판에서 시작된 삶을 꿋꿋이 헤쳐나가고 있다.

수십 년간 수집된 마이닝 데이터를 통해 세대 간 차이를 그 어느 때보다 광범위하고 정확하게 파악할 수 있게 되었다. 이 데이터는 지난 여섯 세대에 걸쳐 태도, 성격, 행동, 교육, 삶의 속도가 모두 상당히 달라졌음을 분명히 보여준다. 2020년대 알파 세대의 유년기는 1940~1950년대 사일런트 세대의 유년기와 완전히 다르다. 강인하게 자란 X세대로서는 Z세대 청소년을 이해하기 힘들며 밀레니얼 세대의 청년들은 베이비붐 세대 청년과는 전혀 다른 경험을 쌓아왔다.

과거의 이론과 달리, 각 세대는 감수성이 예민한 나이에 경험한 주요 사건 때문에 지금의 모습을 갖추게 된 것이 아니다. 그보다 각 세대가 다른 데에는 기술이 직접적 영향을 미쳤다. 또 거기서 파생된 개인주의와 인생 주기가 느려지는 현상인 슬로우라이프를 통해 일상과 문화를 극적으로 바꿔왔기 때문이다. Z세대가 성별은 유동적이라고 여기는 건 9·11 테러 이후 태어나서가 아니다. 개인주의 경향이 강해지고 온라인 문화가 확산된 데 따른 자연스러운 결과일 뿐이다. 밀레니얼 세대가 결혼을 하지 않는 것도 대침체기에 어린 시절을 보내서가 아니다. 기술의 발달로 자녀 보호 경향이 강해지고 정보화 시대의 일자리에 적응하기 위해 교육을 더 오래 받으며 의학의 발전으로 수명이 연장되면서 성장도 늦어지고 결혼까지 늦어지는 것이다. Z세대가 우울한 건 경제 때문이 아니라 스마트폰과 소셜미디어가 끊임없는 경쟁 분위기를 조성하고 다른 사람과의 실제 교류가 단절되었기 때문이다.

갈수록 확산되는 개인주의는 모든 세대를 관통한다. 사일런트 세대는 개인주의적 사고에 기반해 인종분리정책 폐지를 위해 싸웠고 성별에 따른 차별에 위법 판결을 이끌어냈다. 베이비붐 세대는 개인주의를 활용해 베트남 전쟁 징병에 반대하고 여성이 할 수 있는 일과 없는 일에 대한 전통 관념에 도전했다. X세대는 개인주의를 자신만의 방식으로 변형해 자신감을 중시하고 매사에 의구심을 품었다. 밀레니얼 세대는 긍정적 자기관을 새로운 차원으로 끌어올렸으며 있는 그대로의 자신을 사랑하고 또 사랑하는 사람을 사랑할 수 있는 성소수자의 권리를 지지했다. Z세대는 누구나 자신의 성별을 선택할 수 있고 또 성별은 두 가지 이상일 수 있다는 개인주의적 주장을 펼친다. 모든 문화 시스템에 장단점이 있겠지만 개인주의는 미국인에 전례 없는 자유와 다양한 목소리, 그리고 자신이 원하는 사람이 될 수 있다는 믿음을 가져다주었다. 하지만 개인주의는 타인에 대한 불신을 조장하는가 하면 사회 구조를 분열시키기도 했다. 사회 전체보다 개인에 유리한 규칙이 부상하면서 자유와 혼돈, 해방과 단절이 동시에 일어났다.

슬로우라이프 양상은 세대가 바뀔수록 더욱 두드러져 모든 생애 주기의 전통 이정표를 늦추고 있다. 어린이는 더 안전해졌지만 예전만큼 독립적이지 못하다. 음주나 운전, 혹은 돈벌이를 하는 청소년이 줄었으며 청년들은 결혼과 자녀, 취업을 미루고 있다. 중년층은 생각과 행동이 모두 젊어졌으며 노년층 역시 일과 여행에 어느 때보다 적극 임하고 있다. 어릴 때 결혼했지만 출산은 늦게 한 베이비붐 세대에서 처음 시작된 슬로우라이프 양상은 대학 졸업생이 사상 최고치를 기록하고 이전 어느 세대보다 결혼과 출산이 늦어진 X세대에서 뿌리 내렸다. 이후 Z세대에서는 절정기에 이르러 운전, 일, 심지어 섹스까지 그 시작 시기가 늦어지고 있다.

인생 주기의 속도가 일관되게 늦어진 것은 아니다. X세대는 빠른 유년기와 청소년기를 보내고 느리게 성인이 됐는데 그 결과 가치관과 행동까지 달라졌다. 이들은 자녀에게 지속적인 감독이 필요하다고 믿고, 17살 자녀는 친구들과 거의 외출하지 않으며, 대학생 자녀의 문제까지 부모가 해결해준다. 30대가 넘도록 결혼을 하지 않고 중년에도 유치한 티셔츠를 입는가 하면 70대가 훌쩍 넘어서까지 정치 지도자 선거에 적극 참여한다. 이 추세를 좋거나 나쁘다는 식으로 평가할 수는 없다. 우리에게 더 많은 시간을 허락해준 복잡한 기술의 산물일 뿐이다.

개인주의와 마찬가지로 인생 주기가 늦어지고 있다는 것에도 장단점이 있다. 특히 청소년기에는 보호와 신체 안전이 강화되는 대신 모험심이나 독립성은 줄어든다. 결혼과 출산이 늦어진 청장년기의 경우, 초반엔 불확실성이 큰 반면 좀 더 성숙한 뒤 배우자를 맞이하고 부모가 될 수 있는 장점이 있다. 노년기에는 더욱 건강하게 오래 살 수 있게 되었지만 정치 지도자와 젊은이들 사이에 세대 차이가 커졌고 다음 세대가 지도자 지위에 올라서는 것도 지나치게 늦어지게 되었다. 기술이 계속해서 발전을 거듭함에 따라 슬로우라이프는 앞으로도 지속될 확률이 높다.

이번엔 기술의 직접적 영향을 살펴보자. 사일런트 세대와 베이비붐 세대의 경우, 한때는 자신도 타자기를 사용하고 회전식 전화기의 다이얼을 돌렸으며 빨래를 빨랫줄에 걸어 말렸다는 사실에 스스로 놀란다. 모든 뉴스를 종이로 접하고 백과사전을 뒤져야 했으며 차가 고장 나도 도움을 청할 전화기가 없어 주유소까지 몇 마일씩 걸어야 했던 일도 까마득하기만 하다.

신기술이 등장할 때마다 일상이 달라졌다. 베이비붐 세대와 X세대는 어린 시절 하루 몇 시간씩 TV를 봤다면 밀레니얼 세대는 문자 메시지와 소셜미디어의 초기 문화를 누렸다. 특히 Z세대는 기술로 인한 일상 변화를 가장 극적으로 경험한 세대다. 스마트폰과 소셜미디어로 젊은 층의 사회적 교류가 온라인으로 옮겨감에 따라 2012년 이후 우울증, 자해와 자살이 놀라울 만큼 급증했다. 또한 2015년 이후에는 정치 양극화와 소셜미디어가 어린 연령층에까지 영향을 미쳐 밀레니얼 세대의 정신건강이 사회문제로 대두되었다. 기술 덕분에 인간 수명이 길어지고 노동력이 절감되는 데다 출퇴근을 필요 없게 만드는 화상 회의도 가능해지면서 현대인은 엄청난 시간을 아낄 수 있게 되었다. 하지만 우리는 그 여분의 시간을 기술의 산물을 소비하는 데 흘려보내는 경우가 많다. 기술이 선물해준 소중한 시간을 재미있는 동영상을 보거나 다른 사람의 삶을 탐닉하는 데 사용하는 것인데 기분 전환은 될지 몰라도 결코 유익한 행위라고는 할 수 없다.

그야말로 순식간에 기술이 눈부시게 발전했다. 그 결과 베이비붐 세대가 부모인 GI 세대에게 저항했던 1960년대 이후 세대 차이는 급속도로 커졌다. 기성세대는 젊은 세대의 직업윤리와 기술에 대해 한탄하고, 정치 분열은 심화되고 있으며, 캔슬 컬처에 대해서도 상반된 시각을 보인다. 이에 비해 젊은 세대는 기성세대의 기술 지식 부족을 비판하고, "오케이, 부머" 같은 조롱적 표현을 사용하는 등 도처에서 세대 갈등이 나타나고 있다. 베이비붐 세대와 X세대는 인터넷, 소셜미디어와 함께 산다는 게 어떤 건지 참고할 자료가 없고 Z세대는 인터넷과 소셜미디어 없이 산다는 게 어떤 건지 알 수 있는 경험이 전혀 없다. 따라서 밀레니얼 세대는 인생 선배와 후배에게 두 가지 관점을 모두 설명해야 하는 상황에 놓여 있다.

개인주의가 갈수록 강화되면서 태도, 그중에서도 젠더를 둘러싼 태도가 극적으로 달라져 심지어 밀레니얼 세대도 따라잡기 어렵다고 느끼고 있다. 인생 주기가 느려지면서 기성 세대와 젊은 세대가 삶의 중요한 이정표를 서로 다른 시기에 경험하게 되었고 결국 비판과 오해의 소지도 더 많아졌다. 심지어 이 모든 게 부정적 내용이 부각되는 온라인 미디어 환경에서 펼쳐지고 있다. 사람들이 직접 만나 논의했다면 벌어지지 않았을 수도 있는 세대 간 갈등이 고조되고 있다.

기술은 세대와 문화의 차이를 유발하는 가장 큰 요인인 만큼 장단점도 극적으로 나뉜다. 기술은 우리에게 즉각적 소통, 타의 추종을 불허하는 편리함, 그리고 가장 소중한 선물인 덜 힘들면서도 더 오래 사는 삶을 선사했다. 하지만 한편으로는 우리를 고립시키고, 정치적 분열을 조장하며, 소득 불평등을 부추기고, 만연한 비관주의를 확산시켰다. 세대 간 차이를 확대하고, 모든 관심을 앗아갔으며, 청소년과 청년층의 정신건강 위기를 초래한 주범이기도 하다. 따라서 오늘날의 여섯 세대가 향후 수십 년에 걸쳐 해결해야 할 과제는 명확하다. 기술 때문에 분열되는 것이 아니라 하나로 뭉칠 방법을 찾아야 하는 것이다.

기술이 얼마나 광범위한 영향을 미치는지 생각하면 그 여파에 흔들리지 않은 세대는 없다는 사실도 알 수 있다. 어느 세대 책임인지를 두고 논쟁하는 대신, 모든 세대가 문화적 변화를 탐색하면서 서로에게 영향을 미치고 있다는 사실도 인정해야 한다. 이 책에서 시도했듯 세대 간 차이를 이해하면 세대 간 갈등도 줄일 수 있다. 다른 세대의 관점을 이해할수록 우리는 지금 이 순간 함께하고 있다는 사실을 더욱 쉽게 깨달을 수 있다.

참고문헌

Chapter1 세대를 어떻게 나눌 수 있는가?

1. *In 2018, a 26-year-old American:* Alastair Jamieson, Elisha Fieldstadt, and Associated Press, "American Killed by Isolated Tribe on India's North Sentinel Island, Police Say," *NBC News*, November 21, 2018; Kiona N. Smith, "Everything We Know about the Isolated Sentinelese People of North Sentinel Island," *Forbes*, November 30, 2018.

2. *consider themselves middle class:* Emmie Martin, "70% of Americans Consider Themselves Middle Class—but Only 50% Are," *CNBC*, June 30, 2017.

3. *The fast life strategy is more common when the risk of death is higher:* Nicole L. Bulled and Richard Sosis, "Examining the Relationship between Life Expectancy, Reproduction, and Educational Attainment: A Cross-Country Analysis," *Human Nature* 21 (October 2010): 269–89.

4. *At the beginning of the 20th century, 1 out of 10 children:* Gopal K. Singh, *Child Mortality in the United States, 1935–2007: Large Racial and Socioeconomic Disparities Have Persisted over Time*, Health Resources and Services Administration, Maternal and Child Health Bureau(Rockville, Maryland: U.S. Department of Health and Human Services, 2010).

5 *"When competition for resources is high in stable environments:* Bulled and Sosis, "Examining the Relationship," 269–89.

6. *A recent study using eight biomarkers of aging:* Morgan E. Levine and Eileen M. Crimmins, "Is 60 the New 50? Examining Changes in Biological Age over the Past Two Decades," *Demography* 55, no. 2 (April 1, 2018): 387–402.

7. *"A generation is something that happens to people":* Landon Y. Jones, *Great Expectations: America and the Baby Boom Generation* (New York: Coward, McCann and Geoghegan, 1980).

8. *"'OK Boomer' is more than just an imperious insult":* Jill Filipovic, *OK Boomer, Let's Talk: How My Generation Got Left Behind* (New York: One Signal Publishers, 2020).

9. *As historian Kyle Harper wrote in 2021:* Kyle Harper, "Delusional Reactions to Epidemics Are as Old as Time. COVID Has Been No Different," *Los Angeles Times*, September 26, 2021.

Chapter2 사일런트 세대(1925~1945 출생)

1. *"Tell the Court I love my wife":* Brynn Holland, "Mildred and Richard: The Love Story That Changed America," History.com, updated October 28, 2018.

2. *"She works rather casually.":* Life (1956), quoted in Sara M. Evans, *Born for Liberty: A History of Women in America* (New York: Free Press, 1989).

3. *Author Erica Jong (b. 1942) calls Silents:* Erica Jong, *Fear of Fifty: A Midlife Memoir* (New York: HarperCollins, 1994).

4. *"I have been arrested in New York":* Hugh Ryan, "How Dressing in Drag Was Labeled a Crime in the 20th Century," History.com, June 25, 2019.

5. *"It was a rebellion, it was an uprising":* "It Wasn't No Damn Riot!': Remembering Storme DeLarverie and Stonewall," AfterEllen.com, June 28, 2021.

6. *Just ask Michael McConnell and Jack Baker:* Erik Eckholm, "The Same-Sex Couple Who Got a Marriage License in 1971," *New York Times*, May 16, 2015.

7. *Even with these trailblazing members:* Jeffrey M. Jones, "LGBT Identification in U.S. Ticks Up to 7.1%," Gallup, February 17, 2022.

8. *One study found that gay and bisexual men born before 1960:* Christian Grov, H. Jonathon Rendina, and Jeffrey T. Parsons, "Birth Cohort Differences in Sexual Identity Development Milestones among HIV-Negative Gay and Bisexual Men in the United States," *Journal of Sex Research* 55, no. 8 (2018): 984–94.

9. *At age 21 in 1964, singer Barry Manilow:* "Barry Manilow," in *People Celebrates the 70s* (New York: People Weekly Books, 2000), 29.

10. *"I thought I would be disappointing them if they knew I was gay":* Caitlin Gallagher, "Barry Manilow Opens Up about His Longtime Romance with Husband Garry Kief," PopSugar, first published April 9, 2015.

11. *In her 1963 book* The Feminine Mystique, *Betty Friedan (b. 1921):* Betty Friedan, *The Feminine Mystique* (New York: W. W. Norton, 1963).

12. *"Suddenly, I thought, I might as well go back to Don":* Benita Eisler, *Private Lives: Men and Women of the Fifties* (New York: Franklin Watts, 1986).

13. *"Never before had hundreds of thousands of college-educated women":* Eisler, *Private Lives*.

14. *While 10 million young men:* "Induction Statistics," Selective Service System, sss.gov.

이 시대 주요 사건: 에이즈의 유행

1. *"People called who were bed-bound, crying and sad with no hope":* Peter Jennings and Todd Brewster, *The Century* (New York: Doubleday, 1998).

2. *When the quilt was laid out for the first time:* Jennings and Brewster, *The Century*.

3. *He eventually wrote* And the Band Played On: Randy Shilts, *And the Band Played On: Politics, People, and the AIDS Epidemic* (New York: St. Martin's Press, 1987).

4. *"H.I.V. is certainly character-building":* Jeffrey Schmalz, "At Home With: Randy Shilts; Writing against Time, Valiantly," *New York Times*, April 22, 1993.

Chapter3 베이비붐 세대(1946~1964년 출생)

1. *the country's birth rate had been declining for more than two hundred years:* Landon Y. Jones, *Great Expectations: America and the Baby Boom Generation* (New York: Coward, McCann, and Geoghegan, 1980).

2. *First-wave Boomer Jim Shulman went to four different elementary schools:* Jim Shulman, "Baby Boomer Memories: Reflections on Pittsfield Schools after World War II," *Berkshire Eagle* (Pittsfield, MA), January 16, 2019.

3. *"If you sold your soul in the '80s, here's your chance to buy it back":* Diane Seo, "VW's Ads Aim to Draw Beetle Buyers without Bugging Them," *Los Angeles Times*, March 13, 1998.

4. *When college students were asked in the spring of 1973:* James D. Orcutt and James M. Fendrich, "Students' Perceptions of the Decline of Protest: Evidence from the Early Seventies," in "Youth Protest in the 60s," special issue, *Sociological Focus* 13, no. 3 (August 1980): 203–13.

5. *"I am guided by a higher calling":* Richard Zoglin, "Oprah Winfrey: Lady with a Calling," *Time*, August 8, 1988.

6. *Inspired by a finding reported in Greenfield (2013):* Patricia M. Greenfield, "The Changing Psychology of Culture from 1800 through 2000," *Psychological Science* 24, no. 9 (September 2013): 1722–31.

7. *Original analyses up to 2014 published in Twenge et al. (2010) and Twenge et al. (2016):* Jean M.

Twenge, Emodish M. Abebe, and W. Keith Campbell, "Fitting In or Standing Out: Trends in American Parents'Choices for Children's Names, 1880–2007," *Social Psychological and Personality Science* 1, no. 1 (January 2010): 19–25; Jean M. Twenge, Lauren Dawson, and W. Keith Campbell, "Still Standing Out: Children's Names in the United States during the Great Recession and Correlations with Economic Indicators,"*Journal of Applied Social Psychology* 46, no. 11 (November 2016), 663–70.

8. *"In the early 1960s, the voices of the schoolmarm":* Susan J. Douglas, *Where the Girls Are: Growing Up Female with the Mass Media* (New York: Crown, 1995).

9. *In a nationwide survey, 85% of U.S. adults:* Daniel Yankelovich, *New Rules: Searching for Self-Fulfillment in a World Turned Upside Down* (New York: Random House, 1981).

10. *One woman referred to the place where she was sent as a "shame-filled prison":* Diane Bernard and Maria Bogen-Oskwarek, "The Maternity Homes Where 'Mind Control'Was Used on Teen Moms to Give Up Their Babies,"*Washington Post*, November 19, 2018.

11. *In a 1969 Gallup poll, only 1 out of 25 of American adults:* Jennifer Robison, "Decades of Drug Use: Data from the '60s and '70s,"Gallup, July 2, 2002.

12. *As writer Candi Strecker observed:* Candi Strecker, "The Friendly Fraternity of Freaks,"in *Dazed and Confused*, compiled by Richard Linklater and Denise Montgomery (New York: St. Martin's, 1993).

13. *In a 1978 Gallup poll, two-thirds of adults:* Robison, "Decades of Drug Use."

14. *Alcohol use disorder—issues with alcohol severe enough:* Benjamin H. Han, Alison A. Moore, Rosie Ferris, and Joseph J. Palamar, "Binge Drinking among Older Adults in the United States, 2015 to 2017,"*Journal of the American Geriatrics Society* 67, no. 10 (October 2019): 2139–44.

15. *United States Commission on Civil Rights (1975):* U.S. Commission on Civil Rights, *The Voting Rights Act: Ten Years After; A Report of the United States Commission on Civil Rights* (Washington: U.S. Government Printing Office, January 1975).

16. *"The only people who live in a post-black world":* Margery Eagan, "This Issue Is as Black and White as It Gets,"*Boston Herald*, July 23, 2009; Wayne Drash, "The 'Unfathomable'Arrest of a Black Scholar,"*CNN*, July 22, 2009.

17. *As Gates Jr. said, "My grandfather was colored":* Richard Eder, "The New Openness,"*Los Angeles Times*, May 8, 1994.

18. *Representative Emanuel Celler (b. 1888) of New York:* 88 Cong. Rec. 2577 (February 8, 1964).

19. *hecklers surrounded her yelling:* Sheena McKenzie, "Jockey Who Refused to Stay in the Kitchen,"*CNN*, October 2, 2012.

20. *Boomers Karen Wagner (b. 1952), the first female litigation partner:* Karen Wagner and Erica Baird, "What Surprises Boomer Women Professionals When They Retire,"*Next Avenue*, July 2, 2018.

21. *the first two female sanitation workers in the city were doing well:* Deirdre Carmody, "2 Female Sanitation Workers Earning High Marks,"*New York Times*, January 31, 1987.

22. *When Celio Diaz Jr., a married father of two from Miami:* Kate Johnson and Albert Garcia, "'Male Stewardess'Just Didn't Fly,"*Los Angeles Times*, September 27, 2007.

23. *"I keep hearing there's a new breed of men out there":* Anna Quindlen, "Life in the 30's,"*New York Times*, September 10, 1986.

24. *"Psychologists say corporate America is rife with women":* Claudia H. Deutsch, "Women's Success: A Darker Side,"*New York Times*, September 10, 1986.

25. *Patty Murray (b. 1950), then a Washington state legislator:* Michael S. Rosenwald, "No Women Served on the Senate Judiciary Committee in 1991 When Anita Hill Testified. That Has Changed,"*Washington Post*, September 18, 2018.

26. *In a 2018 poll, Millennials and Gen Z:* Anna North, "'You Just Accepted It': Why Older Women Kept

Silent about Sexual Harassment—and Younger Ones Are Speaking Out," *Vox*, March 20, 2018; Morning Consult, National Tracking Poll #180313, crosstabulation results, March 2–8, 2018.

27. *"It's empowering for my daughters and granddaughters"*: North, "'You Just Accepted It.'"

28. *In 2015, economists Anne Case and Angus Deaton:* Anne Case and Angus Deaton, "Rising Morbidity and Mortality in Midlife among White Non-Hispanic Americans in the 21st Century," *Proceedings of the National Academy of Sciences* 112, no. 49 (December 8, 2015): 15078–83.

29. *E. Saez, (2019):* Emmanuel Saez, "Striking It Richer: The Evolution of Top Incomes in the United States," University of California Berkeley, 2019.

30. *"Nobody wants to hire an old guy":* Bill Toland, "In Desperate 1983, There Was Nowhere for Pittsburgh's Economy to Go but Up," *Pittsburgh Post-Gazette*, December 23, 2012.

Chapter4 X세대(1965~1979년 출생)

1. *When asked in 1996 how older generations saw them:* Margot Hornblower, "Great Xpectations of So-Called Slackers," *Time*, June 9, 1997.

2. *Jawed Karim (b. 1979), then a 25-year-old PayPal employee:* Jim Hopkins, "Surprise! There's a Third YouTube Co-founder," *USA Today*, October 11, 2006.

3. *the first item that sold on the site was a broken laser pointer:* Marco della Cava, "eBay's 20th Made Possible by Canadian Retiree," *USA Today*, September 11, 2015.

4. *for Gen Xers "There is only one question":* Susan Gregory Thomas, "The Divorce Generation," *Wall Street Journal*, July 9, 2011.

5. *Boomers started having sex in college:* Brooke E. Wells and Jean M. Twenge, "Changes in Young People's Sexual Behavior and Attitudes, 1943–1999: A Cross-Temporal Meta-analysis," *Review of General Psychology* 9, no. 3 (September 2005): 249–61.

6. *Women's median age at reproductive milestones, 1960–2021:* Lawrence B. Finer and Jesse M. Philbin, "Trends in Ages at Key Reproductive Transitions in the United States, 1951–2010," *Women's Health Issues* 24, no. 3 (May–June 2014): 271–79.

7. *There was also a huge change in the number of people:* Wendy D. Manning and Bart Stykes, *Twenty-Five Years of Change in Cohabitation in the U.S., 1987–2013* (Bowling Green, OH: National Center for Family & Marriage Research, 2015).

8. *As a graduate student, I gathered the scores of 65,965 college students:* Jean M. Twenge and W. Keith Campbell, "Age and Birth Cohort Differences in Self-Esteem: A Cross-Temporal Meta-analysis," *Personality and Social Psychology Review* 5, no. 4 (November 2001): 321–44.

9. *In the early 1950s, only 12% of teens agreed:* Cassandra Rutledge Newsom, Robert P. Archer, Susan Trumbetta, and Irving I. Gottesman, "Changes in Adolescent Response Patterns on the MMPI/MMPI-A across Four Decades," *Journal of Personality Assessment* 81, no. 1 (2003): 74–84.

10. *While only 4 in 10 early Boomer students thought:* Jean M. Twenge, W. Keith Campbell, and Brittany Gentile, "Generational Increases in Agentic Self-Evaluations among American College Students, 1966–2009," *Self and Identity* 11, no. 4 (2012): 409–427.

11. *As a 1987* Washington Post *article described that year's high school graduates*: Lynda Richardson and Leah Y. Latimer, "Hopes of a Gilded Age," *Washington Post*, June 14, 1987.

12. *The* New York Times *opined that the show:* Neil Genzlinger, "Robin Leach, 76, 'Lifestyles of the Rich and Famous' Host, Dies," *New York Times*, August 24, 2018.

13. *When interviewed by the* Washington Post *at her high school:* Richardson and Latimer, "Hopes of a Gilded Age."

14. *newly minted high school graduate Sam Brothers:* Richardson and Latimer, "Hopes of a Gilded Age."

15. *In a 2013 paper, my co-author Tim Kasser and I:* Jean M. Twenge and Tim Kasser, "Generational Changes in Materialism and Work Centrality, 1976-2007: Associations with Temporal Changes in Societal Insecurity and Materialistic Role Modeling," *Personality and Social Psychology Bulletin* 39, no. 7 (July 2013): 883–97.

16. *"a generation of bristling minds":* P. Travers, "Slacker," *Rolling Stone*, July 11, 1991; Parkinson, Hannah Jane. Free show: Slacker. *The Guardian*. April 14, 2014.

17. *"My generation believes we can do almost anything":* Hornblower, "Great Xpectations."

18. *Others point to the greater availability of inexpensive guns:* Alfred Blumstein, "Youth, Guns, and Violent Crime," *Future of Children* 12, no. 2 (Summer–Autumn 2002): 38–53.

19. *"Under 24 years old? They think it's all bull":* Don Oldenburg, "Cynical? So, Who's Cynical?," *Washington Post*, June 23, 1989.

20. *The lack of trust increased at the same time that income inequality rose:* Jean M. Twenge, W. Keith Campbell, and Nathan T. Carter, "Declines in Trust in Others and Confidence in Institutions among American Adults and Late Adolescents, 1972–2012," *Psychological Science* 25, no. 10 (October 2014): 1914–23.

21. *He immediately grabbed his new shoebox-sized camcorder:* Azi Paybarah, "He Videotaped the Rodney King Beating. Now, He Is Auctioning the Camera," *New York Times*, July 29, 2020.

22. *The verdict laid bare a racial divide:* Janell Ross, "Two Decades Later, Black and White Americans Finally Agree on O. J. Simpson's Guilt," *Washington Post*, March 4, 2016.

23 *"perhaps we can put to rest the myth of racism":* "President-Elect Obama," editorial, *Wall Street Journal*, November 5, 2008.

24. *125 times more people (80,000) than effectively decided the 2016 election:* Philip Bump, "Donald Trump Will Be President Thanks to 80,000 People in Three States," *Washington Post*, December 1, 2016.

25. *The national debt, Cowan and Nelson said, is "our Vietnam":* David Corn, "The Gen X Political Meltdown," *Los Angeles Times*, September 3, 1995.

26. *Recycling programs in many cities:* Sheila Mulrooney Eldred, "When Did Americans Start Recycling?," History.com, April 14, 2020, https://www.history.com/news/recycling-history-america.

27. *"It was love at third sight":* Michael S. Rosenwald, "How Jim Obergefell Became the Face of the Supreme Court Gay Marriage Case," *Washington Post*, April 6, 2015; Abby Ann Ramsey, "Jim Obergefell, Plaintiff in Supreme Court Same-Sex Marriage Case, Shares Personal Story with Students," *Daily Beacon* (Knoxville, TN), October 7, 2021.

28. *"I was feeling bombarded by a lot of viewpoints":* Judith Shulevitz, "In College and Hiding from Scary Ideas," *New York Times*, March 21, 2015.

29. *"There's a new boss in town: . . . the social media mob":* Meghan Daum, "We're All Bound and Gagged by a New Boss—Social Media Mobs," *Los Angeles Times*, July 29, 2018.

30. *"these old kind of radical people":* Gary David Goldberg, "Family Ties Bind Us Together," *The Write Life 61* (blog), August 31, 2020.

31. *"We're going to introduce a constitutional amendment making the voting age 35":* Steven V. Roberts, "Younger Voters Tending to Give Reagan Support," *New York Times*, October 16, 1984.

Chapter5 밀레니얼 세대(1980년~1994년 출생)

1. *"Millennial attitudes already define . . . American society":* Charlotte Alter, *The Ones We've Been Waiting For: How a New Generation of Leaders Will Transform America* (New York: Penguin, 2020).

2. *"Boomer culture is having your ringer on full volume":* Matt Stopera, "30 Boomer Culture vs. 30 Millennial Culture Tweets That Perfectly and Painfully Show the Difference between the Two Generations," BuzzFeed,

November 6, 2021.

3. *Parents, Alter writes, "became obsessed with 'enrichment' activities for kids":* Alter, *Ones We've Been Waiting For.*

4. *A study looking at pronouns in the lyrics of the ten most popular songs in each year:* C. Nathan DeWall, Richard S. Pond Jr., W. Keith Campbell, and Jean M. Twenge, "Tuning in to Psychological Change: Linguistic Markers of Psychological Traits and Emotions over Time in Popular U.S. Song Lyrics," *Psychology of Aesthetics, Creativity, and the Arts* 5, no. 3 (August 2011): 200–207.

5. *Figure 5.4: Percent of U.S. students above average in self-esteem, 1988–2004:* Brittany Gentile, Jean M. Twenge, and W. Keith Campbell, "Birth Cohort Differences in Self-Esteem, 1988–2008: A Cross-Temporal Meta-analysis," *Review of General Psychology* 14, no. 3 (September 2010): 261–68.

6. *When polled in 2015, 52% of Millennial parents asserted they were doing a "very good" job:* Gretchen Livingston, "More Than a Million Millennials Are Becoming Moms Each Year," Pew Research Center, May 4, 2018.

7. *Six out of 10 teachers and 7 out of 10 counselors at the time agreed that self-esteem should be raised:* Cynthia G. Scott, Gerald C. Murray, Carol Mertens, and E. Richard Dustin, "Student Self-Esteem and the School System: Perceptions and Implications," *Journal of Educational Research* 89, no. 5 (1996): 286-293.

8. *In a 2008 survey, 2 out of 3 college students said they thought professors should increase their grade:* Ellen Greenberger, Jared Lessard, Chuansheng Chen, Susan P. Farruggia, "Self-Entitled College Students: Contributions of Personality, Parenting, and Motivational Factors," *Journal of Youth and Adolescence* 37, no. 10 (November 2008): 1193–204.

9. *fame was the most emphasized value out of 16 possibilities:* Yalda T. Uhls and Patricia Greenfield, "The Rise of Fame: An Historical Content Analysis," *Cyberpsychology: Journal of Psychosocial Research on Cyberspace,* 5, no. 1 (2011), article 1.

10. *Narcissistic Personality Inventory scores of U.S. college students, 1982–2016:* Jean M. Twenge, Sara H. Konrath, A. Bell Cooper, Joshua D. Foster, W. Keith Campbell, and Cooper McAllister, "Egos Deflating with the Great Recession: A Cross-Temporal Meta-analysis and Within-Campus Analysis of the Narcissistic Personality Inventory, 1982–2016," *Personality and Individual Differences* 179 (September 2021), article 110947.

11. *Narcissistic Personality Inventory scores of University of South Alabama and University of California, Davis college students:* Twenge et al., "Egos Deflating with the Great Recession."

12. *"When I was growing up, every afternoon after school":* Ana Hernandez Kent, "The Millennial Wealth Gap: Smaller Wallets Than Older Generations," *Open Vault* (blog), Federal Reserve Bank of St. Louis, February 5, 2020, https://www.stlouisfed.org/open-vault/2020/february/millennial-wealth-gap-smaller-wallets-older-generations.

13. *"I put a favorite quote of mine in [my] profile":* Guy Grimland, "Facebook Founder's Roommate Recounts Creation of Internet Giant," *Haaretz.com,* May 10, 2009.

14. *"After hearing hilarious stories":* Brian O'Connell, "History of Snapchat: Timeline and facts," *TheStreet,* February 28, 2020.

15. *a global survey found that Millennials:* "Here's Why Millennials Use Social Media," Marketing Charts, March 3, 2021.

16. *"There was no single objective but hundreds":* Alter, *Ones We've Been Waiting For.*

17. *She posted short videos on Instagram during her freshman Congress orientation:* Alter, *Ones We've Been Waiting For.*

18. *"I didn't really know what I was doing when I was applying for colleges":* Elizabeth A. Harris, "'I won't give up': How First-Generation Students See College," *New York Times,* May 30, 2017.

19. *playing catch-up in the game of life:* Janet Adamy and Paul Overberg, "'Playing Catch-Up in the Game of Life.' Millennials Approach Middle Age," *Wall Street Journal*, May 19, 2019.

20. *In a 2019 analysis, the Pew Center for Research:* Richard Fry, "Young Adult Households Are Earning More Than Most Older Americans Did at the Same Age," Pew Research Center, December 11, 2018.

21. *BuzzFeed ran a story on twenty-four "ways Millennials became homeowners":* Megan Liscomb, "'I got hit by a truck' and 24 More Ways Millennials Became Homeowners," Buzz-Feed, March 25, 2022.

22. *a Wall Street Journal analysis found that the income of Black Millennial college graduates:* Rachel Louise Ensign and Shane Shifflett, "College Was Supposed to Close the Wealth Gap for Black Americans. The Opposite Happened," *Wall Street Journal*, August 7, 2021.

23. *childcare costs more than a year of college at a state university:* Jane Caffrey, "Parents, Providers Join Campaign for Universal Child Care," *NBC Connecticut*, November 10, 2021; Jason DeParle, "When Child Care Costs Twice as Much as the Mortgage," *New York Times*, October 9, 2021.

24. *"The only bad part about it is the loans":* Ensign and Shifflett, "Wealth Gap for Black Americans."

25. *people who were told they had less than others:* Tobias Greitemeyer and Christina Sagioglou, "The Experience of Deprivation: Does Relative More Than Absolute Status Predict Hostility?," *British Journal of Social Psychology* 58, no. 3 (July 2019): 515–33.

26. *"social media rewards language that is not just hyperbolic but apocalyptic":* Meghan Daum, "Cancel Culture Makes Everything Look Worse Than It Is," *GEN*, Medium, January 8, 2020.

27. *"If you experience a moment's unpleasantness, first blame modern capitalism":* Derek Thompson, "Can Medieval Sleeping Habits Fix America's Insomnia?," *Atlantic*, January 27, 2022.

28. *In a 2018 Gallup poll surveying Millennials and Gen Z:* Frank Newport, "Democrats More Positive about Socialism Than Capitalism," Gallup, August 13, 2018.

29. *"Should I have a baby?" wonders Gina Tomaine (b. 1987):* Gina Tomaine, "Why I, like So Many in My Generation, Can't Make Up My Mind about Having Kids," *Philadelphia*, February 1, 2020.

30. *Millennial Bianca Soria-Avila, who works full-time:* Sabrina Tavernise, "Why Birthrates among Hispanic Americans Have Plummeted," *New York Times*, March 7, 2019.

31. *When younger adults who don't want children are asked why:* Anna Brown, "Growing Share of Childless Adults in U.S. Don't Expect to Ever Have Children," Pew Research Center, November 19, 2021; Clay Routledge and Will Johnson, "The Real Story behind America's Population Bomb: Adults Want Their Independence," *USA Today*, October 12, 2022.

32. *"We want to travel":* Tomaine, "Can't Make Up My Mind."

33. *Between 2010 and 2019, birth rates fell the most in U.S. counties with strong job growth:* Sabrina Tavernise, Claire Cain Miller, Quoctrung Bui, and Robert Gebeloff, "Why American Women Everywhere Are Delaying Motherhood," *New York Times*, June 16, 2021; Melissa S. Kearney, Phillip B. Levine, and Luke Pardue, "The Puzzle of Falling US Birth Rates since the Great Recession," *Journal of Economic Perspectives* 36, no. 1 (Winter 2022): 151–76.

34. *In the 2018 poll, 64% of young adults:* Claire Cain Miller, "Americans Are Having Fewer Babies. They Told Us Why," *New York Times*, July 5, 2018.

35. *Nine out of 10 18- to 36-year-olds:* Megan Leonhardt, "87% of Millennials and Gen Zers Say Child-Care Costs Affect Their Decision to Have Children," *CNBC*, July 23, 2020.

36. *However, the economists' paper found that states:* Kearney, Levine, and Pardue, "Falling US Birth Rates," 151–76.

37. *some economists refer to this as "the rug rat race":* Garey Ramey and Valerie Ramey, "The Rug Rat Race," (NBER Working Paper Series 15284, National Bureau of Economic Research, Cambridge, MA, August 2009).

38. *mothers spending more time each day caring for children:* Kate C. Prickett and Jennifer March Augustine, "Trends in Mothers'Parenting Time by Education and Work from 2003 to 2017,"*Demography* 58, no. 3 (June 1, 2021): 1065–91.

39. *In a 2022 poll, only 28% of adults:* AJ Skiera, "Personal Independence behind Declining Birth Rates,"Harris Poll, October 11, 2022.

40. *"Starting in middle school":* NPR staff, "More Young People Are Moving Away from Religion, but Why?,"*Morning Edition*, NPR, January 14, 2013.

41. *The next theory posited that Millennials would come back to religion:* Daniel Cox and Amelia Thomson-DeVeaux, "Millennials Are Leaving Religion and Not Coming Back,"FiveThirty Eight, December 12, 2019.

42. *"Twenty five years ago, people would have said:* Seema Mody, "Millennials Lead Shift Away from Organized Religion as Pandemic Tests Americans'Faith,"*CNBC*, December 29, 2021.

43. *"whatever you feel, it's personal":* Jeffrey Jensen Arnett, *Emerging Adulthood: The Winding Road from the Late Teens through the Twenties* (Oxford: Oxford University Press, 2006), 172.

44. *When the Pew Research Center asked religiously unaffiliated Americans:* "Why America's 'Nones'Don't Identify with a Religion,"Pew Research Center, August 8, 2018.

45. *In a 2012 survey of 18- to 24-year-olds:* Robert P. Jones, "Why Are Millennials Leaving the Church?,"*Huffington Post*, May 8, 2012.

46. *in a 2019 study, 6 out of 10 Millennials:* Cox and Thomson-DeVeaux, "Millennials Are Leaving."

47. *"My own upbringing was religious":* Cox and Thomson-DeVeaux, "Millennials Are Leaving."

48. *"We still want relationships and transcendence":* Christine Emba, "Why Millennials Are Skipping Church and Not Going Back,"*Washington Post*, October 27, 2019.

49. Politico *described Ossoff as the first "extremely online":* Derek Robertson, "An Annotated Guide to Jon Ossoff's Extremely Online Twitter Feed,"*Politico*, January 10, 2021.

50. *Ossoff was also the only one of the four candidates:* Kalhan Rosenblatt, "Gen Z Is Using TikTok to Encourage Youth Voter Turnout in Georgia's Runoffs,"*NBC News*, January 4, 2021.

51. *"My parents professed to love America":* Belinda Luscombe, "'It Makes Me Sick with Grief ': Trump's Presidency Divided Families. What Happens to Them Now?,"*Time*, January 21, 2021.

52. *In a 2021 Pew Center poll, 71% of Millennials:* Alec Tyson, Brian Kennedy, and Cary Funk, "Gen Z, Millennials Stand Out for Climate Change Activism, Social Media Engagement with Issue,"Pew Research Center, May 26, 2021.

53. *"The BLM ride was organized in the spirit of the early 1960s interstate Freedom Riders":* Isabella Mercado, "The Black Lives Matter Movement: An Origin Story,"Underground Railroad Education Center, Jordan Zarkarin, "How Patrisse Cullors, Alicia Garza, and Opal Tometi Created the Black Lives Matter Movement,"Biography.com, January 27, 2021.

54. *"I am not going to stand up to show pride in a flag for a country":* Steve Wyche, "Colin Kaepernick Explains Why He Sat during National Anthem,"NFL.com, August 27, 2016.

55. *labeled the time "The Great Awokening":* Matthew Yglesias, "The Great Awokening,"*Vox*, April 1, 2019.

56. *The number of American adults who agreed that racism was a "big problem":* Samantha Neal, "Views of Racism as a Major Problem Increase Sharply, Especially among Democrats,"Pew Research Center, August 29, 2017; Nate Cohn and Kevin Quealy, "How Public Opinion Has Moved on Black Lives Matter,"*New York Times*, June 10, 2020.

57. *In 2011, only 1 in 4 White Democrats agreed:* Robert Griffin, Mayesha Quasem, John Sides, and Michael Tesler, *Racing Apart: Partisan Shifts on Racial Attitudes over the Last Decade*(Washington, DC: Democracy Fund Voter Study Group, October 2021).

58. *In a 2021 Pew Research Center poll, 37% of young adults agreed:* "Deep Divisions in Americans'Views of Nation's Racial History—and How to Address It,"Pew Research Center, August 12, 2021.

59. *"The current civil unrest looks like a little United Nations":* Angel Jennings, "South L.A. Is Largely Untouched by Unrest. That Is by Design,"*Los Angeles Times*, June 3, 2020.

60. *"So what happens when millennials . . . start 'adulting'":* Anne Helen Petersen, *Can't Even: How Millennials Became the Burnout Generation* (New York: Dey Street Books, 2020).

61. *"if we get distracted by sideshows and carnival barkers":* Christi Parsons and Michael A. Memoli, "Obama: 'We Do Not Have Time for This Kind of Silliness,'"*Los Angeles Times*, April 27, 2011.

62. *By September 2020, 44% of Republicans and 41% of Democrats:* Larry Diamond, Lee Drutman, Tod Lindberg, Nathan P. Kalmoe, and Lilliana Mason, "Americans Increasingly Believe Violence Is Justified If the Other Side Wins,"*Politico*, October 1, 2020.

63. *Then Facebook introduced the "like"button:* Jonathan Haidt, "Why the Past 10 Years of American Life Have Been Uniquely Stupid,"*Atlantic*, April 11, 2022.

64. *"Misinformation, toxicity, and violent content:* Keach Hagey and Jeff Horwitz, "Facebook Tried to Make Its Platform a Healthier Place. It Got Angrier Instead,"*Wall Street Journal*, September 15, 2021.

65. *College student Rachel Huebner wrote in the* Harvard Crimson *in 2016:* Rachel Huebner, "A Culture of Sensitivity,"*Harvard Crimson*, March 23, 2016.

66. *In a 2019 poll, 22% of Millennials said they had no friends:* Brian Resnick,"22 Percent of Millennials Say They Have 'No Friends,'"*Vox*, August 1, 2019.

67. *List of activities considered socializing:* Mark A. Aguiar, Erik Hurst, and Loukas Karabarbounis, "Time Use during Recessions,"(NBER Working Paper Series 17259, National Bureau of Economic Research, Cambridge, MA, July 2011).

이 시대 주요 사건: 코로나19 팬데믹

1. *the CDC announced that the risk to the public:* Spencer Kimball and Nate Rattner, "Two Years since Covid Was First Confirmed in U.S., the Pandemic Is Worse Than Anyone Imagined,"*CNBC.com*, January 21, 2022.

Chapter6 Z세대(1995~2012년 출생)

1. *Gen Z'ers have a running riff on Twitter asking, "Why do Millennials . . .":* Matt Stopera, "33 of the Most Brutal 'Why Do Millennials'Tweets from 2021,"BuzzFeed, December 10, 2021.

2. *"Yeah I only use that emoji at work for professionalism":* Emma Goldberg, "The 37-Year-Olds Are Afraid of the 23-Year-Olds Who Work for Them,"*New York Times*, October 28, 2021.

3. *"Gen Z humor is gallows humor":* Rex Woodbury, "It's Gen Z's World, and We're Just Living in It,"*Digital Native*, Substack, December 8, 2021.

4. *A recent analysis of 70 million words:* Roberta Katz, Sarah Ogilvie, Jane Shaw, and Linda Woodhead, *Gen Z, Explained: The Art of Living in a Digital Age* (Chicago: University of Chicago Press, 2021).

5. *And if everyone states their pronouns:* Katz et al., *Gen Z, Explained.*

6. *Audrey Mason-Hyde (b. 2005):* Sophie Tedmanson, "How Non-binary Teenager Audrey Mason-Hyde Is Breaking Down Gender Identity Stereotypes, One Label at a Time,"*Vogue* Australia, January 1, 2019.

7. *In 2017, 1.8%:* Michelle M. Johns, Richard Lowry, Jack Andrzejewski, Lisa C. Barrios, Zewditu Demissie, Timothy McManus, Catherine N. Rasberry, Leah Robin, and J. Michael Underwood. "Transgender Identity and Experiences of Violence Victimization, Substance Use, Suicide Risk, and Sexual Risk Behaviors Among High School Students - 19 States and Large Urban School Districts, 2017."*Morbidity and Mortality Weekly Report, 68*, 67–71, January 25, 2019.

8. *A fall 2018 sample of more than 3,000 Pittsburgh public high school students:* Kacie M. Kidd, Gina M. Sequeira, Claudia Douglas, Taylor Paglisotti, David J. Inwards-Breland, Elizabeth Miller, and Robert W. S. Coulter, "Prevalence of Gender-Diverse Youth in an Urban School District,"*Pediatrics* 147, no. 6 (June 2021): e2020049823.

9. *In 2022, Sylvia Chesak (b. 2007) estimated:* Matt Villano, "Tweens and Teens Explore the Power of Pronouns,"*CNN*, February 19, 2022.

10. *Los Angeles mom Jennifer Chen:* Vanessa Etienne, "Los Angeles Mother Uses Family Holiday Card to Introduce Her Child as Nonbinary: 'So Proud,'"*People*, December 21, 2021.

11. *discussions of transgender identity in medicine and popular culture:* Tre'vell Anderson, "Visibility Matters: Transgender Characters on Film and Television through the Years,"*Los Angeles Times*, December 18, 2015.

12. *the number of youth seeking treatment at the Kaiser Permanente Northern California pediatric transgender clinic:* Ted Handler, J. Carlo Hojilla, Reshma Varghese, Whitney Wellenstein, Derek D. Satre, and Eve Zaritsky, "Trends in Referrals to a Pediatric Transgender Clinic,"*Pediatrics* 144, no. 5 (November 2019): e20191368; Natasja M. de Graaf, Guido Giovanardi, Claudia Zitz, and Polly Carmichael, "Sex Ratio in Children and Adolescents Referred to the Gender Identity Development Service in the UK (2009–2016),"*Archives of Sexual Behavior* 47 (July 2018): 1301–4.

13. *Perhaps, but a recent survey of 695 transgender people:* Jae A. Puckett, Samantha Tornello, Brian Mustanski, and Michael E. Newcomb, "Gender Variations, Generational Effects, and Mental Health of Transgender People in Relation to Timing and Status of Gender Identity Milestones,"*Psychology of Sexual Orientation and Gender Diversity* 9, no. 2, 165-178(June 2022).

14. *trans youths started communicating on online message boards in the late 1980s:* Avery Dame-Griff, "How the Bulletin Board Systems, Email Lists and Geocities Pages of the Early Internet Created a Place for Trans Youth to Find One Another and Explore Coming Out,"*Conversation*, May 25, 2021.

15. *"If you attend a small dinner party":* Bruce Haring, "'Real Time's'Bill Maher Claims Rise of LGBTQ May Be Sparked by Need to Be Trendy,"*Deadline*, May 20, 2022.

16. *Singer Demi Levato (b. 1992) announced a preference:* Scottie Andrew, "Demi Lovato Opens Up about Why She's Using 'She/Her'Pronouns Again,"*CNN*, August 2, 2022.

17. *"A lot of my anxiety ties back to the openness and honesty that people have on the internet":* Suzy Weiss, "Generation Swipe,"*Common Sense* (newsletter), September 11, 2022.

18. *Illinois law states that leaving any child under the age of* 14: "Leaving an 8th Grader 'Home Alone'Could Land Parents in Jail,"Illinois Policy (illinoispolicy.org), December 23, 2020.

19. *"Nobody will be happy for you or root for you":* Amatullah Shaw, "Couples Who Got Married Young Are Sharing Their Experiences, and It's Super Important,"BuzzFeed, July 5, 2021.

20. *Alexandra Solomon, who teaches a course called Marriage 101*: Kate Julian, "Why Are Young People Having So Little Sex?,"*Atlantic*, December 2018.

21. *"The parallels with the Silent generation are obvious":* Alex Williams, "Move Over Millennials, Here Comes Generation Z,"*New York Times*, September 18, 2015.

22. *Abbot had written an op-ed and recorded some videos:* Dorian Abbot, "MIT Abandons Its Mission. And Me,"*Common Sense* (newsletter), October 5, 2021.

23. *In 2021, a math professor at a small college in Philadelphia:* Todd Shepherd, "St. Joe's Drops Contract for Professor Involved in Free-Speech Controversy,"Broad and Liberty, July 26, 2021.

24. *"Liberals are leaving the First Amendment behind":* Michael Powell, "Once a Bastion of Free Speech, the A.C.L.U. Faces an Identity Crisis,"*New York Times*, June 6, 2021.

25. *Political scientist Dennis Chong:* Dennis Chong, Jack Citrin, and Morris Levy, "The Realignment of Political Tolerance in the United States,"SSRN preprint, posted October 27, 2021.

26. *In one poll, 40% of Millennials and Gen Z'ers:* Katz et al., *Gen Z, Explained*, 250.

27. *"A dogmatism descends sometimes":* Powell, "Bastion of Free Speech."

28. *In a student newspaper op-ed in 2015, Columbia University students:* Michael E. Miller, "Columbia Students Claim Greek Mythology Needs a Trigger Warning," *Washington Post*, May 14, 2015.

29. *In 2022, student senators at Drake University in Iowa:* FIRE, "Drake University Student Senate Discriminates against Conservative Club, Denies It Official Recognition due to 'Harmful' Views," FIRE. org, May 11, 2022.

30. *"the rationale for speech codes and speaker disinvitations was becoming medicalized":* Greg Lukianoff and Jonathan Haidt, *The Coddling of the American Mind: How Good Intentions and Bad Ideas Are Setting Up a Generation for Failure* (New York: Penguin, 2018), 6–7.

31. *one university warning on Robert Louis Stevenson's novel* Kidnapped: Chris Hastings, "Trigger Warning to Students: The Novel Kidnapped Includes Scenes of Abduction! Universities Issue Bizarre Alerts to Protect Snowflake Undergraduates," *Daily Mail*, November 27, 2021.

32. *"classrooms should always be a safe space for students":* Julia Merola, "Trigger Warnings Create a Safe Space for Students," *Temple News*, March 10, 2021.

33. *Seven years later, 17-year-old Darnella Frazier:* Bill Chappell, "'It Wasn't Right,' Young Woman Who Recorded Chauvin and Floyd on Video Tells Court," NPR, March 30, 2021.

34. *One poll found that 41% of protest participants were 18 to 29:* Amanda Barroso and Rachel Minkin, "Recent Protest Attendees Are More Racially and Ethnically Diverse, Younger Than Americans Overall," Pew Research Center, June 24, 2020.

35. *participated in protests in early June 2020:* Larry Buchanan, Quoctrung Bui, and Jugal K. Patel, "Black Lives Matter May Be the Largest Movement in U.S. History," *New York Times*, July 3, 2020.

36. *"huge waves of anxiety" about facing the press:* Matthew Futterman, "Naomi Osaka Quits the French Open after News Conference Dispute," *New York Times*, May 31, 2021.

37. *"I have to put my pride aside":* Gabriela Miranda, "Here's What Simone Biles Told Reporters after Withdrawing from Tokyo Olympics Team Final," *USA Today*, July 27, 2021.

38. *suicide attempts via self-poisoning:* Henry A. Spiller, John P. Ackerman, Natalie E. Spiller, and Marcel J. Casavant, "Sex- and Age-Specific Increases in Suicide Attempts by Self-Poisoning in the United States among Youth and Young Adults from 2000 to 2018," *Journal of Pediatrics* 210 (July 2019): 201–8.

39. *In addition, ER admissions for suicide attempts among teens:* Gregory Plemmons, Matthew Hall, Stephanie Doupnik, James Gay, Charlotte Brown, Whitney Browning, Robert Casey et al., "Hospitalization for Suicide Ideation or Attempt: 2008–2015," *Pediatrics* 141, no. 6 (June 2018): e20172426.

40. *"Social media isn't like rat poison":* Derek Thompson, "Why American Teens Are So Sad," *Atlantic*, April 11, 2022.

41. *Figure 6.40: Rates of depression among U.K. teens:* Lukasz Cybulski, Darren M. Ashcroft, Matthew J. Carr, Shruti Garg, Carolyn A. Chew-Graham, Nav Kapur, and Roger T. Webb, "Temporal Trends in Annual Incidence Rates for Psychiatric Disorders and Self-Harm among Children and Adolescents in the UK, 2003–2018," *BMC Psychiatry* 21 (2021): article 229.

42. *Figure 6.42: Percent of Norwegian 13- to 19-year-olds with poor mental health:* S. Krokstad et al., "Divergent Decennial Trends in Mental Health according to age reveal poorer mental health for young people: Repeated cross-sectional population-based surveys from the HUNT Study, Norway," *BMJ Open* 12, no.5 (2022): e057654.

43. *Figure 6.43: Percent of Swedish and Dutch 13- and 15-year-olds:* M. Boer et al., "Adolescent Mental Health in the Health Behaviors of School-Aged Children Study" (unpublished manuscript, last modified November 7, 2022).

44. *tracked closely with the rise in teens'smartphone access:* Jean M. Twenge, Jonathan Haidt, Andrew B. Blake, Cooper McAllister, Hannah Lemon, and Astrid Le Roy, "Worldwide Increases in Adolescent Loneliness," *Journal of Adolescence 93*, no. 1 (December 2021): 257–69.

45. *one group of college students was asked to cut back their social media use:* Melissa G. Hunt, Rachel Marx, Courtney Lipson, and Jordyn Young, "No More FOMO: Limiting Social Media Decreases Loneliness and Depression," *Journal of Social and Clinical Psychology* 37, no. 10 (December 2018).

46. *Figure 6.48: Percent of U.K. teens with clinically significant depression by hours a day of social media use, by gender:* Yvonne Kelly, Afshin Zilanawala, Cara Booker, and Amanda Sacker, "Social Media Use and Adolescent Mental Health: Findings from the UK Millennium Cohort Study," *EClinical Medicine* 6 (December 2018): 59–68.

47. *"Gen Z are an incredibly isolated group of people":* Jonathan Haidt and Jean M. Twenge, "This Is Our Chance to Pull Teenagers Out of the Smartphone Trap," *New York Times*, July 31, 2021.

48. *Two studies of U.K. teens:* Jean M. Twenge and Eric Farley, "Not All Screen Time Is Created Equal: Associations with Mental Health Vary by Activity and Gender," *Social Psychiatry and Psychiatric Epidemiology* 56 (February 2021): 207–17; Cooper McAllister, Garrett C. Hisler, Andrew B. Blake, Jean M. Twenge, Eric Farley, and Jessica L. Hamilton, "Associations between Adolescent Depression and Self-Harm Behaviors and Screen Media Use in a Nationally Representative Time-Diary Study," *Research on Child and Adolescent Psychopathology* 49 (December 2021): 1623–34.

49. *Lembke joined Instagram when she was 12:* Julie Halpert, "A New Student Movement Wants You to Log Off," *New York Times*, June 14, 2022.

50. *a significant decline in the number of teens and adults eating unhealthy food:* Junxiu Liu, Renata Micha, Yan Li, and Dariush Mozaffarian, "Trends in Food Sources and Diet Quality among US Children and Adults, 2003-2018," *JAMA Network Open* 4, no. 4 (April 2021): e215262.

51. *The increases in body-mass index (BMI) among kids and teens accelerated:* Susan J. Woolford, Margo Sidell, Xia Li, Veronica Else, Deborah R. Young, Ken Resnicow, and Corinna Koebnick, "Changes in Body Mass Index among Children and Adolescents during the COVID-19 Pandemic," *JAMA* 326, no. 14 (October 2021): 1434–36.

52. *"Gen Z is distinctly nihilistic":* Ryan Schocket, "Gen Z'ers Are Sharing What They Dislike about Their Generation, and They Didn't Hold Back," BuzzFeed, August 24, 2022.

53. *When Hunter Kaimi made a TikTok video:* Emerald Pellot, "TikToker Explains What He Thinks Older Generations Miss When They Criticize Young People for 'Quiet Quitting': 'Incredibly discouraging,'" Yahoo!, August 31, 2022.

54. *young Millennials in the mid-2010s:* John Della Volpe, *Fight: How Gen Z Is Challenging Their Fear and Passion to Save America* (New York: St. Martin's, 2022).

55. *their definition of capitalism:* Della Volpe, *Fight*.

56. *internal locus of control was a better predictor of academic achievement:* James S. Coleman, Ernest Q. Campbell, Carol J. Hobson, James McPartland, Alexander M. Mood, Frederic D. Weinfeld, and Robert L. York, *Equality of Educational Opportunity*, report from the Office of Education, US Department of Health, Education, and Welfare, National Center for Educational Statistics (Washington, DC: US Government Printing Office, 1966).

57. *sociologists Bradley Campbell and Jason Manning write:* Bradley Keith Campbell and Jason Manning, *The Rise of Victimhood Culture: Microaggressions, Safe Spaces, and the New Culture Wars* (New York: Palgrave Macmillan, 2018).

58. *"The pleasures of aggression were henceforth added to the comforts of feeling aggrieved":* Roger Kimball, "The Rise of the College Crybullies," *Wall Street Journal*, November 13, 2015.

59. *Brad Ledford and Madison Cawthorn were driving home:* Sean Neumann, "Madison Cawthorn Wasn't Left 'to Die'in Fiery Crash, Says Friend Who Was Driving,"*People*, March 3, 2021.

60. *counties with large college student populations favored Biden:* Sabrina Siddiqui and Madeleine Ngo, "Young Voters Helped Biden Beat Trump after Holding Back in Primaries,"*Wall Street Journal*, November 26, 2020.

61. *"Some of these more progressive candidates are just a reflection of the system":* Brooke Singman and Paul Steinhauser, "Karoline Leavitt Hopes to Show Young Voters Democrats'Policies Are to Blame for 'Out-of-Reach'American Dream,"*Fox News (.com)*, August 3, 2022.

62. *"The frame has shifted from 'I'm going to bring about that change'":* Elena Moore, "The First Gen Z Candidates Are Running for Congress—and Running against Compromise,"*NPR*, July 6, 2022.

63. *"Every single person up here today, all these people should be home grieving":* "Florida Student Emma Gonzalez to Lawmakers and Gun Advocates: 'We Call BS,'"*CNN.com*, February 17, 2018.

64. *"Gen Z will parallel this militancy in the demand for social change":* Alyssa Biederman, Melina Walling, and Sarah Siock, "Meet Gen Z Activists: Called to Action in an Unsettled World,"*AP News*, September 29, 2020.

65. *One conservative podcast covered the findings with the headline "Half-Mad":* Bill Whittle, "HALF-MAD—56.3% of Young White Liberal Women Diagnosed with Mental Illness,"April 23, 2021, in *American Conservative University*, podcast, on PodBean.com.

66. *images of liberals crying:* Andrew Stiles, "SCIENCE: White Libs More Likely to Have Mental Health Problems,"*Washington Free Beacon*, April 19, 2021.

67. *liberalism might encourage "feelings of helplessness and victimhood":* Gwen Farrell, "Over 50% of Liberal, White Women under 30 Have a Mental Health Issue. Are We Worried Yet?,"*Evie*, April 13, 2021; Kelly Sadler, "White Liberals More Likely to Have a Mental Health Condition,"*Washington Times*, April 22, 2021.

68. *"liberal women in particular are going completely bananas":* Dave Rubin, "Shocking Data on Mental Health Issues in White Liberal Women,"*Rubin Report*, June 1, 2021, YouTube video, 4:09.

69. *my colleagues and I found the same thing in a separate study we fielded in late spring 2020:* Jane Shawcroft, Megan Gale, Sarah M. Coyne, Jean M. Twenge, Jason S. Carroll, W. Brad Wilcox, and Spencer James, "Teens, Screens, and Quarantine: An Analysis of Adolescent Media Use and Mental Health prior to and during COVID-19,"*Heliyon* 8, no. 7 (July 2022): e09898; Jean M. Twenge, Sarah M. Coyne, Jason S. Carroll, and W. Bradford Wilcox, *Teens in Quarantine: Mental Health, Screen Time, and Family Connection* (Institute for Family Studies and the Wheatley Institution, October 2020).

Chapter7 알파 세대(2013~2029년 출생)

1. *the number of multiracial Americans:* Nicholas Jones, Rachel Marks, Roberto Ramirez, and Merarys Rios-Vargas, "2020 Census Illuminates Racial and Ethnic Composition of the Country,"US Census Bureau, August 12, 2021.

2. *A 2015 study found that 3 out of 4 young children had their own tablet:* Hilda K. Kabali, Matilde M. Irigoyen, Rosemary Nunez-Davis, Jennifer G. Budacki, Sweta H. Mohanty, Kristin P. Leister, and Robert L. Bonner Jr., "Exposure and Use of Mobile Media Devices by Young Children,"*Pediatrics* 136, no. 6 (December 2015): 1044–1050.

3. *By age 8, 1 in 5 children have their own smartphone:* Michael Robb, "Tweens, Teens, and Phones: What Our 2019 Research Reveals,"Common Sense Media (website), October 29, 2019.

4. *In 2021, 8- to 12-year-olds spent an average of five and a half hours a day with screen media:* Jason M. Nagata, Catherine A. Cortez, Chloe J. Cattle, Kyle T. Ganson, Puja Iyer, Kirsten Bibbins-Domingo, and

Fiona C. Baker, "Screen Time Use among US Adolescents during the COVID-19 Pandemic: Findings from the Adolescent Brain Cognitive Development (ABCD) Study," *JAMA Pediatrics* 176, no. 1 (January 2022): 94–96; Victoria Rideout, Alanna Peebles, Supreet Mann, and Michael B. Robb, *The Common Sense Census: Media Use by Tweens and Teens, 2021* (San Francisco, CA: Common Sense, 2022).

5. *the rate of increase in BMI:* Samantha Lange, Lyudmyla Kompaniyets, David S. Freedman, Emily M. Kraus, Renee Porter, Heidi M. Blanck, and Alyson B. Goodman, "Longitudinal Trends in Body Mass Index before and during the COVID-19 Pandemic among Persons Aged 2–19 years—United States, 2018–2020," *Morbidity and Mortality Weekly Report* (CDC) 70, no. 37 (September 17, 2021).

6. *7 out of 10 5th and 6th graders (10- to 12-year-olds):* Jean M. Twenge, Wendy Wang, Jenet Erickson, and Brad Wilcox, *Teens and Tech: What Difference Does Family Structure Make?* (Institute for Family Studies and the Wheatley Institute, October 2022).

7. *set up an Instagram account identifying as a 13-year-old girl:* Georgia Wells, "Blumenthal's Office Created Instagram Account to Study Experience of Teens," *Wall Street Journal*, September 30, 2021.

Chapter8 미래

1. *"The 37-year-olds are afraid of the 23-year-olds who work for them":* Emma Goldberg, "The 37-Year-Olds Are Afraid of the 23-Year-Olds Who Work for Them," *New York Times*, October 28, 2021.

2. *One economist described the change as "the largest shock to labor markets in decades":* Jose Maria Barrero, Nicholas Bloom, and Steven J. Davis, "SWAA August 2022 Updates," Work from Home Research, August 26, 2022; Nick Bloom (@I_Am_NickBloom), Twitter, August 29, 2022, 8:59 a.m.

3. *Millennial Gabe Kennedy, who runs an herbal supplement company:* Goldberg, "37-Year-Olds Are Afraid."

4. *"I actually love going into the office—it feels more organic":* Jonathan Greig, "90% of Millennials and Gen Z Do Not Want to Return to Full-Time Office Work Post-Pandemic," ZDNet, May 25, 2021.

5. *Recent college graduate Sam Purdy says:* Danielle Abril, "Gen Z Workers Demand Flexibility, Don't Want to Be Stuffed in a Cubicle," *Washington Post*, August 11, 2022.

6. *When David Gross (b. 1981) announced to his advertising agency employees in 2021:* Nelson D. Schwartz and Coral Murphy Marcos, "Return to Office Hits a Snag: Young Resisters," *New York Times*, July 26, 2021.

7. *Atlantic writer Derek Thompson calls the digital commute:* Derek Thompson, "Superstar Cities Are in Trouble," *Atlantic*, February 1, 2021.

8. *"Goal for today—500 calls?! We're doing 50":* Matt Pearce, "Gen Z Didn't Coin 'Quiet Quitting'—Gen X Did," *Los Angeles Times*, August 27, 2022.

9. *Even the term quiet quitting was coined by a Gen X'er:* Pearce, "'Quiet Quitting.'"

10. *Millennial Polly Rodriguez, whose company sells vibrators:* Goldberg, "37-Year-Olds Are Afraid."

11. *"The lesson for companies: ignore employees'pain at your peril":* Ryan Faughnder, "Disney Is Not Alone. Young Employees in Revolt Are Holding Bosses'Feet to the Fire," *Los Angeles Times*, March 12, 2022.

12. *"We're seeing this young cohort of workers demand that employers":* Abirl, "Gen Z Workers Demand Flexibility."

13. *Sam Folz (b. 2000) likes his employer Capital One's policy:* Abril, "Gen Z Workers Demand Flexibility."

14. *When Stanford students organized a protest in 2016:* Roberta Katz, Sarah Ogilvie, Jane Shaw, and Linda Woodhead, *Gen Z, Explained: The Art of Living in a Digital Age* (Chicago: University of Chicago Press, 2021).

15. *UPS executive Christopher Bartlett said the new policies:* Ian Thomas, "Why Companies like UPS and Disney Are Allowing Workers to Show Their Tattoos," *CNBC*, October 16, 2022.

16. *"You should be able to wear whatever you want, whenever you want":* Erica Euse, "The Genderless Clothing Brand Setting Itself Apart by Prioritizing Community," *Vice*, December 22, 2021.

17. *"In addition to asking, 'What's your name?' you can ask, 'What are your pronouns?'"*: Matt Villano, "Tweens and Teens Explore the Power of Pronouns," *CNN*, February 19, 2022.

18. *demographer Lyman Stone decided to boil down the numbers:* Lyman Stone, "5.8 Million Fewer Babies: America's Lost Decade in Fertility," *IFS Blog*, Institute for Family Studies, February 3, 2021.

19. *44% of nonparents aged 18 to 49:* Anna Brown, "Growing Share of Childless Adults in U.S. Don't Expect to Ever Have Children," Pew Research Center, November 19, 2021.

20. *used historical data to project that more Millennial women will be childless:* Lyman Stone, "The Rise of Childless America," *IFS Blog*, Institute for Family Studies, June 4, 2020.

21. *A Brookings Institution analysis:* Melissa S. Kearney and Phillip Levine, "Will Births in the US Rebound? Probably Not," *Up Front* (blog), Brookings Institution, May 24, 2021.

22. *"I don't know what kind of world it's going to be in 20, 30, 40 years,"El Johnson (b. 1998) told the Associated Press:* Leanne Italie, "Gen Z, Millennials Speak Out on Reluctance to Become Parents," *AP News*, August 30, 2022.

23. *The number of adults who intended to remain childless:* Caroline Sten Hartnett and Alison Gemmill, "Recent Trends in U.S. Childbearing Intentions," *Demography* 57, no. 6 (December 2020): 2035–45.

24. *Men's sperm counts have dropped precipitously:* Bijal P. Trivedi, "The Everyday Chemicals That Might Be Leading Us to Our Extinction," *New York Times*, March 5, 2021.

25. *"I can't see myself committing to a mortgage, let alone a child":* Italie, "Reluctance to Become Parents."

26. *In a 2022 poll, "personal independence" was the most common reason* Clay Routledge and Will Johnson, "The Real Story behind America's Population Bomb: Adults Want Their Independence," *USA Today*, October 12, 2022.

27. *"Every time I see a baby on a plane":* Stephanie Murray, "The Parenting Problem the Government Can't Fix," *Week*, October 25, 2021.

28. *That office now says that the trust fund will run out of money in 2033:* Ric Edelman, "Op-ed: Social Security Trust Fund Will Die in 2033. You Need to Take Action Now," *CNBC*, September 12, 2021.

29. *amounting to about 76% of currently expected benefits:* Gayle L. Reznik, Dave Shoffner, and David A. Weaver, "Coping with the Demographic Challenge: Fewer Children and Living Longer," *Social Security Bulletin* 66, no. 4 (2005/2006).

30. *A New York Times article told the story of Chieko Ito, 91:* Norimitsu Onishi, "A Generation in Japan Faces a Lonely Death," *New York Times*, November 30, 2017.

31. *In one poll, 7 out of 10 childless Millennial women said they see their dog or cat as their child:* Stanley Coren, "For Millennial Women, Are Dogs and Cats a Stand-In for Kids?," *Psychology Today*, August 24, 2021.

32. *financial considerations are not the primary reason for the decline in the birth rate:* Melissa Kearney, Phillip B. Levine, and Luke Pardue, "The Puzzle of Falling US Birth Rates since the Great Recession," *Journal of Economic Perspectives* 36, no. 1 (Winter 2022): 151–76.

33. *being a parent—or even focusing on issues around caring for children—leads to more social conservatism:* Nicholas Kerry, Laith Al-Shawaf, Maria Barbato, Carlota Batres, Khandis R. Blake, Youngjae Cha, Gregory V. Chauvin et al., "Experimental and Cross-Cultural Evidence That Parenthood and Parental Care Motives Increase Social Conservatism," *Proceedings of the Royal Society B* 289, no. 1982 (September 2022).

34. *Three times as many unvaccinated adults were Republicans than Democrats by November 2021:* Kaiser Family Foundation, "Unvaccinated Adults Are Now More Than Three Times as Likely to Lean Republican Than Democratic," news release, November 16, 2021.

35. *Figure 8.12: Percent of U.S. adults who have gotten a flu shot, by political party affiliation:* Harry Enten, "Flu Shots Uptake Is Now Partisan. It Didn't Use to Be," *CNN.com*, November 14, 2021.

36. *"People enjoy engaging with things that elicit an emotional reaction":* Vishwam Sankaran, "Facebook Whistleblower Says Company Spreads Hate Speech for Profit," *Independent,* October 4, 2021.

37. *social psychologist Jonathan Haidt traced the polarization:* Jonathan Haidt, "Why the Last 10 Years of American Life Have Been Uniquely Stupid," *Atlantic,* April 11, 2022.

38. *Chris Wetherell, who invented the Twitter retweet button:* Alex Kantrowitz, "The Man Who Built the Retweet: 'We Handed a Loaded Weapon to 4-Year-Olds,'" *BuzzFeed News,* July 23, 2019.

39. *Nearly 4 in 10 children ages 8 to 12 said they used social media in 2021:* Victoria Rideout, Alanna Peebles, Supreet Mann, and Michael B. Robb, *The Common Sense Census: Media Use by Tweens and Teens, 2021* (San Francisco, CA: Common Sense, 2022).

40. *many without parental permission:* Jean M. Twenge, Wendy Wang, Jenet Erickson, and Brad Wilcox, *Teens and Tech: What Difference Does Family Structure Make?* (Institute for Family Studies and Wheatley Institute, October 2022).

41. *"You began college just weeks after George Zimmerman was acquitted":* Anemona Hartocollis, "Colleges Celebrate Diversity with Separate Commencements," *New York Times,* June 2, 2017.

42. *72% of universities offered racially segregated graduation ceremonies by 2019:* Dion J. Pierre, *Separate but Equal, Again: Neo-segregation in American Higher Education* (New York: National Association of Scholars, April 24, 2019).

43. *In the summer of 2020, two Black students at New York University started a petition: They wanted to live in a dorm segregated by race:* Brenah Johnson, "NYU: Implement Black Student Housing," Change.org, 2020; Robby Soave, "Yes, Black NYU Students Demanded Segregated Housing. No, the University Didn't Agree to It," *Reason,* August 24, 2020.

44. *"When I first heard of racially segregated graduation ceremonies":* Pierre, *Separate but Equal, Again.*

45. *researchers led by Sohad Murrar placed a poster:* Sohad Murrar, Mitchel R. Campbell, and Markus Brauer, "Exposure to Peers' Pro-diversity Attitudes Increases Inclusion and Reduces the Achievement Gap," *Nature Human Behaviour* 4 (September 2020): 889–97.

46. *the typical first-time homebuyer in the U.S. was 34 years old in 2019:* Stefan Lembo Stolba, "Average Age to Buy a House," Experian, December 15, 2020.

47. *1 out of 4 married couples slept in different rooms:* Mary Bowerman, "Why So Many Married Couples Are Sleeping in Separate Beds," *USA Today,* March 30, 2017.

48. *Orange, the worrier of the group:* Emily Heil, "M&M's Candy Mascots Get a Makeover, with Less Sex Appeal and More Gen-Z Anxiety," *Washington Post,* January 21, 2022.

49. *Figure 8.20: Percent of U.S. adults who agree that businesses should take political positions, by political party affiliation and generation:* Carl M. Cannon, "'Woke' Capitalism and the 2020 Election," RealClear Opinion Research, February 27, 2020.

50. *"'Dude we sell tomato sauce, we don't sell politics'":* Goldberg, "37-Year-Olds Are Afraid."

51. *"It doesn't matter how many people hate your brand as long as enough people love it":* Jeff Beer, "One Year Later, What Did We Learn from Nike's Blockbuster Colin Kaepernick Ad?," *Fast Company,* September 5, 2019.

제너레이션
세대란 무엇인가

초판 1쇄 2023년 12월 28일

지은이 진 트웬지
옮긴이 이정민
펴낸이 최경선
편집장 유승현　**편집2팀장** 정혜재

책임편집 정혜재 이예슬
마케팅 김성현 한동우 구민지
경영지원 김민화 오나리
디자인 김보현 한사랑

펴낸곳 매경출판㈜
등록 2003년 4월 24일(No. 2-3759)
주소 (04557) 서울시 중구 충무로 2(필동1가) 매일경제 별관 2층 매경출판㈜
홈페이지 www.mkpublish.com　**스마트스토어** smartstore.naver.com/mkpublish
페이스북 @maekyungpublishing　**인스타그램** @mkpublishing
전화 02)2000-2641(기획편집) 02)2000-2646(마케팅) 02)2000-2606(구입 문의)
팩스 02)2000-2609　**이메일** publish@mkpublish.co.kr
인쇄 · 제본 ㈜M-print 031)8071-0961
ISBN 979-11-6484-646-7(03300)